新时代裁判文书释法说理改革的功能定位及重点聚焦

（代序）

为贯彻落实党的十八届三中全会和四中全会提出的“增强法律文书说理性”“加强法律文书释法说理”改革要求，最高人民法院在“四五改革纲要”中对人民法院裁判文书释法说理作了进一步规划。除在“完善民事诉讼证明规则”“强化审级监督”“健全主审法官、合议庭办案机制”中涉及有关裁判文书改革的内容外，又专列“推动裁判文书说理改革”条目，提出根据不同审级和案件类型实现裁判文书的繁简分流，加强对当事人争议较大、法律关系复杂、社会关注度较高的一审案件以及所有的二审案件、再审案件、审判委员会讨论决定案件裁判文书的说理性等一系列改革部署。经过多地调研，反复论证，最高人民法院近日制定发布了《关于加强和规范裁判文书释法说理的指导意见》（以下简称《意见》）。下面结合对《意见》精神和内容的学习，就新时代裁判文书释法说理改革的功能定位及实现路径谈些体会。

一、新时代裁判文书释法说理改革的功能定位

最高人民法院较早以来就重视裁判文书释法说理改革。1999年10月20日发布的《人民法院五年改革纲要》、2009年3月17

日发布的《人民法院第三个五年改革纲要》均对裁判文书改革作了安排，但从实际效果来看，裁判文书说理性不强、说理不充分、论证不到位等问题仍未得到较好的解决，进而使得一些案件不时地成为热点敏感案件，严重损害司法公信力。立足于新时代建设中国特色社会主义的新要求，党的十八届三中全会、四中全会分别通过的《中共中央关于全面深化改革若干重大问题的决定》《中共中央关于全面推进依法治国若干重大问题的决定》从更高的层面对裁判文书的说理性或者释法说理方面的改革提出新部署。《意见》既是落实两个决定和人民法院“四五改革纲要”具体任务的实际举措，也是作为未来一个时期指导全国法院裁判文书释法说理工作的重要文件，是贯彻党的十九大报告提出的“深化司法体制综合配套改革，全面落实司法责任制，努力让人民群众在每一个司法案件中感受到公平正义”的实际行动。立足于此，新时代的裁判文书释法说理改革在以下几个方面具有重要功能：

（一）裁判文书释法说理改革是深化依法治国实践和提升国家治理能力的基础工程。党的十八届三中全会提出，“全面深化改革的总目标是完善和发展中国特色社会主义制度，推进国家治理体系和治理能力现代化”。党的十八届四中全会强调，“法治建设还存在许多不适应、不符合的问题，主要表现为：……执法司法不规范、不严格、不透明、不文明现象较为突出”。无论是深化依法治国实践还是提升国家治理能力，均离不开严格司法、离不开公正、高效、权威的社会主义司法制度的强有力支撑。裁判文书说理，事关审判权的严格规范行使，事关司法责任制的全面落实，事关裁判文书定分止争功能的发挥，事关司法公信力的不断提升。裁判文书的说理，在某种程度上是检测全面深化司法改革最终成

最高人民法院理解与适用丛书

最高人民法院
关于加强和规范
裁判文书释法说理的指导意见
理解与适用

最高人民法院司法改革领导小组办公室◎编

中国法制出版社
CHINA LEGAL PUBLISHING HOUSE

效的重要指数，是助推人民法院审判能力现代化的重要切口，是促进国家治理能力现代化的重要途径。

（二）裁判文书释法说理改革是展示法院公正形象的载体工程。党的十八届四中全会强调，“公正是法治的生命线。司法公正对社会公正具有重要引领作用，司法不公对社会公正具有致命破坏作用”。习近平总书记指出，“司法是维护社会公平正义的最后一道防线”。按照中央部署，为确保法院依法独立公正行使审判权，此轮司法体制改革中推出的系列举措，例如，建立领导干部干预司法活动、插手具体案件处理的记录、通报和责任追究制度，建立健全司法人员履行法定职责保护机制等，着重从外围建立确保司法公正的“防火墙”。“司法公正不仅要实现，而且要以看得见的方式实现”，裁判文书说理则是人民法院从内部增加的倒逼司法公正的“加压器”，是以“让人感觉到的方式”来呈现司法公正的重要环节和关键载体。

（三）裁判文书释法说理改革是提高司法产品质量和审判效率的优化工程。当前世界主要法治国家均面临一个共同的现实问题，即民众既要求严格司法，实现正义，又要求快速审判，提高效率，节约成本。随着经济社会的发展和人民群众法治意识、权利意识的增强，全国法院案件数量近年来持续大幅增长，始终保持高位运行。特别是随着立案登记制的实施和行政诉讼法等许多法律的修改或制定，“案多人少”的矛盾在部分地区和法院愈发凸显。《意见》专门提出“繁简适度”的要求，不仅强调法官应当根据案情是否重大复杂、诉讼各方争议程度、审判程序类型、案件社会影响大小、文书种类等不同情况进行繁简适度的说理，而且详细列举了“应当加强说理”和“可以简化说理”的情形，确保“简案快审、繁案精审”“该繁则繁，当简则简，繁简适度”原则在裁判文书制作和说理环节的落实，从而更好地实现更高层次的司法公正与效率的有机统一。如果把公正的判决比作一份合格的司法产品，那么裁判文书说理在很大程度上决定着这份产品的质量和性价比。人民法院不断地优化裁判文书说理，必将为人民群众提供更多优质、高效的司法产品。

（四）裁判文书释法说理改革是推进司法公开的升华工程。审判公开作为我国宪法确定的一项重要原则，是社会主义司法民主政治的要求，是司法文明的标志，是司法公正的保障。党的十八届四中全会强调，“构建开放、动态、透明、便民的阳光司法机制，推进审判公开、检务公开、警务公开、狱务公开，依法及时公开执法司法依据、程序、流程、结果和生效法律文书，杜绝暗箱操作。加强法律文书释法说理，建立生效法律文书统一上网和公开查询制度”。最高人民法院近年来以此为动力，以上率下，统筹谋划，一体部署，强有力地采取了系列深化司法公开制度改革的工作举措，包括推进审判流程公开、庭审活动公开、裁判文书公开、执行信息公开四大平台建设，开通最高人民法院英文网站，法院政务网站，12368 诉讼服务平台法院微博、微信、移动新闻客户端的建设与升级等，使得我国的司法公开水平迅速地迈入世界先进行列。司法公开是一面镜子，是一块试金石，更是一缕阳光。《意见》强调的裁判文书说理公开、审判委员会讨论案件适用法律理由公开、裁判文书说理如实反映庭审过程等，必将促进司法实质化公开迈上新台阶。

（五）裁判文书释法说理改革是改善人民群众公平正义获得感的民生工程。司法个案的案情不同，难易有别，具体当事人自然会存在不同的需求。对于简单案件，当事人对诉讼程序的需求更偏重于及时、便捷、低成本、高效益，不希望因为程序复杂导致诉讼拖延；而对于复杂案件，当事人往往更愿意法院严格适用普通程序进行实质化或者优质化审理，更期待法官进行精准到位的裁判文书说理，切实发挥司法裁判定分止争功能。当前，一些法院的审判工作存在繁简不分、简案办不快、难案办不精等突出问题，不能充分满足人民群众不同司法需求。《意见》深入贯彻以人民为中心的发展思想，充分关注有限司法资源与多元司法需求冲突，根据案件不同情形合理配置司法资源，即“说理支出”不是广撒“胡椒面”，而是有重点地“聚焦”，真正地把需要说的理说透讲明，不需要说的理绝不“无病呻吟”，不断地提升裁判文书对不同受众的说服效果，切实地“让人民群众在每一个司法案件中感受到公平正义”。

二、新时代裁判文书释法说理改革的基本遵循

无论是《意见》的起草制定，还是推进裁判文书释法说理工作，均应恪守以下基本遵循。

（一）坚持合法性原则。从裁判说理的立法化来看，域外一些国家在宪法中作出明文规定，更多的是在民事诉讼法和刑事诉讼法中加以具体规定，例如德国、韩国、日本、俄罗斯等。我国2017年修正的民事诉讼法第一百五十二条针对民事判决书的记载内容明确规定，判决书应当写明判决结果和作出该判决的理由；第一百五十四条第二款针对民事裁定书的记载内容明确规定，裁定书应当写明裁定结果和作出该裁定的理由。2017年修正的行政诉讼法第四十三条第二款规定，“人民法院应当按照法定程序，全面、客观地审查核实证据。对未采纳的证据应当在裁判文书中说明理由”；2012年修正的刑事诉讼法没有作出明文规定，但2013年1月1日《最高人民法院关于适用〈中华人民共和国刑事诉讼

法〉的解释》第二百四十六条规定，“裁判文书应当写明裁判依据，阐释裁判理由，反映控辩双方的意见并说明采纳或者不予采纳的理由。”等等。这些法律和司法解释规定是《意见》的主要制定依据。

（二）坚持问题导向。习近平总书记强调深化司法体制改革要“坚持问题导向，遵循司法规律”，要求“哪里矛盾和问题最突出，哪个疙瘩最难解，就重点抓哪项改革”。无论是学术界学理研究还是实务界实证分析，均表明我国当下裁判文书依然存在“不愿说理”“不善说理”“不敢说理”“说不好理”等方面的问题。《意见》以解决这些重点问题为出发点和落脚点，着重从裁判文书的说理要求、繁简指引、技术规制和机制配套等方面提出有针对性的意见和要求。

（三）坚持从实际出发。裁判文书是人民法院依照法律规定独立行使审判权，审理民事、刑事、行政等案件过程中制作的法律文书，是司法公正的最终载体。案件难易、讼争事实、审判程序、案情影响大小、文书种类等因素，均会直接或者间接地影响裁判文书的释法说理。《意见》不追求“大而全”，而是重点解决一些宏观层面的共性问题，至于刑事裁判文书说理、民事裁判文书说理、行政裁判文书说理等方面的个性问题，可在总结审判实践经验基础上再分别作出细则性规定。同时，针对一些实践中尚存在较大争议的问题，如合议庭成员不同意见及其理由是否在全部或者部分裁判文书中公开、裁判文书是否附加法官寄语等，《意见》未予明确，有待司法实践进一步探索。

（四）坚持系统整体协同。党的十八届三中全会强调全面深化改革“必须更加注重改革的系统性、整体性、协同性”。裁判文书说理是一项机制性改革，关联着司法责任制改革、多元化纠纷解决机制改革、繁简分流机制改革、以审判为中心的刑事诉讼制度改革等等。2016年《最高人民法院关于人民法院进一步深化多元化纠纷解决机制改革的意见》提出，“完善繁简分流机制。对调解不成的民商事案件实行繁简分流，通过简易程序、小额诉讼程序、督促程序以及速裁机制分流案件，实现简案快审、繁案精审。完善认罪认罚从宽制度，进一步探索刑事案件速裁程序改革，简化工作流程，构建普通程序、简易程序、速裁程序等相配套的多层次诉讼制度体系。按照行政诉讼法规定，完善行政案件繁简分流机制”。2016年最高人民法院、最高人民检察院、公安部、国家安全部、司法部《关于推进以审判为中心的刑事诉讼制度改革的意见》提出，推进案件繁简分流，优化司法资源配置。完善刑事案件速裁程序和认罪认罚从宽制度，对案件事实清楚、证据充分的轻微刑事案件，或者犯罪嫌疑人、被告人自愿认罪认罚的，可以适用速裁程序、简易程序或者普通程序简化审理。2016年《最高人民法院关于进一步推进案件繁简分流优化司法资源配置的若干意见》提出，推行裁判文书繁简分流。根据法院审级、案件类型、庭审情况等对裁判文书体例结构及说理进行繁简分流。复杂案件的裁判文书应当围绕争议焦点进行有针对性地说理。新类型、具有指导意义的简单案件，加强说理；其他简单案件可以使用令状式、要素式、表格式等简式裁判文书，简化说理。当庭宣判的案件，裁判文书可以适当简化。当庭即时履行的民事案件，经征得各方当事人同意，可以在法庭笔录中记录相关情况后不再出具裁判文书。《意见》注重与前述有关改革文件内容的照应与配套，最大程度地提高改革集成度和优化整体改革效能。

三、新时代裁判文书释法说理改革的重点聚焦

《意见》在实施过程中，应着重聚焦以下几点：

（一）把握好裁判文书释法说理的“四项原则”。(1) 合法性原则。此处的“合法性”是指“合法律性”，即我国社会主义法治原则四句话中的“有法必依”，亦即党的十八届三中全会强调的“坚持以事实为根据、以法律为准绳，健全事实认定符合客观真相、办案结果符合实体公正、办案过程符合程序公正的法律制度”。裁判文书说理“合法性”要求贯穿审查判断证据、认定案件事实和适用法律、行使自由裁量权等方面。(2) 正当性原则。此处“正当性”包括以下层面：一是“合理性”，裁判文书说理内容要正当合理。例如，说理的价值取向符合社会主义核心价值观；二是“平等性”，裁判文书说理应平等对待诉讼各方，回应诉讼各方意见；三是“程序正当性”，裁判文书说理应符合“正当程序原理”和“程序正义”的基本要求和内在精神。(3) 针对性原则。此处“针对性”就是“有的放矢”，具体包括以下几个方面：一是裁判文书说理应针对诉讼各方主张来进行；二是裁判文书说理应针对诉讼各方争点来进行，既包括诉讼各方对证据“三性”（关联性、合法性和真实性）的争论，也包括事实认定方面的争论，还包括法律适用方面的争论；三是裁判文书说理应针对不同受众来进行，案件当事人、与案件程序流转相关的法官、法律职业共同体、社会普通大众均会或多或少地直接或者间接地影响法官的裁判文书说理。(4) 必要性原则。“必要性”就是“区别对待”和“适可而止”，具体包括：一是法官应根据案件难易、讼争事实、庭审情况的不同进行繁简适度的说理。简单案件简化说理，繁难案件需要强化说理。二是法官在判决书、裁定书、调解书、决定书中的说理应存有差别。实体类判决书、裁定书要求说理的程度较高，程序类裁定书和决定书一般说理要求不高，调解书因双方当事人合意处分因素自然会减少说理的必要性。三是从协同性、配套性角度来说，不同诉讼程序往往需要不同裁判文书样式，其中就包括对裁判说理作出不同安排，普通程序需要制作“要式裁判文书”，简易程序需要制作“简式裁判文书”。四是从不同层级法院功能角度而言，四级法院制作的裁判文书说理理应有别。党的十八届四中全会提出，“完善审级制度，一审重在解决事实认定和法律适用，二审重在解决事实法律争议、实现二审终审，再审重在解决依法纠错、维护裁判权威”。按照此种一审、二审、再审功能定位，单纯审理一审案件的基层法院的裁判文书说理要求有别于中级、高级、最高法院制作的裁判文书，同时中级、高级、最高人民法院各自制作的一审裁判文书的说理要求也有别于二审、再审裁判文书。五是裁判文书说理应注意“度”的把握。从论点和论据的关系而言，既要求整个裁判文书的论据对于最终的裁判结论而言是充分的，也要求裁判文书中的每个论点均有充分论据。从具体标准而言，裁判文书既不能说理不到位、有欠缺，也不能繁琐说理、啰嗦说理、“表演式”说理，而要谨守“中庸之道”，力争“恰到好处”。

（二）落实好裁判文书释法说理的“双轨分流”。繁简分流机制改革无论在中央部署的改革方案还是最高人民法院提出的改革纲要中均是一项重要的机制性改革。裁判文书制作属于诉讼过程的终端环节，诉讼程序繁简分流自然会要求裁判文书简式、要式并存、说理繁简有别。裁判文书说理的“繁简适度”，既符合司法审判规律，也符合成本—效率规律。无论从法理还是实务而言，个案本身要求说理的繁简程度是有别的，而非千篇一律地必须详细说理或者均可简略说理。从司法成本来看，在司法资源总量有限和“案多人少”矛盾未能根本缓解的情况下，简案简化说理，繁案强化说理，显然是优化既定投入总量司法资源的具体表现。

从司法为民来看，无论人民群众还是具体当事人，往往对每一个司法案件的公平正义的感受和司法需求会存在着差别，同样对每份裁判文书的说理要求也会不同。《意见》既有原则性要求，“根据案件社会影响、审判程序、诉讼阶段等不同情况进行繁简适度的说理，简案略说，繁案精说，力求恰到好处”，又分别详细列举了“应当加强释法说理”的具体情形，包括疑难、复杂案件；诉讼各方争议较大的案件；社会关注度较高、影响较大的案件；宣告无罪、判处法定刑以下刑罚、判处死刑的案件；行政诉讼中对被诉行政行为所依据的规范性文件一并进行审查的案件；判决变更行政行为的案件；新类型或者可能成为指导性案例的案件；抗诉案件；二审改判或者发回重审的案件；重审案件；再审案件；其他需要强化说理的案件；以及“可以简化释法说理”的具体情形，具体包括：适用民事简易程序、小额诉讼程序审理的案件；适用民事特别程序、督促程序及公示催告程序审理的案件；适用刑事速裁程序、简易程序审理的案件；当事人达成和解协议的轻微刑事案件；适用行政简易程序审理的案件；适用普通程序审理但是诉讼各方争议不大的案件，从而为法官提出明确的操作指引。

（三）平衡好裁判文书释法说理的“双重属性”。裁判文书是人民法院依照法律规定独立行使审判权，审理民事、刑事、行政等案件过程中制作的法律文书。作为国家公文的裁判文书，具有法律和写作的双重属性，“法律属性”内在地要求规范性，而“写作属性”少不了灵活性。《意见》提出了“四条规诫”，即从下列方面提出了规范性要求：（1）裁判文书应当遵循最高人民法院制作的系列文书样式的技术规范标准；（2）裁判文书说理引用规范性法律文件应当遵循最高人民法院相关司法解释规定；（3）裁判文书说理应当使用符合国家通用语言文字规范和标准的语言；（4）裁判文书说理的行文应当规范、准确、清楚、朴实、庄重、精练。与此同时，《意见》又作了系列灵活性规定，为裁判文书释法说理的个性化提供了指引，包括：（1）根据案件情况，法官可以合理调整裁判文书事实认定和说理部分的体例结构；（2）法官可以运用最高人民法院发布的指导性案例，最高人民法院发布的非司法解释类审判业务规范性文件，公理、情理、经验法则、交易惯例、民间规约、职业伦理，立法说明等立法材料，采取历史、体系、比较等法律解释方法时使用的材料，法理及通行学术观点，与法律、司法解释等规范性法律文件不相冲突的其他论据等七大类辅助论据来论证裁判理由，提高裁判结论的正当性和可接受性；（3）为便于说理，法官可以在裁判文书中选择采用附图、附表等表达方式，如案情复杂的，采用列明裁判要点的方式；案件事实或数额计算复杂的，采用附表的方式；裁判内容用附图的方式更容易表达清楚的，采用附图的方式；证据过多的，采用附录的方式呈现构成证据链的全案证据或证据目录等等；（4）法官必要时可以采用适当的修辞方法增强说理效果。

（四）建设好裁判文书释法说理的“四类配套机制”。裁判文书说理改革是一项系统工程。按照加强改革的系统性、整体性、协同性的要求，《意见》提出了四个方面配套机制的建设要求，具体包括：（1）指引机制；（2）考核机制；（3）评估、评价机制；（4）评查、监督机制。此外，各级人民法院在落实《意见》过程中，还可以积极探索建立裁判文书释法说理的其他配套机制，如法律保障机制、激励机制、责任机制、培训机制等。这些配套机制的建设和运行，必将为法官裁判文书说理提供“愿说理”“敢说理”“善说理”“说好理”的良好环境。

裁判文书释法说理的目的是通过阐明裁判结论的形成过程和

正当性理由，提高裁判的可接受性，实现法律效果和社会效果有机统一。随着此项机制性改革的逐步深化，必将进一步增强裁判行为的公正度、透明度，规范审判权行使，提升司法公信力和司法权威，发挥裁判的定分止争和价值引领作用，弘扬社会主义核心价值观，努力让人民群众在每一个司法案件中感受到公平正义，切实维护诉讼当事人合法权益，促进社会和谐稳定。

最高人民法院副院长　李少平

目　录

Contents

第二部分　专家解读

第三部分　文书样式

第四部分　示范文书

最高人民法院关于加强和规范裁判文书释法说理的指导意见

（法发〔2018〕10号）

为进一步加强和规范人民法院裁判文书释法说理工作，提高释法说理水平和裁判文书质量，结合审判工作实际，提出如下指导意见。

一、裁判文书释法说理的目的是通过阐明裁判结论的形成过程和正当性理由，提高裁判的可接受性，实现法律效果和社会效果的有机统一；其主要价值体现在增强裁判行为公正度、透明度，规范审判权行使，提升司法公信力和司法权威，发挥裁判的定分止争和价值引领作用，弘扬社会主义核心价值观，努力让人民群众在每一个司法案件中感受到公平正义，切实维护诉讼当事人合法权益，促进社会和谐稳定。

二、裁判文书释法说理，要阐明事理，说明裁判所认定的案件事实及其根据和理由，展示案件事实认定的客观性、公正性和准确性；要释明法理，说明裁判所依据的法律规范以及适用法律规范的理由；要讲明情理，体现法理情相协调，符合社会主流价值观；要讲究文理，语言规范，表达准确，逻辑清晰，合理运用说理技巧，增强说理效果。

三、裁判文书释法说理，要立场正确、内容合法、程序正当，符合社会主义核心价值观的精神和要求；要围绕证据审查判断、事实认定、法律适用进行说理，反映推理过程，做到层次分明；要针对诉讼主张和诉讼争点、结合庭审情况进行说理，做到有的放矢；要根据案件社会影响、审判程序、诉讼阶段等不同情况进行繁简适度的说理，简案略说，繁案精说，力求恰到好处。

四、裁判文书中对证据的认定，应当结合诉讼各方举证质证以及法庭调查核实证据等情况，根据证据规则，运用逻辑推理和经验法则，必要时使用推定和司法认知等方法，围绕证据的关联性、合法性和真实性进行全面、客观、公正的审查判断，阐明证据采纳和采信的理由。

五、刑事被告人及其辩护人提出排除非法证据申请的，裁判文书应当说明是否对证据收集的合法性进行调查、证据是否排除及其理由。民事、行政案件涉及举证责任分配或者证明标准争议的，裁判文书应当说明理由。

六、裁判文书应当结合庭审举证、质证、法庭辩论以及法庭调查核实证据等情况，重点针对裁判认定的事实或者事实争点进行释法说理。依据间接证据认定事实时，应当围绕间接证据之间是否存在印证关系、是否能够形成完整的证明体系等进行说理。采用推定方法认定事实时，应当说明推定启动的原因、反驳的事实和理由，阐释裁断的形成过程。

七、诉讼各方对案件法律适用无争议且法律含义不需要阐明的，裁判文书应当集中围绕裁判内容和尺度进行释法说理。诉讼各方对案件法律适用存有争议或者法律含义需要阐明的，法官应当逐项回应法律争议焦点并说明理由。法律适用存在法律规范竞合或者冲突的，裁判文书应当说明选择的理由。民事案件没有明确的法律规定作为裁判直接依据的，法官应当首先寻找最相类似的法律规定作出裁判；如果没有最相类似的法律规定，法官可以依据习惯、法律原则、立法目的等作出裁判，并合理运用法律方法对裁判依据进行充分论证和说理。法官行使自由裁量权处理案件时，应当坚持合法、合理、公正和审慎的原则，充分论证运用自由裁量权的依据，并阐明自由裁量所考虑的相关因素。

八、下列案件裁判文书，应当强化释法说理：疑难、复杂案件；诉讼各方争议较大的案件；社会关注度较高、影响较大的案件；宣告无罪、判处法定刑以下刑罚、判处死刑的案件；行政诉讼中对被诉行政行为所依据的规范性文件一并进行审查的案件；判决变更行政行为的案件；新类型或者可能成为指导性案例的案件；抗诉案件；二审改判或者发回重审的案件；重审案件；再审案件；其他需要强化说理的案件。

九、下列案件裁判文书，可以简化释法说理：适用民事简易程序、小额诉讼程序审理的案件；适用民事特别程序、督促程序及公示催告程序审理的案件；适用刑事速裁程序、简易程序审理的案件；当事人达成和解协议的轻微刑事案件；适用行政简易程序审理的案件；适用普通程序审理但是诉讼各方争议不大的案件；其他适宜简化说理的案件。

十、二审或者再审裁判文书应当针对上诉、抗诉、申请再审的主张和理由强化释法说理。二审或者再审裁判文书认定的事实与一审或者原审不同的，或者认为一审、原审认定事实不清、适用法律错误的，应当在查清事实、纠正法律适用错误的基础上进行有针对性的说理；针对一审或者原审已经详尽阐述理由且诉讼各方无争议或者无新证据、新理由的事项，可以简化释法说理。

十一、制作裁判文书应当遵循《人民法院民事裁判文书制作规范》《民事申请再审诉讼文书样式》《涉外商事海事裁判文书写作规范》《人民法院破产程序法律文书样式（试行）》《民事简易程序诉讼文书样式（试行）》《人民法院刑事诉讼文书样式》《行政诉讼文书样式（试行）》《人民法院国家赔偿案件文书样式》等规定的技术规范标准，但是可以根据案件情况合理调整事实认定和说理部分的体例结构。

十二、裁判文书引用规范性法律文件进行释法说理，应当适用《最高人民法院关于裁判文书引用法律、法规等规范性法律文件的规定》等相关规定，准确、完整地写明规范性法律文件的名称、条款项序号；需要加注引号引用条文内容的，应当表述准确和完整。

十三、除依据法律法规、司法解释的规定外，法官可以运用下列论据论证裁判理由，以提高裁判结论的正当性和可接受性：最高人民法院发布的指导性案例；最高人民法院发布的非司法解释类审判业务规范性文件；公理、情理、经验法则、交易惯例、民间规约、职业伦理；立法说明等立法材料；采取历史、体系、比较等法律解释方法时使用的材料；法理及通行学术观点；与法律、司法解释等规范性法律文件不相冲突的其他论据。

十四、为便于释法说理，裁判文书可以选择采用下列适当的表达方式：案情复杂的，采用列明裁判要点的方式；案件事实或数额计算复杂的，采用附表的方式；裁判内容用附图的方式更容易表达清楚的，采用附图的方式；证据过多的，采用附录的方式呈现构成证据链的全案证据或证据目录；采用其他附件方式。

十五、裁判文书行文应当规范、准确、清楚、朴实、庄重、凝炼，一般不得使用方言、俚语、土语、生僻词语、古旧词语、外语；特殊情形必须使用的，应当注明实际含义。裁判文书释法说理应当避免使用主观臆断的表达方式、不恰当的修辞方法和学术化的写作风格，不得使用贬损人格尊严、具有强烈感情色彩、明显有违常识常理常情的用语，不能未经分析论证而直接使用“没有事实及法律依据，本院不予支持”之类的表述作为结论性论断。

十六、各级人民法院应当定期收集、整理和汇编辖区内法院具有指导意义的优秀裁判文书，充分发挥典型案例释法说理的引导、规范和教育功能。

十七、人民法院应当将裁判文书的制作和释法说理作为考核法官业务能力和审判质效的必备内容，确立为法官业绩考核的重要指标，纳入法官业绩档案。

十八、最高人民法院建立符合裁判文书释法说理规律的统一裁判文书质量评估体系和评价机制，定期组织裁判文书释法说理评查活动，评选发布全国性的优秀裁判文书，通报批评瑕疵裁判文书，并作为监督指导地方各级人民法院审判工作的重要内容。

十九、地方各级人民法院应当将裁判文书释法说理作为裁判文书质量评查的重要内容，纳入年度常规性工作之中，推动建立第三方开展裁判文书质量评价活动。

二十、各级人民法院可以根据本指导意见，结合实际制定刑事、民事、行政、国家赔偿、执行等裁判文书释法说理的实施细则。

二十一、本指导意见自 2018 年 6 月 13 日起施行。

第一部分

条文解读

一、裁判文书释法说理的目的是通过阐明裁判结论的形成过程和正当性理由，提高裁判的可接受性，实现法律效果和社会效果的有机统一；其主要价值体现在增强裁判行为公正度、透明度，规范审判权行使，提升司法公信力和司法权威，发挥裁判的定分止争和价值引领作用，弘扬社会主义核心价值观，努力让人民群众在每一个司法案件中感受到公平正义，切实维护诉讼当事人合法权益，促进社会和谐稳定。

【条文说明】

本条是关于裁判文书释法说理的目的和价值功能的规定。

裁判文书是人民法院依照法律规定独立行使审判权，审理民事、刑事、行政等案件过程中制作的法律文书，记录裁判过程、公开裁判理由，是彰显司法公正、弘扬法治精神、维护社会公平正义的载体。其中，“理由是判决的灵魂，是将案件事实和判决结果联系在一起的纽带”。[①] 英国最高法院前任院长廖柏嘉曾言，“没有理由的判决是非正义的，甚至都不成其为判决”[②]。裁判文书释法说理是独任法官或者合议庭在制作裁判文书过程中围绕审查判断证据、认定案件事实、法律适用等方面的争议焦点、裁判论点和推理过程，论证裁判主文的合法性和正当性的活动。具体来说，裁判文书说理包括“审查判断证据说理”、“认定案件事实说理”、“法律适用说理”和“自由裁量权说理”四种类型或者四个方面内容。

---

① 参见周道鸾：《法律文书教程》，法律出版社 2009 年版，第 111 页。

② 参见［英］杰里米·库珀：《英国法官如何进行裁判说理》，杨小利译，载《中国应用法学》2018 年第 2 期。

一、关于裁判文书释法说理的目的

裁判文书释法说理的直接目的是提高裁判文书的质量。裁判文书作为法院裁判的载体，缺乏说理将会导致裁决由于缺乏事实与规范的沟通从而沦为一种缺乏权威性的“单纯的暴力”，而裁判文书的主体部分是审查判断证据、认定事实和适用法律，加强和规范裁判文书释法说理必然会直接地促进裁判文书质量的提高。

裁判文书释法说理的根本目的是提高裁判文书的可接受性，最终实现法律效果和社会效果的统一。裁判结果需要理由，没有理由，便没有可接受性，公正便无从说起。案件多种多样，裁判的理由也更加多元，各种理由如果不以合理的方式充分地呈现出来，理由即有缺失或缺陷。因此，说理就是对裁判理由的阐明，裁判理由也就是对裁判结果形成的依据。裁判文书说理与不说理，说理充分与不足，尽管结果一样，但让人民群众感受到裁判的公正与否完全不一样。因此，裁判文书恰当、充分、透彻的释法说理可以更好地论证裁判主文的合法性和正当性，以提高裁判的可接受性，实现法律效果和社会效果的有机统一。

二、关于裁判文书释法说理的价值功能

裁判说理的水平，反映了一个国家法治文明状态，也是衡量一个国家法治文明程度的重要标志。①《最高人民法院关于加强和规范裁判文书释法谈理的指导意见》以下简称《指导意见》不仅是落实党的十八届三中《决定》②、四中全会《决定》③ 和《人民法院第四个五年改革纲要》具体任务的实际举措，而且《指导意见》是未来指导全国法

---

① 参见沈志先主编：《裁判文书制作》，法律出版社 2010 年版，第 136 页。

② 《中共中央关于全面深化改革若干重大问题的决定》。

③ 《中共中央关于全面推进依法治国若干重大问题的决定》。

院裁判文书释法说理工作的重要文件，契合十九大报告提出的“深化司法体制综合配套改革，全面落实司法责任制，努力让人民群众在每一个司法案件中感受到公平正义”的精神和要求。裁判文书释法说理改革的价值功能体现在以下几个方面：

（一）裁判文书释法说理改革是深化依法治国实践和提升国家治理能力的基础工程

十八届三中全会《决定》提出，“全面深化改革的总目标是完善和发展中国特色社会主义制度，推进国家治理体系和治理能力现代化”。党的十八届四中全会《决定》强调，“法治建设还存在许多不适应、不符合的问题，主要表现为：……执法司法不规范、不严格、不透明、不文明现象较为突出”。无论是深化依法治国实践还是提升国家治理能力，均离不开严格司法、离不开公正、高效、权威的社会主义司法制度的强有力支撑。裁判文书释法说理，事关审判权的严格规范行使，事关司法责任制的全面落实，事关裁判文书定分止争功能的发挥，事关司法公信力的不断提升。裁判文书的说理，在某种程度上是检测全面深化司法改革最终成效的重要指数，是助推人民法院审判能力现代化的重要切口，是促进国家治理能力现代化的重要途径。

（二）裁判文书释法说理改革是展示法院公正形象的载体工程

党的十八届四中全会《决定》强调，“公正是法治的生命线。司法公正对社会公正具有重要引领作用，司法不公对社会公正具有致命破坏作用”。习近平总书记指出，“司法是维护社会公平正义的最后一道防线”。按照中央的部署，为确保法院依法独立公正行使审判权，此轮司法体制改革中推出的系列举措，如建立领导干部干预司法活动、插手具体案件处理的记录、通报和责任追究制度、建立健全司法人员履行法定职责保护机制等，着重从外围建立确保司法公正的“防火墙”。“司法公正不仅要实现，而且要以看得见的方式实现”，裁判文书释法说理则是人民法院从内部增加的倒逼司法公正的“加压器”，是以“让人感觉到的方式”来呈现司法公正的重要环节和关键载体。

（三）裁判文书释法说理改革是提高司法产品质量和审判效率的优化工程

当前世界主要法治国家均面临一个共同的现实问题，即民众既要求严格司法，实现正义，又要求快速审判，提高效率，节约成本。随着经济社会的发展和人民群众法治意识、权利意识的增强，全国法院案件数量近年来持续大幅增长，始终保持高位运行。特别是随着立案登记制的实施和行政诉讼法等许多法律的修改或制定，“案多人少”的矛盾在部分地区和法院愈发凸显。裁判文书释法说理专门提出“繁简适度”的要求，不仅强调法官应当根据案情是否重大复杂、诉讼各方争议程度、审判程序类型、案件社会影响大小、文书种类等不同情况进行繁简适度的说理，而且详细列举了“应当加强说理”和“可以简化说理”的情形，确保“简案快审、繁案精审”“该繁则繁，当简则简，繁简适度”原则在裁判文书制作和说理环节的落实，从而更好地实现更高层次的司法公正与效率的有机统一。如果把公正的判决比作一份合格的司法产品，那么裁判文书释法说理在很大程度上决定着这份产品的质量和性价比。人民法院通过建立健全积极引导法官“愿说理”“敢说理”“说好理”的机制，不断地优化裁判文书释法说理，必将为人民群众提供优质、高效的司法产品。

（四）裁判文书释法说理改革是推进司法公开的升华工程

审判公开作为我国《宪法》规定的一项重要原则，是社会主义司法民主政治的要求，是司法文明的标志，是司法公正的保障。党的十八届四中全会《决定》强调，“构建开放、动态、透明、便民的阳光司法机制，推进审判公开、检务公开、警务公开、狱务公开，依法及时公开执法司法依据、程序、流程、结果和生效法律文书，杜绝暗箱操作。加强法律文书释法说理，建立生效法律文书统一上网和公开查询制度”。最高人民法院近年来以此为动力，以上率下，统筹谋划，一体部署，强有力地采取了系列深化司法公开制度改革的工作举措，包括推进审判流程公开、庭审活动公开、裁判文书公开、执行信息公开四大平台建设，开通最高人民法院英文网站，法院政务网站、12368 诉讼服务平台、法院微博、微信、移动新闻客户端的建设与升级等，使得我国的司法公开水平迅速地迈入世界先进行列。司法公开是一面镜子，是一块试金石，更是一缕阳光。《指导意见》强调的裁判文书释法说理公开、审判委员会讨论案件适用法律的理由公开、裁判文书释法说理如实反映庭审过程等，必将促进司法的实质化公开迈上新台阶。

（五）裁判文书释法说理改革是改善人民群众公平正义获得感的民生工程

在司法权运行的各个环节中，裁判文书全景展现司法裁判的内容，直接影响当事人和社会公众对公平正义的感受。司法个案的案情不同，难易有别，具体当事人自然会存在不同的需求。对于简单案件，当事人对诉讼程序的需求更偏重于及时、便捷、低成本、高效益，不希望因为程序复杂导致诉讼拖延；而对于复杂案件，当事人往往更愿意法院严格适用普通程序进行实质化或者优质化审理，更期待法官进行精准到位的裁判文书释法说理，切实发挥司法裁判定分止争的功能。当前，一些法院的审判工作存在繁简不分、简案办不快、难案办不精等突出问题，不能充分满足人民群众的不同司法需求。《指导意见》深入贯彻以人民为中心的发展思想，充分关注有限司法资源与多元司法需求的冲突，根据案件的不同情形合理配置司法资源，即“说理支出”不是广撒“胡椒面”，而是有重点地“聚焦”，真正地把需要说的理说透讲明，不需要说的理绝不“无病呻吟”，不断地提升裁判文书对不同受众的说服效果，切实地“让人民群众在每一个司法案件中感受到公平正义”。

【经验推介】

河南高院规范民事裁判文书释法说理

为贯彻落实《人民法院民事裁判文书制作规范》《最高人民法院关于进一步推进案件繁简分流优化司法资源配置的若干意见》等文件精神，加强和规范民事裁判文书释法说理工作，努力提高裁判文书质量，日前，河南省高级人民法院发布了《关于加强和规范民事裁判文书释法说理的指导意见（试行）》。

该指导意见一共五个部分四十四条，第一部分是一般规定，对文书说理的概念、范围、原则等提出了一般性要求；第二部分是案由、程序性事项的说理以及争议焦点的归纳；第三部分是事实认定部分的说理；第四部分是本院认为部分的说理；第五部分是激励措施和培训机制等相关规定。

该指导意见针对司法实践中裁判文书释法说理不充分、不规范等问题，按照新的民事诉讼文书样式和写作规范的要求，根据不同审级、不同案件类型的特点，对需要加强说理的环节和节点进行了引导和规范，具有较强的可操作性。该指导意见还体现了司法公开、繁简分流、庭审实质化、对律师权利的保障等改革精神，对提高民事裁判文书制作和说理水平，促进审判质效的提升将起到积极作用。[①]

---

① 《河南高院规范民事裁判文书释法说理》，载《人民法院报》2016年10月13日，第1版。

【域外比较】

德国裁判文书释法说理考察

传统大陆法系国家的裁判文书释法说理往往十分简洁，但德国裁判文书却具有很多英美法系国家裁判文书的特征，裁判文书释法说理非常详尽、透彻。我国学者将德国裁判文书称为法国模式和美国模式之外的“第三种模式”。[①]

德国理论认为，详细的判决理由有如下几个意义：（1）告知被告该案件已经法律途径加以审判；（2）告诉有权提起法律救济的人，就其所提出的法律救济作出一个合理的裁判；（3）使较高的审级法院能对该裁判加以审核；（4）对犯罪行为清楚叙述保障了“一事不再理原则”；（5）为刑罚执行官署对被判决人的处遇提供依据。[②] 但《德国民事诉讼法典》同时规定，有些判决可不写裁判理由，如第三百一十三条之一、之二规定的，“如果当事人至迟于言词辩论终结后的第二天就表示不必要记载事实与裁判理由，并且肯定会对判决不会提起上诉时”“宣告缺席判决、认诺判决或舍弃判决”等情形。

【规范链接】

《中共中央关于全面深化改革若干重大问题的决定》（2013 **年** 11 **月** 12 **日中国共产党第十八届中央委员会第三次全体会议通过**）

（33）健全司法权力运行机制……

推进审判公开、检务公开，录制并保留全程庭审资料。增强法律

---

① 参见张志铭：《司法判决的结构和风格——对域外实践的比较研究》，载《法学》1998 年第 10 期。

② 参见［德］Clause Roxin：《德国刑事诉讼法》，吴丽琪译，台湾三民书局 1997 年版，第 529 页。

文书说理性，推动公开法院生效裁判文书。

《中共中央关于全面推进依法治国若干重大问题的决定》（2014 年 10 月 23 日中国共产党第十八届中央委员会第四次全体会议通过）

四、保证公正司法，提高司法公信力

……

构建开放、动态、透明、便民的阳光司法机制，推进审判公开、检务公开、警务公开、狱务公开，依法及时公开执法司法依据、程序、流程、结果和生效法律文书，杜绝暗箱操作。加强法律文书释法说理，建立生效法律文书统一上网和公开查询制度。

《最高人民法院关于全面深化人民法院改革的意见——人民法院第四个五年改革纲要（2014—2018）》（法发〔2015〕3 号）

34. 推动裁判文书释法说理改革。根据不同审级和案件类型，实现裁判文书的繁简分流。加强对当事人争议较大、法律关系复杂、社会关注度较高的一审案件，以及所有的二审案件、再审案件、审判委员会讨论决定案件裁判文书的说理性。对事实清楚、权利义务关系明确、当事人争议不大的一审民商事案件和事实清楚、证据确实充分、被告人认罪的一审轻微刑事案件，使用简化的裁判文书，通过填充要素、简化格式，提高裁判效率。重视律师辩护代理意见，对于律师依法提出的辩护代理意见未予采纳的，应当在裁判文书中说明理由。完善裁判文书释法说理的刚性约束机制和激励机制，建立裁判文书释法说理的评价体系，将裁判文书的说理水平作为法官业绩评价和晋级、选升的重要因素。

《最高人民法院关于进一步提高裁判文书质量的通知》（法〔2009〕177 号）

一、深刻认识提高裁判文书质量的重要意义。人民法院裁判文书是记录裁判过程、公开裁判理由，向社会展示人民法院公正司法形象的载体，是最具权威的法律文书。准确引用法律条文、规范制作裁判文书是人民法院树立公正司法形象、维护司法权威、提高司法公信力的关键环节，是践行“为大局服务，为人民司法”工作主题的重要要求，是认真开展“人民法官为人民”主题实践活动的具体体现。全国各级人民法院和广大法官必须充分认识进一步提高裁判文书制作水平的重要意义，要把制作裁判文书作为维护司法公正的重要工作来抓，采取有力措施，努力提高裁判文书质量。

二、裁判文书释法说理，要阐明事理，说明裁判所认定的案件事实及其根据和理由，展示案件事实认定的客观性、公正性和准确性；要释明法理，说明裁判所依据的法律规范以及适用法律规范的理由；要讲明情理，体现法理情相协调，符合社会主流价值观；要讲究文理，语言规范，表达准确，逻辑清晰，合理运用说理技巧，增强说理效果。

【条文说明】

本条是关于裁判文书释法说理基本内容和要求的规定。

一、阐明事理——对事实、证据的分析认证

事理就是事情的来龙去脉，是案件纠纷的是非曲直。事理是所有道理的基础，一个案件的事理不清，其他道理就没有根基。阐明事理就是把案件的来龙去脉、本来面目和前因后果交代清楚，通过裁判文书认定的确实充分证据，重现案件事实的本来面目。事理充分的标准是使人看了裁判文书以后，感到案件事实客观、真实、可信，不产生合理怀疑，确信法院认定的法律真实。具体来看，阐明事理包括证据说理和事实说理。

证据说理，即审查判断证据说理，一般包括四个方面：第一，围

绕“证据采纳”进行说理；第二，“针对同一事实的数个证据”的证明力和“全案证据”的充分性进行说理；第三，围绕“举证责任”和“证明标准”进行说理；第四，围绕“排除非法证据”进行说理。事实说理，即认定案件事实说理，一般包括四个方面：第一，对案件“主要事实”的认定说明依据和理由；第二，对案件“争议事实”的认定，要围绕当事人争议的事实展开，结合庭审举证、质证、法庭辩论及法庭调查核实证据的情况，写明事实认定意见和理由；第三，对案件“依据间接证据认定的事实”进行严密的说理论证；第四，对案件“采用推定方法认定的事实”说明推定启动的原因、反驳的事实和理由，阐释认定事实的形成过程。

二、释明法理——对法律依据的论证

法理，就是法律根据，即裁判所依凭的法律条文、司法解释、司法政策等规范性文件。在大陆法系国家，法理相对要好说一些，因为法条本身就是一种理。法官只要让人确信他作出的判决正确地适用了法律，说理的标准就达到了。

但是在实践中，有三种情况需要进一步说理，而不能仅引用条文后就打住。一是法律条文里规定了多种情形，如果案件只符合其中的一种情形，裁判文书就必须说明本案符合该种情形，不能简单地引用条文了事。二是法律规定了很多种处罚方法，法官如果只选择其中的一种处罚方法，裁判文书也必须说明为什么只选择其中的一种方法，否则，当事人就可能不满意。例如，如果一个刑法条文规定的犯罪有死刑、无期徒刑和有期徒刑，法官选择了死刑，裁判文书就必须说明判决选择死刑而不选择其他刑罚方法的理由。三是法律条文本身模糊和抽象，甚至包容多种含义，而判决选择的是其中的一种理解或含义，在这种情况下，裁判文书就必须说清为何这样而不那样解释法律的道理，以告诉当事人采纳该种理解的理由。

三、讲明情理——对裁判结果合情合理的正当性阐述

情理是裁判文书不可不说的道理，任何道理都是通人情的，有情理的裁判文书才能打动人、说服人。从理的普遍性看，事理、法理与情理都是相通的。中华民族是情感最发达的民族，中国传统的法律是最讲人情的，最符合情理的法律也是最有权威的。所以，从一定意义上讲，立法和司法都是不能排斥人情的。如何合理利用有利于法治建设的人情，又摒弃妨害法治建设的人情，就需要对人情进行科学具体的分析。司法情理的选择与运用，需要根据两个标准，一是情理能否被法律所包容，如果法律中对某种程度的人情能够包容，裁判文书就应当把法律所包容的人情阐发出来，以展示法律的可亲可近之情。如果某种人情不为法律所包容，就不能以情废法。二是要看是集体的人情、大众的人情还是极少数人的人情，集体人情、大众人情就是社情和民情。对于社情和民情，在裁判文书释法说理时应当予以格外的尊重，任何好的判决说理，都不得伤害正当的民情。当民情的舆论取向与判决的结论不一致时，更要注重说理的方式，从而有效引导和化解不当或者错误的民情。

需要说明的是，裁判文书情理的来源，主要是立法的规定和精神。法是人制定的，一部好的法律，立法机关在立法时往往已经充分考虑了一定的情理。裁判文书的说理性，就是把法中所蕴含的情理开发出来，或者根据形势的发展和时间的推移，把法律中应当具有的新情理解释出来，使法律体现人性、尊重人情。因此，裁判文书讲明情理，本质上不许法外用情、法外说情。如果我们对此还有疑惑，那就说明我们还没有真正理解法律。

四、讲究文理——对文书语言、文字、逻辑进行规范

文理主要指说理的语言、形式和技巧，反映一个人的说理能力特

别是文字能力、思维能力、逻辑能力等。[①] 讲究文理首先要讲究文字的准确、通顺、精当，要用平实、准确、规范而又有个性的语言写作裁判文书。例如，在表述犯罪行为的事实时必须客观真实，符合行为与结果之间内在的逻辑关系，经得起推敲。有一篇判决书中有这样的表述："被告人返回餐饮舱内，朝被害人刘某某头部猛砍数刀，欲砍死刘某某，但由于刘某某反抗及其他船员阻止并从其手上夺下菜刀而未得逞，被害人刘某某因外伤致头部遗留疤痕累计长 9.8 厘米，经法医鉴定属于轻伤。"这一表述的问题在于，被告人用菜刀对准被害人刘某某头部猛砍数刀，欲置被害人于死地，但结果只是轻伤，只留下疤痕，该"猛砍"似乎与事实不符。如果真的是挥刀猛砍，为何除被害人头部遗留疤痕外，没有伤及旁人？显然，这里的"猛砍"所表达的意思超过了实情，用"连砍"数刀可能更符合事实。

其次要用当事人最容易明白的语言、最容易接受的方式将裁判文书的道理讲出来，注重裁判用语的规范和流畅，切忌使用过长的语句和晦涩难懂的词语。要从当事人而不是法官的角度去考虑裁判文书是否能让当事人看懂、读懂。有些道理，对于法官、律师这样的专业人员，可能是常识性的道理，但对当事人而言，可能还闻所未闻。这就需要法官坚持以当事人为本，从当事人的具体情况出发，把道理说清楚。

最后在表述事实和分析证据时，要用肯定句式直接表明意思，避免因使用否定句式不当而出现问题，同时还应遵从证明的逻辑要求。此外，要正确使用代词，避免"其"指代不明产生歧义；注重数字的规范使用，清楚在什么情况下可以使用汉字数字，什么情况下用阿拉伯数字，明确数字表达的概数和确数之分等等。

---

① 参见胡云腾：《论裁判文书的说理》，载《法律适用》2009 年第 3 期。

【经验推介】

惠州“许霆”案判决书公开法官真实思考、释法明理，体现情、理、法相协调

综观本案前行为合法、后行为违法的全过程，我们认为，被告人犯意的基础动因在于一念之间的贪欲。欲望人人都有，眼耳鼻舌身意，人有感知，就会有欲望，所以欲望是人的本性，它来自基因和遗传，改变不了，因而是正常的。欲望本身也是有益于人类的，没有欲望，人类可能早已灭绝。与此同时，人作为社会中的存在，欲望必须得到控制，必须被控制在合理范围之内。我们知道，许多犯罪尤其是财产犯罪的最初（甚至是唯一）动因就是贪欲，当然，在极端情况下，如严重冻饿、危及生命时，可能还有其他动因，但是属于例外或极少数，这里不予以展开。对财产犯罪科以刑罚，目的就是通过报应和预防两种方式，将人的欲望控制在一个合理范围内，不让欲望演变为贪欲而危及他人利益，以维持社会的正常交易秩序和人类正常的生活秩序。所以，从这个层面来说，必须对被告人处以刑罚，通过惩罚和警示，将被告人以及有类似想法和行为的人的贪欲限制在一个正常合理的范围之内，以防止类似犯罪行为再次发生。

另外，我们同时认为，应当对被告人科以较轻的处罚。理由是：

第一，从主观来说，被告人的主观恶性是较轻的，在知道 ATM 机发生故障之前，被告人就是去存钱，是一个合法行为，没有任何犯罪意图。他是在取钱过程中，发现 ATM 机故障并且这一故障可以给他带来巨大利益的时候，因为贪欲而产生的犯意。也就是说，没有 ATM 机故障作为前提，被告人不会产生盗窃的犯意，因此，其主观恶性有限。同时，银行作为 ATM 机的管理者和拥有者，其对机器故障（错误吐钱）应当承担过错责任，这一过错虽然与被告人的犯

罪行为不构成因果关系，但可以作为对被告人从轻处罚的情节予以考虑。

第二，从被告人的行为方式来看，其获取钱财的方式是平和的，他没有通过其他手段如破坏机器、修改电磁信息、蒙骗他人或通过电脑技术侵入故意改变 ATM 指令而窃取钱款，他只是利用了 ATM 机的故障，通过“规范”的方式获取钱款。被告人利用机器故障进行盗窃，与那些典型的盗窃案中，受害人因财物损失产生的痛苦和报复欲望以及毫无民事救济的可能性，必须依赖刑法保护的情形截然不同，这在量刑上必须予以考虑。

第三，从被告人的行为后果来看，因为银行 ATM 机总体事故发生率很低，利用 ATM 机的故障进行盗窃，其发生概率更低，既然银行资金受损与其 ATM 机故障有直接关联，此后，银行必会在机器的运行精度以及失窃保险上完善制度，那么，将来这类案件发生率应该更低。另外，据银行方面称，当晚机器故障涉及存款错误的有二十多人，仅有被告一人利用机器故障进行盗窃。可以说，这一盗窃案是否发生，几乎产生于公民贪欲是否膨胀的一念之间。面对这种罪案，普通公民关注的应该是自己面对这种情况会怎么选择，而不会因这一特殊形式的盗窃对自己的财物产生失窃的恐惧感。所以，这一犯罪对社会秩序和公民的人身财产安全感并不会产生恶劣影响，本案的社会危害性比常态化的盗窃犯罪要小得多。

第四，对被告人个人生活状况等其他方面的考虑。被告人于某某的父母早已病亡，其与几个姐妹相依为命，生活困苦，不然，他也不会早早辍学外出打工谋生，以他的初小学历和人生经历，可以肯定，他对法律及其行为后果不会有高度清楚的认识，更不可能对这一法律界都存在争议的案件会自认为是盗窃犯罪。既然他不可能明确辨认自己的行为及其后果，我们也可以想象，对于一个穷孩子来说，几乎是从天而降的钱财对他意味着什么。我们不能苛求每一个公民都具有同等的道德水平和觉悟。同时，被告人取了钱带回老家，除了给弟弟一些钱，剩下的也一直不敢乱花。这说明他对社会管理秩序还是心存畏惧的。被抓获之后，被告人随即全部退清所有款项。我们觉得，这孩子仍心存良知。

基于上述事实和理由，本院认为，对被告人判处刑罚并宣告缓刑的量刑幅度，是适当的，能够达到刑罚报应与教育预防的目的。

第五，最后的说明。在作出本案判决之前，我们对与本案类似的著名许霆案作了详细的研究和对比，许霆案犯罪金额是十几万元，终审判决确定的刑期是五年。我们知道，法学理论界对许霆案的定性处理分歧非常大，国内多位顶尖刑法学教授也各自发表了论证严密但结论完全不同的法律意见。这既说明本案作为一个新类型案件有其自身的特殊性，另外也说明正义本身具有多面性，从不同的角度观察和认识会得出不同的结论。众多争论也说明，对复杂的新类型案件作出正确的司法判断是件非常困难的事，对法官的各项能力甚至抗压能力要求都非常高，因为法律毕竟是一门应对社会的科学，司法判断面临的是纷繁复杂、日新月异的世界，面临的是利益交织、千差万别的社会矛盾和价值取向，面临的是当事人、公众、媒体、专业人士等的挑剔眼光和评价。因而，法律专家也好，法官、检察官也好，即使法律观念一致，但也存在不同的伦理观、道德观、世界观，存在不同的思维方式和行为路径，因此，在追求正义的过程中，法官对案件的判断经常是不一致的，但同时也是正常的。检察机关和审判机关之间，以及不同层级的审判机关之间对同一案件存在不同的认识和答案是正常的，希望得到社会各界的理解和尊重。

就本案而言，判词虽然已经详细阐明理由，但因本案被告在犯罪手段上非常特殊，合法形式与非法目的交织在一起，理论界对案件的定性争议也比较大，那么本判决结果可能难以让所有人肯定或认可。因此，我们也不能确认和保证本判决是唯一正确的，我们唯一能保证的是，合议庭三名法官作出的这一细致和认真的判断是基于我们的良知和独立判断，是基于我们对全案事实的整体把握和分析，是基于我们对法律以及法律精神的理解，是基于我们对实现看得见的司法正义的不懈追求。[①]

【域外比较】

德国裁判文书的说理内容

1. 裁判文书应当就事实认定和适用法律进行说理。《德国民事诉讼法典》第三百一十三条第三款规定："裁判理由项下，应简略地、扼要地记载从事实和法律两方面所依据的论据。"刑事裁判文书释法说理较之民事裁判文书和行政裁判文书释法说理要复杂很多。如一份有罪刑事判决书在裁判理由中通常包含以下各项："（1）有关个人之叙述；（2）已经证明之犯罪事实（犯罪事实之确认）；（3）有关对刑事诉讼法第二百六十七条第（二）项（例如正当防卫）中的特别情况之裁判；（4）被告对认定及心证之陈述；（5）所适用之刑法法条；（6）当被认定刑罚减轻的要件存在时或对刑罚减轻提出之申请加以拒绝时，均应将对该减轻事由之裁判理由加以说明；（7）量刑理由；（8）当被缓刑或提出缓刑之申请遭拒绝时，需对缓刑之原因加以说明；（9）判处短期自由刑之理由；（10）附带裁判之理由说明。"但总体来看，刑事裁判文书的说理也包括事实认定说理和法律适用说理两部分。

2. 裁判文书中事实认定说理。依据审级不同，裁判文书中事实说理部分所占比例也很不一样。如在初审判决中，事实认定说理是非常重要的内容，有的判决中甚至能占到绝大部分篇幅。而在最高人民法院的判

① 详见广东省惠州市中级人民法院（2014）惠阳法刑二初字第83号刑事判决书。

决中一般只对案情做概括性摘要。[①] 总体来看，事实认定说理也包括两部分，即事实说理和证据说理。事实说理有三个特征：一是详尽的叙述方式，全面细致地叙述有关事实；二是叙述的故事化，以旁观者的身份，分析犯罪事实的起因、经过和结果；三是重视心理刻画，反映被告人的主观心态。证据认定上，只有在涉及间接证据的情形下，才需要将理由和该证据事实写入判决书，其他的证据无须在判决书中记载。但在实务中，为避免第三审法院因澄清案件之诉或因主张心证的瑕疵而将判决撤销，只要是有必要的话，每一份判决均记载有详细的证据评价。[②]

3. 裁判文书中法律适用说理。德国裁判文书的法律适用说理篇幅之大，引用法律之多，论证之缜密，足以与英美法系判决书相媲美。其中刑事裁判文书的法律适用说理可以分为定罪说理和量刑说理两部分。定罪说理主要围绕犯罪构成要件，从构成要件该当性、违法性和有责性进行。量刑说理是法院对被告人被判处刑罚的说理。《德国刑事诉讼法典》第二百六十七条规定："……（二）审理中，刑法特别规定的免除、减轻或加重可罚性的情节被主张时，对这些情节是否认定，判决理由必须说明。（三）此外，判决理由必须指出适用的刑法并说明量刑情节……"[③]

【规范链接】

《中华人民共和国民事诉讼法》（2017 年 6 月 27 日）

第一百五十二条　判决书应当写明判决结果和作出该判决的理由。判决书内容包括：

（一）案由、诉讼请求、争议的事实和理由；

---

① 参见欧宏伟：《联邦德国最高法院民事判决书评介》，载《法律适用》2007 年第 6 期。

② 参见［德］Clause Roxin：《德国刑事诉讼法》，吴丽琪译，台湾三民书局 1997 年版，第 530 页。

③ 参见刘昂等：《优秀裁判文书标准及实现》，中国法制出版社 2015 年版，第 61 ~ 64 页。

（二）判决认定的事实和理由、适用的法律和理由；

（三）判决结果和诉讼费用的负担；

（四）上诉期间和上诉的法院。

判决书由审判人员、书记员署名，加盖人民法院印章。

《中华人民共和国行政诉讼法》（2017 年 6 月 27 日）

第四十三条　证据应当在法庭上出示，并由当事人互相质证。对涉及国家秘密、商业秘密和个人隐私的证据，不得在公开开庭时出示。

人民法院应当按照法定程序，全面、客观地审查核实证据。对未采纳的证据应当在裁判文书中说明理由。

以非法手段取得的证据，不得作为认定案件事实的根据。

《最高人民法院关于适用〈中华人民共和国刑事诉讼法〉的解释》（法释〔2012〕21 号）

第二百四十六条　裁判文书应当写明裁判依据，阐释裁判理由，反映控辩双方的意见并说明采纳或者不采纳的理由。

《最高人民法院关于适用〈中华人民共和国民事诉讼法〉的解释》（法释〔2015〕5 号）

第一百零五条规定　人民法院应当按照法定程序，全面、客观地审核证据，依照法律规定，运用逻辑推理和日常生活经验法则，对证据有无证明力和证明力大小进行判断，并公开判断的理由和结果。

三、裁判文书释法说理，要立场正确、内容合法、程序正当，符合社会主义核心价值观的精神和要求；要围绕证据审查判断、事实认定、法律适用进行说理，反映推理过程，做到层次分明；要针对诉讼主张和诉讼争点、结合庭审情况进行说理，做到有的放矢；要根据案件社会影响、审判程序、诉讼阶段等不同情况进行繁简适度的说理，简案略说，繁案精说，力求恰到好处。

【条文说明】

本条是关于裁判文书释法说理基本遵循的规定。

裁判文书释法说理应当符合逻辑，遵循合法性、正当性、层次性、针对性和必要性原则。

一、裁判文书释法说理应当符合逻辑

符合逻辑是裁判文书释法说理的内在要求。裁判文书释法说理时要注意遵循逻辑规则，做到充分透彻。逻辑严密是裁判文书的基本要求，裁判文书释法说理需要实现事实与证据相对应，事实与法律相对应，裁判结论与诉讼主张相对应。具体来说，裁判文书释法说理的逻辑要求主要包括以下三个方面的内容：

第一，裁判文书释法说理应遵循形式逻辑和非形式逻辑。形式逻辑要求裁判文书以案件事实和法律适用为基础，严格按照逻辑学三段论的推理规则进行说理，充分论证和阐明法律规范与案件事实之间的内在联系，使事实、理由和判决结果相互联系，思路清晰，层次分明，做到理由与事实一致，理由与判决结果一致。① 形式逻辑的基本原理包括同一律、矛盾律、排中律和充足理由律。同一律要求在论证过程中，实际证明的判断要和需要证明的判断同一；矛盾律要求裁判文书释法说理不能前后矛盾；排中律要求法官的判决要观点鲜明，是非明确，不能观点含糊，模棱两可；充足理由律要求每一个判断都要有充足的理由。非形式逻辑是逻辑的一个分支，其任务是讲述日常生活中分析、解释、评价、批评和论证建构的非形式标准、尺度和程序。非形式逻辑要求裁判文书释法说理不可以违背日常经验法则、常识判断等，在依据法律、司法解释规定外，法官可以运用公理、情理、经验

---

① 参见贺小荣、王松：《民事裁判文书制作若干问题探析》，载《人民司法》2005 年第 12 期。

法则、交易习惯、职业伦理等论据论证裁判理由，以提高裁判结论的正当性和可接受性。

第二，裁判文书释法说理应遵循法律逻辑。法律逻辑学是研究法律及司法实践中的思维形式、思维规律、思维方法的应用逻辑学。[①] 法律逻辑要求裁判文书释法说理在形式上遵守裁判文书制作规范；语言表述上符合法律规范、严谨科学；在证据审查和认定事实的过程中严格遵守证据规则；在法律适用和形成裁判结论过程中进行法律解释和法律推理。

第三，裁判文书释法说理应遵循诉讼逻辑和审判逻辑。诉讼逻辑要求裁判文书对诉讼各阶段全面反映和记录，对诉讼各方在法庭辩论中的主张与抗辩、举证与质证、论证与反驳等进行回应，并阐明理由。不同审判领域的裁判文书释法说理各自应当遵循民事诉讼逻辑、刑事诉讼逻辑和行政诉讼逻辑。审判逻辑要求裁判文书释法说理过程必须全面反映人民法院的审理过程和结果，不得遗漏案件审理的程序性事项、诉讼各方的诉讼主张、公诉及辩护意见等。

二、裁判文书释法说理应当遵循合法性原则

裁判文书释法说理的合法性原则即裁判文书释法说理应合乎法律，做到“有法必依”。党的十八届三中全会《决定》强调，“推进严格司法。坚持以事实为根据、以法律为准绳，健全事实认定符合客观真相、办案结果符合实体公正、办案过程符合程序公正的法律制度”。合法性原则贯穿于裁判文书释法说理的方方面面，具体来说裁判文书释法说理的合法性原则主要体现在以下四个方面：第一，对审查判断证据的说理应严格遵守《最高人民法院关于民事诉讼证据的若干规定》（以下简称《民事诉讼证据规定》）、《最高人民法院关于行政诉

---

① 参见陈康扬、潘利平主编：《法律逻辑》，四川大学出版社 2003 年版，第 3 页。

讼证据若干问题的规定》（以下简称《行政诉讼证据规定》）、《关于办理刑事案件严格排除非法证据若干问题的规定》等相关证据规则的规定。第二，对认定案件事实的说理应在审查判断证据的基础上，结合庭审举证、质证、法庭辩论等情况，严格遵守《民事诉讼法》《刑事诉讼法》《行政诉讼法》的相关规定认定案件事实。第三，对适用法律的说理应当严格遵守《立法法》《最高人民法院关于裁判文书引用法律、法规等规范性法律文件的规定》等适用法律的相关法律法规以及《民法总则》《刑法》《行政诉讼法》等实体法律法规的相关规定。第四，对行使自由裁量权的说理应当遵守相关法律规定。

三、裁判文书释法说理应当遵循正当性原则

裁判文书释法说理的正当性原则包括以下三个层面：第一，裁判文书释法说理的内容要正当合理，传达社会正能量，宣扬正确的价值观，将法理和情理融为一体。如“狼牙山五壮士”名誉侵权案一、二审裁判文书①有力地维护了英雄形象，弘扬了社会主义核心价值观。于欢故意伤害案二审刑事判决书②坚持法治、道德与伦理相结合，体现了法、理、情的有机统一。朱振彪追赶交通肇事逃逸者案③支持鼓励见义勇为，捍卫善良风俗。第二，裁判文书释法说理要遵守“禁止向一般条款逃逸”的规则，不能借口符合情理来突破法律规定。第三，裁判文书释法说理应平等对待诉讼各方，回应诉讼各方的意见。第四，裁判文书释法说理应符合“正当程序原理”和“程序正义”的基本要求和内在精神。

---

① 详见北京市海淀区人民法院（2014）海民初字第13924号民事判决书和北京市第一中级人民法院（2016）京01民终1563号民事判决书。

② 详见山东省高级人民法院（2017）鲁刑终151号刑事附带民事判决书。

③ 详见河南省滦南县人民法院（2017）冀0224民初3480号民事判决书。

四、裁判文书释法说理应当遵循层次性原则

裁判文书释法说理的层次性原则要求裁判文书要围绕证据审查判断、事实认定、法律适用进行说理，反映推理过程，主要包括以下三个方面：第一，审查判断证据说理。审查判断证据是法官进行裁判的第一道程序，更是准确认定案件事实、正确适用法律、恰当运用自由裁量权的基础和依据，因此，裁判文书释法说理的首要要求就是对“审查判断证据”进行说理。第二，认定案件事实说理。案件事实是裁判的前提和基础，是法官在诉讼过程中基于审查判断后所采信的证据而认定的有关案件的具有法律意义的事实。认定案件事实说理是法的适用过程中承上启下的环节，要以法律关系的构成要件为指导，在证据的支撑下抽象概括事实要素，分析认定案件性质。第三，法律适用说理。法律适用是在查明案件事实的基础上寻找合适的法律规范，并在法律规范和案件事实的基础上进行推理而形成裁判结论。

五、裁判文书释法说理应当遵循针对性原则

针对性原则是指裁判文书释法说理时要注意针对具体对象和具体问题，做到有的放矢。一方面，随着当事人主义诉讼模式的逐步完善，法官更需要对诉讼各方的意见进行回应，尤其是要对不予采纳的观点说明理由，从而淡化裁判文书的权威色彩。另一方面，繁简分流要求法官应当在裁判文书中围绕争议焦点分配说理资源，集中笔墨解决有争议的事项。具体来说，裁判文书释法说理的针对性原则主要包括以下三个方面的内容：第一，裁判文书释法说理应针对诉讼各方的主张来进行。对是否支持当事人的诉辩主张明确表态，分清是非，明确责任。如“薄熙来案”二审裁定书针对薄熙来提出的十一条上诉意见、

律师提出的四条辩护意见，逐一进行分析、论证、判断。[①] 第二，裁判文书释法说理应针对诉讼各方的争点来进行，既包括诉讼各方对证据“三性”（关联性、合法性和真实性）的争论，也包括事实认定方面的争论，还包括法律适用方面的争论，甚至是某个量刑情节是否存在的问题。第三，裁判文书释法说理应针对不同的受众来进行，案件当事人、与案件程序流转相关的法官、法律职业共同体、社会普通大众均会或多或少地直接或者间接地影响法官的裁判文书释法说理。以刑事案件为例，一审裁判文书释法说理主要针对公诉方的指控意见和被告方的辩护意见；二审裁判文书释法说理主要针对上诉人的上诉意见或检察机关的抗诉意见；改判发回案件的裁判文书释法说理，还要针对下级法院的原审判决。

六、裁判文书释法说理应当遵循必要性原则

必要性原则就是要求裁判文书释法说理时要“繁简分流”和“适可而止”。具体来说，裁判文书释法说理的必要性原则主要包括以下几个方面：第一，法官应根据案件难易、讼争事实、庭审情况的不同进行繁简适度的说理。简单案件简化说理，繁难案件需要强化说理。第二，法官在判决书、裁定书、调解书、决定书中的说理应存有差别。实体类的判决书、裁定书要求说理的程度较高，程序类的裁定书和决定书一般说理要求不高，调解书因双方当事人的合意处分因素自然会减少说理的必要性。第三，从协同性、配套性角度来说，不同的诉讼程序往往需要不同的裁判文书样式，其中就包括对裁判说理作出不同的安排，普通程序需要制作“要式裁判文书”，简易程序需要制作“简式裁判文书”。第四，从不同层级法院功能的角度而言，四级法院制作的裁判文书的说理理应有别。基层法院和中级法院应该更加注重

① 详见山东省济南市中级人民法院（2013）济刑二初字第 8 号刑事判决书和山东省高级人民法院（2013）鲁刑二终自第 110 号刑事裁定书。

解决纠纷，高级法院和最高法院则应该更加偏重确立规则。[①] 党的十八届四中全会《决定》提出，“完善审级制度，一审重在解决事实认定和法律适用，二审重在解决事实法律争议、实现二审终审，再审重在解决依法纠错、维护裁判权威。”按照此种一审、二审、再审的功能定位，单纯审理一审案件的基层法院的裁判文书释法说理要求有别于中级、高级、最高法院制作的裁判文书，同时中级、高级、最高人民法院各自制作的一审裁判文书的说理要求也有别于二审、再审裁判文书。第五，裁判文书释法说理应注意“度”的把握。一方面，从论点和论据的关系而言，既要求整个裁判文书的论据对于最终的裁判结论而言是充分的，也要求裁判文书中的每个论点均有充分的论据；另一方面，从具体标准而言，裁判文书既不能说理不到位、有欠缺，也不能繁琐说理、啰嗦说理、“表演式”说理，而要谨守“中庸之道”，力争“恰到好处”。

【经验推介】

“狼牙山五壮士”名誉权纠纷一审、二审判决书，维护英雄形象，弘扬社会主义核心价值观

首先，中国人民抗日战争胜利，是近代以来中国抗击外敌入侵的第一次完全胜利。中国共产党的中流砥柱作用是中国人民抗日战争胜利的关键。八路军“狼牙山五壮士”是抗日战争中产生的英雄团体，是中国人民不畏强暴，以身殉国的杰出代表之一。他们所展现出的大无畏牺牲精神和坚贞不屈的民族气节已经成为中华民族的共同历史记忆和宝贵精神财富。《细节》一文以不同史料之间的差别甚至是细微差别，来质疑、矮化“狼牙山五壮士”的英雄形象，挑战社会公众的

① 参见罗灿：《司法改革背景下裁判文书释法说理的规范与加强》，载《人民法治》2015 年 10 月。

传统观念和主流价值观，伤害社会公众的民族情感和历史情感。黄钟、洪某快作为《细节》一文的编辑和作者，对于行为的后果应当具有一定的认知，其二人对于由此而引发公众的广泛批评甚至是激烈反应，应当负有更高的容忍义务。其次，从涉诉微博内容来看，是郭松民针对历史虚无主义这一社会思潮一贯否定性评价的表达，并未指名道姓，也不存在以影射方式暗指黄钟、洪某快的情形，黄钟、洪某快作为《细节》一文的编辑和作者，对于相关微博言论较为敏感，容易得出涉诉微博指向自身的结论，但就一般公众的理解，涉诉微博内容并未确定指向黄钟和洪某快。最后，就黄钟、洪某快所主张的损害后果而言，通过黄钟、洪某快提交的公证书等证据可以看出，网民对微博的转发与评论更多是基于自身对涉诉文章的认知所进行的价值判断和情感表达，并非由郭松民的微博言论所引导或决定，所以不能认定郭松民的微博内容导致黄钟、洪振快社会评价降低的损害后果。综上，郭松民的微博言论虽个别用语有不妥之处，但不构成侵权。[①]

电梯劝阻吸烟案判决书让维护法律和公共利益的行为受到鼓励

本案属于生命权纠纷，应当适用《中华人民共和国侵权责任法》相关规定。《中华人民共和国侵权责任法》第六条第一款规定：“行为人因过错侵害他人民事权益，应当承担侵权责任。”因此，确定杨某应否承担侵权责任，关键是要分析杨某对段某某在电梯间吸烟进行劝阻与段某某死亡的事实之间是否有因果关系、杨某是否存在过错。具体分析如下：1. 杨某劝阻段某某吸烟行为未超出必要限度，属于正当劝阻行为。在劝阻段某某吸烟的过程中，杨某保持理性，平和劝阻，

---

① 详见北京市海淀区人民法院（2014）海民初字第13924号民事判决书和北京市第一中级人民法院（2016）京01民终1563号民事判决书。

双方之间也没有发生肢体冲突和拉扯行为，本案中也没有证据证明杨某对段某某进行过呵斥或有其他不当行为。2. 杨某劝阻段某某吸烟行为本身不会造成段某某死亡的结果。段某某在未能控制自身情绪的情况下，不幸死亡。虽然从时间上看，杨某劝阻段某某吸烟行为与段某某死亡的后果是先后发生的，但两者之间并不存在法律上的因果关系。3. 杨某没有侵害段某某生命权的故意或过失。杨某此前不认识段某某，也不知道段某某有心脏病史并做过心脏搭桥手术，其劝阻段某某吸烟是履行公民应尽的社会责任，不存在加害段某某的故意，而且杨某在知道段某某犯病后，及时发挥专业技能对段某某积极施救。杨某对段某某的死亡无法预见，也不存在疏忽或懈怠，没有过错。综上，杨某对段某某在电梯间吸烟予以劝阻的行为与段某某死亡结果不存在法律上的因果关系，杨某不存在过错，不应承担侵权责任。田某某关于杨某存在过错，应承担一般侵权责任的上诉理由不能成立，本院不予支持。①

【域外比较】

从域外情况来看，当今世界都十分重视裁判文书释法说理的繁简分流。在立法规定方面，不少国家和地区的诉讼法都明文要求裁判文书释法说理，否则判决无效或可以上诉。例如，《法国民事诉讼法典》第四百五十五条规定："判决应当简要表述各方当事人的诉讼请求以及他们提出的理由；判决应以条文形式写明所作的判决决定，并应当说明理由，否则判决无效。"《日本民事诉讼法》第三百一十二条第二款第（六）项规定："判决未附上理由，或判决理由有误时，当事人有权以程序违法为由，提出上告。"《意大利民事诉讼法》第三百六十条规定："对争议的重要问题的判决省略判决理由或者理由不足或者

① 详见河南省郑州市中级人民法院（2017）豫01民终14848号民事判决书。

理由和判决结论自相矛盾属于法律错误。对于法律错误的，当事人可以直接提起第三审。”一些国家和地区甚至在宪法中明确规定了法官具有对裁判文书进行说理的义务。例如，《比利时联邦宪法》第一百四十九条规定：“所有判决均须说明理由。判决公开进行宣读。”《荷兰王国宪法》第一百二十一条规定：“除议会法令规定的情形外，审判应公开进行，判决应说明其所依据的理由并向社会公布。”《西班牙王国宪法》第一百二十条规定：“司法程序公开，程序法有特别规定的除外。诉讼，特别是刑事案件，以口头形式为主。判决必须包含判决理由，并公开宣判。”

但是，大多数国家和地区在诉讼法和宪法中对加强说理和简化说理的情形同时进行了规定。例如，《苏里兰共和国宪法》第一百三十六条规定：“所有判决都应陈述其所依据的理由，刑事案件的判决还应写明作出处罚所依据的法律条文。除法律规定的例外情况，案件审理应公开进行。法律规定应受处罚的行为，不应判处有期徒刑的，不适用第一款的规定。”《日本刑事诉讼法》第四十四条规定：“裁判，应当附具理由。不得上诉的裁定或者命令，不需要附具理由。但依照第四百二十八条第二款的规定可以提出异议的裁定，不在此限。”《韩国刑事诉讼法》第三十九条规定：“裁判应明示理由。但是，不允许上诉的决定或者命令除外。”《德国民事诉讼法典》第三百一十三条规定：“1. 判决书应记载：（1）当事人，其法定代理人与诉讼代理人；（2）法院，参与裁判的法官的姓名；（3）言词辩论终结的日期；（4）判决主文；（5）事实；（6）裁判理由。2. 事实项下，应特别表明提出的申请，并简略地叙明提出的请求以及所用攻击防御方法的主要内容。因案件和诉讼的不同情况，应该引用书状、记录和其他文件。3. 裁判理由项下，应简略、扼要地记载从事实和法律两方面作出裁判所依据的论据。宣告缺席判决、认诺判决或舍弃判决，不需要事实和理由，判决中应表明其为缺席判决、认诺判决或舍弃判决。”第三百一十三条之一规定："1. 如果对于判决肯定不会提起上诉时，判决可以不记载事实。如果当事人并且至迟于言辞辩论终结后第二天表示不必记载裁判理由时，判决也可以不记载理由……"《日本民事诉讼法》第二百五十四条规定："在下面所列的情况下，承认原告的请求时，不拘泥于本法第二百五十二条的规定，宣布判决可以不基于判决书的原本：(一) 在口头辩论中，被告不争诉原告所主张的事实，也不提出任何防御方法；(二) 被告尽管受到公告送达的传唤，却在口头辩论的期日没有出庭（被告所提出的准备书状，视为其在口头辩论中陈述的情况除外）。根据本条前款规定宣布判决时，法院已宣布判决的口头辩论期日的笔录代替判决书，应当是法院书记官在口头辩论期日的笔录上记载当事人及法定代理人、主文、请求以及理由的要点。"

【规范链接】

《最高人民法院关于进一步提高裁判文书质量的通知》（法〔2009〕177 号）

三、加强裁判文书说理，不断提高服判息诉率。说理是裁判文书的灵魂。增强裁判文书释法说理的针对性、透彻性，要重点围绕案件争议焦点、事实认定、证据采信、裁判理由、法律适用进行阐释，努力做到"辨法析理、胜败皆明"。判后答疑是对裁判文书释法说理的强化和补充，要继续坚持和加强判后答疑工作，增强答疑的针对性和实效性，切实促进当事人服判息诉，实现案结事了。

《最高人民法院关于全面深化人民法院改革的意见——人民法院第四个五年改革纲要（2014—2018）》（法发〔2015〕3 号）

34. 推动裁判文书说理改革。根据不同审级和案件类型，实现裁判文书的繁简分流。加强对当事人争议较大、法律关系复杂、社会关注度较高的一审案件，以及所有的二审案件、再审案件、审判委员会讨论决定案件裁判文书的说理性。对事实清楚、权利义务关系明确、当事人争议不大的一审民商事案件和事实清楚、证据确实充分、被告人认罪的一审轻微刑事案件，使用简化的裁判文书，通过填充要素、简化格式，提高裁判效率。重视律师辩护代理意见，对于律师依法提出的辩护代理意见未予采纳的，应当在裁判文书中说明理由。完善裁判文书说理的刚性约束机制和激励机制，建立裁判文书说理的评价体系，将裁判文书的说理水平作为法官业绩评价和晋级、选升的重要因素。

《最高人民法院关于进一步推进案件繁简分流优化司法资源配置的若干意见》（**法发**〔2016〕21 号）

15. 推行裁判文书繁简分流。根据法院审级、案件类型、庭审情况等对裁判文书的体例结构及说理进行繁简分流。复杂案件的裁判文书应当围绕争议焦点进行有针对性地说理。新类型、具有指导意义的简单案件，加强说理；其他简单案件可以使用令状式、要素式、表格式等简式裁判文书，简化说理。当庭宣判的案件，裁判文书可以适当简化。当庭即时履行的民事案件，经征得各方当事人同意，可以在法庭笔录中记录相关情况后不再出具裁判文书。

四、裁判文书中对证据的认定，应当结合诉讼各方举证质证以及法庭调查核实证据等情况，根据证据规则，运用逻辑推理和经验法则，必要时使用推定和司法认知等方法，围绕证据的关联性、合法性和真实性进行全面、客观、公正的审查判断，阐明证据采纳和采信的理由。

【条文说明】

本条是关于审查判断证据说理要求的规定。

从法的适用阶段看，“审查判断证据”是第一道环节，缺乏对证据的认证分析，既不能展示法官心证的过程，也无从知晓证据与待证事实之间的关联性。裁判文书说理的程序正义标准，与庭审程序进程的再现和说理要素的充分表达息息相关，是尊重说理程序法律属性的应有之义，是说理的底线要求。①

一、关于“举证”“质证”和法庭“调查核实证据”的情况

裁判文书是诉讼过程和诉讼结果的载体，是法官对诉讼争议的判断、评价，并对其结论所进行的论证。对审理过程尤其是庭审中举证、质证及认证予以公开展示，加强裁判依据的论证，使得裁判文书以详尽的证据、周密的论证、充分的说理来大大增强裁判文书的可读性与说服力。②

法庭调查就是诉讼各方在法官的主持下进行举证、质证的过程。证据必须在法庭上出示，并经过质证，才可以作为认定案件事实的根据。诉讼各方出示的证据是质证的客体，作为认定案件事实的证据必须同时具有真实性、关联性和合法性。《最高人民法院关于适用〈中华人民共和国刑事诉讼法〉的解释》（以下简称《刑诉法解释》）第六十三条规定：“证据未经当庭出示、辨认、质证等法庭调查程序查证属实，不得作为定案的根据，但法律和本解释另有规定的除外。”《民事诉讼证据规定》第五十条规定：“质证时，当事人应当围绕证据的真实性、关联性、合法性，针对证据证明力有无以及证明力大小，进行质疑、说明与辩驳。”《行政诉讼证据规定》第三十九条第一款规定：“当事人应当围绕证据的关联性、合法性和真实性，针对证据有无证明效力以及证明效力大小，进行质证。”

---

① 参见赵朝琴、刘树德：《关于裁判文书说理责任制度构建的思考》，载《法律适用》2017年第23期。

② 参见何波：《民商事裁判文书的制作与说理》，载《人民司法》2009年第3期。

证据的合法性决定了一项证据是否具有转化为定案根据的法律资格。为了确保证据的合法性，三大诉讼法对于收集证据、审查和判断证据、查证核实证据等，都规定了严格的程序和制度。[①] 只有具有合法性的证据才具有证据能力，才存在进一步对其证明力作出审查判断的可能。

具备合法性的证据，在形式上必须是客观存在的，在内容上必须是真实的。所谓证据的真实性，是指证据所表达的内容或证据事实是客观存在的，不以办案人员的意志为转移，不是主观想象或臆断的。[②] 法官可以从证据的收集主体、收集方式、内容以及与其他证据之间是否存在矛盾来判断证据是否真实。

判断证据是否具有关联性，需要考察的是证据与待证事实之间是否有联系以及联系是否密切。证据与案件事实联系越密切，证据的证明力就越强；联系越疏远，证据的证明力就越弱；无联系的，无证明力。证据对待证事实的证明力是诉讼各方质证的主要内容。[③]

我国三大诉讼法不同程度地赋予法院依职权调查取证的权利。法院依职权调取的证据不是质证的客体，但应当在法庭上予以出示，并询问双方当事人对法院调取证据的意见。法官应当在法庭调查阶段，将依职权调取的证据予以出示，诉讼各方可以对该证据的合法性、真实性和关联性提出质疑，法庭也可以就调查取证的过程和情况对当事人进行说明。相应地，法官应当将调查收集证据的过程、情况以及庭审出示情况在裁判文书中加以说明。

裁判文书对举证、质证情况的说理，应当注重区分“无争议证据”和“争议证据”。对于无争议证据简化说理；对于争议证据，特别是案件争议焦点所涉及的证据，应当详细阐述举证情况和质证意见。

---

① 参见樊崇义：《证据法学》（第六版），法律出版社 2017 年版，第 129 页。

② 参见陈光中：《刑事诉讼法》（第六版），北京大学出版社 2016 年版，第 165 页。

③ 参见何家弘、张卫平主编：《简明证据法学》，中国人民大学出版社 2007 年版，第 179 页。

二、关于运用证据规则和司法证明方法的情况

证据规则是指在诉讼中，规范证据的收集、证据的审查以及证据的评价等诉讼证明活动的准则。[①] 证据规则所约束的对象包括一切与证据或者证明行为有关的单位和个人，包括执法人员、代理人、当事人、证人、鉴定人等。[②] 从通常意义上说，证据规则有利于查明案件事实，实现实体公正，有利于约束裁判者的自由裁量权，有利于提升诉讼效率。在三大诉讼法中，证据规则的设定和要求有很大不同。

刑事证据规则不仅具有查明案件事实，增强诉讼程序的可操作性功能，还具有保障人权和增进特定社会利益保护的功能。典型的刑事证据规则有：非法证据排除规则、关联性规则、自白任意性规则、意见证据规则、补强证据规则、原始证据优先规则、直接言词证据规则、证据的证明力确定规则等。通常认为，非法证据排除规则、关联性规则、自白任意性规则、意见证据规则属于调整证据能力的规则；补强证据规则、原始证据优先规则、直接言词证据规则、证据的证明力确认规则属于调整证明力的规则。

民事诉讼尊重当事人意思自治，为促进纠纷化解、使诉讼更有效率，《民事诉讼证据规定》和《最高人民法院关于适用〈中华人民共和国民事诉讼法〉的解释》（以下简称《民诉法解释》）对举证期限、无须证明的事实、举证责任分配和证明标准等规则作出了系统规定。行政诉讼的特殊证据规则主要集中在《行政诉讼证据规定》中，典型证据规则是“被告负举证责任”的证明责任分配原则和行政案卷排除规则。

法官运用证据规则进行裁判时，应当将心证过程在裁判文书中进

---

① 参见陈光中：《刑事诉讼法》（第六版），北京大学出版社 2016 年版，第 189 页。

② 参见樊崇义：《证据法学》（第六版），法律出版社 2017 年版，第 80 页。

行公开。例如，运用非法证据排除规则时，应当对非法证据排除程序的启动、调查、是否排除的结果及其理由进行全面说理。

根据证据裁判主义与正当程序原则的要求，法官在认定案件事实时，首先以直接证据认定事实，当以直接证据来认定事实有疑问时，才可运用逻辑推理、经验法则、司法认知、推定等司法证明方法，且运用的过程必须透明、公开，以确保司法的合法性与正当性。

逻辑推理是司法证明中最基本的方法，是指从已知事实或者判断出发，按照一定的逻辑规律或者规则，推导出新的认识或者判断。[①]在逻辑推理中须遵循的逻辑规律一般包括矛盾律、同一律和排中律等。在司法裁判中，常用的推理方式为演绎推理和归纳推理。在民事、行政诉讼中，当案件缺乏请求权基础时，会运用到类比推理方式；在刑事案件中，类比推理间或也会被运用。在演绎推理中，法官应当围绕大前提与小前提之间的涵摄关系，对案件事实是否满足法律规范的要件事实构成并产生相应法律效果进行论证。在归纳推理中，法官应着重对归纳推理的前提与结论之间的必要性关系进行论证。在类比推理中，法官应当对案件事实缺乏法律规定、案件事实与拟类推适用的法律要件事实之间的相似性、拟类推适用的法律规范的立法本意进行充分论证。

经验法则，是指人们从生活经验中归纳获得的关于事物因果关系或属性状态的法则或知识。[②] 我国的《民事诉讼证据规定》和《行政诉讼证据规定》均确立了经验法则在诉讼过程中的法律地位和作用。在刑事诉讼中，《关于办理死刑案件审查判断证据若干问题的规定》第五条界定“证据确实、充分”的证明标准时，其中一项要求就是根据证据认定案件事实的过程符合逻辑和经验规则，由证据得出的结论为唯一结论。经验法则在决定证据能力、评价证据价值、事实推定中

---

① 参见何家弘、张卫平主编：《简明证据法学》，中国人民大学出版社2007年版，第119页。

② 参见张卫平：《认识经验法则》，载《清华法学》2008年第6期。

的推理、引导当事人证明活动的进行以及为证明标准的适用提供判断依据等方面起决定性作用。[①] 另一方面，经验法则也存在较大的局限性，具体表现为法官运用较低程度盖然性的经验法则推出的结论容易出错，经验法则的适用需建立在案件具体情况基础之上、具有适用的针对性与复杂性，经验法则属于主观判断活动范畴等。由于经验法则本身在证明案件事实上具有一定的盖然性，同时法官适用经验法则受个体条件的影响和制约，因此，法官运用经验法则认定案件事实时，应当在裁判文书中阐述理由，并对当事人或控辩双方就适用经验法则认定案件事实提出的意见进行评判和分析，增强裁判的说服力，规范法官自由裁量权的行使。

推定是作为证据证明的一种补充手段出现的。由于人类认知能力的局限性，证据证明不可能完全连接实体与程序，推定的运用就是为了弥补证明的不足。[②] 法学理论将推定分为法律推定和事实推定。其划分标准是推定所依凭的根据，“法律推定是指立法者按照特定的立法意图，依据立法程序在成文法条文中所设置的推定规范，规定以某一事实的存在为基础，据以认定另一事实或权利的存在”，“事实推定又称司法上的推定或诉讼上的推定，是指司法者在具体的诉讼过程中，在自由心证范围内根据有关证据和经验法则对有关证明对象所作出的一种推论。”[③] 法官应当在裁判文书中公开推定的过程，以展示如何适用推定认定案件事实的心证过程，说明运用证据认定基础事实的过程、推定依据的经验法则和法律规定的有效性以及适用推定的合理性，同时对提出异议一方的反驳理由进行分析，增强推定的说服力，提高司法裁判的认同度。

---

① 参见刘春梅：《浅论经验法则在事实认定中的作用及局限性之克服》，载《现代法学》2003 年第 3 期。

② 参见邓子滨：《刑事法中的推定》，中国人民公安大学出版社 2003 年版，第 40 页。

③ 参见王雄飞：《论事实推定和法律推定》，载《河北法学》2008 年第 6 期。

司法认知是指法院在审理过程中依申请或依职权，对特定事实的真实性直接予以确认的事实认定方法。[①] 法院对一定事实无须当事人举证即确认真实性，及时排除当事人无合理根据的争议，以确保审理高效有序地进行。从立法上来看，目前在我国的法律规范中并没有明确出现司法认知这一概念，只有在最高人民法院2002年发布的《民事诉讼证据规定》中规定了六类免证事实的内容。学界认为，采用司法认知之前，应当保障当事人的程序参与权，当事人有权对是否采用司法认知表达意见，特别是要保障对方当事人提出反证机会；在保障当事人程序参与权和进行必要调查的基础上，对方当事人没有提出反证的情况下，法官才能采用司法认知的事实。[②] 在裁判文书中，法官应当注重阐述司法认知的形成过程，对这一司法证明的必要性、合法性进行充分论证。

三、关于审查判断证据的情况

审查判断证据是认定案件事实的前提，包括证据能力和证明力的审查判断两个方面。审查判断证据能力适用证据的关联性、合法性和真实性三项标准，审查判断证明力则适用证据的确实性和充分性两项标准，我国的现行立法中确立了一些审查判断证据能力和证明力的规则，前者主要包括非法证据排除规则、电子证据的可采性规则、民事诉讼的最佳证据规则、行政案卷排他性规则、特定人员作证特免权规则等，后者主要包括补强证据规则、原始证据优先规则与证据证明力确认规则等。[③]

法官首先根据证据能力的审查判断规则，对证据的合法性、关联性和真实性进行全面判断，从而认定证据有无证据资格，并阐述

---

① 参见江伟主编：《民事证据法学》，中国人民大学出版社 2011 年版，第 130 页。
② 参见江伟主编：《民事证据法学》，中国人民大学出版社 2011 年版，第 131 页。
③ 参见何家弘、张卫平主编：《简明证据法学》，中国人民大学出版社 2007 年版，第 299 页。

理由。其中，对于案件争议焦点所涉及的关键证据、当事人提出异议的证据尤其应当注重强化说理。之后，法官在确定证据资格的基础上，根据审查判断证明力的规则，根据案件具体情况，从证据与待证事实的关联程度、证据之间的联系等方面对证据证明力大小进行判定。

证明力的审查判断是对案件中各种证据的认识过程，应该从个别到整体，按照一定的认证逻辑规律循序渐进地进行。法官对单一证据可以从以下方面进行审核认定：证据是否为原件、原物，复印件、复制品与原件、原物是否相符；证据与本案事实是否相关；证据的形式、来源是否符合法律规定；证据的内容是否真实；证人或者提供证据的人，与当事人有无利害关系。对于一组证据或全案证据，法官应当从各证据与案件事实的关联程度、各证据之间的联系等方面进行综合审查判断。就数个证据对同一事实的证明力，通常认为，国家机关、社会团体依职权制作的公文书证的证明力一般大于其他书证；物证、档案、鉴定结论、勘验笔录或者经过公证、登记的书证，其证明力一般大于其他书证、视听资料和证人证言；原始证据的证明力一般大于传来证据；直接证据的证明力一般大于间接证据；证人提供的对与其有亲属或者其他密切关系的当事人有利的证言，其证明力一般小于其他证人证言。

四、阐明是否采纳证据及其理由

《民事诉讼证据规定》和《行政诉讼证据规定》均规定，“人民法院应当在裁判文书中阐明证据是否采纳的理由。”在刑事诉讼中，裁判文书阐明证据是否采纳的理由，是刑事司法正当程序原则的基本要求。法官撰写裁判文书不应简单罗列证据后直接给出认定结论，而是应当注重对证据进行详略得当、有主有次的分析和说理。对于诉讼各方无争议的证据可以简化说理，对于关键证据和争议证据应当强化说理，充分阐述证据采纳或不予采纳的理由，公开法官心证形成的过程，提升裁判文书公信力。

【经验推介】

北京市海淀区人民法院（2015）海刑初字第512号刑事判决书

北京市海淀区人民检察院以京海检公诉刑诉（2015）1、2号起诉书指控被告单位深圳市快播科技有限公司（以下简称快播公司）和被告人王某、吴某、张某东、牛某举犯传播淫秽物品牟利罪，向本院提起公诉。

……

二、举证、质证、认证

公诉机关提举了证明指控的证据，被告单位、被告人及辩护人提举了支持辩护观点的证据，双方在法庭上相互发表了质证意见。法庭充分保障双方举证、质证的权利，对争议证据依法进行检验核实，最终认定可予采信的证据。

……

四、对证据的认定

针对控辩双方在两次庭审中的举证情况和质证意见，结合法庭对证据的检验核实，本院分析认证如下：

证据必须经过查证属实，才能作为定案的根据。本案关键证据能否采纳是必须首先明确的焦点问题。在案证据显示，海淀文委针对侵犯著作权违法活动行政执法检查时，于2013年11月18日从光通公司扣押了涉案4台服务器，随即移交给北京市版权局进行著作权鉴定。2014年4月10日，海淀公安分局依法调取了该4台服务器，随即移交给北京市公安局治安管理总队进行淫秽物品审验鉴定。在该4台服务器的扣押、移交、鉴定过程中，执法机关只登记了服务器接入互联网的 IP 地址，没有记载服务器的其他特征，而公安机关的淫秽物品审验鉴定人员错误地记载了硬盘的数量和容量，由于接入互联网的 IP 地址不能充分证明服务器与快播公司的关联关系，前后鉴定意见所记载的服务器的硬盘数量和容量存在矛盾，可以让人对现有存储淫秽视频的服务器是否为原始扣押的服务器、是否由快播公司实际控制使用产生合理怀疑。

针对辩方关于该服务器及存储内容作为鉴定检材真实性提出的质疑，本院委托信息鉴定中心对在案扣押的 4 台服务器及存储内容进行检验，分析了 4 台服务器（包括原鉴定当中因无法打开而未提取视频的 1 台服务器）的系统日志，检索到服务器的管理者频繁远程登录使用的 IP 地址 218. 17. 158. 115。经本院进一步要求，公安机关和检察机关调取了快播公司与深圳高新区信息网有限公司的上网专线协议，确认该 IP 地址为快播公司专用 IP 地址。同时，鉴定人员经对 4 台服务器内现存快播独有视频格式文件 qdata 文件属性等各类信息的检验分析，没有发现 2013 年 11 月 18 日后从外部拷入或修改 qdata 文件的痕迹。综合海淀文委、北京市版权局、北京市公安局等办案机关、办案人员出具的证据材料，结合对 4 台服务器的检验结果，本院认定，在办案机关扣押、移转、保存服务器的程序环节，文创动力公司为淫秽物品鉴定人提供转码服务等技术支持，没有破坏服务器及其所存储的视频文件的真实性，检材合法有效。基于该检材，公安机关所作淫秽物品鉴定，虽曾有程序瑕疵，但业已由 2015 年 11 月 6 日出具的淫秽物品鉴定所补正。

关于辩方所提何某科等人证言系人身受到强制的情况下作出的讯问笔录，不能作为证人证言使用的质证意见。经查，公安机关在立案侦查时对涉案犯罪嫌疑人予以拘留并讯问，程序合法，在控方没有对这些嫌疑人起诉时，其讯问笔录作为证人证言使用，符合法律规定。

关于辩方所提南山广电局、深圳网监、海淀文委在行政执法和查办案件中收集的证据材料，在刑事诉讼中不可以作为证据使用的质证意见。经查，《中华人民共和国刑事诉讼法》第五十二条第二款规定，行政机关在行政执法和查办案件过程中收集的物证、书证、视听资料、电子证据等证据材料，在刑事诉讼中可以作为证据使用。因此控方出示的行政机关收集的证据材料中，除2013年11月18日由海淀文委向林永新提取的询问笔录不能作为证据使用外，其他物证、书证、视听资料、电子证据等证据材料，形式来源合法有效，内容与案件事实具有关联性，均可以作为证据使用。

关于辩方所提南山广电局取证视频2份、现场检查（勘验）笔录与雷达搜索、私有云功能有关，而与指控事实没有关联性的质证意见。经查，快播软件中融入的快播雷达和私有云功能，是利用快播软件点播视频的组成部分，南山广电局对快播公司提供淫秽视频节目予以处罚，当然不仅是针对快播雷达和私有云软件，而是针对快播公司。公诉机关指控的是快播公司传播淫秽物品牟利的事实，不仅是针对起获的4台服务器中存在的淫秽视频的传播问题，而且包括利用快播雷达、私有云等技术传播淫秽视频等手段行为。对辩方所提此项证据与本案没有关联性的意见，本院不予采纳。

辩方出示的文创动力公司工商登记情况及股东情况、网页宣传资料、2013年国家版权局因版权问题对快播公司作出的著作权先行处罚告知书，形式来源虽然合法，但不能证明辩方有关文创动力公司与快播公司有利害关系这一主张；关于辩方所提文创动力公司并没有转码资质的辩护意见，经查，文创动力公司受公安机关委托为鉴定工作提供技术支持，不是鉴定人，不需要鉴定人资质，辩方所提证据以及本案事实也证明文创动力公司有能力完成公安机关委托的工作。本院对辩方上述意见不予采纳。

对控辩双方所提与辩护意见关联的其他事实、性质认定等方面的质证意见，将在下文定性部分一并论证。

综合上述认证分析，除个别依法应予排除外，控辩双方当庭出示的证据，以及本院检验核实并当庭出示的证据，形式来源合法有效，内容与案件事实具有关联性，可以作为证据使用。

【规范链接】

《中华人民共和国刑事诉讼法》（2012 年 3 月 14 日）

第五十三条　对一切案件的判处都要重证据，重调查研究，不轻信口供。只有被告人供述，没有其他证据的，不能认定被告人有罪和处以刑罚；没有被告人供述，证据确实、充分的，可以认定被告人有罪和处以刑罚。

证据确实、充分，应当符合以下条件：

（一）定罪量刑的事实都有证据证明；

（二）据以定案的证据均经法定程序查证属实；

（三）综合全案证据，对所认定事实已排除合理怀疑。

第五十四条 采用刑讯逼供等非法方法收集的犯罪嫌疑人、被告人供述和采用暴力、威胁等非法方法收集的证人证言、被害人陈述，应当予以排除。收集物证、书证不符合法定程序，可能严重影响司法公正的，应当予以补正或者作出合理解释；不能补正或者作出合理解释的，对该证据应当予以排除。

在侦查、审查起诉、审判时发现有应当排除的证据的，应当依法予以排除，不得作为起诉意见、起诉决定和判决的依据。

《中华人民共和国民事诉讼法》（2017 年 6 月 27 日）

第六十四条　当事人对自己提出的主张，有责任提供证据。

当事人及其诉讼代理人因客观原因不能自行收集的证据，或者人民法院认为审理案件需要的证据，人民法院应当调查收集。

人民法院应当按照法定程序，全面地、客观地审查核实证据。

《中华人民共和国行政诉讼法》（2017年6月27日）

第四十三条　证据应当在法庭上出示，并由当事人互相质证。对涉及国家秘密、商业秘密和个人隐私的证据，不得在公开开庭时出示。

人民法院应当按照法定程序，全面、客观地审查核实证据。对未采纳的证据应当在裁判文书中说明理由。

以非法手段取得的证据，不得作为认定案件事实的根据。

《最高人民法院关于民事诉讼证据的若干规定》（法释〔2001〕33号）

第六十三条　人民法院应当以证据能够证明的案件事实为依据依法作出裁判。

第六十四条　审判人员应当依照法定程序，全面、客观地审核证据，依据法律的规定，遵循法官职业道德，运用逻辑推理和日常生活经验，对证据有无证明力和证明力大小独立进行判断，并公开判断的理由和结果。

第六十五条　审判人员对单一证据可以从下列方面进行审核认定：

（一）证据是否原件、原物，复印件、复制品与原件、原物是否相符；

（二）证据与本案事实是否相关；

（三）证据的形式、来源是否符合法律规定；

（四）证据的内容是否真实；

（五）证人或者提供证据的人，与当事人有无利害关系。

第六十六条　审判人员对案件的全部证据，应当从各证据与案件事实的关联程度、各证据之间的联系等方面进行综合审查判断。

《最高人民法院关于适用〈中华人民共和国刑事诉讼法〉的解释》（法释〔2012〕21号）

第六十一条　认定案件事实，必须以证据为根据。

第六十二条　审判人员应当依照法定程序收集、审查、核实、认定证据。

第六十三条　证据未经当庭出示、辨认、质证等法庭调查程序查证属实，不得作为定案的根据，但法律和本解释另有规定的除外。

《最高人民法院关于适用〈中华人民共和国民事诉讼法〉的解释》（法释〔2015〕5号）

第一百零三条　证据应当在法庭上出示，由当事人互相质证。未经当事人质证的证据，不得作为认定案件事实的根据。

当事人在审理前的准备阶段认可的证据，经审判人员在庭审中说明后，视为质证过的证据。

涉及国家秘密、商业秘密、个人隐私或者法律规定应当保密的证据，不得公开质证。

第一百零四条　人民法院应当组织当事人围绕证据的真实性、合法性以及与待证事实的关联性进行质证，并针对证据有无证明力和证明力大小进行说明和辩论。

能够反映案件真实情况、与待证事实相关联、来源和形式符合法律规定的证据，应当作为认定案件事实的根据。

第一百零五条　人民法院应当按照法定程序，全面、客观地审核证据，依照法律规定，运用逻辑推理和日常生活经验法则，对证据有无证明力和证明力大小进行判断，并公开判断的理由和结果。

《最高人民法院关于适用〈中华人民共和国行政诉讼法〉的解释》（法释〔2018〕1号）

第四十二条　能够反映案件真实情况、与待证事实相关联、来源和形式符合法律规定的证据，应当作为认定案件事实的根据。

《最高人民法院关于行政诉讼证据若干问题的规定》（法释〔2002〕21号）

第五十三条　人民法院裁判行政案件，应当以证据证明的案件事实为依据。

第五十四条　法庭应当对经过庭审质证的证据和无需质证的证据进

行逐一审查和对全部证据综合审查，遵循法官职业道德，运用逻辑推理和生活经验，进行全面、客观和公正地分析判断，确定证据材料与案件事实之间的证明关系，排除不具有关联性的证据材料，准确认定案件事实。

第五十五条　法庭应当根据案件的具体情况，从以下方面审查证据的合法性：

（一）证据是否符合法定形式；

（二）证据的取得是否符合法律、法规、司法解释和规章的要求；

（三）是否有影响证据效力的其他违法情形。

第五十六条　法庭应当根据案件的具体情况，从以下方面审查证据的真实性：

（一）证据形成的原因；

（二）发现证据时的客观环境；

（三）证据是否为原件、原物，复制件、复制品与原件、原物是否相符；

（四）提供证据的人或者证人与当事人是否具有利害关系；

（五）影响证据真实性的其他因素。

五、刑事被告人及其辩护人提出排除非法证据申请的，裁判文书应当说明是否对证据收集的合法性进行调查、证据是否排除及其理由。民事、行政案件涉及举证责任分配或者证明标准争议的，裁判文书应当说明理由。

【条文说明】

本条是关于刑事裁判文书“非法证据排除”和民事、行政裁判文书“举证责任分配或证明标准争议”说理要求的规定。

一、关于“非法证据排除”的说理要求

非法证据排除规则是指在刑事诉讼中，以非法手段取得的证据，不得被采纳为认定被告人有罪的根据。2010 年以来，我国非法证据排除规则在两大方面得以完善：一是确立了以强制性排除、裁量性排除与瑕疵证据补正三元并立的非法证据排除模式，特别是确立了较为明确的非法证据排除对象；[①] 二是非法证据排除程序具备了大体稳定的制度框架，对于非法证据排除的启动、初步审查、庭前会议、庭审调查、裁判方式、救济途径等，确立了一系列具有可操作性的规则。[②]

本条规定，凡是刑事被告人及其辩护人提出排除非法证据申请的，裁判文书应当说明是否对证据收集的合法性进行调查、证据是否排除及其理由，实际上系要求法官在裁判文书中对非法证据排除程序的全过程即启动、调查、认定结论，进行全面说理。

法官在审查排除非法证据申请时，首先需要判断被告人及其辩护人申请排除的证据是否属于非法证据排除规则的适用范围。《刑事诉讼法》第五十四条第一款规定：“采用刑讯逼供等非法方法收集的犯罪嫌疑人、被告人供述和采用暴力、威胁等非法方法收集的证人证言、被害人陈述，应当予以排除。收集物证、书证不符合法定程序，可能严重影响司法公正的，应当予以补正或者作出合理解释；不能补正或者作出合理解释的，对该证据应当予以排除。”可见，我国非法证据排除规则的适用范围包括非法言词证据和非法实物证据。两类非法证据的构成条件不同。

非法证据排除调查程序的启动包括两种方式：其一是依职权启动方式，即检察人员或审判人员认为可能存在某一证据系侦查人员以非

---

① 参见陈瑞华：《刑事证据法的理论问题》，法律出版社 2015 年版，第 59 页。

② 参见戴长林：《非法证据排除规则司法适用疑难问题研究》，载《人民司法》2013 年第 9 期。

法方法所获取的证据，依据职权启动对该证据收集的合法性进行调查的程序。其二是依申请启动方式，即经当事人及其辩护人申请启动，法院经审查认为符合法定条件的启动排除非法证据程序。此处的法定条件是“提供相关线索或者材料”，其中“线索”是指内容具体、指向明确的涉嫌非法取证的人员、时间、地点、方式等；“材料”是指能够反映非法取证的伤情照片、体检记录、医院病历、讯问笔录、讯问录音录像或者同监室人员的证言等。实践中，绝大多数案件的非法证据排除程序系经被告人及其辩护人申请启动。为保障被告人充分行使诉权，同时又避免被告方滥用诉权，我国法律确立了在开庭审理前提出排除非法证据申请的基本原则。被告方在开庭审理前提出排除非法证据的申请，人民法院经审查，对证据收集的合法性有疑问的，应当召开庭前会议，就非法证据排除等问题了解情况，听取意见，公诉人、被告人及其辩护人在庭前会议中对证据收集是否合法未达成一致意见的，法院应当开展庭审调查。对于被告方在开庭审理前未申请排除非法证据，在庭审过程中提出申请的，应当说明理由；法院经审查，对证据收集的合法性有疑问的，应当进行调查；没有疑问的，应当驳回申请。对于被告方申请排除非法证据，因不具备法定条件而未启动非法证据排除调查程序的情形，尤其应当注重在裁判文书中对被告方提供线索的情况进行说明，并阐述不启动非法证据排除程序的理由。

法院启动对证据收集合法性的调查程序后，检察院对控诉证据的合法性负有证明责任，应当达到的证明标准是：证明至排除该证据系非法取得的可能性。经过法庭审理，确认或者不能排除存在《刑事诉讼法》第五十四条规定的以非法方法收集证据情形的，对有关证据应当予以排除。对于庭审调查过程和认定结果，法官应当在裁判文书中针对检察院提供证据的质证结果、录音录像播放、侦查人员出庭等关键情况进行充分说明，并详细阐述证据应否排除的理由。申言之，对于检察院出示的讯问笔录、提讯登记、体检记录、采取强制措施或者侦查措施的法律文书、侦查终结前对讯问合法性的核查材料等证据材料，详细阐述法庭举证、质证情况。对于讯问录音录像，详细说明对于讯问录音录像是否依法制作，讯问录音录像是否完整，讯问录音录像是否同步制作，讯问录音录像与讯问笔录的内容是否存在差异等内容的审查结论。

二、关于“举证责任分配或证明标准争议”的说理要求

本条规定，“民事、行政案件涉及举证责任分配或者证明标准争议的，裁判文书应当说明理由”。此处强调只在出现“争议”时，“应当说明理由”。

证明责任，又称举证责任，是指当作为裁判基础的法律要件事实在诉讼中处于真伪不明的状态时，一方当事人因此而承担的诉讼上的不利后果。[①] 法官在裁判案件争议时，首先需要判断作为裁判基础的事实是否存在，然后才能适用法律作出裁判。在诉讼中，即使案件事实真伪不明，法院也必须作出裁判，并且裁判结果总是对一方当事人不利。证明责任是一种不利的后果，只在作为裁判基础的主要事实真伪不明时才发生作用，这种意义上的证明责任是一种作为结果责任的证明责任，而不是应当进行证明活动的行为责任。[②]

证明责任分配是指法院在诉讼中按照一定规范或标准，将事实真伪不明时所要承担的不利后果在各方当事人之间进行划分。[③] 民事诉讼和行政诉讼实行不同的证明责任分配规则。

民事诉讼证明责任分配一般贯彻“谁主张，谁举证”原则，同时存有证明责任的转移、证明责任的倒置、证明责任的司法裁量等特殊

---

① 参见张卫平：《民事诉讼法（第二版）》，法律出版社 2009 年版，第 208 页。
② 参见张卫平：《民事诉讼法（第二版）》，法律出版社 2009 年版，第 211 页。
③ 参见张卫平：《民事诉讼法（第二版）》，法律出版社 2009 年版，第 213 页。

规则。《民事诉讼证据规定》第二条规定："当事人对自己提出的诉讼请求所依据的事实或者反驳对方诉讼请求所依据的事实有责任提供证据加以证明。没有证据或者证据不足以证明当事人的事实主张的，由负有举证责任的当事人承担不利后果。"同时，该规定对合同案件、特殊侵权案件、劳动争议案件的证明责任分配作出了比较明确的规定。第五条规定："在合同纠纷案件中，主张合同关系成立并生效的一方当事人对合同订立和生效的事实承担举证责任；主张合同关系变更、解除、终止、撤销的一方当事人对引起合同关系变动的事实承担举证责任。对合同是否履行发生争议的，由负有履行义务的当事人承担举证责任。对代理权发生争议的，由主张有代理权一方当事人承担举证责任。"第六条规定："在劳动争议纠纷案件中，因用人单位作出开除、除名、辞退、解除劳动合同、减少劳动报酬、计算劳动者工作年限等决定而发生劳动争议的，由用人单位负举证责任。"实践中的疑难问题是，在法律没有明确规定时，哪些事实是诉讼请求所依据的事实并不明确，需要法官针对个案具体情况进行判断。

行政诉讼中，证据论证主要围绕被诉行政行为合法性展开，证明责任分配原则是"被告负举证责任"。《行政诉讼法》第三十四条第一款规定："被告对作出的具体行政行为负有举证责任，应当提供作出该具体行政行为的证据和所依据的规范性文件。"行政诉讼的原告也要承担一定的证明责任，在不作为、行政赔偿案件中，应当提供曾经提交过申请、自己遭受损害的证据。《行政诉讼证据规定》第四条第一款规定："公民、法人或者其他组织向人民法院起诉时，应当提供其符合起诉条件的相应的证据材料。在起诉被告不作为的案件中，原告应当提供其在行政程序中曾经提出申请的证据材料。"第五条规定："在行政赔偿诉讼中，原告应当对被诉具体行政行为造成损害的事实提供证据。"

证明标准是指法院在诉讼中认定案件事实所要达到的证明程度。[①] 民事诉讼法和行政诉讼法均没有关于证明标准的明确规定，但在相关条款中均有所涉及。

2017 年修正的《民事诉讼法》第一百七十条规定："第二审人民法院对上诉案件，经过审理，按照下列情形，分别处理：（一）原判决、裁定认定事实清楚，适用法律正确的，以判决、裁定方式驳回上诉，维持原判决、裁定；（二）原判决、裁定认定事实错误或者适用法律错误的，以判决、裁定方式依法改判、撤销或者变更；（三）原判决认定基本事实不清的，裁定撤销原判决，发回原审人民法院重审，或者查清事实后改判；（四）原判决遗漏当事人或者违法缺席判决等严重违反法定程序的，裁定撤销原判决，发回原审人民法院重审。原审人民法院对发回重审的案件作出判决后，当事人提起上诉的，第二审人民法院不得再次发回重审。"该规定采取否定表述方式规定民事诉讼的证明标准为"事实清楚，证据充分"。《民事诉讼证据规定》第七十三条规定："双方当事人对同一事实分别举出相反的证据，但都没有足够的依据否定对方证据的，人民法院应当结合案件情况，判断一方提供证据的证明力是否明显大于另一方提供证据的证明力，并对证明力较大的证据予以确认。因证据的证明力无法判断导致争议事实难以认定的，人民法院应当依据举证责任分配的规则作出裁判。"该条规定表明，在我国司法解释中确认了民事诉讼"优势证据"的标准。《民诉法解释》第一百零八条规定："对负有举证证明责任的当事人提供的证据，人民法院经审查并结合相关事实，确信待证事实的存在具有高度可能性的，应当认定该事实存在。对一方当事人为反驳负有举证证明责任的当事人所主张事实而提供的证据，人民法院经审查并结合相关事实，认为待证事实真伪不明的，应当认定该

① 参见张卫平：《民事诉讼法（第二版）》，法律出版社 2009 年版，第 217 页。

事实不存在。法律对于待证事实所应达到的证明标准另有规定的，从其规定。”该条规定表明，民诉法司法解释确认了民事诉讼“高度盖然性”的证明标准。

2017 年《行政诉讼法》第六十九条规定：“行政行为证据确凿，适用法律、法规正确，符合法定程序的，或者原告申请被告履行法定职责或者给付义务理由不成立的，人民法院判决驳回原告的诉讼请求。”第八十九条第一款规定：“人民法院审理上诉案件，按照下列情形，分别处理：（一）原判决、裁定认定事实清楚，适用法律、法规正确的，判决或者裁定驳回上诉，维持原判决、裁定；……（三）原判决认定基本事实不清、证据不足的，发回原审人民法院重审，或者查清事实后改判……”这从正反两方面阐述了行政诉讼的证明标准是“案件事实清楚，证据确凿（实）、充分”。

【经验推介】

一、关于“非法证据排除”说理

北京市人民检察院第一分院以京一分检公诉刑诉（2014）16 号起诉书指控被告人梁某犯故意伤害罪向本院提起公诉，被害人近亲属杜某、纪某甲、纪某乙亦向本院提交了附带民事诉状。本院经审查后依法组成合议庭于 2014 年 5 月 21 日立案，并在立案当日向被告人送达了起诉书副本及附带民事诉状，向梁某告知了在法院审理期间的诉讼权利，征求了其对回避、管辖、非法证据排除、申请证人出庭、申请重新勘验、鉴定、裁判文书上网等程序性问题的意见，并进行了相关法律程序的释明，被告人梁某表示均无异议。5 月 28 日，合议庭安排辩护人查阅、复制了全部案卷材料，并送达了起诉书副本及附带民事诉状副本。6 月 11 日，审判长与合议庭法官提讯了被告人梁某，进行诉讼权利的再告知、法律释明及证据开示，并再次征求其对回避，管辖，申请证人出庭，申请重新鉴定、勘验，非法证据排除等程序性问题的意见及对附带民事赔偿的意见。6 月 16 日，合议庭召集公诉人、辩护人、附带民事诉讼原告人及诉讼代理人、被告人梁某的近亲属召开了庭前会议，就管辖、回避、申请证人出庭、非法证据排除等程序性问题进行了磋商，听取各方意见，并进行了法律释明；组织控辩双方相互开示全部拟出示的证据，并就上述证据来源的合法性、证据的客观性及关联性提出意见；就附带民事诉讼赔偿部分听取原被告双方的意见。在庭前会议上，控辩双方均申请传证人王某某出庭，同时公诉人还申请传专家证人和警察证人耿某出庭，辩护人还申请传门头沟区医院的当班护士出庭。6 月 30 日，合议庭法官再次提讯被告人，告知附带民事调解进展情况，再次提示其在庭审阶段应当享有的诉讼权利。

庭前会议后，梁某的辩护人向本院提出两份书面申请，其一，申请法院排除梁某在 2013 年 10 月 29 日 14 时 17 分至 19 时、2013 年 11 月 5 日 9 时 10 分至 11 时 43 分、2013 年 11 月 12 日 11 时 38 分至 13 时 53 分期间的三份供述笔录，申请排除的理由是侦查机关对被告人采取了假设、无法理依据的推断、诱导以及以公权力的威力后果等对当事人进行无形的施压等手段、方式进行讯问，诱导被告人作出不利于自己的回答。其二，再次申请法院通知门头沟区医院的医生王某某及参与抢救被害人纪某甲的当班护士（具体情况不详）出庭，理由是参与抢救纪某甲的医生王某某及当班护士的抢救过程是否正当，对被害人死亡后果的发生会产生重要影响，并对被告人的定罪量刑具有重要意义。

……

对于辩护人请求法院认定梁某在 2013 年 10 月 29 日、11 月 5 日及 11 月 12 日的三份供述为非法证据并予以排除的申请，经查，在合议庭法官向被告人梁某送达起诉书副本及进行告权和证据开示时，梁某均确认其在侦查阶段的供述内容属实，系自愿作出，并确定侦查人员在讯问时未采取刑讯逼供等非法取证手段。此外，合议庭经审查梁某在上述时间段接受讯问时的同步录音录像，并与侦查机关制作经梁某签字确认的讯问笔录进行比对，可以确认侦查人员讯问梁某时未采取刑事诉讼法所禁止的非法取证手段，讯问程序合法。辩护人关于请求认定梁某在上述时间段内的供述为非法证据并予以排除的申请，系其对《刑事诉讼法》第五十四条内容的错误理解，且与在案证据严重不符，本院对被告人梁某在上述时间段内供述的合法性没有疑问，决定不启动非法证据排除调查程序。①

二、关于“举证责任分配或证明标准争议”说理

本院认为……

（二）根据现有证据能否认定涉案隐私信息是由东航和趣拿公司泄露

东航和趣拿公司在本案审理过程中都主张，庞某某没有证据证明其个人信息是东航和趣拿公司泄露，因而东航和趣拿公司不存在侵犯隐私权的行为。对此，本院认为，基于人类科学技术和认识手段的限制，现实中的客观事实经常不能通过事后的证明被完全还原。因此，诉讼中的证明活动，往往是一种受限制的认识活动，而并非无止境的绝对求真过程。基于这一认识，法律设计了证明标准规则，即对待证事实的证明达到何种程度即可确认该事实存在的规则。根据《民诉法解释》第一百零八条之规定，对负有举证证明责任的当事人提供的证据，人民法院经审查并结合相关事实，确信待证事实的存在具有高度可能性的，应当认定该事实存在。对一方当事人为反驳负有举证证明责任的当事人所主张事实而提供的证据，人民法院经审查并结合相关事实，认为待证事实真伪不明的，应当认定该事实不存在。据此，本

① 详见北京市第一中级人民法院（2014）一中刑初字1897号刑事附带民事判决书。

案中的关键是看庞某某提供的证据能否表明东航和趣拿公司存在泄露庞某某个人隐私信息的高度可能，以及东航和趣拿公司的反证能否推翻这种高度可能。

1. 庞某某提供的证据能否表明东航和趣拿公司存在泄露庞某某个人隐私信息的高度可能

本案中，鲁某通过去哪儿网为庞某某和自己向东航订购了机票，并且仅仅给去哪儿网留了自己的手机号，而非庞某某的手机号。但是，由于庞某某以前曾经通过去哪儿网订过机票，且是东航的常旅客，现有证据显示东航和去哪儿网都留存有庞某某的手机号。同时，中航信作为给东航提供商务数据网络服务的第三方，也掌握着东航的相关数据。因此，从机票销售的整个环节看，庞某某自己、鲁某、趣拿公司、东航、中航信都是掌握庞某某姓名、手机号及涉案行程信息的主体。但从本案现有证据及庞某某、鲁某在整个事件及诉讼中的表现看，庞某某和鲁某的行为并未违背一名善意旅客所应有的通常的行为方式。在没有相反证据予以证明的情况下，本院确信庞某某、鲁某在参加购买机票的民事活动及本案民事诉讼活动时具备诚实、善意的通常状态，不属于自己故意泄露个人信息而进行虚假诉讼。所以，上述主体中，可以排除庞某某和鲁某泄露庞某某隐私信息的可能。

在排除了庞某某和鲁某的泄露可能性之后，趣拿公司、东航、中航信都存在泄露信息的可能。而从收集证据的资金、技术等成本上看，作为普通人的庞某某根本不具备对东航、趣拿公司内部数据信息管理是否存在漏洞等情况进行举证证明的能力。因此，客观上，法律不能也不应要求庞某某确凿地证明必定是东航或趣拿公司泄露了其隐私信息。而从庞某某已经提交的现有证据看，庞某某已经证明自己是通过去哪儿网在东航官网（由中航信进行系统维护和管理）购买机票，并且东航和去哪儿网都存有庞某某的手机号。因此，东航和趣拿公司以及中航信都有能力和条件将庞某某的姓名、手机号和行程信息匹配在一起。虽然从逻辑上讲，任何第三人在已经获知庞某某姓名和手机号的情况下，如果又查询到了庞某某的行程信息，也可以将这些信息匹配在一起，但这种可能性却非常低。因为根据东航出具的说明，如需查询旅客航班信息，需提供订单号、旅客姓名、身份证号信息后才能逐个查询。而第三人即便已经获知庞某某姓名和手机号，也很难将庞某某的订单号、身份证号都掌握在手，从而很难查询到庞某某的航班信息。而与普通的第三人相比，恰恰是趣拿公司、东航、中航信已经把上述信息掌握在手。此外，一个非常重要的背景因素是，在本案所涉事件发生前后的一段时间，东航、趣拿公司和中航信被多家媒体质疑存在泄露乘客信息的情况。这一特殊背景因素在很大程度上强化了东航、趣拿公司和中航信泄露庞某某隐私信息的可能。综上，本院认定东航、趣拿公司存在泄露庞某某隐私信息的高度可能。

2. 东航和趣拿公司的反证能否推翻上述高度可能

诉讼中东航和趣拿公司都提供证据表明其采取措施尽到了对客户信息的安全保密职责，因而没有侵犯庞某某隐私权。东航在二审中提交的证据，还表明信息泄露也可能是犯罪分子所为。对此，本院认为，东航和趣拿公司的反证表明其自身采取了一定的安全管理措施，且犯罪分子窃取信息也是可能的泄露原因。但在本院已经确认东航、趣拿公司存在泄露庞某某隐私信息的高度可能的情况下，东航和趣拿公司并未举证证明本案中庞某某的信息泄露的确是归因于他人；也并未举证证明本案中庞某某的信息泄露可能是因为难以预料的黑客攻击；同时也未举证证明庞某某的信息泄露可能是其自身或鲁某所为。在这种情况下，东航、趣拿公司存在泄露庞某某隐私信息的高度可能很难被推翻。更何况，在本案事件所处时间段内，东航和趣拿公司都被媒体多次质疑泄露乘客隐私，国家民航局公安局甚至发文要求航空公司将当时的亚安全模式提升为安全模式。这些情况都表明，东航和趣拿公司的安全管理并非没有漏洞，而是存在提升的空间。因此，本院确认东航和趣拿公司存在泄露庞某某个人隐私信息的高度可能。

需要强调的是，本院认定本案中趣拿公司和东航存在泄露的高度可能是基于如下因素：一是趣拿公司和东航都掌握着庞某某的姓名、身份证号、手机号、行程信息；二是其他人整体上全部获取庞某某的姓名、身份证号、手机号、行程信息的可能性非常低；三是2014年间，趣拿公司和东航都被媒体多次质疑存在泄露乘客隐私的情况。正是在以上三个因素同时具备的情况下，本院才认定东航和趣拿公司存在泄露庞某某个人隐私信息的高度可能。

（三）在东航和趣拿公司有泄露庞某某隐私信息的高度可能之下，其是否应当承担责任

本案为一般侵权责任纠纷，归责原则为过错责任。如上所述，东航和趣拿公司均有泄露隐私的高度可能性，但其是否应该承担责任归根结底还须审查其是否有过错。

近些年来，对公民个人隐私以及个人信息的保护已成为社会共识。2013年新颁布的《中华人民共和国消费者权益保护法》第二十九条第二款中明确规定，经营者及其工作人员对收集的消费者个人信息必须严格保密，不得泄露、出售或者非法向他人提供。经营者应当采取技术措施和其他必要措施，确保信息安全，防止消费者个人信息泄露、丢失。这是在立法层面上对消费者个人隐私和信息的保护，也是对经营者保护消费者个人信息的强制性规定。经营者违反了该条规定，即视为其存在过错。本案中，东航和趣拿公司作为各自行业的知名企业，一方面因其经营性质掌握了大量的个人信息，另一方面亦有相应的能力保护好消费者的个人信息免受泄露，这既是其社会责任，也是其应尽的法律义务。诚然，对个人信息的保护是一个逐步的过程，从社会现实来讲不宜苛责过甚。但从本院现有证据看，东航和趣拿公司在被媒体多次报道涉嫌泄露乘客隐私后，即应知晓其在信息安全管理方面存在漏洞，但是，该两家公司却并未举证证明其在媒体报道后

迅速采取了专门的、有针对性的有效措施，以加强其信息安全保护。而本案泄露事件的发生，正是其疏于防范导致的结果，因而可以认定趣拿公司和东航具有过错，理应承担侵权责任。

（四）东航和趣拿公司所提出的中航信更有可能泄露庞某某信息的责任抗辩事由是否有效成立

东航和趣拿公司在诉讼中认为东航所用系统是中航信开发维护的，并且中航信也掌握东航的旅客信息，因而更有可能是中航信泄露庞某某隐私信息，所以东航和趣拿公司应该免责。对此，本院认为，根据上一节的判理，中航信的确与东航、趣拿公司一样存在泄露庞某某信息的高度可能。但是，本案中，庞某某并没有起诉中航信，而中航信也并非必须加入本案诉讼。理由如下：

第一，如果本案中东航和中航信都泄露了庞某某的隐私信息，则东航和中航信基于各自的泄露行为均应向庞某某承担侵权责任，此时，东航和中航信对庞某某构成不真正连带责任。而在不真正连带责任中，作为受害人的庞某某有权选择起诉侵权人。本案中，庞某某起诉了东航和趣拿公司，而没有起诉中航信，可以认为系庞某某行使了选择权。

第二，如果本案中的确是中航信泄露了庞某某的隐私信息，则从东航和中航信之间的关系看，中航信仅仅是对内向东航提供信息网络服务的人，是为了东航更好地开展工作而为其提供服务的。外部的订票者并不在意，也不知道东航的订票系统是由谁来维护和管理的。无论由谁管理和维护，订票的消费者都认为是在向东航订票。因此，在对外关系上，即便是中航信泄露了庞某某的隐私信息，也可以由东航首先承担责任。东航在承担责任后可以依据其与中航信之间的服务合同条款，在相关证据具备的情况下，向中航信主张权利。因此，庞某某起诉东航而不起诉中航信并无不当。[①]

---

① 详见北京市海淀区人民法院（2015）海民初字第10634号民事判决书。

【域外比较】

一、关于非法证据排除

非法证据排除规则最早产生于美国。[①] 在美国，非法证据排除规则以宪法修正案为依据，只有警察的违法取证行为达到了违反宪法的程度，才使用排除非法证据的救济方法。因为使用这种救济方法会付出高昂的代价——放纵真正有罪的人，这是为了约束政府权力所必须付出的代价。对于其他的违法行为，原则上不宜通过排除非法证据的方式予以惩罚。至于什么样的取证行为属于违反宪法规定的行为，需要通过宪法解释才能加以确定，司法判例在明确宪法规定的含义以及进行扩充性解释、完善和发展非法证据排除规则的过程中起到了重要的作用。[②] 在美国司法制度中，非法证据排除可分为强制排除和裁量排除。强制排除主要针对言词证据，如刑讯逼供得到的言词证据，必须排除。裁量排除针对非言词证据，允许法官对各种价值进行考量，根据个案情况作出裁量。不过，裁量是在一定规则之下进行的，其中最核心的是《美国联邦证据规则》第四百零三条。该条规定，虽然法官认为某证据具有一定相关性，但如果在下列某一方面存在的危险在实质上超过了证明力的价值，法官可以排除。如不正当的偏见（陪审团产生对被告人的偏见）；混淆争点；误导陪审团；导致不必要的重复、耽误时间；无必要的提交累积证据。[③]

各国刑事诉讼法和证据法普遍规定，采取刑讯逼供和变相刑讯逼供等非法方法取得的口供不能作为证据使用。非法口供排除规则和自

---

① 参见陈光中：《刑事诉讼法》（第六版），北京大学出版社 2016 年版，第 191 页。

② 参见熊秋红：《美国非法证据排除规则的实践及对我国的启示》，载《政法论坛》2015 年第 3 期。

③ 参见满运龙：《美国非法证据排除理论与实践》，载《人民检察》2017 年第 12 期。

白任意法则相连，凡是通过非法方式获得的并非出于被刑事追究者自由意志的自白应当绝对排除。对于非法获得的实物证据是否应当排除，各国规定的差异很大，普遍采取的做法是适用利益权衡原则。美国是实行非法实物证据排除的主要国家，其联邦宪法第四修正案将不受无理搜查和扣押列为公民的一项宪法权利。英国对于非法实物证据排除的立场与美国不同，采取的是利益权衡原则，对非法搜查或类似行为获得的证据一般是可采的，但是对于采取严重违法手段获得的证据，法官如果认为证据的不利作用超过了其提供证明的价值，那么法官享有不采纳此种证据的自由裁量权。在大陆法系国家，一般采取自由裁量原则，考虑违法的严重程度与排除非法证据对国家利益损害程度之间的利益衡量。①

二、关于举证责任分配和证明标准

在国外，证明责任分配理论可以分为两类。第一类是按照证明对象的性质来分析，确定哪些事实应当由哪一方来加以证明。例如消极事实说和外界事实说。根据消极事实说，主张消极事实者不承担证明责任。根据外界事实说，则主张外界事实者不承担证明责任。第二类是按照法律构成要件的事实，依据不同的价值标准分配证明责任。②具有代表性的有因果关系说、通常事实说、最低限度事实说、特别要件说。③罗森贝格的证明责任分配理论被称为规范说，也属于法律要件分类说的一种。罗森贝格的证明责任分配原则是，如果没有一定的法规可以适用，则无法获得诉讼上请求效果的当事人，应就该法规要件在实际上已经存在的事实予以主张和举证。④

① 参见何家弘、张卫平：《简明证据法学》，中国人民大学出版社 2007 年版，第 204 ~ 208 页。
② 参见张卫平：《民事诉讼法》（第二版），法律出版社 2009 年版，第 214 页。
③ 参见张卫平：《诉讼构架与程式》，清华大学出版社 2000 年版，第 278 ~ 288 页。
④ 参见张卫平：《民事诉讼法》（第二版），法律出版社 2009 年版，第 214 页。

在英美法系国家中，刑事诉讼的证明标准和民事诉讼证明标准不同。刑事诉讼中认定被告人有罪的证明标准是排除合理怀疑。民事诉讼的证明标准是优势证据。然而，即便同为英美法系国家，各国在证明标准的适用上也存在一定差异。例如，在美国，除"排除合理怀疑""优势证据"的证明标准外，对于特殊的民事诉讼活动还适用"明晰可信"的证明标准，如在涉及刑事犯罪的民事诉讼中适用这一标准。大陆法系国家的证明标准，通常被概括为"内心确信"标准。以德国为例，证明标准有三个：信服、释明和表面证明。信服标准适用于法院的实体裁判，是指法官对当事人主张的案件事实完全信服，当事人对主张的案件事实的证明需要达到排除合理怀疑程度。释明标准适用于程序裁定，是指法官确信当事人主张的事实具有相当的可能性。表面证明标准适用于初步的认定，适用起来比较复杂，其具体适用因民事诉讼和刑事诉讼而异。[①]

【规范链接】

《中华人民共和国刑事诉讼法》（2012 年 3 月 14 日）

第五十四条　采用刑讯逼供等非法方法收集的犯罪嫌疑人、被告人供述和采用暴力、威胁等非法方法收集的证人证言、被害人陈述，应当予以排除。收集物证、书证不符合法定程序，可能严重影响司法公正的，应当予以补正或者作出合理解释；不能补正或者作出合理解释的，对该证据应当予以排除。

在侦查、审查起诉、审判时发现有应当排除的证据的，应当依法予以排除，不得作为起诉意见、起诉决定和判决的依据。

第五十六条　法庭审理过程中，审判人员认为可能存在本法第五

---

① 参见何家弘、张卫平主编：《简明证据法学》，中国人民大学出版社 2007 年版，第 326 ~ 329 页。

十四条规定的以非法方法收集证据情形的，应当对证据收集的合法性进行法庭调查。

当事人及其辩护人、诉讼代理人有权申请人民法院对以非法方法收集的证据依法予以排除。申请排除以非法方法收集的证据的，应当提供相关线索或者材料。

第五十七条　在对证据收集的合法性进行法庭调查的过程中，人民检察院应当对证据收集的合法性加以证明。

现有证据材料不能证明证据收集的合法性的，人民检察院可以提请人民法院通知有关侦查人员或者其他人员出庭说明情况；人民法院可以通知有关侦查人员或者其他人员出庭说明情况。有关侦查人员或者其他人员也可以要求出庭说明情况。经人民法院通知，有关人员应当出庭。

第五十八条　对于经过法庭审理，确认或者不能排除存在本法第五十四条规定的以非法方法收集证据情形的，对有关证据应当予以排除。

《最高人民法院关于适用〈中华人民共和国刑事诉讼法〉的解释》（法释〔2012〕21号）

第九十五条　使用肉刑或者变相肉刑，或者采用其他使被告人在肉体上或者精神上遭受剧烈疼痛或者痛苦的方法，迫使被告人违背意愿供述的，应当认定为刑事诉讼法第五十四条规定的“刑讯逼供等非法方法”。

认定刑事诉讼法第五十四条规定的“可能严重影响司法公正”，应当综合考虑收集物证、书证违反法定程序以及所造成后果的严重程度等情况。

第九十六条　当事人及其辩护人、诉讼代理人申请人民法院排除以非法方法收集的证据的，应当提供涉嫌非法取证的人员、时间、地点、方式、内容等相关线索或者材料。

第九十七条　人民法院向被告人及其辩护人送达起诉书副本时，应当告知其申请排除非法证据的，应当在开庭审理前提出，但在庭审期间才发现相关线索或者材料的除外。

第九十九条　开庭审理前，当事人及其辩护人、诉讼代理人申请排除非法证据，人民法院经审查，对证据收集的合法性有疑问的，应当依照刑事诉讼法第一百八十二条第二款的规定召开庭前会议，就非法证据排除等问题了解情况，听取意见。人民检察院可以通过出示有关证据材料等方式，对证据收集的合法性加以说明。

第一百条　法庭审理过程中，当事人及其辩护人、诉讼代理人申请排除非法证据的，法庭应当进行审查。经审查，对证据收集的合法性有疑问的，应当进行调查；没有疑问的，应当当庭说明情况和理由，继续法庭审理。当事人及其辩护人、诉讼代理人以相同理由再次申请排除非法证据的，法庭不再进行审查。

对证据收集合法性的调查，根据具体情况，可以在当事人及其辩护人、诉讼代理人提出排除非法证据的申请后进行，也可以在法庭调查结束前一并进行。

法庭审理过程中，当事人及其辩护人、诉讼代理人申请排除非法证据，人民法院经审查，不符合本解释第九十七条规定的，应当在法庭调查结束前一并进行审查，并决定是否进行证据收集合法性的调查。

第一百零一条　法庭决定对证据收集的合法性进行调查的，可以由公诉人通过出示、宣读讯问笔录或者其他证据，有针对性地播放讯问过程的录音录像，提请法庭通知有关侦查人员或者其他人员出庭说明情况等方式，证明证据收集的合法性。

公诉人提交的取证过程合法的说明材料，应当经有关侦查人员签名，并加盖公章。未经有关侦查人员签名的，不得作为证据使用。上述说明材料不能单独作为证明取证过程合法的根据。

第一百零三条　具有下列情形之一的，第二审人民法院应当对证据收集的合法性进行审查，并根据刑事诉讼法和本解释的有关规定作出处理：

（一）第一审人民法院对当事人及其辩护人、诉讼代理人排除非法证据的申请没有审查，且以该证据作为定案根据的；

（二）人民检察院或者被告人、自诉人及其法定代理人不服第一审人民法院作出的有关证据收集合法性的调查结论，提出抗诉、上诉的；

（三）当事人及其辩护人、诉讼代理人在第一审结束后才发现相关线索或者材料，申请人民法院排除非法证据的。

《最高人民法院、最高人民检察院、公安部、国家安全部、司法部关于办理刑事案件严格排除非法证据若干问题的规定》（法发〔2017〕15号）

第三条　采用以暴力或者严重损害本人及其近亲属合法权益等进行威胁的方法，使犯罪嫌疑人、被告人遭受难以忍受的痛苦而违背意愿作出的供述，应当予以排除。

第四条　采用非法拘禁等非法限制人身自由的方法收集的犯罪嫌疑人、被告人供述，应当予以排除。

第五条　采用刑讯逼供方法使犯罪嫌疑人、被告人作出供述，之后犯罪嫌疑人、被告人受该刑讯逼供行为影响而作出的与该供述相同的重复性供述，应当一并排除，但下列情形除外：

（一）侦查期间，根据控告、举报或者自己发现等，侦查机关确认或者不能排除以非法方法收集证据而更换侦查人员，其他侦查人员再次讯问时告知诉讼权利和认罪的法律后果，犯罪嫌疑人自愿供述的；

（二）审查逮捕、审查起诉和审判期间，检察人员、审判人员讯问时告知诉讼权利和认罪的法律后果，犯罪嫌疑人、被告人自愿供述的。

《人民法院办理刑事案件排除非法证据规程（试行）》（法发〔2017〕31号）

第四条　依法予以排除的非法证据，不得宣读、质证，不得作为定案的根据。

第五条 被告人及其辩护人申请排除非法证据，应当提供相关线索或者材料。“线索”是指内容具体、指向明确的涉嫌非法取证的人员、时间、地点、方式等；“材料”是指能够反映非法取证的伤情照片、体检记录、医院病历、讯问笔录、讯问录音录像或者同监室人员的证言等。

被告人及其辩护人申请排除非法证据，应当向人民法院提交书面申请。被告人书写确有困难的，可以口头提出申请，但应当记录在案，并由被告人签名或者捺印。

第六条 证据收集合法性的举证责任由人民检察院承担。

人民检察院未提供证据，或者提供的证据不能证明证据收集的合法性，经过法庭审理，确认或者不能排除以非法方法收集证据情形的，对有关证据应当予以排除。

第七条 开庭审理前，承办法官应当阅卷，并对证据收集的合法性进行审查：

（一）被告人在侦查、审查起诉阶段是否提出排除非法证据申请；提出申请的，是否提供相关线索或者材料；

（二）侦查机关、人民检察院是否对证据收集的合法性进行调查核实；调查核实的，是否作出调查结论；

（三）对于重大案件，人民检察院驻看守所检察人员在侦查终结前是否核查讯问的合法性，是否对核查过程同步录音录像；进行核查的，是否作出核查结论；

（四）对于人民检察院在审查逮捕、审查起诉阶段排除的非法证据，是否随案移送并写明为依法排除的非法证据。

人民法院对证据收集的合法性进行审查后，认为需要补充证据材料的，应当通知人民检察院在三日内补送。

第十条 被告人及其辩护人申请排除非法证据，并提供相关线索或者材料的，人民法院应当召开庭前会议，并在召开庭前会议三日前将申请书和相关线索或者材料的复制件送交人民检察院。

被告人及其辩护人申请排除非法证据，未提供相关线索或者材料的，人民法院应当告知其补充提交。被告人及其辩护人未能补充的，人民法院对申请不予受理，并在开庭审理前告知被告人及其辩护人。上述情况应当记录在案。

第十一条　对于可能判处无期徒刑、死刑或者黑社会性质组织犯罪、严重毒品犯罪等重大案件，被告人在驻看守所检察人员对讯问的合法性进行核查询问时，明确表示侦查阶段没有刑讯逼供等非法取证情形，在审判阶段又提出排除非法证据申请的，应当说明理由。人民法院经审查对证据收集的合法性没有疑问的，可以驳回申请。

驻看守所检察人员在重大案件侦查终结前未对讯问的合法性进行核查询问，或者未对核查询问过程全程同步录音录像，被告人及其辩护人在审判阶段提出排除非法证据申请，提供相关线索或者材料，人民法院对证据收集的合法性有疑问的，应当依法进行调查。

第十七条　被告人及其辩护人在开庭审理前未申请排除非法证据，在庭审过程中提出申请的，应当说明理由。人民法院经审查，对证据收集的合法性有疑问的，应当进行调查；没有疑问的，应当驳回申请。

人民法院驳回排除非法证据的申请后，被告人及其辩护人没有新的线索或者材料，以相同理由再次提出申请的，人民法院不再审查。

第二十条　公诉人对证据收集的合法性加以证明，可以出示讯问笔录、提讯登记、体检记录、采取强制措施或者侦查措施的法律文书、侦查终结前对讯问合法性的核查材料等证据材料，也可以针对被告人及其辩护人提出异议的讯问时段播放讯问录音录像，提请法庭通知侦查人员或者其他人员出庭说明情况。不得以侦查人员签名并加盖公章的说明材料替代侦查人员出庭。

庭审中，公诉人当庭不能举证或者为提供新的证据需要补充侦查，建议延期审理的，法庭可以同意。

第二十一条　被告人及其辩护人可以出示相关线索或者材料，并申请法庭播放特定讯问时段的讯问录音录像。

被告人及其辩护人向人民法院申请调取侦查机关、人民检察院收集但未提交的讯问录音录像、体检记录等证据材料，人民法院经审查认为该证据材料与证据收集的合法性有关的，应当予以调取；认为与证据收集的合法性无关的，应当决定不予调取，并向被告人及其辩护人说明理由。

被告人及其辩护人申请人民法院通知侦查人员或者其他人员出庭说明情况，人民法院认为确有必要的，可以通知上述人员出庭。

第二十二条　法庭对证据收集的合法性进行调查的，应当重视对讯问录音录像的审查，重点审查以下内容：

（一）讯问录音录像是否依法制作。对于可能判处无期徒刑、死刑的案件或者其他重大犯罪案件，是否对讯问过程进行录音录像；

（二）讯问录音录像是否完整。是否对每一次讯问过程录音录像，录音录像是否全程不间断进行，是否有选择性录制、剪接、删改等情形；

（三）讯问录音录像是否同步制作。录音录像是否自讯问开始时制作，至犯罪嫌疑人核对讯问笔录、签字确认后结束；讯问笔录记载的起止时间是否与讯问录音录像反映的起止时间一致；

（四）讯问录音录像与讯问笔录的内容是否存在差异。对与定罪量刑有关的内容，讯问笔录记载的内容与讯问录音录像是否存在实质性差异，存在实质性差异的，以讯问录音录像为准。

第二十六条　经法庭审理，具有下列情形之一的，对有关证据应当予以排除：

（一）确认以非法方法收集证据的；

（二）应当对讯问过程录音录像的案件没有提供讯问录音录像，或者讯问录音录像存在选择性录制、剪接、删改等情形，现有证据不能排除以非法方法收集证据的；

（三）侦查机关除紧急情况外没有在规定的办案场所讯问，现有证据不能排除以非法方法收集证据的；

（四）驻看守所检察人员在重大案件侦查终结前未对讯问合法性进行核查，或者未对核查过程同步录音录像，或者录音录像存在选择性录制、剪接、删改等情形，现有证据不能排除以非法方法收集证据的；

（五）其他不能排除存在以非法方法收集证据的。

六、裁判文书应当结合庭审举证、质证、法庭辩论以及法庭调查核实证据等情况，重点针对裁判认定的事实或者事实争点进行释法说理。依据间接证据认定事实时，应当围绕间接证据之间是否存在印证关系、是否能够形成完整的证明体系等进行说理。采用推定方法认定事实时，应当说明推定启动的原因、反驳的事实和理由，阐释裁断的形成过程。

【条文说明】

本条是关于案件事实认定说理要求的规定。

一、裁判文书结合庭审认定事实与对事实争点的说理要求

法官在审查判断证据的基础上认定案件事实。法院实务上最主要、最困难的工作在于认定事实，以适用法律。因此，法院必须调查证据，发现事实真相，并判断何者与法律的适用有关，何者无关。[1]作为在裁判文书中被以文字形式表述的案件事实，系基于当事人主

① 参见王泽鉴：《法律思维与民法实例》，中国政法大学出版社2001年版，第24页。

张，由法官对其提供证据进行审查判断的基础上予以认定的。认定案件事实，必须以证据为根据。[①] 案件事实的认定是司法裁判活动的重要组成部分，法官进行审判的首要步骤，是裁判活动的逻辑起点。对此有学者指出，作为裁判者的法官、陪审员、仲裁员以及行政执法人员等，确实要听取、收集和审查各种有关的证据，对争辩的案件事实作出某种确定。这些查明、证明与认定的做法都是围绕案件真相进行的。换言之，解决事实纠纷是处理法律纠纷的基础。[②]

学界和实务界通常使用客观事实与法律事实来表述案件所涉事实，一般认为客观事实是指生活中实际发生的“原汁原味”的案件事实，不依赖人们的主观意识而存在于过去的事实真相；法律事实是指法官在审判程序中，依据法律规范认定的具有法律效果的案件事实。对于法律事实的定义，学术界从不同角度分别有“构成要件说”“因果关系说”“法律所规范之事实说”“实证法规范说”“法律事实的客观说”“法律适用前提说”“法律关系说”等不同认识，每个角度都有其合理性。客观事实真实存在，但由于存在于过去，在现实审判中就需要予以证明，因此，客观事实在诉讼中是通过当事人的陈述、主张、举证、质证来呈现的。法官基于当事人的主张进一步审查判断证据，实际上就是按照法定程序对客观事实予以“再现”或者“复原”，可以说法律事实是法官在审判程序中认定的案件事实。

法官应当在审查判断证据的基础上认定案件事实，亦即法官审查判断证据是认定案件事实的前提和基础。刑事、民事、行政三大诉讼法均规定法官对证据的查明判断是认定事实的根据，反之，没有查明判断的证据不能作为认定事实的根据，这是司法证明活动的基本原则。《民事诉讼法》第六十三条第二款规定，证据必须查证属实，才能作为认定事实的根据；第六十四条第三款规定，人民法院应当按照

---

① 参见陈瑞华：《刑事证据法学》，北京大学出版社2014年版，第65页。

② 参见何家弘、刘品新：《证据法学》，法律出版社2013年版，第41页。

法定程序，全面地、客观地审查核实证据。《行政诉讼法》第三十三条第二款规定，证据经法庭审查属实，才能作为认定案件事实的根据；第四十三条第二款规定人民法院应当按照法定程序，全面、客观地审查核实证据。对未采纳的证据应当在裁判文书中说明理由。《刑事诉讼法》第四十八条规定，证据必须经过查证属实，才能作为定案的根据。上述诉讼法对证据必须查证属实的规定，赋予了法官对证据进行审查判断的权力和职责。立法者解释认为，只有经过人民法院认真、细致地调查和分析，查证属实后，这些证据才能作为认定事实的根据。未查证属实的证据，不得作为认定事实的根据。[①] 在法官审查判断证据的基础上进行案件事实的认定，实践中主要涉及两方面的问题，第一是区分不同法定形式的证据与遵守相应的证据规则进行审查判断。刑事、民事、行政三大诉讼法规定的法定证据形式，主要有陈述、书证、物证、视听资料、鉴定意见、勘验笔录、证人证言等，不同形式的证据遵守不同的证据规则进行审查判断。第二是从证明对象构成角度分析，对证据能否证明案件事实进行认定。证明对象，是指证明主体进行证明活动所指向的对象。在诉讼中，其是指公安司法机关以及当事人等在诉讼过程中运用证据加以证明的案件事实及有关情况，又称为“待证事实”、“要证事实”、“证明标的”或者“证明客体”。[②] 如刑事诉讼处理的是犯罪行为，其证明对象包括犯罪行为构成要件的事实；与犯罪行为轻重有关的量刑情节事实；排除行为违法性、可罚性的事实；具有免除或减轻刑事责任的事实，等等。民事诉讼处理的是有关民事权利义务关系的纠纷，其证明对象主要是民事法律关系发生、变更和消灭的事实；行政诉讼处理的是具体行政行为合法性合理性的争议，其证明对象主要是与被诉具体行政行为合法性和合理性有关的事实。

在裁判文书中，案件事实常表现为主要事实或者争议事实。主要

---

① 参见王胜明主编：《中华人民共和国民事诉讼法释义》，法律出版社 2012 年版，第 148 页。

② 参见陈光中主编：《证据法学》，法律出版社 2015 年版，第 300 页。

事实是指当事人对引发案件的事实本身无争议，而对该事实产生的法律效果有争议。此类案件审理中，法官不能因当事人承认而简单认定，而是有责任通过庭审审查证据判断主要事实的存在，并予以认定。实践中，存在一些表面上当事人对主要事实无争议，实际是通过恶意串通，共谋虚构事实的手段进行虚假诉讼，因此，实践中对主要事实进行查明是必要的。争议事实是指当事人对引发案件的事实存在争议，包括事实存在与否，以及事实构成、情节、程度、状态等方面的争议。此类案件审理中，法官基于当事人之间就事实存在争议，因而依诉讼程序，运用证据规则进行事实的查明和认定。

主要事实或者争议事实包括的范围，因案件性质不同而有所区别，但基本内容在各诉讼法中均有所规定。诉讼法及其司法解释还对哪些事实需要运用证据证明作出了规定，这些事实即是案件的主要事实，或者是争议事实。如刑事案件的主要事实，应当根据《刑诉法解释》第六十四条第一款认定，即应当运用证据证明的案件事实包括：（一）被告人、被害人的身份；（二）被指控的犯罪是否存在；（三）被指控的犯罪是否为被告人所实施；（四）被告人有无刑事责任能力，有无罪过，实施犯罪的动机、目的；（五）实施犯罪的时间、地点、手段、后果以及案件起因等；（六）被告人在共同犯罪中的地位、作用；（七）被告人有无从重、从轻、减轻、免除处罚情节；（八）有关附带民事诉讼、涉案财物处理的事实；（九）有关管辖、回避、延期审理等的程序事实；（十）与定罪量刑有关的其他事实。民事诉讼法和行政诉讼法基于案件类型特征确定需查明的事实范围，如婚姻类型案件必须查明婚姻登记时间、感情状况、子女情况、财产与债务情况，以及前后提起离婚诉讼的间隔时间等；公司担保纠纷必须查明公司章程、担保决议及程序、担保对象是股东或对外担保、担保合同内容；建设工程纠纷必须查明承包资质、招标备案、工程价款、竣工验收等事实。

庭审中对事实的证明活动由举证、质证、认证三个基本环节组成。此条规定“裁判文书应当结合庭审举证、质证、法庭辩论以及法庭调查核实证据等情况，重点针对裁判认定的事实或者事实争点进行释法说理”的内容，体现了裁判文书力求将审判中的程序正义与实体正义相结合的要求。该意见要求法官在认定事实时，严格遵守诉讼程序进行庭审的举证、质证、辩论、调查核实，并进一步提出在认定事实时说明理由，其实质上是要求法官具备运用证据规则的能力，并通过裁判文书说理来向当事人和社会公开展示运用证据规则得出结论的方法，从而取信于众。实践中，法官应当在证据规则体系中把握以下三个方面的内容：第一是举证规则的运用与说理。举证规则包含了证明责任分配规则、举证时限与责任规则、举证程序规则、申请证人和申请鉴定规则等，其核心是通过确定举证程序和证明责任分配为查明事实提供条件。如在民事案件中，大陆法系国家在举证责任分配理论中，提出待证事实分类说和法律要件分类说，前者根据待证事实证明难易决定举证责任的分配，后者从法律规范要件分类出发，在对实体法律规范结构分析的基础上，从权利发生与权利妨碍规范角度证明事实。《民诉法解释》第九十一条规定了举证的规则，即人民法院应当依照下列原则确定举证证明责任的承担，但法律另有规定的除外：（一）主张法律关系存在的当事人，应当对产生该法律关系的基本事实承担举证证明责任；（二）主张法律关系变更、消灭或者权利受到妨害的当事人，应当对该法律关系变更、消灭或者权利受到妨害的基本事实承担举证证明责任。在裁判文书中对涉及上述举证规则的事实认定时，应当依该法条说明理由。第二是质证规则。质证的本质特征是“质”，即对证据进行质疑，具有当面对抗的性质，程序上要求在法庭上公开对质，如《行政诉讼法》第四十三条和《民事诉讼法》第六十八条均规定，证据应当在法庭上出示，并由当事人互相质证；《刑事诉讼法》第五十八条规定，证据必须经过当庭出示、辨认、质证等法庭调查程序查证属实，否则不能作为定案的根据。质证不限于法庭调查阶段发表的质证意见，也包括在法庭辩论过程中对证据的运用、采信和适用法律的意见。质证的内容是什么？主要是证据的三性，即真实性、合法性和关联性，如《民诉法解释》第一百零四条规定，人民法院应当组织当事人围绕证据的真实性、合法性以及与待证事实的关联性进行质证，并针对证据有无证明力和证明力大小进行说明和辩论。在裁判文书中，对当事人的质证意见以及证据三性应当予以回应并说明理由。第三是认证规则。法官在审判活动中对证据进行审查评判，确认其证明力需依照相应的程序和证明标准进行，其主要包括证据审核的法定程序，证明力判断的逻辑推理和日常经验法则等标准。如《民诉法解释》第一百零五条规定，人民法院应当按照法定程序，全面、客观地审核证据，依照法律规定，运用逻辑推理和日常生活经验法则，对证据有无证明力和证明力大小进行判断，并公开判断的理由和结果。

二、依据间接证据认定事实需判断印证关系，形成完整证明体系并说理

从证据与案件事实之间的证明关系划分，可将证据划分为直接证据与间接证据。直接证据是能够单独直接证明案件事实的证据，间接证据以间接方式与案件事实相关联，不能单独、直接证明事实，因此必须与其他证据共同形成证据链或相互印证才可证明案件事实。运用间接证据认定案件事实比运用直接证据更为困难和复杂，较易出现差错。在证明案件事实时，怎么判断证据是否具有独立性，是否能够直接证明案件事实并不十分确定。因此，有学者认为，人们通常对直接和间接证据的划分存在疑问，并提出基于民事法律关系形成、变化的

复杂性，很难说某个证据能够直接独立地证明案件主要事实。[①] 而在证据的收集上，直接证据常不易取得，使得审判中必须面对大量间接证据，所以依据间接证据认定事实成为审判中至关重要的环节。

运用间接证据证明案件事实的过程具有复杂性。在每个单独的间接证据均无法证明案件事实时，只有将若干间接证据相互结合，加以论证分析，形成一个相互依赖、连接的证据体系时，方具有较强的证明力，而这个由间接证据组成的证据体系通常被称之为证据链。这些间接证据成为证据链中环环相扣的一环。依据间接证据认定事实，需要结合间接证据的特点，遵守相应的证据运用规则。《刑诉法解释》对间接证据运用有较为明确规定。该解释第一百零五条规定，没有直接证据，但间接证据同时符合下列条件的，可以认定被告人有罪：（一）证据已经查证属实；（二）证据之间相互印证，不存在无法排除的矛盾和无法解释的疑问；（三）全案证据已经形成完整的证明体系；（四）根据证据认定案件事实足以排除合理怀疑，结论具有唯一性；（五）运用证据进行的推理符合逻辑和经验。对此，学者认为，这种对运用间接证据定案所确立的限制性规则，与直接证据定案规则有所不同。除了强调单个间接证据要查证属实、相互印证以外，司法解释还要求间接证据形成完整的证明体系，并且达到“结论唯一”“排除合理怀疑”的证明程度。[②] 运用间接证据，首先，应当审查每个间接证据的真实性、合法性，真实性是所有证据客观存在的基础，在证据法上强调不得作伪证、伪造证据都是为了满足证据的真实性要求，而合法性要求对非法方法收集的证据依法予以排除，如民事诉讼中以侵害他人合法权益或者违反法律禁止性规定的方法取得的证据，不能作为认定案件事实的依据，刑事诉讼中严禁刑讯逼供和以威胁、引诱、欺骗以及其他非法方法收集证据。当间接证据不具备真实性、合法性

① 参见张卫平：《民事证据法》，法律出版社 2017 年版，第 21 页。

② 参见陈瑞华：《刑事证据法学》，北京大学出版社 2014 年版，第 83 页。

时，应当予以排除。其次，应当审查间接证据之间的关联性，判断各间接证据之间是否存在印证关系。在证据链中，证据与案件事实存在关联性，审判中通过庭审的举证、质证环节，对证据互相衔接、互相印证进行辨别，将其中相互矛盾、相互脱节之处进行查明，确定不存在无法排除的矛盾和无法解释的疑问，以确定间接证据之间的印证关系。最后，应当审查间接证据是否形成完整的证明体系。将间接证据结合起来，经过推理符合逻辑分析和经验判断，能够形成完整的证据链，运用间接证据组成的证据体系得出的结论具有确定性，而且能够排他，依该间接证据所构成的证据体系可以通过判断和推理得出案件事实。上述间接证据的运用、论证过程在裁判文书中应当予以充分说理。

三、采用推定方法认定事实的阐释说明责任

根据证据裁判原则，认定案件事实需要证据证明，无证据不能认定事实。但在诉讼中受到事过境迁、证据灭失、审理期限、调查方法等因素限制，难以取证，出现事实真假不明、难以查清的情况，未知事实导致诉讼陷入僵局，此时推定作为例外，也是证据制度的重要组成部分，在诉讼中发挥着不可替代的作用。一般认为，推定是指由法律规定或者由法院按照经验法则，从已知的前提事实、基础事实推断未知的结果事实（又叫推定事实）存在，并允许当事人举证推翻的一种证据法则。[①] 通说认为，推定通常包含基础事实、推定事实以及从基础事实到推定事实的推论过程三个要素。[②] 推定的发生依据包括法律规定和经验法则，可划分为法律推定和事实推定。法律推定是通过法律明文确立下来的推定，即在诉讼活动中法官依据法律规定，依法审查某特定事实符合法律规定的条件，从而推断认定该案件事实。事

---

① 参见樊崇义主编：《证据法学》，法律出版社2017年版，第325页。

② 参见易延友：《证据法学：原则 规则 案例》，法律出版社2017年版，第512页。

实推定，是在法律没有明文规定的情况下推定事实，法官在诉讼活动中依据已知事实，根据经验法则进行逻辑上的演绎，判断待证事实是否存在与真伪，从而推断认定该案件事实。

推定毕竟只是一种辅助性的证明方法，它仅限于司法上必须确认而又难以举证证明的案件事实。[①] 由于推定存在的局限性，所以在运用推定规则时，应当注意以下几点：第一是推定属于证据制度的例外，其运用前提是现有证据无法证明事实；第二是推定反映的是已知事实和未知事实，前提事实和推定事实之间的关系，因此已知事实是前提；第三是防止滥用推定，对因果关系盖然率不高的事件和经验法则不能验证的，均不得运用推定，因此，此条规定在裁判文书中应当说明推定启动的原因，阐释裁断的形成过程，以求运用推定的理由正当；第四是允许对法律推定和事实推定进行反驳，通过对反驳意见的判断分析和理由论证，求证待证事实的真实性。

此条对认定案件事实的证据规则采取了递进式的表述方式，第一层次规定运用证据认定事实的基本原则，将证据作为审查判断的对象，法官只有在审查判断证据的基础上才能够认定案件事实；第二层次针对主要事实、争议事实，结合举证、质证、认证三个基本环节，规范认定事实的程序规则；第三层次区分直接证据与间接证据，在无法运用直接证据证明事实的情况下，基于运用间接证据证明案件事实的过程具有复杂性，明确规定使用间接证据认定事实，应当判断是否存在印证关系和形成完整的证明体系；第四层次规定在取证困难或证明困难的情况下，无法运用证据形成证明体系以认定案件事实，从而采取推定方法认定事实时，应当说明推定启动的原因、反驳的事实和理由，阐释裁断的形成过程。

---

① 参见何家弘、刘品新：《证据法学》，法律出版社 2013 年版，第 268 页。

【经验推介】

一、裁判文书结合庭审举证、质证、法庭辩论以及法庭调查核实证据等情况认定事实并说明理由

反垄断法第十七条第（五）项规定，禁止具有市场支配地位的经营者没有正当理由搭售商品或者在交易时附加其他不合理的交易条件。本案中，广电公司在一审答辩中明确认可其“是经陕西省政府批准，陕西境内唯一合法经营有线电视传输业务的经营者。作为陕西省内唯一的电视节目集中播控者，广电公司具备陕西省有线电视市场支配地位，鼓励用户选择更丰富的有线电视套餐，但并未滥用市场支配地位，也未强行规定用户在基本收视业务之外必须消费的服务项目。”二审中，广电公司虽对此不予认可，但并未举出其不具有市场支配地位的相应证据。再审审查过程中，广电公司对一审、二审法院认定其具有市场支配地位的事实并未提出异议。鉴于广电公司作为陕西境内唯一合法经营有线电视传输业务的经营者，陕西省内唯一电视节目集中播控者，一审、二审法院在查明事实的基础上认定在有线电视传输市场中，广电公司在市场准入、市场份额、经营地位、经营规模等各要素上均具有优势，占有支配地位，并无不当。

关于广电公司在向吴某某提供服务时是否构成搭售的问题。反垄断法第十七条第（五）项规定禁止具有市场支配地位的经营者没有正当理由搭售商品。本案中，根据原审法院查明的事实，广电公司在提供服务时其工作人员告知吴某某每月最低收费标准已从2012年3月起由25元上调为30元，每次最少缴纳一个季度，并未告知吴某某可以单独缴纳数字电视基本收视维护费或者数字电视付费节目费。吴某某通过广电公司客户服务中心（服务电话号码96766）咨询获悉，广电公司节目升级，增加了不同的收费节目，有不同的套餐，其中最低套

餐基本收视费为每年360元，每月30元，用户每次最少应缴纳3个月费用。根据前述事实并结合广电公司给吴某某开具的收费专用发票记载的收费项目——数字电视基本收视维护费75元及数字电视节目费15元的事实，可以认定广电公司实际上是将数字电视基本收视节目和数字电视付费节目捆绑在一起向吴某某销售，并没有告知吴某某是否可以单独选购数字电视基本收视服务的服务项目。此外，从广电公司客户服务中心（服务电话号码96766）的答复中亦可佐证广电公司在提供此服务时，是将数字电视基本收视维护费和数字电视付费节目费一起收取并提供。虽然广电公司在二审中提交了其向其他用户单独收取数字电视基本收视维护费的相关票据，但该证据仅能证明广电公司在收取该费用时存在客户服务中心说明的套餐之外的例外情形。再审中，广电公司并未对客户服务中心说明的套餐之外的例外情形作出合理解释，其提交的单独收取相关费用的票据亦发生在本案诉讼之后，不足以证明诉讼时的情形，对此不予采信。因此，存在客户服务中心说明的套餐之外的例外情形并不足以否认广电公司将数字电视基本收视维护费和数字电视付费节目费一起收取的普遍做法。二审法院认定广电公司不仅提供了组合服务，也提供了基本服务，证据不足，应予纠正。因此，现有证据不能证明普通消费者可以仅缴纳电视基本收视维护费或者数字电视付费节目费，即不能证明消费者选择权的存在。二审法院在不能证明是否有选择权的情况下直接认为本案属于未告知消费者有选择权而涉及侵犯消费者知情权的问题，进而在此基础上，认定为广电公司的销售行为未构成反垄断法所规制的没有正当理由的搭售，事实和法律依据不足，应予纠正。

根据本院查明的事实，数字电视基本收视维护费和数字电视付费节目费属于两项单独的服务。在原审诉讼及本院诉讼中，广电公司未证明将两项服务一起提供符合提供数字电视服务的交易习惯；同时，如将数字电视基本收视维护费和数字电视付费节目费分别收取，现亦无证据证明会损害该两种服务的性能和使用价值；广电公司更未对前述行为说明其正当理由，在此情形下，广电公司利用其市场支配地位，将数字电视基本收视维护费和数字电视付费节目费一起收取，客观上影响消费者选择其他服务提供者提供相关数字付费节目，同时也不利于其他服务提供者进入电视服务市场，对市场竞争具有不利的效果。因此一审法院认定其违反了反垄断法第十七条第五项之规定，并无不当。吴某某部分再审申请理由成立，予以支持。[①]

二、裁判文书围绕间接证据印证关系、形成完整的证明体系认定事实及说理

关于上诉人莫某辉及其辩护人所提莫某辉不构成走私毒品罪的意见，经查，何某文多次稳定供述莫某辉雇请其邮寄毒品的事实，谭某庭亦多次供述莫某辉雇请其邮寄毒品的事实，二人的供述能相互印证，并有以下间接证据印证：公安机关从谭某庭身上查获的藏匿于两个断路器内的14包甲基苯丙胺，并经何某文、谭某庭的指认，确认是莫某辉让他们去邮寄的物品；公安机关从快递公司查获的藏匿于三个照明灯内的甲基苯丙胺约一千克，经何某文指认是莫某辉让其邮寄的物品；公安人员分别扣押了何某文、谭某庭在被抓当天身上的人民币二千元、四千元，经二人确认，系莫某辉给他们邮寄毒品的报酬；公安机关在抓获莫某辉时，从其手中缴获的垃圾袋内查获了伪装毒品用的塑料袋和复写纸、锡纸，同时在垃圾袋内还有少量的甲基苯丙胺；公安机关从谭某庭身上以及快递公司查获了写有英文邮寄地址的纸条两张，经何某文、谭某庭指认，确认系莫某辉给的邮寄地址纸条；手机通信记录显示了案发期间何某文与莫某辉之间的通话记录。综上，原判认定莫某辉召集并出资雇请何某文、谭某庭从事走私毒品活动，不仅有何某

---

① 指导案例79号：吴某某诉陕西广电网络传媒（集团）股份有限公司捆绑交易纠纷案（最高人民法院审判委员会讨论通过，2017年3月6日发布）。

文、谭某庭的多次稳定供述以及明确指认予以证实，而且结合本案其他相关证据进行分析，各证据在细节上能够形成一致，且自然、合理，形成一个互相补充、互相印证的完整证据链，足以认定。[①]

三、裁判文书采用推定方法认定事实，并阐释裁断的形成过程

法院生效裁判认为：根据现有证据，应当认定华仁公司侵犯了石鸿林S系列软件著作权。

一、本案的证明标准应根据当事人客观存在的举证难度合理确定

根据法律规定，当事人对自己提出的诉讼请求所依据的事实有责任提供证据加以证明。本案中，石鸿林主张华仁公司侵犯其S系列软件著作权，其须举证证明双方计算机软件之间构成相同或实质性相同。一般而言，石鸿林就此须举证证明两计算机软件的源程序或目标程序之间构成相同或实质性相同。但本案中，由于存在客观上的困难，石鸿林实际上无法提供被控侵权的HR—Z软件的源程序或目标程序，并进而无法直接证明两者的源程序或目标程序构成相同或实质性相同。

1. 石鸿林无法直接获得被控侵权的计算机软件源程序或目标程序。由于被控侵权的HR—Z软件的源程序及目标程序处于华仁公司的实际掌握之中，因此在华仁公司拒绝提供的情况下，石鸿林实际无法提供HR—Z软件的源程序或目标程序以供直接对比。

2. 现有技术手段无法从被控侵权的HR—Z型控制器中获得HR—Z软件源程序或目标程序。根据一审鉴定情况，HR—Z软件的目标程序系加载于HR—Z型控制器中的内置芯片上，由于该芯片属于加密芯片，无法从芯片中读出HR—Z软件的目标程序，并进而反向编译出源程序。因此，依靠现有技术手段无法从HR—Z型控制器中获得HR—Z软件源程序或目标程序。

---

① 广东省高级人民法院刑事裁定书（2015）粤高法刑一终字第308号。

综上，本案在华仁公司无正当理由拒绝提供软件源程序以供直接比对，石鸿林确因客观困难无法直接举证证明其诉讼主张的情形下，应从公平和诚实信用原则出发，合理把握证明标准的尺度，对石鸿林提供的现有证据能否形成高度盖然性优势进行综合判断。

二、石鸿林提供的现有证据能够证明被控侵权的 HR—Z 软件与石鸿林的 S 系列软件构成实质相同，华仁公司应就此承担提供相反证据的义务

本案中的现有证据能够证明以下事实：

1. 二审鉴定结论显示：通过运行安装 HX—Z 软件的 HX—Z 型控制器和安装 HR—Z 软件的 HR—Z 型控制器，发现二者存在前述相同的系统软件缺陷情况。

2. 二审鉴定结论显示：通过运行安装 HX—Z 软件的 HX—Z 型控制器和安装 HR—Z 软件的 HR—Z 型控制器，发现二者在加电运行时存在相同的特征性情况。

3. HX—Z 和 HR—Z 型控制器的使用说明书基本相同。

4. HX—Z 和 HR—Z 型控制器的整体外观和布局基本相同，主要包括面板、键盘的总体布局基本相同等。

据此，鉴于 HX—Z 和 HR—Z 软件存在共同的系统软件缺陷，根据计算机软件设计的一般性原理，在独立完成设计的情况下，不同软件之间出现相同的软件缺陷概率极小，而如果软件之间存在共同的软件缺陷，则软件之间的源程序相同的概率较大。同时结合两者在加电运行时存在相同的特征性情况、HX—Z 和 HR—Z 型控制器的使用说明书基本相同、HX—Z 和 HR—Z 型控制器的整体外观和布局基本相同等相关事实，法院认为石鸿林提供的现有证据能够形成高度盖然性优势，足以使法院相信 HX—Z 和 HR—Z 软件构成实质相同。同时，由于 HX—Z 软件是石鸿林对其 S 系列软件的改版，且 HX—Z 软件与 S 系列软件实质相同。因此，被控侵权的 HR—Z 软件与石鸿林的 S 系列

软件亦构成实质相同，即华仁公司侵犯了石鸿林享有的S系列软件著作权。

三、华仁公司未能提供相反证据证明其诉讼主张，应当承担举证不能的不利后果

本案中，在石鸿林提供了上述证据证明其诉讼主张的情形下，华仁公司并未能提供相反证据予以反证，依法应当承担举证不能的不利后果。经本院反复释明，华仁公司最终仍未提供被控侵权的HR—Z软件源程序以供比对。华仁公司虽提供了DX—Z线切割控制器微处理器固件程序系统V3.0的计算机软件著作权登记证书，但其既未证明该软件与被控侵权的HR—Z软件属于同一软件，又未证明被控侵权的HR—Z软件的完成时间早于石鸿林的S系列软件，或系其独立开发完成。尽管华仁公司还称，其二审中提供的2004年5月19日商业销售发票，可以证明其于2004年就开发完成了被控侵权软件。对此法院认为，该份发票上虽注明货物名称为HR—Z线切割控制器，但并不能当然推断出该控制器所使用的软件即为被控侵权的HR—Z软件，华仁公司也未就此进一步提供其他证据予以证实。同时结合该份发票并非正规的增值税发票、也未注明购货单位名称等一系列瑕疵，法院认为，华仁公司2004年就开发完成了被控侵权软件的诉讼主张缺乏事实依据，不予采纳。

综上，根据现有证据，同时在华仁公司持有被控侵权的HR—Z软件源程序且无正当理由拒不提供的情形下，应当认定被控侵权的HR—Z软件与石鸿林的S系列软件构成实质相同，华仁公司侵犯了石鸿林S系列软件著作权。[①]

---

① 指导案例49号：石鸿林诉泰州华仁电子资讯有限公司侵害计算机软件著作权纠纷案（最高人民法院审判委员会讨论通过，2015年4月15日发布）。

【域外比较】

证据规则是各国司法证明经验的总结，表现形式并不相同。根据学者研究，英美法系证据法与大陆法系证据法依存于各自的法制系统之中，存在很大差异。英美法系证据法不在意民事、刑事、行政各自的区别，证据规则统一适用于民事、刑事、行政诉讼领域；大陆法系特别重视公法与私法的区别，因此，在证据法中也特别强调因依附的实体法性质不同而有所不同。英美法系是判例法传统，但在证据法方面却有着成文法，大陆法系国家虽然有成文法传统，但没有单行的证据法，证据规定在各部法律之中。英美法系的诉讼体制为对抗制，陪审团负责案件的事实认定，法官负责法律适用问题，证据法注重法律真实或形式真实，强调对证据的筛选或采纳，注重庭审前对证据的开示，有整套证据开示程序，侧重于强调证据资格和可采性，对证据的相关性作出相应的规定，有复杂严格的非法证据排除规则。大陆法系诉讼体系为纠问制，证据法则注重证据的真实性，重点在于证据的收集和调查，与事实认定的自由心证原则有直接关联。证据开示通常在公开的庭审中进行，一般不对证据的相关性作出规定。[①]

当代英美证据规则中基于认定事实之精确性考虑而设置的可采性规则，是英美证据法的主体部分。[②] 例如，英国审判过程中区分事实问题与法律问题，事实问题主要包括所有关系事实真相以及争议事实可能性的问题。凡陪审团的裁定或其他涉及事实方面的裁定，都必须剥离任何法律元素。[③] 法庭所采纳的证据必须是与案件事实具有相关性的证据，不具有相关性的证据必定是不可采纳的，具有相关性的证据并不必然具有可采性，它只有在不被法律规定的排除规则或法官自

---

① 参见张卫平：《民事证据法》，法律出版社 2017 年版，第 7 ~ 8 页。

② 参见易延友：《证据法学：原则　规则　案例》法律出版社 2017 年版，第 55 页。

③ 参见齐树洁主编：《英国证据法新论》，厦门大学出版社 2011 年版，第 42 ~ 43 页。

由裁量权所排除的情形下才是可采纳的。相关性与可采性是英国证据法中的两个基础性原则。[①] 美国《联邦证据规则》第一百零二条规定："解释本法应力求执法之公平，避免不当耗费与拖延，促进证据法的成长与发展，以达发现真实及公正裁判之目的。"《联邦证据规则》的首要目的就是发现真实，以实现公正裁判。[②] 英美法系的证据制度主要为适应陪审团审判和抗辩式诉讼而设计，是为防止陪审员在使用证据认定案件事实时出现混乱或偏差而产生和发展起来的。[③] 大陆法系国家的证据制度是以司法官员收集和审查证据的职能为基础的，是与纠问式或职权主义的诉讼相适应的。如法国杜波尔议案提出，只有在审判中给予法官自由判断证据的权力，才能保证法官尽最大可能去查明案件事实，从而做出正确的判决。法国宪法法会议通过了议案，并确立了自由心证制度。这项证据制度改革成果被写进《法国刑事诉讼法典》，其他欧洲大陆国家也纷纷效仿。在自由心证制度下，每一种被采用的证据的证明价值是不固定的，要根据具体案件情况由陪审团或法官自由评断。[④]

在证明标准方面区分刑事证明标准与民事证明标准。英美证据法上，有罪的证明标准表述为"排除合理怀疑"，大陆法系国家刑事诉讼的证明标准，是排除了疑问的内心确信。英美法系国家在民事诉讼中采取"盖然性占优"的证明标准。大陆法系国家实行自由心证的证据制度，自由心证在证明标准的问题上体现为"高度盖然性标准"。民事诉讼中，对不同的证明对象还规定了不同的证明标准。以德国和日本为例，在证明标准上有"证明"和"疏明"之分。"证明"是指当事人提出的证据可以使法官对待证事实达到确信的程度，适用于对

① 参见齐树洁主编：《英国证据法新论》，厦门大学出版社2011年版，第65页。
② 参见易延友：《证据法学：原则　规则　案例》，法律出版社2017年版，第73页。
③ 参见何家弘、刘品新：《证据法学》，法律出版社2013年版，第15页
④ 参见何家弘、刘品新：《证据法学》，法律出版社2013年版，第23～28页

终局性的实体权利义务关系证明。“疏明”是指当事人对自己所主张的事实虽然没有达到证明的程度，但足以使法官大致确信，主要适用于程序性事项。①

推定是以基础事实推断未知事实的证明方法，其核心功能主要是明确或转移举证责任的分配。英美法系与大陆法系国家的证据法中推定分类不同。大陆法系国家将推定分为法律上的推定和事实上的推定。如《法国民法典》第一千三百四十九条规定，推定系法律或法官从已知的事实推论未知事实得出的结论。英国证据法学理论将推定分为不可反驳的法律推定、可反驳的法律推定、可反驳的事实推定。②英美法系与大陆法系证明责任分配理论不同，推定在证据法上居于重要地位，运用推定的方法可以对具体的证明责任进行分配。在英美法系，不可反驳的推定主要有两种：一是知悉法律的推定；二是预料行为当然结果的推定。司法实践中不可反驳的推定很少。大陆法系通说已不承认所谓绝对推定的独立存在。可反驳的推定的成立条件是没有别的证据与被推定的事实相矛盾或冲突。它能够为案件事实提供表面上看来确凿无疑的证明，除非其被更有力的证据所推翻。③

【规范链接】

《中华人民共和国刑事诉讼法》（2012 **年** 3 **月** 14 **日**）

第四十八条　可以用于证明案件事实的材料，都是证据。

证据包括：

（一）物证；

（二）书证；

（三）证人证言；

---

① 参见陈光中主编：《证据法学》，法律出版社 2015 年版，第 357 ~ 370 页。

② 参见陈光中主编：《证据法学》，法律出版社 2015 年版，第 448 页。

③ 参见樊崇义主编：《证据法学》，法律出版社 2017 年版，第 330 ~ 331 页。

（四）被害人陈述；

（五）犯罪嫌疑人、被告人供述和辩解；

（六）鉴定意见；

（七）勘验、检查、辨认、侦查实验等笔录；

（八）视听资料、电子数据。

证据必须经过查证属实，才能作为定案的根据。

第五十三条　对一切案件的判处都要重证据，重调查研究，不轻信口供。只有被告人供述，没有其他证据的，不能认定被告人有罪和处以刑罚；没有被告人供述，证据确实、充分的，可以认定被告人有罪和处以刑罚。

证据确实、充分，应当符合以下条件：

（一）定罪量刑的事实都有证据证明；

（二）据以定案的证据均经法定程序查证属实；

（三）综合全案证据，对所认定事实已排除合理怀疑。

第五十四条　采用刑讯逼供等非法方法收集的犯罪嫌疑人、被告人供述和采用暴力、威胁等非法方法收集的证人证言、被害人陈述，应当予以排除。收集物证、书证不符合法定程序，可能严重影响司法公正的，应当予以补正或者作出合理解释；不能补正或者作出合理解释的，对该证据应当予以排除。

在侦查、审查起诉、审判时发现有应当排除的证据的，应当依法予以排除，不得作为起诉意见、起诉决定和判决的依据。

《中华人民共和国民事诉讼法》（2017 年 6 月 27 日）

第六十三条　证据包括：

（一）当事人的陈述；

（二）书证；

（三）物证；

（四）视听资料；

（五）电子数据；

（六）证人证言；

（七）鉴定意见；

（八）勘验笔录。

证据必须查证属实，才能作为认定事实的根据。

第六十四条　当事人对自己提出的主张，有责任提供证据。

当事人及其诉讼代理人因客观原因不能自行收集的证据，或者人民法院认为审理案件需要的证据，人民法院应当调查收集。

人民法院应当按照法定程序，全面地、客观地审查核实证据。

第六十七条　人民法院有权向有关单位和个人调查取证，有关单位和个人不得拒绝。

人民法院对有关单位和个人提出的证明文书，应当辨别真伪，审查确定其效力。

第六十八条　证据应当在法庭上出示，并由当事人互相质证。对涉及国家秘密、商业秘密和个人隐私的证据应当保密，需要在法庭出示的，不得在公开开庭时出示。

第七十一条　人民法院对视听资料，应当辨别真伪，并结合本案的其他证据，审查确定能否作为认定事实的根据。

第七十五条　人民法院对当事人的陈述，应当结合本案的其他证据，审查确定能否作为认定事实的根据。

当事人拒绝陈述的，不影响人民法院根据证据认定案件事实。

《最高人民法院关于适用〈中华人民共和国刑事诉讼法〉的解释》（法释〔2012〕21号）

第六十一条　认定案件事实，必须以证据为根据。

第六十二条　审判人员应当依照法定程序收集、审查、核实、认定证据。

第六十三条　证据未经当庭出示、辨认、质证等法庭调查程序查证属实，不得作为定案的根据，但法律和本解释另有规定的除外。

第六十四条　应当运用证据证明的案件事实包括：

（一）被告人、被害人的身份；

（二）被指控的犯罪是否存在；

（三）被指控的犯罪是否为被告人所实施；

（四）被告人有无刑事责任能力，有无罪过，实施犯罪的动机、目的；

（五）实施犯罪的时间、地点、手段、后果以及案件起因等；

（六）被告人在共同犯罪中的地位、作用；

（七）被告人有无从重、从轻、减轻、免除处罚情节；

（八）有关附带民事诉讼、涉案财物处理的事实；

（九）有关管辖、回避、延期审理等的程序事实；

（十）与定罪量刑有关的其他事实。

认定被告人有罪和对被告人从重处罚，应当适用证据确实、充分的证明标准。

第六十五条　行政机关在行政执法和查办案件过程中收集的物证、书证、视听资料、电子数据等证据材料，在刑事诉讼中可以作为证据使用；经法庭查证属实，且收集程序符合有关法律、行政法规规定的，可以作为定案的根据。

根据法律、行政法规规定行使国家行政管理职权的组织，在行政执法和查办案件过程中收集的证据材料，视为行政机关收集的证据材料。

第六十九条　对物证、书证应当着重审查以下内容：

（一）物证、书证是否为原物、原件，是否经过辨认、鉴定；物证的照片、录像、复制品或者书证的副本、复制件是否与原物、原件相符，是否由二人以上制作，有无制作人关于制作过程以及原物、原件存放于何处的文字说明和签名；

（二）物证、书证的收集程序、方式是否符合法律、有关规定；经勘验、检查、搜查提取、扣押的物证、书证，是否附有相关笔录、清单，笔录、清单是否经侦查人员、物品持有人、见证人签名，没有物品持有人签名的，是否注明原因；物品的名称、特征、数量、质量等是否注明清楚；

（三）物证、书证在收集、保管、鉴定过程中是否受损或者改变；

（四）物证、书证与案件事实有无关联；对现场遗留与犯罪有关的具备鉴定条件的血迹、体液、毛发、指纹等生物样本、痕迹、物品，是否已作DNA鉴定、指纹鉴定等，并与被告人或者被害人的相应生物检材、生物特征、物品等比对；

（五）与案件事实有关联的物证、书证是否全面收集。

第一百条　法庭审理过程中，当事人及其辩护人、诉讼代理人申请排除非法证据的，法庭应当进行审查。经审查，对证据收集的合法性有疑问的，应当进行调查；没有疑问的，应当当庭说明情况和理由，继续法庭审理。当事人及其辩护人、诉讼代理人以相同理由再次申请排除非法证据的，法庭不再进行审查。

对证据收集合法性的调查，根据具体情况，可以在当事人及其辩护人、诉讼代理人提出排除非法证据的申请后进行，也可以在法庭调查结束前一并进行。

法庭审理过程中，当事人及其辩护人、诉讼代理人申请排除非法证据，人民法院经审查，不符合本解释第九十七条规定的，应当在法庭调查结束前一并进行审查，并决定是否进行证据收集合法性的调查。

第一百零四条　对证据的真实性，应当综合全案证据进行审查。

对证据的证明力，应当根据具体情况，从证据与待证事实的关联程度、证据之间的联系等方面进行审查判断。

证据之间具有内在联系，共同指向同一待证事实，不存在无法排除的矛盾和无法解释的疑问的，才能作为定案的根据。

第一百零五条　没有直接证据，但间接证据同时符合下列条件的，可以认定被告人有罪：

（一）证据已经查证属实；

（二）证据之间相互印证，不存在无法排除的矛盾和无法解释的疑问；

（三）全案证据已经形成完整的证明体系；

（四）根据证据认定案件事实足以排除合理怀疑，结论具有唯一性；

（五）运用证据进行的推理符合逻辑和经验。

七、诉讼各方对案件法律适用无争议且法律含义不需要阐明的，裁判文书应当集中围绕裁判内容和尺度进行释法说理。诉讼各方对案件法律适用存有争议或者法律含义需要阐明的，法官应当逐项回应法律争议焦点并说明理由。法律适用存在法律规范竞合或者冲突的，裁判文书应当说明选择的理由。民事案件没有明确的法律规定作为裁判直接依据的，法官应当首先寻找最相类似的法律规定作出裁判；如果没有最相类似的法律规定，法官可以依据习惯、法律原则、立法目的等作出裁判，并合理运用法律方法对裁判依据进行充分论证和说理。法官行使自由裁量权处理案件时，应当坚持合法、合理、公正和审慎的原则，充分论证运用自由裁量权的依据，并阐明自由裁量所考虑的相关因素。

【条文说明】

本条是关于法律适用释法说理要求的规定。

一、诉讼各方对案件法律适用无争议情况下的裁判文书说理要求

法官裁判案件的工作有两类：第一个是认定事实，处理事实问题；第二个是法律适用，处理法律问题。① 司法裁判必须以事实为依据，以法律为准绳。法官对案件事实的正确认定是适用法律进行公正裁判的前提和基础。法条要适用在实际事件，即事实上发生的案件事实上。② 法官在裁判中应当掌握正确认定事实与适用法律的方法。在法学方法论中，认定事实与适用法律通常被认为属于司法三段论的运用，即将法律规范作为大前提，将具体案件事实通过涵摄过程，归属于法律构成要件，形成小前提，然后通过三段论的逻辑推理以发生的法律效果为结论。学者认为，法学方法论作为保障法官依法公正裁判的工具，必然以司法三段论为基础而展开，因为司法活动主要围绕裁判活动展开，而裁判活动必然要以法律和事实两项要素为基础，这两项要素是通过三段论发生互动的。③ 在认定事实的基础上正确适用法律，就是根据司法裁判活动的特点，将事实这一小前提，涵摄于法律适用的构成要件中。如何进行涵摄的操作，有赖于法官的思维、逻辑、方法与经验。对此，有学者认为，法律适用在法学方法论上经常使用涵摄，指将特定案件事实置于法律规范要件之下，以获致一定结论的一种思维过程。以涵摄为核心的法律适用过程，得以逻辑三段论表现。④ 在运用司法三段论方法构建事实、法律的互动，以及进行涵摄操作时，应当考虑以下问题：第一，司法三段论以演绎推理的形式逻辑为基础，法律大前提与事实小前提均应为真。法律推理主要采用归

---

① 参见梁慧星：《裁判的方法》，法律出版社 2003 年版，第 9 页。

② 参见［德］卡尔．拉伦茨：《法学方法论》，陈爱娥译，商务印书馆 2003 年版，第 160 页。

③ 参见王利明：《法学方法论》，中国人民大学出版社 2011 年版，第 62 页。

④ 参见王泽鉴：《法律思维与民法实例》，中国政法大学出版社 2001 年版，第 200 页。

纳推理与演绎推理，而司法三段论采取从一般到个别的方法进行演绎推理，这要求法官在运用演绎推理时，必须确定大小前提都是真实的，否则会得出错误结论，因此查明事实和准确找法两者缺一不可。第二，司法三段论以涵摄为核心，在法律大前提与事实小前提间建立有效衔接。当人们说在这一案件中具体的事实被涵摄到抽象的法定事实构成当中时，人们即是把一个司法上的思维过程纳入了一个（肯定前件）推理的逻辑结构。[①] 实践中，从具体事实到法定事实，从法定事实到法律规范，从法律规范到法律适用，存在着认定、构成、解释、漏洞等诸多不确定性。正如学者所说，法律适用没有精确的方法可以依循的。在法学三段论中，不管是在规范前提方面，还是在事实前提方面，都有可能出现法律适用的不确定性。换句话说，不管是在法律解释方面，还是在事实认定方面，其一定程度的模糊性是无法完全消除的。[②] 因此，需要在审判中不断细致反复地进行审查、推敲、衡量、解释、判断，运用司法三段论推理，在大小前提间进行涵摄操作，也就是法官的“目光往返流转”于事实与法律之间，运用法律思维作出符合逻辑与经验判断结论的过程。

诉讼中各方当事人对案件的法律适用无争议时，法官应审查该法律适用是否正确，法律含义是否需要阐明解释。随着社会生活的丰富发展，法律规则不断完善和增多，这导致法官们一方面在审理案件时要面对不断增加和更新的更专业、更细致、更庞杂的法律规范，另一方面为解决纷繁复杂、变化多端的现实生活而产生的纠纷，需要在浩瀚如海的法条中“找法”，准确娴熟地进行法律适用。德国法学家考夫曼曾指出，大多数人认为，法律适用应该就是将案例包摄于制定法之下，而且这种包摄无非是最简单且最准确的逻辑推论，亦即根据 Barbara 公式的一种三段论法。然而理论并不会使现实消失。法律适用

① 参见［德］齐佩利乌斯：《法学方法论》，金振豹译，法律出版社 2009 年版，第 140 页。
② 参见［德］齐佩利乌斯：《法学方法论》，金振豹译，法律出版社 2009 年版，第 145 页。

不只而且主要也不是一种三段论法。[①] 三段论法确实提供了法律适用的一般方法，但并不意味着案件事实和法律适用均得到认可时，只要运用三段论法即可得出裁判结果。实践中，法官在运用三段论进行法律适用时，必然对法律适用是否正确和法律含义是否明确进行判断。上述判断的前提是对所适用法律条文的认知和对法律适用方法的掌握。

首先，法律由法条构成，正确适用法律需要法官掌握理解法规范、法条的功能。法规范是由法律规定组成，而非由法条组成。法规范本身构成一个体系，其下又分成各个较小的规范单元或体系，所以法规范必须被整体地了解。法条只是组成各种法律规定之成员，而法律规定则又是组成法规范之单位，几乎没有一个法条是完全的。[②] 在认识法条时，我们会将法条分为完全法条和不完全法条两类，其中完全法条兼备构成要件与法律效果这两个部分，并将该法律效果系于该构成要件，当然完全法条是为法律适用设计的理想目标。不完全法条较为常见，包括说明性法条、限制性法条、引用性法条和拟制性法条。如合同法第三十九条规定（格式条款是当事人为了重复使用而预先拟定，并在订立合同时未与对方协商的条款，都属于说明性法条）、第四十条规定（格式条款具有本法第五十二条和第五十三条规定情形的，或者提供格式条款一方免除其责任、加重对方责任、排除对方主要权利的，该条款无效）属于引用性法条，而第四十一条规定（对格式条款的理解发生争议的，应当按照通常理解予以解释。对格式条款有两种以上解释的，应当作出不利于提供格式条款一方的解释。格式条款和非格式条款不一致的，应当采用非格式条款）属于限制性法条。裁判中运用对法规范、法条的理解，准确找到并识别法条性质，将法条组合成兼备构成要件与法律效果的法规范加以适用。

---

① 参见［德］考夫曼：《法律哲学》，刘幸义等译，法律出版社2004年版，第72页。

② 参见黄茂荣：《法学方法与现代民法》，中国政法大学出版社2001年版，第106～107页。

其次，法官应当掌握有效的法律适用方法。法律适用方法是一种系统性的方法，国内外许多学者对此都进行了系统和深入的研究，在司法实践中也为法官们所应用。在此，我们主要介绍两种法律适用方法以供参考。一是请求权基础分析的法律适用方法；二是法律关系分析的法律适用方法。王泽鉴先生在《法律思维与民法实例》中提出请求权基础理念体系源于德国。在德国法学家的大量著作中，以及近年国家法官学院与德国国际合作机构引入的法律适用方法中，都阐述了该方法。请求权关系之基本模式为“谁得向谁，依据何种法律规范，主张何种权利”，在于探寻得支持一方当事人，向他方当事人有所主张的法律规范。[①] 这是围绕诉讼请求与权利基础让当事人提供法律规范依据，并加以审查的方法。法律关系分析法，是指通过理顺不同的法律关系，确定其要素及变动情况，从而全面地把握案件的性质和当事人的权利义务关系，并在此基础上通过司法三段论的适用以准确适用法律，作出正确判决的一种案例分析方法。[②] 在法律关系分析法中，法官需要熟练掌握不同类型案件的法律关系，从而判断当事人主张的权利义务与适用法律规范。上述两种方法，从法官的视角观察，请求权基础的方法是以“诉”为中心进行法律适用，法律关系分析法则是以“审”为中心进行法律适用。

当法官运用正确法律适用方法完成“找法”之后，就可以直接援引相关法律规定作出裁判，并集中围绕裁判内容和尺度进行充分说理。

二、诉讼各方对案件法律适用存有争议或者法律含义需要阐明的裁判文书说理要求

审理具体案件时，诉讼各方基于各自主张和对法律的理解不同，而对案件法律适用存在争议，或者法律含义有需要予以阐明的内容，

---

① 参见王泽鉴：《法律思维与民法实例》，中国政法大学出版社 2001 年版，第 49 页。

② 参见王利明：《法学方法论》，中国人民大学出版社 2011 年版，第 234 页。

法官在裁判文书中应当予以回应，阐明法律含义及法律适用的理由。阐明法律含义与说明法律适用的理由，均涉及法律解释。法律解释无疑是法律适用中一个至关重要的环节。法律条文是抽象的，案件事实是具体的，司法过程就是将抽象的法律条文适用到具体的案件事实的过程。[①] 对抽象的法律条文含义进行阐明，决定法律规范适用具体案件并说明理由的过程就是法律解释。此条要求法官应当阐明法律含义及法律适用的理由，针对的是有法律条文规定的情况下进行法律解释，不包括出现法律漏洞的情形。解释的标的是“承载”意义的法律文字，解释就是要探求这项意义。[②] 学者对法律解释考虑的因素或方法有不同的称谓与分类。萨维尼区分“文法”“逻辑”“历史”及“体系”的解释因素。德国法学家卡尔·拉伦茨考虑的是解释的标准，即字义；法律的意义脉络；历史上的立法者之规定意向、目标及规范想法；客观的目的论；合宪法性解释的要求；各种解释标准之间的关系；解释法律与解释法律行为之比较。[③] 我国大陆法学家梁慧星教授对法律解释方法分类为文义解释；论理解释；比较法解释；社会学解释。其中论理解释包括：体系解释；法意解释；扩张解释；限缩解释；当然解释；目的解释；合宪性解释。[④] 我国台湾地区法学家黄茂荣教授提出法律解释的因素，分为五大类，即文义因素、历史因素、体系因素、目的因素及合宪性因素，并认为上述只是法律解释时必须考虑到的因素，它根本就不是解释的方法。[⑤] 上述这些学者提出的解释因素或方法，都是从不同角度为完成法律解释的任务而探求法律意旨。解释法律意味着对法律用词的含义进行探究，也就是说，探究法律

---

① 参见葛洪义主编：《法律方法论》，中国人民大学出版社 2013 年版，第 81 页。

② 参见［德］卡尔·拉伦茨：《法学方法论》，陈爱娥译，商务印书馆 2003 年版，第 194 页。

③ 参见［德］卡尔·拉伦茨：《法学方法论》，陈爱娥译，商务印书馆 2003 年版，第 200～223 页。

④ 参见梁慧星：《民法解释学》，中国政法大学出版社 1995 年版，第 214 页。

⑤ 参见黄茂荣：《法学方法与现代民法》，中国政法大学出版社 2001 年版，第 273～287 页。

用词所表达的事实、价值和应然观念。① 具体裁判文书并不会清晰地指明运用哪种解释方法或考虑哪些因素、标准，法律适用的过程主要是一种内在的思维分析活动，最终以文字方式在裁判文书上予以表达。

从司法实践中观察，我们主要运用以下几种解释方法。文义解释，对法律条文字面含义的解释是法律适用的基础，是法律解释中最常用、最基本的解释方法。法官在进行文义解释时，必须尊重文本，不能脱离文本进行解释，否则就会导致裁判权的滥用。② 历史解释，也称为立法解释、法意解释或沿革解释。其意在探求立法者或准立法者在制定法律时所作的价值判断及其所欲实现的目的，以推知立法者的意思。③ 其重要的手段是引用立法过程中的记录、文件资料等，当前许多立法形成的资料以及参与立法者出版的书籍都成为解释的依据。历史解释与目的解释有交集，均涉及法律所追求的目的，历史解释更侧重于立法者意思的客观化，特定的历史环境背景是解释时考虑的因素。目的解释，是指在解释法律文本时，将法律所追求的目的价值取向化，不拘泥于文字本身，考量法律规范所要达到的效果，使法律解释适应社会需求。学者指出，一个法律规整通常以一种关于社会过程控制的特定法律政治模式为基础：当立法者对特定行为方式作出了有约束力的规定，他是要以此实现特定的目的。对法律的解释要服务于法律的目的。客观解释理论并不停留于法律的发生过程及其发生史。客观解释理论更倾向于认为，法律的含义会随着时代精神的变迁而变迁。④ 体系解释，要将个别的法律观念放在整个法律秩序的框架当中，或者如萨维尼所说，在将所有法律制度和法律规范连接成为一个大统

---

① 参见［德］齐佩利乌斯：《法学方法论》，金振豹译，法律出版社 2009 年版，第 59 页。
② 参见王利明：《法学方法论》，中国人民大学出版社 2011 年版，第 325 页。
③ 参见梁慧星：《民法解释学》，中国政法大学出版社 1995 年版，第 219 页。
④ 参见［德］齐佩利乌斯：《法学方法论》，金振豹译，法律出版社 2009 年版，第 70～73 页。

一体的内在关联当中来考察。法律解释应当对法的统一起维护作用。[①]运用体系解释时，法官将法律作为合理、符合逻辑的完整体系，对法律条文进行解释。从外在体系上考虑条文在法律体系中的地位，即哪部法律、哪些章节等逻辑结构安排；再从内在体系上整体地理解法律制度之间的基本价值联系，与其同位阶和更高位阶的法规范不矛盾；最后观察法条所组成的法规范，各法条之间的联系与作用，从而作出解释。体系解释使法官不再孤立地观察某个法律规范，而是强调法律体系和价值目标的完整性，因此有利于更全面地验证法律适用的正确性。

法官在裁判文书中针对法律含义进行阐明以及说明法律适用的理由时，需要掌握上述解释因素、标准和方法。诉讼活动中，各方当事人常常会面临法律解释问题，并据此提出法律适用意见，这些意见在不同程度上与司法裁判中的法律适用相联系，对裁判构成大小不同的影响。但是，在司法裁判过程中，只有裁判者对法律的解释与法律的适用直接关联，而其他主体对法律的解释，都需要通过裁判者的媒介才能发生作用。[②] 诉讼各方所提出的法律适用意见，如何影响裁判者的判断，这些意见对错与否，法官对这些法律意见是否采纳，对裁判结果发生什么样的作用，都需要在裁判文书中予以回应，从而让法院的裁判文书真正能够做到以理服人。在司法公开、公信的要求下，法官对诉讼各方（尤其是公诉人、公益诉讼人、律师）所提出的法律适用意见，是如何进行采纳与判断的，应当逐项予以回应并说明理由。

三、法律规范竞合或者冲突的说理要求

法律适用的过程中常常会遇到法律规范竞合或者冲突，由于同一

---

① 参见［德］齐佩利乌斯：《法学方法论》，金振豹译，法律出版社 2009 年版，第 61 页。

② 参见张志铭：《法律解释操作分析》，中国政法大学出版社 1999 年版，第 77 页。

法律事实为不同的法律规范所调整，而适用不同的法律规范可能产生不同的法律效果，因此，法官在进行判断和选择后，应当对选择的理由予以公开说明。法律规范竞合或者冲突，有别于请求权竞合的解决。请求权竞合时，当事人因同一目的而产生数个请求权并存，其可选择其中一个请求权，并因选择请求权使目的达到而消灭时，其他请求权因此消灭。法律规范竞合或者冲突时，因一法律规范的适用而排除另一法律规范的适用，两者不可并存，亦不可自由选择，必须遵守一定的法律适用规则。一般而言，从法律体系位阶上遵循以下规则：第一，在法律体系位阶上，异位阶之间遵循上位法优于下位法的原则判断；第二，在同位阶法律规范之间，分别依据后法优于前法或者特别法优于一般法的原则判断。比如《民法总则》于 2017 年 10 月 1 日起施行后，《民法总则》与《民法通则》有关诉讼时效的规定同时存在，在一定范围内存在法律适用上的冲突。《民法通则》规定的二年普通诉讼时效期间与《民法总则》规定的三年普通诉讼时效期间均属于在同一法律事实上作出的不同规定，一旦产生争议，法官必须在该法律规范冲突时作出判断，并写明选择的理由。

在选择理由上，法官会分析，因为《民法通则》与《民法总则》均属于基本法，在效力等级上处于同一位阶，故根据新法优于旧法的原则，在《民法总则》施行后，普通诉讼时效期间应为三年。再举例说明，《民法总则》规定的诉讼时效期间与民事单行法中有关诉讼时效期间亦会产生冲突。对此，《民法总则》第一百八十八条明确规定，法律对于诉讼时效期间另有规定的，依照其规定。因此，在出现法律规范冲突时，法官会分析，《民法总则》有关诉讼时效期间的规定与民事单行法中有关诉讼时效期间的规定属于一般法与特别法的关系，应按照特别法优于一般法的原则判断，在《民法总则》施行后仍应优先适用民事单行法中有关诉讼时效期间的规定。

四、没有明确法律规定作为裁判直接依据时的说理要求

（一）关于“遭遇真正漏洞”时的裁判说理问题

本条规定了“无法可司”的情形下如何进行裁判说理的问题。在法律适用过程中，由于找不到相应的法条而陷入“无法可司”的局面，但基于法官不得拒绝裁判的裁判原则，在不涉及法外空间的情形下，必须找到某类裁判依据进行裁判。

本条规定的特殊情形必然要求充分说理论证。在裁判说理中，应当注意区分裁判依据和说理依据。在一般案件中，裁判依据通常就是法律规则或司法解释,① 说理依据一般指如何解释、支持规则，属于规则的正当性论证过程。比如，以法律解释方法、政策、道德、案例、学术观点等作为说理依据，支持法律规则的具体适用。因此，一般案件（有规则可适用的案件）的说理可能存在两种类型：一是引出论证结论的说理，即裁判依据，它们是得出裁判结论所依赖的论证，直接影响裁判结论，作为法律适用的理由；二是强化论证效果的说理，即说理依据，这类说理只是在必要的情况下加强论证效果。但在特殊案件中，由于缺乏明确的规则，裁判的依据不再是明确的法条，而可能采取类推的方法、习惯、原则的运用进行裁判，在这种特殊情形下，裁判依据与说理依据不可分，说理的目标就是要找寻到裁判依据，发现裁判依据的过程就必然伴随充分说理。

本条规定指向“法律漏洞”这个理论问题。“法律漏洞乃指法律体系上之违反计划的不圆满状态。”② 从法理学的发展来看，对于法律漏洞的认识不一，比如自然法学派认为，法律的空白之处能够依靠一

① 最高法院司法解释应当与其解释的具体法律条文具有同一效力。参见王成：《最高法院司法解释效力研究》，载《中外法学》2016 年第 1 期。

② 参见黄茂荣：《法学方法与现代民法》，中国政法大学出版社 2001 年版，第 293 页。

般原则进行填补，因此不存在法律漏洞的问题。分析法学派对规范体系的信赖而淡化了法律漏洞的问题，而法社会学派承认广泛存在法律漏洞，并以“社会福利”作为衡量法律适用正确与否的标准。总体而言，自从利益法学派对概念法学全面批判之后，法学界基本已经认可法律漏洞的存在。伯恩·魏德士认为，“任何法律秩序都有漏洞，由于种种原因，没有漏洞的法律秩序是不存在的。”[①]卡尔·拉伦茨也指出，“无论如何审慎地从事的法律，其仍然不能对所有属于该法律规整范围，并且需要规整的事件提供答案，换言之，法律必然有‘漏洞’。”[②]

本条规定的“法律漏洞”是“真正的漏洞”。学术界对法律漏洞的定义颇多。比如，王泽鉴认为，“所谓法律漏洞指的是以现行法律规范之基本思想及内在目的，对某项问题，可期待有规定而未有规定之谓。”[③] 杨仁寿先生认为，“法律规范对于应规范之事项，由于立法疏忽、未预见，或者情况变更，致就某一法律事实未设规定时，审判官应探求其规范目的，就此漏洞加以补充，斯为漏洞补充。”[④] 杨解君认为，“法律漏洞是指由于各种主客观原因使法律规定在内容上出现欠缺或不周密，从而造成法律适用的困难。”[⑤] 从法律漏洞的分类来看，也不统一，比如，卡纳里斯将法律漏洞分为禁止拒绝裁判式漏洞、目的性漏洞、原则漏洞；拉伦茨将法律漏洞划分为开放的漏洞和隐藏的漏洞、自始的漏洞和嗣后的漏洞等。以上分类都有意义，但本条所规定的就是“无法可司”的情形，而非“法律适用困难”的情形，因此，仅指“禁止拒绝裁判式漏洞”或“开放的漏洞”，并不包含目的性漏洞（目的限缩或目的扩张）、碰撞型漏洞（规则冲突）、原则性漏洞（规则与原则冲突）等，我们可称之为“真正的漏洞”。

---

① 参见［德］伯恩·魏德士：《法理学》，丁晓春、吴越译，法律出版社2005年版，第348页。

② 参见［德］卡尔·拉伦茨：《法学方法论》，陈爱娥译，商务印书馆2003年版，第246页。

③ 参见王泽鉴：《民法学说与判例研究》，中国政法大学出版社1998年版，第62页。

④ 参见杨仁寿：《法学方法论》，中国政法大学出版社2013年版，第191页。

⑤ 参见杨解君：《法律漏洞略论》，载《法律科学》1997年第3期。

（二）关于"填补真正漏洞"时所采用的方法问题

一是类推的方法。"所谓类推适用，是指将法律明文之规定，适用到该法律规定所未直接加以规定，但其规范上之重要特征与该规定所明文规定者相同的案型"。[①] 需要指出的是，本条所规定的类推与类比推理有一定区别，类比推理一般采用个案之间的类比，在判例法国家较为常用，而本条并非论证"后案"与"前案"相似，而是一种类型化思维，其主要论证的是个案事实是否类属于法律条文中对案件事实的抽象化规范。首先是考察能否被规范涵摄。如果可以通过法律解释予以涵摄，则不属于"真正的漏洞"。"在漏洞填补中，不是从现有的具体规则出发来解释规则、确定大前提，而是通过习惯法、法律原则等其他非规则来创造法律规范。"[②] 如果在文义上根本没有涵摄的可能性，则会考虑进行类推。其次要判断类推适用的可行性，某些法律规范因其自身特点而不具有进行类推的可能性，比如规范本身就是特殊规范，不具有一般性，是故要予以排除。最后则是对案件事实的可类推性进行判断，其判断重点乃是规范事实构成与案件具体事实之间的相似性问题，由于类推说理已经排除了文义、体系、目的扩张、限缩等法律体系内的解释方法，此处的说理应当追求事物本质与法规范的一致性，通过探求法律的真意进行判断，该相似性的论证就是类推说理的核心。

二是习惯的方法。"在现今各国法制，在民事方面，不论其法典本身有无明文规定，几无不承认习惯为法源之一种。"[③] 在运用习惯进行裁判时，首先就要明确何为"习惯"。首先，习惯要成为民法渊源，应当具有稳定性和内心确信性的特点。所谓稳定性，是指习惯应当有

---

① 参见黄茂荣：《法学方法与现代民法》，法律出版社 2007 年版，第 492 页。
② 参见王利明：《法学方法论》中国人民大学出版社 2011 年版，第 436 页。
③ 参见王伯琦：《近代法律思潮与中国固有文化》，清华大学出版社 2005 年版，第 306 页。

一定的历史积淀并被反复使用；所谓内心确信性，是指该习惯应当被所涉及的圈子认为具有拘束力，这是习惯能够作为裁判依据的核心属性。拉伦茨认为，“认定存在习惯法与否，关键不是看实践，而是看它是否具备了‘必要的确信’，即人们是否普遍认为它是正确的。”[①] 其次，习惯应当具有具体行为规则属性，否则无法予以适用。除此之外，习惯应符合公序良俗，不得违反法律的强制性规定。

三是法律原则、立法目的方法。依法律原则、立法目的进行裁判均需进行相应的法益考量。“当法官面对具体个案（尤其是疑难案件）需要运用原则作为裁判理由时，依然需要复杂的论证程序，尤其是其中优先条件或变量的选择，无不包含法官个人的价值判断。”[②] 在运用法律原则、立法目的作为裁判依据时，需要注重原则、目的之间的利益衡量问题。在存在多个原则、目的相互冲突的情形时，选取哪个原则、目的作为裁判依据，就需要进行充分的论证说理。此处需要强化论证的是通过利益衡量的方法。利益的衡量方法应采取比例原则，衡量哪种利益具有明显的价值优越性；哪种利益受影响的程度更高；对哪种利益保护更具有紧迫性；假如某种利益需要作出让步，其受害程度如何；选择保护哪种利益能使相对利益的损害程度最低；利益并存时，可否使其各自实现一部分。[③] 参照生活常情或“事物本质”确立原则、目的之间的优先条件，通过具体的优先条件确立优先原则、目的，继而适用于个案。

另外，还需要注意多种方法并存时各类方法的适用。从“类推适用”“习惯”“原则、目的”三类方法来看，其重要的差别在于，法官

---

① 参见［德］卡尔·拉伦茨：《德国民法通论（上册）》，王晓晔等译，法律出版社 2003 年版，第 17 页。

② 参见彭诚信：《从法律原则到个案规范——阿列克西原则理论的民法应用》，载《法学研究》2014 年第 4 期。

③ 参见孙盈：《价值与逻辑之间：利益衡量裁判方法在民事审判中的运用》，载《法律适用》2017 年第 13 期。

的自由裁量权逐渐增强，因此，为约束自由裁量权而采用一种阶梯推进的方法进路具有合理性。对于“类推适用”而言，裁判的最终依据是明确的法律规则，因此，从任何一个角度来看，规则的适用原则上处于优先地位。“习惯”与“原则”的重要区别还在于，一般来说，“习惯”的规则性更强，“与民法的基本原则相比，习惯的内容更为具体确定，因此在存在习惯法可以适用的情形下，法官不应当直接适用民法的基本原则。”① 因此，对于原则的适用应当是“穷尽规则”。此处的“穷尽规则”要扩大理解，即“只有在穷尽了对规则的解释、无习惯法予以补充、没有类推适用等方法时，才能适用原则。”②

（三）法官应当在“辨法析理”的基础上“填补真正漏洞”

审判实践中，要注意以下几点：一是要在庭审中以方法适用作为辩论的焦点。一般来说，裁判说理具有三条基本的进路：一是逻辑进路；二是修辞进路；三是商谈进路。在“填补真正法律漏洞”时，要充分重视商谈程序的运用。在“填补真正漏洞”的情形下，类推的适用，习惯的确认，原则的运用都直接关涉法律适用，只有通过庭审、经过充分的辨法析理，对各方提出的观点进行汇总，才能够辨明方法运用的可取性。比如，对于某类习惯的确认，就需要在听取双方当事人观点基础上形成判断。在这一过程中，要尽可能塑造庭审中的“理想交谈情境”；③ 对于方法适用的讨论，要更为开放自由，在充分听取双方观点基础上形成裁断。二是要在裁判文书中对方法适用进行充分说理。在类推适用中，要寻找法律规范欲以保护的法益，以此论证规范事实构成与案件具体事实之间的相似性问题。在习惯的运用中，要抓住习惯的本质特征，对待证习惯进行论证，是否具有稳定性以及在

---

① 参见王利明：《论习惯作为民法渊源》，载《法学杂志》2016 年第 11 期。
② 参见梁慧星：《民法解释学》，法律出版社 2009 年版，第 314 页。
③ 参见任岳鹏：《哈贝马斯：协商对话的法律》，黑龙江大学出版社 2009 年版，第 56 页。

某个范围内具有普遍的内心确认与约束力。在原则的运用中，应对该项原则本身进行阐明，在出现“原则冲突”的情形下，要通过优先条件论证出某原则的优先性。比如，在以下“经验推介二”中就存在“公序良俗原则”与“法不禁止即自由”两个原则间之间的竞争，此时即需通过论证特定的优先条件，确立“公序良俗”的优先地位，确认在“毁损、隐匿他人或本人之亲人骨灰而造成他人精神受损且该损害基于人的通常道德价值应受保护时，该行为应为法律所禁止”。[①]

五、法官行使自由裁量权处理案件时的说理要求

（一）关于行使自由裁量权的情形

立法的一般性、抽象性、概括性、滞后性等特点、立法权与司法权的合理分工、司法判断权行使的实践性等属性等，均决定了自由裁量主义相比于严格规则主义更能反映司法活动的内在规律。换言之，任何法律都不可能完美无缺，客观上需要法官行使一定的自由裁量权，以弥补法律体系存在的不足。因此，自由裁量权是审判权的重要内容，是法官在司法过程中必然享有的权力。

审判活动是法官遵循法定程序，根据法律以及案件事实作出裁判的过程，包括事实认定、法律适用和程序处理三个环节。与之相应，自由裁量权存在于法律适用、事实认定以及程序处理三个环节之中。

自由裁量权存在于案件审理的各个阶段，但并不是所有案件的处理均都存在或者需要自由裁量权。一般来说，以下几种情况可允许法官行使自由裁量权：一是法律明确授权的。法律授权可以是直接授权根据案件具体情况进行裁量，也可以是授权从几种法定情形中选择其一进行裁量，或者在法定的范围、幅度内进行裁量；二是法律虽未明

---

① 参见彭诚信：《从法律原则到个案规范——阿列克西原则理论的民法应用》，载《法学研究》2014 年第 4 期。

确授权，但由于其所使用的表述不够具体、明确，无法为法官提供确定结论的，法官需要结合案件具体情况行使自由裁量权，对法律精神、规则或者条文进行阐释；三是事实认定过程。法官在证据材料的搜集、证据证明力的认定以及证明标准的判断等方面存在裁量空间。事实认定中的自由心证也属于自由裁量权的范畴；四是出现法律没有规定的新类型案件时，法官需行使自由裁量权，根据法律原则和精神对案件进行审理。①

（二）关于对行使自由裁量权进行裁判文书说理的原则

法官行使审判权原则上应受严格约束，虽然自由裁量权是具有相对灵活性的审判权，得到了更多的尊重，但是行使自由裁量权容易被个别法官用于牟取个人私利，因而并非随心所欲，而是必须受到诸多制约。

裁判文书是体现法官行使审判权的最终载体。自由裁量权的行使是法官个人主观选择和判断的过程，具有较大的隐蔽性，难以用客观、外在标准进行衡量。对行使自由裁量权进行裁判文书说理，是规范法官行为最为有效的手段。法官在裁判文书说理时，应当说明行使自由裁量权的程序规则和实体标准，根据考量因素得出结论具有合理性的理由。

对行使自由裁量权进行裁判文书说理，应该遵循以下几项原则：一是合法原则。行使自由裁量权应当遵循法定程序，符合法律、法规和司法解释的精神以及基本法理的要求，不能违反法律明确、具体的规定。二是合理原则。行使自由裁量权要充分考虑公共政策、社会主流价值观念、社会发展的阶段性、社会公众的认同度等因素，正确把握不同审判工作的裁判理念，确保裁判结果符合社会发展方向，努力

---

① 参见宋晓明、雷继平、林海权：《自由裁量权的行使及其规制》，载《人民法院报》2012年5月16日。

实现法律效果与社会效果的统一。三是公正原则。行使自由裁量权应当坚持实体公正与程序公正并重，在程序上应严格保持中立，平等对待各方当事人，不能有所偏袒，在实体上应注重裁量结果与社会公众对公平正义普遍理解的契合性，裁判结果应符合司法公平正义的要求。四是审慎原则。审慎原则要求法官行使自由裁量权时，增强责任意识，在充分理解法律精神、依法认定案件事实的基础上，审慎作出裁判，不得随意、草率行使自由裁量权。

（三）关于对行使自由裁量权进行裁判文书说理的主要内容

涉及证据规则的，可能需要运用自由心证。有学者认为，自由心证不能作为说理论证的对象。[①] 但是，大部分人对此持肯定说。例如，有学者认为，法官作出判决所依据的理由，而不是指法官作出判决的心理动机。法官作出判决的心理动机主要是指法官内心确信的心证基础以及它们是如何获得的，主要涉及自由心证、证明尺度和法官裁判心证来源等问题，都属于证据法学的研究对象。[②] 涉及自由心证的，法官裁判文书说理时应当说明在证据规则基础上认定的证据和事实符合经验法则、逻辑规则、社会伦理。

涉及运用法律适用方法的，引用法律等裁判依据时，适用《最高人民法院关于裁判文书引用法律、法规等规范性法律文件的规定》等相关规定。在民事审判中，当出现法律没有规定的新类型案件时，法官需行使自由裁量权，根据法律原则对案件进行审理。在法律原则的适用效果方面，法律原则具备道德妥当感与制度化的双重属性，相较于其他自由裁量权的行使方式具有明显的优势。[③] 法官使用法律原则作

---

① 参见黄士元：《自由心证下的法官责任——心证“自由”的保障及其扭曲》，载《证据学论坛》2007 年第 2 期。

② 参见周晓霞：《民事判决理由研究——以一审判决为中心》，法律出版社 2014 年版，第 25 页。

③ 参见陈景辉：《实践理由与法律推理》，北京大学出版社 2011 年版，第 107 页。

为裁判依据的，应当在完善适用方式的同时，构建适用标准，首先要具体化，“需要将法律原则转变为法律规范，借助特定的典型事实将法律原则予以具体的规范化，并且据此将其确认为客观实在的有效法律”。[①]其次要类型化，常见多发案件可以归纳为若干类型，在一定程度上体现“典型的事件发展”脉络，可以作为法官适用法律原则的基础。[②]

涉及运用法律解释的，法官应当结合法律精神、具体案情等因素，综合运用各种解释方法作出合理解释，并在裁判文书中说明理由。从某种意义上说，法律不经解释，便无法适用于具体案件。法律解释方法包括文义解释、体系解释、历史解释、目的解释等方法。对于不同法律解释方法之间的位阶关系，一部分学者认为，各种阐释方法之间存在一定位序。其中，多数观点都赞同将文义阐释作为起点，其后的排序大致是体系阐释、历史解释、目的阐释等。[③] 另一部分学者则持相反意见，认为没有必要为阐释方法设置固定的位阶。[④] 实际上，各种阐释方法的位序问题，其实是一个法律价值位序认定的问题。[⑤] 就刑事审判而言，如果强调刑法的安定性，必然赋予诸如文义阐释、体系阐释等以安定性为取向的阐释方法优势地位；重视刑法的正义性，则会凸显目的阐释的作用，甚至认为目的阐释的结论可以“溢出”用语文义。[⑥] 在法学方法论领域，当前在阐释方法的位序上似乎已经形成了一种“习惯或惯例”，即“字义阐释→逻辑（体系）阐释→原意

---

① 参见［德］汉斯·J. 沃尔夫等：《行政法》（第 1 卷），高家伟译，商务印书馆 2002 年版，第 353 页。

② 参见［德］卡尔·拉伦茨：《法学方法论》，陈爱娥译，商务印书馆 2005 年版，第 340 页。

③ 参见梁慧星：《裁判的方法》，法律出版社 2012 年版，第 103 ~ 209 页；黄茂荣：《法学方法与现代民法》，法律出版社 2007 年版，第 360 页；梁根林：《罪刑法定视域中的刑法适用解释》，载《中国法学》2004 年第 3 期；郑永流：《法律方法阶梯》，北京大学出版社 2012 年版，第 128 页。

④ 参见梁治平：《解释学法学与法律解释的方法论》，载梁治平主编：《法律解释问题》，法律出版社 1998 年版，第 92 页；桑本谦：《法律解释的困境》，载《法学研究》2004 年第 5 期；梁迎修：《超越解释——对疑难案件法律解释方法功能之反思》，载《学习与探索》2007 年第 2 期。

⑤ 参见李可：《法律解释方法位序表的背后》，载《法律方法与法律思维》2011 年第 8 辑。

⑥ 参见苏彩霞：《刑法解释方法的位阶与运用》，载《中国法学》2008 年第 5 期。

（目的）阐释”的位序。这一解释惯例在很大程度上反映了法律职业共同体在上述解释方法背后的价值问题上达成了一种大致的共识。[①]目前实务界对该问题基本上没有作出明确规定，《最高人民法院关于在审判执行工作中切实规范自由裁量权行使保障法律统一适用的指导意见》第六条规定：“正确运用法律解释方法。行使自由裁量权，要结合立法宗旨和立法原意、法律原则、国家政策、司法政策等因素，综合运用各种解释方法，对法律条文作出最能实现社会公平正义、最具现实合理性的解释。”

涉及运用利益衡量的，法官应当综合把握具体案情，结合社会环境、价值观念等，注意寻找实质判断的法律根据，[②]对相互冲突的利益进行衡量和取舍，努力实现利益最大化，并说明进行衡量的理由。利益衡量必须注意与法条结合，通过衡量得出的结论不能离开法律理由的说理和论证，必须经得起法律规范以及相关法学理论的检验，以免沦为个人的任意决断。

涉及诉讼程序规范的，法官应当对下列事项的处理说明理由：当事人主体是否适格、是否委托鉴定等诉讼各方存在争议的程序性事项、对案件实体处理具有重要影响的程序性事项，以及涉及诉讼程序合法性的程序节点事项。裁判文书应当载明审理案件的重要程序性事项，全面反映审理过程。不过，并非所有的程序性事项都需要说理，有的程序性事项过于琐屑不重要，就没有必要予以说理。

【经验推介】

一、马乐利用未公开信息交易案

该案是最高人民法院发布的61号指导案例，旨在明确对刑法有关

① 参见李可：《法律解释方法位序表的背后》，载《法律方法与法律思维》2011年第8辑。
② 参见梁慧星：《裁判的方法》，法律出版社2012年版，第187页。

援引法定刑规定的理解。该案例从立法目的、法条文意和立法技术方面，充分论证了刑法第一百八十条第四款援引法定刑的情形，是对同条第一款全部法定刑的引用，即利用未公开信息交易罪应有“情节严重”“情节特别严重”两种情形和两个量刑档次。发布本案例，既有利于保障法律的准确、统一适用，也有利于进一步促进规范证券市场秩序。

裁判理由：

法院生效裁判认为：本案事实清楚，定罪准确，争议的焦点在于如何正确理解刑法第一百八十条第四款对于第一款的援引以及如何把握利用未公开信息交易罪“情节特别严重”的认定标准。

一、对刑法第一百八十条第四款援引第一款量刑情节的理解和把握

刑法第一百八十条第一款对内幕交易、泄露内幕信息罪规定为：“证券、期货交易内幕信息的知情人员或者非法获取证券、期货交易内幕信息的人员，在涉及证券的发行，证券、期货交易或者其他对证券、期货交易价格有重大影响的信息尚未公开前，买入或者卖出该证券，或者从事与该内幕信息有关的期货交易，或者泄露该信息，或者明示、暗示他人从事上述交易活动，情节严重的，处五年以下有期徒刑或者拘役，并处或者单处违法所得一倍以上五倍以下罚金；情节特别严重的，处五年以上十年以下有期徒刑，并处违法所得一倍以上五倍以下罚金。”第四款对利用未公开信息交易罪规定为：“证券交易所、期货交易所、证券公司、期货经济公司、基金管理公司、商业银行、保险公司等金融机构的从业人员以及有关监管部门或者行业协会的工作人员，利用因职务便利获取的内幕信息以外的其他未公开的信息，违反规定，从事与该信息相关的证券、期货交易活动，或者明示、暗示他人从事相关交易活动，情节严重的，依照第一款的规定处罚。”

对于第四款中“情节严重的，依照第一款的规定处罚”应如何理

解，在司法实践中存在不同的认识。一种观点认为，第四款中只规定了“情节严重”的情形，而未规定“情节特别严重”的情形，因此，这里的“情节严重的，依照第一款的规定处罚”只能是依照第一款中“情节严重”的量刑档次予以处罚；另一种观点认为，第四款中的“情节严重”只是入罪条款，即达到了情节严重以上的情形，依据第一款的规定处罚。至于具体处罚，应看符合第一款中的“情节严重”还是“情节特别严重”的情形，分别情况依法判处。情节严重的，“处五年以下有期徒刑”，情节特别严重的，“处五年以上十年以下有期徒刑”。

最高人民法院认为，刑法第一百八十条第四款援引法定刑的情形，应当是对第一款全部法定刑的引用，即利用未公开信息交易罪应有“情节严重”“情节特别严重”两种情形和两个量刑档次。这样理解的具体理由如下：

（一）符合刑法的立法目的。由于我国基金、证券、期货等领域中，利用未公开信息交易行为比较多发，行为人利用公众投入的巨额资金作后盾，以提前买入或者提前卖出的手段获得巨额非法利益，将风险与损失转嫁到其他投资者，不仅对其任职单位的财产利益造成损害，而且严重破坏了公开、公正、公平的证券市场原则，严重损害客户投资者或处于信息弱势的散户利益，严重损害金融行业信誉，影响投资者对金融机构的信任，进而对资产管理和基金、证券、期货市场的健康发展产生严重影响。为此，《中华人民共和国刑法修正案（七）》新增利用未公开信息交易罪，并将该罪与内幕交易、泄露内幕信息罪规定在同一法条中，说明两罪的违法与责任程度相当。利用未公开信息交易罪也应当适用“情节特别严重”。

（二）符合法条的文意。首先，刑法第一百八十条第四款中的“情节严重”是入罪条款。《最高人民检察院、公安部关于公安机关管辖的刑事案件立案追诉标准的规定（二）》，对利用未公开信息交易罪规定了追诉的情节标准，说明该罪需达到“情节严重”才能被追诉。利用未公开信息交易罪属情节犯，立法要明确其情节犯属性，就必须借助“情节严重”的表述，以避免“情节不严重”的行为入罪。其次，该款中“情节严重”并不兼具量刑条款的性质。刑法条文中大量存在“情节严重”兼具定罪条款及量刑条款性质的情形，但无一例外均在其后列明了具体的法定刑。刑法第一百八十条第四款中“情节严重”之后，并未列明具体的法定刑，而是参照内幕交易、泄露内幕信息罪的法定刑。因此，本款中的“情节严重”仅具有定罪条款的性质，而不具有量刑条款的性质。

（三）符合援引法定刑立法技术的理解。援引法定刑是指对某一犯罪并不规定独立的法定刑，而是援引其他犯罪的法定刑作为该犯罪的法定刑。刑法第一百八十条第四款援引法定刑的目的是避免法条文字表述重复，并不属于法律规定不明确的情形。

综上，刑法第一百八十条第四款虽然没有明确表述“情节特别严重”，但是根据本条款设立的立法目的、法条文意及立法技术，应当包含“情节特别严重”的情形和量刑档次。

二、利用未公开信息交易罪“情节特别严重”的认定标准

目前虽然没有关于利用未公开信息交易罪“情节特别严重”认定标准的专门规定，但鉴于刑法规定利用未公开信息交易罪是参照内幕交易、泄露内幕信息罪的规定处罚，《最高人民法院、最高人民检察院关于办理内幕交易、泄露内幕信息刑事案件具体应用法律若干问题的解释》将成交额250万元以上、获利75万元以上等情形认定为内幕交易、泄露内幕信息罪“情节特别严重”的标准，利用未公开信息交易罪也应当遵循相同的标准。马乐利用未公开信息进行交易活动，累计成交额达10.5亿余元，非法获利达1912万余元，已远远超过上述标准，且在案发时属全国查获的该类犯罪数额最大者，参照《最高人民法院、最高人民检察院关于办理内幕交易、泄露内幕信息刑事案件

具体应用法律若干问题的解释》，马乐的犯罪情节应当属于“情节特别严重”。

二、中国平安财产保险股份有限公司江苏分公司诉江苏镇江安装集团有限公司保险人代位求偿权纠纷案

该案是最高人民法院发布的 74 号指导案例，旨在明确因第三者的违约行为给被保险人的保险标的造成损害的，可以认定属于《中华人民共和国保险法》（以下简称保险法）第六十条第一款规定的“第三者对保险标的的损害”的情形。该案判决文书对于争议焦点问题进行了总结归纳，并逐项回应说明了理由。

裁判理由：

法院生效裁判认为，本案的焦点问题是：

1. 保险代位求偿权的适用范围是否限于侵权损害赔偿请求权；

2. 镇江安装公司能否以华东制罐公司、华东制罐第二公司已购买相关财产损失险为由，拒绝保险人对其行使保险代位求偿权。

关于第一个争议焦点。保险法第六十条第一款规定：“因第三者对保险标的的损害而造成保险事故的，保险人自向被保险人赔偿保险金之日起，在赔偿金额范围内代位行使被保险人对第三者请求赔偿的权利。”该款使用的是“因第三者对保险标的的损害而造成保险事故”的表述，并未限制规定为“因第三者对保险标的的侵权损害而造成保险事故”。将保险代位求偿权的权利范围理解为限于侵权损害赔偿请求权，没有法律依据。从立法目的看，规定保险代位求偿权制度，在于避免财产保险的被保险人因保险事故的发生，分别从保险人及第三者获得赔偿，取得超出实际损失的不当利益，并因此增加道德风险。将保险法第六十条第一款中的“损害”理解为仅指“侵权损害”，不符合保险代位求偿权制度设立的目的。故保险人行使代位求偿权，应以被保险人对第三者享有损害赔偿请求权为前提，这里的赔偿请求权

既可因第三者对保险标的实施的侵权行为而产生，亦可基于第三者的违约行为等产生，不应仅限于侵权赔偿请求权。本案平安财险公司是基于镇江安装公司的违约行为而非侵权行为行使代位求偿权，镇江安装公司对保险事故的发生是否有过错，对案件的处理并无影响。并且《建设工程施工合同》约定“承包人不得将本工程进行分包施工”。因此，镇江安装公司关于其对保险事故的发生没有过错因而不应承担责任的答辩意见，不能成立。平安财险公司向镇江安装公司主张权利，主体适格，并无不当。

关于第二个争议焦点。镇江安装公司提出，在发包人与其签订的建设工程施工合同通用条款第四十条中约定，待安装设备由发包人办理保险，并支付保险费用。从该约定可以看出，就工厂搬迁及设备的拆解安装事项，发包人与镇江安装公司共同商定办理保险，虽然保险费用由发包人承担，但该约定在双方的合同条款中体现，即该费用系双方承担，或者说，镇江安装公司在总承包费用中已经就保险费用作出了让步。由发包人向平安财险公司投保的业务，承包人也应当是被保险人。关于镇江安装公司的上述抗辩意见，保险法第十二条第二款、第六款分别规定：“财产保险的被保险人在保险事故发生时，对保险标的应当具有保险利益”；“保险利益是指投保人或者被保险人对保险标的具有的法律上承认的利益”。据此，不同主体对于同一保险标的可以具有不同的保险利益，可就同一保险标的投保与其保险利益相对应的保险险种，成立不同的保险合同，并在各自的保险利益范围内获得保险保障，从而实现利用保险制度分散各自风险的目的。因发包人和承包人对保险标的具有不同的保险利益，只有分别投保与其保险利益相对应的财产保险类别，才能获得相应的保险保障，二者不能相互替代。发包人华东制罐公司和华东制罐第二公司作为保险标的的所有权人，其投保的安装工程一切险是基于对保险标的享有的所有权保险利益而投保的险种，旨在分散保险标的的损坏或灭失风险，性质上属于财产损失保险；附加险中投保的“内陆运输扩展条款A”约定“保险公司负责赔偿被保险人的保险财产在中华人民共和国境内供货地点到保险单中列明的工地，除水运和空运以外的内陆运输途中因自然灾害或意外事故引起的损失”，该项附加险在性质上亦属财产损失保险。镇江安装公司并非案涉保险标的所有权人，不享有所有权保险利益，其作为承包人对案涉保险标的享有责任保险利益，欲将施工过程中可能产生的损害赔偿责任转由保险人承担，应当投保相关责任保险，而不能借由发包人投保的财产损失保险免除自己应负的赔偿责任。其次，发包人不认可承包人的被保险人地位，案涉《安装工程一切险投保单》中记载的被保险人为华东制罐公司及华东制罐第二公司，并明确记载承包人镇江安装公司不是被保险人。因此，镇江安装公司关于“由发包人向平安财险公司投保的业务，承包人也应当是被保险人”的答辩意见，不能成立。《建设工程施工合同》明确约定“运至施工场地内用于工程的材料和待安装设备，由发包人办理保险，并支付保险费用”及“工程分包不能解除承包人任何责任与义务，分包单位的任何违约行为或疏忽导致工程损害或给发包人造成其他损失，承包人承担连带责任”。由此可见，发包人从未作出在保险赔偿范围内免除承包人赔偿责任的意思表示，双方并未约定在保险赔偿范围内免除承包人的赔偿责任。最后，在保险事故发生后，被保险人积极向承包人索赔并向平安财险公司出具了权益转让书。根据以上情况，镇江安装公司以其对保险标的也具有保险利益，且保险标的所有权人华东制罐公司和华东制罐第二公司已投保财产损失保险为由，主张免除其依建设工程施工合同应对两制罐公司承担的违约损害赔偿责任，并进而拒绝平安财险公司行使代位求偿权，没有法律依据，不予支持。[①]

① 指导案例74号：中国平安财产保险股份有限公司江苏分公司诉江苏镇江安装集团有限公司保险人代位求偿权纠纷案（最高人民法院审判委员会讨论通过，2016年12月28日发布）。

三、中国人民财产保险股份有限公司北京市分公司与泰高营养科技（北京）有限公司保险费纠纷二审民事判决书

裁判理由：

法院裁判认为：一审法院在判决中认定保险公司与泰高公司签订保险合同的事实以及合同合法有效，双方当事人无争议，判决所依据的证据充分，对合同效力的认定符合法律规定，本院予以确认。因一审法院于2017年12月12日适用诉讼时效规定判决驳回原告的诉讼请求，涉及新旧诉讼时效的法律适用问题，即2017年10月1日起施行的民法总则在民法通则和相关司法解释的基础上对诉讼时效制度作了重大调整，两法同时具有法律效力，故本院结合案件对上述法律适用予以分析。

诉讼时效，是指权利人未在法定期间内行使权利而丧失请求人民法院依法保护其权利的法律制度。诉讼时效制度有以下特征：在诉讼时效届满时权利人的胜诉权消灭；诉讼时效届满不消灭实体权利；诉讼时效属于强制性规定。对诉讼时效期间的经过、届满以及中止、中断、延长事由的认定，是判断权利人有无请求人民法院保护其民事权利的根据。依据查明的涉案事实，保险期限自2010年1月1日0时起至2010年12月31日24时止，保险公司及泰高公司均认可涉案诉讼时效的起始日期为2011年1月1日，在保险公司就诉讼时效中止、中断、延长事由未向法院提出主张及举证的情况下，诉讼时效期间的起算自2011年1月1日始。基于本案系合同纠纷，在无特殊法律规定时，应适用普通诉讼时效。

现生效的民法通则与新实施的民法总则对普通诉讼时效的规定不同。民法通则第一百三十五条规定为向人民法院请求保护民事权利的诉讼时效期间为二年，民法总则第一百八十八条规定向人民法院请求保护民事权利的诉讼时效期间为三年。对于上述新旧诉讼时效期间涉

及衔接的法律适用问题，本院认为应遵循以下原则予以处理。对于权利人之权利受到损害的事实发生在民法总则施行之后，因民法通则规定的二年普通诉讼时效期间与民法总则规定的三年普通诉讼时效期间属于在相同事项上作出的不同规定，鉴于民法通则与民法总则均属于基本法，在效力等级上处于同一位阶，故应根据新法优于旧法的原则，确定上述情形下适用民法总则之规定，普通诉讼时效期间为三年。

对于权利人之权利受到损害的事实发生在民法总则施行之前，涉及民法总则有关诉讼时效期间的溯及力问题。对于义务人诉讼时效抗辩权的形成时间，应当按照“从旧兼从长”的原则，分为两种情形处理：第一是按照民法通则的规定诉讼时效期间在 2017 年 9 月 30 日之前已经届满的情形，义务人已经确定取得了不履行义务的诉讼时效抗辩权，该抗辩权不因民法总则的施行而消灭，即在义务人提出诉讼时效抗辩时，法院应当适用民法通则诉讼时效期间为二年的规定，驳回权利人的诉讼请求；第二是按照民法通则的规定诉讼时效期间在 2017 年 10 月 1 日尚未届满的情形，义务人的诉讼时效抗辩权系在民法总则施行后产生，基于新法关于诉讼时效的规定更适应当前社会发展需要，有利于保护权利人的合法权益的考虑，民法总则关于诉讼时效的规定应产生溯及力，故不再适用民法通则的规定，即自权利人诉讼时效起算之日起至起诉时止尚未超过二年的，其向人民法院请求保护民事权利的诉讼时效期间为三年。

本案中，权利人保险公司的权利受到损害的事实发生在 2017 年 9 月 30 日之前，诉讼时效的起始日期为 2011 年 1 月 1 日，经过二年为 2013 年 12 月 31 日，诉讼时效期间按照民法通则的规定在 2017 年 9 月 30 日之前已经届满。义务人泰高公司已经取得不履行义务的诉讼时效抗辩权，该抗辩权不因民法总则的施行而消灭，因此保险公司的胜诉权消灭，对于保险公司的诉讼请求，因诉讼时效已经届满而应予驳回。

综上所述，一审判决认定事实清楚，依据诉讼时效理论进行审判说理正确，但存在适用法律不当的瑕疵。本案关于诉讼时效届满的认定，应依据民法通则关于二年诉讼时效期间的规定，不应适用民法总则关于三年诉讼时效期间的规定，对适用法律不当予以纠正，变更其依照民法总则第一百八十八条之规定判决为依照民法通则第一百三十五条之规定判决。一审判决适用法律虽然有瑕疵，但确认保险公司诉讼时效期间届满驳回诉讼请求的裁判结果正确，故本院在判决纠正瑕疵后，驳回保险公司上诉，对一审判决予以维持。依照《中华人民共和国民事诉讼法》第一百七十条第一款第一项、《最高人民法院关于适用〈中华人民共和国民事诉讼法〉的解释》第三百三十四条规定，判决如下：驳回上诉，维持原判。

四、中国农业银行股份有限公司博尔塔拉分行诉新疆新诚基饮服培训商贸有限责任公司承担担保责任案再审判决书

在一起借款合同纠纷中，债权人起诉要求债务人返还借款，并要求抵押人承担抵押担保责任。经查，债权人与债务人在借款合同中约定该笔借款用于借新还旧，且无证据证明二人将上述约定告知了抵押人。抵押人以不知道借款用于借新还旧，本案应比照适用《最高人民法院关于适用〈中华人民共和国担保法〉若干问题的解释》（以下简称《担保法解释》）第三十九条为由，主张免除抵押担保责任。一审法院认为，《担保法解释》第三十九条系针对保证的规定，不适用于抵押，故判令抵押人承担抵押担保责任。后检察机关以法律适用错误为由提出抗诉。二审法院认为，因抵押担保与保证担保同为担保的法定方式，借款人的借新还旧行为无论对于抵押人或保证人而言均会改变其在提供担保时对担保风险的预期，加重其担保责任，进而导致对于担保人不公平的结果，故《担保法解释》关于保证章节的规定可适用于抵押担保。

担保法对抵押人能否因不知晓借新还旧而免责未作规定，属法律

漏洞。本案的争议在于能否类推适用保证的相关规定，对此漏洞进行填补。《担保法解释》第三十九条旨在保护保证人的利益，避免保证人因债权人、债务人隐瞒借新还旧的事实，对担保风险作出不真实的预期判断，导致加重担保责任，出现不公平的后果。从利益衡量的角度看，抵押担保在主体、内容、目的、效果等方面与保证担保的特征相近似，不仅抵押人与保证人对主合同内容的知情权具有相同的个体利益，而且抵押与保证作为两种担保关系还具有相同的制度利益。经上述分析后，再审认为，《担保法解释》第三十九条应比照适用于抵押，据此改判驳回债权人主张抵押担保责任的诉请。本案判决后，最高人民法院在审理的（2014）民提字第136号民事案件中，对上述比照适用观点予以确认。

五、上海二中院在一份裁判文书中运用民法原则作出判决①

原告（二审被上诉人）严某英（与被告是母子关系）、史某珍（与被告是妹兄关系）与史某芬（与被告是姐弟关系）因被告（二审上诉人）史甲未经原告许可擅自将其父史某田的骨灰从殡仪馆取走，致使该骨灰无从下葬并妨碍了原告对亲人的悼念。而请求判令被告返还骨灰下葬于指定墓穴，并赔偿一定的精神损失费。

原审法院认为，公民合法的民事权利受法律保护。综观本案的事实过程，史甲擅自领取父亲史某田的骨灰并予以扣留的事实经史甲自认和殡仪馆寄存记录可以认定，但史甲主张骨灰已被撒入江内的事实除史甲陈述外无其他证据可予证实。史甲擅自取走骨灰的行为侵犯了其他亲属对史某田的祭奠权利，也妨碍了史某田正常的丧葬事务进程，史甲应及时予以更正。史甲以将史某田的骨灰撒入黄浦江为由拒绝出示史某田的骨灰，其行为严重违背了公序良俗，对其余亲属造成精神损害史甲应承

① 上海市第二中级人民法院（2010）沪二中民一（民）终字第971号民事判决书。

担赔偿责任。而赔偿标准法院将依据相关法律规定酌情作出决定。

本院认为，公民的合法民事权益受法律保护。家庭成员之间应当敬老爱幼，互相帮助，维护平等、和睦、文明的家庭关系。史某田系上诉人史甲、被上诉人史某珍、被上诉人史某芬的父亲，被上诉人严某英的丈夫，史某田去世后，上诉人与被上诉人作为史某田的近亲属理应共同协商史某田的丧葬事宜，亦符合我国的善良风俗。现上诉人史甲诉称已将史某田的骨灰撒入江中，该行为未征得被上诉人的同意，影响了被上诉人对史某田的祭奠活动，确对被上诉人造成了一定的精神痛苦。原审法院判令上诉人配合被上诉人落葬，否则将赔偿被上诉人精神损害抚慰金并无不当，本院依法予以维持。

六、重庆市第四中级人民法院出台《辖区涉少数民族纠纷案件审理机制及审理建议》[①]

为准确把握辖区涉少数民族纠纷案件特点和规律，认真对待少数民族风俗习惯，稳妥处理涉少数民族纠纷案件，重庆市第四中级人民法院结合审判执行工作实际，就建立辖区涉少数民族纠纷案件审理机制、办理涉少数民族纠纷案件提出指引性建议。在该意见第二节中，针对习惯提出了较为全面的建议。

1. 认真对待少数民族风俗习惯及纠纷解决方式。在审理涉少数民族纠纷案件时，要积极推进该辖区的社会主义法治建设。以国家法律为立足点，从法律精神和原则出发，本着吸收、排斥、引导的态度对待少数民族习惯及其纠纷解决方式，对本地区风俗习惯中具有现代价值、实用价值者予以吸收，对其中与强行法规范和实践不协调者予以排斥，对其中属于中性者进行引导。对少数民族风俗习惯，在不违背法律规定的前提下，可以作为裁判依据。

---

① 重庆市第四中级人民法院院审判委员会 2014 年 11 月 13 日第 22 次会议讨论通过该建议。

2. 注重辨别是否属于已经城镇化后发生的案件。办理涉少数民族纠纷案件时，应首先辨别案件是否属于该地区已经城镇化后发生的案件。对于确属发生在城镇化之后、较少体现民族性的案件，应该根据国家法律依法处理，不必过于迁就当地风俗习惯。

3. 对于因"高山移民"引发的土地权属纠纷类案件。严格依照合同法、物权法、土地管理法和土地承包法的规定，注意区分当地交易习惯，土地私自"转让"合同应认定为无效。法院可以向政府相关部门发出司法建议，规范"高山移民"工程中土地用途管制、权属变动的行政行为，从根源上消除此类案件。

4. 对于拾得漂流物的归属及给付报酬问题。裁判时可以兼顾当地风俗习惯与国家法律规定，判决拾得人有义务将漂流物返还遗失人，同时支持拾得人根据标的物价值，向遗失人主张适当的管理费用。

5. 对于合同纠纷类案件。应直接适用我国民事法律的相关规定裁判。

6. 对于破坏他人坟墓类案件。可以对现行法律规定进行规范目的的解释，依据公序良俗原则，将坟墓包含在死者亲属对遗体的悼念权益中予以保护，适度支持死者近亲属提出的精神损害赔偿请求。多用赔礼道歉责任形式，具体方式可以广泛参考当地风俗习惯。

7. 对于以违反公序良俗的方式侵害他人权利类案件。审理中应以国家法律为标准，仔细审查当地风俗习惯，对于其中属于善良风俗者可予以支持。

8. 对于因毁婚约带来的彩礼返还及赔偿问题。可以按照婚姻法以及《最高人民法院关于适用〈中华人民共和国婚姻法〉若干问题的解释（二）》之规定判决双方当事人返还彩礼，并根据当事人请求，要求婚约反悔一方给予对方适当补偿。

9. 对于离婚时的子女抚养问题。应当本着"子女利益最大化原则"进行裁判，摒弃当地"男孩不离父家"的风俗习惯，在遇到男方不适宜抚养子女的情况时，依法判决女方抚养，并对男方做好劝服工作。

10. 对于家庭暴力问题。坚持男女平等、禁止家庭暴力以及适当照顾受害人的原则，严格依法办理案件，切实维护婚姻双方特别是妇女的合法权益，必要时可做出人身安全保护裁定。

11. 对于“出嫁女”的继承问题。在判决继承人继承份额时应考虑当地习俗，有扶养能力和条件的继承人未尽到赡养义务的（探望不应视作尽赡养义务），可以适当减少继承遗产的份额。

12. 对农村集体经济组织成员资格的认定问题。不能以单一的常住户口或现居住地为判断标准，而以是否依赖于农村集体土地作为生活保障，是否形成较为固定的生产、生活，判断是否具有农村集体经济组织成员资格。

13. 对于防止野兽侵害人身财产安全而制造、私藏枪支类案件。参照适用《最高人民法院关于审理非法制造、买卖、运输枪支、弹药、爆炸物等刑事案件具体应用法律若干问题的解释》之规定，将未造成社会危害、犯罪嫌疑人确有悔改表现、情节轻微的行为，视作正常的生产、生活需要，对犯罪嫌疑人从轻或免除处罚。犯罪嫌疑人有坦白、自首、立功等表现，适用缓刑不会产生重大不良影响的，可以适用缓刑。

14. 对于盗伐、滥伐林木类案件。法院首先应当查明盗伐、滥伐林木行为是否为建房等生活需要；对确属生活需要者，可以在《最高人民法院关于审理破坏森林资源刑事案件具体应用法律若干问题的解释》规定的认定范围内选择较高的数额予以适用。注意依法区分盗伐林木罪与滥伐林木罪，尤其是需要注意区分超出采伐林木许可证范围的采伐行为。

15. 对于执行类案件。充分发挥村委会、有威望且有公益心的人士（如教师、退休干部、退伍军人、致富能手）、德高望重者在当地的影响力，借助其力量促进案件执行。

【域外比较】

随着法律适用活动日益复杂和法律解释技术不断发展，域外各国在裁判文书中解释法律的方法呈多样化趋势。法律解释方法是为人们理性所能认识和检验的方法，是不断发展开放的体系，因此，虽然有大陆法系与英美法系不同的司法传统，但在裁判文书的法律适用方面形成了具有共识性的方法。正因有共同的法律解释方法，就会形成法律人特有的思维模式，从而保障法官在裁判中作出同案同判，让法律适用可以预期，从而防止恣意裁判，实现法律解释的目的。

在德国，为了确保法律确定性和法律的统一适用，法律解释必须遵循某些特定的原则。大陆法系的法律解释依据下列原则：（1）字面解释（语义解释），首先审查某个法条中采用的表达方式和组成部分，试图从中判断它们的字面含义。这些文字的含义应当作为任何解释的起点和限制；（2）法律文字在上下文中的含义（体系解释）在上下文中审查法律，可以确保一部法律内部的连贯性，也可以保证整个法律体系的统一性；（3）历史上立法者的原意（历史解释），历史上立法者的原意以及立法者为了实现其愿望而作出的明确决定，对于法律解释者都是具有约束力的指导原则；（4）法律的客观目的（目的解释），法律解释最后的但是通常具有决定性的原则是寻求法律的客观目的。通常，法律的目的就是对于一个纠纷形成一个公平的解决方案，对于涉及的所有利益给予充分的考虑，同时保护合法利益并确保法庭程序依法进行。①

英美法系属判例法国家，法官在裁判时遵循的主要原则包括遵循先例原则、先前裁判的原则、请求排除原则、争点排除原则、联邦和

---

① 参见国家法官学院、德国国际合作机构编：《法律适用方法物权法案例分析》，中国法制出版社2013年版，第27～28页。

州法院相互承认判决，完全信任和尊重原则。[①] 美国联邦司法中心组织编写的《美国法官裁判文书写作指南》中，针对法律适用部分指引以下内容：分析法理、审查标准、分析争点的顺序、需要讨论的争点、备选的裁判要旨、案例援引、辅助材料、直接引语、回避争辩、上下级法院之关系。其中法理分析是裁判文书的核心。它必须显示，法院的判决建立在合理推论和逻辑推演的基础上。它应当通过说理的力量，使读者确信判决是正确的，而不是靠辩护或争论。法官必须处理矛盾的法条和对立的观点，而且必须直面问题，果断处理。尽管裁判文书无须面面俱到，兼顾所有情形和观点，但法理分析部分必须充分显示，败诉方的基本立场已经被充分考虑。[②]

无论是在英美法系还是大陆法系，除了将法律规定作为裁判依据以外，法官往往将法律规定之外的案例、学者观点等作为说理依据。在一定程度上说，英美法系法官比大陆法系法官更呈现出说理的个性化。域外对于“无法可司”的情形也有所规定。比如《瑞士民法典》第一条规定：“法律问题，在文字上及解释上，法律已有规定者，概适用法律”，“法律所未规定，依习惯法。无习惯法者，法院应遵照立法者所拟制之原则予以裁判”，“于此情形，法院务须恪遵稳妥之学说及判例。”我国台湾地区“民法”第一条规定：“民事法律所未规定者，依习惯；无习惯者，依法理。”第二条规定：“民事所适用之习惯，以不背于公共秩序或善良风俗者为限。”

在英美法系，判例本来就是主要的裁判依据，这个无须赘言，事实上，美国裁判文书没有固定的格式要求，学者观点、政策、法律原则等都可以用来说理。例如，费尔南德斯案中的两份司法意见书中经常出现引证与脚注两种说理形式。引证是将判例、制定法、期刊论文

---

① 参见宋冰编：《程序、正义与现代化》，中国政法大学出版社1998年版，第244～257页。

② 参见美国联邦司法中心编：《法官裁判文书写作指南》，何帆译，中国民主法制出版社2016年版，第34～39页。

等中的观点原文直接引入司法意见书中，以此表明法官自己的观点并增加其说服力。例如，在加利福尼亚州上诉法院关于费尔南德斯案的司法意见书中，法官在论证可以推定费尔南德斯具有伙同他人抢劫的故意时，选择性引证了玛格丽特案的判决原文："我们不能直接进入行为人的大脑了解其主观目的，但是能够从行为人的动作和语言判断其主观状态。"脚注往往被法官用来介绍判例援引情况、补充说明某个问题等，为了避免破坏流畅性而没有放到正文当中。阿利托大法官撰写的多数意见正文5772个词汇，使用脚注5个共689个词汇，正文词汇比脚注词汇达到8. 38:1。[①]

作为典型的成文法国家，德国在援引法律作为裁判依据以外，仍然会使用案例、学者观点来说理。如有学者对德国最高法院民事裁判文书进行考察后发现，德国最高法院民事裁判文书都会对当代及过去的学者有关待决案件问题的法律见解予以详细的考量，有时候便是关于某一问题的学说论著的系统介绍。而且，最高法院民事裁判文书中还会引用先前判例，以表明其对某一问题的看法并未改变。[②] 德国最高法院每遇疑难问题，就常送请权威学者，从事学术上的鉴定，以供法院参考。[③]

当然也存在例外。在口头主义的发源地法国，法官们在法庭倾听律师的陈述后，在判决中仅简明扼要地举示其中的关键性理由即可。他们在判决理由部分既不阐述附论，亦不征引先例，尤其不援引学说。[④] 法国最高法院的裁判以简短扼要闻名，通常只论证法院最重要的认定，绝不引用判决先例或学者的意见。[⑤]

---

① 参见罗灿：《美国裁判文书说理的微观察 —从费尔南德斯案的司法意见书切入》，载《人民司法·应用》2015年第7期。

② 参见欧宏伟：《联邦德国最高法院民事判决书评介》，载《法律适用》2007年第6期。

③ 参见翁岳生：《德国大学法学院对审判实务之影响》，载《政大法学评论》1970年第2期。

④ 参见［日］大木雅夫：《比较法》，范愉译，法律出版社2006年版，第266～268页。

⑤ 参见孙智慧：《优秀民商事裁判文书标准研究》，中国法制出版社2015年版，第50页。

【规范链接】

《中华人民共和国民法总则》（2017年3月15日）

第十条　处理民事纠纷，应当依照法律；法律没有规定的，可以适用习惯，但是不得违背公序良俗。

第一百四十条　行为人可以明示或者默示作出意思表示。

沉默只有在有法律规定、当事人约定或者符合当事人之间的交易习惯时，才可以视为意思表示。

第一百四十二条　有相对人的意思表示的解释，应当按照所使用的词句，结合相关条款、行为的性质和目的、习惯以及诚信原则，确定意思表示的含义。

无相对人的意思表示的解释，不能完全拘泥于所使用的词句，而应当结合相关条款、行为的性质和目的、习惯以及诚信原则，确定意思表示的含义。

《中华人民共和国物权法》（2007年3月16日）

第八十五条　法律、法规对处理相邻关系有规定的，依照其规定；法律、法规没有规定的，可以按照当地习惯。

《中华人民共和国合同法》（1999年3月15日）

第一百二十四条　本法分则或其他法律没有明文规定的合同，适用本法总则的规定，并可以参照本法分则或者其他法律最相类似的规定。

《最高人民法院关于适用〈中华人民共和国刑事诉讼法〉的解释》（法释〔2012〕21号）

第二百四十六条　裁判文书应当写明裁判依据，阐释裁判理由，反映控辩双方的意见并说明采纳或者不予采纳的理由。

《最高人民法院关于进一步提高裁判文书质量的通知》（法〔2009〕177号）

三、加强裁判文书说理，不断提高服判息诉率。说理是裁判文书的灵魂。增强裁判文书说理的针对性、透彻性，要重点围绕案件争议焦点、事实认定、证据采信、裁判理由、法律适用进行阐释，努力做到“辨法析理、胜败皆明”。判后答疑是对裁判文书说理的强化和补充，要继续坚持和加强判后答疑工作，增强答疑的针对性和实效性，切实促进当事人服判息诉，实现案结事了。

《最高人民法院关于全面推进涉外商事海事审判精品战略为构建开放型经济体制和建设海洋强国提供有力司法保障的意见》（法〔2015〕205号）

4. 确立庭审中心主义。要做好庭前准备工作。认真审核外方当事人主体资格证明、授权委托书等需要履行公证认证手续的证据材料。对疑难复杂案件，应通过组织证据交换等方式明晰案件争议焦点，通过合议庭成员共同阅卷、召集庭前会议等方式做好审理前的准备工作。要高度重视庭审工作，切实提高庭审质量。法官应注意庭审言行举止，遵守司法礼仪；要平等保护中、外当事人的合法权益，落实好辩论原则、处分原则等民事诉讼基本原则；根据相关法律、司法解释规定，当事人可以选择涉外民事关系的法律适用的，要对法律适用问题征询当事人意见，并当庭作出归纳、阐释；对于当事人调查、收集证据或进行鉴定的申请，应当按照相关法律、司法解释的规定及时回应；对于缺席审理的案件，仍应调查主要事实，避免法庭调查流于形式；应制作全面、真实、准确、清晰地反映庭审全过程的庭审笔录。探索推进当庭宣判，逐步提高当庭宣判比例。

5. 积极拓展外国法的查明途径。着力打造外国法查明平台，进一步重视发挥“由中外法律专家提供”这一查明外国法途径的作用，加强与国内外法学科研机构的联系，开辟挑选中外法律专家的渠道。要有重点地结合主要投资贸易国家、地区开展查明外国法的基础性、前瞻性工作，逐步推动将外国法查明工作纳入统一平台体系中实施，并进一步发挥服务、保障作用。

6. 规范裁判文书制作。要规范裁判文书格式，重视程序性格式文书的规范制作，制定探索裁判文书的规范。要提高裁判文书制作水平，在准据法适用、证据认证、事实查明和争议焦点归纳、分析等文书的关键内容上下功夫，做到表述清晰、说理充分、逻辑严密、语言精练。

《最高人民法院关于完善人民法院司法责任制的若干意见》（法发〔2015〕13 号）

（二）审判责任承担

29. 独任制审理的案件，由独任法官对案件的事实认定和法律适用承担全部责任。

30. 合议庭审理的案件，合议庭成员对案件的事实认定和法律适用共同承担责任。

进行违法审判责任追究时，根据合议庭成员是否存在违法审判行为、情节、合议庭成员发表意见的情况和过错程度合理确定各自责任。

《最高人民法院关于进一步推进案件繁简分流优化司法资源配置的若干意见》（法发〔2016〕21 号）

15. 推行裁判文书繁简分流。根据法院审级、案件类型、庭审情况等对裁判文书的体例结构及说理进行繁简分流。复杂案件的裁判文书应当围绕争议焦点进行有针对性地说理。新类型、具有指导意义的简单案件，加强说理；其他简单案件可以使用令状式、要素式、表格式等简式裁判文书，简化说理。当庭宣判的案件，裁判文书可以适当简化。当庭即时履行的民事案件，经征得各方当事人同意，可以在法庭笔录中记录相关情况后不再出具裁判文书。

《最高人民法院关于全面推进以审判为中心的刑事诉讼制度改革的实施意见》（法发〔2017〕5 号）

19. 法庭应当充分听取控辩双方的量刑建议和意见，根据查明的事实、情节，参照量刑指导意见规范量刑，保证量刑公正。

20. 法庭应当加强裁判说理，通过裁判文书展现法庭审理过程。

对控辩双方的意见和争议，应当说明采纳与否的理由。对证据采信、事实认定、定罪量刑等实质性问题，应当阐释裁判的理由和依据。

《最高人民法院关于在审判执行工作中切实规范自由裁量权行使保障法律统一适用的指导意见》（法发〔2017〕7号）

一、正确认识自由裁量权。自由裁量权是人民法院在审理案件过程中，根据法律规定和立法精神，秉持正确司法理念，运用科学方法，对案件事实认定、法律适用以及程序处理等问题进行分析和判断，并最终作出依法有据、公平公正、合情合理裁判的权力。

二、自由裁量权的行使条件。人民法院在审理案件过程中，对下列情形依法行使自由裁量权：（一）法律规定由人民法院根据案件具体情况进行裁量的；（二）法律规定由人民法院从几种法定情形中选择其一进行裁量，或者在法定的范围、幅度内进行裁量的；（三）根据案件具体情况需要对法律精神、规则或者条文进行阐释的；（四）根据案件具体情况需要对证据规则进行阐释或者对案件涉及的争议事实进行裁量认定的；（五）根据案件具体情况需要行使自由裁量权的其他情形。

三、自由裁量权的行使原则。（一）合法原则。要严格依据法律规定，遵循法定程序和正确裁判方法，符合法律、法规和司法解释的精神以及基本法理的要求，行使自由裁量权。不能违反法律明确、具体的规定。（二）合理原则。要从维护社会公平正义的价值观出发，充分考虑公共政策、社会主流价值观念、社会发展的阶段性、社会公众的认同度等因素，坚持正确的裁判理念，努力增强行使自由裁量权的确定性和可预测性，确保裁判结果符合社会发展方向。（三）公正原则。要秉持司法良知，恪守职业道德，坚持实体公正与程序公正并重。坚持法律面前人人平等，排除干扰，保持中立，避免偏颇。注重裁量结果与社会公众对公平正义普遍理解的契合性，确保裁判结果符合司法公平正义的要求。（四）审慎原则。要严把案件事实关、程序关和法律适用关，在充分理解法律精神、依法认定案件事实的基础上，审慎衡量、仔细求证，同时注意司法行为的适当性和必要性，努力实现办案的法律效果和社会效果的有机统一。

四、正确运用证据规则。行使自由裁量权，要正确运用证据规则，从保护当事人合法权益、有利查明事实和程序正当的角度，合理分配举证责任，全面、客观、准确认定证据的证明力，严格依证据认定案件事实，努力实现法律事实与客观事实的统一。

五、正确运用法律适用方法。行使自由裁量权，要处理好上位法与下位法、新法与旧法、特别法与一般法的关系，正确选择所应适用的法律；难以确定如何适用法律的，应按照立法法的规定报请有关机关裁决，以维护社会主义法制的统一。对同一事项同一法律存在一般规定和特别规定的，应优先适用特别规定。要正确把握法律、法规和司法解释中除明确列举之外的概括性条款规定，确保适用结果符合立法原意。

六、正确运用法律解释方法。行使自由裁量权，要结合立法宗旨和立法原意、法律原则、国家政策、司法政策等因素，综合运用各种解释方法，对法律条文作出最能实现社会公平正义、最具现实合理性的解释。

七、正确运用利益衡量方法。行使自由裁量权，要综合考量案件所涉各种利益关系，对相互冲突的权利或利益进行权衡与取舍，正确处理好公共利益与个人利益、人身利益与财产利益、生存利益与商业利益的关系，保护合法利益，抑制非法利益，努力实现利益最大化、损害最小化。

八、强化诉讼程序规范。行使自由裁量权，要严格依照程序法的规定，充分保障各方当事人的诉讼权利。要充分尊重当事人的处分权，依法保障当事人的辩论权，对可能影响当事人实体性权利或程序性权利的自由裁量事项，应将其作为案件争议焦点，充分听取当事人的意见；要完善相对独立的量刑程序，将量刑纳入庭审过程；要充分保障当事人的知情权，并根据当事人的要求，向当事人释明行使自由裁量权的依据、考量因素等事项。

十、强化裁判文书规范。要加强裁判文书中对案件事实认定理由的论证，使当事人和社会公众知悉法院对证据材料的认定及采信理由。要公开援引和适用的法律条文，并结合案件事实阐明法律适用的理由，充分论述自由裁量结果的正当性和合理性，提高司法裁判的公信力和权威性。

十二、合理规范审级监督。要正确处理依法改判与维护司法裁判稳定性的关系，不断总结和规范二审、再审纠错原则，努力实现裁判标准的统一。下级人民法院依法正当行使自由裁量权作出的裁判结果，上级人民法院应当依法予以维持；下级人民法院行使自由裁量权明显不当的，上级人民法院可以予以撤销或变更；原审人民法院行使自由裁量权显著不当的，要按照审判监督程序予以撤销或变更。

八、下列案件裁判文书，应当强化释法说理：疑难、复杂案件；诉讼各方争议较大的案件；社会关注度较高、影响较大的案件；宣告无罪、判处法定刑以下刑罚、判处死刑的案件；行政诉讼中对被诉行政行为所依据的规范性文件一并进行审查的案件；判决变更行政行为的案件；新类型或者可能成为指导性案例的案件；抗诉案件；二审改判或者发回重审的案件；重审案件；再审案件；其他需要强化说理的案件。

【条文说明】

本条是关于“应当强化说理”具体情形的规定。

在繁简分流的背景下，该条对应当强化说理的案件类型作了列举，对于这些类型案件的说理具有指引功能。列举的规则，既有遵循案件本身争议大小逻辑的，也有按照刑事、行政等案件性质强调的，还有依据案件审级程序作的区分，既突出重点，又相互交织。

一、关于强化疑难复杂案件的说理

一般认为，在法院受理的纷繁复杂的案件中，存在一个“二八定律”，80%属于事实较为清楚、争议不大的案件，20%属于疑难复杂或争议较大的案件。这个定律对审判工作的一个直接影响是，要把80%的精力投入20%疑难复杂的案件之中，用20%的精力处理80%简单或相对简单的案件。这就是说，对这些20%的疑难复杂案件，不仅要开好庭，做到程序规范，事实认定准确，还要在制作裁判文书时强化说理，给疑难法律问题一个有理有据的答案，回应当事人和社会公众的疑问或质疑。

一是诉讼各方对事实和法律争议较大的案件，特别是事实处于模糊状态、依靠举证规则难以认定事实的情况，以及法律适用存在法律规范冲突或矛盾的地方，需要法官对“左右为难”的问题给出对策或方案。这个时候，给出的任何方案，法官都必须有充足的理由支持。这些理由可能有分歧，也可能遭受批评，这也是裁判争议较大问题时不得不面对的情势，但必须要展示法官如此判断是处于理性和良知，而不是任性乃至滥用判断权的结果。

二是社会关注度高的案件，需要充分说理。当今社会，是一个权利意识高涨、自媒体高度发达、眼球效应凸显的时代。特别是随着法治进程的加快，以及各类矛盾纠纷多发、易发、叠加，很多案件从进入诉讼程序开始，就处于媒体聚光灯下，备受社会各方面关注。这类案件，由于裁判的结论不仅影响当事人的权利义务和公正感受，而且直接影响社会公众的行为规则和对法律与正义的整体观感，因而需要在审理过程和裁判结果上展示更多的理性因子，既要对案件本身性质和法律适用问题进行详细评述，还要对当事人的诉讼请求和理由予以充分回应，同时还要对社会公众关注的问题和疑惑进行充分的回应。唯有如此，裁判文书才具有权威性和可接受性。

三是新类型或者可能成为指导性案例的案件。新类型案件是过去司法实践不曾遇到过的，也没有现成的经验可以借鉴，需要给今后案件审理确立标准。此外，还有可能成为指导性案例的案件。由于法律制度规范供给不足，没有规定或规定很抽象，需要弥补法律漏洞，需要法官结合个案进行规则的发现、选择和适用，这个过程是充满不确定因素的过程，需要法官理性、慎重地作出判断并展示据以作出如此判断的逻辑。

二、关于强化特定类型案件的说理

裁判文书说理充分的本质，必须与案件本身的性质和复杂程度相适应。特定案件类型的列举具有有限性，不可能涵盖所有案件类型，特别是纷繁复杂、丰富多彩的各类民事案件，更是难以列举。而且，需要特别列举出来强化说理的案件类型，往往也属于疑难复杂的案件，之所以列举出来与疑难复杂案件说理要求相并列，并不是突出其独立性，而在于强调其特殊性。这类案件主要有：

一是在刑事案件中，宣告无罪、判处法定刑以下刑罚、判处死刑的案件。刑事审判解决的是罪与非罪、此罪与彼罪以及刑罚轻重的问题。对于罪与非罪的问题，不仅是打击犯罪与保障人权的平衡，涉及嫌疑人重大人身自由权利，而且涉及公检法三者之间的分工制约问题，因而在作出无罪宣告的时候，需要有充足的理由支撑。对于判处法定刑以下刑罚的案件，由于突破了刑法分则规定的范围，且法律对适用该刑罚作出了特别的规定和要求，因而对于为何需要判处法定刑以下刑罚以及作出如此判罚的程序正当性，都需要有充分的理由支持。对于判处死刑的案件需要强化说理，自然不必多言，剥夺他人生命的判决，无论如何强调说理都不为过。

二是在行政案件中，对于行政诉讼中对被诉行政行为所依据的规范性文件一并进行审查的案件以及判决变更行政行为的案件，需要强化说理。行政审判调整政府与相对人之间的关系，看似针对的是行政权力与公民权利之间的关系，其实在这层关系的背后，还涉及更深层次的权力格局调整，即行政权与司法权的关系问题。司法权保护公民权利、监督行政权力，并不是没有规律可循的，而是要在尊重行政权运行规律的基础上监督行政权并借此保障公民权利。因而，如何在监督中尊重行政权就显得特别重要，而且也较为难以把握。在现行行政诉讼制度框架内，有两类案件直接涉及司法权监督行政权的规律和界限问题：一是规范性文件一并审查的案件，即在当事人对被诉行政行为所依据的规范性文件的合法性提出疑问的情况下，法院需要对规范性文件的合法性进行一并审查，经审查合法的，才可以适用；不合法的，不得作为认定被诉行政行为合法的依据。合法还是不合法都需要理由阐述和说明。二是判决变更的案件，即行政处罚明显不当或者涉及数额错误的，法院可以在审查后直接变更。由于行政权的最为核心的特征是自由裁量，因而，一般情况下司法权要对行政自由裁量权予以尊重，这也是法律将司法变更权限定在特别狭小范围内的重要理据。但是，对于行政处罚明显不当的，法院可以依法变更，这就需要裁判对之所以明显不当进行充分说理，要把不当的“明显”性阐述出来，还要对裁判变更后的结果的合理性和正当性进行阐述。对于行政行为涉及款额的直接变更，自然需要有理由证明被诉行政行为确定的款额错误，以及直接变更后的款额的正确性。

三、关于强化特定审理程序案件的说理

裁判文书说理是裁判文书的灵魂和核心，而不同诉讼程序对应不

同的说理内在规则和要求。这是因为，不同的审理程序可能反映案件争议的大小和疑难复杂程度，特别是对于能够直接反映案件争议较大或重大疑难复杂的案件，需要强化说理。这实质上也是与前述关于文书说理与案件争议大小和疑难复杂程度成正比的要求一脉相承。这类特殊程序主要有：

一是抗诉案件。抗诉案件是法定审理程序终结后，当事人或者抗诉机关在法定救济框架内希冀把握的最后一道救济机会。由于抗诉案件针对的是法院的一审判决或者生效裁判以及经历过再审审查程序的案件，因而，检察机关提起抗诉本身就非常慎重，一般不会轻易挑战生效裁判的效力，因而对待检察机关提起抗诉的案件，法院经审理后作出的裁判文书，理当有效回应检察机关抗诉提出的问题和质疑，确保司法程序最终性建立在理性和正当理由基础之上。

二是二审改判或者发回重审的案件。二审改判或发回重审的案件，往往是争议较大或疑难复杂的案件，不仅涉及当事人之间的争议，还涉及法院审级之间对事实和法律问题的争议，因而法律特别规定这类案件必须适用普通程序审理。这反映在裁判文书撰写上，理当与该程序的性质和标准相适应，说理更加充分。

三是再审案件。适用再审程序的案件，由于争议往往较大且具有持续性，因而再审裁判文书应当给出更加充分的理由，论述原审生效裁判是否公正以及当事人的再审请求是否成立。这是与再审程序的最终权威性相适应的。

【经验推介】

一、最高人民法院在再审改判无罪的案件中强化文书说理

最高人民法院在备受社会关注的张文中诈骗、单位行贿、挪用资金再审刑事判决书中，对张文中涉及的诈骗、单位行贿、挪用资金的

罪与非罪都进行了详细说理，如在论述不构成诈骗罪时，根据再审查明的事实、证据，综合评判如下[①]：

（一）物美集团作为民营企业具有申报国债技改项目的资格，其以诚通公司下属企业名义申报，并未使负责审批的主管部门产生错误认识。1. 相关政策性文件并未禁止民营企业参与申报国债技改贴息项目，且身为民营企业的物美集团于2002年申报国债技改项目，符合国家当时的国债技改贴息政策。原判认定物美集团作为民营企业不属于国债技改贴息资金支持范围，所依据的是原国家经贸委、原国家发展计划委、财政部、中国人民银行于1999年制定的《国家重点技术改造项目管理办法》（已失效）《国家重点技术改造项目国债专项资金管理办法》等政策性文件，但上述文件均未明确禁止民营企业申报国家重点技改项目以获得国债技改贴息资金支持。2001年12月，我国正式加入了世界贸易组织，由于国有企业三年改革与脱困目标基本实现，国家调整了国债技改项目的投向和重点，在规定的范围、专题内，进一步明确了对各种所有制企业实行同等待遇，同时将物流配送中心建设、连锁企业信息化建设列入了国债贴息项目予以重点支持。原国家经贸委投资与规划司于2002年2月27日下发的《关于组织申报2002年国债技术改造项目的通知》附件《2002年国债技术改造分行业投资重点》，国务院办公厅于2002年9月27日转发的原国务院体改办、原国家经贸委《关于促进连锁经营发展的若干意见》，以及原国家经贸委于2002年10月16日印发执行的《“十五”商品流通行业结构调整规划纲要》等，对此均有明确规定。2002年物美集团申报国债技改项目时，国家对民营企业的政策已发生变化，国债技改贴息政策已有所调整，物美集团所申报的物流项目和信息化项目属于国债技改贴息资金重点支持的项目范围。物美集团作为国内大型流通企业，积极申报

① 最高人民法院（2018）最高法刑再3号刑事判决书。

以获取国债技改贴息资金对其物流和信息化建设的支持，符合当时国家经济发展形势和产业政策的要求。2. 有证据证实，民营企业当时具有申报国债技改贴息项目的资格。（1）一审期间，辩护人提交的中国新闻网2001年11月16日报道《中国国债技改贴息将对各所有制一视同仁》载明，时任原国家经贸委负责人公开表示，从2002年起，改革国债技改贴息办法，对各种所有制企业均实行同等待遇。（2）证人门某证实，2002年国家没有禁止国债技改贴息资金支持民营流通企业的规定，当时的第七、第八、第九批国家重点技术改造国债贴息项目中，确实有民营企业得到支持并拿到贴息。（3）辩护人提交的《2003年第二批国债专项资金国家重点技术改造项目投资计划表》和相关企业工商注册登记材料证实，在与物美集团同时获批的企业中，还有数家民营企业获得了国债技改贴息资金。（4）再审期间，证人甘某出具的《关于2002年国债技术改造项目相关情况的说明》证实，从2001年开始，部分民营企业进入国债技改贴息计划；证人黄某1出庭作证称，第八批国债技改贴息对企业的所有制性质没有限制性要求。上述证据足以证实2002年民营企业具有申报国债技改贴息项目的资格。3. 物美集团通过诚通公司以真实企业名称申报国债技改项目，没有隐瞒其民营企业性质，也未使负责审批的主管部门产生错误认识。（1）经查，根据财政部《关于同意中国诚通控股公司财务关系单列的通知》及附件《中国诚通控股公司所属成员单位名单》，物美集团确实不是诚通公司在财政部立户的所属成员单位，但物美集团以诚通公司下属企业名义申报国债技改贴息项目，获得了诚通公司同意，且物美集团在申报材料企业基本情况表中填报的是"北京物美综合超市有限公司"（后经原国家经贸委投资与规划司审批同意，项目承担单位调整为物美集团），其以企业真实名称申报，并未隐瞒。（2）证人黄某1的证言及原国内贸易部《关于确定全国第一批连锁经营定点联系企业的函》证实，物美集团是原国内贸易部及原国家经贸委贸易市场局的定点联系企业；证人李某2证实，在物美集团申报过程中，其曾听过张文中、张伟春等人的汇报，并考察了物美的超市和物流基地，参与了审批，经审查认为符合国债项目安排原则。可见，作为审批部门的原国家经贸委对物美集团的企业性质是清楚的。张文中、张伟春将物美集团以诚通公司下属企业名义申报国债技改项目，并未使原国家经贸委负责审批工作的相关人员对其企业性质产生错误认识。

（二）物美集团申报的物流项目和信息化项目并非虚构。1. 物流项目并非虚构，项目获批后未按计划实施及未能贷款系客观原因所致，且已异地实施。（1）物流项目本身并非虚构。2002年4月18日，物美集团在申报之后，与北京市通州区政府签署的《合作协议书》证实，物美集团积极参与通州区物流产业园区的建设，通州区政府将提供政策和资源支持，协助物美集团在通州建立大型现代化的物流中心；2002年9月，清华大学环境影响评价室出具的《北京市环保局建设项目环境影响评价报告表》证实，该室受物美集团委托，对其在通州区物流产业园区的物流项目进行了环境评估。可见，物美集团申报的物流项目并非虚构。（2）物流项目未能获得贷款和未按计划实施有其客观原因，且已异地实施。证人王某1、吴某1、于某1、李某5、许某、张某2、袁某、王某2等人的证言证实：物美集团在北京市通州区的物流项目起初因“非典”推迟，后来在土地出让方式方面，通州区物流产业园区要求购买，而物美集团原计划是租赁土地，因投资成本太高，双方未能达成一致。后物美集团在北京市朝阳区百子湾等地建了物流中心。证人于某1在侦查阶段还证实，因无法提供用地及开工手续，在北京市通州区的物流项目不能取得银行贷款，后按要求办理异地实施项目的变更手续，但因故最终未能落实。可见，物美集团所申报的物流项目没能按计划在原址实施，未能申请到贷款，系因“非典”疫情及通州区物流产业园区土地由租改卖等客观原因造成。（3）物美集团报送的物流项目《可行性研究报告》虽有不实之处，但不足以否定该项目的可行性和真实性。物流项目《可行性研究报告》、北京市通州区规划局出具的规划意见书及证明等书证，证人张某1、于某2、孟某、李某6、张某2、刘某2、张某4等人的证言，以及原审被告人张伟春的供述等证据证实：物美集团在联系编制物流项目《可行性研究报告》过程中，副总裁张某1等人到物流项目所在地北京市通州区物流产业园区考察并要求出具相关土地证明，通州区规划局出具了盖有该局规划管理专用章的规划意见书，同意物美集团在通州区物流产业园区规划建设商业项目，物美集团在规划意见书后附加了拟建项目地理位置图、平面布置图，而非规范的土地地形图。上述规划意见书和附图虽不规范、不具有法定效力，但不能据此否定整个项目的可行性和真实性。2. 原判认定物美集团申报虚假信息化项目，依据不足。(1) 物美集团申报的信息化项目主要内容包括：通过改造各业态店铺和总部计算机硬件以及对其软件系统升级改造，建立快速适应市场变化的经营组织及管理模式和运作方式，实施和完善网络支撑系统、现代物流系统、供需链管理系统、电子商务应用系统及经营决策支持系统等。经查，物美集团日常经营中在这些方面已有大量的资金投入。原判因物美集团将以信息化项目名义申请获得的贷款用于公司日常经营，即得出信息化项目完全没有实施的结论，依据不足。(2) 物美集团虽然采用签订虚假合同等手段申请信息化项目贷款，但并不能据此认定信息化项目是虚假的。国家发放国债技改贴息的目的在于支持企业的技术改造项目，而物美集团申报的项目经相关部门审核属于政策支持范围。根据申报流程，物美集团申请银行贷款时，其国债技改贴息项目的申报已经获得审批通过。物美集团在此后采用签订虚假合同等手段申请信息化项目贷款，虽然违规，但并非为骗取贴息资金而实施的诈骗行为，也不能据此得出信息化项目是虚构的结论。

（三）物美集团违规使用3190万元国债技改贴息资金不属于诈骗行为。物美集团在获得3190万元国债技改贴息资金后，将该款用于偿还公司其他贷款，但在财务账目上一直将其列为“应付人民政府款项”，并未采用欺骗手段予以隐瞒、侵吞，且物美集团具有随时归还该笔资金的能力。因此，物美集团的行为虽然违反了《国家重点技术改造项目国债专项资金管理办法》中关于国债专项资金应专款专用的规定，属于违规行为，但不应认定为非法占有贴息资金的诈骗行为。

综上，原审被告人张文中、张伟春及其辩护人所提物美集团作为民营企业有资格申报2002年国债技改贴息项目，张文中、张伟春没有实施骗取国债技改贴息资金行为，没有诈骗故意，不构成诈骗罪的辩解和辩护意见成立；最高人民检察院出庭检察员所提张文中、张伟春的行为不构成诈骗罪的意见成立，本院予以采纳。

二、河南省郑州市中级人民法院强化争议较大、社会关注度高的案件说理

在备受关注的“电梯劝烟”案中，面对社会公众对一审判决的关注和质疑，河南省郑州市中级人民法院审理认为：[①] 本案属于生命权纠纷，应当适用《中华人民共和国侵权责任法》相关规定。《中华人民共和国侵权责任法》第六条第一款规定：“行为人因过错侵害他人民事权益，应当承担侵权责任。”因此，确定杨某应否承担侵权责任，关键是要分析杨某对段某某在电梯间吸烟进行劝阻与段某某死亡的事实之间是否有因果关系、杨某是否存在过错。具体分析如下：（1）杨某劝阻段某某吸烟行为未超出必要限度，属于正当劝阻行为。在劝阻段某某吸烟的过程中，杨某保持理性，平和劝阻，双方之间也没有发生肢体冲突和拉扯行为，本案中也没有证据证明杨某对段某某进行过呵斥或有其他不当行为。（2）杨某劝阻段某某吸烟行为本身不会造成段某某死亡的结果。段某某在未能控制自身情绪的情况下不幸死亡。

---

① 河南省郑州市中级人民法院（2017）豫01民终14848号民事判决书。

虽然从时间上看，杨某劝阻段某某吸烟行为与段某某死亡的后果是先后发生的，但两者之间并不存在法律上的因果关系。（3）杨某没有侵害段某某生命权的故意或过失。杨某此前不认识段某某，也不知道段某某有心脏病史并做过心脏搭桥手术，其劝阻段某某吸烟是履行公民应尽的社会责任，不存在加害段某某的故意，而且杨某在得知其他病后，及时发挥专业技能对段某某积极施救。杨某对段某某的死亡无法预见，也不存在疏忽或懈怠，没有过错。综上，杨某对段某某在电梯间吸烟予以劝阻的行为与段某某死亡结果不存在法律上的因果关系，杨某不存在过错，不应承担侵权责任。田某某关于杨某存在过错，应承担一般侵权责任的上诉理由不能成立，本院不予支持。

《中华人民共和国侵权责任法》第二十四条规定："受害人和行为人对损害的发生都没有过错的，可以根据实际情况，由双方分担损失。"适用《中华人民共和国侵权责任法》第二十四条的前提是行为与损害结果之间有法律上的因果关系，且受害人和行为人对损害的发生都没有过错。而本案中杨某劝阻吸烟行为与段某某死亡结果之间并无法律上的因果关系，因此，一审判决以段某某确实在与杨某发生言语争执后猝死为由，依照《中华人民共和国侵权责任法》第二十四条的规定，适用公平原则判决杨某补偿田某某15000元，属于适用法律错误。

《最高人民法院关于适用〈中华人民共和国民事诉讼法〉的解释》第三百二十三条规定："第二审人民法院应当围绕当事人的上诉请求进行审理。当事人没有提出请求的，不予审理，但一审判决违反法律禁止性规定，或者损害国家利益、社会公共利益、他人合法权益的除外。"本案一审判决作出后，杨某未上诉，但一审判决适用法律错误，损害社会公共利益，依法应予改判，理由如下：保护生态环境、维护社会公共利益及公序良俗是民法的基本原则，弘扬社会主义核心价值观是民法的立法宗旨，司法裁判对保护生态环境、维护社会公共利益的行为应当依法予以支持和鼓励，以弘扬社会主义核心价值观。根据郑州市有关规定，市区各类公共交通工具、电梯间等公共场所禁止吸烟，公民有权制止在禁止吸烟的公共场所的吸烟者吸烟。该规定的目的是减少烟雾对环境和身体的侵害，保护公共环境，保障公民身体健康，促进文明、卫生城市建设，鼓励公民自觉制止不当吸烟行为，维护社会公共利益。本案中，杨某对段某某在电梯内吸烟予以劝阻合法正当，是自觉维护社会公共秩序和公共利益的行为，一审判决判令杨某分担损失，让正当行使劝阻吸烟权利的公民承担补偿责任，将会挫伤公民依法维护社会公共利益的积极性，既是对社会公共利益的损害，也与民法的立法宗旨相悖，不利于促进社会文明，不利于引导公众共同创造良好的公共环境。因此，一审判决判令杨某补偿田某某15000 元错误，本院依法予以纠正。

三、北京市朝阳区法院在一起行政案件中判决变更行政拘留处罚

在李某诉北京市公安局朝阳分局治安拘留行政处罚案件中，北京市朝阳区法院一审在认定事实的基础上认为：[①] 治安管理处罚法第五条第一款规定，治安管理处罚必须以事实为依据，与违反治安管理行为的性质、情节以及社会危害程度相当。本案中，原告与第三人发生冲突系因为第三人遛犬时未束犬链并牵领，导致原告骑行电动自行车紧急刹车引起，且第三人和原告在笔录中均陈述系第三人先动手，故本案被告应根据上述法律规定，结合原告和第三人的行为性质、情节，双方在事件起因中所起作用等因素对原告施以处罚。在涉案事件中，被告在对第三人处以行政拘留三日处罚的情况下，亦对原告处以同样的处罚，明显不当，本院应根据本案实际情况依法予以变更。据此，该院将“行政拘留三日”变更为“行政拘留一日”。

---

① 北京市朝阳区人民法院（2015）朝行初字第 195 号行政判决书。

【规范链接】

《最高人民法院关于全面深化人民法院改革的意见——人民法院第四个五年改革纲要（2014—2018）》（法发〔2015〕3号）

34. 推动裁判文书说理改革。根据不同审级和案件类型，实现裁判文书的繁简分流。加强对当事人争议较大、法律关系复杂、社会关注度较高的一审案件，以及所有的二审案件、再审案件、审判委员会讨论决定案件裁判文书的说理性。对事实清楚、权利义务关系明确、当事人争议不大的一审民商事案件和事实清楚、证据确实充分、被告人认罪的一审轻微刑事案件，使用简化的裁判文书，通过填充要素、简化格式，提高裁判效率。重视律师辩护代理意见，对于律师依法提出的辩护代理意见未予采纳的，应当在裁判文书中说明理由。完善裁判文书说理的刚性约束机制和激励机制，建立裁判文书说理的评价体系，将裁判文书的说理水平作为法官业绩评价和晋级、选升的重要因素。

《最高人民法院关于进一步推进案件繁简分流优化司法资源配置的若干意见》（法发〔2016〕21号）

15. 推行裁判文书繁简分流。根据法院审级、案件类型、庭审情况等对裁判文书的体例结构及说理进行繁简分流。复杂案件的裁判文书应当围绕争议焦点进行有针对性地说理。新类型、具有指导意义的简单案件，加强说理；其他简单案件可以使用令状式、要素式、表格式等简式裁判文书，简化说理。当庭宣判的案件，裁判文书可以适当简化。当庭即时履行的民事案件，经征得各方当事人同意，可以在法庭笔录中记录相关情况后不再出具裁判文书。

《最高人民法院关于全面推进以审判为中心的刑事诉讼制度改革的实施意见》（法发〔2017〕5号）

20. 法庭应当加强裁判说理，通过裁判文书展现法庭审理过程。

对控辩双方的意见和争议，应当说明采纳与否的理由。对证据采信、事实认定、定罪量刑等实质性问题，应当阐释裁判的理由和依据。

九、下列案件裁判文书，可以简化释法说理：适用民事简易程序、小额诉讼程序审理的案件；适用民事特别程序、督促程序及公示催告程序审理的案件；适用刑事速裁程序、简易程序审理的案件；当事人达成和解协议的轻微刑事案件；适用行政简易程序审理的案件；适用普通程序审理但是诉讼各方争议不大的案件；其他适宜简化说理的案件。

【条文说明】

本条是关于“可以简化说理”具体情形的规定。

一、繁简分流与诉讼程序设计的科学性

近些年，随着法院收案数呈爆发式的增长，“案多人少”矛盾成为司法改革进程中的“中梗阻”。繁简分流作为解决“案多人少”矛盾的重要抓手，越来越受到各级人民法院的重视。

案件的繁简分流是根据民事、刑事与行政案件的复杂程度，将案件分为简单案件与复杂案件，并将简单案件从复杂案件中筛选出来以适用相应的简化诉讼程序。《最高人民法院关于人民法院进一步深化多元纠纷解决机制改革的意见》第二十九条规定，完善繁简分流机制。对调解不成的民商事案件实行繁简分流，通过简易程序、小额诉讼程度、督促程序以及速裁机制分流案件，实现简案快审、繁案精审。除此之外，民事诉讼法还规定了特别程序以及公示催告程序，固定类型案件的简化的救济程序。2016 年 9 月 3 日第十二届全国人民代表大

会常务委员会第二十二次会议通过《关于授权最高人民法院、最高人民检察院在部分地区开展刑事案件认罪认罚从宽制度试点工作的决定》（以下简称《决定》），授权北京等18个城市开展刑事案件认罪认罚从宽制度试点工作，《决定》的出台为适用速裁程序提供了依据，也为简单刑事案件的处理开通了一条除简易程序之外的新的程序路径。2016年行政诉讼法修改后增设了行政诉讼简易程序，规定被诉行政行为当场作出、案件涉及款额2000元以下以及属于政府信息公开案件适用简易程序，同时还可以根据当事人的自愿选择适用简易程序，这为案件类型化处理和推进繁简分流提供了基本遵循。

简单案件适用简化诉讼程序的繁简分流设计具有科学性。理由包括：一是能大大缩短案件办结时长、减少法官工作压力，有效缓解案多人少的矛盾。二是繁简分流是对症下药，有利于实现简案快审、繁案精审的目标，合理优化司法资源配置。三是满足了人民不同的司法需求，及时、便捷、低成本、高效益地处理简单案件，让人民群众在每一个司法案件中感受到公平正义。

二、裁判文书简化释法说理的理由

（一）理由之一——与案件处理的关联性

裁判文书是否可以简化释法说理与案件的处理具有关联。实践中，案件处理需要考虑两个因素：一是案件的繁简分流，二是繁简分流后的诉讼程序选择。之所以裁判文书可以简化释法说理，主要是因为案件在性质上属于简单案件，在程序上可以简化处理。从繁简分流的角度看，简单案件或者属于事实清楚、证据充分、争议不大的案件，或者属于标的额小、法律关系明确的案件，或者出现当事人一方自认等情况，在“案情”上相对较简单、清晰。另外，《人民法院第四个五年改革纲要（2014－2018）》明确提出，“根据不同审级和案件类型，实现裁判文书的繁简分流”，要求复杂案件的裁判文书加强说理，简单案件的裁判文书简化说理。从诉讼程序的选择看，适用简易程序、小额诉讼程序、民事特别程序、督促程序及公示催告程序审理的民事案件，适用刑事速裁程序与简易程序的刑事案件以及适用简易程序的行政案件，在程序上更加简化，是可以简单处理的案件。例如，在刑事诉讼中，“控辩双方在审判中的对抗程度”是审判程序、裁判文书繁简分流的决定因素。控辩双方达成合意的案件，双方争议不大甚至是没有争议，法院审判这类案件的难度低，工作量小，立法可以为这类案件的处理配置一些“以效率为主”的简便快捷的审判程序（如速裁程序与简易程序），以保证案件的迅速解决，尽快恢复受到犯罪行为侵害的社会秩序。同时，法院对这类案件制作的裁判文书，因为控辩双方对很多问题的认识是一致的，因而不需要对证据审查判断、案件事实认定和法律适用作详细阐释，不需要就裁判理由进行细致的论证，可以使用简式裁判文书。① 因此，结合简单案件的性质与简化程序的适用两方面因素，依照“简案快审”的案件处理原则，相应的裁判文书可以简化释法说理。

（二）理由之二——与案件争议的关联性

裁判文书简化释法说理不仅与案件处理有关，还与案件争议有关。除能简单处理的类型化案件的裁判文书可以简化释法说理外，适用普通程序审理但是诉讼各方争议不大的案件或者其他适宜简化说理的案件的裁判文书也可以简化释法说理。最高人民法院于 2016 年 8 月 1 日出台的《人民法院民事裁判文书制作规范》指出，“说理应当围绕争议焦点展开，逐一进行分析论证，层次明确。”裁判文书尤其是判决书的释法说理应当着墨于当事人双方争议的焦点，通过对争议焦

---

① 参见王新清：《刑事裁判文书繁简分流问题研究》，载《法学家》2017 年第 10 期。

点作出法院认定、分析论证并作出相应判决。而当事人双方争议的焦点集中于法律适用上的争议与事实认定上的争议，同时，裁判文书的形成应当是以事实为依据、以法律为准绳。因此，裁判文书应当紧紧围绕案件的法律适用问题以及案件事实展开释法说理，对于法律适用争议不大与事实争议不大的案件，即使在程序上适用的不是简化的诉讼程序，在裁判文书的释法说理上，依然可以简化。例如在适用普通程序的民事诉讼中，通过庭前会议已经固定争议焦点或者通过法庭组织调解就争议达成一致、减少争议，那么在争议焦点较少的情况下，仅对少数的争议加强释法说理，对于无争议焦点则可简化甚至无须释法说理，从而减少文书前文大段的事实、理由、答辩等内容的照搬照抄及举证、质证、认证的罗列，实现裁判文书释法说理的简化。

三、裁判文书简化释法说理的成效

（一）提高司法效率

2017 年上半年全国人民法院受理案件 1458.6 万件，与 2016 年上半年同比，全国法院受理案件数量增加 11.4%，未结案件上升 13.54%，办案压力呈现逐年上升的趋势，司法效率的提升也成为一个亟待突破的研究课题。四五纲要规定，事实清楚、证据确实充分、权利义务关系明确、被告认罪的一审轻微刑事案件，实行简化的裁判文书，通过填充要素、简化格式，提高裁判效率。无论是在刑事诉讼中，还是在民事诉讼与行政诉讼中，简单案件裁判文书的撰写，均应当顺应司法责任制改革的脚步，实现效率提速，起到缓解人案矛盾的效果。为实现简单案件“宜简则简、简案快审”的目标，尤其是对于一些事实清楚、证据充分、争议较小或者当事人达成和解协议的简单案件，通过简化裁判文书的释法说理，减轻法官文书撰写与案牍的压力，让法官专司裁判，缓解当前“案多人少”的矛盾。

（二）增强裁判文书的可读性与逻辑性

在诉讼程序过程中，法官通过整理“案情”形成判决理由，最后形成裁判文书。随着案件流程的推进，诉讼双方逐步积累了大量的、无序的各种陈述与诉材（streitstoff）。如何有序、有效处理这些诉材，去除对审判没有意义的诉材，最终在定分止争原则的引领下形成对判决（判决理由、法律适用部分）有用的“案情”是审判工作中一项极其重要的工序。[①] 其中“有用的‘案情’”可以分为有争议的事实与无争议的事实，没有争议的事实直接予以确认，有争议的事实通过法庭庭审，在文书中加强说理，详述举证、质证、认证、分析认定的过程。在适用裁判文书简化释法说理的案件中，一般“有用的‘案情’”通过整理后比较简洁与清晰，本身争议较小，即使须强化这部分的释法说理，通过庭前会议程序等配套制度以固定当事人争议焦点或就争议达成一致、减少争议，也可以简化文书中不必要的说理部分。同时，文书除对争议焦点部分进行强化释法说理外，仅记载当事人基本情况、原告诉讼请求、案件基本事实和法院裁判主文即可。简化后的裁判文书对事实与争点进行分流认定并合理安排释法说理，让当事人一目了然地明晰权利义务的分配情况，提高了释法说理内容的逻辑性和当事人的阅读感受，以达到让当事人对裁判文书内容心悦诚服、服判息诉的效果。

【经验推介】

湖南省长沙县人民法院首创“分论式”裁判文书，简化与说理的衡平发展

湖南省长沙县人民法院将裁判文书作为诉讼程序的目标要求，从

---

① 参见袁力、邵新：《德国民事裁判文书结构与说理的关联分析》，载《法律适用》2017 年第 1 期。

2013 年开始推出“分论式”裁判文书，将有无争议事实与有争议事实分叙、事实审和法律审分论。文书对“诉辩要点”高度概括。对案件事实区分为有争议事实、无争议事实“分而论之”，无争议的事实简单概括、直接确认，有争议的事实逐一分析、详述认定依据；对“判决理由”充分释法说理。“分论式”裁判文书形成了无争议的事实不必说理，争议小的事实简洁说理，争议大的事实充分详尽说理的说理新格局，文书结构清晰、简明易懂，符合人民群众阅读习惯和法官庭审思路。

一、“分论式”裁判文书样式特点

“分论式”裁判文书采取三段论形式（见图一）。第一部分“诉讼起因”，对当事人基本情况、原告诉讼请求及被告对诉请所持有的肯定或否定的诉讼意见进行简单概述，避免了以往对起诉状和答辩状的简单复制粘贴。第二部分“诉争事实”，以当事人为主导，对双方当事人在庭前会议及庭审中均认可的事实进行简单记载，不再记录事实认定的证据及过程，对有争议的事实要求记录原被告双方观点、证据及法院分析认定的全过程。第三部分“司法裁判”，综合论述裁判理由，分析论证案件法律适用的争议。文书三个部分环环相扣，体现了法官审理裁判案件的过程就是“认定事实，适用法律”，切实地贯彻了“以事实为依据，以法律为准绳”的原则。

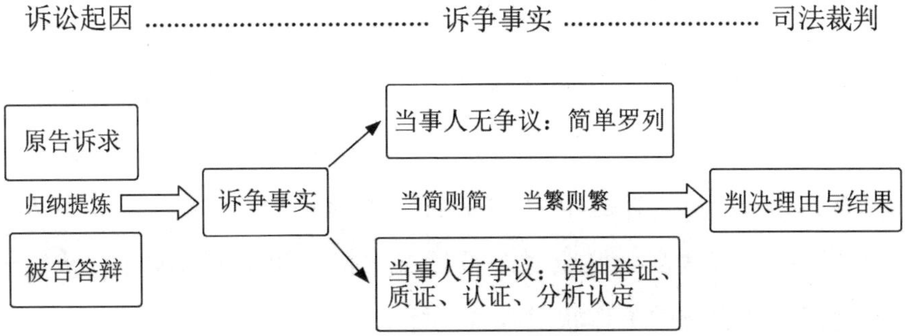

图一：分论式裁判文书式样

二、“分论式”裁判文书简化和说理兼容

“分论式”裁判文书坚持了全院案件简案简写、繁案繁写，又坚持了个案中简处简写、繁处繁写，该繁则繁、当简则简。对于当事人无争议的简单案件，以追求文书简洁化为主，甚至在一些当事人对案件事实和法律适用均无争议的简单案件中，文书仅记载当事人基本情况、原告诉讼请求、案件基本事实和法院裁判主文即可。对于复杂案件和案件中的复杂问题，则对当事人无争议的事实只要简要概述，对有争议事实要强化说理论证，包括：对事实认定和适用法律作合理说明，对事实与法律之间的关联性作充分解释，对裁判结论的合理性及对当事人和社会的意义作情理阐释等。与此同时，以“分论式”裁判文书为切入点，该院还设计了庭前准备程序以固定当事人争议焦点，尽量促进当事人就争议达成一致减少争议，从而简化文书中不必要的说理部分。

三、“分论式”裁判文书简化效果

“分论式”裁判文书改革后，该院通过随机抽取的改革前后裁判文书各500份，对比发现，改革前30%的文书集中在3~6页的篇幅上，52%的文书集中在7~10页上，其中2页以内的裁判文书数量为0，而改革后则78%集中在1~6页的篇幅上，其中1~2页的就占12%，而10页以上的裁判文书数量为0（见图表二）；改革后，文书说理部分占48%以上，比改革前提高50%，当事人赢得明明白白，输得也明明白白。“分论式”裁判文书制作方便快捷，文书制作效率提升两倍，部分当事人在庭审后30分钟即可领到裁判文书，减少了人民群众往返法院的次数，群众对改革后文书满意度高达100%，法官长期加晚班写判决书的工作状况基本消除。

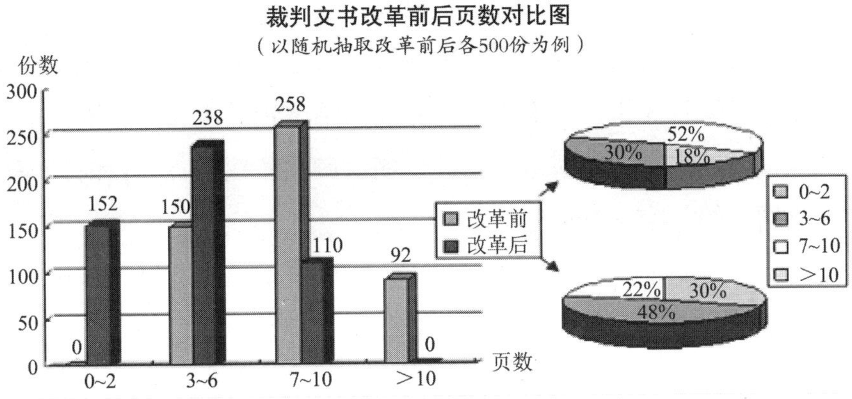

图表二：裁判文书改革前后页数对比图

四、“分论式”裁判文书配套举措

1. “三分式”审理模式。通过五年时间的努力，该院形成了案件“繁简分流、事实分流、争点分流”的“三分式”审理模式，实现既定的“案件繁简分流、庭前求同存异、庭审定纷止争”三大分解目标，实现了都江堰式的“无坝引水、自然分流”。

“三分式”审理模式坚持以“庭审”为中心，发挥庭审定分止争功能。通过逐级分流的方式将无须诉讼案件、无争议案件、简单案件、无争议事实、争议焦点等案件审判元素通过庭前准备程序从案件审理流程中层层剥离出来，优化后的诉讼流程使案件审理能够做到庭前准备繁简分流、庭审聚集繁简分类，“一步到庭”且当庭宣判。

2. 庭前会议制度。在所有民事案件中广泛适用庭前会议制度，规定除公告送达以外的民事案件，均须通知当事人召开庭前会议。庭前会议以当事人为主体、尊重当事人处分权为基础，由法官助理主持，在举证期间届满后、开庭前一到两个小时之间召开。庭前会议内容包括程序性事项的告知，固定无争议事实，归纳争议焦点、调解等多项工作。庭前会议召开后，法官可根据庭前会议成果对案件作出相应处理。为配合庭前会议制度，该院重新设计整理了庭前会议笔录、庭前会议工作进程管理表、庭审笔录，分别归纳整理了常见类型案件的审理要点以帮助法官助理固定无争议事实及归纳争议焦点，目前已完成买卖合同纠纷等十三类常见类型案件的审理要点归纳。

庭前会议制度规范了庭审流程，有效分流了以往庭审过程中的程序性工作，明确了案件的基本事实与庭审重点，有效防止了证据突袭，避免了二次开庭。改革后庭审效率大幅提高，平均庭审时间缩短了近三分之二，而且双方当事人的对抗更加充分，庭审定纷止争的功能更加突出，法官半天开3~4个庭成为工作常态。

3. 法官助理制度。该院在法官相对固定、辅助人员数量相对稳定的情形下，对审判资源进行了整合优化，积极探索聘任制法官助理制度改革。该院通过了《法官助理管理办法》，以“通过国家司法考试”为任职条件，招聘并任命了一批高素质高学历的法官助理，在民事审判一庭、二庭实行“1名法官+2名法官助理+1名书记员”的人员配置模式，由法官助理承担庭前准备工作，在法官指导下履行收集核对证据、审查诉讼材料、组织庭前证据交换和调解、办理委托鉴定评估审计等程序性、辅助性职责、法官助理还承担主持庭前会议等工作职责，可以在法官授意下草拟裁判文书，至少可以草拟一部分裁判文书或者裁判文书的一部分。

法官助理制度厘清了法官与司法辅助人员的职责划分，使法官从繁杂的事务性工作中解脱出来，专司判断、处理繁案，法官职业尊荣感、办案积极性和主动性大幅提高。明晰职责定位，既确保了优质审判资源用在刀刃上，又客观上促使法官不断提高裁判能力，从而提升审判质量和效率，实现司法效益最大化。

五、“分论式”裁判文书改革促进司法质量和效率大幅度提升

法院工作是一个有机整体，司法改革是一项系统工程，该院以“分论式”裁判文书为切入点，启动“三分式”审理模式改革，实现既定的“案件繁简分流、庭前求同存异、庭审定纷止争”三大分解目标。对没有法律问题的案件，遵循“效率优先兼顾公正”的原则，简单作出裁判。对有法律问题的案件，遵循“公正优先兼顾效率”的原则，详细论述说理，更好地体现了对司法公正和司法效率的价值追求。优化后的诉讼流程能够做到庭前准备繁简分流，庭审聚焦繁简分类。2017 年，该院收案 14403 件，同比上升 31.32%，结案 13497 件，同比增长 26.71%，结案率达 93.71%，同比提高 2.52 个百分点，结案率连续三年排名全市第一，存案降至 906 件，连续两年实现降低，积案“滚雪球”式增长局面得到了有效遏制。

改革后，法官从庭前准备等事务性和程序性工作中解脱出来，专司裁判，职业尊荣感达到前所未有的水平。法官把主要精力主要放在庭审中，与当事人一起面对面地逐个解决争议焦点，庭审结束时，当事人通过当庭宣判能知晓判决结果，“真正给当事人看的文书”雏形也基本形成，更能增加当事人对判决结果的认可度。2017 年，该院当庭宣判率达到 78.76%，当庭宣判案件的上诉率近 4.5%，全院案件息诉率达到 87.93%，发改率降至 0.83%，其中行政案件发改率为 0，涉诉涉法信访保持零进京上访率记录（历史老案除外）。

六、“分论式”裁判文书样式

湖南省长沙县人民法院

民事判决书

（适用于各方当事人均到庭，对案件事实有争议的情况）

（201×）湘0121民初××号

原告：×××。

委托代理人：×××。

被告：×××。

委托代理人：×××。

原告×××与被告×××……（写明案由）一案，本院受理后，依法适用简易程序，公开（不公开）开庭进行了审理，现已审理终结。

原告请求判令：……

被告答辩要点：……（全面、高度概括被告的答辩要点，包括事实认定与法律适用的意见）。

查明的事实

根据双（各）方当事人的诉辩主张和举证质证情况，本院确认如下事实：

一、双（各）方当事人无争议的事实

1……2……

……

（可采取罗列式，也可采取叙述式，无须罗列证据和作证据分析）。

二、双（各）方当事人有争议的事实

1. 列明双方当事人争议事实（高度概括）。原告认为……被告认为……本院认为……

2. 有多个争议事实的，按以上格式书写并认定（有争议的事实在两个以上的应分段分析认定）。

判决的理由与结果

本院认为，……（综合论述裁判理由）。被告（原告）×××认为……本院不予采信（如当事人已提出法律适用意见，但该意见本院不予采信的在此予以回应）。依照……（判决依据的法律条款项）的规定，判决如下：

一、××××；

二、××××；

………

如未按本判决指定的期间履行给付金钱义务，应当依照《中华人民共和国民事诉讼法》第二百五十三条之规定，加倍支付迟延履行期间的债务利息（如不具备给付内容的，则删去此条）。

案件受理费××元，由×××负担。

如不服本判决，可以在判决书送达之日起十五日内，向本院递交上诉状，并按对方当事人的人数或者代表人的人数提出副本，上诉于湖南省长沙市中级人民法院。

审 判 员　×××

二〇一×年××月××日

法官助理　×××

书 记 员　×××

【域外比较】

德国民事裁判文书的整体结构是“以人民的名义……×××法官……于×年×月×日，审理×××一案，现判决：判决主文（A 向 B……），根据的是以下案情……（事实部分），因为……（判决理由部分)。"[①] 从整体上看，德国经典模式下的民事判决主要分为五个部分。1. 冒头部分（首部），包括当事人及其诉讼代理人的信息、本案法院、法官的姓名以及最后一次口头辩论的日期；2. 判决主文，及对本案诉讼标的的实体审理结果，包括主请求和依附于主请求的从请求；3. 本案事实，即未经法官评价的、当事人眼中的事实；4. 判决理由，阐述法官对判决的说理，其中的事实部分则是法官对诉讼资料的评价及相应的心证结果；5. 法官的签名，也是判决书结束的标志。[②]其中，案情与判决理由可以根据不同的案件性质予以省略。例如，当庭宣判，当事人表示不予上诉、缺席判决的、被告承认对方诉求等。关于本案事实部分由于当事人在事前或者诉讼中了解了案件事实，表达简洁清晰，对于当事人达成一致或者存在争议的具体情况都应当指明参照的书状、庭审笔录或者其他资料，以便在自成一体的前提下尽可能精要。

与德国判决书相匹配的是德国民事诉讼程序，承办法官从接到诉状和答辩状、初步了解案情后，在一定规则的指导下开始争点的整理，区分有争议与无争议案情，并根据要件审判的规则确定原被告诉材是否可以判决，如不能，则会决定启动书面前置程序。通过书面前置程序，当事人在法官的指引下将书面诉材引入诉讼，当事人无诉材补充或者充分了解请求权或抗辩的要件时，在征得双方当事人同意后，可不开庭而直接判决。如当事人不同意，更多的是承办法官认为书面审理无法形成内心确信时，那么他将决定进入第一次开庭，并根据第一次开庭的情况，决定是否需要再次开庭。

日本传统判决书应对记录判决主文、事实、理由、最后一次口头辩论的日期、当事人及其法定代理人和审判法院，其中所谓事实

---

① 参见袁力、邵新：《德国民事裁判文书结构与说理的关联分析》，载《法律适用》2007 年第1 期。

② 参见曹志勋：《对民事判决书结构与说理的重塑》，载《中国法学》2015 年第 4 期。

也对应类似德国本案事实部分的内容并发挥相似功能，事实部分不必完全引述当事人的事实主张，而只需择取其中证成判决主文所必需的部分。

在美国，绝大多数没有太大的事实争议和法律争议的案件，如果是民事案件，往往都通过法庭外的其他方式解决了，如果是刑事案件，则往往通过辩诉交易解决。庭外和解和辩诉交易的制度实际上起到了一个筛选司法案件的功能，大量没有多少可以论证、推理和理解的案件都通过这一制度被淘汰。[①] 进入审理的案件一般都有比较重要或者新颖的法律问题，裁判文书不仅是个案审理结果，同时也兼具创造某种裁判规则、成为“先例”的作用，因此，我们看到的大部分美国司法裁判文书篇幅都比较长，论证上旁征博引，说理上详尽充分，甚至不同法官的意见、价值问题等都在判决书中展示。但这样的案件和裁判文书的数量相较于整个案件数来说，比例是很少的。

荷兰和丹麦在裁判文书制作上，采取简案简写方式。如荷兰，其刑事判决书只需列明被告人姓名、犯罪事实、法律依据、判决结果四项，无须阐述判决理由，除非被告人明确表示不服提出上诉。在丹麦，其裁判文书则更多的是采用格式化文书，只有当法官意见不一致或者听证规模大、当事人明确表示不服判决时，才需要在判决书中具体反映听证情况、法官意见。[②]

【规范链接】

《最高人民法院关于适用〈中华人民共和国民事诉讼法〉的解释》（法释〔2015〕5号）

第二百七十条　适用简易程序审理的案件，有下列情形之一的，

---

① 参见苏力：《判决书的背后》，载《法学研究》2001年第3期。

② 参见江必新：《荷兰、丹麦司法制度考察感想》，载《企业家天地》2006年第11期。

人民法院在制作判决书、裁定书、调解书时，对认定事实或者裁判理由部分可以适当简化：

（一）当事人达成调解协议并需要制作民事调解书的；

（二）一方当事人明确表示承认对方全部或者部分诉讼请求的；

（三）涉及商业秘密、个人隐私的案件，当事人一方要求简化裁判文书中的相关内容，人民法院认为理由正当的；

（四）当事人双方同意简化的。

第二百八十二条　小额诉讼案件的裁判文书可以简化，主要记载当事人基本信息、诉讼请求、裁判主文等内容。

《最高人民法院关于全面深化人民法院改革的意见——人民法院第四个五年改革纲（2014—2018）》（法发〔2015〕3号）

34. 推动裁判文书说理改革。根据不同审级和案件类型，实现裁判文书的繁简分流。加强对当事人争议较大、法律关系复杂、社会关注度较高的一审案件，以及所有的二审案件、再审案件、审判委员会讨论决定案件裁判文书的说理性。对事实清楚、权利义务关系明确、当事人争议不大的一审民商事案件和事实清楚、证据确实充分、被告人认罪的一审轻微刑事案件，使用简化的裁判文书，通过填充要素、简化格式，提高裁判效率。重视律师辩护代理意见，对于律师依法提出的辩护代理意见未予采纳的，应当在裁判文书中说明理由。完善裁判文书说理的刚性约束机制和激励机制，建立裁判文书说理的评价体系，将裁判文书的说理水平作为法官业绩评价和晋级、选升的重要因素。

《最高人民法院关于进一步推进案件繁简分流优化司法资源配置的若干意见》（法发〔2016〕21号）

15. 推行裁判文书繁简分流。根据法院审级、案件类型、庭审情况等对裁判文书的体例结构及说理进行繁简分流。复杂案件的裁判文书应当围绕争议焦点进行有针对性地说理。新类型、具有指导意义的简单案件，加强说理；其他简单案件可以使用令状式、要素式、表格式等简式裁判文书，简化说理。当庭宣判的案件，裁判文书可以适当简化。当庭即时履行的民事案件，经征得各方当事人同意，可以在法庭笔录中记录相关情况后不再出具裁判文书。

十、二审或者再审裁判文书应当针对上诉、抗诉、申请再审的主张和理由强化释法说理。二审或者再审裁判文书认定的事实与一审或者原审不同的，或者认为一审、原审认定事实不清、适用法律错误的，应当在查清事实、纠正法律适用错误的基础上进行有针对性的说理；针对一审或者原审已经详尽阐述理由且诉讼各方无争议或者无新证据、新理由的事项，可以简化释法说理。

【条文说明】

本条是关于二审或者再审裁判文书强化或者简化说理的规定。

一、关于不同层级法院裁判文书说理的差异

四级法院的职能分工和工作重点存在差别，一审法院明断是非、定分止争，二审法院案结事了，再审法院有错必究，最高人民法院保证法律统一正确实施。一般来说，基层法院和中级法院的裁判功能主要是解决纠纷，高级法院和最高法院主要是确立规则。一审重在解决事实认定和法律适用问题，因为一审距离案件争议的事实更近，便于及时查明事实。二审重在解决诉辩双方对一审认定事实和适用法律的争议，实现二审终审。再审重在审查终审裁判的正当性，维护裁判的权威性、稳定性，最终实现法院裁判的终局性。[①]

---

① 参见沈志先主编：《裁判文书制作》，法律出版社2010年版，第70~75页。

法官在裁判文书说理时，应当充分注意不同层级法院在职能定位上的差异，一审裁判文书侧重于事实认定的说理，二审、再审裁判文书侧重于法律适用的说理。

二、关于强化二审或者再审裁判文书说理的情形

原则上说，审理法院的层级越高，裁判文书说理的要求相应就高，再审比原审裁判文书、二审裁判文书比一审裁判文书的说理要求更高，四级法院裁判文书说理情况应该呈“倒金字塔”形状。有学者通过分析最高人民法院公报案例后得出结论认为，裁判结果与裁判文书说理之间有着较为固定的关系：一审终审案件说理篇幅 > 二审维持案件说理篇幅，二审发改案件说理篇幅 > 二审维持案件说理篇幅，再审案件说理篇幅 > 其他案件说理篇幅。[①]

一审裁判文书应当对证据和事实认定、法律适用等进行全面分析，重点围绕争议焦点进行说理。

二审裁判文书应当针对上诉或抗诉的主张和理由进行说理，并对一审裁判文书中的说理不当和错误进行补强和修正。二审裁判文书应当侧重对与一审存在差异的地方，以及诉讼各方存在争议的部分进行说理。

再审裁判文书应当针对申诉、申请再审或抗诉的主张和理由进行说理，并对一审、二审裁判文书中的说理不当和错误进行补强和修正。再审裁判文书应当侧重对与一审、二审存在差异的地方，以及诉讼各方存在争议的部分进行说理。

对于原审裁判存在的问题，应当在二审、再审案件的裁判文书中予以表述，不宜采取发“内部函”的方式。在以往的司法实践中，二

---

① 参见姚强、王丽平：《裁判文书说理之客观变量分析——来自521件〈最高人民法院公报〉民商事案例的实证解读》，http：//www. tj2zy. com/News/201505/201505151055206. htm，最后访问时间2018年3月16日。

审、再审改判、发回重审的案件，裁判文书一般不说明改判发回理由，而是在“内部函”中指出问题。“内部函”只是法院系统内部的工作函件，只发给下级法院，案件当事人无法得知其内容，也就无法得知真正的裁判依据，与审判公开的要求不相符。发回重审或指令再审的裁定书应当重点说明发回重审或指定再审的理由，说明原审裁判事实不清、证据不足或违反法定程序、适用法律错误等问题。

三、关于简化二审或者再审裁判文书说理的情形

从法院层级上看，“案多人少”的矛盾主要是在基层法院，80%以上的案件受理和审判都在基层法院。裁判文书说理繁简分流，尤其是简化说理，主要在基层法院。但是，这并不意味着二审、再审裁判文书都不能或者不需简化说理。

在我国，由于法律事实并未根据审级不同而进行区分，裁判文书中事实认定说理所占比例没有显著差异，因而导致事实认定的冗长甚至重复。同时，在审判实践，裁判文书说理时大量罗列证据，造成裁判文书冗长、主次不明，而二审、再审裁判文书说理又经常只是全部照搬一审、原审裁判文书中的证据。因此，二审裁判文书应当避免与一审裁判文书在事实和证据部分的不必要重复，简化原审内容介绍。再审裁判文书应当避免与一审、二审裁判文书在事实和证据部分的不必要重复，简化原审内容介绍。

【经验推介】

一、浙江高院出台加强裁判文书说理的文件涉及不同层级法院的裁判文书说理

2007 年 10 月，浙江省高级人民法院出台《浙江高级人民法院关于加强裁判文书说理工作的若干意见》，其中有多个条文涉及不同层

级法院裁判文书说理的要求。其中，第二十条规定：“民事裁定书的说理应结合裁定的具体事项展开。尤其是对案件的实体处理有重大影响、对当事人的实体利益和重大程序利益做出处分的民事裁定书，应当详细说明裁定的理由；对于二审撤销一审判决，发回重审的案件，民事裁定书中应写明发回重审的理由，阐明一审判决事实不清、证据不足或违反法定程序、适用法律错误的具体问题。”第二十一条第一款规定：“行政裁判文书的说理要针对各类行政诉讼案件的特点，围绕全面审查被诉行政行为合法性及当事人的诉争焦点进行，应说明被诉行政行为是否合法、当事人的诉辩理由是否成立，并视案件的具体类型和不同的判决方式等具体情况应当说明的理由。行政裁判文书的说理应侧重于当事人争议焦点和法院审理重点，根据不同审级，体现不同特点：（一）一审行政裁判文书的说理应全面反映当事人举证、质证和法院认证的动态过程，体现法院依据法律适用规则对被诉行政行为是否合法、原告诉讼请求是否成立的论证理由。（二）二审裁判文书应体现对原审判决和被诉行政行为双重评判的特色，把原审判决的正确性以及对被诉行政行为的合法性审查，贯穿说理的始终。（三）再审裁判文书因再审分别适用一审或二审程序而可以相应参照一审或二审裁判文书的说理要求，但应体现再审案件的特点。”第二十四条规定：“行政裁定书的说理应结合裁定的具体事项展开：……（三）对二审撤销一审判决、发回重审的行政裁定书，应当阐明原审判决事实不清、证据不足或违反法定程序的具体问题。”

二、山西高院对发回重审案件“三公开”

2014年12月30日，山西省高院公开宣判上诉人山西临县华润联盛黄家沟煤业有限公司、山西华润联盛能源投资有限公司与被上诉人浙江中宇实业发展有限公司建设工程施工合同纠纷案，发回吕梁中院重审，在全国法院系统首次公开发回重审的详细理由和具体依据。

2015 年 5 月 28 日出台的《山西省高级人民法院关于推进发回重审案件三公开工作的指导意见》规定，对发回重审案件的“三公开”：（1）公开发回理由。在案件裁定书中，应对裁判形成的正当性、合法性及合理性予以公开说明，并着重说明原审裁判事实不清、证据不足或违反法定程序、适用法律错误的具体情形及原审法院应做的改正和弥补工作等。事实不清、证据不足要说明为什么不清、哪儿不清和证据怎么不足；程序违法、适用法律错误的案件要说明为什么违法、哪儿违法以及怎么错误，力戒简单笼统、含混不清、语焉不详。（2）公开发回依据。在案件裁判文书中，应对发回重审所适用的法律、法规、司法解释等条文全部列明，并着重阐明适用该法律条文的理由。法律规定比较原则或者条文复杂，当事人各方对法律条文理解易产生歧义的，应对法律条文的内容含义进行阐释。（3）公开发回方式。对发回重审案件应当实行公开宣判、现场送达，使案件当事人和代理人、辩护人及其他相关人员当场知晓案件审判的结果、当场知晓案件发回重审的理由和依据，其他人员也能通过案件裁定书看得一清二楚、一目了然，以减少“暗箱操作”的疑虑。

三、深圳中院简化简易二审民商事案件裁判文书说理

2012 年 5 月 7 日，深圳市中级人民法院就发布《关于一审民事裁判文书简化改革的若干规定》，正式启动裁判文书简化改革，对一审法院适用简易程序审理的案情简单、事实争议不大的民商事案件，根据不同类型分别适用令状式、要素式、表格式裁判文书。在总结深圳经验的基础上，广东省高级人民法院于 2013 年 5 月出台了《关于推行民事裁判文书改革，促进办案标准化和庭审规范化的实施意见》，推行要素式裁判文书、试行令状式裁判文书、建立裁判文书标准化说理文库。2016 年 4 月，为了更好地保障裁判文书体例与说理繁简分流在二审阶段的继续推进，深圳市中级人民法院出台《关于简易二审民商

事案件速裁的工作流程规定》。

对于一审使用令状式裁判文书的案件，二审裁判文书省略了一审裁判文书“本院查明”部分。这主要是因为令状式裁判文书使用的前提条件是当事人对案件事实没有争议的案件或者对事实争议不大的特定类型案件，所以二审无须再重复该部分。

对于一审使用要素式或表格式裁判文书的案件，二审裁判文书无须原文引用原审判决内容和上诉人、被上诉人的意见，但在分析争议焦点时应当首先介绍上诉人和被上诉人的意见和证据，然后着重论述本院对证据的分析意见和处理意见。“本院经审查认为”部分应当围绕上诉争议事项写作，对无争议的内容，无须赘述。

此外，还设计了二审速裁案件裁判文书样式，省略“原审查明”和“原审认为”，此部分内容一审法院裁判文书已经详细记载，二审裁判文书无须赘述。

【域外比较】

域外司法基本上实现了事实审与法律审的严格区分，二审、再审裁判文书不会再对事实认定进行详细说理。

在德国，在初审判决中，事实认定说理是非常重要的内容，有的判决中甚至能占到绝大部分篇幅；在最高法院的判决中，一般只对案情作概括性摘要。[①]

在美国，上诉法院的所有案件都需要制作司法意见书，但自二十世纪七十年代以来通过改革，78%的上诉案件被放入不予发表和不准引用的栏框里，这些被放入“快车道”的案件一般不开庭辩论、司法意见非常简短。[②] 据统计，在联邦系统的上诉法院中，不发表意见书

---

① 参见欧宏伟：《联邦德国最高法院民事判决书评介》，载《法律适用》2007年第6期。

② 参见［美］Stephen N. Subrin，Margaret Y. K. Woo：《美国民事诉讼的真谛》，蔡彦敏、徐卉译，法律出版社2002年版，第48页。

的案件占70%以上。在2002年9月30日至2003年9月30日，美国联邦第九巡回上诉法院仅15%的裁判内容刊登裁判汇编，绝大多数的裁判是以精简方式作成的。联邦最高法院每年审理的案件也就是七八十件，真正需要法官长篇大论撰写司法意见书的案件为数不多。

【规范链接】

《中华人民共和国刑事诉讼法》（2012年3月14日）

第二百二十二条　第二审人民法院应当就第一审判决认定的事实和适用法律进行全面审查，不受上诉或者抗诉范围的限制。

共同犯罪的案件只有部分被告人上诉的，应当对全案进行审查，一并处理。

《中华人民共和国民事诉讼法》（2017年6月27日）

第一百六十八条　第二审人民法院应当对上诉请求的有关事实和适用法律进行审查。

《中华人民共和国行政诉讼法》（2017年6月27日）

第八十七条　人民法院审理上诉案件，应当对原审人民法院的判决、裁定和被诉行政行为进行全面审查。

《最高人民法院关于全面深化人民法院改革的意见——人民法院第四个五年改革纲要（2014—2018）》（**法发**〔2015〕3**号**）

20. 强化审级监督。严格规范上级法院发回重审和指令再审的条件和次数，完善发回重审和指令再审文书的公开释明机制和案件信息反馈机制。人民法院办理二审、提审、申请再审及申诉案件，应当在裁判文书中指出一审或原审存在的问题，并阐明裁判理由。人民法院办理已经立案受理的申诉案件，应当向当事人出具法定形式的结案文书；符合公开条件的，一律在中国裁判文书网公布。

十一、制作裁判文书应当遵循《人民法院民事裁判文书制作规范》《民事申请再审诉讼文书样式》《涉外商事海事裁判文书写作规范》《人民法院破产程序法律文书样式（试行）》《民事简易程序诉讼文书样式（试行）》《人民法院刑事诉讼文书样式》《行政诉讼文书样式（试行）》《人民法院国家赔偿案件文书样式》等规定的技术规范标准，但是可以根据案件情况合理调整事实认定和说理部分的体例结构。

【条文说明】

本条是关于裁判文书应当遵循的技术规范标准要求的规定。一是重申裁判文书原则上应当遵循最高人民法院发布的相关文书样式、制作或写作规范的标准与要求；二是根据案件情况，裁判文书的“事实认定部分”和“说理部分”的体例结构可以作出合理调整。

一、关于裁判文书应当遵循的技术规范标准

裁判文书是诉讼参与人和人民法院进行诉讼活动的重要载体，本质上属于公文，应当具有统一的文书样式和规范标准。法院诉讼文书样式对裁判文书说理的模式、要素、写作要求等予以规范，是裁判文书说理需要遵循的系统化的文书样本，一直在发挥着重要的、普遍的指导和示范作用。[①] 最高人民法院自 1992 年起，先后制定了《法院诉讼文书样式（试行）》《法院刑事诉讼文书样式》《行政诉讼文书样式

① 参见赵朝琴、刘树德：《关于裁判文书说理责任制度构建的思考》，载《法律适用》2017 年第 23 期。

（试行）》《民事诉讼文书样式》等涉及不同诉讼类型的裁判文书样式，供法官制作裁判文书时参照。例如，《人民法院民事裁判文书制作规范》强调，“为指导全国法院民事裁判文书的制作，确保文书撰写做到格式统一、要素齐全、结构完整、繁简得当、逻辑严密、用语准确，提高文书质量，制定本规范”。同时要求，“本规范关于裁判文书的要素和文书格式、标点符号、数字使用、印刷规范等技术化标准，各级人民法院应当认真执行”。

从2015年4月30日发布的《行政诉讼文书样式（试行）》和2016年8月1日发布的《民事诉讼文书样式》可以看出，与原有样式相比，新样式有以下几个特点：第一，重视区分争议证据和无争议证据，争议事实和无争议事实，以便让其后的审理和裁判文书制作紧密围绕争议问题，重点突出。第二，要求说理应当围绕争议焦点展开，逐一进行分析论证，层次明确。第三，更加强调裁判文书的论理性和可读性，注重文书撰写的繁简得当，重视文书对法理问题和争议问题的阐述分析。

二、关于裁判文书事实认定部分和说理部分的体例结构

诉讼文书样式和文书制作规范等技术规范为裁判文书事实认定和说理部分的体例结构提供了基本遵循。根据案件情况，法官可以合理调整裁判文书事实认定和说理部分的体例结构。例如，《人民法院民事裁判文书制作规范》指出，“本规范可以适用于人民法院制作的其他诉讼文书，根据具体文书性质和内容作相应调整……对于裁判文书正文内容、事实认定和说理部分，可以根据案件的情况合理确定。”《行政诉讼文书样式（试行）》指出，“更加强调文书规范化和个性化的统一，在确保裁判文书基本要素完整、主要结构规范的同时，也注意兼顾为各级人民法院和法官个人对文书的发展续造预留空间。”

强调裁判文书制作规范，不是要排斥个性化因素。裁判文书说理

与诉讼文书样式，是内容与形式的关系，案件类型的复杂性、多样化决定了裁判文书说理模式应当是多元的。在坚持裁判文书规范化的同时，不能否定或者排斥“个性化”，法官应当在遵循裁判文书基本样式、逻辑推理规则等基础上，积极发挥主观能动性，充分展示裁判文书的自身价值。[①]

【经验推介】

北京知识产权法院（2016）京73民终588号
民事判决书

本院认为：

第一，关于open API的基本情况

open API即开放API（Application Programming Interface，应用编程接口），是服务型网站常见的一种应用，网站的服务商将自己的网站服务封装成一系列API开放出去，供第三方开发者使用，这种行为称作开放网站的API，所开放的API被称作open API。open API是互联网新的应用开发模式，这种网络应用开发模式能够更好地发挥数据资源价值，实现开放平台方和第三方应用方之间的合作共赢。open API通过《开发者协议》来约定双方的权利义务，同时，亦通过该协议来实现保护用户数据信息。open API的权限控制和安全权限控制由open API的提供方通过技术手段来控制实现，应用开发者必须在满足相应权限的前提下才有可能访问到相关资源。应用开发者通过open API平台调用数据，平台系统可通过检测响应时间和Http响应的状态码，获得相应时间和可用性，同时通过综合可用性的历史信息，得到该open API当前的稳定性指标。

---

① 参见白泉民：《关于加强裁判文书说理的几点思考》，载《山东审判》2015年第1期。

第二，被上诉人微梦公司向上诉人淘友技术公司、淘友科技公司提供open API开放接口的情况

被上诉人微梦公司为了实现新浪微博的开放平台战略，提供open API合作开发模式，允许第三方应用通过open API调用新浪微博平台的相关数据。新浪微博通过open API途径，让第三方应用可以在用户授权的前提下，通过相关接口获取相关信息。被上诉人微梦公司与第三方（包括上诉人淘友技术公司、淘友科技公司）之间的《开发者协议》的主要内容为：第2.2条约定与微梦公司开展合作的开发者，其行为受协议及微博开放平台规则及微博平台上公示的规则、制度、规范的约束。开发者必须合法使用微梦公司授予其应用AppKey。第2.5条约定开发者应用或服务需要收集用户数据的应当符合以下条件：2.5.1开发者应用或服务需要收集用户数据的，必须事先获得用户的同意，仅应当收集为应用程序运行及功能实现目的而必要的用户数据和用户在授权网站或开发者应用生成的数据或信息。开发者应当告知用户相关数据收集的目的、范围及使用方式，以保障用户的知情权。2.5.5约定未经用户同意，开发者不得收集用户的隐私信息数据及其他微梦公司认为属于敏感信息范畴的数据，开发者不得收集或要求用户提供任何微博账号、密码，开发者不得收集或要求用户提供用户关系链、好友列表数据等。

微梦公司与微博用户达成的《微博服务使用协议》第6.2条约定，“保护用户隐私和其他个人信息是微梦公司的一项基本政策，微梦公司保证不会将单个用户的注册资料及用户在使用微博服务时存储在微梦公司的非公开内容用于任何非法的用途，且保证将单个用户的注册资料进行商业上的利用时应事先获得用户的同意，但下列情况除外：……6.2.4用户自行在网络上公开的信息或其他已合法公开的个人信息”。新浪微博对用户的《微博个人信息保护政策》明确载明，“未经您本人允许，微博不会向任何第三方披露您的个人信息，下列

情形除外：（1）微博已经取得您或您监护人的授权……（4）根据您与微博相关服务条款、应用许可使用协议的约定……”微梦公司在其与微博用户的《微博服务使用协议》《微博个人信息保护政策》中明确约定可以无须征得用户同意即将其公开的个人信息作为商业使用并向第三方披露。

第三，上诉人淘友技术公司、淘友科技公司是否通过被上诉人微梦公司提供的 open API 开放接口获得用户的教育信息和职业信息。

根据双方专家辅助人对技术的意见来看，从技术上讲，如果脉脉系通过 open API 开放接口获取数据，脉脉和新浪微博都可以保留调取数据的日志。上诉人淘友技术公司、淘友科技公司未能提交其通过 open API 开放接口调取数据的日志，理由为新浪微博已于 2014 年 5 月将“职业”和“教育”信息的获取接口关闭，且于 2014 年 8 月终止与脉脉合作后关闭了脉脉的所有接口，脉脉因服务器容量有限，没有保留之前通过 open API 接口调取数据的日志。被上诉人微梦公司亦未能提交脉脉通过 open API 开放接口调取数据的日志。其一审提交的第十九组证据《脉脉 APP 端口在微博平台读取记录》证明其保存了 open API 的调取日志，但该份证据只有 users_ show（获取用户信息）接口有相对较多的调用记录，而且在 2014 年 4 月 13 日、2013 年 9 月 11 日至 9 月 30 日、10 月 7 日至 10 月 10 日、10 月 13 日、10 月 16 日并没有该接口的调用记录；该日志中并没有 career（获取职业信息）、education（获取教育信息）、tags（获取用户标签，此接口新浪承认脉脉有调用权限）的任何调用记录，friends_bilateral（获取用户好友关系，此接口新浪承认脉脉有调用权限）的调用记录仅仅只有两条；加之，该技术日志有大量的时间并没有任何调用记录，如：2013 年 9 月 14 日、9 月 19 日至 9 月 21 日、10 月 1 日至 10 月 6 日、10 月 19 日、12 月 15 日、12 月 16 日、12 月 19 日、12 月 21 日、2014 年 4 月 13 日等。从上述证据反映的情况来看，很难确信被上诉人微梦公司提交的该份日志系一份真实、完整的技术日志，因此，在案证据不能完整呈现脉脉通过 open API 获取微博用户数据的情况，亦不能以此证明脉脉并非通过 open API 获取微博用户相关数据。

对此，被上诉人微梦公司解释，新浪微博当前日志保存策略为：距今 1 年内留存全量日志数据，1 年以上的将抽取部分月份日志数据进行留存。新浪微博以微博用户@ 太牛乐为例，查询其 2014 年全年抽样留存的职业信息、教育信息的接口调用日志记录，可以看到用户的调用来源、调用时间和具体 IP，这些记录的调用来源为微博 weibo. com、iPhone 客户端等 6 个应用方，没有看到来源为脉脉应用（Appkey）的调用记录。

至此，由于双方当事人举证所限无法再现被诉侵权行为发生时的事实状态，本院将根据举证规则的具体要求确认法律事实。根据《民事诉讼法》第六十四条第一款规定："当事人对自己提出的主张，有责任提供证据。"该条款规定了举证责任分配的一般规则为"谁主张谁举证"。《最高人民法院关于民事诉讼证据的若干规定》第二条规定："当事人对自己提出的诉讼请求所依据的事实或者反驳对方诉讼请求所依据的事实有责任提供证据加以证明。没有证据或者证据不足以证明当事人的事实主张的，由负有举证责任的当事人承担不利后果。"该条款从行为及结果两方面规定了举证责任的分配问题。第七十三条第二款规定："因证据的证明力无法判断导致争议事实难以认定的，人民法院应当依据举证责任分配的规则作出裁判。"最高人民法院在审理（2009）民申字第 1065 号"山东省食品进出口公司等与青岛圣克达诚贸易有限公司等不正当竞争纠纷再审案"中认定，"当事人对自己的诉讼请求所依据的事实有责任提供证据加以证明，这是我国民事诉讼法有关举证责任分配的一般规则，只有在法律有明文规定的特殊情况下才存在例外。如果当事人对其诉讼请求的举证达到了一定的证明程度，能够证明相关诉讼主张的成立，接下来应由对方当事人承担否定该主张的举证责任。我国相关法律或者司法解释对有关不正当竞争行为的民事诉讼并未规定特殊的举证责任规则，因此应适用一般规则。”最高人民法院在判决中明确不正当竞争案件中同样应适用举证的一般规则，即原告对其主张的被诉行为构成不正当竞争这一事实负有举证责任。

【域外比较】

德国民事判决书结构

德国民事裁判文书的整体结构是：“以人民的名义…… ×××法官于×年×月×日，审理×××一案，现判决：判决主文（A向B……），根据的是以下案情……（事实部分），因为……（判决理由部分）。”中德民事裁判文书都注重对有争议事实和无争议事实的区分。同时，与中国民事裁判文书相比，德国民事裁判文书还具有一些自身特色。1. 德国裁判文书将判决主文前置，而我国则采取后置方式。2. 在裁判文书繁简分流方面，德国采取通用式判决书与微程序相结合的方式。“通用式判决书”即只规定一种判决书结构：包含首部、主文、案情、判由和法官签名；其中案情与判由可以根据不同的案件性质予以省略。例如，当庭宣判，当事人表示不予上诉的、缺席判决的、被告承认对方诉求等。3. 在案情部分，德国民事裁判文书区分当事人提出的无争议“案情”与有争议的“案情”。至于如何适用法律，当事人可提出法律适用意见，但不能进入判决书中的“案情”部分。除非缺乏当事人相关法律意见之陈述会导致案情部分的阅读、理解困难，否则其法律意见一律不得进入判决书的“案情”部分。对“案情”的表述是“原告称、被告称”，用的是“称”这一中性词。我国对“案件事实”的表述是“原告诉称、被告辩称、经审理查明”。4. 在判决理由部分，德国民事判决书的书写方式是“根据式陈述”，其基本结构是："判决如下（法律效果）：……，因为（要件）……，因为（要件）……"而我国则是经过"三段论"推理后，将法律效果后置。①

德国一审民事判决书的结构和格式：

（一）判决标题

1. "以人民的名义……"

2. 判决的种类

（二）判决的首部

1. 最后一次口头辩论的期日

2. 管辖法院、案件编号与案件名称

3. 当事人：原告、被告、法定代理人、委托代理人

（三）判决主文：判决结论

1. 对诉讼请求的实体审理结果

2. 对诉讼费用的决定

3. 关于暂付执行的决定

（四）本案事实

1. 诉讼请求

2. 双方无争议的事实

3. 原告对争议事实的主张

4. 原告的请求

5. 被告请求驳回原告起诉的主张

6. 被告对争议事实的主张

7. 程序性事实

8. 就判决未列的其他事实，指出其记载的出处

（五）判决理由

---

① 参见袁力、邵新：《德国民事裁判文书结构与说理的关联分析》，载《法律适用》2017年第1期。

1. 判决结论

2. 对诉讼要件（形式要件）的审查结果

3. 对诉讼请求适用实体法（实体要件）的审查结果

4. 对从请求的判决

（六）法官签字

【规范链接】

《人民法院民事裁判文书制作规范》（法〔2016〕221号）

为指导全国法院民事裁判文书的制作，确保文书撰写做到格式统一、要素齐全、结构完整、繁简得当、逻辑严密、用语准确，提高文书质量，制定本规范。

一、基本要素

文书由标题、正文、落款三部分组成。

标题包括法院名称、文书名称和案号。

正文包括首部、事实、理由、裁判依据、裁判主文、尾部。首部包括诉讼参加人及其基本情况，案件由来和审理经过等；事实包括当事人的诉讼请求、事实和理由，人民法院认定的证据及事实；理由是根据认定的案件事实和法律依据，对当事人的诉讼请求是否成立进行分析评述，阐明理由；裁判依据是人民法院作出裁判所依据的实体法和程序法条文；裁判主文是人民法院对案件实体、程序问题作出的明确、具体、完整的处理决定；尾部包括诉讼费用负担和告知事项。

落款包括署名和日期。

二、标题

标题由法院名称、文书名称和案号构成，例如："××××人民法院民事判决书（民事调解书、民事裁定书）+案号"。

（一）法院名称

法院名称一般应与院印的文字一致。基层人民法院、中级人民法院名称前应冠以省、自治区、直辖市的名称，但军事法院、海事法院、铁路运输法院、知识产权法院等专门人民法院除外。

涉外裁判文书，法院名称前一般应冠以“中华人民共和国”国名；案件当事人中如果没有外国人、无国籍人、外国企业或组织的，地方人民法院、专门人民法院制作的裁判文书标题中的法院名称无需冠以“中华人民共和国”。

（二）案号

案号由收案年度、法院代字、类型代字、案件编号组成。

案号＝“（”＋收案年度＋“）”＋法院代字＋类型代字＋案件编号＋“号”。

案号的编制、使用应根据《最高人民法院关于人民法院案件案号的若干规定》等执行。

三、正文

（一）当事人的基本情况

1. 当事人的基本情况包括：诉讼地位和基本信息。

2. 当事人是自然人的，应当写明其姓名、性别、出生年月日、民族、职业或者工作单位和职务、住所。姓名、性别等身份事项以居民身份证、户籍证明为准。

当事人职业或者工作单位和职务不明确的，可以不表述。

当事人住所以其户籍所在地为准；离开户籍所在地有经常居住地的，经常居住地为住所。连续两个当事人的住所相同的，应当分别表述，不用“住所同上”的表述。

3. 有法定代理人或指定代理人的，应当在当事人之后另起一行写明其姓名、性别、职业或工作单位和职务、住所，并在姓名后用括号注明其与当事人的关系。代理人为单位的，写明其名称及其参加诉讼人员的基本信息。

4. 当事人是法人的，写明名称和住所，并另起一行写明法定代表人的姓名和职务。当事人是其他组织的，写明名称和住所，并另起一行写明负责人的姓名和职务。

当事人是个体工商户的，写明经营者的姓名、性别、出生年月日、民族、住所；起有字号的，以营业执照上登记的字号为当事人，并写明该字号经营者的基本信息。

当事人是起字号的个人合伙的，在其姓名之后用括号注明“系……（写明字号）合伙人”。

5. 法人、其他组织、个体工商户、个人合伙的名称应写全称，以其注册登记文件记载的内容为准。

6. 法人或者其他组织的住所是指法人或者其他组织的主要办事机构所在地；主要办事机构所在地不明确的，法人或者其他组织的注册地或者登记地为住所。

7. 当事人为外国人的，应当写明其经过翻译的中文姓名或者名称和住所，并用括号注明其外文姓名或者名称和住所。

外国自然人应当注明其国籍。国籍应当用全称。无国籍人，应当注明无国籍。

港澳台地区的居民在姓名后写明“香港特别行政区居民”“澳门特别行政区居民”或“台湾地区居民”。

外国自然人的姓名、性别等基本信息以其护照等身份证明文件记载的内容为准；外国法人或者其他组织的名称、住所等基本信息以其注册登记文件记载的内容为准。

8. 港澳地区当事人的住所，应当冠以“香港特别行政区”“澳门特别行政区”。

台湾地区当事人的住所，应当冠以“台湾地区”。

9. 当事人有曾用名，且该曾用名与本案有关联的，裁判文书在当事人现用名之后用括号注明曾用名。

诉讼过程中当事人姓名或名称变更的，裁判文书应当列明变更后的姓名或名称，变更前姓名或名称无需在此处列明。对于姓名或者名称变更的事实，在查明事实部分写明。

10. 诉讼过程中，当事人权利义务继受人参加诉讼的，诉讼地位从其承继的诉讼地位。裁判文书中，继受人为当事人；被继受人在当事人部分不写，在案件由来中写明继受事实。

11. 在代表人诉讼中，被代表或者登记权利的当事人人数众多的，可以采取名单附后的方式表述，“原告×××等×人（名单附后）”。

当事人自行参加诉讼的，要写明其诉讼地位及基本信息。

12. 当事人诉讼地位在前，其后写当事人姓名或者名称，两者之间用冒号。当事人姓名或者名称之后，用逗号。

（二）委托诉讼代理人的基本情况

1. 当事人有委托诉讼代理人的，应当在当事人之后另起一行写明为“委托诉讼代理人”，并写明委托诉讼代理人的姓名和其他基本情况。有两个委托诉讼代理人的，分行分别写明。

2. 当事人委托近亲属或者本单位工作人员担任委托诉讼代理人的，应当列在第一位，委托外单位的人员或者律师等担任委托诉讼代理人的列在第二位。

3. 当事人委托本单位人员作为委托诉讼代理人的，写明姓名、性别及其工作人员身份。其身份信息可表述为“该单位（如公司、机构、委员会、厂等）工作人员”。

4. 律师、基层法律服务工作者担任委托诉讼代理人的，写明律师、基层法院法律服务工作者的姓名，所在律师事务所的名称、法律服务所的名称及执业身份。其身份信息表述为“××律师事务所律师”“××法律服务所法律工作者”。属于提供法律援助的，应当写明法律援助情况。

5. 委托诉讼代理人是当事人近亲属的，应当在姓名后用括号注明其与当事人的关系，写明住所。代理人是当事人所在社区、单位以及有关社会团体推荐的公民的，写明姓名、性别、住所，并在住所之后注明具体由何社区、单位、社会团体推荐。

6. 委托诉讼代理人变更的，裁判文书首部只列写变更后的委托诉讼代理人。对于变更的事实可根据需要写明。

7. 委托诉讼代理人后用冒号，再写委托诉讼代理人姓名。委托诉讼代理人姓名后用逗号。

（三）当事人的诉讼地位

1. 一审民事案件当事人的诉讼地位表述为“原告”“被告”和“第三人”。先写原告，后写被告，再写第三人。有多个原告、被告、第三人的，按照起诉状列明的顺序写。起诉状中未列明的当事人，按照参加诉讼的时间顺序写。

提出反诉的，需在本诉称谓后用括号注明反诉原告、反诉被告。反诉情况在案件由来和事实部分写明。

2. 二审民事案件当事人的诉讼地位表述为“上诉人”“被上诉人”“第三人”“原审原告”“原审被告”“原审第三人”。先写上诉人，再写被上诉人，后写其他当事人。其他当事人按照原审诉讼地位和顺序写明。被上诉人也提出上诉的，列为“上诉人”。

上诉人和被上诉人之后，用括号注明原审诉讼地位。

3. 再审民事案件当事人的诉讼地位表述为“再审申请人”“被申请人”。其他当事人按照原审诉讼地位表述，例如，一审终审的，列为“原审原告”“原审被告”“原审第三人”；二审终审的，列为“二审上诉人”“二审被上诉人”等。

再审申请人、被申请人和其他当事人诉讼地位之后，用括号注明一审、二审诉讼地位。

抗诉再审案件（再审检察建议案件），应当写明抗诉机关（再审检察建议机关）及申诉人与被申诉人的诉讼地位。案件由来部分写明检察机关出庭人员的基本情况。对于检察机关因国家利益、社会公共利益受损而依职权启动程序的案件，应列明当事人的原审诉讼地位。

4. 第三人撤销之诉案件，当事人的诉讼地位表述为“原告”“被告”“第三人”。“被告”之后用括号注明原审诉讼地位。

5. 执行异议之诉案件，当事人的诉讼地位表述为“原告”“被告”“第三人”，并用括号注明当事人在执行异议程序中的诉讼地位。

6. 特别程序案件，当事人的诉讼地位表述为“申请人”。有被申请人的，应当写明被申请人。

选民资格案件，当事人的诉讼地位表述为“起诉人”。

7. 督促程序案件，当事人的诉讼地位表述为“申请人”“被申请人”。

公示催告程序案件，当事人的诉讼地位表述为“申请人”；有权利申报人的，表述为“申报人”。申请撤销除权判决的案件，当事人表述为“原告”“被告”。

8. 保全案件，当事人的诉讼地位表述为“申请人”“被申请人”。

9. 复议案件，当事人的诉讼地位表述为“复议申请人”“被申请人”。

10. 执行案件，执行实施案件，当事人的诉讼地位表述为“申请执行人”“被执行人”。

执行异议案件，提出异议的当事人或者利害关系人的诉讼地位表述为“异议人”，异议人之后用括号注明案件当事人或利害关系人，其他未提出异议的当事人亦应分别列明。

案外人异议案件，当事人的诉讼地位表述为“案外人”“申请执行人”“被执行人”。

（四）案件由来和审理经过

1. 案件由来部分简要写明案件名称与来源。

2. 案件名称是当事人与案由的概括。民事一审案件名称表述为“原告×××与被告×××……（写明案由）一案”。

诉讼参加人名称过长的，可以在案件由来部分第一次出现时用括号注明其简称，表述为“（以下简称×××）”。裁判文书中其他单位或组织名称过长的，也可在首次表述时用括号注明其简称。

诉讼参加人的简称应当规范，需能够准确反映其名称的特点。

3. 案由应当准确反映案件所涉及的民事法律关系的性质，符合最高人民法院有关民事案件案由的规定。

经审理认为立案案由不当的，以经审理确定的案由为准，但应在本院认为部分予以说明。

4. 民事一审案件来源包括：

（1）新收；

（2）有新的事实、证据重新起诉；

（3）上级人民法院发回重审；

（4）上级人民法院指令立案受理；

（5）上级人民法院指定审理；

（6）上级人民法院指定管辖；

（7）其他人民法院移送管辖；

（8）提级管辖。

5. 书写一审案件来源的总体要求是：

（1）新收、重新起诉的，应当写明起诉人；

（2）上级法院指定管辖、本院提级管辖的，除应当写明起诉人外，还应写明报请上级人民法院指定管辖（报请移送上级人民法院）日期或者下级法院报请指定管辖（下级法院报请移送）日期，以及上级法院或者本院作出管辖裁定日期；

（3）上级法院发回重审、上级法院指令受理、上级法院指定审理、移送管辖的，应当写明原审法院作出裁判的案号及日期，上诉人，上级法院作出裁判的案号及日期、裁判结果，说明引起本案的起因。

6. 一审案件来源为上级人民法院发回重审的，发回重审的案件应当写明“原告×××与被告×××……（写明案由）一案，本院于××××年××月××日作出……（写明案号）民事判决。×××不服该判决，向××××法院提起上诉。××××法院于××××年××月××日作出……（写明案号）裁定，发回重审。本院依法另行组成合议庭……”。

7. 审理经过部分应写明立案日期及庭审情况。

8. 立案日期表述为：“本院于××××年××月××日立案后”。

9. 庭审情况包括适用程序、程序转换、审理方式、参加庭审人员等。

10. 适用程序包括普通程序、简易程序、小额诉讼程序和非讼程序。

非讼程序包括特别程序、督促程序、公示催告程序等。

11. 民事一审案件由简易程序（小额诉讼程序）转为普通程序的，审理经过表述为：“于××××年××月××日公开/因涉及……不公开（写明不公开开庭的理由）开庭审理了本案，经审理发现有不宜适用简易程序（小额诉讼程序）的情形，裁定转为普通程序，于××××年××月××日再次公开/不公开开庭审理了本案”。

12. 审理方式包括开庭审理和不开庭审理。开庭审理包括公开开庭和不公开开庭。

不公开开庭的情形包括：

（1）因涉及国家秘密不公开开庭；

（2）因涉及个人隐私不公开开庭；

（3）因涉及商业秘密，经当事人申请，决定不公开开庭；

（4）因离婚，经当事人申请，决定不公开开庭；

（5）法律另有规定的。

13. 开庭审理的应写明当事人出庭参加诉讼情况（包括未出庭或者中途退庭情况）；不开庭的，不写。不开庭审理的，应写明不开庭的原因。

14. 当事人未到庭应诉或者中途退庭的，写明经传票传唤，无正当理由拒不到庭或者未经法庭许可中途退庭的情况。

15. 一审庭审情况表述为："本院于××××年××月××日公开/因涉及……（写明不公开开庭的理由）不公开开庭审理了本案，原告×××及其诉讼代理人×××，被告×××及其诉讼代理人×××等到庭参加诉讼。"

16. 对于审理中其他程序性事项，如中止诉讼情况应当写明。对中止诉讼情形，表述为："因……（写明中止诉讼事由），于××××年××月××日裁定中止诉讼，××××年××月××日恢复诉讼。"

（五）事实

1. 裁判文书的事实主要包括：原告起诉的诉讼请求、事实和理由，被告答辩的事实和理由，法院认定的事实和据以定案的证据。

2. 事实首先写明当事人的诉辩意见。按照原告、被告、第三人的顺序依次表述当事人的起诉意见、答辩意见、陈述意见。诉辩意见应当先写明诉讼请求，再写事实和理由。

二审案件先写明当事人的上诉请求等诉辩意见。然后再概述一审当事人的诉讼请求，人民法院认定的事实、裁判理由、裁判结果。

再审案件应当先写明当事人的再审请求等诉辩意见，然后再简要写明原审基本情况。生效判决为一审判决的，原审基本情况应概述一审诉讼请求、法院认定的事实、裁判理由和裁判结果；生效判决为二审判决的，原审基本情况先概述一审诉讼请求、法院认定的事实和裁判结果，再写明二审上诉请求、认定的事实、裁判理由和裁判结果。

3. 诉辩意见不需原文照抄当事人的起诉状或答辩状、代理词内容或起诉、答辩时提供的证据，应当全案考虑当事人在法庭上的诉辩意见和提供的证据综合表述。

4. 当事人在法庭辩论终结前变更诉讼请求或者提出新的请求的，

应当在诉称部分中写明。

5. 被告承认原告主张的全部事实的，写明“×××承认×××主张的事实”。被告承认原告主张的部分事实的，写明“×××承认×××主张的……事实”。

被告承认全部诉讼请求的，写明：“×××承认×××的全部诉讼请求”。被告承认部分诉讼请求的，写明被告承认原告的部分诉讼请求的具体内容。

6. 在诉辩意见之后，另起一段简要写明当事人举证、质证的一般情况，表述为：“本案当事人围绕诉讼请求依法提交了证据，本院组织当事人进行了证据交换和质证。”

7. 当事人举证质证一般情况后直接写明人民法院对证据和事实的认定情况。对当事人所提交的证据原则上不一一列明，可以附录全案证据或者证据目录。

对当事人无争议的证据，写明“对当事人无异议的证据，本院予以确认并在卷佐证”。对有争议的证据，应当写明争议的证据名称及人民法院对争议证据认定的意见和理由；对有争议的事实，应当写明事实认定意见和理由。

8. 对于人民法院调取的证据、鉴定意见，经庭审质证后，按照当事人是否有争议分别写明。对逾期提交的证据、非法证据等不予采纳的，应当说明理由。

9. 争议证据认定和事实认定，可以合并写，也可以分开写。分开写的，在证据的审查认定之后，另起一段概括写明法院认定的基本事实，表述为：“根据当事人陈述和经审查确认的证据，本院认定事实如下：……”。

10. 认定的事实，应当重点围绕当事人争议的事实展开。按照民事举证责任分配和证明标准，根据审查认定的证据有无证明力、证明力大小，对待证事实存在与否进行认定。要说明事实认定的结果、认定的理由以及审查判断证据的过程。

11. 认定事实的书写方式应根据案件的具体情况，层次清楚，重点突出，繁简得当，避免遗漏与当事人争议有关的事实。一般按时间先后顺序叙述，或者对法律关系或请求权认定相关的事实着重叙述，对其他事实则可归纳、概括叙述。

综述事实时，可以划分段落层次，亦可根据情况以“另查明”为引语叙述其他相关事实。

12. 召开庭前会议时或者在庭审时归纳争议焦点的，应当写明争议焦点。争议焦点的摆放位置，可以根据争议的内容处理。争议焦点中有证据和事实内容的，可以在当事人诉辩意见之后在当事人争议的证据和事实中写明。争议焦点主要是法律适用问题的，可以在本院认为部分，先写明争议焦点。

13. 适用外国法的，应当叙述查明外国法的事实。

（六）理由

1. 理由部分的核心内容是针对当事人的诉讼请求，根据认定的案件事实，依照法律规定，明确当事人争议的法律关系，阐述原告请求权是否成立，依法应当如何处理。裁判文书说理要做到论理透彻，逻辑严密，精炼易懂，用语准确。

2. 理由部分以“本院认为”作为开头，其后直接写明具体意见。

3. 理由部分应当明确纠纷的性质、案由。原审确定案由错误，二审或者再审予以改正的，应在此部分首先进行叙述并阐明理由。

4. 说理应当围绕争议焦点展开，逐一进行分析论证，层次明确。对争议的法律适用问题，应当根据案件的性质、争议的法律关系、认定的事实，依照法律、司法解释规定的法律适用规则进行分析，作出认定，阐明支持或不予支持的理由。

5. 争议焦点之外，涉及当事人诉讼请求能否成立或者与本案裁判结果有关的问题，也应在说理部分一并进行分析论证。

6. 理由部分需要援引法律、法规、司法解释时，应当准确、完整地写明规范性法律文件的名称、条款项序号和条文内容，不得只引用法律条款项序号，在裁判文书后附相关条文。引用法律条款中的项的，一律使用汉字不加括号，例如："第一项"。

7. 正在审理的案件在基本案情和法律适用方面与最高人民法院颁布的指导性案例相类似的，应当将指导性案例作为裁判理由引述，并写明指导性案例的编号和裁判要点。

8. 司法指导性文件体现的原则和精神，可在理由部分予以阐述或者援引。

9. 在说理最后，可以另起一段，以"综上所述"引出，对当事人的诉讼请求是否支持进行评述。

（七）裁判依据

1. 引用法律、法规、司法解释时，应当严格适用《最高人民法院关于裁判文书引用法律、法规等规范性法律文件的规定》。

2. 引用多个法律文件的，顺序如下：法律及法律解释、行政法规、地方性法规、自治条例或者单行条例、司法解释；同时引用两部以上法律的，应当先引用基本法律，后引用其他法律；同时引用实体法和程序法的，先引用实体法，后引用程序法。

3. 确需引用的规范性文件之间存在冲突，根据《中华人民共和国立法法》等有关法律规定无法选择适用的，应依法提请有决定权的机关作出裁决，不得自行在裁判文书中认定相关规范性法律文件的效力。

4. 裁判文书不得引用宪法和各级人民法院关于审判工作的指导性文件、会议纪要、各审判业务庭的答复意见以及人民法院与有关部门联合下发的文件作为裁判依据，但其体现的原则和精神可以在说理部分予以阐述。

5. 引用最高人民法院的司法解释时，应当按照公告公布的格式书写。

6. 指导性案例不作为裁判依据引用。

（八）裁判主文

1. 裁判主文中当事人名称应当使用全称。

2. 裁判主文内容必须明确、具体、便于执行。

3. 多名当事人承担责任的，应当写明各当事人承担责任的形式、范围。

4. 有多项给付内容的，应当先写明各项目的名称、金额，再写明累计金额。如："交通费……元、误工费……元、……，合计……元"。

5. 当事人互负给付义务且内容相同的，应当另起一段写明抵付情况。

6. 对于金钱给付的利息，应当明确利息计算的起止点、计息本金及利率。

7. 一审判决未明确履行期限的，二审判决应当予以纠正。

判决承担利息，当事人提出具体请求数额的，二审法院可以根据当事人请求的数额作出相应判决；当事人没有提出具体请求数额的，可以表述为"按×××利率，自××××年××月××日起计算至××××年××月××日止"。

（九）尾部

1. 尾部应当写明诉讼费用的负担和告知事项。

2. 诉讼费用包括案件受理费和其他诉讼费用。收取诉讼费用的，写明诉讼费用的负担情况。如："案件受理费……元，由……负担；申请费……元，由……负担"。

3. 诉讼费用不属于诉讼争议的事项，不列入裁判主文，在判决主文后另起一段写明。

4. 一审判决中具有金钱给付义务的，应当在所有判项之后另起一行写明："如果未按本判决指定的期间履行给付金钱义务，应当依照

《中华人民共和国民事诉讼法》第二百五十三条的规定，加倍支付迟延履行期间的债务利息。”二审判决具有金钱给付义务的，属于二审改判的，无论一审判决是否写入了上述告知内容，均应在所有判项之后另起一行写明上述告知内容。二审维持原判的判决，如果一审判决已经写明上述告知内容，可不再重复告知。

5. 对依法可以上诉的一审判决，在尾部表述为：“如不服本判决，可以在判决书送达之日起十五日内，向本院递交上诉状，并按对方当事人的人数或者代表人的人数提出副本，上诉于××××人民法院。”

6. 对一审不予受理、驳回起诉、管辖权异议的裁定，尾部表述为：“如不服本裁定，可以在裁定书送达之日起十日内，向本院递交上诉状，并按对方当事人的人数或者代表人的人数提出副本，上诉于××××人民法院。”

四、落款

（一）署名

诉讼文书应当由参加审判案件的合议庭组成人员或者独任审判员署名。

合议庭的审判长，不论审判职务，均署名为“审判长”；合议庭成员有审判员的，署名为“审判员”；有助理审判员的，署名为“代理审判员”；有陪审员的，署名为“人民陪审员”。独任审理的，署名为“审判员”或者“代理审判员”。书记员，署名为“书记员”。

（二）日期

裁判文书落款日期为作出裁判的日期，即裁判文书的签发日期。当庭宣判的，应当写宣判的日期。

（三）核对戳

本部分加盖“本件与原本核对无异”字样的印戳。

五、数字用法

（一）裁判主文的序号使用汉字数字，例：“一”“二”；

（二）裁判尾部落款时间使用汉字数字，例：“二〇一六年八月二十九日”；

（三）案号使用阿拉伯数字，例：“（2016）京0101民初1号”；

（四）其他数字用法按照《中华人民共和国国家标准GB/T15835－2011出版物上数字用法》执行。

六、标点符号用法

（一）“被告辩称”“本院认为”等词语之后用逗号。

（二）“×××向本院提出诉讼请求”“本院认定如下”“判决如下”“裁定如下”等词语之后用冒号。

（三）裁判项序号后用顿号。

（四）除本规范有明确要求外，其他标点符号用法按照《中华人民共和国国家标准GB/T15834－2011标点符号用法》执行。

七、引用规范

（一）引用法律、法规、司法解释应书写全称并加书名号。

（二）法律全称太长的，也可以简称，简称不使用书名号。可以在第一次出现全称后使用简称，例：“《中华人民共和国民事诉讼法》（以下简称民事诉讼法）”。

（三）引用法律、法规和司法解释条文有序号的，书写序号应与法律、法规和司法解释正式文本中的写法一致。

（四）引用公文应先用书名号引标题，后用圆括号引发文字号；引用外文应注明中文译文。

八、印刷标准

（一）纸张标准，A4型纸，成品幅面尺寸为：210mm×297mm。

（二）版心尺寸为：156mm×225mm，一般每面排22行，每行排28个字。

（三）采用双面印刷；单页页码居右，双页页码居左；印品要字迹清楚、均匀。

（四）标题位于版心下空两行，居中排布。标题中的法院名称和文书名称一般用二号小标宋体字；标题中的法院名称与文书名称分两行排列。

（五）案号之后空二个汉字空格至行末端。

（六）案号、主文等用三号仿宋体字。

（七）落款与正文同处一面。排版后所剩空白处不能容下印章时，可以适当调整行距、字距，不用“此页无正文”的方法解决。审判长、审判员每个字之间空二个汉字空格。审判长、审判员与姓名之间空三个汉字空格，姓名之后空二个汉字空格至行末端。

（八）院印加盖在日期居中位置。院印上不压审判员，下不压书记员，下弧骑年压月在成文时间上。印章国徽底边缘及上下弧以不覆盖文字为限。公章不应歪斜、模糊。

（九）凡裁判文书中出现误写、误算，诉讼费用漏写、误算和其他笔误的，未送达的应重新制作，已送达的应以裁定补正，避免使用校对章。

（十）确需加装封面的应印制封面。封面可参照以下规格制作：

1. 国徽图案高55mm，宽50mm。

2. 上页边距为65mm，国徽下沿与标题文字上沿之间距离为75mm。

3. 标题文字为“××××人民法院××判决书（或裁定书等）”，位于国徽图案下方，字体为小标宋体字；标题分两行或三行排列，法院名称字体大小为30磅，裁判文书名称字体大小为36磅。

4. 封面应庄重、美观，页边距、字体大小及行距可适当进行调整。

九、其他

（一）本规范可以适用于人民法院制作的其他诉讼文书，根据具体文书性质和内容作相应调整。

（二）本规范关于裁判文书的要素和文书格式、标点符号、数字使用、印刷规范等技术化标准，各级人民法院应当认真执行。对于裁判文书正文内容、事实认定和说理部分，可以根据案件的情况合理确定。

（三）逐步推行裁判文书增加二维条形码，增加裁判文书的可识别性。

十二、裁判文书引用规范性法律文件进行释法说理，应当适用《最高人民法院关于裁判文书引用法律、法规等规范性法律文件的规定》等相关规定，准确、完整地写明规范性法律文件的名称、条款项序号；需要加注引号引用条文内容的，应当表述准确和完整。

【条文说明】

本条是关于裁判文书引用规范性法律文件要求的规定。

人民法院的裁判文书必须有正当的裁判依据，才能保证裁判结果的正当性和权威性。《最高人民法院关于裁判文书引用法律、法规等规范性法律文件的规定》是当前关于裁判文书引用法律、法规等规范性法律文件的专门性司法解释。

一、关于引用顺序

裁判文书中引用规范性法律文件，应当按照文书各部分的具体情况而分别引用适当的规范性法律文件，但如果在裁判文书的同一部分并列引用多个规范性法律文件时，则产生引用顺序问题。并列引用多个规范性法律文件的，引用顺序如下：法律及法律解释、行政法规、地方性法规、自治条例或者单行条例、司法解释。同时引用两部以上法律的，应当先引用基本法律，后引用其他法律。引用同时包括实体法和程序法的，先引用实体法，后引用程序法。

二、关于引用范围

刑事、民事、行政三大诉讼裁判文书引用规范性法律文件的范围有所区别。

（一）刑事裁判文书的引用范围

刑法罪刑法定原则决定了确定犯罪并科以刑罚的依据原则上只能是法律，不能引用法律之外的规范性文件。刑事法律主要指刑法、刑事诉讼法等，刑法修正案是全国人大常委会通过的对刑法内容的修改，本身仍然属于刑法的组成部分，在引用时等同于刑法。根据《中华人民共和国立法法》的规定，法律解释与刑法具有同等的法律效力，可以在刑事裁判文书中直接引用。最高人民法院制定的刑事司法解释，从本质上看是对法律条文的理解，属于刑法应有之义，可以在刑事裁判文书中直接引用。刑事附带民事诉讼裁判文书引用规范性法律文件，适用民事裁判文书的引用规定。

（二）民事裁判文书的引用范围

民事裁判文书应当引用法律、法律解释或者司法解释。对于应当适用的行政法规、地方性法规或者自治条例和单行条例，可以直接引用。

（三）行政裁判文书的引用范围

行政裁判文书应当引用法律、法律解释、行政法规或者司法解释。对于应当适用的地方性法规、自治条例和单行条例、国务院或者国务院授权的部门公布的行政法规解释或者行政规章，可以直接引用。

三、关于规范性法律文件冲突的解决

确需引用的规范性文件之间存在冲突，根据《中华人民共和国立法法》等有关法律规定无法选择适用的，应依法提请有决定权的机关作出裁决，不得自行在裁判文书中认定相关规范性法律文件的效力。根据《中华人民共和国立法法》的规定，法律、法规等规范性法律文件之间根据效力等级的不同，有不同的选择适用规则。1. 法律的效力高于行政法规、地方性法规、规章。行政法规的效力高于地方性法规、规章。2. 地方性法规的效力高于本级和下级地方政府规章。省、自治区的人民政府制定的规章的效力高于本行政区域内的设区的市、自治州的人民政府制定的规章。3. 自治条例和单行条例依法对法律、行政法规、地方性法规作变通规定的，在本自治地方适用自治条例和单行条例的规定。经济特区法规根据授权对法律、行政法规、地方性法规作变通规定的，在本经济特区适用经济特区法规的规定。4. 部门规章之间、部门规章与地方政府规章之间具有同等效力，在各自的权限范围内施行。5. 同一机关制定的法律、行政法规、地方性法规、自治条例和单行条例、规章，特别规定与一般规定不一致的，适用特别规定；新的规定与旧的规定不一致的，适用新的规定。6. 法律之间对同一事项的新的一般规定与旧的特别规定不一致，不能确定如何适用时，由全国人民代表大会常务委员会裁决。行政法规之间对同一事项的新的一般规定与旧的特别规定不一致，不能确定如何适用时，由国务院裁决。7. 地方性法规、规章之间不一致时，由有关机关依照下列规定的权限作出裁决：（1）同一机关制定的新的一般规定与旧的特别规定不一致时，由制定机关裁决；（2）地方性法规与部门规章之间对同一事项的规定不一致，不能确定如何适用时，由国务院提出意见，国务院认为应当适用地方性法规的，应当决定在该地方适用地方性法规的规定；认为应当适用部门规章的，应当提请全国人民代表大会常务委员会裁决；（3）部门规章之间、部门规章与地方政府规章之间对同一事项的规定不一致时，由国务院裁决。根据授权制定的法规与法律规定不一致，不能确定如何适用时，由全国人民代表大会常务委员会裁决。

四、关于具体条文的引用规则

针对司法实践中，裁判文书存在的法律文件引用不完整、不规范、不准确等问题，该条着重强调了裁判文书引用规范性法律文件进行说理，应当准确、完整地写明规范性法律文件的名称、条款项序号，需要加注引号引用条文内容的，应当表述准确和完整，以当事人看得见、听得懂、能理解的方式实现司法公正。

【经验推介】

北京市第二中级人民法院（2016）京02民终9178号民事判决书

本院认为：本案的争议焦点有二：一是地铁三分公司对于苏某濛的人身损害应否承担赔偿责任；二是如果地铁三分公司构成赔偿责任主体，其承担的赔偿责任比例如何确认。

关于第一个争议焦点。依据查明的事实，苏某濛系在乘坐高速运行的北京地铁2号线列车时因列车紧急制动摔倒受伤。欲判断地铁三分公司应否对此承担赔偿责任，关键在于确定本案侵权行为的性质，即属于一般侵权行为还是特殊侵权行为，这决定了本案应当适用的侵权归责原则。而判定前述争议的前提是：北京2号线地铁是否属于《中华人民共和国侵权责任法》（以下简称《侵权责任法》）第七十三条规定的"高速轨道运输工具"。

《中华人民共和国民法通则》（以下简称《民法通则》）第一百二十三条规定："从事高空、高压、易燃、易爆、剧毒、放射性、高速运输工具等对周围环境有高度危险的作业造成他人损害的，应当承担民事责任；如果能够证明损害是由受害人故意造成的，不承担民事责任。”据此确立了高度危险责任应适用无过错责任的法律制度。《侵权责任法》第九章同样规定了高度危险责任的数种情形，构成我国侵权法中典型的无过错责任类型。其中第七十三条规定：“从事高空、高压、地下挖掘活动或者使用高速轨道运输工具造成他人损害的，经营者应当承担侵权责任，但能够证明损害是因受害人故意或者不可抗力造成的，不承担责任。被侵权人对损害的发生有过失的，可以减轻经营者的责任。”从前述两个法律条文来看，高速运输工具侵权均被归类于高度危险责任侵权之中。但我国当前的法律法规和相关司法解释并未对《民法通则》和《侵权责任法》相关法律条文中运输工具之“高速”标准作出相应规定。

高度危险责任中的“高度危险”是指按照现有的技术发展水平，人们不能完全控制和有效防止的致损风险。高速轨道运输工具其实质为“高度危险运输工具”；对于地铁是否构成高速轨道运输工具，不应以单纯的物理速度为标准予以判断，而应看其是否达到“对周围环境具有高度危险”的标准，从法律角度进行价值判断。从物理速度看，《中华人民共和国道路交通安全法》第六十七条规定了高速公路的最低时速为70公里。而按照国际惯例，通常以火车速度为标准，时速200公里至400公里称之为高速。北京地铁2号线的最高时速为80公里，虽然远低于高速铁路，但已经超过高速公路规定的最低时速。从产生危险的特点看，地铁列车重量大、体积大、产生的动能大，如和车外人员发生撞击，会造成极其严重的伤亡；地铁只能在固定轨道上运行，如前方轨道上出现人员或其他物体，列车无法避让，即使紧急制动，亦会因高速和本身巨大的质量，导致惯性向前滑行很长距离，对近距离内轨道上出现的人员、车辆或其他物品，将无法避免地产生严重碰撞损害。从危险是否可控的角度看，虽然国家对地铁运行有严格的安全和技术规范要求，很多城市甚至实现了智能运行，但限于科学技术和工业制造能力，现阶段还不能完全了解和控制某些自然力量和物质属性，即使尽到审慎的高度注意和勤勉义务，采取必要的防范措施，造成损害的危险性还是不能完全消除。从地铁发展现状看，地铁在一些城市已经成为城市公共交通的重要工具，如北京地铁的日运量已突破 1100 万人次，在城市人口稠密区运营的地铁增加了其危险性。

综上，由于地铁运营所具有的高度危险，本案案涉的北京 2 号线地铁列车应属于《侵权责任法》第七十三条规定的高速轨道运输工具；对于乘客因列车紧急制动摔伤的后果应适用无过错责任归责原则，由地铁三分公司承担赔偿责任。

关于第二个争议焦点，如何确认地铁三分公司应承担的赔偿责任比例问题。《侵权责任法》第二十六条规定："被侵权人对损害的发生也有过错的，可以减轻侵权人的责任。"该条确立了过失相抵的法律制度。第七十三条"被侵权人对损害的发生有过失的，可以减轻经营者的责任"的规定则明确了过失相抵适用于高速轨道运输工具侵权责任。过失相抵的法律效果是减轻或免除侵权人的责任，因此在适用过失相抵时应当依据一定的标准来减轻或免除。《中华人民共和国海商法》第一百六十九条第一款规定："船舶发生碰撞，碰撞的船舶互有过失的，各船按照过失程度的比例负赔偿责任"；《侵权责任法》第三十五条规定："个人之间形成劳务关系，提供劳务一方因劳务自己受到损害的，根据双方各自的过错承担相应的责任"；《最高人民法院关于审理人身损害赔偿案件适用法律若干问题的解释》（以下简称《人损赔偿解释》）第二条第一款规定："受害人对同一损害的发生或者扩大有故意、过失的，依照民法通则第一百三十一条的规定，可以减轻或者免除赔偿义务人的赔偿责任。但侵权人因故意或者重大过失致人损害，受害人只有一般过失的，不减轻赔偿义务人的赔偿责任。"第三条第二款规定："二人以上没有共同故意或者共同过失，但其分别实施的数个行为间接结合发生同一损害后果的，应当根据过失大小或者原因力比例各自承担相应的赔偿责任。"由此可见，我国现行法律在确定责任比例时，有过错和原因力两个参考标准。在无过错责任中，由于不以侵权人过错作为承担责任的条件，如果存在过失相抵的情形，主要依据侵权人与被侵权人具有过错的行为对损害发生的原因力进行比较更为适宜。而由于过错是行为人的一种可归责的心理状态，过错程度如何是判断原因力强弱的参考，故在适用过失相抵时，过错仍然是需要考虑的前提性因素。

第一，地铁三分公司对于案涉事故的发生是否存在过错。

就侵权法理论而言，无过错责任之设立系立法上以保护被侵权人利益为目的、以严格要求侵权人危险责任为手段而进行的正义分配；侵权人所负之义务，为法律上不得侵害他人权益的一般性义务，对此项义务的违反系法定义务之违反，侵权人理应承担赔偿责任。而被侵权人纵有过失，但其所违反的系属非真正法律义务，即对自己的安全利益疏于注意的义务。故在侵权人因故意或重大过失侵权时，其违反法律义务侵害他人权益的行为与被侵权人疏于注意自身安全的行为，非属同质可以比较的过失，此时自不应对受害人过失予以斟酌，即在无过错责任中若侵权人有故意或者重大过失，应谨慎适用过失相抵。《人损赔偿解释》第二条第一款的规定对此亦有所体现。故考察地铁三分公司在案涉事故中是否存在过错影响到本案对过失相抵的适用范围。

《侵权责任法》第三十七条规定："宾馆、商场、银行、车站、娱乐场所等公共场所的管理人或者群众性活动的组织者，未尽到安全保障义务，造成他人损害的，应当承担侵权责任。"如前所述，地铁在运营过程中存在巨大的不可控的潜在危险，故地铁运营方应对乘客尽到法定的安全保障义务，以尽可能地减少损害的发生。就本案而言，

1. 地铁2号线列车在运行中采用自动循环播放公益广播的方式提醒乘客“扶稳站好”，地铁三分公司已经尽到了安全告知义务。2. 地铁三分公司称地铁紧急制动系因信号故障所致，即因地铁运行中通过信号无法对周边环境作出判断而采取了紧急制动措施。苏某濛一方对此并不认可，但其不能说明紧急制动的原因。3. 没有其他证据证明案涉地铁2号线的紧急制动行为构成安全运营事故，亦无证据证明相关紧急制动行为系人为误导操作所致。综上，鉴于北京地铁2号线系采用自动驾驶模式运行，结合列车紧急制动的相关规定，本院对地铁三分公司的说法予以采信，地铁三分公司对于案涉事故的发生并无过错。

第二，苏某濛对于案涉事故的发生是否存在过错。

从《侵权责任法》第七十条到第七十三条确立的无过错责任之特别规定看，在高度危险责任中侵权人免责条件的适用范围存在一定程度的区别：《侵权责任法》第七十条到第七十二条的免责或减轻责任的事由均为被侵权人存在故意或重大过失。而第七十三条规定的则是被侵权人对损害的发生具有过失。就《侵权责任法》体系解释角度而言，此处的“过失”显然属于一般过失，以区别于第七十二条规定的“重大过失”。过失是指行为人对自己行为的结果应当预见或者能够预见而没有预见；或者虽然预见了却轻信这种结果可以避免的心理状态。《侵权责任法》和《人损赔偿解释》在一定程度上对过失进行了区分，直接使用的表述有“重大过失”和“一般过失”，所谓重大过失，系指违反普通人的注意义务，即行为人仅用社会上一般人的注意即可预见或避免而竟怠于注意或未能避免，为重大过失；违反法定注意义务的属重大过失。所谓一般过失系指违反善良管理人（理性人）在一般情况下的注意义务。如此，《侵权责任法》第七十三条确认的是最低限度的无过错责任原则，只要被侵权人有过失，就能减轻侵权人的责任。

依据查明的事实，苏某濛进入地铁列车后双手一直在拿着手机看，没有扶扶手。众所周知，乘坐地铁时站稳扶好以保证安全系基本的安全常识；而北京地铁2号线列车在运行中为提升驾驶安全，采用自动循环的方式播放公益广播，包括“乘车时请扶稳站好，不要倚靠或手扶车门”之类的话语，此亦为经常乘坐地铁的乘客所熟知。苏某濛作为一名具有完全民事行为能力的成年人，上下班途中的主要通行工具即为地铁，其在乘坐地铁时对于不扶扶手可能导致的摔伤后果应当预见而未予以重视，故其对于摔伤一节存在明显过错。至于此种过错的程度如何，依据前述，站稳扶好系乘坐地铁基本的安全常识，苏某濛对自己的安全连普通人的注意义务亦未尽到，应属重大过失。当然，如前所述，在无过错责任中，侵权人的重大过失与被侵权人的重大过失非属同质可以比较的过失，在依据过失程度判断损害分摊比例时，对被侵权人过失的斟酌应比侵权人负同样程度过失责任的情形为轻。

第三，列车紧急制动行为和苏某濛过错行为原因力的比较。

原因力是指在导致被侵权人同一损害后果的数个原因中，各原因对于该损害后果的发生或扩大所发挥的作用力，反映了行为人的行为与损害的因果关系的紧密程度。原因力的大小取决于各个原因的性质、原因事实与损害的距离以及事实的强度。就本案而言：1. 地铁列车正常行驶时，苏某濛虽没有手扶扶手却未摔倒；而列车紧急制动时，其他手扶扶手的乘客身体亦严重摇晃，显然列车的紧急制动为苏某濛摔伤的初始原因。2. 从列车紧急制动时车厢内众乘客的反应状态可知，其他手扶扶手的乘客均未摔倒，而苏某濛本人亦非猝然倒地而是趔趄式地摔倒；由此虽不能得出苏某濛如手扶扶手则一定不会摔伤的结论，但就一般认知而言，如苏某濛事发时手扶扶手则大概率不会摔伤或即使摔倒其受伤程度亦应较轻。故，如事发时苏某濛手扶扶手，则列车紧急制动行为与苏某濛人身损害之间的因果关系很大程度上将可以因苏某濛手扶扶手行为的介入而中断或至少能降低前述初始原因形成的危险。此外，苏某濛从进入列车车厢至事发时长达三分钟的时间均在看手机而未扶扶手，其注意力完全倾注在手机上，对于可能出现突发情况的警觉性大大降低。由此可以认定苏某濛长时间未扶扶手系其摔伤的主要原因。据此，对于苏某濛摔伤的后果，比较对损害发生的实证意义的大小，苏某濛长时间未扶扶手之行为相比于地铁 2 号线列车紧急制动之危险行为产生的原因力应超出许多。

综上，地铁三分公司的地铁列车在运营中尽到了安全保障义务，对于紧急制动之行为没有过错；苏某濛长时间未扶扶手、对其自身安全未尽到合理注意义务，构成重大过失，此种过失对损害的发生具有促成作用；地铁列车的紧急制动行为和苏某濛未扶扶手的行为相结合导致损害后果的发生，而后者构成损害后果发生的主要原因。结合前文对于双方过错程度的分析及各自行为原因力大小的比较，适用《侵权责任法》第七十三条的规定，在地铁三分公司承担赔偿责任的基础上，应大幅度减轻其应承担的责任，具体比例由地铁三分公司承担 40% 较为妥当；原审判决认定的损害分摊比例不当，本院依法予以调整。经审核，原审法院认定苏某濛发生的各项经济损失的数额并无不当，本院予以确认，故对于苏某濛除精神损害抚慰金和鉴定费之外的其他经济损失均应由地铁三分公司负担 40%。地铁三分公司的上诉请求于法有据，本院予以支持。关于一审、二审案件受理费的分担问题，考虑到本案的实际情况，确认一审案件受理费由苏某濛和地铁三分公司平均负担，二审案件受理费由地铁三分公司负担。

需要说明的是，作为新型交通工具，地铁具有运量大、快捷、准点、高效等优势，正在逐步改变市民的出行习惯和出行方式。而在北京，地铁早已成为市民出行不可或缺的重要交通工具，地铁车厢内人人低头看手机更成为北京地铁内一道“风景线”。但地铁作为一个综合交通输送系统，在乘客输送的各个环节中不可避免地会伴随着乘客人身损害的风险，特别是在形成网络化运营后，这种风险将进一步凸显。对于广大乘客而言，应树立规则意识、摈弃交通陋习，文明交通：遵守进站、出站、乘车秩序，接受运营方工作人员指引，积极配合安检，拒绝各种违法违规行为；重塑风险观念、学会自我保护，安全出行，秉持对自己负责的态度，养成良好出行习惯。对地铁运营方而言，如何快捷、安全、高效地为广大乘客提供优质服务成为急需探索的新课题；建议运营方从抓好管理环节、提高运营技术的角度出发，最大限度地保障乘客的生命和财产利益，更加高效地发挥地铁在城市公共交通中的核心作用，以促进地铁运营事业的健康可持续发展。

【规范链接】

《中华人民共和国立法法》（**2015 年 3 月 15 日**）

第八十八条　法律的效力高于行政法规、地方性法规、规章。

行政法规的效力高于地方性法规、规章。

第八十九条　地方性法规的效力高于本级和下级地方政府规章。

省、自治区的人民政府制定的规章的效力高于本行政区域内的设区的市、自治州的人民政府制定的规章。

第九十条　自治条例和单行条例依法对法律、行政法规、地方性法规作变通规定的，在本自治地方适用自治条例和单行条例的规定。

经济特区法规根据授权对法律、行政法规、地方性法规作变通规定的，在本经济特区适用经济特区法规的规定。

第九十一条　部门规章之间、部门规章与地方政府规章之间具有同等效力，在各自的权限范围内施行。

第九十二条　同一机关制定的法律、行政法规、地方性法规、自治条例和单行条例、规章，特别规定与一般规定不一致的，适用特别规定；新的规定与旧的规定不一致的，适用新的规定。

第九十四条　法律之间对同一事项的新的一般规定与旧的特别规定不一致，不能确定如何适用时，由全国人民代表大会常务委员会裁决。

行政法规之间对同一事项的新的一般规定与旧的特别规定不一致，不能确定如何适用时，由国务院裁决。

第九十五条　地方性法规、规章之间不一致时，由有关机关依照下列规定的权限作出裁决：

（一）同一机关制定的新的一般规定与旧的特别规定不一致时，由制定机关裁决；

（二）地方性法规与部门规章之间对同一事项的规定不一致，不能确定如何适用时，由国务院提出意见，国务院认为应当适用地方性法规的，应当决定在该地方适用地方性法规的规定；认为应当适用部门规章的，应当提请全国人民代表大会常务委员会裁决；

（三）部门规章之间、部门规章与地方政府规章之间对同一事项的规定不一致时，由国务院裁决。

根据授权制定的法规与法律规定不一致，不能确定如何适用时，由全国人民代表大会常务委员会裁决。

《最高人民法院关于裁判文书引用法律、法规等规范性法律文件的规定》（法释〔2009〕14号）

为进一步规范裁判文书引用法律、法规等规范性法律文件的工作，提高裁判质量，确保司法统一，维护法律权威，根据《中华人民共和国立法法》等法律规定，制定本规定。

第一条　人民法院的裁判文书应当依法引用相关法律、法规等规范性法律文件作为裁判依据。引用时应当准确完整写明规范性法律文件的名称、条款序号，需要引用具体条文的，应当整条引用。

第二条　并列引用多个规范性法律文件的，引用顺序如下：法律及法律解释、行政法规、地方性法规、自治条例或者单行条例、司法解释。同时引用两部以上法律的，应当先引用基本法律，后引用其他法律。引用包括实体法和程序法的，先引用实体法，后引用程序法。

第三条　刑事裁判文书应当引用法律、法律解释或者司法解释。刑事附带民事诉讼裁判文书引用规范性法律文件，同时适用本规定第四条规定。

第四条　民事裁判文书应当引用法律、法律解释或者司法解释。对于应当适用的行政法规、地方性法规或者自治条例和单行条例，可以直接引用。

第五条　行政裁判文书应当引用法律、法律解释、行政法规或者司法解释。对于应当适用的地方性法规、自治条例和单行条例、国务院或者国务院授权的部门公布的行政法规解释或者行政规章，可以直接引用。

第六条　对于本规定第三条、第四条、第五条规定之外的规范性文件，根据审理案件的需要，经审查认定为合法有效的，可以作为裁判说理的依据。

第七条　人民法院制作裁判文书确需引用的规范性法律文件之间存在冲突，根据立法法等有关法律规定无法选择适用的，应当依法提请有决定权的机关做出裁决，不得自行在裁判文书中认定相关规范性法律文件的效力。

第八条　本院以前发布的司法解释与本规定不一致的，以本规定为准。

十三、除依据法律法规、司法解释的规定外，法官可以运用下列论据论证裁判理由，以提高裁判结论的正当性和可接受性：最高人民法院发布的指导性案例；最高人民法院发布的非司法解释类审判业务规范性文件；公理、情理、经验法则、交易惯例、民间规约、职业伦理；立法说明等立法材料；采取历史、体系、比较等法律解释方法时使用的材料；法理及通行学术观点；与法律、司法解释等规范性法律文件不相冲突的其他论据。

【条文说明】

本条是关于裁判文书说理依据具体情形的规定。

一、加强裁判文书说理是司法实质公开的必然要求

为落实党的十八届三中、四中全会精神，《五四纲要》专门部署推动裁判文书说理改革，全国各级人民法院高度重视司法公开工作，采取积极有为的各种举措，努力构建开放、动态、透明、便民的阳光司法机制。无论是司法公开的涉及领域，还是司法公开的载体，抑或是司法公开的信息量和数据，均已处在世界先进行列。[①] 司法公开在广度上取得了一定的成效，也提升了司法的公信力。但司法公开的关键环节和实质内容是裁判文书说理的公开，当事人也最关心裁判结果的形成过程，想看到法官的价值判断和推理过程。若不将心证公开，

① 参见刘树德：《裁判文书说理是深化司法公开改革的点睛之笔》，载《人民法院报》2015年3月5日，第4版。

当事人不知道裁判结论是如何得出的，看到的只是僵硬的说理。裁判文书是司法的“最终产品”，其中说理部分是裁判文书的灵魂，裁判文书说理工作做得好不好，直接关系人民群众能否在案件中“感受到”公平正义这一目标的实现。裁判文书反映司法的过程，承载法官的智慧。情、理、法相融的裁判文书，可以全面体现程序公正和实体公正，提高裁判文书的正当性和可接受性，引导当事人接受并遵循规则。目前，不少裁判文书说理不详，对于当事人争议较大的疑难案件，看不出法官得出裁判结论的心证和推导过程。司法的实质公开离人民群众的期望值还有很大的距离，制约了司法公信力的进一步提高。随着司法改革向着纵深发展，如何才能将裁判文书中的“理”说好、说透、说得更公道，是我们必须要面对和着力解决的问题。

二、关于裁判文书说理的论据

裁判文书应当公开法官的心证过程。一份说理透彻、明白、公道的裁判文书，既是对法律进行的一次生动真实的诠释，也是对自身裁判正当性的不言自明的证明。裁判文书令人信服的说理胜过千百次苦口婆心的法制宣传和教育，也容易为当事人所接受并自觉地加以履行。

我国学者刘俊海教授说：“一流法官援引法理裁判，二流法官援引法条裁判，三流法官既不援引法理也不援引法条裁判。”[①] 这句话对法官很有启发意义，一方面说明援引法理裁判可以让说理更有“力”，另一方面也说明可以在援引法理裁判的实践中提升法官的自身素质。强权不需要说理，有理才能有“力”，让裁判更具有可接受性。法理在弥补法律漏洞方面的独特功能应引起法官高度重视。此处的“法理”可作广义解释，不仅包括法条之理，还包括学理、情理、事理、文理乃至天理。实践中，不少法官都能引用法条进行裁判，但对法条背后蕴含的核心价

① 《“裁判文书说理的技巧与规则”研讨会发言摘登》，载《人民司法》2016 年第 25 期。

值观，以及法条背后的立法理念，法条与本案事实之间的关联性并未作阐述，不能让人明白为什么本案要用此法条进行裁判，而不是适用彼法条进行裁判，不能让人信服地从法理的阐释、逻辑的推演得出符合情理的裁判结论，因裁判缺乏论证，故说服力不强，影响了裁判的公信力。为解决实践中不少法官想说理却不知道哪些“理”可以用来“说”的问题，本条规定进行了列举，可以看出，一切符合法治精神，有利于弘扬社会主义核心价值观的“法理”均可以作为说理的论据。

（一）最高人民法院发布的指导性案例

通过发布指导性案例加强对各级法院审判、执行工作的指导，是最高人民法院依照《人民法院组织法》，行使审判监督权的一种表现形式，其指导作用来源于指导性案例正确适用法律所具有的逻辑性、说服力、案例指导制度的科学性和指导性案例发布机关的权威性。根据《关于案例指导工作的规定》，指导案例所确定的裁判要点，对人民法院审理类似案件、作出裁判具有指导作用，即在根据法律、有关司法解释作出裁判的同时，各级人民法院在审判类似案件时应当参照，并可以作为裁判文书的说理依据加以引用。尽管指导性案例不具备强制的约束力，但因发布机关的权威性和指导性案例本身的示范作用，在类似的案件中引用指导性案例进行说理时，由于裁判结果的相同或大体的一致，可以使人们对司法公正和正义产生合理的信赖。同时，指导性案例说理较为充分，法院在参照指导性案例裁决类似案件时，可以减轻法院的说理义务。根据权威的观点，一是在参照指导性案例说理时，要准确把握指导性案例中“裁判要点”所归纳的裁判规则，不得超越裁判要点的指导范围借题发挥；二是要切实把握准“类似案件”；三是要参照指导性案例确定的裁判规则或者价值精神。①

---

① 参见胡云腾：《关于案例指导制度的几个问题》，载《光明日报》2014 年 1 月 29 日，第 16 版。

（二）最高人民法院发布的非司法解释类审判业务规范性文件

《最高人民法院关于司法解释工作的规定》第六条规定了司法解释包括“解释”、“规定”、“批复”和“决定”四种形式。司法解释施行后，人民法院作为裁判依据的，应当在裁判文书中援引。除上述四种情形以外，针对某一类案件、某一类事项如何应用法律问题的指导性意见，系最高人民法院针对实践中的疑难或普遍性问题，经广泛调研、论证后发布，具有较强的现实针对性和公信力，这些规范性文件虽不是司法解释，但引用这些文件进行说理，亦容易为当事人所接受。如为妥善应对和处理因全球金融危机蔓延所引发的矛盾和纠纷，最高人民法院于2009年7月7日发布《关于当前形势下审理民商事合同纠纷案件若干问题的指导意见》，就人民法院在当时情势下审理民商事合同纠纷发布指导意见，属于非司法解释类审判业务规范性文件。

（三）公理、情理、经验法则、交易惯例、民间规约、职业伦理

1. 公理

所谓“公理”，在通用语言中，指公众普遍认同的道理；与科学相连的，指已经为实践反复证实，无须加以证明的命题。从真理、学科定理以及人类智慧发展出来的为公众普遍认同的判断，都应视为公理。

2. 情理

情理是裁判文书不可不说的道理，任何道理都是通人情的，有情理的裁判文书才能打动人、征服人。从理的普遍性看，事理、法理和学理与情理都是相通的。中华民族是情感最发达的民族，中国传统的法律是最讲人情的，最符合情理的法律也是最有权威的。所以，从一定意义上讲，立法和司法都是不能排斥人情的。如何既能合理利用有利于法治建设的人情，又能摒弃妨害法治建设的人情，就需要对人情

进行科学具体的分析。司法情理的选择与运用，需要根据两个标准：一是情理能否被法律所包容，如果法律中对某种程度的人情能够包容，裁判文书就应当把法律所包容的人情阐述出来，以展示法律的可亲可近之情。如果某种人情不为法律所包容，就不能以情废法。在引用人情说理时，还要看这个人情是集体的人情、大众的人情还是极少数人的人情。集体人情、大众人情就是社情和民情。对于社情和民情，在裁判文书说理时应当予以格外的尊重，任何好的判决说理，都不得伤害正当的民情。当民情的舆论取向与判决的结论不一致时，更要注意说理的方式，从而有效引导和化解错误的民情。需要说明的是，裁判文书情理的来源，主要是立法的规定和精神，因为法是人制定的，一部好的法律，立法机关在立法时已经充分考虑了一定的情理。裁判文书的说理性，就是把法中所蕴含的情理开发出来，或者根据形势的发展和时间的推移，把法律中应当具有的新情理解释出来，使法律体现人性、尊重人情。因此，裁判文书说情理，本质上不许法外用情、法外说情。如果我们对此还有疑惑，那就说明我们还没有真正理解法律。①

3. 经验法则、交易惯例、民间规约、职业伦理

经验法则，是指人们从生活经验中归纳获得的关于事物因果关系或属性状态的法则或知识，既包括一般人日常生活所归纳的常识，也包括某些专门性的知识，如科学（法学）、技术、艺术、商贸等方面的知识。《最高人民法院关于民事诉讼证据的若干规定》第九条第一款第（三）项规定，根据法律规定或者已知事实和日常生活经验法则，能推定出的另一事实，该事实当事人无须举证加以证明。经验法则和交易惯例都是从以前的生活或习惯性做法中归纳出来的一种认知，反映了事物发展在一定程度上的规律性和发生的概率。民间规约

① 参见胡云腾：《论裁判文书的说理》，载《法律适用》2009 年第 3 期。

和职业伦理具有地域性或行业性，反映了一定地域或行业内的道德要求和价值观。但有些民间规约中的部分规定可能与法律规定的精神不符，也与社会主义核心价值观的要求不符，不得用来说理，否则会导致不公正的结果。职业伦理要求从业者遵守职业的行为规范和伦理准则。比如，商人应当诚信经营，价格公道，童叟无欺。买卖交易，各取所需，看起来你情我愿，但如果商家的利润过高，对顾客来说是不公平的，违背了销售职业伦理。再如，消防队员在抢险救灾中，保护人民群众生命财产安全，这既是一种岗位职责，也是一种伦理要求。

（四）立法说明等立法材料

立法说明是法律草案说明的一种通用提法，是立法活动中形成的重要法律文件。《立法法》第五十四条规定，提出法律案，应当同时提出法律草案文本及其说明，并提供必要的参阅资料。法律草案的说明应当包括制定该法律的必要性和主要内容。检索立法材料，有助于理解立法目的和立法时的本源含义。在我国审判实践中，法意解释是常用的解释方法，在立法机关有特殊的立法意图，以及法律规范文义模糊或者产生歧义时，检索立法说明等立法材料是确定其含义的重要方法。例如，《中华人民共和国民法总则（草案）》的说明中提到，为匡正社会风气，鼓励见义勇为的行为，草案规定，因自愿实施紧急救助行为造成受助人损害的，救助人不承担民事责任。该草案中的第一百八十七条，就是后来通过的《民法总则》第一百八十四条。通过立法说明，可以更好地理解《民法总则》第一百八十四条的立法目的和含义。

（五）采取历史、体系、比较等解释时使用的材料

法律解释方法是指为了探究法律规范意旨，澄清法律疑义，使法律含义明确化、具体化、正确化而采用的方法。法学本身是以解释论

为中心的。法律颁布后，除了法理解释，还有司法解释。司法解释本身有时也需要解释。通过法律解释来不断地完善法律，在遭遇法律空白时，法官需要通过法律解释填补立法漏洞来裁决案件。在法律含义不明确时，适用历史、体系、比较等解释来确定法律的含义，如比较法解释，就是参考外国的立法例及判例来解释本国法律的解释方法。现在，不同国家间的借鉴和吸收已是不争的事实，特别是在民法领域，立法的国际化趋势非常明显。与之相适应，比较法解释也就有了更大的适用余地。

（六）法理及通行学术观点

法理，即法律通常之原理，如历来办案之成例及法律一般原理、原则。[①] 在大陆法系国家，法条本身就是一种理。法理的基本功能系在补法律及习惯法的不备，是执法者自立于立法者的地位，寻求就该案件所应适用的法则，以实现公平与正义，调和社会生活上相对立的各种利益。[②]

利用学术观点说理时应引用通行学术观点，学界并无争议。法官尽量注意不引用有争议的学术观点在裁判文书中说理，而且论证任何理论，都必须坚信该学术观点对本案判决的唯一正确性。如果判决体现法理对判决的作用，应该体现出对法律透彻的理解，尽可能去引用已形成共识、通识的观点，因为好的判决应该体现理论的影响力，而理论常常会有不同的观点，针对一个疑难问题，常常会有不同的观点，作为法官也会有自己的观点，但作为判决，尽可能地采用已形成共识的学术观点。学界对一个疑难问题肯定有不同的观点，但是如果在讨论中已经比较深入了，已经形成了共识性观点，尽管还有少量的不同意见，但是已经成为教义学上的观点，一种比较稳定的观点，那这些

---

① 参见胡长清：《中国民法总论》，中国人民大学出版社 1997 年版，第 33 页。

② 参见王泽鉴：《民法总则》，三民书局 2008 年版，第 64 ~ 65 页。

观点，我们判决时可以引用的，如果说引用的观点争议比较大，或者有些片面，没有说到位，就会引起比较大的争议，不仅不能起到辅助说理的作用，反而冲淡了裁判文书的说服力。

此处需要提及的是，关于在引用学术观点说理时能否说出具体的学者名字的问题，有两种不同的观点。一种观点认为，点名点姓地引用学者的观点，可以推动理论与实务的衔接。以往学者会抱怨，实务部门不理睬自己的观点，而实务部门也抱怨，学者都是自娱自乐，搞文字游戏，束之高阁，相互之间似乎缺乏一种沟通和融洽。在这种情况之下，如何让一个学者的观点在实务中得到有效的接受，如果说一个学者的观点在裁判文书中得到引用，那么对提高该学者对实践的关注度，以及实务部门对于该学者理论产出产品的关注度，都有相当的好处，刺激学者关注实务中的疑难问题，推动理论与实务的衔接。另一种观点认为，中国是一个成文法国家，如果说对相关的法律条文通过解释已经无法适用本案的情况，也不一定通过直接援引学术观点，可以通过将学术观点转化成法官自己的观点来加以说理。在中国当代，援引一些似是而非、模棱两可的观点，效果可能还不一定好，为什么这么说呢？在你引用时，很难说观点就是你的，类似的观点总是有很多，是否是该学者首先说的，存在着不同的看法。法学不像理工科那样，有个明确的认定标准。我们指名道姓地引用学术观点后，可能会引起其他学者的意见，导致不必要的争议，故目前不适宜在引用学术观点时指明是哪位学者的观点。这一问题尚需要在实践中加以进一步的探索。

（七）与法律、司法解释等规范性法律文件不相冲突的其他论据

此兜底条款中的其他论据的范围很广，在实务中大量存在，如部门规章，会议纪要等，只要不与法律、司法解释等规范性法律文件相冲突，就可以在裁判中用来说理，以提高裁判结论的正当性和可接受性。

【经验推介】

一、南京市玄武区人民法院在涉刑民交叉案件民事判决书中引用学者观点进行辅助论证

南京大学刑法学专家孙国祥教授认为，在刑民交叉案件被害人的确定问题上，过错原则的确立是非常重要的。在善意、过错两方同时存在的情况下，善意一方的利益更值得保护。本案中，程某作为被告的员工，本应尽心为公司创造价值。程某将本属于被告的客户介绍给原告，使本应属于被告的销售利润在原告与程某之间进行分配，原告应当知道其与程某之间的这种合作关系必然会损害被告的利益，原告也应当知道其允许程某转售货物并转交货款可能存在风险，但原告为追求高额回报，贸然从事高风险投资，对自己的资金安全持不谨慎甚至放任态度，主观上存在过错，应认定为被害人。在程某未及时将销售回款汇给原告后，原告转而要求被告承担本应由原告承担的交易风险，不符合诚信原则，本院不予支持。

关于民事诉讼中出现的未涵盖在生效刑事判决中的新证据，致民事判决与生效刑事判决可能存在冲突如何协调的问题，法律或司法解释缺乏相应的规定。对此，南京大学民法学专家叶金强教授认为，刑民交叉案件的处理应当采取分别判断、个案判断，即在该类案件中，案件的事实是同一的，但刑事审判程序与民事审判程序关注的重点不同，需要的案件事实、证据材料不同，裁判的结果也应当根据刑法、民法分别作出判断。东南大学法学院院长刘艳红教授认为，刑民交叉案件没有一个简单的处理模式，无论是“先民后刑”还是“先刑后民”都是教条化、简单化的处理方法，最重要的原则还是取决于具体个案中民事关系和刑事关系的关联性和相互影响程度。本院认为，在刑民交叉案件中，刑事证据的认定标准远高于民事证据。就同一法律

事实，刑事判决在先，民事判决在后，刑事判决中认定的事实应当作为民事裁判的依据。但在刑事判决生效后，出现新的证据，民事案件不应仍依据生效的刑事判决书作出裁判，而应根据优势证据规则作出独立的判断。因民事判决与刑事判决并非基于同一法律事实，故也不存在两判决认定事实冲突的问题。

二、惠州市惠阳区人民法院在一份裁判文书中融入情理进行说理

纵观本案前行为合法、后行为违法的全过程，我们认为，被告人犯意的基础动因在于一念之间的贪欲。……所以，从这个层面来说，必须对被告人处以刑罚，通过惩罚和警示，将被告人以及有类似想法和行为的人的贪欲限制在一个正常合理的范围之内，以防止类似犯罪行为再次发生。另外，我们同时认为，应当对被告人科以较轻的处罚。理由是：第一，从主观来说，被告人的主观恶性是较轻的……第二，从被告人的行为方式来看，其获取钱财的方式是平和的……第三，从被告人的行为后果来看，因为银行 ATM 机总体事故发生率很低，利用 ATM 机的故障进行盗窃，其发生概率更低……第四，对被告人个人生活状况等其他方面的考虑。……基于上述事实和理由，本院认为，对被告人判处刑罚并宣告缓刑的量刑幅度，是适当的，能够达到刑罚报应与教育预防的目的。……就本案而言，判词虽然已经详细阐明理由，但因本案被告在犯罪手段上非常特殊，合法形式与非法目的交织在一起，理论界对案件的定性争议也比较大，那么本判决结果可能难以让所有人肯定或认可。因此，我们也不能确认和保证本判决是唯一正确的，我们唯一能保证的是，合议庭三名法官作出的这一细致和认真的判断是基于我们的良知和独立判断，是基于我们对全案事实的整体把握和分析，是基于我们对法律以及法律精神的理解，是基于我们对实现看得见的司法正义的不懈追求。

三、南京市玄武区人民法院在一份裁判文书中融入情理进行说理

繁体字“親愛”，隐藏着一句多么深挚的劝勉！“亲要见面，爱要用心。”希望双方检索一下自己的“親”，盘点一下自己的“愛”。从双方夫妻关系发展变化的脉络看，分居是双方夫妻感情日渐疏远的重要原因。无论有多么深的矛盾，本院真诚地希望双方都能妥善化解。首先，双方要尽快地住到一起，只有经常见面才能更好地呵护夫妻之情。其次，各自以宽容的心善待对方，理性看待婚姻中的矛盾。一日夫妻百日恩，双方结婚二十多年，共同抚育女儿长大成人，应当是有一定感情的。相爱一辈子，争吵一辈子，忍耐一辈子，这就是夫妻。没有哪一个人的婚姻是十全十美的，家是讲情的地方，不是讲理的地方，希望双方能珍惜夫妻之情。本院未准许双方离婚，是想给双方的婚姻一个冷静期和一次和好的机会。既然被告不同意离婚，就应当作出更多和好的努力。原告也应当有更多的担当，在婚姻关系存续期间，给患有癌症的妻子以力所能及的帮助，履行婚姻法中的扶助义务。

【域外经验】

在英美等普通法系国家，法院出具的判决书内容具体，推理非常严谨，法官往往从某一个具体的案件出发，通过该案件的审判，阐发或归纳出一项有普遍指导意义的解释规则。大陆法系国家为成文法国家，要求法官必须依据成文法进行裁判。法官缺少充分阐述裁判理由的动力。总体上说，大陆法系国家裁判说理具有准确、简明、清晰等优点，但由于说理过于概括，受到较多的批评。“二战”后，伴随着经济全球化，大陆法系国家的判决书在撰写风格上逐渐向英美法系靠拢。张志铭教授指出，“从演绎证明到对话证明，从‘封闭’到比较‘开放’的推理形式，从不容置疑的权威到在不同解决方案之间辩论

选择，已成为一种趋势”。[①] 德国宪法法院在1973年的一项决议中明确规定：所有法官的司法裁判，均必须“建立在理性论证的基础上”。《德国刑事诉讼法》第二百六十七条规定了判决理由事项。《法国民事诉讼法》第四百五十五条规定：“判决书必须说明当事人各自的请求和理由，以及法院判决的理由。如果判决没有理由，则判决无效。”《荷兰宪法》第一百二十一条规定，判决必须详细陈列证据和理由。《日本刑事诉讼法》第四十四条规定，判决中必须附有理由。英国弗兰克林委员会1957年调查报告指出，几乎所有的法律文件签署人都希望相关决定能附有理由，公平竞争的基本要求是当事人在最后能够获知判决是如何产生的。[②] 英国强调其裁决必须包括：（1）直接的或推断性的关于重要事实的决定；（2）对事实所披露的法律问题，说理应适用的法律规则；（3）根据以上两点结合起来的效力作出的判决。美国的《法官写作手册》中写道，“书面文字连接法院和公众。除了很少的例外情况，法院是通过司法判决同当事人、律师、其他法院和整个社会联系和沟通的。不管法院的法令和宪法的地位如何，最终的书面文字是法院权威的源泉和衡量标准。因此，判决正确还是不够的，它还必须是公正的、合理的、容易让人理解的。司法判决的任务是向整个社会解释，说明该判决是根据原则作出的好的判决，并说服整个社会，使公众满意”。[③]

【规范链接】

《最高人民法院关于司法解释工作的规定》（法发〔2007〕12号）

第五条　最高人民法院发布的司法解释，具有法律效力。

第六条　司法解释的形式分为“解释”、“规定”、“批复”和

① 转引自张锡敏：《裁判文书改革的若干法理思考》，载《法律适用》2005年第2期。

② 转引自唐世齐：《刑事判决说理制度研究》，吉林大学2012年博士学位论文。

③ 参见宋冰编：《程序、正义与现代化》，中国政法大学出版社1998年版，第307页。

“决定”四种。

对在审判工作中如何具体应用某一法律或者对某一类案件、某一类问题如何应用法律制定的司法解释，采用“解释”的形式。

根据立法精神对审判工作中需要制定的规范、意见等司法解释，采用“规定”的形式。

对高级人民法院、解放军军事法院就审判工作中具体应用法律问题的请示制定的司法解释，采用“批复”的形式。

修改或者废止司法解释，采用“决定”的形式。

第二十七条　司法解释施行后，人民法院作为裁判依据的，应当在司法文书中援引。

人民法院同时引用法律和司法解释作为裁判依据的，应当先援引法律，后援引司法解释。

《最高人民法院关于全面深化人民法院改革的意见——人民法院第四个五年改革纲要（2014—2018）》（法发〔2015〕3号）

（四）健全审判权力运行机制

建立中国特色社会主义审判权力运行体系，必须严格遵循司法规律，完善以审判权为核心、以审判监督权和审判管理权为保障的审判权力运行机制，落实审判责任制，做到让审理者裁判，由裁判者负责。到2015年底，健全完善权责明晰、权责统一、监督有序、配套齐全的审判权力运行机制。

34. 推动裁判文书说理改革。根据不同审级和案件类型，实现裁判文书的繁简分流。加强对当事人争议较大、法律关系复杂、社会关注度较高的一审案件，以及所有的二审案件、再审案件、审判委员会讨论决定案件裁判文书的说理性。对事实清楚、权利义务关系明确、当事人争议不大的一审民商事案件和事实清楚、证据确实充分、被告人认罪的一审轻微刑事案件，使用简化的裁判文书，通过填充要素、简化格式，提高裁判效率。重视律师辩护代理意见，对于律师依法提出的辩护代理意见未予采纳的，应当在裁判文书中说明理由。完善裁判文书说理的刚性约束机制和激励机制，建立裁判文书说理的评价体系，将裁判文书的说理水平作为法官业绩评价和晋级、选升的重要因素。

十四、为便于释法说理，裁判文书可以选择采用下列适当的表达方式：案情复杂的，采用列明裁判要点的方式；案件事实或数额计算复杂的，采用附表的方式；裁判内容用附图的方式更容易表达清楚的，采用附图的方式；证据过多的，采用附录的方式呈现构成证据链的全案证据或证据目录；采用其他附件方式。

【条文说明】

本条是关于裁判文书附件的规定。本条采取列举加概括的方式明确裁判文书说理的多元化表达形式，旨在阐明裁判文书可以采取形式多样、直观易懂的说理表达方式，以增强裁判文书说服力和说理效果，提高广大受众对于裁判文书尤其是裁判结果的可接受性和认同度，能够让广大人民群众都能看得明、读得懂，充分感受到公平正义。

毫无疑问，裁判文书说理需要考虑受众对裁判文书文本的阅读偏好，也需要做到裁判论理重点突出、繁简得当，条理清晰、层次鲜明，直白易懂。最高人民法院《五四纲要》积极倡导裁判文书说理语言在严谨基础上可以适当体现一定的创新性、时代性，适当体现裁判文书说理语言的个性化。

本条采取列举四种裁判文书说理表达方式再加上“采用其他附件方式”进行兜底的方式，明确了裁判文书可以针对不同案情、不同案件事实、不同案件证据繁简特点，采取形式更为灵活多样的说理方式，实现裁判文书说理能够让受众更加易于明白和理解的说理目的。该条规定同时旨在说明，一份受众接受或认可的判决文书，说理方式是裁判论理之“技”，充分完整的论证结果是裁判论理之“器”。无论采取何种论证方式，只要能清晰展示认定事实和法律适用之间的关系，充分展现裁判结果的，就是好的论理方式。本条还要求裁判文书说理过程中应注意到普通的受众群体不是法律专业人员，其对裁判文书的认知和理解多限于汉语语言文字本身表达的含义，裁判文书说理要尽可能做到重点突出，简洁明了，繁简得当，直白易懂。

一、案情复杂的案件，可以采取列明裁判要点的说理方式

“裁判要点”一词最早出现在《〈最高人民法院关于案例指导工作的规定〉实施细则》当中。该实施细则第三条规定：“指导性案例由标题、关键词、裁判要点、相关法条、基本案情、裁判结果、裁判理由以及包括生效裁判审判人员姓名的附注等组成……”；第九条规定：“各级人民法院正在审理的案件，在基本案情和法律适用方面，与最高人民法院发布的指导性案例相类似的，应当参照相关指导性案例的裁判要点作出裁判”；第十一条第一款规定：“在办理案件过程中，案件承办人员应当查询相关指导性案例。在裁判文书中引述相关指导性案例的，应在裁判理由部分引述指导性案例的编号和裁判要点。”对于当事人争议较大、法律关系复杂、案情复杂的案件，采取列明裁判要点的说理方式，能够有效厘清说理条理、理顺说理逻辑、明细说理重点，使裁判文书说理始终紧紧围绕案件争议焦点问题，明确表达裁判要点所涉及的法律、司法解释内容和知识，增强裁判文书说理的条理性、针对性、逻辑性。具体操作上，常采取一个裁判要点归纳为一个自然段。有两个以上裁判要点的，按照裁判要点的重要性或者逻辑关系用数字顺序号分段标示。

二、采取附表、附图、附录或者其他附件方式，以实现裁判文书说理繁简得当、条理清楚，重点突出，直白易懂

对于案件事实、裁判内容以及证据繁多的案件，可以灵活采取附表、附图、附录或者其他附件等形式多元的说理表达方式，以实现裁判文书说理主旨明确、条理清楚，繁简得当、重点突出，直白易懂，做到裁判文书说理详细充分、明确透彻，人民群众乐于接受。

本条规定的"其他附件方式"，属于兜底项，包括审判实践中的其他做法。例如，将本裁判文书主文所引用的主要法律条文作为附件，全文载明所引用法律条文、司法解释的内容；对本裁判文书主文中所涉及的特定名词、法律术语、技术术语、行业术语以及其他特定文字内容的含义，通过附件的方式，全面准确客观地予以阐述、解释和说明。

近年来，许多地方法院积极探索裁判文书说理方式改革，在裁判文书说理中引入了附表、附图、附录或者其他附件等形式灵活多样，且法官易于掌握、受众乐于接受的说理表达方式，有效提高了说理效果，受到了法官及社会各界欢迎。在涉及知识产权、建设工程施工合同等纠纷案件的裁判文书说理之中，以附表、附图、附录等附件，辅助配合说理的方式，已经逐渐作为该类裁判文书说理的"标配"内容。比如，浙江省高级人民法院2007年制定的《关于加强裁判文书说理工作的若干意见》，就对裁判文书中设置附页、附图以及可以做图表对比强化说理作出规定。该意见第十一条规定："裁判文书一般应设附页，具体记载以下事项：（一）裁判所引用的法律、法规、司法解释条文的具体内容；（二）对不易理解的专业术语的阐释；（三）其他需要特别说明的事项。裁判文书引用的条文较少、其内容简单明了、容易理解掌握的，可以结合当事人的文化水平等具体情况，不设置附

页。”第十八条规定：“民事裁判文书可以采用图表比对等形式加强说理性。”又如，上海市徐汇区人民法院编写的《百种民事判决书撰写指南》中，也将“附录”规定为裁判文书的说理要件之一，并明确规定，“附录”内容可以包括法律条文、共同诉讼当事人名单、图案、财产清单、证据清单等，规定为控制裁判文书篇幅，“附录”内容接排在落款之后，制作判决书仍需另起一页。[①] 同时，也有学者主张，裁判文书论理可采取“在裁判文书后以法律贴士、法条罗列、司法答疑等形式，对于裁判论理所适用的法律条文进行罗列或者简单解释。通过罗列作为判决形成最重要的法条主文并适当阐释，消除由于篇幅、格式等带来的说理不清等弊端”。[②]

【经验推介】

一、最高人民法院审理的再审申请人郴州饭垄堆矿业有限公司诉被申请人中华人民共和国国土资源部国土资源行政复议决定案[③]

本案案情复杂，由最高人民法院江必新副院长担任审判长，行政庭庭长黄永维和另一名法官组成合议庭。在裁判文书论理方法上，合议庭采用了列明裁判要点的说理方式，所总结的五个裁判要点紧扣案件争议焦点问题，充分论述和阐明了案件事实认定理由、法律适用理由以及适用法律根据和案件事实具有法律上逻辑关系的理由，条理清楚，逻辑严密，说理充分，论证透彻，用语精当，非常精彩，堪称典

---

① 参见郭伟清、许祥云主编：《百种民事判决书撰写指南》，人民法院出版社 2016 年版，第 10 页。

② 参见钟瑞栋、江鹏程：《“量体裁衣”：判决文书要素析散与整合》，载贺荣主编：《司法体制改革与民商事法律适用问题研究（上）》，人民法院出版社 2015 年版，第 463 页。

③ 最高人民法院（2018）最高法行再 6 号。

范，值得反复品读。

本案再审判决的裁判文书的说理部分内容如下：

本院认为：本案审查的标的是被诉行政复议决定是否合法。结合被诉复议决定，一审、二审法院判决以及各方当事人在再审期间的诉辩意见，本院对被诉复议决定是否合法，一审、二审法院判决是否正确，从以下五个方面分述之：

一、关于国土资源部受理中信兴光公司行政复议申请是否合法的问题。

国家对矿产资源的开采利用实行许可证制度，并实行采矿权有偿取得的矿产资源产权制度。根据《矿产资源开采登记管理办法》第六条、第十三条之规定，通常情况下，采矿权的设立和取得，是行政机关与相对人多阶段、多步骤、多个行为共同作用的结果：地质矿产行政主管部门确定采矿权类型与矿区范围，发布招标公告并根据择优原则确定中标人，中标人缴纳采矿权出让费用并签订出让合同，中标人取得相关行政机关的相关联行政许可，并取得相应年限的采矿许可证。其中，采矿许可证是地质矿产行政主管部门代表国家向采矿权申请人颁发的、授予采矿权申请人行使开采矿产资源权利的法律凭证，但并非唯一法律文件。采矿权人开采矿产资源权利的取得，虽以有权机关颁发采矿许可证为标志，但采矿权出让合同依法生效后即使未取得采矿许可证，也仅表明受让人暂时无权进行开采作业，除此之外的其他占有性权利仍应依法予以保障。同样，采矿许可证规定的期限届满，仅仅表明采矿权人在未经延续前不得继续开采相应矿产资源，采矿权人其他依法可以独立行使的权利仍然有效。《矿产资源开采登记管理办法》第七条第二款规定："采矿权人逾期不办理延续登记手续的，采矿许可证自行废止。"该条规定的"自行废止"，不能理解为所有矿产资源产权权益一并丧失。而且，本案中信兴光公司在采矿许可证到期之前已经提出延续登记手续，仅仅是因为重叠问题未解决，采矿许可证暂未得到延续，并不具备采矿许可证自行废止的条件，也不影响其基于采矿权出让合同等已经取得的矿产资源权利，更不应以采矿许可证事后未得到延续的事实，来否定其与在先的采矿许可行为的利害关系。因此，虽然中信兴光公司采矿许可证在2012年10月7日期限届满后未得到延续，但基于中信兴光公司已经取得的矿产资源等权益，其与湖南省国土厅2011年的许可行为，仍具有法律上的利害关系，有权以自己的名义申请行政复议。由于饭垄堆公司、中信兴光公司双方客观存在采矿许可证范围垂直投影重叠问题，国土资源部、湖南省国土厅、当地政府及职能部门等多次举行专题协调会推进整合事宜；国土资源部2011年12月26日向中信兴光公司颁发的《采矿许可证》也明确标注："请在本证有效期内解决重叠问题，重叠问题解决后，再申请办理延续登记。否则不再予以延续。"因此，中信兴光公司基于等待当地政府和国土资源部门推动整合等考虑，于2012年11月申请行政复议，即使存在申请超过法定期限的情形，也应当认为属于有"正当理由"。因此，一审、二审法院结合全案情况，对国土资源部依法受理中信兴光公司的行政复议申请予以支持，有法律依据。

二、关于2006年行政许可行为违法是否必然影响2011年行政许可行为合法性的问题。

本院注意到中信兴光公司提交的行政复议申请曾对2006年《采矿许可证》合法性提出质疑，但被诉复议决定并未将该许可行为的合法性直接作为审查标的，一审、二审法院亦仅将国土资源部对颁发2011年《采矿许可证》复议的行为作为本案审理对象。但是，不论是被诉复议决定还是一审、二审法院判决，在对2011年采矿许可的合法性作出否定性评价时，又均将2006年采矿许可的违法性作为主要理由之一。因此，对行政复议决定合法性的审查，仍需全面考虑前后两次行政许可的合法性问题。具体而言，湖南省国土厅2011年行政许可，系对郴州市国土局2006年行政许可的承继和延续，因而对2011年行政许可的合法性审查，也必然会涉及对2006年行政许可甚至采矿权设立行为、拍卖出让行为的合法性评价。但是，不能认为只要2006年行政许可存在合法性问题，就必然影响2011年行政许可的合法性；而且对2006年行政许可合法性的审查与对2011年行政许可合法性的审查，其审查标准应当有所不同。一方面，2006年行政许可已经超过法定申请行政复议和提起行政诉讼的期限，具有不可争力。因而，不能认为只要2006年行政许可存在违法性问题，就必然要对2011年行政许可的合法性作出否定性评价；只有在2006年行政许可存在重大明显违法或者存在显而易见的违法且无法补正的情况下，才可能直接影响到2011年行政许可的合法性。另一方面，不论是行政许可机关、行政复议机关还是人民法院，对首次许可与延续许可行为合法性的判断标准与审查重点均应有所不同。对许可期限届满的行政许可，许可机关在延续时，既会考虑原许可的适法性问题，也必然会考虑法律规范的变化对是否延续的影响，甚至会考虑基于公共利益需要是否能够延续的问题。但显然，行政系统作出首次许可、许可延续以及撤销许可时，裁量幅度应当有所不同。首次许可时，许可机关可以依法裁量不予许可；但是否延续许可的裁量和判断，则应受首次许可的约束，兼顾信赖利益保护问题。即使首次许可存在瑕疵或者违法，许可机关仍应审慎行使不予延续职权。同理，行政复议机关或者人民法院对许可机关裁量权进行审查时，亦应秉持谦抑原则，尊重许可机关对自身裁量权的限缩，除非这种限缩性裁量明显不合理或者违背了立法目的，抑或构成滥用裁量权。本案中，国土资源管理部门2006年可以裁量不设定矿区范围垂直投影重叠的采矿权，也可以不颁发相应的采矿许可证，但其一旦实施了首次许可，那么在其后的延续许可，以至行政复议机关、人民法院对延续许可合法性进行审查时，则既要考虑首次许可的适法性，也要考虑维持许可是否必然损害公共利益，以及是否有必要的措施防范可能的不利影响并保障被许可人的信赖利益等问题。因此，不能简单以首次许可存在适法性问题，即否定许可延续行为的合法性。易言之，在审查许可延续行为的合法性时，只有首次许可具有重大明显违法或者存在显而易见的违法且无法补正情形的，复议机关才可以撤销延续许可。具体到本案，郴州市国土局2006年许可行为，系根据湘地行发〔1998〕6号文件进行。该通知授权市级国土资源部门以自己名义而非以湖南省国土厅的名义审批并颁发采矿许可证，虽违反地发〔1998〕48号文件和国土资发〔2005〕200号文件中有关应当由省级国土资源部门审批发证并不得再行授权的规定，但湖南省国土厅将审批发证权限违法下放至市级国土资源部门的法律责任，不应全部由饭垄堆公司承担。饭垄堆公司持有的2006年《采矿许可证》，系通过采矿权公开挂牌拍卖出让、签订采矿权出让合同、缴纳采矿权价款、办理相关行政许可手续等法定程序依法取得，其合法的矿产资源权益应当受到法律保护。尤为重要的是，郴州市国土局颁发的2006年《采矿许可证》于2011年到期后，延续许可的审批主体已经由郴州市国土局变更为湖南省国土厅，并由湖南省国土厅以自己的名义颁发了2011年《采矿许可证》。因此，2006年许可行为存在的越权情形，已经得到2011年许可行为的治愈，其越权颁证的后果已经消除，并不构成违法性继承问题。中信兴光公司有关2011年《采矿许可证》系从2006年《采矿许可证》发展而来，2006年颁证越权违法，2011年颁证亦属违法的主张，不能成立；被诉复议决定将此作为撤销湖南省国土厅颁发2011年《采矿许可证》的理由，亦不能成立。二审法院认定被诉复议决定将此作为撤销2011年采矿许可的理由不当，符合法律规定，本院予以支持。

三、关于采矿权矿区范围垂直投影能否重叠的问题。

正如一审、二审法院查明，对于能否重叠问题，现行法律、法规、规章并无明确规定；对于何为重叠，也缺少明确的认定方法和处理程序。一般认为，采矿权矿区范围垂直投影重叠，是指两个分别处于上、下位置的采矿权矿区范围，虽然不发生物理交叉，但垂直投影后在平面上形成重叠。由于可供开采的矿产资源分布于地表上下，不同种类矿藏可能在不同深度的垂直空间分层分布，采矿权矿区范围垂直投影重叠也就难以完全避免。国土资源部复议决定撤销2011年《采矿许可证》所援引的最主要的依据为〔2001〕85号文件，但该文也仅规定"一个矿山原则上只能审批一个采矿主体。不能违法重叠和交叉设置探矿权、采矿权"。该文件既未对何为"一个矿山"予以明确，也未对何为"重叠"作出界定，更未明确违法重叠设置矿业权的法律责任。国土资源部在其后的答辩中虽又补充提供〔2011〕14号文件作为不得重叠的依据，但该文件中也仅规定"除同属一个矿业权人的情形外，矿业权在垂直投影范围内原则上不得重叠"。上述文件规定，符合矿业管理实际需要，且不违反上位法规定，国土资源管理部门在设定采矿权、划定矿区范围和颁发采矿许可证时应当执行。但上述规定的目的，并非在于绝对不能设立重叠的采矿权，而是在于强调设定和出让重叠的采矿权时，应当采取适当措施，确保采矿权由同一采矿权人取得，以便于安全生产并统筹开采时序。〔2001〕85号文件与〔2011〕14号文件，均未规定重叠设置的采矿权只能予以撤销，且均强调对因历史原因形成重叠且采矿权人不同一时，应当逐步妥善处理。而如果进一步考察矿产资源的共生和伴生过程，以及不同类型的矿产资源可能分别蕴藏于不同的垂直分层这一地质现象，如果简单强调在同一矿区范围已经存在采矿权的情况下，不考虑矿产资源种类和开采工艺的差别，对垂直投影重叠的其他采矿权一律不予设置，或者要一律撤销已经设立的重叠的采矿权，既不利于推进有限矿产资源的全面节约与循环高效利用，也与国土资源部既有规定不相一致。《国土资源部关于矿产资源勘查登记、开采登记有关规定的通知》（国土资发〔1998〕7号）附件二《矿产资源开采登记有关规定》第一条规定："（三）划定矿区范围……审批机关在划定矿区范围时，应依据以下原则确定……4. 保护已有探矿权、采矿权人利益。申请人申请划定的矿区范围，其地面投影或地表塌陷区与已设立探矿权、采矿权的区块范围、矿区范围重叠或有其他影响的，采矿登记管理机关在审批矿区范围时应以不影响已有的探矿权人或采矿权人权益为原则。采矿权申请人应与已有的探矿权人或采矿权人就可能造成对探矿权或采矿权影响的诸方面签有协议。探矿权人或采矿权人同意开采的，采矿登记管理机关可划定矿区范围；探矿权人或采矿权人认为有影响且出具充分证明的，采矿登记管理机关可以组织技术论证。论证结果确有影响且无法进行技术处理的，不予划定矿区范围。"此规定说明，在同一立体空间依法可以存在两个采矿权（或探矿权），在不影响已有采矿权、已有采矿权人同意开采的情况下，采矿登记管理机关审核后，可以依法划定重叠的矿区范围。此即说明现行立法并未完全禁止设立区分矿业权或者重叠矿业权。总之，基于特定的矿藏以及不同开采工艺水平限制等因素考虑，强调在特定历史时期，垂直投影重叠的采矿权原则上由同一个矿业权人拥有，有其积极意义，应当得到支持。而在现行法律、法规并未禁止设立垂直投影重叠的采矿权的情形下，国土资源管理部门对因历史原因已经设立的部分重叠的采矿权，则应在不影响安全生产和环境保护且更有利于不同种类矿产资源全面节约利用的前提下，综合衡量矿产资源形成状态和地质条件，尊重不同矿业权人的不同开采意向、开采能力与开采工艺以及矿藏的开发规律等因素，区别进行处理。

四、关于重叠采矿许可证的处理与撤销的条件问题。

现行法律、法规、规章以及被诉复议决定所引用的相关规范性文件，对类似于本案因历史原因形成的重叠的采矿权撤销程序、步骤、方法及具体情形均无具体规定。〔2001〕85 号文件对于违法设置的相互重叠或者交叉的采矿许可，要求依法抓紧进行纠正，而纠正的方式包括"该吊销的要依法吊销，该注销的要坚决注销，该协调处理的要妥善处理"。实践中，解决重叠有多种方式，包括将不同采矿权主体推动整合为同一采矿权主体、调整并缩小采矿许可证范围以解决重叠问题、在不同采矿权主体间建立开采协调机制、区分矿产资源开发时序且在确保安全生产的前提下签订承诺协议、撤销一方采矿许可并通过补偿或者赔偿等方式弥补损失，等等。据此，对因采矿权主体不同一且采矿权重叠之情形，处理方式是多重的且可以综合运用，撤销重叠的采矿许可仅为其中一种处理方式。

本案存在部分重叠属实，而能否仅凭部分重叠即撤销采矿权人已经依法取得的采矿许可，则应全面、客观、历史地看待。由于历史和管理水平等原因，涉案郴州市苏仙区红旗岭矿区存在区、乡镇和村多头发包、矿业秩序混乱的现实问题，《国务院关于全面整顿和规范矿产资源开发秩序的通知》（国发〔2005〕28 号）下发后，经对原来的持证矿山和发包矿山实行停产整顿，湖南省国土厅又于 2005 年 11 月 25 日下发《关于郴州市苏仙区遗留问题矿山专项规划的批复》（湘国土资办函〔2005〕138 号）。根据有关专项规划，中信兴光公司采矿权（原红旗岭矿）属于保留矿山招标出让，饭垄堆矿属于招拍挂出让。根据双方的《采矿许可证》记载，位于上方的饭垄堆公司开采铅锌银矿，位于下方的中信兴光公司开采锡钨砷矿。在立体上，两矿没有重叠与交叉，饭垄堆矿开采标高为 790 米至 1200 米，中信兴光矿开采标高为 370 米至 760 米，两矿之间安全隔离层 30 米。双方均取得了湖南省安全生产监督管理局颁发的《安全生产许可证》，且双方也曾就安全生产等问题于 2011 年签订有关承诺书。

同时，各方当事人对重叠的比例及计算方法存有不同意见。即使按国土资源部在作出复议决定后答辩主张的垂直投影部分重叠面积占 57%，饭垄堆公司 2011 年《采矿许可证》仍有 43% 面积不构成重叠。被诉复议决定既未认定重叠的比例和计算方法，也未认定现有重叠是否存在影响安全生产等情形，又未征求安全生产等行政主管部门意见或者专业机构鉴定意见，即简单以构成重叠为由作出撤销决定，未能全面认定事实，属于认定事实不清。

五、关于被诉复议决定说明理由义务问题

国务院《全面推进依法行政实施纲要》规定，行政机关行使自由裁量权的，应当在行政决定中说明理由。行政复议决定是复议机关居中行使准司法权进行的裁决，且行使着上级行政机关专业判断权，人民法院对行政复议决定判断与裁量及理由说明，应当给予充分尊重。与此相对应，行政复议决定和复议卷宗也应当依法说明理由，以此表明复议机关已经全面客观地查清了事实，综合衡量了与案情相关的全部因素，而非轻率或者武断地作出决定。因为只有借助书面决定和卷宗记载的理由说明，人民法院才能知晓决定考虑了哪些相关因素以及是否考虑了不相关因素，才能有效地审查和评价决定的合法性。不说明裁量过程和没有充分说明理由的决定，既不能说服行政相对人，也难以有效控制行政裁量权，还会给嗣后司法审查带来障碍。

对本案而言，颁发采矿许可证属于典型的许可类授益性行政行为，撤销采矿许可必须考虑被许可人的信赖利益保护，衡量撤销许可对国家、他人和权利人造成的利益损失大小问题。确需撤销的，还应当坚持比例原则，衡量全部撤销与部分撤销的关系问题。同时，被复议撤销的 2011 年《采矿许可证》有效期自 2011 年至 2014 年 9 月；国土资源部 2014 年 7 月 14 日作出被诉复议决定时，该《采矿许可证》的有效期已经临近届满。在许可期限即将届满，双方均已经因整合需要停产且不存在安全生产问题的情况下，被诉复议决定也未能说明撤销的紧迫性和必要性，反而使饭垄堆公司在可能的整合中处于明显不利地位，加大整合并购的难度。

坚持依法行政和有错必纠是法治的基本要求，但法治并不要求硬性地、概无例外地撤销已经存续的、存在瑕疵甚至是违法情形的行政行为，而是要求根据不同情况作出不同处理。《行政复议法》第二十八条第一款第（三）项规定，复议机关对违法的行政行为，可以作出撤销、变更或者确认违法等行政复议决定。因此，复议机关应当审慎选择适用复议决定的种类，权衡撤销对法秩序的维护与撤销对权利人合法权益造成损害的程度以及采取补救措施的成本等诸多相关因素；认为撤销存在不符合公共利益等情形时，可以决定不予撤销而选择确认违法等复议结果；确需撤销的，还需指明因撤销许可而给被许可人造成的损失如何给予以及给予何种程度的补偿或者赔偿问题。如此，方能构成一个合法的撤销决定。在对案涉采矿权重叠问题有多种处理方式以及可能存在多种复议结论的情况下，国土资源部选择作出撤销决定，更应充分说明理由。但是，从复议机关所提供的证据与全案卷宗情况来看，被诉复议决定并未体现相应的衡量因素，也未进行充分说理，仅简单以构成重叠即作出撤销决定，难以得到人民法院支持。人民法院认为复议机关所提供的证据材料不能满足司法审查需要，复议机关未完全履行说明理由义务的，可以要求复议机关重新调查处理，并提供可以进行审查的证据、依据以及相应的理由说明。

同时，被诉复议决定援引《行政复议法》第二十八条第一款第（三）项作为法律依据时，未明确具体适用该项五种违法情形的具体类型，更未阐明具体理由，给当事人依法维权和人民法院合法性审查造成障碍，构成适用法律不当。

综上，中信兴光公司在申请行政复议时，虽然其《采矿许可证》开采期限已经届满，但仍然拥有除开采矿产资源以外的其他合法权益，具备行政复议申请人资格；国土资源部受理中信兴光公司的行政复议申请，符合《行政复议法》有关行政复议受理条件规定。湖南省国土厅委托郴州市国土局颁发2006年《采矿许可证》的行为虽然存在瑕疵，但该瑕疵已经因为2011年湖南省国土厅以自己的名义颁证而得到纠正和治愈，被诉复议决定以 2006 年颁证行为违法作为撤销 2011 年颁证行为的理由不能成立。饭垄堆公司 2011 年《采矿许可证》与中信兴光公司相应《采矿许可证》载明的矿区范围存在部分垂直投影重叠情形属实，但被诉复议决定未全面查清案件事实与重叠情形，在对重叠问题有多种处理方式、有多种复议决定结论可供选择的情况下，未履行充分说明理由义务，也未能提供有关撤销的必要性和紧迫性的相应证据，径行撤销 2011 年采矿许可，且援引法律规范不明确、不具体，依法应予纠正。一审、二审法院支持行政复议决定的裁判结果不当，亦应一并予以纠正。

当然，国土资源部在重新作出复议决定时，如经相应专业机构认定饭垄堆公司与中信兴光公司的《采矿许可证》矿区范围和各自的开采工艺存在确属不能重叠的情形，或者饭垄堆公司非重叠部分不能独立设立采矿权，或者重叠部分已经影响到中信兴光公司的安全生产且无法通过采取其他防范措施的方法予以解决，又无法通过整合、并购等方式实现采矿权主体同一的，国土资源部仍可依据所查明事实和相应鉴定意见，在衡量全案各种因素和处理结果且充分说明理由的情况下，正确援引法律规范，依法作出撤销行政许可的复议决定；饭垄堆公司对其合法产权受到的损失则可依法申请国家赔偿。

二、琼瑶诉于正等侵犯著作权案裁判文书利用附件说理①

该案一审判决书就在正文后采取附图（人物关系对比图）和附表（《梅花烙》小说及剧本与《宫锁连城》电视剧及剧本相似情节比对），让人在看完附图和附表之后就基本上能够清楚得出结论。

---

① 北京市第三中级人民法院（2014）三中民初字第 07916 号民事判决书。

附图：人物关系对比图

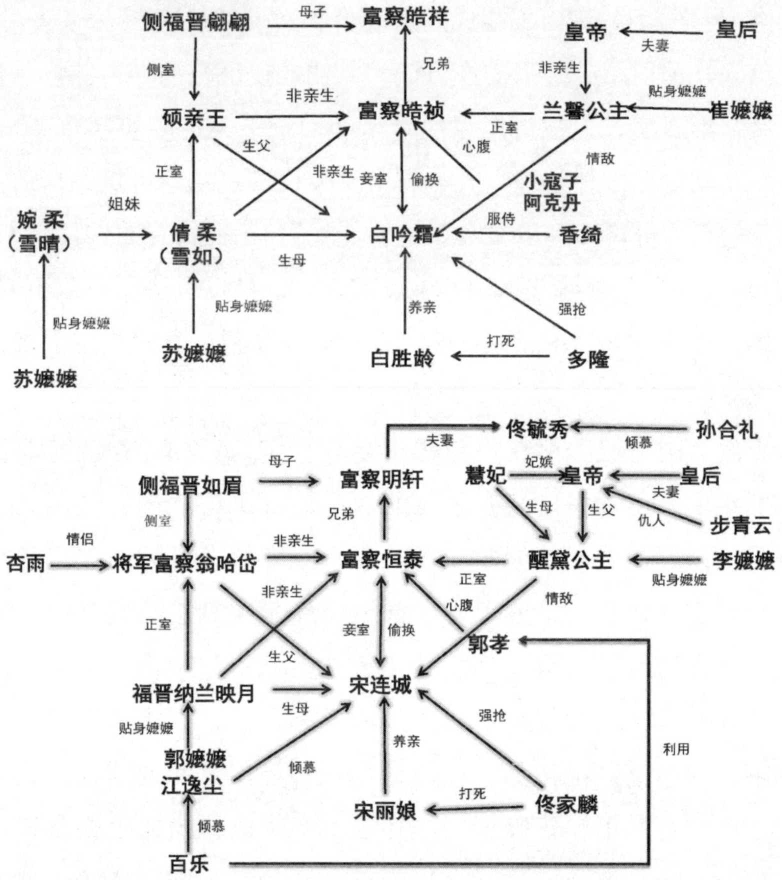

【规范链接】

《最高人民法院关于裁判文书引用法律、法规等规范性法律文件的规定》（法释〔2009〕14号）

第一条　人民法院的裁判文书应当依法引用相关法律、法规等规范性法律文件作为裁判依据。引用时应当准确完整写明规范性法律文件的名称、条款序号，需要引用具体条文的，应当整条引用。

第二条　并列引用多个规范性法律文件的，引用顺序如下：法律及法律解释、行政法规、地方性法规、自治条例或者单行条例、司法解释。同时引用两部以上法律的，应当先引用基本法律，后引用其他法律。引用包括实体法和程序法的，先引用实体法，后引用程序法。

第三条　刑事裁判文书应当引用法律、法律解释或者司法解释。刑事附带民事诉讼裁判文书引用规范性法律文件，同时适用本规定第四条规定。

第四条　民事裁判文书应当引用法律、法律解释或者司法解释。对于应当适用的行政法规、地方性法规或者自治条例和单行条例，可以直接引用。

第五条　行政裁判文书应当引用法律、法律解释、行政法规或者司法解释。对于应当适用的地方性法规、自治条例和单行条例、国务院或者国务院授权的部门公布的行政法规解释或者行政规章，可以直接引用。

第六条　对于本规定第三条、第四条、第五条规定之外的规范性文件，根据审理案件的需要，经审查认定为合法有效的，可以作为裁判说理的依据。

《最高人民法院关于全面深化人民法院改革的意见——人民法院第四个五年改革纲要（2014—2018）》（法发〔2015〕3号）

34. 推动裁判文书说理改革。根据不同审级和案件类型，实现裁判文书的繁简分流。加强对当事人争议较大、法律关系复杂、社会关注度较高的一审案件，以及所有的二审案件、再审案件、审判委员会讨论决定案件裁判文书的说理性。对事实清楚、权利义务关系明确、当事人争议不大的一审民商事案件和事实清楚、证据确实充分、被告人认罪的一审轻微刑事案件，使用简化的裁判文书，通过填充要素、简化格式，提高裁判效率。重视律师辩护代理意见，对于律师依法提出的辩护代理意见未予采纳的，应当在裁判文书中说明理由。完善裁判文书说理的刚性约束机制和激励机制，建立裁判文书说理的评价体系，将裁判文书的说理水平作为法官业绩评价和晋级、选升的重要因素。

《最高人民法院关于案例指导工作的规定》实施细则（法〔2015〕30号）

第三条　指导性案例由标题、关键词、裁判要点、相关法条、基本案情、裁判结果、裁判理由以及包括生效裁判审判人员姓名的附注等组成。指导性案例体例的具体要求另行规定。

第九条　各级人民法院正在审理的案件，在基本案情和法律适用方面，与最高人民法院发布的指导性案例相类似的，应当参照相关指导性案例的裁判要点作出裁判。

第十一条第一款　在办理案件过程中，案件承办人员应当查询相关指导性案例。在裁判文书中引述相关指导性案例的，应在裁判理由部分引述指导性案例的编号和裁判要点。

十五、裁判文书行文应当规范、准确、清楚、朴实、庄重、凝炼，一般不得使用方言、俚语、土语、生僻词语、古旧词语、外语；特殊情形必须使用的，应当注明实际含义。裁判文书释法说理应当避免使用主观臆断的表达方式、不恰当的修辞方法和学术化的写作风格，不得使用贬损人格尊严、具有强烈感情色彩、明显有违常识常理常情的用语，不能未经分析论证而直接使用"没有事实及法律依据，本院不予支持"之类的表述作为结论性论断。

【条文说明】

本条是关于裁判文书语言规范的规定。该"技术规制"条文对裁判文书写作方法和技巧做了一些具体的指引和限定，集中说明了裁判文书写作中的语言表达方式，明确了分析论证的说理过程在裁判文书中的重要地位。

裁判文书说理是一个使用语言表达观点和证成观点的过程。由于语言表达是一个非常主观的过程，而且语词、语句的排列组合和不同搭配，会造成含义的不同变化，因此，语言表达方式不仅非常灵活，而且包罗万象。说理的方法与技巧、语言修辞的运用，不仅关乎能力，而且关乎天赋。正因为具有个体化特征，语言表达和运用极具个人特色，个人风格会造成差异，所以简单精炼的条文很难阐释清楚。正因为如此，本条的内容必定是原则性和概括性的规定。

概括起来，裁判文书说理应当达到如下要求：

一、用语准确

此条首先强调了裁判文书行文用语的要求：规范、准确、清楚、朴实、庄重、凝炼。其中，“规范、准确、清楚”是对文字承载信息准确性的要求，也是裁判文书书写的基本要求。

从写作目的来讲，出具法律意见（制作裁判文书）目的只有一个：那就是说服当事人（及为其服务的法律工作者）。一切对裁判语言的要求都必须围绕这一目的而展开。裁判文书是法官的作品，但又不同于文学作品。原因在于，裁判文书一旦生效，即具有法律效力，变成了执行法律的依据。裁判文书从内容上讲是通过语言说服当事人，但更重要的是，裁判结果是一个履行依据（或强制执行依据），因此，裁判文书的语言表达不能有歧义，必须非常清晰。

在一个统一的国家、统一的市场经济状态下，法院代表国家作出的司法裁决，其适用范围也是中华人民共和国管辖的所有区域以内，裁判文书必须能被所有受过统一正规通用汉语教育的国民所明确理解。方言、俚语、土语、生僻词语、古旧词语、外语等，既可能存在多数人不懂的问题，也可能有在不同方言下造成重大理解差异的问题。因此，此条对如何使用上述表达方式做出了明确要求，即“一般不得使用”；但也存在例外的特殊情况，即如不使用就不能表达真切其意时，可以使用，但应当进行注释并解释明确。

二、逻辑严密

（1）基本要求

本条中“朴实、庄重、凝练”是对文字表述风格的要求。朴实是指质朴实在，淳朴诚实，不奢侈、不华丽；庄重是指文辞严谨，典雅端重，不虚夸；精练是指文章或语言简明扼要，没有多余的词句，防止累赘。

绝大多数裁判文书必须展示事实与法律推理的过程，这个逻辑推理的过程，是要向当事人公开裁判结果的形成过程。这就要求相比普通的文字表达，裁判文书需要有更为严格的逻辑结构要求。裁判文书始终离不开证成的过程，就像层层剥笋一样，逻辑的要求必然带来清晰的结果。此条以否定性表达方式要求裁判文书释法说理要避免使用主观臆断的表达方式，其原因就在于裁判文书本身的逻辑要求。

裁判文书的基本逻辑结构是：将大前提、小前提进行逻辑比对，进而推导出裁判结果。作为事实的小前提必须建立在法官采信的证据之上，也就是说，法官对事实的所有描述，必须是建立在证据之上。事实必须由证据“说话”，而不是法官“自言自语”“自说自话”，法官对事实的描述都有充分的证据作为支撑。裁判的客观性就表现在以证据来构成小前提，以证据来构筑事实，防止主观臆断就是其中应有之义。因此，此条中也做出了“应当避免使用主观臆断的表达方式”的明确要求。

裁判文书说理的基础是案件事实，说理过程必须围绕着基础而展开，既然说理严格受制于案件事实的清晰表达，在严密的逻辑要求下，绚丽的文风很难有立足之地。在事实认定方面，法官必须追求朴实、庄重和凝炼。对此，国外这方面的专家经过实证考察，证明了这一结论：法律读者崇尚阿提卡式的风格（朴素与直接——笔者注），而讨厌巴洛克式的花饰。[①] 退一万步讲，在实践那种华丽的风格之前得先学会隐藏的艺术，尽量做到直接、朴实、清晰、简洁。[②]

（2）不同的风格

前文说到，裁判文书的目的是说服当事人（及为其服务的法律工作者）。围绕这一目的，法官不可能一成不变地采用某种表达方式，相反，为达到说服的目的，对说理做一个恰当的表达，面对不同的受众，针对不同的案件，使用恰当的修辞方式是必要的。修辞是人们在对各种加强言语表达效果的方法和手段的运用。[③] 恰当地使用修辞方式，不仅可以增强裁判文书的说理效果，也可以使裁判文书在一定程度上呈现出不同的风格特点，在保持基本共性的基础上，避免千篇一律。修辞的自由使用，意味着将裁判文书作为法官的作品予以尊重，也就是尊重法官的写作个性，甚至是尊重法官的思考自由。

但应该注意的是，修辞的运用必须谨慎而行。在裁判文书的制作过程中，运用修辞不是为了裁判语言的美丽，而是为了增强说理的强度和厚度，提高裁判的说服力。修辞本身不是目的，修辞的运用必须为说服的目的服务，也就是为说理服务。如果不为说服的目的使用修辞，那实际上是炫耀技巧。脱离主旨的、花哨无用的修辞，反而会让裁判文书的读者反感。因此，此条中以一款禁止性条文，要求避免使用“不恰当的修辞方法”，既指有悖于“规范、准确、清楚、朴实、庄重、凝炼”要求的夸张、反讽、拟人等修辞方法，也包括一切不为说服目的而使用的修辞方法。

---

① 参见［美］布莱恩·A. 加纳：《加纳谈法律文书写作》，刘鹏飞、张玉荣译，知识产权出版社2005年版，第8页。

② 参见［美］布莱恩·A. 加纳：《加纳谈法律文书写作》，刘鹏飞、张玉荣译，知识产权出版社2005年版，第12页。

③ 参见唐文：《法官判案如何说理——裁判文书说理研究与运用》，人民法院出版社2000年版，第330页。

裁判文书作为法律文书，其受众主要是当事人及其代理律师（有时候，目标读者还包括其复审所涉及的上下级法院或行政机关）。一份优秀裁判文书的标志是任何一个理性的法律外行人都能读懂的。[①]因此，此条要求裁判文书说理应当避免“学术化的写作风格”，避免为受众带来理解的障碍。

“不得使用贬损人格尊严、具有强烈感情色彩、明显有违常识常理常情的用语”是此条的一项禁止性规定。此类表述出现在裁判文书中，会严重破坏裁判文书的说服力，损害裁判文书所承载的司法权威，“贬损人格尊严”的表述甚至会违反法律禁止性规定。因此，此类表述必须严格禁止。

法官在书写裁判文书的时候，自始至终都要清楚：语词和语句始终是人类交流的工具，其本身不是目的。文字是为“心”（即思想）服务的。围绕这一焦点，正如英国文学家萨缪尔·泰勒·柯勒律治在《席间杂谈》中写道，“文章的语言应该恰如其分地表达作者的本意。如果语言本身吸引了读者的视线，一般来说这是一种错误。在风格出众的文章（如索西的文章），你一页一页地读过去，完全领会了作者的本意，而不会注意到交际工具本身，就仿佛作者本人一直在对你娓娓道来”。

三、论证充分

此条明确提出，“不能未经分析论证而直接使用‘没有事实及法律依据，本院不予支持’之类的表述作为结论性论断”。多年以来，裁判文书不说理，而以一句“没有事实及法律依据，本院不予支持”作为替代，简单粗暴甚至可以说是司法蛮横。此条针对这一情况，再次明确予以禁止。

---

① 参见美国联邦司法中心编：《法官裁判文书写作指南（第二版）》，何帆译，中国民主法制出版社 2016 年版，第 14 页。

长期以来裁判文书不说理的状况，不仅具有普遍化，而且已经影响到公民对司法的信心。[①] 从法院的内部监督管理来说，不说理的裁判文书使司法监督因为缺乏监督标的而无从下手，更遑论落实司法责任。实有必要明确禁止不说理或一语概之的情况，这一禁止性规定是切中要害的。

应当说，经过多年的宣传和实践，社会上多数人都知道了裁判不说理的坏处，但要提出解决方案则是一件非常困难的事。原因在于，论证充分本身是个复杂的命题，其涉及面太广，如严密的逻辑（推理）、准确的语言表达、恰当的论证方法、贴切的修辞运用，等等。

从域外来看，全世界大致存在两个流派，即普通法系法官的判词和大陆法系法官的判词。二者差距很大，这种差距不仅表现在不同判词的长度上，更表现在对判词的认知理念上。其根源在于判词对法官的影响完全不同，法官对判词的重视程度完全不同，这里不予以展开。[②] 所以，在不同法治传统的国家，对裁判文书论证充分的要求不同，理解也不一样。如果说大陆法系法官是“不厌其简”，则普通法系法官是“不厌其繁”。不过，当今两大法系有互相借鉴的趋势，在裁判文书方面均呈现出这样的发展方向：简之更简、繁之更繁。也就是说，简单明了的案件基本不解释论证，以提高结案效率，而对复杂疑难的案件加强说理，“不厌其繁”。

那么，论证充分包含一些什么要素呢？首先是逻辑，逻辑分析产

---

① 最高人民法院诉讼文书研究小组指出，司法文书质量不高，以刑事裁判文书为甚，有的认定事实不讲证据或者简单列举证据名称，却不讲证据的主要内容，不作证据力的分析；有的讲理由公式化，说理不充分，没有针对性，或者不讲法律，不讲法理，套话连篇，没有说服力。整个法院系统也没有清楚说理的统一要求。不讲理或讲不清道理的情况非常普遍。参见唐文：《法官判案如何说理——裁判文书说理研究与运用》，人民法院出版社 2000 年版，第 132 ~ 136 页。

② 普通法系的判例法传统，会让上诉法院的裁判被下级法院引用形成一种类似于业界（法律界）的荣誉，裁判文书质量会直接影响到法官在法律界的地位，法官必须认真对待。普通法国家实质是形成了一种裁判文书质量的促进机制。在大陆法系国家中，普遍比较简单，过去法国最高法院的判决很少有超过四五页的。通常以文字精练、表达清晰为特征，但有时也僵化，变成一种空洞形式主义的仪式书。

生的说服力量非常大，这是毋庸置疑的。逻辑是裁判文书写作的基础方法，在论证方法中具有不可替代的重要地位。但逻辑推理有时会陷入困境，推导出不公正的结果。因为，“像其他社会科学的分支一样，法律上的结论有效性只能用概率逻辑（the logic of probabilities）而非确定性逻辑（the logic of certainty）来验证”。[①] 当法官的直觉意识到逻辑推理的结果可能失去公正时，这时候就需要其他方法来进行挽救，譬如诉诸常识。“诉诸常识是一种熟悉的修辞技巧，这应当提醒我们‘修辞’具有某种空洞雄辩以外的含义。在亚里士多德的理解中，修辞是一套理性的方法，当逻辑技巧以及其他精密研究方法都无能为力之际，可以用修辞来说服人。开放地带的案件就代表这样的际遇。在这些案件中，律师和法官诉诸的方法都是亚里士多德意义上的修辞”。[②]

裁判文书说理，尤其是疑难案件的说理，经常的情况是，运用一种论证方法往往难以达到充分说服的程度。必须借助多种方法，通过详细的说明来表达法官的内心思考和确信。为此，已故美国最高法院卡多佐大法官总结认为，法官裁判有四种需要遵循的力量和论证方法，具体包括：“逻辑或类比的力量，其提供的是哲学的方法；历史的力量，提供的是历史或进化的方法；习惯的力量，提供的是传统的方法；正义、道德、社会福利的力量，以及当代的风俗习惯，提供的是社会学的方法”。[③] 应当说，如果将这些论证方法根据实际需要，具体地用于裁判说理之中，那么，应当可以达到论证充分的要求。

---

① 参见［美］本杰明·N. 卡多佐：《法律的成长》，李红勃、李璐怡译，北京大学出版社2014年版，第44、45页。

② 参见［美］理查德·波斯纳：《法官如何思考》，苏力译，北京大学出版社2009年版，第109页。

③ 参见［美］本杰明·N. 卡多佐：《法律的成长》，李红勃、李璐怡译，北京大学出版社2014年版，第75页。

四、结语：诚信重于方法

耶鲁大学法学院的门口，刻着一段名言：法律是鲜活的生命，而非僵化的规则。这生动地说明，作为大前提的法律实质并非稳定或者说是静止的，而是动态的，随着时代的发展会发生变化。“法律是一个由规则、原则和行为标准组成的有机整体，当面对新的案件时，需要对它进行梳理、筛选和重塑，并根据特定的目的加以适用。这是一个试错（trial and error）的过程，试错的过程产生判决，也会赋予其自我创造的权利”。[①] 与此同时，作为小前提的事实，由于是事后的证据重构，同样具有不确定性。

所以，裁判文书说理是一项艰辛的工作：首先，法官面对的所有前提材料都具有不确定性，需要法官进行去粗取精，需要法官去反复权衡、推敲，将事实、法律与法官心中正义的直觉结合起来，并用最恰当准确的文字表达出来，这是一项相当烦琐且耗费心神的工作。其次，法官去粗取精的过程，并非自由和随意的。他同时受到各种各样的约束。“即使在我们自认为自由和无羁的时候，我们也被各种各样的约束和限制包围着，有些来自法典，有些来自先例，有些来自模糊的传统或古老的技艺。专业意见的不可捉摸的神秘力量，像大气一样时刻压迫着我们，哪怕我们意识不到其重量。”[②] 最后，法官的判断会受到各种影响，不管这种影响是消极的还是积极的，不管是来自他人还是来自自己的内心。所有这些，都会给裁判说理带来不确定性，造成论证方向的巨大差异。所以，对裁判文书来说，表达是方法，说理是手段，实现正义才是最终目的。

---

① 参见［美］本杰明·N. 卡多佐：《法律的成长》，李红勃、李璐怡译，北京大学出版社2014年版，第64页。

② 参见［美］本杰明·N. 卡多佐：《法律的成长》，李红勃、李璐怡译，北京大学出版社2014年版，第74页。

综上所述，总结起来，在裁判文书说理过程中，诚信远远重于方法。那么，裁判文书写作的最终要求，应该是：用诚实来书写，用真情来表达。当我们诚实、真心地书写的时候，实际上就是面对着受众讲真实的思考和理由。这个时候，作者的旁征博引、语言的修饰、修辞的使用，都会发自肺腑，自然天成。常言道：自己坚信的东西才能让别人信任，要说服别人首先要说服自己。当作者非常诚实、用心地书写的时候，读者是一定能感受到的。强大的说服力能通过文字准确无误地传递给阅读者。在这个时候，其实各种文书写作的要求都已成为不必要。准确、清楚、朴实、庄重等说理要求会非常自然地达成。有句名言是这样说的：心中真有仁慈，笔头定会显现！当你用诚实来书写，用真情来表达的时候，很多东西不用要求，不用刻意去支持或限制，裁判文书自然会达到一种如行云流水般的自然与和谐之美。不仅能说服当事人，还能愉悦所有读者。

【经验推介】

惠州“许霆”案[①]

该判决书曾因其详细深入的说理论证过程，引发过社会广泛关注。因案情与多年前“许霆案”有相似之处，故又被称为“惠州许霆案”。正如当年的“许霆案”一样，本案案情并不复杂，却存在很多讨论空间，业界、学界对其罪名的界定、量刑的轻重都有深入的探讨。本案的判决结果、裁判理由不仅关乎个案的公平正义，也具有一定程度的指导意义。正如上文所说，裁判文书的目的是说服当事人及为其服务的法律工作者，该判决书制作者分外重视判决书中的说理论证过程。全篇用了超过三分之二的篇幅，从“罪与非罪”“此罪与彼罪”

---

① 详见（2014）惠阳法刑二初字第83号刑事判决书。

“刑罚的衡量”三个方面进行分析论证。翔实深入地分析，不仅使最后的判决结果更具有说服力，更能体现司法权威，而且从专业的角度回应了各方关切，最终实现了司法审判效益和社会效益的结合。

从文本分析上来说，本案判决书十分注意用语的准确。案情涉及ATM机（自动柜员机）存取款这一生活中常见的场景，但判决书并未因为其常见就忽略对相关概念的准确定义。而事实证明，正是因为对专业术语、专业概念的准确阐述，才使当事人存取款行为的性质、银行的意思表示、因果关系等与罪行界定密切相关的论证更加充分也更加容易理解。

在语言表述方面，本判决书既保持了“朴实，庄重，凝炼”的司法文书风格，也尽量地在文字上注入温度。作为最终会被全文公开上网的法律文书，作为一定会受到业界、学界、媒体广泛关注的判决结果，作者在阐述判决书的同时也希望能通过此案传播法的价值，能唤起人们真正去关注欲望、良心、道德、法律、正义与自身行为的关系。比如，判决书中对“欲望”的阐述；又如，判决书中“最后的说明”部分对本案判决结果形成的“侧记”。这些表述希望更多的是能引发阅读者的思考，而不仅仅是对一个个案的了结。

坦白地说，“惠州许霆案”被称为“史上最伟大的刑事判决书”，其原因并非来自严密的逻辑（该判决在逻辑上还有很多值得商榷的地方），也并非来自判决的“正确”（罪与非罪仍然有很多不同的专业性意见），更不是语言的绚丽多彩（文字表达比此文好的判词多的是）。该判决真正重要和打动人的是：作者基本做到了诚实地去书写，用真诚的心去打动读者，作者非常诚实地将整个思考、推敲甚至是犹豫不定的过程都告诉公众，也正因为作者的诚挚用心，最终真正感动了读者。

【域外比较】

案例一：玛瑞翁强奸妻子案

“玛瑞翁强奸妻子案：People v. Mario Liberta（纽约州上诉法院，1984）”其中一段判词是这样表述的，“强奸并不是一种简单的、没有得到赞同的性行为，而是一种侮辱人的暴力行为，它侵犯了受害人身体的完整，通常会引起严重的、长期的生理和心理上的伤害，以婚姻豁免为借口支持这种行为是毫无理性的，是对法律的滥用。在强奸法条文中，婚姻从来没有授予丈夫强迫妻子性交的权利，结婚证书也不是丈夫可以不受惩罚地暴力强奸妻子的通行证。已婚女人与未婚女人一样有权利保护自己的身体不受侵害，如果丈夫由于妻子拒绝性交而感到受了委屈，应该求助于家庭法庭，而不应该用‘暴力侵犯’的方式来自我援助。……我们承认保护隐私权和促进夫妻和解确实是合法的国家利益，但这些利益和丈夫暴力强奸妻子之间没有合理联系。婚姻豁免并不能保护隐私权，因为隐私权保护的是基于夫妻双方自愿的行为，而不是暴力的性攻击。就像丈夫不能以隐私权为借口毒打其妻子一样，丈夫也不能以隐私权为借口强奸他的妻子”[①]。

此段表述可作如下解读：

本案涉及的是一个颇有争议的话题——婚内强奸。对婚内强奸的认定是一个伴随着女性地位改变的历史性过程。本案的判决拒绝再使用婚内强奸豁免，最终认定被告人强奸罪名成立。在案发的二十世纪八十年代初，由于历史原因，强奸罪的“丈夫豁免”始终顽强地残存

---

① 参见邓冰、苏益群编译：《大法官的智慧——美国联邦法院经典案例选》，法律出版社2004年版，第68页。

于美国的法律中。[①] 这样的判决结果一定要进行充分的分析论证，才能够推翻先前的判例，才能重塑公众的认识。本段节选的判词，对“强奸”这一名词做了充分解释，具体阐述了这一行为会对受害者造成的伤害，正是这样的解释，说明了尊重个人权利的必要性，进而说明“婚内豁免”是不应存在的。这份判决之后，该州立法机关制定了新的法律，规定强迫与他人发生性关系，犯一级强奸罪或一级鸡奸罪。可见，一份充分论证说理的判决书，不仅关系到个案的处理，也会影响到此后一类案件的处理，甚至推动法律条文的修改。

案例二：门诺教徒违反义务教育法案

门诺教徒违反义务教育法案：Wisconsin v. Jonas Yoder，（美国联邦最高法院，1972）其中一段判词是这样表述的：“门诺教，这个三个世纪以来一直得到认同的宗教团体，这个美国社会非常成功并且自立的组织，已经令人信服地证明了他们的宗教信仰的纯洁性，证明了他们的信仰和生活方式密不可分，证明了信仰和日常生活使门诺社区得以延续的必要性，也证明了州强制义务教育法对他们的危险性。除此之外，他们甚至还证明了非正规的职业教育模式足以代替州的强制高中教育计划……”[②]

此段表述可作如下解读：

本案中涉及两方面利益——宗教自由和公立基础教育相互对立的问题。这两方面的利益对国家与公民来说都至关重要，因此如何调和他们的矛盾或者如何在这两者之间选择更重要的利益，便成了本案的核心问题。联邦最高法院认为，州不能提供足够的证据表明建立和维

---

① 参见张智聪、杨福荣：《婚内强奸在英国、美国的入罪过程》，http：//www. bjjc. gov. cn/bjoweb/minfo/view. jsp？DMKID = 157&XXBH = 23618。

② 参见邓冰、苏益群编译：《大法官的智慧——美国联邦法院经典案例选》，法律出版社2004 年版，第244 页。

护教育体系重要到了可以推翻宗教行动自由权的地步，因此维持州最高法院的判决，即驳回了对被告违反义务教育法案的指控。本案判词原文从五个方面进行了分析论证，本段节选自第五部分。判词使用了“证明了；证明了；证明了；也证明了；甚至还证明了”的排比修辞方式。这一段由五个分句组成的排比句，很容易引起受众的注意，同时分句之间有一定的递进关系。这种表述方式增强了语言的气势，使文字更有说服力。递进的分句形成顺畅的逻辑推理过程，使得论证更加充分深入。

十六、各级人民法院应当定期收集、整理和汇编辖区内法院具有指导意义的优秀裁判文书，充分发挥典型案例释法说理的引导、规范和教育功能。

【条文说明】

本条是关于裁判文书说理指导机制的规定。

党的十八届四中全会提出了全面推进依法治国，建设社会主义法治国家的总目标，同时强调，“实行国家机关‘谁执法谁普法’的普法责任制，建立法官、检察官、行政执法人员、律师等以案释法制度”。2010 年 11 月 26 日，最高人民法院印发了《关于案例指导工作的规定》，随后最高人民法院审判委员会陆续讨论通过并公布了多批次指导性案例，标志着中国特色案例指导制度的确立与运行。我国建立的案例指导制度旨在使相似的案件得到相似的处理，统一司法尺度，进一步建立健全确保人民法院统一、平等、公正适用法律的有效方式。

长期以来，最高人民法院为总结审判经验、加强对审判工作的监督指导，统一法律适用，提高审判质量，提升司法权威，在案例发挥指导制度优势的同时，积极推动各级人民法院收集、整理和汇编对审判、执行工作具有普遍指导意义的典型案件的裁判文书，一是用于各级法院法官之间的学习交流，规范法官自由裁量权；二是通过对典型案例的裁判文书汇编成册，向社会发放学习宣传，发挥司法规范、指导、评价、引领社会价值的功能，对大力弘扬社会主义法治精神和社会主义核心价值观，增强全民法治意识，倡导良好社会新风有着重要作用。

此条提出，“各级人民法院应当定期收集、整理和汇编辖区内法院具有指导意义的优秀裁判文书”。地方各级人民法院应当及时将本辖区内具有典型示范意义的优秀裁判文书汇集成册，这是对中国特色的案例指导制度的丰富、发展和完善，也是指导工作、普法宣传的方式方法的创新。实践中，收集、整理和汇编优秀裁判文书的具体工作中要注意以下几点：

一、注重收集整理优秀裁判文书的及时性和常态化

各级人民法院对于具有指导意义的优秀裁判文书应当定期收集、整理和汇编，这是对裁判文书收集整理的及时性和常态化要求。定期收集整理和汇编裁判文书，有利于准确反映一定时期内案件的阶段性特征。随着我国社会经济的不断发展，一些新类型案件会在特定的阶段出现井喷式增长，案件所呈现的阶段性特征使得对裁判文书的定期收集、整理和汇编成为必要。只有对裁判文书进行及时地收集、整理和汇编，才有利于梳理和归纳出案件中具有规律性的经验，便于人民法院在审判工作中准确把握案件的阶段性特征，引导、提示法官正确适用法律，从而使得对同类型的案件进行判决时有规律可循，最大限度地保证司法的统一。同时，要将收集、整理裁判文书作为人民法院的一项常态性和基础性工作来规划和部署，要定期做、年年抓。要以

此工作为抓手，通过收集、汇编和整理裁判文书工作，总结审判经验，统一裁判标准，实施类案指导，引导一线办案法官在立案、审理、裁判、执行各个环节严格依法办案，确保司法公正，以充分发挥案例指导制度在审判执行工作中的重要作用。

二、注重对辖区内有指导意义的优秀裁判文书的收集整理

由于我国幅员辽阔，各地社会经济发展各不相同，不同地区“同类”案件的差异性也客观存在。而在同一辖区内，社情民意往往较为相似，案件类型也因此带有一定的地域性特征。因此，各级法院要利用好同一辖区的地理优势，注重对本辖区内说理充分并具有指导意义的裁判文书进行收集、整理，通过典型案例的裁判文书来引导规范辖区内同类案件的审理，统一司法尺度。同时，对于人民群众来说，由于其对当地法院的熟悉程度相对较高，对同一辖区内的裁判结果更为容易接受。因此，注重对辖区内典型案例的裁判文书进行收集、整理，发挥其释法说理的引导、教育功能，对提升人民法院的司法权威以及人民群众对司法的认可度具有现实意义。最高人民法院也在统筹研究和规范各个层级、各种类型案例的编写体例、程序和发布主体，明确不同案例的效力和功能，此次颁布《指导意见》，以增强裁判文书说理为切入点，丰富完善了案例指导制度。地方各级人民法院要按照最高人民法院的要求，抓好本辖区的优秀裁判文书的收集、整理工作，提高工作的针对性和实际效果，以方便广大法官和人民群众根据需要了解、掌握和运用司法案例，充分发挥“优秀裁判文书”在教育群众、普法宣传以及推动依法治国进程中的巨大作用。

三、收集整理的优秀裁判文书应当具有典型性

这里的优秀裁判文书主要是指符合《指导意见》说理要求的具有典型代表意义的裁判文书。多年来，全国法院案件数量始终保持高位

运行，尤其是2015年全国各级人民法院实行立案登记制改革以来，案件数量激增，这项改革对于解决人民群众反映的立案难问题成效显著，但同时，各级法院人案矛盾非常突出，审判工作压力不断增加。人民法院每年要审结大批案件，同时产生大量的裁判文书，收集、整理和挑选其中具有典型指导意义的优秀裁判文书，才能起到规范和指导作用，才能对民众的行为起到规范、引导和教育作用。这对于减少纠纷、健康诉讼具有积极的意义。各级法院应着眼于收集、整理规范性、说理性强的具有指导意义的优秀裁判文书。对于该类裁判文书进行收集、整理和汇编的过程，不仅是对司法审判经验的总结过程，同时也能为相关法律的进一步修订和完善提供实践素材。

四、要充分发挥优秀裁判文书的多种功能

首先，要利用典型案例提升审判效率。优秀的裁判文书必然关联的是典型案例，其具有及时性、灵活性、针对性强、易于把握的特点。用已决案例指导待决类似案件的裁判，可以在“抽象到具体”的法律适用中，增加一个“具体到具体”的参照，有助于缩短办案时间，提高司法效率。特别是对于新型、疑难、复杂案件而言，既能提升案件审判效率，也有助于减轻涉诉群众讼累。定期收集、整理、汇编和发布优秀裁判文书，实际上体现为用一个个具体案例来指导、规范众多类似案件的裁判，可以使广大法官审理同类案件的进程大大加快，为群众提供更为高效的司法服务。

其次，要利用汇编优秀文书促进裁判文书质量提升。要积极引导和支持广大法官在审判执行工作中增强精品意识，规范裁判文书格式，强化法律思维，尤其是要根据《指导意见》的要求，注重裁判说理，从裁判文书说理入手把案件办成人民群众接受和认可的经典案例。同时，要不断健全表彰激励机制，激发法院法官参与优秀裁判文书的撰写和创作，发挥其积极性和主动性，推动人民法院审判工作质

量全面提升。

最后，要充分发挥优秀裁判文书引导、教育功能，弘扬社会主义法治精神和社会主义核心价值观。案例是法治宣传教育的“活教材”。优秀裁判文书是全面展示典型案例的有效载体，定期收集、整理、汇编优秀的案例及裁判文书，开辟多种途径进行宣传，尤其是在“互联网+”时代，可以借助现代信息传播手段，公布裁判公正、说理充分的优秀的裁判文书，广泛弘扬法治精神，可以增强全民的法治意识，使公众从中直观领悟法律的原则和精神，促进在全社会形成办事依法、遇事找法、解决问题用法、化解矛盾靠法的良好法治环境和尊重司法、信仰法律、崇尚法治的良好氛围。同时，通过发布案例这种群众看得见、易理解的方式，可以更好地发挥司法的指导、引领作用，使群众更加深刻直接地了解什么行为是法律允许的、什么行为是法律禁止的，进而理解哪些行为是符合社会主义核心价值观的，哪些行为是违背社会主义核心价值观的，从而推动社会主义核心价值观建设，促进形成良好道德风尚和正确价值导向；同时，更有力地促进规范司法行为、深化司法公开，让公平正义以看得见的方式实现。

五、关于收集、整理、汇编优秀裁判文书的几个环节

首先，正确把握收集、整理、汇编优秀裁判文书的指导思想。正确理解《指导意见》的指导思想、基本原则、内容要求以及形式要件，并贯穿于收集、整理汇编裁判文书工作始终，优选、精选出能够代表《指导意见》本质要求、突出“裁判文书说理”的优秀裁判文书进行整理、汇编，为指导开展裁判文书说理提供借鉴，为民众普法提供宝典。

其次，注重收集、整理、汇编优秀裁判文书的方法路径。长期以来，各级人民法院根据审判工作需要，开展裁判文书的评查、评比工作，并将成果汇编成册，供学习交流和对外宣传。最高人民法院定期

发布的指导性案例、定期编辑出版《人民法院案例选》，以及组织评选出的优秀裁判文书等，为收集、整理和汇编优秀裁判文书提供了来源和素材，同时上述工作及资源也为后期收集、整理、汇编优秀裁判文书并形成体系积累了经验、奠定了基础。

最后，加强对收集、整理、汇编优秀裁判文书工作的统筹指导。最高人民法院在收集、整理汇编裁判文书工作体系化建设中，将进一步加强统一规划，统筹协调，以此为契机，建立符合中国特色社会主义司法制度特点的优秀裁判文书汇编制度。同时，借助中国裁判文书网的建设经验和资源优势，实现优势互补、资源共享，拓展引导、规范、教育功能，使优秀裁判文书汇编成为保存和弘扬中国优秀法治文化的重要途径。

【域外比较】

一、美国判例汇编制度

二十世纪开始，英美法系和大陆法系逐渐突破判例法和制定法的泾渭，开始互相借鉴对方的合理因素。大陆法系判例的实际作用大大提高，制定法以其确定性、预见性和逻辑性在大陆法系国家占有统治地位。然而，任何逻辑严密的立法者都不可能概括所有事项，挂一漏万在所难免。判例法制度却在这一方面有其独特的优越性。从先例的确定到“遵循先例”原则，这些都可以被认为是对制定法上述缺陷的弥补。

必须说明的是，美国作为判例法国家具有代表性，奉行先例约束原则，其并不需要将裁判文书与指导性判例加以区分。因此，在讨论裁判文书的收集、整理和汇编时不能回避美国的判例汇编制度。

美国作为判例法国家的代表，先前的判例对以后的判例均具有约束力，上级法院的判例对下级法院具有约束力。因此，法官在判决时经常引用先前的判例来支持自己的观点。由于对判例引用的需要，促使美国发展出了成熟的判例汇编制度。我国虽然与美国分属不同的法律体系，但典型案例及裁判文书对于审判实践同样具有重要的指导作用，这里介绍美国的判例汇编制度，尤其是美国联邦最高法院的判例汇编制度[①]，可以拓展我们的视野。

（一）美国联邦最高法院判例汇编的特点

1. 汇编主体的公私并存性。联邦最高法院是官方汇编机构，其设有专人统一负责汇编并出版联邦最高法院判例；西方出版公司和律师合作出版公司在众多的汇编并出版判例的商业性公司中最为著名。商业性公司在判例汇编方面积极性很高，不仅编辑出版判例，而且针对法律职业者、研究者以及社会公众的需要进一步开发判例。

2. 判例载体的多样性。无论是官方汇编，还是非官方汇编，均有纸介版和电子版。在电子版方面，有的机构不仅仅提供在线网络版，还提供光盘版。

3. 判例编辑体例的合理性及由此决定的检索和研究的便捷性。联邦最高法院出版的判例汇编中每一判例均有判决要旨，有利于读者掌握法官在判例中对重要法律问题作出的判断。西方出版公司的编辑体例更是为读者提供了极大的方便。

（二）美国判例汇编制度的具体操作方式

1. 官方对美国联邦最高法院判例及其汇编的发布和出版。

美国，联邦最高法院裁判（the Supreme Court's Opinions）在宣判后一般通过四种印刷品和两种电子计算机化服务的手段传播给公众。这四种印刷品依其产生的顺序分别是：法庭判决（Bench Opinions）、

① 参见郎贵梅：《美国联邦最高法院判例汇编——制度及其启示》，载《法律文献信息与研究》2008 年第 2 期。

单行本判决（Slip opinions）、初印本（Preliminary Prints）和合订本（Bound Volumes）。其中，前三种印刷品是临时的印刷格式。在印制方面，除法庭判决是由法院印制外，其他三种均是由与美国政府出版局（Government Printing Office，简称GPO）订有合同的商业印刷公司按照法院的要求印制，公众可以通过美国政府出版局档案部门（the Superintendent of Documents）获得它们，或者通过年度预订和美国政府出版局的地方书店购买。两种计算机化的传播手段分别是联邦最高法院网站和一个特殊的文件服务器Hermes项目（Project Hermes）。

（1）官方宣布的美国联邦最高法院判例的印刷版

A. 法庭判决。法院在法庭上宣判的当天，公众和媒体能够立即得到以印刷版体现的裁判原文，即法庭判决。法庭判决由法官撰写的多数意见（the majority or plurality opinion）、配合意见（the concurring opinion）、不同意见（the dissenting opinion）以及判决要旨（a prefatory syllabus）组成。法庭判决由法院公共信息办公室（the Court's Public Information Office）提供给社会公众。

B. 单行本判决。单行本判决在宣判后的几天内被印制出来，可能包括法庭判决中没有出现的补正。法院公共信息办公室将免费分发一定数量的单行本判决。每个开庭期公布的单行本判决数量因年度不同而有变化，最少为75件，最多为150件。单独的单行本判决经过几个月积累，将被汇编形成美国联邦最高法院判例汇编的初印本。

C. 初印本。美国联邦最高法院判例汇编的初印本是判决公开和传播的第三代。除了判决本身，初印本包括所有的通告、目录、索引和其他构成美国联邦最高法院判例汇编的特征。在出版之前，所有纳入初印本的材料均经过初步的编辑和索引程序，并被分配给一个永久性页码，该页码将被继续使用在合订本中。每个开庭期初印本的数量从6本到12本不等，取决于该开庭期内公布的判决的数量。初印本经过一年的积累，将被汇编形成美国联邦最高法院判例汇编的合订本。

D. 合订本。美国联邦最高法院判决公开的第四代和第五代是一套被称之为《美国最高法院判例汇编（United States Reports）》的判例集。在初印本中包含的判决和其他材料将在该套书中重新出版。在出版之前，所有组成每一卷的判决和其他材料将经历一个最终的编辑和索引程序。每个开庭期合订本的出版数量最少三册，最多五册，这取决于该开庭期判决的数量。合订本的电子版本自 1991 年 10 月的开庭期开始发布，此后年份的合订本电子版在合订本印刷版出版后放于联邦最高法院网站上。在 2006 年 10 月开庭期的开始，《美国最高法院判例汇编》达到 5411 卷合订本。

《美国最高法院判例汇编》每年增加三到五卷，每卷一般长达 800 页到 1200 页，其汇编和出版工作由判例汇编员负责。

（2）官方公布的美国联邦最高法院判例的电子版

官方公布的美国联邦最高法院判例可以通过两种电子途径取得。一种途径是联邦最高法院网站，单行本判决原文通常在宣判后几小时之内出现在美国联邦最高法院网站上，并一直保持至《美国最高法院判例汇编》合订本出版之前。另一种途径是称之为“He ~”的项目。“He ~”系统基本上是一个文件服务器，通过调制解调器与付费的订购者相联，订购者包括大学、新闻媒介、出版公司和其他私人组织。这些组织在法院宣布判决后的几分钟内，就通过互联网提供在线获取法庭判决的服务。能够再向公众传播法庭判决的 Herme。订购者由联邦最高法院在其网站中确认。

美国联邦最高法院判例的电子版与印刷版之间可能存在不一致，对此，美国联邦最高法院提示：法庭判决、单行本判决、初印本、合订本的电子版与印刷版之间存在不一致时，以印刷版为准。

（3）官方出版的正式判例集《美国最高法院判例汇编》（United States Reports）

这是美国联邦最高法院官方出版的正式判例集，收录了自 1791 年以来的判例。法官在引用判例时，一般都会引用官方出版的正式判例集，即《美国最高法院判例汇编》，引用时简称 U. S. R。

《美国最高法院判例汇编》属于官方出版物，但其最初却是由一个名叫 Alexander J. Dallas 的费城律师首先准备和决定出版的。在 Dallas 的努力下，1190 年，由 Ihomes Bnid – ford 在费城印刷了《革命以前和革命以来宾夕法尼亚州法院裁决判例汇编》卷本。由于联邦最高法院尚没有裁决任何案件，该卷本中只包括了宾夕法尼亚州的判例。Dallas 又分别于 1198 年、1799 年和 1807 年汇编出版了后来的三卷本，这三卷本既包括联邦最高法院的判例，又包括下级法院和宾夕法尼亚州法院的判例。1790 年卷被认为是后来著名的《美国最高法院判例汇编》的开始。

最初数卷（美国最高法院判例汇编）是由私人编辑出版的。后来，在“Wheaton v. Peters，33 U. S.（8 Pet. ）591（1834）案”中，联邦最高法院裁决被指定的判例汇编员对判决书原文不享有版权，私人编辑出版联邦最高法院判例的活动因此而终止。《美国最高法院判例汇编》于是变成美国联邦最高法院的官方报告。1817 年，国会发布一个法案，授权联邦最高法院设立了判例汇编员这一职位，专门从事判例汇编工作。

2. 非官方出版的美国全国法院和联邦最高法院判例汇编

《美国最高法院判例汇编》被认为是准确的、索引良好的联邦最高法院裁判的官方文本的汇编，但其主要问题是仅包括法官的书面意见，且出版周期较长，为了满足法律职业者和社会公众对判例的需要，由州和联邦政府之外的出版商出版的非官方判例汇编应运而生，其中联邦最高法院的判例是其重要组成部分。这些非官方的判例汇编不仅出版及时，而且有利于检索和研究。比较著名的非官方判例汇编有西方出版公司的全国判例汇编系统和律师合作出版公司的美国法判例汇编系统。

（1）西方出版公司（West Publishing Corporation）的全国判例汇编系统（National Reporter System，简称 N. R. S.）

A. 全国判例汇编系统的分类

西方出版公司的全国判例汇编系统是一套判例汇编，即来自所有50个州法院和所有联邦法院的判例汇编。根据判例的来源，分为联邦性和区域性两种。

联邦性的判例汇编：包括《最高法院判例汇编》（Supreme Court Reporter）、《联邦判例汇编》（Federal Reporter，包含巡回上诉法院的判例，其第一辑收录1880—1932年的判例，第二辑收录1932年以后的判例）、《联邦判例补编》（Federal Supplement，收录了1932年以后的判例）、《联邦规则裁定集》（Federal Rules Decision）。

区域性判例汇编：是指七个区域性的判例汇编，分别是《大西洋判例汇编》（Atlantic Reporter，1886—）、《东北判例汇编》（North Eastern Reporter）、《西北判例汇编》（North Western Reporter，1897—）、《太平洋判例汇编》（Pacific Reporter，1884—）、《东南判例汇编》（South Eastern Reporter，1887—）、《西南判例汇编》（South Western Reporter，1887—）、《南方判例汇编》（Southern Reporter，1887—）。

B. 全国判例汇编系统的判例编辑

在西方出版公司的判例汇编中，判例是按照裁决日期以时间顺序排列的。对于一个完整的判例来说，由以下部分组成：a. 判例名称（Case Name）。一般是以“原告诉被告”的形式体现，还包括裁决日期和裁决法院。b. 判例梗概（Synopsis）。编辑为该公司出版的每一判例写一梗概或简述，一般包括以下信息：判例的事实、下级法院法官的名称和裁定、法院的裁判、撰写意见的法官的姓名。c. 判决提要（Headnotes）。判决提要是对判决中讨论过的一个法律点所做的一段摘要。在全国判例汇编系统中，每一判例至少有一个判决提要。如果判决中讨论了多个法律点，则将会有多个判决提要，且按照所讨论的法律点的顺序出现。判决提要以一个黑体数字（即顺序号）开始，后面跟着主题和钥匙号。主题和钥匙号下面就是判决提要的具体内容。主题和钥匙号制度（Topic and Key Number System）是西方出版公司为了便于检索和寻找类似法律问题而建立的分类和索引制度。所谓主题是指西方出版公司将法律分成的400多个比较宽的法律问题，主题偶尔会增加、删减或变更，每一个主题又被分为若干个副主题。主题是判决提要的主要分类。在主题之后，给出了一个钥匙号，代表一个主题的特定方面或细分部分。西方出版公司设有将近10万个钥匙号。例如，在主题226“共同租赁”下，钥匙号6指的是生存权取得权。西方出版公司的律师编辑根据所有的主题和钥匙号对判决提要进行分类，每一个判决提要将至少被分配给一个主题和钥匙号。d. 裁判原文（the text of the opinion），即法官的意见。在裁判原文中，与判决提要的数字相对应，会有出现在括号中的数字。括号中的数字表明了被一特定的判决提要予以总结的判决原文的一部分。

C. 判例摘要（Case Digest）

将判例中的判决提要集结成册，称之为判例摘要。与判例汇编相对应，判例摘要可分为州判例摘要（每州均有）、地区判例摘要（包括大西洋区、太平洋区、西北区、东南区）、美国判例摘要系统（美国所有判例法的主要索引）、联邦实践摘要、最高法院判例摘要、美国最高法院判例摘要律师版。

在判例摘要中，判决提要根据主题和钥匙号进行编排，首先是按照主题的字母排序，然而根据钥匙号用数字排序。在判例摘要中，不同判例的判决提要讨论着相同的法律点，同一判决提要可能出现在判例摘要的两个或更多地方。

在西方出版公司的所有判例摘要中，被分配给法律点的钥匙号是统一的，这样有助于研究人员在不同的判例摘要中寻找相关判例。

3. 律师合作出版公司（Lawyers，Co - operative Publishing Company）出版的（美国最高法院判例汇编律师版）（United States Supreme Court Reports，Lawyers，Edition）

这是由律师合作出版公司出版的《美国法判例汇编系统》（American Law Reports System，简称 A. L. R. ）的组成部分，收录了 1791 年以来美国联邦最高法院判决。《美国法判例汇编系统》是注释性判例集系统，选择汇集重要判例，并进行详细注释。

律师合作出版公司曾经是西方出版公司在法律研究商业领域的主要竞争对手，但在 1995 年左右，Ihomson 公司购买了这两个公司，这两个公司的判例汇编因此成为姐妹产品。与西方出版公司不同，律师合作出版公司选择将重要判例汇编起来，并进行详细注释（annotation）。所谓美国法判例汇编注释，是对小的、特定的法律问题进行研究的备忘录。这些法律问题之所以被选择，是因为它们至少在公开之时就表明了法律存在的模糊或争议。它们关心那些以前未解决，但因法院判决、立法或其他法律事件而被解决的法律问题。可见，西方出版公司致力于其索引系统，而律师合作出版公司则专注于法律问题，尤其是那些被律师认为是疑难或令人困扰的法律问题。

（三）美国联邦最高法院判例的其他获取途径

美国联邦最高法院在其网站上公布了有权发行联邦最高法院裁判（Supreme Court opinion）的机构名单，该名单由美国联邦最高法院工作人员编制并每年更新，以供法院和公众使用。该名单尽可能地完整，以包括编制者所注意到的每一个发行裁判文书者，但列入该名单并不构成法院的保证，法院不保证任何非官方来源的准确、完整和通用。如果在官方的《美国最高法院判例汇编》与其他来源的裁判文书版本之间存在不符，无论是印刷版还是电子版，均以前者为准。

根据该名单，美国联邦最高法院裁判的来源分为官方和非官方两种。官方来源已在前面作了全部介绍。在非官方来源中，除了前面介绍的以外，还包括由国家事务局发行的《美国法学周刊》以及相关协会、商业公司提供的以缩微胶卷、网络和光盘等为载体的联邦最高法院裁判版本。

【规范链接】

《人民法院第二个五年改革纲要（2004—2008）》（法发〔2005〕18 号）

二、改革和完善审判指导制度与法律统一适用机制

12. 改革下级人民法院就法律适用疑难问题向上级人民法院请示的做法。对于具有普遍法律适用意义的案件，下级人民法院用以根据当事人的申请或者依职权报请上级人民法院审理。上级人民法院经审查认为符合条件的，可以直接审理。

13. 建立和完善案例指导制度，重视指导性案例在统一法律适用标准、指导下级法院审判工作、丰富和发展法学理论等方面的作用。最高人民法院制定关于案例指导制度的规范性文件，规定指导性案例的编选标准、编选程序、发布方式、指导规则等。

14. 改革和完善最高人民法院制定司法解释的程序，进一步提高司法解释的质量。最高人民法院对司法解释的立项、起草、审查、协调、公布、备案等事项实行统一组织、统一协调，并定期对司法解释进行清理、修改、废止和编纂。规范最高人民法院将司法解释报送全国人民代表大会常务委员会备案的制度。

15. 建立法院之间、法院内部审判机构之间和审判组织之间法律观点和认识的协调机制，统一司法尺度。进一步建立健全确保人民法院统一、平等、公正适用法律的其他有效方式。

《最高人民法院关于案例指导工作的规定》（法发〔2010〕51 号）

第七条　最高人民法院发布的指导性案例，各级人民法院审判类

似案例时应当参照。

第八条　最高人民法院案例指导工作办公室每年度对指导性案例进行编纂。

《最高人民法院关于完善人民法院司法责任制的若干意见》（法发〔2015〕13号）

8. 建立审判业务法律研讨机制，通过类案参考、案例评析等方式统一裁判尺度。

《〈最高人民法院关于案例指导工作的规定〉实施细则》（法〔2015〕130号）

第二条　指导性案例应当是裁判已经发生法律效力，认定事实清楚，适用法律正确，裁判说理充分，法律效果和社会效果良好，对审理类似案件具有普遍指导意义的案例。

十七、人民法院应当将裁判文书的制作和释法说理作为考核法官业务能力和审判质效的必备内容，确立为法官业绩考核的重要指标，纳入法官业绩档案。

【条文说明】

本条是关于裁判文书说理的考核机制的规定。

《最高人民法院关于完善人民法院司法责任制的若干意见》第十三条规定："各级人民法院应当成立法官考评委员会，建立法官业绩评价体系和业绩档案。业绩档案应当以法官个人日常履职情况、办案数量、审判质量、司法技能、廉洁自律、外部评价等为主要内容。法官业绩评价应当作为法官任职、评先评优和晋职晋级的重要依据。"《最高人民法院关于全面深化人民法院改革的意见——人民法院第四个五年改革纲要（2014—2018）》指出，“完善裁判文书说理的刚性约束机制和激励机制，建立裁判文书说理的评价体系，将裁判文书的说理水平作为法官业绩评价和晋级、选升的重要因素”。此条将裁判文书质量考评结果与法官的履职考评挂钩，有利于推动建立权责明晰、权责统一、监督有序、制约有效的裁判文书质量考评机制，既可以提升法官裁判说理的积极性，也可以营造裁判说理的紧迫感，促使法官强化对裁判文书说理的重视，真正花精力、下功夫写好裁判文书。

绩效考核制度源于西方国家的文官制度，是指实行按年度逐人逐项进行考核的办法，根据考核结果的优劣，实施奖励与升降。人民法院建立科学合理的法官绩效考核机制，有利于加强人事管理，提高审判质效，保障司法公正。裁判文书是体现法官思维能力、庭审驾驭能力、语言表达能力的重要载体，将裁判文书说理纳入法官绩效考核指标，与法官的晋级晋职、评先评优、绩效奖金等挂钩，有助于强化法官对裁判文书说理的重视，提升裁判文书质量。①

裁判文书的制作样式和规范体现的是文书的严谨性，而说理是裁判文书的核心和灵魂，是裁判文书正当性、合法性和可接受性的重要保障。在裁判文书考核中，不仅应当将制作规范作为考核指标，还应当将说理作为重要指标。将裁判文书的制作和释法说理纳入绩效考核，建立说理刚性约束机制，以下几个方面内容是需要重点加以考虑的。

一、明确考核的基础标准与权重

结合裁判文书说理的实体义务与程序义务来设计考核的基础标准，将说理责任的制度理性体现在考核激励措施的整个过程中。具体标准和权重需要专门设计，广泛调研，试点试验，逐步推广。有学者

---

① 参见孙华璞、王利明等：《裁判文书如何说理》，北京大学出版社2016年版，第209页。

提出设置裁判文书说理评价指数。具体为：裁判文书说理指数 = 归纳诉辩请求指数 × A% + 归纳争议焦点指数 × B% + 回应当事人诉辩指数 × C% + 证据采信指数 × D% + 事实与证据关联性指数 × E% + 法律规范解释指数 × F% + 法律推理指数 × G% + 社会认可度指数 × F%。[①] 有学者则认为，说理的程度、影响力、社会评价等，在当前阶段可以作为评选优秀裁判文书说理的标准，而不宜将其作为考核说理义务的基础标准。[②]

至于裁判文书的选取标准，可以按照一定时期结案数的百分比随机抽取裁判文书。

二、明确考核的主责部门

人民法院审判管理办公室担任案件质量评查、审判业绩考核等审判管理职责，裁判文书的制作和说理作为考核法官业务能力和审判质效的必备内容，应当纳入审判管理办公室对裁判文书评查的范围。人民法院可以考虑在审判管理办公室下设裁判文书质量考评小组，选拔审判业务专家，优秀裁判文书作者、学者等担任评委。

三、注重吸收优秀裁判文书评比制度的先进经验

优秀裁判文书评选已经成为各级人民法院的常规性工作，在长期实践中积累了比较成熟的经验，发挥了良好的示范作用。裁判文书说理刚性约束机制可以将优秀裁判文书评比工作的先进经验加以吸收，充分发挥优秀裁判文书的辐射带动作用，引领和促进理性、规范、充分说理理念的养成。

---

① 参见孙华璞、王利明等：《裁判文书如何说理》，北京大学出版社 2016 年版，第 212 页。

② 参见赵朝琴、刘树德：《关于裁判文书说理责任制度构建的思考》，载《法律适用》2017 年第 23 期。

四、设立权利救济程序

一套科学完整的考核机制应当包含对权利的救济。人民法院将裁判文书纳入法官绩效考核时，应当赋予法官申请复议的权利。当法官对裁判文书质量的考核结果持有异议时，能够通过有效的救济程序表达意见，获得公平公正的考核结果。

【经验推介】

一、河南省济源市人民法院法官绩效考核做法

（一）法官绩效考核的总体情况

为了全面、客观、公正、准确地评价法官的绩效，加强对法官的管理、激励与约束，保障司法公正，提高司法效率，保持清正廉洁，遵守司法礼仪，注重职业道德，增强司法能力，促进法官队伍建设、审判执行工作、涉诉信访工作和收费管理工作等的规范化、制度化，促进审判职能作用的发挥，积极服务辖区经济社会发展，自2004年以来，我院就着手探索建立法官绩效考核机制，在认真学习兄弟法院做法、深入分析法院工作实际、深刻剖析工作中存在问题的基础上，对考核主体、考核对象、考核重点、考核指标、考核程序、考核结果的运用等进行研究论证，提出“让评估指标成为法官绩效代言人”的口号，遵循客观、公平、公正、科学原则，制定了《法官绩效考核方案》，并于2006年正式实施。该方案在制度设计上统筹兼顾公正与效率、实体与程序、遵循审判规律与节约诉讼成本、规范管理与方便操作、管案与管人五个方面的结合。在考核指标的设置上，坚持突出重点与兼顾一般相统一，简便易行与发挥效果相统一，具体指标可以通过立案庭、审监庭、办公室、监察室、政治处、审委会等相关部门或

者庭审、文书、信访等环节直接获取，避免了考核指标虚化、数据难以收集的问题。全部指标超过了200个，都是定量指标，都有计算标准，都可以用数字反映。通过建立法官绩效考核的量化模型，实现了在定性基础上的定量管理，全面、客观、公正地反映了法官工作的质量与效率状况，提高了法官工作的主动性和积极性，促进了管理工作的规范化和制度化，推动了各项工作的开展。

（二）法官绩效考核应当坚持的基本原则

为了加强法官绩效考核的全面性、客观性、公正性、准确性，我们认为法官绩效考核应当坚持以下五项原则：一是党管干部的原则；二是德才兼备的原则；三是注重实绩的原则；四是群众公认的原则；五是客观公正的原则。这五项原则是建立健全法官绩效考核机制和开展法官绩效考核工作应当遵循的基本原则，在制度设计和推行实施的工作中，应当予以充分体现和认真落实。

（三）法官绩效考核指标及其指标权重的设置

法官绩效考核指标设置是整个考核机制的基础和核心。我们认为，法官绩效考核应当采用定量指标考核，即将绩效考核内容划分为若干个可以用数字量化的考核指标，通过一定程序按照规定标准计算出每个指标的分值来衡量法官绩效。我们认为，法官绩效考核指标在总体上应当分为四个一级指标，即职业道德指标、业务水平指标、工作作风指标、工作实绩指标，其指标权重应当按照2:2:2:4的比例设置，突出工作实绩。在四个一级指标项下设置相应的二级指标和三级指标。一级指标均以100分计算，综合成绩按一级指标的权重计算。二级指标和三级指标分别按照具体的分值进行计算。比如，张法官在绩效考核中，职业道德指标、业务水平指标、工作作风指标、工作实绩指标的得分分别为90分、80分、70分、60分，按照各指标的权重进行计算，职业道德指标的权重为2，最终得分为18分；业务水平指标的权重为2，最终得分为16分；工作作风指标的权重为2，最终得分为14分；工作实绩指标的权重为4，最终得分为24分。张法官的最终绩效考核得分为72分。

……

2. 关于业务水平指标。业务水平考核指标应当分为庭审能力、法律文书、培训考试、理论文章4个二级指标，其在业务水平中的权重应当依次设置为3∶3∶2∶2，即庭审能力指标30分、法律文书指标30分、培训考试指标20分、理论文章指标20分，突出庭审能力和法律文书指标。

在庭审能力二级指标的项下，应当包括以下23个三级指标，即是否不准时开庭、缺席、迟到、早退；是否着装不规范、不整洁、未佩戴徽章；是否不精力集中、坐姿不端正、接听电话、随意走动；是否不平等对待当事人；是否不及时制止、纠正当事人的歧视性、侮辱性言行；是否不认真听取当事人发表意见，随意打断当事人发言；是否语言不规范、不准确、不文明、不清晰；是否归纳案件焦点不准确、不全面；是否不能适时引导当事人陈述、举证、质证；是否不能对当事人未陈述清楚的事项及时要求当事人陈述清楚；是否不能及时制止庭审突发性事件或庭审秩序混乱；是否不能完整、清楚告知当事人的诉讼权利和义务；是否不核对当事人身份，未询问当事人对对方出庭人员的意见；是否不归纳无争议的事实；是否不告知证人相关事项及法律后果；是否不引导当事人对证言发表质证意见；是否不告知当事人围绕争议事实、证据和法律适用发表意见；是否不对辩论阶段提供的新证据、新事实，及时恢复法庭调查并质证；是否不按照原告、被告、第三人的顺序组织当事人发表辩论意见；是否不让当事人分别陈述最后意见；是否不征求当事人是否同意调解；是否不对当事人达成的调解协议进行评议和确认，未告知当事人调解协议送达后的法律效果；是否不当庭宣判（达成调解协议除外）。每个指标应当设置具体的分值和考核标准，便于计算得分。

在法律文书二级指标的项下，应当包括以下14个三级指标，即是否有错字、别字、漏字、病句、正本涂改现象；是否格式不规范、不标准、不正确；是否案由确定不正确；是否漏列、错列当事人；是否举证、质证、认证错误，证据列举不全；是否文书主文不准确；是否漏审漏判，超过诉讼请求裁判；是否裁判理由未针对当事人的全部主张；是否裁判日期提前；是否不加盖印章，正本与原件不一致；是否适用法律错误、不全、不规范；是否原件未按程序签发；事实叙述是否清楚、逻辑结构是否严谨；法理阐述是否清楚 。

在培训考试二级指标的项下，应当包括以下2个三级指标，即是否违反考试纪律和考试成绩。

在理论水平二级指标的项下，应当包括以下4个三级指标，即完成调查研究任务情况；完成案例编报任务情况；完成信息简报任务情况；完成法制宣传任务情况。

二、四川省高级人民法院裁判文书质量评审标准

一、总则

第一条　为了提高本院裁判文书制作水平，进一步规范我院裁判文书的制作，完善裁判文书质量评审制度，加强裁判文书评审工作，根据最高人民法院《法院诉讼文书样式（试行）》和《法院刑事诉讼文书样式（样本）》及有关司法解释的规定，结合我院实际，特制定本标准。

第二条　本标准适用于本院制作的各类判决书、裁定书、调解书。其他裁判文书参照本标准执行。

第三条　裁判文书质量评审工作每年年终进行，评审结果在全院通报。评审范围为各业务庭当年按研究室要求报送备案的裁判文书。

第四条　评审工作由本院研究室负责组织实施。

二、裁判文书制作标准

第五条　裁判文书的制作格式应当符合最高人民法院《法院刑事诉讼文书样式》（样本）和《法院诉讼文书样式（试行）》的基本要求。

第六条　制作的裁判文书应层次分明，语言严谨，繁简得当，数字及标点符号的使用应符合国家新闻出版署等部门发布的《关于出版物上数字用法的试行规定》《标点符号用法》的规定。

第七条　裁判文书由首部、事实、理由、裁判结果和尾部五部分组成。

（一）首部

第八条　首部包括法院名称、文书种类、案号、诉讼参加人基本情况、案件由来和审理经过。

第九条　裁判文书的案号由立案年度和制作机关、案件性质、审判程序的代字以及案件序号五项要素组成。

第十条　当事人的称谓应统一。如名称过长，可在第一次提及的全称后括注简称，以后只用简称。简称应规范，能够准确反映当事人原有的名称和行业特点。

第十一条　各类案件的案由应按最高人民法院《法院诉讼文书样式（试行）》、《法院刑事诉讼文书样式》和《民事案件案由规定（试行）》以及有关司法解释规定的要求确定。

第十二条　各类案件的审理经过须写明“案件的由来”、“受理时间”、“审判组织”、“审判方式”、“诉讼参与人参加诉讼情况”五项要素。

审理中出现的下列事项也应当写明：

（一）管辖权异议的处理事项。包括当事人提出管辖权异议的时间、法院对管辖权异议的处理情况；

（二）回避事项。包括当事人申请回避、法官主动回避的处理情况；

（三）诉讼主体变更与追加事项。包括当事人申请参加诉讼、法院通知参加诉讼的处理情况；

（四）当事人申请鉴定、审计等情况的处理事项；

（五）开庭时间与开庭次数事项；

（六）案件审理期限事项（包括经批准超审限情况）；

（七）其他处理事项。

（二）事实与证据

第十三条　认定的事实应当紧扣与案件定性、处理有联系和影响的情节，围绕案件的争议焦点进行叙述，做到层次分明、重点突出。

第十四条　对认定的事实，须有证据证实。

第十五条　对当事人提供的证据，无论是否采信，均应作出分析与认证结论。

第十六条　裁判文书应全面、详细地反映举证、质证、认证的过程。同时要写明证据的收集情况，不能遗漏当事人提供的证据。

第十七条　证据的表述可灵活多样，但须做到逻辑清晰，具有针对性。

第十八条　对无争议的证据可在专门的段落集中进行论述。对有争议或异议的证据，应当写明争议或异议的内容和理由，同时要从证据材料的合法性、客观性、关联性等方面进行论述，逐一明确是否采信，并详细说明理由。

（三）裁判理由和法律适用

第十九条　裁判的理由应根据认定的事实和相关的法律、法规、司法解释，对当事人的行为、纠纷的性质及有关情节和责任加以认定。对此部分进行论述时应具有论理性、针对性、逻辑性、严谨性。

第二十条　各类案件的裁判理由应围绕下列内容展开：

（一）当事人的控辩或诉辩主张与理由；

（二）认定的案件事实和证据；

（三）适用法律、法规和司法解释的主要理由。

第二十一条　民事、行政赔偿案件调解结案的，当事人要求不写裁判理由或人民法院认为没有必要书写的，可以不写裁判理由，但法院确认民事合同无效的，调解书应写明合同无效的依据和理由。

第二十二条　法律条款的适用要说理。裁判文书对法律条款的适用，要说明该法律条款与案件的本质联系，不能机械地引出法律条款而不讲适用理由。

第二十三条　法律条款的适用要做到层次分明，引用法律要做到准确、全面、具体。

（一）程序法、实体法须同时引用的，先引程序法，后引实体法；

（二）特别法中有明文规定的，只引特别法，无须引用普通法；

（三）法律有具体规定的，无须引用基本原则；

（四）应依照先主后次、先重后轻的顺序依次引用；

（五）援引的法律、法规、司法解释应按照条、款、项、目的顺序写明。

（四）裁判结果

第二十四条　裁判结果是依据有关的法律规定，对案件作出结论和处理决定。该部分在制作中应符合下列要求：

（一）语言准确、规范，内容明确、具体、完整，没有歧义，能够执行；

（二）履行期限或执行期限明确；

（三）不能漏判或超过诉讼请求多判。

第二十五条　一审刑事案件判决结果首先书写罪名，再写判处的刑罚及执行期限。

第二十六条　一审民事案件判决结果应根据确认之诉、给付之诉、变更之诉的不同诉讼请求正确表述。

第二十七条　其他各类二审、再审案件的判决结果均按《法院诉讼文书样式（试行）》和《法院刑事诉讼文书样式（样本）》等规定制作。

（五）尾部

第二十八条　尾部应写明诉讼费用的负担，当事人的上诉权利、上诉期限和上诉法院的名称，以及合议庭成员或独任审判员的署名和判决日期等内容。其中包括：

（一）依法应当收取诉讼费用的案件，应当写明诉讼费用的负担情况。诉讼费用由双方或多方当事人分担或连带承担的，应写明各方负担或连带承担的具体数额。不能使用“原、被告各负担一半”、“二被告共同承担”、“××方予交的诉讼费由××方承担”等不规范的写法。

（二）合议庭有陪审员参加的，署名为“人民陪审员×××”，有助理审判员参加的，署名为“代理审判员×××”。

（三）裁判文书的日期一律用汉字书写，必须完整、统一，不能漏写。一审刑事案件及适用一审程序的再审刑事案件的日期为判决书的签发日期；其他案件的日期为裁判的确定日期。

日期上下均须空出一行，即上至合议庭署名、下至书记员署名，各空出一行。

第二十九条　裁判文书的法院印章应按“骑年盖月”的要求加盖在裁判日期的中央；印章的颜色为红色；印章的加盖不得歪斜；印章应字迹清楚，不得第二次加盖。裁判文书页与页之间不须加盖骑缝章。

第三十条　书记员校对裁判文书与原本无异的，若没有明显错误，盖上“本件与原本核对无异”印戳。印戳颜色为蓝黑色；加盖位置应在年、月、日的左下方和书记员签名的左上方。

三、评判标准及等级评定

第三十一条　裁判文书的评判采用百分制。

第三十二条　裁判文书的等级分为三等。90—100 分为优秀；70—89 分为合格；69 分以下为不合格。

第三十三条　裁判文书有下列问题之一的，扣减 40—50 分，为“不合格”。

（一）错误使用裁判文书种类的；

（二）基本制作格式不符合《法院诉讼文书样式（试行）》和《法院刑事诉讼文书样式（样本）》规定的；

（三）遗漏控辩双方或当事人双方诉辩和争议的主要理由的；

（四）遗漏对事实认定和裁判结果有重要影响的证据的；

（五）对裁判理由没有进行论理的；

（六）适用法律错误，错引法律、漏引法条的；

第三十四条　裁判文书出现下列问题之一的，扣减 20—30 分：

（一）违反本标准第十二条，没有全面、真实地反映案件审理过程的；

（二）对控辩双方或当事人双方的请求、意见及争议归纳不完整，语言表述不清的；

（三）认定事实叙述不清，层次混乱，重点不突出的；

（四）对证据的分析缺乏针对性，逻辑性差的；

（五）裁判理由说理性差，缺乏法理和事理论证的；

（六）违反本标准第二十四条规定，适用法律不准确、全面、具体的。

第三十五条　违反本标准第二十五条的，每处扣减 10—20 分。

第三十六条　裁判文书有下列情形之一的，每处错误扣减 5 分。

（一）首部制作格式不符合最高人民法院《法院刑事诉讼文书样式》（样本）和《法院诉讼文书样式（试行）》的基本要求的；

（二）出现错字、别字、漏字，以及错用标点符号情形的；

（三）尾部制作格式不符合最高人民法院《法院刑事诉讼文书样式》（样本）和《法院诉讼文书样式（试行）》的基本要求，或者有违反本标准第二十九条、第三十条、第三十一条规定的；

第三十七条　出现对事实和错误有重大影响的错别字，每处扣减10分。

第三十八条　裁判文书中出现校对章的，每处扣减3分。

四、其他

第三十九条　本标准没有规定的，均适用《法院诉讼文书（试行）》、《法院刑事诉讼文书样式》和相关司法解释。

第四十条　本标准由本院研究室负责解释。

第四十一条　本标准自审判委员会讨论通过并下发之日起施行。原川高法研〔1999〕9号《裁判文书质量评判规范（试行）》同时废止。本标准施行后，最高人民法院对裁判文书制作有新规定的，适用最高人民法院新的规定。

【规范链接】

《中华人民共和国法官法》（2017年9月1日）

第二十三条　对法官的考核内容包括：审判工作实绩，思想品德，审判业务和法学理论水平，工作态度和审判作风。重点考核审判工作实绩。

《最高人民法院关于完善人民法院司法责任制的若干意见》（法发〔2015〕13号）

13. 各级人民法院应当成立法官考评委员会，建立法官业绩评价体系和业绩档案。业绩档案应当以法官个人日常履职情况、办案数量、审判质量、司法技能、廉洁自律、外部评价等为主要内容。法官业绩评价应当作为法官任职、评先评优和晋职晋级的重要依据。

《最高人民法院关于全面深化人民法院改革的意见——人民法院第四个五年改革纲要（2014—2018）》（法发〔2015〕3 号）

完善裁判文书说理的刚性约束机制和激励机制，建立裁判文书说理的评价体系，将裁判文书的说理水平作为法官业绩评价和晋级、选升的重要因素。

十八、最高人民法院建立符合裁判文书释法说理规律的统一裁判文书质量评估体系和评价机制，定期组织裁判文书释法说理评查活动，评选发布全国性的优秀裁判文书，通报批评瑕疵裁判文书，并作为监督指导地方各级人民法院审判工作的重要内容。

【条文说明】

本条是关于裁判文书说理的评估、评价机制的规定。建立该机制，旨在为法官裁判文书说理提供良好的制度保障。

党的十八届三中全会《决定》提出，“增强法律文书说理性，推动公开法院生效裁判文书”，十八届四中全会《决定》进一步明确，“加强法律文书释法说理，建立生效法律文书统一上网和公开查询制度”。2015 年，最高人民法院发布的《关于全面深化人民法院改革的意见——人民法院第四个五年改革纲要（2014—2018）》，设计“推动裁判文书说理改革”的相关内容，即：“完善裁判文书说理的刚性约束机制和激励机制，建立裁判文书说理的评价体系，将裁判文书的说理水平作为法官业绩评价和晋级、选升的重要因素”。《指导意见》提出建立最高人民法院裁判文书说理保障机制，旨在通过顶层设计，建立一整套公正、高效的程序制度，以及科学、规范的文书运作方式，明确裁判文书制作主体责任，激发法官进行说理的动力，激励法官保持对裁判文书说理的热情，积极探索裁判文书说理方式方法，确保裁判文书的充分说理，保障《指导意见》各项“说理”措施推进实施。

一、关于裁判文书质量评估体系和评价机制建设的基本状况

审判实践中，全国各地法院非常重视裁判文书评查工作，评查结果被作为衡量案件质量乃至审判工作质量的重要指标，同时，也构成裁判文书质量评估体系和评价机制的重要内容。

（一）裁判文书评查常态化。各地法院着力于建立符合本地区、本单位实际的保障裁判文书质量或者促进裁判文书质量提升的案件评查制度（裁判文书作为案件评查的其中一项内容），或者是单项的裁判文书评查评估机制。其基本特点是，各级法院分级、分层，各为主体、自成体系。多数法院通过利用科学可视的计量分析手段，对裁判文书开展大数据评查，解析法官工作质量，对裁判文书质量进行动态管理。通过横向、纵向比较，监控办案法官裁判文书质量，对法官有一个清晰评价；或者对裁判文书中出现的“瑕疵”整改情况进行监控，考量不同的激励约束机制和管理手段对不同法官的影响，保障裁判文书质量整体提升，促进司法公正的顺利实现。

（二）评价方式、手段单一。以往，实践中无论是裁判文书评查制度，还是评估机制，其主要的优势体现在便于操作、针对性强等方面。这一优势对于短期内促进工作效果比较明显，不足的地方是缺乏评价裁判文书说理的相关事项。这种对裁判文书评价的方式内容单一、逻辑性不强，缺乏宏观统筹和整体设计。并且，这种评估体系和评价手段更倾向于对裁判文书形式要件的评判，评查出的问题多定性为文书“瑕疵”，不利于法院之间和法官之间交流提升和资源共享，也不利于调动法官进行裁判文书说理的积极性。

（三）统一的评价体系正在形成。近年来，最高人民法院立足于

审判实际，积极推动全国各地法院建立裁判文书评查机制，指导开展专项裁判文书评查工作，全面推进裁判文书管理机制的建立与完善。最高人民法院结合自身工作实际，摸索裁判文书的制作规律，细化裁判文书制作标准，并依托信息化手段，健全完善裁判文书判前校对审核、判后评查、质量评估、差错责任追究等制度，深化裁判文书质量管理；评选发布最高人民法院优秀裁判文书，实现评价法官工作质量的动态化，对全国裁判文书评查工作进行引导示范，并成为监督指导地方各级人民法院审判工作的重要手段。2016 年最高人民法院开展年度优秀裁判文书评选工作，坚持“开门评选”方式，邀请最高人民法院退休院领导以及全国人大代表、特约监督员、特邀咨询员、高校法学教授、律师等担任评委，按专业分为三个评选小组开展评选。对推荐的每篇文书围绕文书首部、事实认定、裁判理由、法条援引、裁判主文、文书尾部、技术规范、逻辑结构八个方面逐项评审，最终确定优秀裁判文书范围，对评选出的 68 篇优秀裁判文书向社会公布。2017 年，最高人民法院组织开展各审判业务部门裁判文书上网工作专项评查活动，评查工作结束后，评查结果被纳入 2017 年度对审判业务部门的审判绩效考评。评查经过部门推荐、专家评审、全院民警参与评审等环节，对最高人民法院各审判业务部门承办法官制作的裁判文书从形式规范、内容完整性、文书说理、逻辑严谨度、法律条文适用、证据认证、回应当事人诉求、裁判尺度等多个角度进行评价。最高人民法院办公厅《关于 2018 年人民法院审判管理工作要点》进一步明确，将在 2018 年组织开展全国法院优秀裁判文书评选活动，将裁判文书的评查评比工作纳入常态化管理。按照《最高人民法院关于在全国法院开展优秀业务成果评选活动暂行办法》的要求，最高人民法院审判管理办公室向本院各单位发出《关于报送 2018 年度优秀业务成果评选活动立项计划的通知》，最高人民法院各单位根据“通知”要求，报送评选活动立项计划，经论证确认，最高人民法院民一庭将组织开展

“全国人民法庭优秀裁判文书评选活动”，环境资源庭将组织开展“第三届全国法院环境资源优秀裁判文书评选活动”。上述活动，为推动建立全国统一的裁判文书质量评估体系和评价机制进行了铺垫。

二、关于裁判文书质量评估体系和评价机制

裁判文书质量评估体系和评价机制，包括裁判文书制作体系中为促进裁判文书制作主体完成裁判文书说理工作、保证说理质量所建立的多元化、多层次、全方位的保证制度、保障措施和约束机制。它具有以下几个方面的特点：

（一）围绕提高裁判文书说理水平而构建的制度和机制体系。该体系是多种制度及保证措施的整合，系统内各组成要素相互间协调、统一，互相促进、相互补充，共同发挥作用，确保裁判文书说理顺利完成，同时该体系也是一个可调整、动态的系统，各种制度与审判方式相互作用，互为补充，和谐统一，成为裁判文书说理的外部驱动力。

（二）为保障和规范裁判文书说理为基本内容而建立的工作机制。该机制具体规范裁判文书格式以及完善裁判文书制作的奖惩制度，使裁判文书说理成为法官的一种责任和义务，使裁判论理成为审判工作中的自觉行为。同时，裁判文书说理评价机制对于法官完成裁判文书的说理具有保障和约束作用。这一工作体系中各个环节有效运行，能确保法官提高裁判文书说理水平，提高裁判文书活动的公开性与透明度，树立司法权威，从根本上改变我国长期以来存在的裁判文书“不讲理”或“说理不足”的现象，强化裁判文书的功能。

（三）为保障裁判文书说理工作各个环节有效衔接而建立的长效机制。通过建立一整套合理、规范、有效的运作体系，从制度上激发法官进行裁判文书说理的动力，调动法官对裁判文书说理的积极性和主动性，使裁判文书的充分说理成为法官的一种追求，从整体上提高裁判文书的制作水平，使裁判文书真正成为向社会展示司法公正的载

体。其发挥的作用是连贯的、持续的，相对于法官个人综合素质来说，更具有效性和普遍性。

三、关于裁判文书质量评估体系和评价机制的指标设计

近几年来，最高人民法院全面深化裁判文书质量管理，通过推动建立科学合理、具有可操作性的裁判文书质量评查、评价体系，逐步形成以承办法官、合议庭、审判业务部门等自查、评选为主，以全院裁判文书评查、评优活动为辅的裁判文书监督、管理机制。这些经验为建立科学、合理、客观、公正的裁判文书质量评估体系和评价机制奠定了基础。

（一）科学设置评估体系和评价机制指标。《指导意见》从“证据审查判断说理”“认定事实说理”“法律适用说理”“裁量权行使说理”四个方面，确定裁判文书说理的基本内容。评估体系和评价指标设定，应当按照《指导意见》提出的“说理要求”“繁简指引”“技术规制”“机制配套”的逻辑顺序和规范内容设置不同的分值，构成评估体系和评价机制的基本框架，并以此作为评价裁判文书说理的基本标准。同时，该体系和机制还应当包括评估、评价的目标要求、具体措施、方法路径以及结果运用等内容。

（二）评估体系和评价机制应当符合裁判文书说理的一般规律。一是应当符合《指导意见》对推进裁判文书释法说理工作恪守的基本遵循，即“坚持合法性原则”“坚持问题导向”“坚持从实际出发”“坚持系统整体协同”。二是把握好贯彻裁判文书释法说理的“四项原则”，即“法律性原则”“正当性原则”“针对性原则”“必要性原则”。三是落实好裁判文书释法说理的“双轨分流”，即保证裁判文书说理的繁简分流，即根据案情、审理程序，文书类别等简化说理，繁难强化说理。四是平衡好裁判文书释法说理的“双重属性”，即“法律文书”和“国家公文”的双重属性。五是建设好裁判文书释法说理

的“配套机制”，即《指导意见》提出的“指引机制”“考核机制”“评估、评价机制”“评查、监督机制”等配套机制。

（三）注重裁判文书评估与评价体系内制度之间的统筹与衔接。裁判文书制度评价、评估体系是一个系统工程，需要把握体系内各项制度、机制以及具体指标之间的统筹与有效衔接，“必须更加注重改革的系统性、整体性、协同性”。这些配套机制的建设和运行，必将为法官裁判文书说理提供“愿说理”“敢说理”“会说理”“说好理”的良好环境。

四、建立完善统一的裁判文书说理评查与评估、评价体系

（一）统筹协调，强化管理。最高人民法院通过加强顶层设计、宏观统筹，加强全国统一裁判文书质量评估体系和评价机制建设，实现对裁判文书说理情况适时监控和管理，强化对下级人民法院评估体系和机制建设的指导，并将其作为监督指导地方各级人民法院审判工作的重要内容。各级人民法院应当根据《指导意见》的要求，结合自身实际，建立符合辖区工作实际的裁判文书质量评估体系和评价机制。各级人民法院运行成熟、效果良好的案件评查机制应当纳入全国统一裁判文书质量评估体系和评价机制中。

（二）吸收借鉴第三方评估经验，完善评估体系和评价机制。近年来，最高人民法院引入第三方评估机制，对人民法院司法公开、解决执行难等相关工作进行评估。这项工作由中国社会科学院牵头，协调中国法学会、中华全国律师协会，以及法学研究机构和媒体共同参加评估工作。2018 年，按照中央政法委要求，最高人民法院将配合社会第三方机构做好对全国法院司法责任制等改革落实情况的评估工作，加强对重大改革举措和综合配套改革试点的效果评估。从以往的实践探索可以看出，将第三方评估工作积累的经验做法引入对裁判文书说理评估体系和机制建设中，可以不断完善制度和机制，减少成本，

提升效果，保证评估和评价结果客观公正，促进评估体系和评价机制建设的健康发展。

（三）总结吸收各地法院的成功经验和做法。前期，全国各地法院在裁判文书的评比评查和机制建设方面积累了丰富的经验，也为建立全国统一的裁判文书评估机制和评价体系提供了借鉴，最高人民法院在加强调查研究的同时，要注重对现行裁判文书考评办法进行细化，完善相关配套措施，做好工作衔接。重点是将裁判文书质量考评结果与法官的履职考评相挂钩，推动建立权责明晰、权责统一、监督有序、制约有效的裁判文书质量考评机制，以此调动和激发法官制作高水平裁判文书的积极性、能动性，带动人民法院裁判文书整体质量的全面提升。

（四）注重体系建设，评选发布优秀文书。当前人民法院司法改革工作正在全面深入推进，各项改革举措逐步落实落地。以裁判文书评估体系和评价机制建设为依托，将裁判文书释法说理评查活动纳入常态化的工作，有安排部署、有落实推进、有结果运用，在不同层级组织优秀裁判说理文书评选活动，定期发布全国性的优秀裁判文书，通报批评瑕疵裁判文书，并与推进司法公开、落实司法责任制有效结合，作为监督指导地方各级人民法院审判工作的重要内容。

四、以信息化手段为依托，促进裁判文书管理体系的科学化、规范化

目前，人民法院信息化建设提供的技术手段为人民法院各项审判和管理工作提供了强大支撑，各种软硬件的开发利用，助力办案辅助系统、诉讼服务系统的功能和效果不断扩大和提升。未来，裁判文书质量评估体系和评价机制可以嵌入人民法院的大数据平台，与人民法院办案辅助系统、诉讼服务系统互联互通，为裁判文书质量评价评估体系和评价机制的良性运作提供保障和便利；通过网络平台，实现裁

判文书判前校对审核、判后评查通报、评优讲评、差错责任追究等，全面推进裁判文书管理机制的建立与完善，全面深化裁判文书质量管理，使其成为审判工作现代化的重要内容。通过指标化的评价体系对裁判文书进行大数据分析，有效呈现人民法院裁判文书说理的整体情况。通过对评估数据的深度挖掘、精准测算，合理调动法官和法院其他人力资源，建立更加科学合理的裁判文书说理保障机制。

【经验推介】

一、关于评选“最高人民法院2017年度优秀裁判文书”的工作方案

为充分发挥优秀裁判文书的示范引领作用，激发广大员额法官制作优秀裁判文书的主动性、积极性，不断提升我院裁判文书质量和水平，经院主要领导批准，拟于2018年1月正式启动评选“最高人民法院2017年度优秀裁判文书”工作，从2017年1月1日至12月31日制作的裁判文书中评选出10篇最高人民法院“2017年度优秀裁判文书”。具体工作安排如下：

一、工作目标

通过开展优秀裁判文书评选活动，提升文书说理性和规范化水平，激励我院法官写就引领性、示范性判决，确立裁判规则，切实打造最高法院优秀裁判文书品牌。创新裁判文书评选方式，探索全员网上点赞、专家线上打分、民警网上互评、外请嘉宾评审、网络公众投票等评选方式，提高民警参与度，加大推选优秀裁判文书的力度，充分发挥优秀裁判文书的示范效应。

二、参与方式

组织推荐与个人自荐相结合。

三、评选方式

评选分为初评、复评、总评和研讨四个阶段。

四、评选范围

我院2017年1月1日至2017年12月31日生效并已公开上网的裁判文书。文书格式符合上网公开匿名处理规范要求，文书类型包括判决书、裁定书、决定书。

五、评选步骤

（一）初评阶段（1月19日至2月28日）

1. 个人自荐

1月19日至31日，各部门组织每名员额法官自荐本人作为案件承办人撰写的裁判文书1篇，制作裁判要旨，提供自荐理由，2月1日至2月5日通过“优秀裁判文书评选系统”（从机关内网首页或全国四级法院内网首页飘窗进入）直接上传提交。建议优先考虑在法律适用和裁判规则方面有指导意义、进行过庭审直播的案件。

2. 部门推荐

2月6日起，各审判业务庭室组织对本部门申报的裁判文书初评。部门各法官申报的全部裁判文书、裁判要旨、庭审笔录、审理报告等材料，经本部门员额法官会议讨论、投票，庭领导班子研究决定，推荐本部门参加复评的裁判文书，撰写部门推荐意见，并通过“优秀裁判文书评选系统”上传。

我院立案、刑事、民事、环资、行政、审监、赔偿、执行各部门以及各巡回法庭，每个单位推荐5篇参评文书（其中至少含1篇裁定或决定类文书）。推荐刑事、民事、行政等各类裁判文书所占比例由各部门酌定。研究室、国际合作局可分别推荐2篇区际、国际司法协助的文书。

本次评选活动统一进行，按刑事、民事、行政、赔偿、执行等专业类型分类评审。

3. 网络点赞、评论

我院所有部门正式在编人员可以进入“优秀裁判文书评选系统”，查阅自己感兴趣的文书，点赞自己认为优秀的文书。评选系统将同期在全国四级法院内网展示，接受全国法院民警的点赞、评论。最高法院点赞与地方法院点赞分开统计。

点赞、评论在初评、复评、总评阶段持续开放。点赞较多的文书在系统中优先展示。

（二）复评阶段（3月1日至3月31日）

1. 各部门推荐的评审委员打分（3月1日至3月15日）。每个审判业务部门推荐3名评审委员，明确各自拟参加评审的主要专业领域。审管办根据初评文书结果和各部门推荐的评审委员主要专业领域，组织评审委员登录“优秀裁判文书评选系统”，对各部门推荐的优秀裁判文书进行线上打分，并撰写专家意见。原则上，每位评审委员由系统随机分配评审不少于10篇本部门以外的裁判文书，每篇文书由5名以上委员打分，取平均分作为评审得分，形成百篇文书评审总榜单，其中，得分前30名的裁判文书在“优秀裁判文书评选系统”进行展示，同时，挂接庭审录像、庭审笔录或听证、提讯等笔录。

2. 各部门民警代表投票（3月16日至3月31日）。每个部门选择10名民警代表参与投票（投票对象：评审委员会打分排前30名的裁判文书），可与被推荐人、评审委员重复。民警代表以员额法官为主，也可适当兼顾未入额的法官、法官助理、书记员等。每位民警代表可投20票。

3. 复评阶段得分。根据评审委员打分和民警代表投票情况，按照6:4的权重，确定复评阶段裁判文书得分，排名前20的裁判文书进入总评阶段。

（三）总评阶段（4月1日至4月30日）

1. 外请专家评审（4月1日至4月30日）。邀请全国人大代表、政协委员、特邀咨询员、监督员代表，最高人民检察院、全国律协推荐的代表，知名法学专家，地方法院资深法官、审管专家等对入围总评阶段的20篇裁判文书进行评选。

2. 网络公众投票（4月1日至4月30日）。将入围总评阶段的20篇裁判文书同期通过最高人民法院政务网站、官方微博、官方微信、中国裁判文书网等渠道进行公开展示，接受广大网民投票和留言评论。

3. 总评阶段得分。由外请专家评审得分和网络公众投票得分按照8:2的权重确定。

（四）最终结果及点评研讨（5月1日至5月30日）

1. 最终结果确定。总评得分和复评得分按权重测算裁判文书最终得分，报经我院主要领导决定最终评优结果。对最终排名前10名的裁判文书，授予“最高人民法院2017年度优秀裁判文书”。评选部门组织奖若干，根据部门裁判文书获奖数量、民警投票参与度等综合确定。

2. 点评研讨。召开“优秀裁判文书点评会暨颁奖会”，请院领导及总评专家发言点评获奖文书，请一等奖得主介绍文书写作经验，并围绕如何写好裁判文书、加强裁判文书说理性等进行研讨交流，对获奖部门和个人进行颁奖。评选活动设立单位组织奖和优秀裁判文书个人奖。个人奖设置一等奖10名、二等奖20名、三等奖30名。

六、结果运用

法官个人获奖情况纳入法官审判业绩考评档案，并建议所在部门在年度法官绩效考评、年度考核推优、评选办案能手等工作中予以适当考虑。组织奖及优秀裁判文书评选结果纳入审判业务部门2018年度审判绩效考评。

一等奖10名，代表我院，直接进入关于评选“全国法院2017年度百篇优秀裁判文书”活动的候选名单。

所有推荐文书及其裁判要旨，经组织审核后，将进入我院裁判尺度统一规则库，并作为审判经验总结，供全国法院法官借鉴参考，在四级法院内网提供展示讨论区域。

评选流程示意图

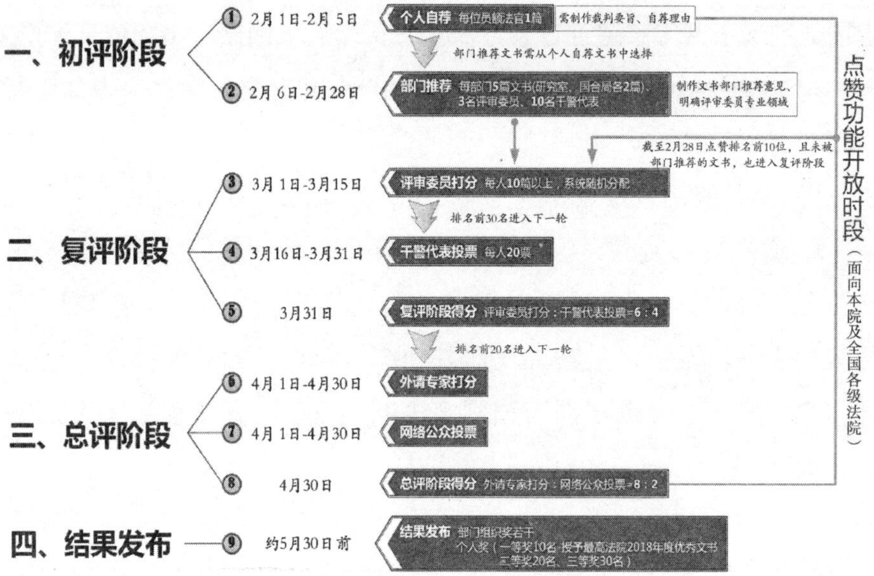

注：实际流程日期可能根据实际工作安排有所顺延，具体流程信息可关注“优秀裁判文书评选系统”首页详情

二、天津高院《关于引入第三方评估机制开展案件质量及裁判文书评查工作的规定（试行）》

为全面提升全省法院案件审判质量和裁判文书制作水平，根据《最高人民法院关于完善人民法院司法责任制的若干意见》《最高人民法院关于采取切实有效措施进一步提升裁判文书质量的紧急通知》等文件精神，结合全省法院工作实际，制定本规定。

第一条【确立机制】为确保案件质量及裁判文书评查工作的客观性、公信力，切实促进全省法院案件审判质量和裁判文书制作水平的全面提升，省法院引入第三方评估机制，即委托江苏省离退休法院工作者协会（以下简称协会），对法官案件审判质量、裁判文书水平等方面进行评查。评查结果将以一定方式公示，并作为法官审判绩效考核的重要依据。

第二条【职责分工】省法院负责与协会协调开展评查工作。

省法院负责组织协调，确定评查任务、制定评查标准，以及评查结果应用等工作。

协会负责案件的具体评查工作。选派民事、刑事、行政、执行等各条线业务能力强、文字功底好的老法官、学者组成评查组开展评查工作，并形成评查报告。

第三条【评查内容】按照“案件质量评查省法院机关员额法官全覆盖、裁判文书质量评查全省法院全覆盖”的要求，协会每年应完成对省法院机关全体员额法官承办的案件各2件，全省每个法院上网的裁判文书（撤诉裁定不列入评查范围）各10篇的评查任务。

第四条【评查方式】原则上每季度开展一次评查工作。

（一）案件质量评查以集中评查的方式开展。协会根据省法院确定的评查任务组成评查小组，在指定地点、指定时间内进行阅卷评查，并形成《案件质量评查报告》。评查人员应遵守保密纪律，案件卷宗不得带出指定场所，不得泄露审判秘密。

（二）裁判文书评查以全省三级法院在“中国裁判文书网”上网公开的裁判文书为主，协会可组织评查人员自行上网查看或下载，在指定时间内完成《裁判文书评查报告》。

第五条【评查标准】评查标准以省法院出台的《关于案件质量评查的规定（试行）》（苏高法发〔2017〕3号文）、最高人民法院出台的裁判文书格式等规范性文件为参考。

案件质量评查应当从案件实体处理、程序的规范性、卷宗的整理等方面进行全面评查；裁判文书的评查应对裁判文书的格式是否规范、查明事实及证据采信分析是否全面、争议焦点归纳是否准确，文书说理是否充分、法律适用是否恰当等方面进行评查。

评查结果分别评定为优秀、合格、瑕疵、不合格四个等级。评定为优秀、不合格案件的，应提交评查小组集体讨论确定。

第六条【评查反馈】协会的评查结论将反馈相关审判业务部门及相关法院。如对评查结论存在重大分歧的，应提交分管院领导或本院院长，由其决定是否提交审判委员会讨论。

第七条【通报讲评】省法院对评查结果予以通报。对评查工作中发现的典型错误和主要问题，将定期或不定期地进行点评或讲评，切实增强审判人员的质量意识。

第八条【评查结果运用】评查结果作为对各级法院、审判业务部门和法官进行审判业绩考核、开展优秀裁判文书、优秀案例等评选活动的重要依据。

评查中，发现司法人员有违法违纪线索的，将移交纪检监察部门调查。

对于需要追究案件质量责任的，根据《关于案件质量评查的规定（试行）》第三十八条的规定进行处理。

第九条【施行时间】本规定自下发之日起试行。

三、天津法院裁判文书质量标准

1. 总则

1.1 为规范裁判文书制作，提高裁判文书质量，根据有关法律和司法解释的规定，结合全市法院审判工作实际，制定本标准。

1.2 本标准用于指导、规范和评价适用普通程序审理案件的裁判文书制作工作。

1.3 本标准未规定内容，适用其他涉及裁判文书质量的标准化文件。

2. 格式

2.1 符合各类裁判文书的样式规定。

2.2 结构完整，要素齐备，繁简得当，层次分明。

2.3 全面反映诉讼过程，逻辑严密。

2.4 使用法言法语，文字凝练、准确，语句通顺、易懂，杜绝歧视性、不文明用语。

2.5 标点、符号、数字、字体等使用规范，版面符合制作裁判文书技术规范要求。

2.6 署名、签章等符合裁判文书格式要求，准确规范。

3. 内容

3.1 一般要求

3.1.1 法院名称、文书种类、案件编号等内容准确，诉讼主体的基本情况与当事人提交的身份证、营业执照及其他身份证明材料信息一致。

3.1.2 有立案受理、合议庭组成人员及变更、庭前会议、庭前证据交换、庭前调解、开庭审理、判前调解、司法鉴定等审理过程说明。

3.1.3 有审判委员会讨论决定等裁判形成过程说明。

3.1.4 诉（控）辩意见、诉争焦点归纳准确，证据采信合法，事实认定清楚。

3.1.5 当事人权利义务等事项内容全面。

3.1.6 附后法律、司法解释条文全面、准确、规范。

3.2 事实叙述

3.2.1 被告人犯罪动机、目的、过程、危害结果等事实表述清晰。

3.2.2 影响量刑的事实，法定、酌定情节等完整体现、准确认定。

3.2.3 民事法律关系发生的时间、地点、经过、后果等表述清晰，诉争焦点明确。

3.2.4 行政案件完整、准确叙述被诉行政行为认定的事实、适用的法律规范、处理结果和行政程序。

3.3 证据采纳与采信

3.3.1 正确适用证据规则。

3.3.2 对证据真实性、合法性、关联性的分析、判断、推理准确、充分。

3.3.3 对证据证明力的判断准确、有依据。

3.3.4 证据链条清楚、完整，证据与事实之间的证明关系清晰。

3.3.5 证据采纳得当、合法，采信与否理由充足。

3.4 裁判理由

3.4.1 根据认定的事实和相关法律规定，对当事人的行为、纠纷的性质以及有关情节和责任做出综合分析，以法论理，充分论证。

3.4.2 紧扣诉争焦点，对诉（控）辩意见做出明确回应，有较强的针对性和说服力。

3.4.3 文书说理

3.4.3.1 文书说理层次分明，证据认定、事实认定和法律适用等内容逐层铺垫，说理透彻，逻辑严密，裁判结果自然得出。

3.4.3.2 认定事实和裁判理由符合法理，说理过程综合运用法律理论、证据规则、逻辑推理、日常生活经验法则，并在裁判文书中予以展示。达到证据采信与认定事实相对应、事理法理分析与诉辩或控辩主张相对应。

3.4.3.3 对适用的法律和理由进行充分说明，选择适用法律、司法解释正确，符合法律适用规则。

3.4.3.4 说理用语规范，表达简洁清晰，文字精练易懂。不使用反问、疑问、设问等具有感情色彩的句式。涉及专业术语符合技术规范的要求。

3.4.4 适用法律正确，援引法律条文规范。

3.5 裁判结果

3.5.1 裁判方式适当。

3.5.2 裁判结果明确、具体、完整。

3.5.3 裁判结果与诉讼请求对应，没有超出诉讼请求或遗漏诉讼请求的情形。

3.5.4 裁判处理得当，公平、公正，符合社会主流价值观念。

3.5.5 诉讼费用及其他各项费用负担处理得当、详细明确。

4. 规范性文件引用

4.1《最高人民法院关于裁判文书引用法律法规等规范性文件的规定》（法释〔2009〕14号）

4.2《天津市高级人民法院案件质量评查工作规则（试行）》（津高法〔2010〕119号）

4.3《天津市高级人民法院案件质量评查标准（试行）》（津高法〔2010〕119号）

4.4《天津市高级人民法院裁判文书评查标准（试行）》（津高法〔2010〕119号）

4.5《天津市高级人民法院制作裁判文书技术规范（试行）》（津高法〔2010〕119号）

四、《河南省高级人民法院关于加强和规范民事裁判文书说理的指导意见（试行）》

……

五 培训机制和激励措施

43. 各级人民法院应将加强和规范裁判文书说理作为法官培训的重要内容，通过学习、培训、交流等形式，不断提升裁判文书说理水平。

44. 各级人民法院应通过文书抽查、评比、展示等活动，鼓励和引导法官加强裁判文书说理，并将文书说理水平作为法官遴选、考核、等级晋升的重要参考。

……

五、吉林省长春市二道区法院探索大数据评估裁判文书调查

吉林省长春市二道区人民法院与吉林大学法学院、吉林大学司法数据应用研究中心、长春市把手科技有限公司合作，探索运用大数据技术分析手段，对该院当年在中国裁判文书网上公开的裁判文书质量进行评估，通过该院在中国裁判文书网上公布的2298份裁判文书为评估样本，以48个维度为标准，对裁判文书进行段落划分，并设定相关的后台统计工具，逐一对裁判文书在案由、证据采纳、说理与事实认定的关联度、支撑判决的法律观点、援引法条的规范程度等共计13个评估指标中的实际契合度情况进行分析。重点检验裁判文书在样式结构、证据与事实认定、判决理由等方面与现行法律法规、司法解释的契合度。根据大数据评估对每个人的评价更为精准，从四个方面进行对比，可以看出办案法官裁判文书质量的差异程度。一是裁判文书契合度区间分布情况，即契合度区间所对应的案件数量和占比。二是不同类型案件的契合度平均值。三是裁判文书13项评估指标契合度指数分布情况。四是民事法官、刑事法官裁判文书质量契合度排序顺位情况。以民事法官为例，60%办案法官的5%裁判文书契合度低于60%，全体办案法官的85%裁判文书契合度处于60%至80%之间，73%办案法官的10%裁判文书契合度处于80%至100%之间。根据裁判文书大数据评估中发现的短板，为法官学习、培训提供菜单式服务。根据评估结果，制定了《关于进一步规范裁判文书制作提升裁判文书质量的若干意见》，明确了提高裁判文书质量的努力方向和具体措施，整改工作稳步推进。详尽列明了本院裁判文书质量方面存在的问题，明确了四个方面的改进措施：一是根据不同案件类型，实现裁判文书繁简

分流、简案快审、繁案精审。对事实清楚、权利义务关系明确、当事人争议不大的一审民商事案件和事实清楚、证据确实充分、被告人认罪的一审轻微刑事案件，使用简化的裁判文书，提高审判效率。对于普通程序案件特别是复杂、疑难、新型案件及社会关注度较高的案件，突出对重点争议证据的认证说理以及对当事人诉讼请求的辨法析理，力求胜败皆服。二是不断完善裁判文书质量约束和激励机制。通过优秀裁判文书评比、瑕疵裁判文书展示等活动，发挥示范作用，提高裁判文书制作的整体水平。三是加强学习培训，不断提高裁判文书的制作能力。结合建设学习型法院活动，充分运用各类培训资源，引导法官认真学习新颁布的法律、法规和司法解释，熟练掌握各类裁判文书的格式和内容要求，确保法律正确适用。四是强化责任意识，树立严谨细致的工作作风。

【规范链接】

《人民法院五年改革纲要》（法发〔1999〕28号）

13. 加快裁判文书的改革步伐，提高裁判文书的质量。改革的重点是加强对质证中有争议证据的分析、认证，增强判决的说理性；通过裁判文书，不仅记录裁判过程，而且公开裁判理由，使裁判文书成为向社会公众展示司法公正形象的载体，进行法制教育的生动教材。

《最高人民法院关于案例指导工作的规定》（法发〔2010〕51号）

第一条　对全国法院审判、执行工作具有指导作用的指导性案例，由最高人民法院确定并统一发布。

第二条　本规定所称指导性案例，是指裁判已经发生法律效力，并符合以下条件的案例：

（一）社会广泛关注的；

（二）法律规定比较原则的；

（三）具有典型性的；

（四）疑难复杂或者新类型的；

（五）其他具有指导作用的案例。

第六条　案例指导工作办公室对于被推荐的案例，应当及时提出审查意见。符合本规定第二条规定的，应当报请院长或者主管副院长提交最高人民法院审判委员会讨论决定。

最高人民法院审判委员会讨论决定的指导性案例，统一在《最高人民法院公报》、最高人民法院网站、《人民法院报》上以公告的形式发布。

第七条　最高人民法院发布的指导性案例，各级人民法院审判类似案例时应当参照。

第九条　本规定施行前，最高人民法院已经发布的对全国法院审判、执行工作具有指导意义的案例，根据本规定清理、编纂后，作为指导性案例公布。

《最高人民法院关于规范上下级人民法院审判业务关系的若干意见》（法发〔2010〕61号）

第八条　最高人民法院通过审理案件、制定司法解释或者规范性文件、发布指导性案例、召开审判业务会议、组织法官培训等形式，对地方各级人民法院和专门人民法院的审判业务工作进行指导。

第九条　高级人民法院通过审理案件、制定审判业务文件、发布参考性案例、召开审判业务会议、组织法官培训等形式，对辖区内各级人民法院和专门人民法院的审判业务工作进行指导。

高级人民法院制定审判业务文件，应当经审判委员会讨论通过。最高人民法院发现高级人民法院制定的审判业务文件与现行法律、司法解释相抵触的，应当责令其纠正。

《最高人民法院关于完善人民法院司法责任制的若干意见》（法发〔2015〕13号）

3. 法官依法履行审判职责受法律保护。法官有权对案件事实认定和法律适用独立发表意见。非因法定事由，非经法定程序，法官依法履职行为不受追究。

8. 人民法院可以分别建立由民事、刑事、行政等审判领域法官组成的专业法官会议，为合议庭正确理解和适用法律提供咨询意见。合议庭认为所审理的案件因重大、疑难、复杂而存在法律适用标准不统一的，可以将法律适用问题提交专业法官会议研究讨论。专业法官会议的讨论意见供合议庭复议时参考，采纳与否由合议庭决定，讨论记录应当入卷备查。

建立审判业务法律研讨机制，通过类案参考、案例评析等方式统一裁判尺度。

9. 明确审判委员会统一本院裁判标准的职能，依法合理确定审判委员会讨论案件的范围。审判委员会只讨论涉及国家外交、安全和社会稳定的重大复杂案件，以及重大、疑难、复杂案件的法律适用问题。强化审判委员会总结审判经验、讨论决定审判工作重大事项的宏观指导职能。

10. 合议庭认为案件需要提交审判委员会讨论决定的，应当提出并列明需要审判委员会讨论决定的法律适用问题，并归纳不同的意见和理由。

合议庭提交审判委员会讨论案件的条件和程序，适用人民法院组织法、诉讼法以及《最高人民法院关于人民法院合议庭工作的若干规定》《最高人民法院关于改革和完善人民法院审判委员会制度的实施意见》。

11. 案件需要提交审判委员会讨论决定的，审判委员会委员应当事先审阅合议庭提请讨论的材料，了解合议庭对法律适用问题的不同意见和理由，根据需要调阅庭审音频视频或者查阅案卷。

审判委员会委员讨论案件时应当充分发表意见，按照法官等级由低到高确定表决顺序，主持人最后表决。审判委员会评议实行全程留痕，录音、录像，作出会议记录。审判委员会的决定，合议庭应当执行。所有参加讨论和表决的委员应当在审判委员会会议记录上签名。

建立审判委员会委员履职考评和内部公示机制。建立审判委员会决议事项的督办、回复和公示制度。

12. 建立符合司法规律的案件质量评估体系和评价机制。审判管理和审判监督机构应当定期分析审判质量运行态势，通过常规抽查、重点评查、专项评查等方式对案件质量进行专业评价。

13. 各级人民法院应当成立法官考评委员会，建立法官业绩评价体系和业绩档案。业绩档案应当以法官个人日常履职情况、办案数量、审判质量、司法技能、廉洁自律、外部评价等为主要内容。法官业绩评价应当作为法官任职、评先评优和晋职晋级的重要依据。

14. 各级人民法院应当依托信息技术，构建开放动态透明便民的阳光司法机制，建立健全审判流程公开、裁判文书公开和执行信息公开三大平台，广泛接受社会监督。探索建立法院以外的第三方评价机制，强化对审判权力运行机制的法律监督、社会监督和舆论监督。

25. 法官应当对其履行审判职责的行为承担责任，在职责范围内对办案质量终身负责。

法官在审判工作中，故意违反法律法规的，或者因重大过失导致裁判错误并造成严重后果的，依法应当承担违法审判责任。

法官有违反职业道德准则和纪律规定，接受案件当事人及相关人员的请客送礼、与律师进行不正当交往等违纪违法行为，依照法律及有关纪律规定另行处理。

26. 有下列情形之一的，应当依纪依法追究相关人员的违法审判责任：

（1）审理案件时有贪污受贿、徇私舞弊、枉法裁判行为的；

（2）违反规定私自办案或者制造虚假案件的；

(3) 涂改、隐匿、伪造、偷换和故意损毁证据材料的，或者因重大过失丢失、损毁证据材料并造成严重后果的；

(4) 向合议庭、审判委员会汇报案情时隐瞒主要证据、重要情节和故意提供虚假材料的，或者因重大过失遗漏主要证据、重要情节导致裁判错误并造成严重后果的；

(5) 制作诉讼文书时，故意违背合议庭评议结果、审判委员会决定的，或者因重大过失导致裁判文书主文错误并造成严重后果的；

(6) 违反法律规定，对不符合减刑、假释条件的罪犯裁定减刑、假释的，或者因重大过失对不符合减刑、假释条件的罪犯裁定减刑、假释并造成严重后果的；

(7) 其他故意违背法定程序、证据规则和法律明确规定违法审判的，或者因重大过失导致裁判结果错误并造成严重后果的。

28. 因下列情形之一，导致案件按照审判监督程序提起再审后被改判的，不得作为错案进行责任追究：

(1) 对法律、法规、规章、司法解释具体条文的理解和认识不一致，在专业认知范围内能够予以合理说明的；

(2) 对案件基本事实的判断存在争议或者疑问，根据证据规则能够予以合理说明的；

(3) 当事人放弃或者部分放弃权利主张的；

(4) 因当事人过错或者客观原因致使案件事实认定发生变化的；

(5) 因出现新证据而改变裁判的；

(6) 法律修订或者政策调整的；

(7) 裁判所依据的其他法律文书被撤销或者变更的；

(8) 其他依法履行审判职责不应当承担责任的情形。

38. 在案件审理的各个阶段，除非确有证据证明法官存在贪污受贿、徇私舞弊、枉法裁判等严重违法审判行为外，法官依法履职的行为不得暂停或者终止。

《最高人民法院关于案例指导工作的规定》实施细则（法〔2015〕130号）

第二条　指导性案例应当是裁判已经发生法律效力，认定事实清楚，适用法律正确，裁判说理充分，法律效果和社会效果良好，对审理类似案件具有普遍指导意义的案例。

第三条　指导性案例由标题、关键词、裁判要点、相关法条、基本案情、裁判结果、裁判理由以及包括生效裁判审判人员姓名的附注等组成。指导性案例体例的具体要求另行规定。

第九条　各级人民法院正在审理的案件，在基本案情和法律适用方面，与最高人民法院发布的指导性案例相类似的，应当参照相关指导性案例的裁判要点作出裁判。

第十条　各级人民法院审理类似案件参照指导性案例的，应当将指导性案例作为裁判理由引述，但不作为裁判依据引用。

第十一条　在办理案件过程中，案件承办人员应当查询相关指导性案例。在裁判文书中引述相关指导性案例的，应在裁判理由部分引述指导性案例的编号和裁判要点。

公诉机关、案件当事人及其辩护人、诉讼代理人引述指导性案例作为控（诉）辩理由的，案件承办人员应当在裁判理由中回应是否参照了该指导性案例并说明理由。

《最高人民法院关于全面深化人民法院改革的意见——人民法院第四个五年改革纲要（2014—2018）》（**法发**〔2015〕3号）

34. 推动裁判文书说理改革。根据不同审级和案件类型，实现裁判文书的繁简分流。加强对当事人争议较大、法律关系复杂、社会关注度较高的一审案件，以及所有的二审案件、再审案件、审判委员会讨论决定案件裁判文书的说理性。对事实清楚、权利义务关系明确、当事人争议不大的一审民商事案件和事实清楚、证据确实充分、被告人认罪的一审轻微刑事案件，使用简化的裁判文书，通过填充要素、简化格式，提高裁判效率。重视律师辩护代理意见，对于律师依法提出的辩护代理意见未予采纳的，应当在裁判文书中说明理由。完善裁判文书说理的刚性约束机制和激励机制，建立裁判文书说理的评价体系，将裁判文书的说理水平作为法官业绩评价和晋级、选升的重要因素。

《最高人民法院关于进一步推进案件繁简分流优化司法资源配置的若干意见》（法发〔2016〕21号）

15. 推行裁判文书繁简分流。根据法院审级、案件类型、庭审情况等对裁判文书的体例结构及说理进行繁简分流。复杂案件的裁判文书应当围绕争议焦点进行有针对性地说理。新类型、具有指导意义的简单案件，加强说理；其他简单案件可以使用令状式、要素式、表格式等简式裁判文书，简化说理。当庭宣判的案件，裁判文书可以适当简化。当庭即时履行的民事案件，经征得各方当事人同意，可以在法庭笔录中记录相关情况后不再出具裁判文书。

十九、地方各级人民法院应当将裁判文书释法说理作为裁判文书质量评查的重要内容，纳入年度常规性工作之中，推动建立第三方开展裁判文书质量评价活动。

【条文说明】

本条是关于裁判文书说理评查机制的规定。

一、关于裁判文书评查的价值功能

长期以来，在司法实践中，裁判文书质量评查作为检验案件质量的重要手段，一直被各级人民法院重视。一是可以及时发现裁判文书中的瑕疵，并及时进行有效的救济。通过评查裁判文书，对发现的裁判文书质量瑕疵主动及时予以纠正，并采取相应有效的补救措施，避免造成不良法律后果。尤其是对由于文书质量引发的信访问题，可以及时发现和补救。二是促进裁判文书整体质量提升。通过评查，对发现的普遍性问题，进行分析研判，并提出整改建议；经过分析点评，建立案件裁判文书整改机制，倒逼法官更加重视裁判文书的撰写和质量，促进文书质量和案件质量整体提升。三是有利于促进裁判尺度统一。通过评查裁判文书，对案件质量的整体态势进行总体分析，及时发现和纠正审判工作中存在的问题。对于通过裁判文书评查发现同类型案件司法尺度不一致的，可以及时应对，形成统一意见，确保司法尺度的统一性。四是成为法官业绩考核的重要依据。通过评查，发现优秀裁判文书，并给予奖励和表彰，发挥典型示范、引导带动作用；对于通过裁判文书评查中反映出的案件质量问题进行有效问责，同时，裁判文书评查结果可以作为对法官动态管理、业绩考核、评先评优的主要依据。

但是，司法实践中，由于对裁判文书说理重视程度不够，在裁判文书质量评价体系中，裁判文书评查标准设计多集中在对文书的形式要件的评价上，对于通过评查裁判文书督促文书说理的推动力不足，没有起到引导法官进行裁判文书说理应有的作用，同时，评查结果的运用也不能有效促进和激励法官主动、积极地进行裁判文书说理。因此，将裁判文书释法说理作为裁判文书质量评查的重要内容，对于提升裁判文书质量至关重要。

二、关于裁判文书评查体系建设

裁判文书评查机制或评查制度是保证裁判文书说理工作落实的有效途径。基于实践中对于裁判文书说理没有足够的重视，《指导意见》对裁判文书说理提出了原则要求、技术标准、操作指引以及充分说理的机制保障和监督评估，等等。根据《指导意见》第十九条规定的精神，地方各级人民法院应当建立常态化的工作机制，解决裁判文书说理性不强、说理不充分、论证不到位问题，并以此作为促进裁判文书说理的有效途径。具体包括几个方面：

一是制定明确的评查标准。各级人民法院应当结合自身实际，按照《指导意见》规定的说理要求，从“审查判断证据说理”“认定案件事实说理”“法律适用说理”“自由裁量权行使说理”四个方面，设计科学、合理的评查依据和标准。

二是建立评查机构。建立裁判文书评查机构是裁判文书评查工作常态化建设的重要保障。目前，全国各地法院裁判文书评查机构设在审判管理部门的较多，也有的地方法院将这项工作直接归属于审判管理部门，中央机构编制委员会办公室、《最高人民法院关于积极推进省以下人民法院内设机构改革工作的通知》（法发〔2018〕8 号）规定，“内设机构不超过 8 个的基层人民法院设立审判管理办公室”，该规定明确了审判管理部门的职能定位，也为该部门承担评查任务提供了依据。同时，根据扁平化管理理念，管理权限的加强和管理内容的宽泛有助于管理权运行和权利之间的协调，也有利于将对裁判文书质量的监控、对人民法院裁判文书上网的监控，以及对审判质量的整体监控等各项工作有效结合起来，促进各项工作协同共进，实现资源整合。

三是充实调配专业化的评查人员，充实评查力量。关于评查机构人员的配备，一方面应当注重评查人员的专业素质，应当具备发现问题的专业素养；另一方面应当具备责任感和担当精神，不怕得罪人，敢于承担责任，与承担的评查任务具有匹配度，能够保证评查工作的客观性、公正性和权威性。实践中，许多地方法院返聘退休法官，常年在法院从事案件评查工作，有些法院除了由法官担任评价人员以外，还邀请第三方人员参与评查，如聘请人民法院特约监督员、咨询员和专家学者以及律师等参与评查工作，增加评查工作的透明度和公开性，通过案件评查，提升人民法院的司法公信力。

四是关于评查标准的设定。《指导意见》第十九条规定“将裁判文书释法说理作为裁判文书质量评查的重要内容”，评查目的是保障裁判文书说理的实现。各级人民法院在建立裁判文书评查机制或评查制度中应当根据《指导意见》中规定的“说理要求”“繁简指引”“技术规制”“机制配套”，设计评价裁判文书说理的项目，或在评查标准中增加权重系数，作为衡量和评价裁判文书说理的重要指标。

五是采取灵活多样的方式，推动建立第三方评价裁判文书机制。实践中，许多地方法院常规的评查方式是自查和集中评查。这两种方式简便易行，操作性强。根据实践的需要，评查文书的方式由传统的封闭式评查逐渐转变为开放式进行，比较常见的开放式的评查方式是委托第三方开展评查。其操作流程是，设定评查文书的范围，将拟评查的文书交由法院之外的第三方单位或机构进行评查，或直接由第三方选取评查样本进行评查。比如，委托法学研究机构、法律院校、律师协会等进行评查。“在线评查”是开放式评查文书的形式，尤其是近年来，中国裁判文书网建成并上线运行后，许多法院为了及时发现并纠正上网文书存在的问题，设置专门在线评查员，随时对在互联网上公布的裁判文书进行评查和监控，同时开辟反馈意见的通道，随时接受当事人以及其他社会组织或机构对文书的评价和建议，实现自查自纠或以查促纠。人民法院作为组织评查裁判文书的主体，根据监督本院审判工作质量或根据监督指导下级人民法院工作的职能要求，组织评查裁判文书评查时，常常采取“提级评查”，即要求将下级法院的裁判文书提交本级法院进行评查；“指定评查”，即将辖区某一个法院的裁判文书指定由另一法院进行评查；“交叉评查”，即上级法院组织辖区法院之间互相评查裁判文书；“集中评查”，即对拟评查的裁判文书统一时间、统一人员、统一标准、统一方式进行评查。

六是引入技术手段介入评查。随着信息技术在审判工作中的深度运用，信息化、大数据分析已成为提升裁判文书评查效果不可缺少的手段。必要时增设网上评查的专门模块或区域，设置对外、对内不同的评查系统，方便自查纠错，或者为社会各界和第三方参与裁判文书评查提供通道和便利。中国裁判文书网作为全国公开裁判文书的载体，可以为推动建立第三方参与裁判文书质量评价提供便利和途径，各级人民法院应当着力于此，充分利用好这一平台，依托于该载体，内外呼应，互联互通，为本级或辖区法院对应开放内外联通评查通道，及时有效开展内外部的裁判文书的评查。以中国裁判文书网上公开的裁判文书为资源，进行数据分析和挖掘，生成全国各级人民法院不同案由下常见错误列表，进而发现法院裁判文书中存在的共性问题。通过审判流程管理信息平台对重点环节进行监控，及时有效解决裁判文书中出现的共性问题，避免出现常见、低级差错。针对个性问题，应当特别侧重，必要时对办案法官进行提示并开展有针对性的培训，精确提升法官的裁判文书质量。

七是形成科学完整的裁判文书评查体系。各省高级人民法院应当重视辖区内法院裁判文书评查工作的组织领导，并作为上级法院监督指导下级法院审判工作质量的重要内容，加强裁判文书评查体系建设，注重评查体系的完整性、系统性和协调性，重点关注评查体系的评查指标设计、评查结果对促进裁判文书说理的实际效果，发挥系统集成作用，实现上下级、同级法院之间评查体系之间的良性互动，促进裁判文书说理的作用和效果。

八是正确运用裁判文书说理评查结果。经过裁判文书评查，评选出年度“精品文书”，与法官遴选、晋升、履职考评挂钩，作为评选优秀审判业务专家的重要指标和监督评价考核下级法院工作的指标，并以此带动审判质效的整体提升。

三、重点要求

本条规定对于保障裁判文书说理具有重要意义，其直接关系到该《指导意见》的贯彻实施效果。一是明确评查重点和要求。认真总结裁判文书评查、评比中取得的成功经验和做法，对现行裁判文书评查办法进行细化，突出“裁判文书说理”为裁判文书质量评查的重点，围绕这一重点进行制度建设，完善相关配套措施，做好工作衔接。二是统筹协调，整体推进。重点是将裁判文书质量考评结果与司法责任制改革统筹协调，推动建立权责明晰、权责统一、监督有序、制约有效的裁判文书质量考评机制，以此调动和激发法官制作高水平裁判文书的积极性、能动性，带动人民法院裁判文书整体质量的全面提升。三是建立长效机制，强化保障措施。各级法院要将以释法说理为重要内容的裁判文书质量评查工作，纳入各级法院的年度常规性工作之中，做到年初有计划、年中有检查、年末有考核。坚持定期评查、专项评查与重点评查相结合，建立长效评查工作机制，发挥评查工作的功能作用。要将裁判文书说理评查纳入人民法院裁判文书质量评估体系和评价机制中，不断拓展评查的范围、对象和主体，提升评查的针对性和有效性，持之以恒、常抓不懈，促进人民法院裁判文书质量实现全面提升，保障裁判文书说理工作真正落到实处。

最后需要注意的是，要把以释法说理为重要内容的裁判文书质量评查和考核，与错案追究前的错案认定程序区别开来，不能简单将裁判文书质量评查的结果，作为认定错案的依据。厘清裁判说理不足与司法责任追究的关系，不能简单把释法说理不充分、不到位，作为追究法官责任的依据和理由。

【经验推介】

一、北京二中院开展系列活动提升裁判文书质量

北京二中院高度重视抓好裁判文书质量。该院依托重点工作和专项活动，多措并举，积极开展裁判文书写作培训，努力提高审判人员裁判文书撰写水平。与北京院校合作，邀请清华大学、中国人民大学、北京师范大学法学教授、博士生导师及北京政法职业学院教师与该院院、庭领导，业务骨干人担任评委，组成评审团对裁判文书进行匿名评审。对该院审结案件判决文书进行全方位的“质量检查”，并针对相关问题与各审判业务口、各庭室进行讲评，推动全院审判人员裁判文书写作水平的提高。

为促进成果转化，该院确定一定数量对社会道德、法学理论或法律实务有引领作用的“标杆文书”，有亮点特色、令人信服的“精品文书”和结果正确、说理充分、形式规范的“优秀文书”；将“创新加强裁判说理方式”“开展优秀裁判文书评选”“裁判文书繁简分流”等内容作为年度工作重点。评选出精品优秀裁判文书，均经个人自荐、庭室推荐、两轮院级评选、评审意见复核五轮程序，文书除了形式规范、裁判结果正确之外，体现了法官的裁判思路，包含了法官对于事实和证据负责的态度，甚至蕴含了法官的司法人文关怀，均是叙述清晰完整，层次分明，论理透彻，具有很强的说服力和司法道义感的文书；体例上有所创新，逻辑清晰，释法到位，敢于说理、善于说理，彰显审理过程公开价值的文书；涉案事实查证翔实、争议焦点归纳准确、裁判依据正确充分的文书。

建立裁判文书质量提升长效机制，确定每年的6月为“裁判文书质量月”，开展裁判文书写作培训、评比表彰等系列专项活动。在此基础上，将裁判文书评比结果与审判人员个人绩效考核挂钩，对获奖

人员予以加分，作为审判人员年终考核、年度评优评先、晋职晋级的一项重要依据。

围绕裁判文书撰写技巧开展全院全员培训。以论坛的形式邀请专家学者与审判人员就裁判文书撰写相关问题开展有针对性的深入交流。

二、河南省高级人民法院裁判文书质量评查标准

第一章　一般规定

第六条　裁判文书说理，应当具有合法性、逻辑性和针对性，应具体引用裁判依据的法律条文的内容，全面论证案件争议的事实问题、法律问题，认真分析各方当事人的主要观点及理由是否成立，详细阐述法官进行审判裁量的事实依据、法律依据和心证形成过程。对争议焦点，应条理清楚地说明支持或不支持当事人主张的理由。

第四章　说理方面的评查标准

第十三条　裁判文书说理（裁判理由）方面的评查内容包括说理是否围绕争议焦点展开，论点是否清楚，论据是否确实，论证是否充分，是否对诉（控）辩双方的主要观点给予回应，引用法条是否正确等。说理方面无瑕疵、重大瑕疵的，评为优秀。凡存在下列问题之一的，可以评为瑕疵或重大瑕疵：

（一）裁判说理未针对诉（控）辩双方的争议焦点或理由进行，未具体引用法律条文内容；对争议事项的法理分析不透彻、逻辑性不强，不能得出裁判结论的；

（二）对当事人的主要诉讼请求是否成立未作评判或评判不完整的；

（三）对代理人、辩护人的主要代理、辩护意见未作评判或评判不完整的；

（四）论述裁判理由层次混乱条理不清的；

（五）说理中引用未经审理查明的事实或未阐述事实认定的理由及证据，未阐述心证形成过程的；

（六）对案件性质、法律适用，没有进行论述或者论述错误的；论述缺乏逻辑和针对性的；

（七）应当对犯罪形态、犯罪主体、犯罪主观方面、共同犯罪中的地位作用、犯罪的次数和数额、自首、立功等内容进行论述，没有论述或者论据错误的；论述缺乏逻辑和针对性的；

（八）漏引、错引法律条款、司法解释的；

（九）对法律、司法解释条、款、项、目未正确引用的；

（十）引用法律、司法解释顺序不当的；

（十一）其他不符合《最高人民法院关于裁判文书引用法律、法规等规范性法律文件的规定》的情形，不当引用规范性文件的；

（十二）说理中存在其他不当情形的。

【规范链接】

《人民法院五年改革纲要》（法发〔1999〕28号）

13. 加快裁判文书的改革步伐，提高裁判文书的质量。改革的重点是加强对质证中有争议证据的分析、认证，增强判决的说理性；通过裁判文书，不仅记录裁判过程，而且公开裁判理由，使裁判文书成为向社会公众展示司法公正形象的载体，进行法制教育的生动教材。

《最高人民法院关于案例指导工作的规定》（法发〔2010〕51号）

第一条　对全国法院审判、执行工作具有指导作用的指导性案例，由最高人民法院确定并统一发布。

第二条　本规定所称指导性案例，是指裁判已经发生法律效力，并符合以下条件的案例：

（一）社会广泛关注的；

（二）法律规定比较原则的；

（三）具有典型性的；

（四）疑难复杂或者新类型的；

（五）其他具有指导作用的案例。

第六条　案例指导工作办公室对于被推荐的案例，应当及时提出审查意见。符合本规定第二条规定的，应当报请院长或者主管副院长提交最高人民法院审判委员会讨论决定。

最高人民法院审判委员会讨论决定的指导性案例，统一在《最高人民法院公报》、最高人民法院网站、《人民法院报》上以公告的形式发布。

第七条　最高人民法院发布的指导性案例，各级人民法院审判类似案例时应当参照。

第九条　本规定施行前，最高人民法院已经发布的对全国法院审判、执行工作具有指导意义的案例，根据本规定清理、编纂后，作为指导性案例公布。

《最高人民法院关于规范上下级人民法院审判业务关系的若干意见》（法发〔2010〕61号）

第八条　最高人民法院通过审理案件、制定司法解释或者规范性文件、发布指导性案例、召开审判业务会议、组织法官培训等形式，对地方各级人民法院和专门人民法院的审判业务工作进行指导。

第九条　高级人民法院通过审理案件、制定审判业务文件、发布参考性案例、召开审判业务会议、组织法官培训等形式，对辖区内各级人民法院和专门人民法院的审判业务工作进行指导。

高级人民法院制定审判业务文件，应当经审判委员会讨论通过。最高人民法院发现高级人民法院制定的审判业务文件与现行法律、司法解释相抵触的，应当责令其纠正。

《最高人民法院关于完善人民法院司法责任制的若干意见》（法发〔2015〕13号）

3. 法官依法履行审判职责受法律保护。法官有权对案件事实认定和法律适用独立发表意见。非因法定事由，非经法定程序，法官依法履职行为不受追究。

8. 人民法院可以分别建立由民事、刑事、行政等审判领域法官组成的专业法官会议，为合议庭正确理解和适用法律提供咨询意见。合议庭认为所审理的案件因重大、疑难、复杂而存在法律适用标准不统一的，可以将法律适用问题提交专业法官会议研究讨论。专业法官会议的讨论意见供合议庭复议时参考，采纳与否由合议庭决定，讨论记录应当入卷备查。

建立审判业务法律研讨机制，通过类案参考、案例评析等方式统一裁判尺度。

9. 明确审判委员会统一本院裁判标准的职能，依法合理确定审判委员会讨论案件的范围。审判委员会只讨论涉及国家外交、安全和社会稳定的重大复杂案件，以及重大、疑难、复杂案件的法律适用问题。强化审判委员会总结审判经验、讨论决定审判工作重大事项的宏观指导职能。

10. 合议庭认为案件需要提交审判委员会讨论决定的，应当提出并列明需要审判委员会讨论决定的法律适用问题，并归纳不同的意见和理由。

合议庭提交审判委员会讨论案件的条件和程序，适用人民法院组织法、诉讼法以及《最高人民法院关于人民法院合议庭工作的若干规定》《最高人民法院关于改革和完善人民法院审判委员会制度的实施意见》。

11. 案件需要提交审判委员会讨论决定的，审判委员会委员应当事先审阅合议庭提请讨论的材料，了解合议庭对法律适用问题的不同意见和理由，根据需要调阅庭审音频视频或者查阅案卷。

审判委员会委员讨论案件时应当充分发表意见，按照法官等级由低到高确定表决顺序，主持人最后表决。审判委员会评议实行全程留痕，录音、录像，作出会议记录。审判委员会的决定，合议庭应当执行。所有参加讨论和表决的委员应当在审判委员会会议记录上签名。

建立审判委员会委员履职考评和内部公示机制。建立审判委员会决议事项的督办、回复和公示制度。

12. 建立符合司法规律的案件质量评估体系和评价机制。审判管理和审判监督机构应当定期分析审判质量运行态势，通过常规抽查、重点评查、专项评查等方式对案件质量进行专业评价。

13. 各级人民法院应当成立法官考评委员会，建立法官业绩评价体系和业绩档案。业绩档案应当以法官个人日常履职情况、办案数量、审判质量、司法技能、廉洁自律、外部评价等为主要内容。法官业绩评价应当作为法官任职、评先评优和晋职晋级的重要依据。

14. 各级人民法院应当依托信息技术，构建开放动态透明便民的阳光司法机制，建立健全审判流程公开、裁判文书公开和执行信息公开三大平台，广泛接受社会监督。探索建立法院以外的第三方评价机制，强化对审判权力运行机制的法律监督、社会监督和舆论监督。

25. 法官应当对其履行审判职责的行为承担责任，在职责范围内对办案质量终身负责。

法官在审判工作中，故意违反法律法规的，或者因重大过失导致裁判错误并造成严重后果的，依法应当承担违法审判责任。

法官有违反职业道德准则和纪律规定，接受案件当事人及相关人员的请客送礼、与律师进行不正当交往等违纪违法行为，依照法律及有关纪律规定另行处理。

26. 有下列情形之一的，应当依纪依法追究相关人员的违法审判责任：

（1）审理案件时有贪污受贿、徇私舞弊、枉法裁判行为的；

(2) 违反规定私自办案或者制造虚假案件的；

(3) 涂改、隐匿、伪造、偷换和故意损毁证据材料的，或者因重大过失丢失、损毁证据材料并造成严重后果的；

(4) 向合议庭、审判委员会汇报案情时隐瞒主要证据、重要情节和故意提供虚假材料的，或者因重大过失遗漏主要证据、重要情节导致裁判错误并造成严重后果的；

(5) 制作诉讼文书时，故意违背合议庭评议结果、审判委员会决定的，或者因重大过失导致裁判文书主文错误并造成严重后果的；

(6) 违反法律规定，对不符合减刑、假释条件的罪犯裁定减刑、假释的，或者因重大过失对不符合减刑、假释条件的罪犯裁定减刑、假释并造成严重后果的；

(7) 其他故意违背法定程序、证据规则和法律明确规定违法审判的，或者因重大过失导致裁判结果错误并造成严重后果的。

28. 因下列情形之一，导致案件按照审判监督程序提起再审后被改判的，不得作为错案进行责任追究：

(1) 对法律、法规、规章、司法解释具体条文的理解和认识不一致，在专业认知范围内能够予以合理说明的；

(2) 对案件基本事实的判断存在争议或者疑问，根据证据规则能够予以合理说明的；

(3) 当事人放弃或者部分放弃权利主张的；

(4) 因当事人过错或者客观原因致使案件事实认定发生变化的；

(5) 因出现新证据而改变裁判的；

(6) 法律修订或者政策调整的；

(7) 裁判所依据的其他法律文书被撤销或者变更的；

(8) 其他依法履行审判职责不应当承担责任的情形。

38. 在案件审理的各个阶段，除非确有证据证明法官存在贪污受贿、徇私舞弊、枉法裁判等严重违法审判行为外，法官依法履职的行为不得暂停或者终止。

《最高人民法院关于案例指导工作的规定》实施细则（法〔2015〕130号）

第二条　指导性案例应当是裁判已经发生法律效力，认定事实清楚，适用法律正确，裁判说理充分，法律效果和社会效果良好，对审理类似案件具有普遍指导意义的案例。

第三条　指导性案例由标题、关键词、裁判要点、相关法条、基本案情、裁判结果、裁判理由以及包括生效裁判审判人员姓名的附注等组成。指导性案例体例的具体要求另行规定。

第九条　各级人民法院正在审理的案件，在基本案情和法律适用方面，与最高人民法院发布的指导性案例相类似的，应当参照相关指导性案例的裁判要点作出裁判。

第十条　各级人民法院审理类似案件参照指导性案例的，应当将指导性案例作为裁判理由引述，但不作为裁判依据引用。

第十一条　在办理案件过程中，案件承办人员应当查询相关指导性案例。在裁判文书中引述相关指导性案例的，应在裁判理由部分引述指导性案例的编号和裁判要点。

公诉机关、案件当事人及其辩护人、诉讼代理人引述指导性案例作为控（诉）辩理由的，案件承办人员应当在裁判理由中回应是否参照了该指导性案例并说明理由。

《最高人民法院关于全面深化人民法院改革的意见——人民法院第四个五年改革纲要（2014—2018）》（法发〔2015〕3号）

34. 推动裁判文书说理改革。根据不同审级和案件类型，实现裁判文书的繁简分流。加强对当事人争议较大、法律关系复杂、社会关注度较高的一审案件，以及所有的二审案件、再审案件、审判委员会讨论决定案件裁判文书的说理性。对事实清楚、权利义务关系明确、当事人争议不大的一审民商事案件和事实清楚、证据确实充分、被告人认罪的一审轻微刑事案件，使用简化的裁判文书，通过填充要素、简化格式，提高裁判效率。重视律师辩护代理意见，对于律师依法提出的辩护代理意见未予采纳的，应当在裁判文书中说明理由。完善裁判文书说理的刚性约束机制和激励机制，建立裁判文书说理的评价体系，将裁判文书的说理水平作为法官业绩评价和晋级、选升的重要因素。

《最高人民法院关于进一步推进案件繁简分流优化司法资源配置的若干意见》（法发〔2016〕21号）

15. 推行裁判文书繁简分流。根据法院审级、案件类型、庭审情况等对裁判文书的体例结构及说理进行繁简分流。复杂案件的裁判文书应当围绕争议焦点进行有针对性地说理。新类型、具有指导意义的简单案件，加强说理；其他简单案件可以使用令状式、要素式、表格式等简式裁判文书，简化说理。当庭宣判的案件，裁判文书可以适当简化。当庭即时履行的民事案件，经征得各方当事人同意，可以在法庭笔录中记录相关情况后不再出具裁判文书。

二十、各级人民法院可以根据本指导意见，结合实际制定刑事、民事、行政、国家赔偿、执行等裁判文书释法说理的实施细则。

【条文说明】

本条是关于制定《指导意见》实施细则的规定。

裁判文书释法说理改革是一项庞大的系统性工程。我国当下司法实践中，裁判文书存在不同的种类，包括判决书、裁定书、决定书、调解书；适用于不同的审判领域，包括刑事审判、民事审判、行政审判、国家赔偿、执行；适用于不同的诉讼阶段，包括立案、一审、二审、再审、执行，等等；适用于不同的诉讼程序，包括普通程序、简易程序、特别程序、督促程序、公示催告程序，等等；适用于不同的案件，包括简单案件、复杂案件；适用于不同层级法院，包括基层人民法院、中级人民法院、高级人民法院和最高人民法院。案件难易、讼争事实、法院审级、审理程序、庭审情况、文书种类等因素，均会直接或者间接地影响裁判文书的说理。《指导意见》无法做到面面俱到，只能重点解决一些宏观层面的共性问题，至于刑事、民事、行政、国家赔偿、执行等裁判文书的释法说理，各级人民法院可以针对审判实践中存在的具体的、个性的问题，在总结相关经验的基础上分别作出细则性的规定。《指导意见》是最高人民法院关于裁判文书释法说理改革的顶层设计，地方各级人民法院要坚持顶层设计和地方探索相结合，充分发挥主观性、能动性、积极性，大胆先行先试，不断探索创新，努力创造更多可复制可推广的鲜活经验。

二十一、本指导意见自2018年6月13日起施行。

【条文说明】

本条是关于《指导意见》具体实施时间的规定。

第二部分

专家解读

裁判文书释法说理的“加强”与“规范”两手抓

王新清[①]

裁判文书承载着诸多法治使命：对当事人来说，是定分止争的稳定器，是行使权利、履行义务的依据；对社会大众来说，是预防违法犯罪的警醒剂，是受法治教育的生动案例；对历史来说，是记录我们这个时代法治信息的重要载体。因此，古今中外的司法机关无不重视裁判文书的质量，无不把裁判文书的规范化、说理化作为裁判文书的生命。改革开放以来，最高人民法院一直重视裁判文书的质量，多次发布刑事、民事和行政诉讼裁判文书样式，对裁判文书的规范化提出要求；建立裁判文书公开网，把各个人民法院制作的裁判文书予以公开，接受社会大众的监督。

毋庸置疑，我国当前裁判文书的质量还达不到中国特色社会主义法治的新要求，不能充分满足当事人和社会大众的新期待。其主要表现在：第一，不少裁判文书特别是刑事裁判文书没有说理或者说理不够，看不出裁判主文的依据和理由，使人感觉法院不讲理，是在作“霸王”裁决；第二，少数一些裁判文书说理不规范，降低了裁判文书的严肃性，也为裁判的执行带来了负面影响。这表现在：有的裁判文书繁复冗长，曾出现长达数十万字的判决书，成为当事人投诉的焦点。有的裁判文书把本来属于司法建议（教育）的内容放在裁判文书

① 中国社会科学院大学教授。

里，美其名曰“判后寄语”，把严肃的裁判变成了拖拉冗长的法治宣传，这不仅容易产生新的争议，还影响裁判的执行力。第三，有的裁判文书用词用语不规范，读了它不明就里，无法发挥使当事人服判息诉的作用。因此，特别需要最高人民法院出台一个规范性文件，整顿裁判文书制作中的乱象，指导各级法院正确制作裁判文书，以提高我国裁判文书的说理化和规范化水平。

最近，经过认真研究、反复讨论后出台的《最高人民法院关于加强和规范裁判文书释法说理的指导意见》（以下简称《指导意见》）虽然内容不多，但句句是“干货”，条条击中要害，对于整治司法实践中存在的裁判文书释法说理方面的“乱象”，规范各级各地人民法院裁判文书的制作，具有重要的意义。

“指导意见”结构完整，内容全面，具体包括以下六个部分：第一部分是第一条至第三条，明确了裁判文书释法说理的目的、总体要求和原则。第二部分是第四条至第七条，规定了裁判文书释法说理的重点问题。即在一般情况下，裁判文书的释法说理要围绕证据的审查判断、案件事实认定和法律适用进行，这是释法说理的基本要求。第三部分是第八条至第十条，明确了裁判文书释法说理方面繁简分流的标准。明确了什么案件需要强化释法说理，什么案件可以简化释法说理，以及一些特殊案件强化释法说理的重点。第四部分是第十一条至第十五条，规定了裁判文书制作的规范化问题。包括格式规范化、引用规范性法律文件的规范化、裁判理由论据的规范化、裁判文书表达方式的规范化和使用文字的规范化。第五部分是第十六条至第十九条，明确了加强和规范裁判文书释法说理的一些方法和措施。包括推广有指导意义的优秀裁判文书、把裁判文书制作水平作为考核法官的必备内容、组织裁判文书评查活动，建立裁判文书的第三方评价机制等。第六部分是附则，包括第二十条和第二十一条。这些内容既有原则性要求，也有具体的指引；既有释法说理内容的规定性，也有方法论的指导；既有强化释法说理的重点，也有繁简分流的标准。文件充满着辩证性和科学性，必将便于在司法实践中施行。

随着我国的法治建设不断向前推进，司法改革不断深入进行，越来越多的法官认识到裁判文书释法说理的重要性。在司法实践中，由于受到各种因素的干扰，仍然存在法官“不会说”“无暇说”“不愿说”三种情况，使得裁判文书释法说理水平不高的状况没有得到根本改变。我认为，《指导意见》的出台，将会使这种情况发生巨大变化。

《指导意见》能够克服法官“不会说”的尴尬。司法实践中，确有一些理论水平不高、写作能力不强的法官，虽然主观上想要充分地释法说理，但客观上存在“不会说”的尴尬。在《指导意见》里，对于如何释法说理做了很详细的规定。从宏观方面说，裁判文书释法说理，要“阐明事理”“释明法理”“讲明情理”“讲究文理”。释法说理要符合社会主义核心价值观的要求，做到层次分明、有的放矢、繁简适度。在微观上，《指导意见》还分别就证据审查判断方面、非法证据排除方面、事实认定方面、法律适用方面如何释法说理，做出了清晰的规定。这些规定，对于法官撰写裁判文书、强化释法说理，是一个很好的指引。

《指导意见》能够打破法官“无暇说”的困境。在司法实践中，我们常听到法官抱怨说，现在案子很多，法官又少，“案多人少”压得法官喘不过气来，哪有时间“释法说理”。还有的法官说，有的案件事实清楚、法律关系简单，当事人在诉讼中达成了和解，争议和纠纷基本化解，还需要详细地释法说理吗？的确，司法实践中，“案多人少”的矛盾是客观存在的，特别是在员额制改革完成后，有的地方这个矛盾更加突出。如果不论什么案件都需要强化释法说理，长篇大论地写裁判文书，法官的工作量将会急剧增加，这将成为压垮法官的“最后一根稻草”。事实上，有不少简单的案件、控辩双方争议不大甚至达成了合意的案件，如果强化释法说理，的确没有必要。但是，由于以前缺乏明确的规定，法官对于什么案件强化释法说理、什么案件简化释法说理的标准把握不好，有的法官为省事起见，不论什么案件，都进行大致差不多的释法说理，导致裁判文书在说理上“该繁不繁，该简不简”，浪费了法官的时间和精力，引起当事人和社会大众对裁判文书的不满。《指导意见》第八条至第十条，明确了12种案件需要强化释法说理，6种案件可以简化释法说理，还规定了二审、再审案件需要强化释法说理和可以简化释法说理的情况。这些规定，解决了司法实践中裁判文书释法说理的“繁简分流”问题，对于减轻法官的工作量，有很大的帮助。随着“认罪认罚从宽制度”的推行，我认为，今后的诉讼程序大体会分为两类：一是控辩双方达成合意的“合作式”诉讼程序，二是控辩双方达不成合意的对抗式诉讼程序。通过前一种程序审判的案件，今后将占大多数，这类案件基本上可以简化释法说理。通过后一种程序审理的案件，将成为少数，这类案件需要强化释法说理。只对少数案件强化释法说理，肯定能够克服法官“无暇释法说理”的困境。

《指导意见》能够解决法官“不愿说”的难题。司法实践中，有的法官理论水平高，办案能力强，也有写作水平，但出于各种原因，就是不愿释法说理。针对这种情况，《指导意见》规定了一些措施和办法，从多个方面解决法官不愿释法说理的难题。首先，《指导意见》明确要求各级人民法院应定期汇编优秀裁判文书，评选发布全国性优秀裁判文书，鼓励引导法官强化释法说理，撰写高质量、高水平的裁判文书；其次，《指导意见》提出，人民法院要将裁判文书的制作和释法说理作为考核法官业务能力和审判质效的必备内容，以此督促法官强化释法说理；再次，《指导意见》要求地方各级人民法院将裁判文书的释法说理作为裁判文书质量评查的重要内容，把检查法官强化释法说理作为常规性工作；最后，《指导意见》还提出建立裁判文书质量的第三方评价机制，通过社会的力量，推动裁判文书释法说理的规范化。我们有理由相信，这些措施和办法推行以后，可以从正面引导和反面监督两个方面，强化法官释法说理，提高裁判文书的制作质量和水平。

《指导意见》能够提高裁判文书制作的规范化水平。裁判文书需要强化释法说理，但在释法说理方面也要适度，烦琐的、哗众取宠的释法说理也是不对的。因为裁判文书不是文学作品，它是法律的化身。严肃和规范是其基本属性。《指导意见》要求，制作裁判文书应当遵循最高人民法院发布的各类裁判文书制作规范和样式。这里的“应当遵守”四个字，就明确了在裁判文书的格式、结构方面不允许法官“标新立异”。在法律等规范性文件的引用上，《指导意见》要求必须严格遵守《最高人民法院关于裁判引用法律、法规等规范性法律文件的规定》，引用法律条文必须准确、完整。《指导意见》还规定了5种其他可用于论证裁判理由的论据，对于保障裁判结论的正当性和可接受性有重要意义。在使用文字规范性方面，《指导意见》不仅规定了一般不得使用的文字，还明确规定，裁判文书的释法说理应当避免使用主观臆断的表达方式，不恰当的修辞方法和学术化的写作风格，也不能未经分析论证而直接使用“没有事实和法律依据，本院不予支持”之类的“武断性”表达。

当然，《指导意见》毕竟不是立法，在体系的完整性等方面还有完善的空间。但是，我相信，随着它在司法实践中的实行，各级人民法院将在加强和规范裁判文书释法说理方面积累起丰富的经验，为完善三大诉讼法关于裁判文书的立法规定，为制定裁判文书的相关司法解释，奠定坚实的基础。

裁判文书释法说理与提升司法公信力

王亚新①

最高人民法院发布的《关于加强和规范裁判文书释法说理的指导意见》（以下简称《指导意见》），对于引导全国各级人民法院切实提升审判质效，真正实现“案结事了”，进而充分发挥司法对于法治秩序建构的多种功能，都具有重大的意义。自从法院借助日益发达的科技手段，以生效裁判文书全面上网的方式贯彻落实司法公开原则，当事人以及社会上的一般人能够通过互联网这个更加便捷低廉的途径接近裁判文书这一事实所带来的“倒逼效应”表现得越来越明显。且不说目前出现的少数裁判文书因存在笔误或其他显而易见的“硬伤”而备受“围观”公众诟病的现象，这尚属制作文书时有些敷衍塞责，需要端正态度层次的问题。但是，假如公众通过对裁判文书的“挑刺”使得审理程序和裁判结果本身的质量缺陷暴露出来，给法院带来的巨大压力则是不言而喻的。出台在这样的背景之下，《指导意见》开宗明义就指出，裁判文书释法说理旨在提高裁判的可接受性，增强裁判行为的公正性和透明度，规范审判权的行使，提升司法的公信力和权威性，使其充分发挥定分止争和价值引领的作用（第一条）。之所以将裁判文书释法说理的意义提到这样的高度来表述，是因为裁判文书的撰写制作不仅直接体现出文字表述的能力和写作的态度是否认真，而且往往能够反映案件审理和裁判的思路以及“凝缩”于其中的法官专业素养与审判智慧。

---

① 清华大学法学院教授。

虽然《指导意见》明确区分了对释法说理是强化还是简化的两类裁判文书（第八条、第九条），但在推行司法责任制及法官员额制为中心的司法改革之后，对于入额法官业务能力的基本要求之一就是能够得心应手地撰写制作前一类裁判文书。而这类裁判文书的释法说理需要大力强化，其必要性则在于法官应当通过具有相当透明度和客观性的文字载体，向当事人以及包括法律职业共同体在内的社会上一般人对自己就特定个案的事实认定和法律适用作出合理说明，并对自己所下判断的正当性加以论证。如果要指明更为直接的说理对象，则可以说一方面是当事人，另一方面就是作为同行的法官、检察官、律师和其他法律专家。一般而言，在裁判文书中进行释法说理的法官首先意识到的是需要说服本案的当事人。尤其在双方分歧尖锐、观点对立、争议很大的案件中，能否紧扣当事人之间争执不下的焦点问题，对于当事人双方有关事实和法律的主张都作出理据充分的回应，就成为裁判文书释法说理的关键。关于释法说理应如何进行，《指导意见》第四条到第七条分别从证据属性的辨识及证据的运用、举证责任分配、认定事实的证明过程以及法律的选择和解释适用等方面作出了概括性的规定。对这些规定的每一条，都有必要仔细地体会消化，争取切实地贯彻到裁判文书释法说理的实践中去。

需要注意的是，司法实务中当事人双方的争议经常更多地集中于事实认定方面，对于纯粹的法律解释适用问题争议相对较少。作为裁判文书说理的一种带有规律性的方法，对于当事人双方围绕具体特定的案件事实进行的争议，为了解决争议一定要对该事实作出明确的认定。而这种认定一般都应包括证据的列举和对于证据与事实认定之间关系的说明这两个层次的内容。而且对于认定的每一个事实，作为认定原因的证据列举必须是具体特定的，应避免“根据本案所有证据”或“从现有证据来看”等抽象笼统的说法。与此相应，有关特定证据与事实认定之间关系的说明也应当合乎逻辑且尽可能地具体明确。

这样说理的结果才能够不仅让当事人也让一般人读得明白，更容易取得说服当事人和获得社会认可的良好效果。当然，裁判文书中对事实认定和证据之间关系进行说理的详略程度，因案情和程序进行的实际情况存在着相当的调整余地。一般说来，对于构成案件争议的焦点问题且当事人双方通过相互对立的主张和各自提交众多证据积极展开了攻击防御的事实，法官应当在裁判文书中就自己的认定判断和所依据的证据及推论过程作出较为完整的说明。与此相对，如果是当事人之间争议的激烈程度有限，而且从证据到达一定判断认定的逻辑结构也比较单纯的事实，裁判文书中对此的说明也可以趋于简洁。

裁判文书释法说理的对象首先是当事人。但与此相并行，法官还应充分意识到，通过裁判文书需要说服的对象还有法律职业共同体的其他成员。最为直接的情形就是在诉讼的制度安排上，一审法院的裁判文书往往有可能接受二审法官的“检测”和再次判断。同时，从法理的角度来看，所有裁判文书的释法说理都诉诸法律职业共同体内部的相互评判。与面向当事人的说理恰为对照的是，法律职业共同体更倾向于关注裁判文书中有关法律解释适用的叙述和论证，尤其是对于在法律上有新意或需要发展的案件。在我国当前的司法实践中，所谓“同案同判”或者更精确一点讲是“类案类判”的问题，往往成为这种专业性关注的焦点。遇到此类问题时，原则上法官的法律适用应尽可能“遵从先例”即高度尊重法律职业共同体已经大致形成的共识，裁判文书的说理也应当紧密围绕这一点而展开。

需要注意的是，处理上述问题还可能存在另一种思路。对法律有多样的解释，本来也可以说是法律适用的常态或者“题中应有之义”。以语言和概念来表达的法律条文被运用来解决社会上的种种问题时，总得有个尝试摸索其具体的适用对象及范围的过程。这也是规范或者法的概念框架与社会现实相“磨合”并逐渐成熟的必经阶段。而且，随着社会的发展变迁，体现于法条之中的概念和价值等还有必要与时俱进，不断地去适应变化了的社会现实。因此在某些情况下，应当对特定期间内所谓“同案不同判”的现象持相对宽容甚或理解的态度。经过一段时间的探索尝试，法律应当适用的对象及范围往往能够得到澄清并稳定下来。而法官根据案件具体情形选择不同的法律解释乃至“依据习惯、法律原则、立法目的等作出裁判”（《指导意见》第七条）时，对自己的选择进行充分合理的说明论证，既是努力使特定裁判获得正当性的应尽职责，也是在保持稳定性的前提下促使法律持续动态发展的必要条件。

裁判文书释法说理以当事人和法律职业共同体为直接的对象，但这些相互的沟通交流应当统一于司法审判力图向全社会不断地争取认可的正当化机制之中。作为这种机制的反映，法官在撰写制作裁判文书时，可以设想以社会平均的一种“理性人”形象作为对话的另一方。这种具有健全的思维能力和社会常识的“理性人”与当事人和法律专家存在着密切的联系，但因无利害关系而区别于当事人，又因无专业知识背景而区别于法律专家。裁判文书的释法说理指向当事人而取得“案结事了”的良好效果，指向各种法律专家而实现法律职业共同体自身的建构和法律专门知识体系的发展，但最终则是为了“让人民群众在每一个司法案件中都感受到公平正义”，即在全社会范围内诉诸健全的常识和理性。从裁判文书释法说理目前的状况来看，我国的司法审判依然任重而道远。

为了切实加强和规范裁判文书的释法说理，《指导意见》还就优秀裁判文书的收集、整理、汇编，以裁判文书制作及质量为对象的考核、评估考核指标体系以及考评机制的建立等作出了规定（第十六条至第十九条），在提升裁判文书质量的制度建设上迈出了重要的一步。在这些意义上，《指导意见》的公布意味着法院通过裁判文书进行释法说理的工作即将开启一段新的征程。在今天裁判文书全面上网公开已汇集为信息的巨流等态势下，以司法改革取得阶段性重大成果并将展开综合配套改革为背景，作为整体改进和完善我国审判制度的一个重要环节，相信裁判文书的释法说理一定能够在可预期的时间内“更上一层楼”，并获得长足的发展。

释法析理　写出来看

张　骐[①]

《最高人民法院关于加强和规范裁判文书释法说理的指导意见》（以下简称《指导意见》）经过几年的广泛调研、征求意见和认真细致的起草，现在正式印发、施行了。《指导意见》对裁判文书释法说理的目的、价值、标准和规格，以及不同类型裁判文书的内容和形式要求进行了全面、系统、明确的指导，是我国司法改革的重要成果和司法制度建设的一个重要发展。

一、裁判文书的性质

法院的裁判文书，是法院代表国家宣示法律决定并证明其合法、公正的法律文件。它具有法律性、说理性和个人性三个特点。

裁判文书的法律性具有两层含义：首先，裁判文书是法院代表国家做出的法律决定，具有法律效力，能够对社会关系或人们的行为产生一定的后果或影响；其次，裁判文书依照法律做出，具有法律依据。

裁判文书的说理性，是指裁判文书具有与特定种类裁判文书相适应的说理。裁判文书是有读者的，它的读者首先是裁判文书所针对的当事人。从某种意义上讲，裁判文书是人民法院向案件当事人发出的有关案件的法院决定告知书，是具有权威性的法律文书。这种权威性既来自其法律性，也来自其说理性，是以理服人。此外，裁判文书的

---

① 北京大学法学院教授。

读者还包括当事人的律师、做出决定的法官的同事和社会公众。裁判文书是公开的，供其他法律工作者研读、供社会公众作为特殊形式的法律教材学习。

裁判文书的个人性是指，裁判文书是署名作品。写作它的法官虽然不具有通常意义的著作权，但是该裁判文书的法律专业水准确实与写作它的法官具有不可分离的关系。如果案件具有典型性，制作良好的裁判文书就可能成为指导性案例、典型案例或示范案例的基本素材。作出该裁判文书的法官就会受到法律共同体成员的尊敬。当然，在极个别的情况下，它也可能成为法官被依法问责的一个根据。

二、裁判文书释法说理的意义

裁判文书释法说理具有以下五个方面的重要意义：

第一，裁判文书释法说理是为法院决定提供正当性证明、促使当事人服从法院裁判的必要条件。法官在裁判文书中说明依法认定事实、案件事实与法律规定之间的合理关联，有助于当事人理解裁判文书，从而不折不扣地执行裁判文书。

第二，裁判文书释法说理是形成裁判的必要条件。按照哲学诠释学的理论，“说”的过程也是思的过程，通过说而思，然后才成形。在这个意义上，“说出道理同时也是道理的成形”。[①] 审案法官在判决书中说明在审案件事实认定的理由与法律适用的根据和过程，也是帮助自己把判决建立在事实与法律的坚实基础之上的过程。

第三，裁判文书释法说理是在中国实现法治的要求。我们常常会把法官比作“法律帝国”的王侯。从法官在审理案件时依法具有自由裁量权的方面讲，这是有道理的。但是，法官的自由裁量权不是专断的、任意的。德国哲学家伽达默尔指出：“法官正如法律共同体的每

① 参见陈嘉映：《说理》，华夏出版社 2014 年版，第 5 页。

一个其他成员一样，他也要服从法律。一个法治国家的观念包含着，法官的判决绝不是产生于某个任意的无预见的决定，而是产生于对整个情况的公正的权衡。”法官在裁判文书中释法说理，是保证其审判行为符合法治原则的一项必要义务。

第四，裁判文书释法说理有助于实现党的第十八届四中全会决定提出的“努力让人民群众在每一个司法案件中感受到公平正义”的要求。正义包括实质正义与形式正义（在法律上可以化约为程序正义），实质正义事关裁判结果，而程序正义体现为严格依法办事。要实现让人民群众在每一个案件中感受到公平正义，虽然应当努力使得涉案各方都对裁判结果满意，但是经验和理性都告诉我们，这基本上做不到；所以，在司法领域里实现公平正义，在很大程度上是靠恪守程序规程、类似案件类似审判的。而在裁判文书中释法说理，对于人民群众在每一个司法案件中对公平正义的真实感受具有十分重要的意义。

第五，法官在裁判文书中释法说理，既是审案法官对社会的一种告白，也是对法律共同体的一种伦理义务。从本体论意义的哲学诠释学出发，判决书也是一种对法律的解释。解释有广义和狭义之分。与创造性相对的法律解释是狭义的法律解释，具有创造性的法律解释属于广义的法律解释。狭义的法律解释可以向社会说明法官做出特定裁判的理由和根据，取得社会的理解和支持。在先前“案结事了”、片面强调调解结案、片面追求“个案公正”（实体公正或称实质正义）的司法政策指导下，中国法官在审判实践中，倾向于把判决书写得尽量简短。有些法官为了避免“言多语失”，也有意尽量把判决书写短。但是，既然我们希望我们的判决得到顺利执行，希望我们的当事人和公众相信法律、相信法治，希望法院具有公信力，那么法官在裁判文书中释法说理，就是显示法院和法律秩序公平、公正的最佳证明。广义的法律解释的意义在于，它为法官能动地适用法律提供正当性证明。因为，法官面对疑难、新型或复杂案件时没有办法不对法律进行创造性的司法；要解释法律，就得有所创造。法官在裁判文书中释法说理，意味着对同事——现在及后来的法官、律师的尊重与谦虚，也意味着对自己决定的自信。对于法律的发展具有十分重要的意义。

三、可普遍化——裁判文书释法说理的一个基本立场

法官在裁判文书中释法说理的时候，特别是在疑难、新型、复杂或重大案件中，常常面临的一个问题是，如何处理法官的自由裁量与依法裁判的关系？《指导意见》做出了全面、具体的规定。怎样理解这些规定？我们认为，可普遍化，是理解《指导意见》有关规定的一个基本立场。所谓可普遍化是说裁判文书的说理应当在所有基本具备与该案件争议的同一特征或相同特征的情境中均为正当。

裁判文书释法说理的可普遍化使裁判文书建立在可把握、可感受的公正基础上；换句话说，必要的裁判可普遍化“与强调法治的普适性特征并因此强调其平等性特征的法治思想脉络是一致的。”即通常所说的“一碗水端平”。在全面推进依法治国的大背景下，法院要想使自己的裁判符合司法公正并为公众所理解，就有赖于裁判的可普遍化。

实现裁判文书释法说理的可普遍化必须满足的以下两个条件。

首先，是合法。英国法学家麦考密克教授指出：“一个理性的、追求普遍化的人的首要任务是服从与他人共享的法律体系。法官要在判决中证明它和有效确立的法律规则不矛盾，并且为既定的法律原则所支持。”法官应当尽可能地把法律作为一个整体来看待，对正义和公平作出具有融贯性的表达。麦考密克认为，融贯“对于一个成熟的

法律制度来说，意指不同的规则只有联结在一起通盘考虑才‘有意义’”。[①] 法官应当证明本判决符合法律秩序的精神、价值和目的，裁判与法律秩序是融贯的。

其次，是符合逻辑。如果裁判文书释法说理的推理模式是演绎推理，我们需要考虑：“摆在我们面前的所有事实是否都恰当地被划归在那些表明该规则之有效事实的谓词范围之内了呢？”如果释法说理的推理模式是类比推理，则要考虑并符合类比推理的规则与标准。

上述要求与中国法律文化传统的法、理、情三者统一的认识是一致的。我国已经进入新时期，社会的主要矛盾已经发生变化，需要法官在实践中创造性地审视、更新并恰当地使用多种裁判依据和裁判理由的论据，做出对得起人民、经得起历史检验的司法裁判。

---

① 参见［英］尼尔·麦考密克：《法律推理与法律理论》，翟志勇译，牛津大学出版社2005年版，第149页。该书中译者将融贯（Coherence）译为“协调”。

裁判文书释法说理改革的中国意蕴

熊秋红[1]

2018年6月13日，最高人民法院发布了《关于加强和规范裁判文书释法说理的指导意见》（以下简称《指导意见》），为推进裁判文书释法说理改革迈出了关键性的一步。加强裁判文书释法说理早在二十多年前就为我国学术界所倡导，也引起了有关方面的重视。2012年修改后的民事诉讼法明确规定“判决书应当写明判决结果和作出该判决的理由”“裁定书应当写明裁定结果和作出该裁定的理由”；2012年《最高人民法院关于适用〈中华人民共和国刑事诉讼法〉的解释》规定“裁判文书应当写明裁判依据，阐释裁判理由，反映控辩双方的意见并说明采纳或者不予采纳的理由”；2014年修改后的行政诉讼法规定“对未采纳的证据应当在裁判文书中说明理由”。党的十八届三中全会、四中全会决定提出了“增强法律文书说理性”“加强法律文书释法说理”的改革要求；最高人民法院发布的“一五改革纲要”“三五改革纲要”“四五改革纲要”均对裁判文书释法说理改革作出了部署。但是，由于社会环境、案多人少、法官素质、评价机制等多方面因素的掣肘，裁判文书释法说理改革说易行难，裹足不前，成为司法改革中一块“难啃的骨头”。《指导意见》的出台，是司法改革中的重磅举措，在攻坚克难方面具有突破性的意义。

裁判文书释法说理属世界通例，在一定程度上被视为“自然正义”或“最低限度的程序正义”的组成部分，是司法理性原则的重要

---

① 中国社会科学院法学研究所研究员。

体现，反映了司法裁判的本质特征——依法判断和理性判断，即摒弃任意的、专横的司法判断。在我国司法改革的大背景下，裁判文书释法说理改革承载着顺应公众对于司法民主的期盼、落实司法公开和公正要求、彰显司法权运行的内在逻辑、提高法官职业素质、回应当事人对于司法裁判确定性的诉求、提升司法公信力、司法者履行普法责任、为指导性案例的遴选提供源泉等一系列的深远价值。从更广阔的视野看，它对于构建一个尊重说理、保护说理的社会，具有示范意义。法律的权威、司法的权威与人们的内在认同、内心确信密切相关，而这种内在认同、内心确信又以蕴含其中的“理”作为基石。在司法场域，司法机关和诉讼参与人在一个特定的空间内遵循共同的法律规则展开表达、论证、说服等活动，通过互动的方式达成对案件的事实认定和法律适用的认知，并由法官在法律文书中阐明裁判依据和理由，由此，外在的法律强制与内在的道德认同合二为一。这种司法范式延伸至社会领域，它昭示着一种尊法律、重说理、禁暴力的生活方式和文化样式，以及一个更文明、更美好、更和谐的法治社会。

《指导意见》对裁判文书“释法”和“说理”作了相对的区分。从广义上言，“说理”包括阐明事理、释明法理、讲明情理和讲究文理，“释法”似应包含在“说理”之中，但在我国司法改革中，需要对“释法”予以特别强调。长期以来，在我国，法律解释中的司法解释被限定为特指“我国最高司法机关根据法律赋予的职权，在实施法律过程中，对如何具体运用法律问题作出的具有普遍司法效力的解释”，而法官在具体案件的法律适用中对法律规范进行解释的权力则被曲解或淡化，甚至否认法官在个案中享有法律解释权，这影响了司法实践中法官对于法律解释方法的运用，也为法官在裁判文书中不进行释法提供了支持。《指导意见》对裁判文书释法说理予以规范，实质性地肯定了法官在个案中的具体法律解释权。法院在推行司法责任制的同时，要求法官将其对法律的解释在裁判文书中表达出来，有助于规范法官法律解释权的行使，防止其滥用自由裁量权，也有利于“谁执法、谁普法”政策的贯彻执行。

《指导意见》强调了裁判文书释法说理的价值引领功能。法理情相融合、法律效果与社会效果相统一、弘扬社会主义核心价值观是我国司法的重要价值追求。司法裁判不仅要“求真”，而且要“求善”，做到事理、法理、情理、文理“四理并茂”“整体集成”，将科学主义与人本主义有机结合。中国古代构建了“天理”“国法”“人情”三位一体的社会治理体系，在新的历史条件下，我们在重新审视情、理、法三者关系的同时，有必要将其中的精华发扬光大。在当代中国构建法治社会的进程中，司法裁判应当以法为据、以理服人、以情感人，通过加强和规范裁判文书释法说理，激活严肃的法律理性，体现司法的道德关怀，增强裁判的社会亲和力。

加强裁判文书释法说理固然重要，但如何对裁判文书释法说理进行规范却是一大难题。证据审查判断以自由心证为基本原则，围绕证据的审查判断进行说理，除了遵循证据法规范之外，还需将心证过程予以阐述，这显然有相当的难度。在事实认定和法律适用中，英美法国家与大陆法国家的司法裁判在逻辑推理方面有归纳法与演绎法之别。我国属于成文法国家，司法裁判在逻辑推理方面大体应当仿效大陆法国家采用演绎法，但为了统一法律适用而推行的类案强制检索制度，为法官适度采用归纳法创造了空间。《指导意见》对裁判理据进行了列举，除了将法律法规、司法解释、指导性案例作为裁判理据之外，还将习惯法、立法材料、法理及通行学术观点等也作为裁判理据。需要指出的是，依据后者作出裁判，要受“没有可适用之法律规定”“公认的学说”等限制；对于刑事裁判而言，由于受罪刑法定原则约束，不能独立依据法理等作出裁判。在援引指导性案例作为裁判理据时，需要说明指导性案例中的案件事实与本案的案件事实之实质相似性以及“裁判要旨”可以适用于本案的理由。

会说理、说好理是法官从事司法职业所必备的技巧和技术，是透过个案在动态过程中展示司法公正的一门艺术。加强裁判文书释法说理，需要处理好规范化与个性化的关系。《指导意见》试图通过总结裁判文书释法说理的规律，为法官进行司法论证提供基本指引。根据《指导意见》，裁判文书释法说理应当注重说理的层次性、针对性和适度性。所谓层次性，是指说理应当围绕证据审查判断、事实认定、法律适用三个方面进行，条理清晰、层层递进；所谓针对性，是指说理应当重点针对诉讼主张和诉讼争点，结合庭审情况进行，加强决疑性；所谓适度性，是指说理要根据案件社会影响、审判程序、诉讼阶段等进行繁简分流，力求繁简适度，恰到好处。司法论证逻辑性强、有理有据、精准得当、恰如其分，是一个法官应当具备的基本素养。

《指导意见》以问题为导向，对于裁判文书释法说理中的一些重点和难点问题作了回应。例如，对于一审、二审或再审裁判文书如何释法说理分别作了规范；对于需要强化说理的繁案和简化说理的简案分别作了列举；对于裁判文书的各种表达方式作了归纳；对于裁判文书的行文作了正反两方面要求；建立了裁判文书释法说理的激励机制；对于刑事诉讼中被告人及其辩护人提出排除非法证据申请的，要求说明是否对证据收集的合法性进行调查、证据是否排除及其理由；对于民事、行政诉讼中涉及举证责任分配或者证明标准争议的，要求说明理由；对于采用推定方法认定事实的，要求说明推定启动的原因、反驳的事实和理由；对于法律适用存在法律规范竞合或者冲突的，要求说明选择的理由；对于法官行使自由裁量权处理案件的，要求充分说明运用自由裁量权的依据和自由裁量所考虑的相关因素。对于裁判文书是否应当载明合议庭或审判委员会成员的不同意见，《指导意见》未予明确规范。在我国当下，在裁判文书中公开不同意见的理论和现实上的合理性，尚未得到充分证成。

裁判文书释法说理改革是一个能够从整体上带动我国司法改革的

切入口。加强司法裁判的正当性和可接受性，是裁判文书释法说理改革的基本方向。司法裁判不仅要面对当事人，而且要面对全社会，接受全体法律人和社会公众的检验，这就要求在裁判文书中不仅要展现法庭调查和法庭辩论的全过程，彰显程序正义，而且要展现证据采信、事实认定与法律适用之间的逻辑关系，彰显结果正义，并且实现过程说理与结果说理的对接、程序正义与结果正义的统一，让当事人和社会公众真正感受到公平正义。加强和规范裁判文书释法说理，对法官的知识体系和司法能力提出了更高的要求。当裁判文书释法说理成为一种习惯，指导性案例的生成机制将从外生机制逐步演化为内生机制，从而达到更好的指导效果。

以制度回应社会关切循规律规范释法说理

赵朝琴[①]

《最高人民法院关于加强和规范裁判文书释法说理的指导意见》（以下简称《意见》）出台是一个重要标志。其标志性意义体现在：其一，《意见》以最高人法院指导意见的形式对裁判文书释法说理做出专门和系统性规定，这是首次，具有开创性意义。其二，《意见》弥补了现行诉讼法律制度在裁判文书释法说理方面的不足，是对现行诉讼法律制度必要的补充与完善。其三，《意见》通过加强和规范裁判文书释法说理这一精准的司法改革措施，对进一步促进司法公开、司法公正将发挥无可替代的倒逼作用。其四，《意见》以制度规范的方式积极回应人民群众的社会关切，对实现在每一个司法案件中感受到公平正义的目标具有重要意义。其五，《意见》对法律资格考试、法律文书学科乃至诉讼法学学科发展和培养具有较高实践能力的法律人才，将发生深远的影响。

一、回应社会关切，规制释法说理

党的十八届三中、四中全会提出，要增强法律文书说理性、加强法律文书释法说理。党的十九大报告指出，要深化依法治国实践，全面落实司法责任制，努力让人民群众在每一个案件中感受到公平正义。《意见》从释法说理是什么、为什么要释法说理、释什么法说什么理、释法说理有何价值如何实现等方面，将释法

① 河南财经政法大学教授。

说理如何回应社会关切落到了实处，制定了一套具有很强操作性的制度规范。

裁判文书释法说理，是以事实（证据）评判为小前提、以阐释法律适用为大前提，“通过阐明裁判结论的形成过程和正当性理由，提高裁判的可接受性，实现法律效果和社会效果的有机统一”（《意见》第一条）。《意见》对释法说理的规定具有鲜明的系统性特征。既有总体目标，又有具体标准；既有内容要求，又有方法指引；既建立内部机制，又建立外部机制；既有释法说理本身的规定，又有与释法说理相关事项的衔接。

《意见》全文共21条内容，除最后一条规定施行时间外，其余20条内容，具体包含制定《意见》的目的、对象，释法说理的价值、目标、标准、要求、方法，强化、简化、针对性释法说理的规定，引用规范性法律文件进行释法说理的规则，法官“论证裁判理由”的主要依据及其层次，释法说理的表达方式、“文理”要求，释法说理的引导、规范和教育功能的规定，释法说理与法官业绩考评、评查评优、督导审判工作等规定。

二、遵循说理规律，指导司法实践

法律文书说理具有内在的规律性，不以人的意志为转移。建立释法说理制度，自然需要遵循法律文书说理的规律。《意见》对说理规律的尊重和依照体现在很多地方，如从“增强裁判行为公正度、透明度，规范审判权行使，提升司法公信力和司法权威”角度分析释法说理的价值；从“发挥裁判的定分止争和价值引领作用，弘扬社会主义核心价值观，努力让人民群众在每一个司法案件中感受到公平正义，切实维护诉讼当事人合法权益，促进社会和谐稳定”角度，分析释法说理的作用（参见《意见》第一条）；从事理、法理、情理、文理四个维度分别就释法说理作出具体规定（参见《意见》第二条）。这些规定既尊重释法说理的“法律属性”，又尊重释法说理的“写作属性”，还反映了“法律属性”和“写作属性”的辩证关系，符合法律文书根本属性、基本规律和写作原理。

“徒法不足以自行，徒善不足以为政。”运用裁判文书释法说理的基本规律指导说理实践，是《意见》的又一重要着力点。《意见》对如何进行释法说理提出了明确要求，阐明了具体方法。例如，关于释法说理的总要求，《意见》从立场、内容、程序、社会主义核心价值观、层次、针对性、繁简度等方面提出明确要求（参见《意见》第三条）。关于说理的繁简问题，《意见》第八条列举了“应当强化释法说理”的12种案件类型，第九条列举了“可以简化释法说理”的7种案件类型，对法官在裁判文书中进行释法说理具有针对性的指导作用。《意见》专条强调，“各级人民法院可以根据本指导意见，结合实际制定刑事、民事、行政、国家赔偿、执行等裁判文书释法说理的实施细则”（《意见》第二十条），对各级法院制定实施细则予以明确要求，有助于《意见》更好地落地实施。以《意见》的实施为起点，裁判文书释法说理实践将进入一个崭新的历史时期。

三、彰显程序理性，倒逼司法公正

表面上看，裁判文书释法说理相对独立，属于写作行为。其实不然，裁判文书释法说理不可能孤立存在，而且必须作为诉讼进程中的有机组成部分才有存在的意义。脱离开审判过程去研究裁判文书释法说理，容易落入为说理而说理的窠臼。彰显程序理性，体现程序正义，是裁判文书释法说理的内在要求，是制定释法说理制度的必然选择。《意见》开宗明义，在第一条即指出要“通过阐明裁判结论的形成过程和正当性理由”体现司法公正、透明，提升司法公信力和司法权威。换句话说，《意见》在规定如何释法说理时，是将其放在程序进程中、作为诉讼程序的一个重要环节来对待的。《意见》的具体条文内容和表述，无不体现出程序理性对裁判文书释法说理的决定性影响。《意见》在规定释什么法、说什么理，怎么释法、怎么说理，如何阐释事理、法理、情理、文理时，都尊重和反映了释法说理的内在规定性，即“程序理性”。可以看出，《意见》没有把制度重心放在具体写作层面（尽管这是不可或缺的形式），而是把制度重心放在具体的程序背景中，去设计、规划、解释、说明如何释法说理（这才是本质，也是《意见》的一大亮点）。不仅如此，《意见》还注意与法律法规、司法解释、政策、格式等进行必要衔接，使《意见》的中心定位、适用空间更加明确和清晰。例如，《意见》第十条在规定“二审或者再审裁判文书”如何针对性释法说理时，与诉讼法律制度精神和文书格式要求做了间接的衔接。《意见》第十二条在规定“裁判文书引用规范性法律文件进行释法说理”时，与《最高人民法院关于裁判文书引用法律、法规等规范性法律文件的规定》等做了直接的衔接。

深化司法改革，需要制定《意见》这样具有针对性的、柳叶刀式的改革新举措。《意见》的出台必然对法官审理案件产生重要影响，必然对促进司法公正产生倒逼作用。道理不难理解，裁判文书进行释法说理的素材来自审判过程，而不是法官生编硬造的结果。如果法官在审判过程中有违司法公正，就无法在裁判文书中进行公正的释法说理。法官依据《意见》进行公正的释法说理，就应在裁判文书上展示裁判结论何以得出的论证过程。加强和规范释法说理的过程，客观上必然会对居于上游的法官审判行为产生倒逼作用，从而激励法官进一步规范审判行为，进一步提升审判质量，司法公正在这一倒逼趋势中会得以更好实现。

四、提升法官素质，引领说理风尚

理论上讲，裁判文书进行释法说理，离不开事理、法理、情理、文理等方面的分析论证，以系统性的制度来固定说理内容、规则、方法、考评等内容，既是对说理规律的尊重，也是对法官说理能力的要求。《意见》为法官说理提供了系统性的释法说理指南，为提升法官说理素质提供依据、明确规则、细化方法、制定指引、倡导开展质量评查和质量评价，构建了裁判文书释法说理的内外部机制和基本结构体系。如证据认定，《意见》从证据认定的根据、方法、要素、要求、论述采纳采信理由等方面提出明确要求（参见《意见》第四条）。如事实分析，《意见》对“裁判认定事实、事实争点的释法说理”，对“依据间接证据认定事实”的释法说理方法，对“采用推定方法认定事实”的释法说理方法等规定，其背后都是法律精神在作支撑，既是对法官释法说理的统一要求，也是提升法官说理素质的必由之路。

裁判文书释法说理的制度设计，既是为了提升说理的质量，也是为了提高说理的效率。我们不应怀疑法官的办案水平和基础的写作能力，可出台《意见》既不针对法官办案水平，也不针对法官基础写作能力。《意见》的关注焦点，是法官的办案水平和写作能力如何能够在裁判文书中通过释法说理得到好的展现，以此为核心的《意见》对法官释法说理素质的影响，不是针对某些人或者某些法院，而是具有普遍性的影响，将对释法说理新习惯的养成起到重要的推动作用。

加强和规范释法说理，对提升法官素质而言，是减负而不是增负。《意见》引领说理新风尚，其作用的发挥，不是一蹴而就，而是需要一个长期的过程。首先，法官释法说理素质的提升需要一个过程；其次，说理新风尚的养成需要与之相适应的环境和其他方方面面的因素共同作用才能成就。现阶段，在加强和规范裁判文书释法说理方面，应当充分考虑司法实践中的现实情况，充分考虑法官大量的案件任务和繁重的工作压力。《意见》的实施需要有力的措施去推动，应以鼓励、引导、激励为主，用系统的刚性约束机制与柔性激励机制激发法官说理积极性，以系统培训、评优、公开刊印优秀裁判文书促使说理充分的优秀裁判文书不断涌现，以优秀裁判文书的释法说理不断增加人民群众对司法公平正义的获得感和对司法裁判的信任度，逐步实现《意见》实施良好的法律效果和社会效果。

进一步看，《意见》对法学教育的影响也不可低估。我们的法学院系是否应该教给学生释法说理的规律和方法，答案不言而喻；我们的法律职业资格考试是否应该有裁判文书释法说理的大纲内容和考题，答案也不言而喻。因为，从法学教育、法律人培训、法律职业资格考试的角度重视释法说理，既是法学教育、培训、考试的应然选择，也是在为未来培养、储备更加优秀的法律人才。

建立裁判文书说理机制　推进法治中国建设前行

宋北平[①]

党的十八届三中全会特别强调“增强法律文书说理性”，这是推进中国法治建设的重要一环。为了将党中央的要求落到实处，经反复打磨、提炼，最高人民法院制定发布了《关于加强和规范裁判文书释法说理的指导意见》（以下简称《意见》）。《意见》旨在建立起一套裁判文书的说理机制，把党中央的要求落实在制度中。我们有理由相信，不仅《意见》的发布能够对法官释法说理提供明确的指引，而且《意见》的实施能够让人民群众切实感受到每个案件的公平正义。

一、注重技术以提高技能

《意见》第一条就明确，加强说理的目的是“提高裁判的可接受性”，而说理的价值则在于“努力让人民群众在每一个司法案件中感受到公平正义”。法裁判文书的“可接受度”，也就是要不要说理、说什么理、怎么说理的问题。对此，《意见》首先从技术层面解决，以“事理”“法理”“情理”和“文理”分头并举。尽管囿于文字不能展开，但还是说明了彼此的关联。而且，“逻辑”要“清晰”。这看起来一笔带过，其实要求很高。因为，裁判文书中的逻辑，基本上不适用我们熟知的形式逻辑，而是非形式逻辑。非形式逻辑尽管因裁判而发生，为裁判而发展，但要在裁判文书中清晰地展现“身段”，法官就得提高自身的品德修养和司法业务能力。

---

① 北京政法职业学院教授。

尤需注意的是，说理应以社会主义核心价值为指导，《意见》作了通俗的表述。法官说理如果“山穷水尽”，核心价值观会让你“柳暗花明”。例如，某大学与四个博士签订《预工作合同》，约定两年期满得完成与本校青年教师同样的工作量，包括一部专著，方可入职。届期，其中一位博士的专著因未出版而遭拒。其诉至法院后，有法官问我，无论判决何方胜诉，为什么总觉得“理屈词穷”？我回答说，你从原告是否“敬业”的角度想想看。这位法官略加思忖便向我抱拳而行。

非法证据排除是当前司法中十分头疼的问题，司法文件也很难处理。《意见》对此没有回避，而是用浓重的笔墨，特别提出了非法证据排除该如何说理，在技术层面入手解决。从“周立波美国涉枪、涉毒案”的撤销看，我国非法证据的排除技术，还有很大的距离需要缩短。如果略而不提，《意见》会黯然不少。

裁判文书中“论证”与“说理”的关系非常纠结。最高人民法院成立之初就要求裁判文书进行论证，而要求说理则是三十几年后的二十世纪末了。两者孰轻孰重，还是齐头并进，最高法院没有任何文件提及过。《意见》关于法律适用的说理中，具体阐释了“论证”该如何应用。其实，从整体看，裁判结论是否经得起检验，不是靠说理而是靠论证，因为该结论不是先已存在需要说服第三者接受，而是从已有的条件得出的推论需要受众信服。同理，没有法律依据而法官不得不“自立”裁判依据的，能否“立”得住，需要逻辑论证而非感性说理。

二、繁简得宜而张弛有度

法官制作裁判文书，说理说到什么“度”，怎样才能既“不过”又非“不及”，是法官们最难把握的。虽然说理不足的裁判文书俯拾即是，但说理过头的也非鲜见。当年的彭宇案，在很大程度上是说理过头惹的祸。对此，《意见》用了“强化”和“简化”这两个看起来不精确而实际上很准确的关键词来“摆平”。

说理本来就是为了让受众接受裁判结论，因此，难以接受的，说少了肯定不能解决问题；反之，显然可以接受的，说多了可能适得其反。说理多寡的“度”在哪儿，“边界”在何处，着实无法描述清楚。《意见》以分类列举的方式，分别说明何时强化、何处简化。这尽管不能包罗无遗，但实乃迫不得已的最佳手段了。

关于二审、再审的针对性说理，实际上是上述强化、简化说理的具体应用。当事人上诉、申诉，其不服之处，都表现在主张及其理由。裁判文书说清楚其不被接受的原因，或说服了对方接受，法院就真正实现了“案结事了”。《意见》第十条突出二审、再审文书的说理之处，可谓恰如其分。

强化和简化说理之说虽然可能源于《意见》起草组调研中曾讨论过的“裁判文书繁简分流”，但两者显然“源”同而“流”不同。

裁判文书制作格式的规定，同样利弊兼具，既是“规范”，也是约束。就说理而言，格式对法官的“约束”比“规范”的影响往往更为显著。从某种意义看，现行裁判文书制作格式，都不适合强化说理的需求。“规范”的前提下，调整文书的体例结构，将“遵照格式”视为一般，将“突破格式”作为特殊，实际上是另一种形式的强化说理。

如果从裁判文书数量看，强化说理是少数，简化说理是多数；如果从法院体系看，基层法院简化说理是多数，越往上，强化说理越多。如此，说理才能繁简适当，法官的工作才能张弛有度。

三、制度保障以完善体系

裁判文书常见，也最为诟病的，一是引法不全，法官“信手拈来”名称、文号或条文；二是语言失范，被中小学生所指指点点。

《意见》为了在说理中减少、避免此种“失当”，分别对不同的条款做了专门的规定。其中特别强调，“裁判文书行文应当规范、准确、清楚、朴实、庄重、凝炼，一般不得使用方言、俚语、土语、生僻词语、古旧词语、外语；特殊情形必须使用的，应当注明实际含义”。从我在全国各级人民法院所做“裁判文书语言表述讲座”时随机调研情况看，语言失范的重灾区就发生在这几个方面。事实上，说理中出现的问题，几乎都可以归结为语言的表达问题——无论过头还是不及，至少是通过语言表现出来的。审判，从某种意义看是最严肃的语言文字工作，但遗憾的是，不少法官没有意识到语言文字的重要性。《意见》为此下了足够的力道。

裁判文书说理到位，需要一套保障措施，将说理机制提升为一个运行系统，为此，《意见》第十六条、第十七条、第十八条、第十九条，对法官制作裁判文书如何引导、考核、评价，做了明确要求。

与前述相关，特别值得一提的是《意见》第二十条，授权地方高级法院制定实施细则。看起来轻描淡写，但实际上意义非常。因为我国数以十万计的法官，不仅在不同的地域，处于不同的审级，而且专业水平、表达能力也各不相同，这正是《意见》由“刚”变“柔”，由具体变概括的根本原因。因此，尽管《意见》措辞是“可以”，但就地方法院而言，我们建议视为“应当”。地方法院对此如果有自己的“操作指南”——重庆四中院制定的《裁判文书说理指引》实施效果可以为证，我相信，《意见》所发挥的能量将会呈几何级数递增。

裁判和说理背后的理论与制度问题

宋显忠[①]

《最高人民法院关于加强和规范裁判文书释法说理的指导意见》（以下简称《意见》）是国内第一部有关裁判文书说理的综合性司法文件。整合此前发布的有关刑事、民事、行政诉讼裁判文书样式的分散规定，提出一个统一的核心概念，针对司法实践的新形势和新问题提出了一套系统的裁判理念和文书写作规范。本人有幸参与了该文件的起草和论证工作，在此将这个文件的解读可能涉及的理论框架和方法问题加以扼要地介绍。

一、裁判和说理的性质与目标定位

裁判文书说理的性质与目标定位，是由裁判与说理、审理与裁判两组概念之间的关系确定的。

1. 裁判与说理的性质

裁判和说理的性质可以概括为两个方面：

（1）争议的裁判与事后的合理化解释

裁判文书说理是两个相互牵连的行为——即裁判与说理——构成的。裁判是就有关的争点或主张在审理的基础上依法做出的判断，说理则是一种事后的合理化解释，《意见》将之界定为“阐明裁判结论的形成过程和正当性理由”。裁判和说理两者应该互为表里，不可分离。

---

① 吉林大学法学院教授。

(2) 争议审理之后的裁判及其理由的说明

学界通常将裁判和说理过程视为一种遵循三段论的逻辑推理，或者，看作法律论证。不论是三段论，还是近年引入的法律论证，习惯上都是把裁判及其说理看作与审理这个经验的过程区别开来的一个孤立的逻辑推导过程，而并不关注控辩双方、律师以及法官、司法政策的制定者以及公众的存在，不关注庭审过程各方的主张与交锋过程。事实上，裁判和说理并非一种单纯的逻辑推理，或者说，并不是一个简单的判断，裁判及其说理的内容并不能完全为推理的两个前提——法律规则和事实命题——所涵摄。裁判及说理过程作为一类司法“行为”或司法过程的一个阶段或步骤，是案件的争议审理之后的裁判和说明，即对庭审过程控辩双方的举证、质证和反证以及每一个主张的证明或证否效果和每一个证据、要件事实及其整体事实命题是否成立的判定及其理由的说明。

2. 裁判与说理的目标定位

审判从时间维度上自然分化为审与判两个前后相继的序列，审理过程又可区分为事实审和法律审两个前后相继的阶段。裁判及其说理，不论是在区分事实审与法律审的条件下，分两次做出，还是不区分的情况下一次做出，均要依托审理过程，与审理过程是一体的，而不是完全区别于审理过程一个孤立的行动。《意见》明确了裁判和说理的目标定位，即针对庭审各方的主张和事实争议、法律争议的审理活动做出裁判，并提供具体的理由和依据。

(1) 事实裁判与说理的目标定位

事实争议的裁判和说理要细化到具体的证据、事实主张的认定，目标定位清晰。《意见》第三条规定，“要围绕证据审查判断、事实认定、法律适用进行说理，反映推理过程，做到层次分明；要针对诉讼主张和诉讼争点、结合庭审情况进行说理，做到有的放矢”。第四条规定：“裁判文书中对证据的认定，应当结合诉讼各方举证质证以及法庭调查核实证据等情况，根据证据规则，运用逻辑推理和经验法则，必要时使用推定和司法认知等方法，围绕证据的关联性、合法性和真实性进行全面、客观、公正的审查判断，阐明证据采纳和采信的理由。”第六条规定：“裁判文书应当结合庭审举证、质证、法庭辩论以及法庭调查核实证据等情况，重点针对裁判认定的事实或者事实争点进行释法说理。依据间接证据认定事实时，应当围绕间接证据之间是否存在印证关系、是否能够形成完整的证明体系等进行说理。采用推定方法认定事实时，应当说明推定启动的原因、反驳的事实和理由，阐释裁断的形成过程。”

（2）法律裁判和说理的目标定位

法律争议的裁判及其说理同样也要细化到具体的争点，区分不同类型的法律争议进行解释和说明，《意见》的第七条明确了法律争议裁判和说理目标定位，即“诉讼各方对案件法律适用无争议且法律含义不需要阐明的，裁判文书应当集中围绕裁判内容和尺度进行释法说理。诉讼各方对案件法律适用存有争议或者法律含义需要阐明的，法官应当逐项回应法律争议焦点并说明理由。法律适用存在法律规范竞合或者冲突的，裁判文书应当说明选择的理由。民事案件没有明确的法律规定作为裁判直接依据的，法官应当首先寻找最相类似的法律规定作出裁判；如果没有最相类似的法律规定，法官可以依据习惯、法律原则、立法目的等作出裁判，并合理运用法律方法对裁判依据进行充分论证和说理。法官行使自由裁量权处理案件时，应当坚持合法、合理、公正和审慎的原则，充分论证运用自由裁量权的依据，并阐明自由裁量所考虑的相关因素”。

二、裁判及其说理的框架与限度

作为一类重要的司法行为，裁判及其说理行为的建构和调节必须考虑其与毗邻的权力、权利之间的关系，合理确定这些权力与裁判及说理的关系，才能确立均衡的裁判及说理制度的基本框架。这类关系涵盖下述几类：

1. 裁判和说理与审判管理和监督权、申诉和上诉权之间的关系

法官可以独立行使审理和裁判的职权，但是，裁判和说理作为一类法官行为同时受到公权与私权两个方面的监管和制约。

（1）法院对裁判和说理的监管

法官的裁判及说理作为一项法官职权，受到法院的案件管理和审判监督部门的限制。法官审理与裁判案件的职权是依法独立行使的，但是，案件的审理与裁判作为法院的一个基本工作，依然要受到法院的案件管理部门和审判监督部门的管理和监督。法院有权制定裁判及说理的规范文件，通过案件管理部门和审判监督部门予以执行。未来随着改革和司法制度建设的深入，在一定程度上审判管理与监督职能会得到进一步的改善和加强。

（2）来自当事人申诉与上诉权的制约

法官的裁判及其说理受到当事人的申诉权和上诉权的限制。当事人发现案件的裁判文书说理与庭审的举证、质证和反证过程以及有关诉讼主张的证明与证否效果不符，可以行使申诉权或上诉权，要求本法院或上一级法院对有关的审理和裁判进行审查，以确定有关裁判及其说理是否适当。本院审判监督部门或上诉审法庭如果发现有关裁判及说理与案件的审理情况不符，可以根据具体情况，如果与有关的证据和事实的审理不充分，导致证据与事实不清的，撤销发挥重审；如果是法律适用不当，可以撤销发回重审，也可在自行审理的基础上修改有关的裁判和说理。

2. 裁判说理与公众及当事人、被告人、被害人的知情权与隐私权之间的关系

裁判文书说理不能简单地等同于裁判文书公开，不能以裁判文书公开的要求限制裁判文书说理，同时不能遗忘法律保护的隐私与诉讼秘密、国家和商业秘密。

（1）两种不同性质的知情权

裁判文书送达是满足当事人（刑事被告人）、被害人的知情权，裁判结果的网络公开是满足公众的知情权，两者实质不同不可混同。公众并不是案件的当事方也不是执法机构，因而对案件不存在绝对的和全面的知情权，其知情仅涉及法官的办案和职权行使情况与特定案件的基本结果：如刑事案件被告人犯罪行为的认定、行政机关争议行为的认定、争议法律问题的裁判等，但不包含被害人、证人、民事当事人不宜公开的身份及其他个人基本信息、诉讼机密、国家和商业秘密。

（2）裁判与说理的相对性

裁判文书作为当事双方之间纠纷的解决方案，其法律效果及于诉讼双方。因而裁判及其说明具有明确的相对性，即，针对的是诉讼双方。因而诉讼当事人的知情权涵盖裁判的基本要点。鉴于诉讼双方，如民事当事人、刑事被告人、被害人、行政相对人参与或通过代理人参与了庭审过程，因而裁判文书可在庭审笔录的基础上简明扼要地介绍双方的举证、质证或反证过程以及双方各自主张的证明与证否情况，诉讼的当事方最为关心的是法官就争点问题的裁判及其依据，而非法官就案件事实能不能出一个贴切的故事。裁判文书说理首先是面对诉讼当事方的裁判和理由说明，不得将裁判和说理简单地理解为司法公开和对公众的说理。

（3）当事方的隐私权与诉讼秘密、国家和商业秘密的限制

裁判文书涉及刑事被害人和行政相对人的个人信息、特定情况下刑事被告人的个人信息（如未成年人）、证人的个人信息、民事双方当事人不愿公开的个人信息均应采取略写方式，民事当事人、证人、行政的相对人对与案件有关的个人信息享有的隐私权以及诉讼秘密、国家和商业秘密受法律保护，除非被害人、相对人、民事案件的一方当事人以及证人同意与案件有关的其个人信息公开，且不损害对方当

事人、其他被害人、相对人以及证人权益、诉讼秘密、国家和商业秘密的情况下，否则，当事人、相对人、被害人和证人对与案件有关的个人信息是否应向公众也就是旁观者公开，享有知情同意权，可通过其知情同意权排除公众也就是旁观者的知情权。

鉴于上述因素，现代西方国家的裁判文书明确地区分诉讼当事方与公众两个方面的知情权。其法院网站上有关一审案件的裁判一般仅发布一个扼要的裁判结果，仅有二审或更高审级的法院才发布详尽的审查过程和裁判说理。而我国目前裁判文书的公开不分表里，也不区分一审和二审裁判。除特殊情况外，一审的裁判文书即要详尽叙述案件的审理和裁判依据，这样不仅加重了一审法官的工作负担，且裁判文书全文上网也不利于诉讼当事方的隐私权以及诉讼秘密、国家和商业秘密的保护。

3. 一审的裁判说理与上诉审、再审的区别与联系

案件的多个审级之间应该是一个不断累进的过程，每一个审级之间形成合理的分工和结构依赖，不应像现在这样分工不清，既相互区隔又不适当地相互牵连，随时可能会有逆转归零的状态。

（1）不同审级裁判文书的分工与定位

按照审级累进的逻辑，那么一审重在“审”，而且，重在事实审。一审的法官针对控辩双方的事实主张和证据进行审理，根据双方的事实和法律主张的证明和证否情况，就各个争议焦点，依据双方的举证、质证和反证、陈述与辩驳情况一一做出裁判。二审的职能是监督和补救，即如果一审存在事实认定错误和法律适用不当，当事人可以就二审法院对其权利进行补救，二审的法官根据当事人的上诉请求对一审的程序和实体法律适用进行审查。二审的这一职能决定了二审的裁判文书是针对一审的审理与裁判及其理由是否存在上诉请求所指摘的问题进行审查之后做出的裁判和说理。再审更是专门的审判监督程序，最高人民法院《民事裁判文书制作规范》已经明确再审要根据再审的

请求针对案件的一审或二审的审理、裁判和说理情况做出裁判，并说明理由和依据。

（2）尊重一审的事实裁判与说理

坚持一二审之间分工的意义，是明确一二审之间各自的职能定位，通过二审和再审的持续监督，促使一审法官集中关注案件事实争议的审理。同时，二审和再审也要尊重一审的事实审理和事实裁判，尽最大可能限制所谓的新证据进入二审和再审程序，或者说，限制因为所谓的“新证据”作为撤销一审理由的应用。避免一审法院的事实审和裁判轻易地为当事方及其代理人隐藏的证据所摧毁，造成两个审级的法院原地打转，最后案件还“找不到事实”这样一种困境。同时，坚持二审和再审仅是针对一审或二审审理和裁判一种补救和监督程序，最大限度地触及实质的事实审理，只要发现事实不清和程序适用不当的即发回重审，仅仅在特定的情况下，就有关的法律争议做出更为谨慎和更具普遍性的裁判。这样一个金字塔型的司法体制即可以得以有效运行。长年累月即可确保一审的审理与裁判的严谨规范和审级秩序的有效性，一审的裁判和说理也可以如西方国家那样，做到简明扼要，只让上诉法院去讨论复杂的法律争议问题。

三、规范裁判文书说理的作用与支点

规范裁判文书说理具有重要的意义，但是，这个作用也不应该过度高估。另外，将裁判文书说理的有关理念和规定执行下去需要哪些抓手呢？

1. 规范裁判文书说理的作用

作为司法审判过程的终点阶段和关键步骤，裁判和说理是庭审过程中控辩两方各自主张、证明、论证的逻辑与法律框架的交汇点，同时也是庭审逻辑与法律框架的支撑点。只有法官按照双方的证明与证否的逻辑做出事实认定，根据法律前提和演绎推导的逻辑框架形成法律结论，而非其他，诉讼双方的关注焦点才能转向双方争议的事实和法律问题，法官也才能引导双方依法提出主张或辩驳，根据主张的证明与证否的需要进行举证、质证和反证，而不去寻求司法程序外的保障。因而规范裁判及说理具有十分重要的意义。

然而，也正因如此，裁判文书说理和裁判文书公开承担远远超出其能力限度的司改重担。人们给与了裁判文书说理和裁判文书公开过高的期待。似乎裁判文书公开即可以促监督，监督可以促进司法公正和规范。事实上，通过裁判文书上的一个讹误推翻一个案件显然是不可能的，这充其量只是一个启动审判监督程序的理由，按照目前的操作方式，审判监督程序启动之后，还是要对全案进行审查，而后才能做出裁判。因此，高估裁判文书说理的作用毫无必要。

2. 规范裁判文书说理的支点

要确保裁判和说理得以规范运行，不能仅盯着裁判文书本身，而是要找到支撑裁判和说理的两个重要的支点：

（1）庭审笔录与裁判之间的严密对应关系

庭审笔录记录了控辩双方的主张或辩驳以及举证、质证或反证的交锋过程，具有重要的证据意义，是法官裁判的基础。裁判只是审理的结果，所以，裁判文书必须与庭审笔录保持严密的对应关系。怎么审，就怎么判，裁判文书有关事实审和法律审的基本内容都是叙述庭审双方主张及其证明或证否、陈述与辩驳的过程，裁判仅是在客观描述双方交锋的基础之上，依据证据规则或法律的适用与解释规则做出裁判而已。所以，断不能未审而判，编造裁判文书，或者，审理不充分却使用模糊语言敷衍塞责。裁判文书的叙述部分一旦与庭审笔录分离，就无法保持必要的对应关系，所判非所审，那么，法官就可以凭着个人的想象、猜测、推测等做出裁判。在那种情况下，希望通过裁判说理和裁判文书公开反向推动审理的公正与规范，就形同缘木求鱼。

(2) 法官的良知、责任感与审判的专业技能

裁判及说理行动作为法官的一项基本工作，可能是较难规范的。因为它不仅涉及行为的主观选择，同时，还涉及权力。法官是官，手中掌握着一种公共资源，可以影响权力的监督者。因此，裁判及其说理水平的提高不仅有利于法官的审判专业技能，更有赖于法官的良知和责任感。因为审判涉及大量经验性的证据材料，常常游走在法律概念的模糊地带，些微的分心或丝毫的倾向性都会带来截然不同的结果，可谓是“差之毫厘，失之千里”。而证据的细微信息的判定和法律概念模糊地带的解释方向的把握，审判的目的和导向的驾驭，时刻离不开的是法官的良知和责任感。只有超乎常人的良知和责任感，才能促使法官超越常人意识的含混、麻痹，发现那些隐藏证据材料细节之中的关键信息，超越控辩双方语言的含混对有关行为实施精准的定性，在规则的空白或模糊地带找到最优的依据，在规则乃至价值的冲突之中，做出最优的价值和规则选择。审判的专业技能可以通过学习或再学习获得和提高，在法官普遍缺少训练的基层法院可以通过加大调解的力度，促进双方和解而避免繁杂的裁判文书的书写和说理工作。但是，良知和责任感却不可能通过平常的方式获得，也无法通过减少正式判决的方式完全回避。这方面，作为一个法官的个性因素，除了要通过合理的业绩评价和考核，加以必要的引导，更需要以远高于普通人的入职标准和职业道德标准约束法官的职业人格与言行。

通过说理提高司法公信力

李红海①

2018年6月13日，最高人民法院发布了《关于加强和规范裁判文书释法说理的指导意见》（以下简称《意见》），这个文件对于裁判文书的撰写意义重大，对于法院裁判的理性化以及提高法院声誉、通过司法实现社会治理，都有非同寻常的意义。

笔者认为，长期以来，我国司法实践中有些裁判文书的说理并不充分有效。比如，有的裁判文书虽然篇幅不短，甚至称得上是鸿篇巨制，但仔细分析其结构和内容，却发现大部分是对原告诉称和被告辩称的简单重复，实际上并未讲多少道理，这造成了裁判文书无谓的臃肿和冗长，从而影响了当事人和读者的阅读和理解。又如，在证据采信和对事实的认定方面，我们经常看到这样的表述："被告提供的证据与事实不符，不予采纳。"至于如何与事实不符，相关证据为何不应被采纳，却并无解释和说明。再如，在很多发回重审的裁判中经常说，"原审事实认定不清，发回重审"，但后来重审所依据的事实与原审完全没有区别，如此，上诉法院的此种表述不是自己打自己的脸吗？

类似的问题还有很多，恕难一一列举。这些问题的根源，在我看来，一是法院对自己的表述并不在意，觉得例行公事的表述就足以交差；但法院不是以等级或形式上的权威而是以理性的力量生存于世的。武断、笼统和随意地表述，只能削弱而不是增加自己的权威。还有一个原因是法官不善于说理论证。比如，说理论证其实并不需要面

---

① 北京大学法学院教授。

面俱到，而只需要围绕双方有争议的要点展开即可——无论是事实问题，还是法律问题。如此，总结争点就是法官的一项基本功，然后围绕争点分析各方的主张及其依据，提出自己的主张，并使用事实依据和规范依据进行论证。由此可见，前述提到的对原告诉称和被告辩称的重复实际上反映了法官在整合能力方面的不足。

相应地，要提高裁判文书的说理论证，就必须从上述两方面着手：基本立场和技术因素。而最高法院发布的这个指导意见，恰好在这两方面都提供了很好的指引。具体说来如下：

一、强调了释法说理的意义。《意见》第一条就指出，“裁判文书释法说理的目的是通过阐明裁判结论的形成过程和正当性理由，提高裁判的可接受性，……增强裁判行为公正度、透明度，规范审判权行使，提升司法公信力和司法权威，发挥裁判的定分止争和价值引领作用……”这实际上是向司法本质的回归，即司法的权威来自其判决的（合）理性而非等级或形式。

二、强调裁判文书不仅要解释法律，而且要阐明事实；不仅要注重法理，而且要关照情理；不仅要论证说理，而且要精于表述，使说理更为有效。《意见》提出，裁判文书要“阐明事理、释明法理、讲明情理和讲究文理”，不仅适用法律、行使自由裁量权要说理，而且审查判断证据、认定事实也要说理。换言之，凡有争议且有论证价值处，均须说理。

三、强调依据案件具体情况进行说理。实际上，并非所有的案件都需要长篇大论地说理，因为有些案件的事实很清楚，法律适用也几乎无争议，在这种情况下仍然长篇大论地说理就不仅是画蛇添足，甚至是十足迂腐。因此《意见》也明确区分了不同类型的案件，对其裁判文书的说理论证提出了不同的要求，我认为这是一种实事求是的态度，非常值得肯定。

四、可能是首次提出，说理论证时可以参照多种规范资源。《意见》第十三条指出，除依据法律法规、司法解释的规定外，法官可以运用下列论据论证裁判理由，以提高裁判结论的正当性和可接受性：最高人民法院发布的指导性案例；最高人民法院发布的非司法解释类审判业务规范性文件；公理、情理、经验法则、交易惯例、民间规约、职业伦理；立法说明等立法材料；采取历史、体系、比较等法律解释方法时使用的材料；法理及通行学术观点；与法律、司法解释等规范性法律文件不相冲突的其他论据。

这一点意义非常重大，可能是这个《意见》中意义最为重大的一条。因为，在我看来，法律条文虽然是国家权力机关制定的，但它通常只是确立某类情况下解决问题的一般性方向，而并非具体的解决方案；毕竟，各个具体案件的具体场景是立法者所不可能穷尽的，案件中的当事人更不可能完全按照立法者的意志（如其设立的行为模式）去行事。这就导致制定法条文更多只是法官判案时的一种方向性指引，而不大可能是直接依据。而可以作为这种指引的，实际上并不仅限于制定法，可能还包括《意见》第十三条提到的其他规范资源，因为立法也是有局限的，其所涉及的范围也是有限的。

法官可参考之规范资源的扩大，意味着法官可以根据案件事实寻求更为合理的规范资源并得出更合理的结论，但也可能给法官得出不合理的结论提供契机。这时，要求法官进行充分的说理论证以证成自己的结论，允许上诉就成了保证法官在享有足够自由裁量权的前提下又不至于徇私舞弊的体制性措施。

以上是笔者对《意见》的一些基本看法。但判决书说理不是一个有使用说明就可以完成组装的机械事务，而真的是一种实践理性、技艺理性，是一种需要长期和反复实践才能习得和精通的技艺。为此，多提供一些较好的裁判文书供法官学习和研究，是一个必不可少的措施，《意见》其实也强调了这一点。除此之外，笔者想结合自己对普通法的研究，来谈点如何进行判决书说理的看法。

一、案件事实很重要。一个案件的是非曲直其实蕴藏于案件事实本身而非任何事先的规范中，如果案件事实搞清楚了，其结论通常也是不言而喻的。而规范（常见的结构为“事实”+“法律后果”）则总是基于某些类型化事实提供的解决方案，它无法顾及个案的具体情节，因此只能作为判案的指引而非直接依据；要作出判决，除这个指引外，还需要考虑案件的具体情况。这是法官司法的一个基本立场。

二、基本原则和常理很重要。为什么通常来说案件事实搞清楚后结论也就不言而喻了呢？为什么普通人在了解案件事实后也经常能够得出和法官大致相同的结论呢？这是因为普通人和法官分享了这个社会最基本的规范或者说常理！而立法或者是对这些常理的体现，或者是对其适用的限制——如果立法与常理相悖，其施行很可能会有麻烦。因此，我们不能害怕常理，更不能拒之于千里之外，它其实正是我们社会现实的基本规律，是一个社会最为重要的规范资源。而很多争议判决的出现，又恰恰是与常理相悖所导致的。

三、为案件形成更具体的规则很重要。常理很重要，那是否在判案时可以直接引用常理呢？不是的。直接引用常理，如同扣大帽子；动辄说人家违反公平正义、诚实信用、公序良俗等原则，只能说明判决书的说理不充分，也很容易导致不公正。法官必须以常理为指引，为案件形成更具体、更适合于它的规则，才能得出公正的判决。要为案件形成更具体规则的原因在于，立法、司法解释等规范提供的都是样衣，可能适用于大部分案件（即所谓的例行案件），但有些案件（疑难案件）却有特殊情形，就好像有人长了6根指头一样，你就不能还给他戴常规的手套，而要给他私人订制。在案件发生之后为它形成专属于它的规则，这听起来不仅荒诞，而且实实在在地违反了“法不溯及既往”的原则；但普通法就是这样的，而我们也可以反问：是作为某种意识形态或价值观的原则重要呢，还是案件的实质公正更重要呢？更重要的是，我们的司法实践中已经有了类似的规则：司法解释和批复中形成的规则，指导性案例的裁判要点，都是这种更具体规则的典型代表。

四、如何为案件形成更具体的规则？从一定意义上说，判决书说理的过程，其实就是为案件形成更具体、更适合于它的规则的过程。具体方法大概可以分为两种情况：一是在存在相关法条的情况下，这时要在案件事实（如11号指导性案例杨某虎等贪污案中的“土地使用权”）和目标法条之事实（刑法贪污罪中的“公共财物”）之间提取公因式，并进行技术化的表达。具体到杨延虎这个案例，就是土地使用权和公共财物都具有“财产性利益”（公因式）的特征，因此土地使用权可以被归入公共财物的范畴。如此即可形成一个更具体的规则：国家工作人员利用职务之便，窃取、侵吞、骗取或以其他手段非法占有具有财产性利益之标的的，为贪污罪。

二是在没有法条（即出现法律真空）的情况下，就是要以基本原则为指引，根据案件的具体案情为基本原则限定条件，以形成规则。我们来看“多诺霍诉斯蒂文森案”。原告的朋友请她喝啤酒，她那个木头罐的啤酒杯在倒出最后一杯时出现了一只死蜗牛，原告当场呕吐。但她和零售商没有合同，因此无法依据合同的事由起诉；她的朋友虽有合同，但却没有受到损害。在此情况下，多诺霍起诉了啤酒的生产商。阿特金勋爵根据案情诉诸了基督教中的邻人原则（你要像热爱自己一样热爱你的邻人）；具体到法律中就转化为：你的行为不得损害你的邻人，而这个邻人就被扩展至你的行为或产品所可能影响到的任何人。如此，法官根据本案案情为邻人原则的适用限定了三个条件，从而最终形成了以下规则：

意在使其商品到达最终消费者的生产商，如果其包装使得消费者在最终消费之前无合理之可能对该商品进行中途检视；且该生产商知晓，如果在准备或包装商品时不尽合理注意就会给最终消费者的人身或财产造成损害，那么它就对此负有合理注意的义务。

这个规则中有三个条件：一是生产商的目的在于使自己的商品到达最终的消费者；二是其包装使得消费者在最终消费之前无合理之可能对该商品进行中途检视；三是生产商知晓，如果在准备或包装商品时不尽合理注意就会给最终消费者的人身或财产造成损害。如果满足这三个条件，生产商就必须负合理注意义务。

这是一个缺乏制定法依据而法官借助于其他规范资源（宗教训诫）为手头案件形成规则的典型例子，我们来看一下它的推理过程。首先是基于案件事实和作为宗教训诫的邻人原则认定生产商应该承担责任，然后为自己的这个决定寻找依据。法官找到了《圣经》中的邻人原则，并将之扩及法律领域；但他又没有直接适用这个原则，而是将之与本案的事实相结合，为这个原则的适用限定了三个条件（这些条件都跟案件事实密切相关），从而形成了一个基于宗教训诫却又较之于该宗教训诫更为具体的法律规则。适用这个法律规则判决此案，就比直接适用那个宗教训诫更有说服力。

这就是如何为案件形成更具体规则的两种常见类型，限于篇幅，本文无法详细展开。但相信读者已经注意到，判决书说理的核心，其实就在于基于案件事实和一般性规范（无论是制定法还是其他规范资源）为案件找到更具体的规则。有人说这是一个释法或法律解释的过程，但大家可以想一想，解释法律的结果是什么呢？解释法律的最终结果还是形成了一个基于法条但又比法条更为具体也更适合于手头案件的规则——司法解释不正是如此吗？而适用这个基于法条和案件事实形成的规则却要比直接适用法条判案更有说服力，这正是整个判决书说理的关键所在。

裁判文书释法说理成就“说得出的正义”

雷 磊[1]

最高人民法院发布的《关于加强和规范裁判文书释法说理的指导意见》（以下简称《意见》）标志着司法裁判向规范化迈出了重要的一步。《意见》内容丰富，结构合理，具有重要的实践价值。

《意见》主要包括以下内容：1. 基本要求。一是释法说理要做到四个层面，即事理、法理、情理和文理的统一（第二条）。二是释法说理要遵循四个基本原则（第三条），依分句的顺序依次为合法合理原则、层次性原则、针对性原则和差异性原则。2. 证据事实。法庭所采信的事实是证据所证明之事实，《意见》对此作出了三方面的规定：其一，证据认定的基本要求（第四条）。包括证据认定要依据的规则（法则）、方法和原则。其二，特别说理义务（第五条）。即刑诉中的非法证据排除，民诉和行政诉讼中的举证责任分配或证明标准争议必须说理。其三，重点说理义务（第六条）。要重点针对裁判认定的事实或者事实争点进行释法说理。同时，依据间接证据认定事实或采用推定方法认定事实的，也有各自说理的重点。3. 法律适用。司法裁判的规范性根据分为裁判依据与裁判理由两类。裁判依据是有效裁判得以作出的规范基础，即法律规定。具体包括四种情形（第七条）：（1）直接适用：法律含义清晰无争议的，围绕裁判内容和尺度进行释法说理；（2）法律解释：法律含义不清晰且存在争议的，应逐项回应法律争议焦点并说明理由；（3）法律规范竞合或冲突：应当说明选择裁判

---

① 中国政法大学法学院教授。

依据的理由；（4）法律漏洞：以二阶递进的方式进行填补，即首先要找最相类似的法律规定，假如没有则可依据习惯、法律原则、立法目的等作出裁判。当然，由于刑法领域“罪刑法定”原则和行政法领域“依法行政”原则的存在，漏洞填补仅限于民事案件。此外，该条还对上述情形中法官裁量权的行使原则作了规定。裁判理由是为了提高裁判结论的正当性和可接受性所运用的其他材料，包括指导性案例、司法解释之外的审判业务规范性文件等（第十三条）。4. 特殊情形。释法说理并非“炒大锅菜”，而要根据不同情况进行繁简适度的说理。有的案件应当强化释法说理（第八条，十二种情形），有的案件可以简化释法说理（第九条，七种情形），二审或再审裁判文书则应当进行有针对性的强化说理或简化说理（第十条）。5. 技术指引。制作裁判文书要遵循最高法院颁布的诸文书样式（第十一条），适用引文相关规定（第十二条），选择采取适当表达方式（第十四条），符合特定行文标准、用语和写作风格（第十五条）。6. 配套措施。该部分规定了优秀裁判文书的汇编整理（第十六条），释法说理的业绩考核（第十七条），裁判文书的评查、评选、批评以及第三方评价（第十八条、第十九条）等配套措施。

《意见》具有多维度的实践功能。司法裁判的任务虽然在于解决纠纷，但其特点却在于说理和论证。有不少国家在立法上对此提出了明确要求。比如《荷兰宪法》第121条就规定，一份合法的判决必须明示判决理由。《德国民事诉讼法》第313条第1款也规定，裁决必须包括裁决所依据的有效法律条款、案件事实及裁决理由。有效的判决必须建立在充分的法律依据与事实理由的基础之上，并通过合乎逻辑与情理的方式展现出从法律与事实推导出到裁判结论的过程。裁判文书释法说理，无疑具有以下重要功能：1. 提高裁判的可接受性。法律并不单纯以国家机器和强制力为后盾，法律的权威也并非以强制力迫使民众遵从的“压制型权威”。释法说理能够让民众清晰知悉为什么法律支持这种而非那种裁判，从而呈现出“以理服人”的司法本性，使得法律成为一种“说服型权威”，进而实现法律效果和社会效果的有机统一。2. 增强裁判行为的透明度。法律的生命在于实施。释法说理就是法律实施的“显在化”，它能告诉当事人和社会公众，法官在审理案件时如何选择法律依据，如何认定案件事实，如何将抽象的法条转变为具体的个案规范，从而规范审判权的行使，提升司法公信力。3. 更好地实现司法公正。司法公正与一般的正义观念相比具有两个特征：一则，它是具体正义而非抽象正义。它致力于“在具体的细节上，以逐步进行的工作来实现‘更多的正义’”（德国法学家卡尔·拉伦茨语）。这就需要通过个案的积累，在具体语境中辨法析理。二则，它是法律正义而非纯粹的伦理正义。法律构成了司法说理的基础，也构成了它的限度与框架。这也是为什么《意见》将“释法”置于“说理”之前的原因。唯有依法展开说理，才能让民众真切地在每一个司法案件中感受到公平正义。

需指出的是，从裁判文书说理制度的建构完善而言，未来有必要对以下几个问题继续进行探索总结：1. 效力定位有待清晰。在我国的司法实践中，最高法院不仅是最高审判机关，而且也担负司法统一的任务。前者以裁判文书为载体，而后者通过颁布规范性文件的方式来体现。这些规范性文件又包括两类：一类是具有法律效力的文件，即司法解释；另一类是不具有明文法律效力的文件，如诉讼文书样式和各类标准化文件。《意见》显然不是司法解释，而只能归入后者。实践中会遇到的一个问题就是，法官制作裁判文书时没有按照《意见》的规定，尤其是其中操作性比较强的条款（如漏洞填补的二阶递进方式）去做，该如何处理的问题。2. 裁判文书不说理或不充分说理的法律后果有待明确。这里的确存在一个困境：在立法对此没有明文规定的情况下，在没有法律效力的《意见》中直接规定不说理或说理不充分的法律后果是不合适的，也缺乏规范拘束力。但考虑到释法说理对于司法裁判之根本性，未来以司法解释的形式作出规定未尝不可。问题只在于待解释的“母法”条款依据何在。限于篇幅，在此无法具体展开，仅举一例：根据《刑事诉讼法》第二百二十五条第一款第（三）项的规定，原判决事实不清楚或者证据不足的，可以在查清事实后改判；也可以裁定撤销原判，发回原审人民法院重新审判。常言道，事实不辩不清，判决书所认定的事实是通过证据还原的事实。如果法官根本不说理或不对有争议的证据、事实进行充分回应，就无法判断他所还原的事实是否清楚，证据是否充分。所以不说理或说理不充分可以被认为违背了该条款，适用其法律后果。

总之，《意见》对于规范审判行为而言无疑具有里程碑式的意义。细节决定成败，以审判为中心的司法改革不仅需要顶层设计，更需要一份份优质的裁判文书来实现“软着陆”。唯有如此，才能真正让司法同时实现“看得见的正义”和“说得出的正义”。

吹响理性司法的号角

白　斌[1]

众所周知，法律是理与力的结合。然而，法律之所以能有效地区别于强盗的命令，关键在于其力量背后的理性元素。早在古希腊时期，柏拉图便曾强调，我们应当在家庭和国家两方面都要服从自己心中那种永恒的素质，即理性的命令；而这种理性的命令便是法。在诸种法的实施方式中，作为一种判断权的司法权虽不能完全排斥“力”的元素，但很明显与法律作为理性的命令这一特点在精神气质上更为接近、更为相通，其更重视以理服人，强调说理的力量。换言之，相较于其他公权力，司法权的运用在讲道理的广度和深度上都有着更为本质性的需要。然而，在我国，受制于长期以来司法依附于行政的法制传统以及“强行政、弱司法”的权力配置格局，实践中的司法权也不免沾染了行政权重视“力”的习性，不屑于细致周全的说理论证，而对简单粗暴的只言片语青睐有加，由此而形成的隐蔽了实质性裁判理由的、“便条式”的裁判文书特点历来为人所诟病。近年来，随着司法改革工作的推展，裁判文书的篇幅相较于以往的确有了大幅度的扩展，然而仔细观察研读，就会发现，篇幅的扩展主要得益于证据材料的罗列认定，而在法律条文的解释分析、判决结论的理性阐明等实质性裁判理由方面有待进一步展开。

正是在这种背景下，为了纠正当下的裁判文书普遍存在的“不愿说理”“不会说理”“不敢说理”“说不好理”等方面的突出问题，

---

① 中央财经大学法学院副教授。

2018年6月1日，最高人民法院向各省、自治区、直辖市高级人民法院、解放军军事法院、新疆维吾尔自治区高级人民法院生产建设兵团分院印发《关于加强和规范裁判文书释法说理的指导意见》（以下简称《指导意见》），可谓是推进司法判决理性化征途上的又一里程碑式的重大事件。综观全文，《指导意见》中存在着大量新颖的司法理念、科学的理论设计、周全的制度安排、务实的操作指南，体现了最高人民法院立基于丰富司法经验之上的实践智慧，具有重大的理论和实践意义。

首先，《指导意见》的出台，有助于改变长期以来我国法院裁判文书“便条化”的简陋状况，提升司法判断的理性化水平，提高裁判文书的总体质量。《指导意见》对裁判文书的释法说理从形式上到内容提出了全方位、多层次的要求。在形式上，《指导意见》要求各级法院在制作裁判文书时应当遵循《人民法院民事裁判文书制作规范》等规定的技术规范标准，同时可以根据案件情况合理调整事实认定和说理部分的体例结构；在引用规范性法律文件进行释法说理时，应当“准确、完整地写明规范性法律文件的名称、条款项序号；需要加注引号引用条文内容的，应当表述准确和完整”。在内容上，则要求裁判文书不仅要立场正确、内容合法、程序正当，而且要阐明事理（说明裁判所认定的案件事实及其根据和理由，展示案件事实认定的客观性、公正性和准确性）、释明法理（说明裁判所依据的法律规范以及适用法律规范的理由）、讲明情理（体现法理情相协调，符合社会主流价值观）、讲究文理（语言规范，表达准确，逻辑清晰，合理运用说理技巧，增强说理效果）。可以说，《指导意见》对于裁判文书释法说理所提的要求不仅科学全面，而且具有较强的可操作性。

其次，《指导意见》要求加强裁判文书的释法说理，在对法官的理性思辨和法律论证能力提出更高要求的同时，也构造了一套制度化的激励机制。长期以来，我国法院在裁判文书释法说理上存在一些问题，固然有法官逻辑思维和论证能力等其他方面的原因，但在笔者看来，更主要的原因其实是缺乏相关的激励机制。此次，《指导意见》不仅要求“各级人民法院应当定期收集、整理和汇编辖区内法院具有指导意义的优秀裁判文书”，而且“应当将裁判文书的制作和释法说理作为考核法官业务能力和审判质效的必备内容，确立为法官业绩考核的重要指标，纳入法官业绩档案”；并且“应当将裁判文书释法说理作为裁判文书质量评查的重要内容，纳入年度常规性工作之中，推动建立第三方开展裁判文书质量评价活动”。最高人民法院还将“建立符合裁判文书释法说理规律的统一裁判文书质量评估体系和评价机制，定期组织裁判文书释法说理评查活动，评选发布全国性的优秀裁判文书，通报批评瑕疵裁判文书，并作为监督指导地方各级人民法院审判工作的重要内容”。这些制度及其细化落实必将推动各级法院的法官在审判业务上从单纯的数量竞争迈向质量竞争，以更大的智慧和精力投身于创作高水平、高质量的裁判文书。当然，业务评价模式的改变实际上也要求对法官进行更大规模的逻辑、论证、辩论等方面的理性化训练，使得该《指导意见》能够落到实处。这无疑对法学教育以及法官培训体系提出了新的要求，法学教育模式也可能借此促成从单纯的知识传输型教育向着更为理性的以案例教学法为主导的理论论辩型教育实现跳跃，这对于既有法学教育模式来说将是一个不小的挑战。

最后，必须认识到，加强裁判文书的释法说理，在某种意义上，是一种更深层次的司法公开。广义的司法公开包括了立案公开、庭审公开、执行公开、听证公开、文书公开和审务公开等多个方面，然而其中最为核心的部分乃是裁判文书公开。近年来，伴随着信息化技术的进步，以裁判文书统一上网作为突破口，我国在裁判文书的形式性公开道路上取得了巨大的进展。然而司法公开的进一步深入实际上依赖于裁判文书的实质性公开，也就是对于真实的判决理由在裁判文书中作公开呈现、集中阐述，接受社会的“挑刺”。此种对于实质性判决理由的公开呈现，一方面彰显了法官对于相应裁判——包括结论和理由——在深思熟虑基础上的坦然和自信，另一方面也为当事人、上级法院乃至整个法律职业群体通过理性论辩对该裁判的质疑、反思和批评性推进奠定了极为重要的基础。就像《指导意见》所敏锐地指出的，裁判文书释法说理的“主要价值体现在增强裁判行为公正度、透明度，规范审判权行使，提升司法公信力和司法权威”。

无论是对当事人，还是对有机会接触到裁判文书的社会公众，裁判文书的释法说理都是法院以案释法、开展普法教育的一个重要的途径。作为颇爱期待的一种附随效果，我们有理由相信，借由裁判文书的释法说理工作，相应地带动社会中整体公民的理性化，修正那种胡搅蛮缠、死缠烂打的诉求表达模式，而鼓励公民理性地表达利益诉求、理性地维护自身权利，秉持着智慧、勇敢、节制乃至正义的美德参与到诉讼过程中来。通过阐明裁判结论的形成过程和正当性理由，在提高裁判的可接受性、发挥裁判定分止争作用的同时，也能发挥司法裁判的价值引领功能，改变社会中某些群众长期以来形成的“大闹大解决、小闹小解决、不闹不解决”的对于司法活动的错误认知，将人民群众的法律意识和法律行为引导到理性的轨道上来，实现法律效果和社会效果的有机统一，促进社会和谐稳定。

用裁判文书搭建通往人心的桥梁

杨　贝[①]

在法律信息不对称的时代，普通的社会公众不具备与法官对话的知识基础，人们对于裁判文书的兴趣仅限于了解裁判结果。“反正法官说什么都是对的，所以我不在乎他怎么说，只在乎他怎么判。”这一普遍的社会心理助长了法官独白式的判决书写法，以为只要宣告“于法有据”就可定分止争。但在法律知识随手可查的信息时代，“于法有据”非但不能成为平息纷争的利器，反而可能成为引爆舆论的旋涡。“正当防卫”“自首”“立功”等专业术语都可能成为街谈巷议的热点。人们对于“为什么”的兴趣远远超过“是什么”，对于理由的兴趣远远超过结论。此次出台的《最高人民法院关于加强和规范裁判文书释法说理的指导意见》（以下简称《指导意见》）正是对这一日益蓬勃的兴趣的正面回应。

兴趣发乎内心，对兴趣的回应就是与人心的沟通。从这个角度看，《指导意见》旨在通过裁判文书说理，为司法搭建通往人心的桥梁。可以说，《指导意见》是一套涵括立意、选材、实施的完整方案。

就设计理念而言，《指导意见》的第一条即提出裁判文书说理的目的是“让人民群众在每一个司法案件中感受到公平正义”“实现法律效果和社会效果的有机统一”。这一目标定位是对法律与社会的关系这一经典论题的有力阐释，它从裁判的角度重申社会认同之于司法的重要意义。归根结底，法律与社会的沟通在于人们对法律的认同。这

① 对外经济贸易大学法学院副教授。

种认同基于人民群众在司法案件中感受到的公平正义，它是裁判获得可接受性的重要来源。因此，《指导意见》对于说理的基本定位是立足法律、面向社会。

就选材而言，《指导意见》精准地选择通过裁判文书来承载设计理念。正义不仅要实现，而且要能为人所感知。裁判文书的特性决定它是传递公平正义的最佳介质。首先，裁判文书承载着法律结论，是最受关注的法律文件。很大程度上，裁判文书就是司法机构的化身。其次，裁判文书向全社会公开，它的受众之广、影响力之大令其他非规范法律文件无法企及。这让它成为释法说理的最佳平台。

就实施方案而言，《指导意见》为实现前述设计理念做了合理、可行的制度安排。

其一，确立争议解决导向，让裁判机构由独白走向对话。在立法主导的时代，法官只是说出法律的嘴巴。司法判决因为其“于法有据”而具有当然的权威性。因此，法官们在写作裁判文书时只需为自己的判决找到正确的法律依据，不必考虑当事人、社会公众对于判决结果及判决理由的态度。这样的写作方式在长时间内加深了法律与社会之间的隔阂，既不利于争议的解决，也不利于司法权威的树立。

实践中，有些争议并不影响判决的证成，法官往往因此对这些争议一笔带过甚至避而不谈。这一写作方式虽然不会减损判决本身的正当性，但这种傲慢的独白会严重损害社会公众对司法裁判的信心。说理意味着对话，意味着平等的对话，意味着充分考虑对方处境的平等对话。不回应争议的说理只是自说自话、虚有其表。

《指导意见》第一条即指出裁判文书应“发挥裁判的定分止争”的作用。这一目标确立了争议解决在裁判文书释法说理过程中的导向作用。《指导意见》第五条、第七条、第八条均突出了争议解决的重要地位，不论是事实的争议、举证的争议还是法律适用的争议，都要求法官进行回应并给出理由。第七条甚至要求法官“逐项回应法律争议焦点并说明理由”。

其二，阐明判决思路，让裁判过程由封闭走向开放。尽管裁判文书都会给出判决结果的法律依据，但不一定披露判决形成的思路过程。以某非法吸收公众存款案为例，判决书中明确“依照《中华人民共和国刑法》第一百七十六条”等判决，但并未解释为什么本案适用第一百七十六条，为什么被告向邻居介绍投资的行为构成向社会公开宣传，甚至没有援引对于案件定性至关重要的司法解释。这些未予释明的推理过程让社会公众对于判决保有不明就里的懵懂，既不利于提高裁判的可接受性，也不利于为社会公众提供稳定的行为预期。

鉴于此，《指导意见》将“阐明裁判结论的形成过程”作为裁判文书说理的基本要求。《指导意见》第三条要求“围绕证据审查判断、事实认定、法律适用进行说理，反映推理过程”，第六条要求采用推定方法认定事实时“阐释裁断的形成过程”。这些要求都是为了让社会公众了解判决做出的依据。这种开放的态度有两大好处：首先，能够促进公众认同。社会公众会因为这些信息的开放而加深对判决的理解并予以认同。其次，这些开放的信息给了社会公众更多的对话机会，公众在思考判决形成过程时有更强的参与感，有助于培养社会公众的法律思维。

其三，丰富判决理由，让裁判依据由单一走向多元。说理是民主社会的公共话语形式。裁判文书说理也不外乎此。这意味着，裁判文书说理面向的应当是社会公众，而不只是当事人或法律专业人士。裁判文书说的理应当是能为普罗大众理解的道理。为此，《指导意见》从形式与内容两方面做出规定。一方面，就理的形式而言，主要要求理的表达清晰、准确、规范。《指导意见》的第二条、第十一条、第十二条、第十五条都就此做出规定。为方便理解，《指导意见》甚至在第十四条中建议法官在必要的时候运用附表、附图等方法辅助表达。另外，就理的内容而言，《指导意见》并不拘泥于法律法规、司法解释，而是充分考虑社会价值、社会规范在赢得公众认同方面的重要作用。《指导意见》第二条提出“事理”“法理”“情理”“文理”四理兼顾，前三理皆与内容有关却都不限于法律，甚至是法理也应包括“适用法律规范的理由”。第十三条则明确将“公理、情理、经验法则”等列为依据。理由的多元化可以补足法律的局限性，为事实的建构、法律的解释提供更为充分的支持。相比法律专业知识，公理、情理、经验、常识等裁判依据更容易为社会公众所理解、认同，更能促进法律认知与社会认知的协调，进而实现法律效果与社会效果的有机统一。

此外，《指导意见》还充分考虑了方案的可行性。《指导意见》第八条、第九条分别列举了需要强化说理和简化说理的案件类型，体现了繁简分流的基本思路，在不增加法官负担的前提下追求事半功倍的效果。《指导意见》第十六条至第十九条则为裁判文书说理设计配套机制，以保障裁判文书说理的推行。

从整体来看，《指导意见》为搭建这座通往人心的桥梁进行了精心安排。从立意到选材再到实施，都以沟通人心作为着眼点，以赢得人民群众认同，让人民群体感受到公平正义为依皈。这不仅反映出新时代司法理念的与时俱进，还体现了法律与社会的融通，为法治社会的确立提供支持。更令人期待的是，裁判文书有望成为公共说理的阿基米德支点，通过裁判文书说理培育全社会的说理文化，促进说理社会的早日形成。诚如此，一个文明有序、行止有理的民主法治大国蔚然可期。

第三部分

文书样式

【部分规范文书样式】

1. 刑事判决书（一审公诉案件适用普通程序用）

×××人民法院

刑事判决书

（××××）×刑初字第××号

公诉机关×××人民检察院。

被告人……（写明姓名、性别、出生年月日、民族、出生地、文化程度、职业或者工作单位和职务、住址和因本案所受强制措施情况等，现羁押处所）。

辩护人……（写明姓名、工作单位和职务）。

×××人民检察院以×检×诉〔　〕××号起诉书指控被告人×××犯××罪，于××××年××月××日向本院提起公诉。本院依法组成合议庭，公开（或者不公开）开庭审理了本案。×××人民检察院指派检察员×××出庭支持公诉，被害人×××及其法定代理人×××、诉讼代理人×××，被告人×××及其法定代理人×××、辩护人×××、证人×××、鉴定人×××、翻译人员×××等到庭参加诉讼。现已审理终结。

×××人民检察院指控……（概述人民检察院指控被告人犯罪的事实、证据和适用法律的意见）。

被告人×××辩称……（概述被告人对指控的犯罪事实予以供述、辩解、自行辩护的意见和有关证据）。辩护人×××提出的辩护意见是……（概述辩护人的辩护意见和有关证据）。

经审理查明，……（首先写明经庭审查明的事实；其次写明经举证、质证定案的证据及其来源；最后对控辩双方有异议的事实、证据进行分析、认证）。

本院认为，……（根据查证属实的事实、证据和有关法律规定，论证公诉机关指控的犯罪是否成立，被告人的行为是否构成犯罪，犯的什么罪，应否从轻、减轻、免除处罚或者从重处罚。对于控辩双方关于适用法律方面的意见，应当有分析地表示是否予以采纳，并阐明理由）。依照……（写明判决的法律依据）的规定，判决如下：

……

〔写明判决结果。分三种情况：

第一，定罪判刑的，表述为：

“一、被告人×××犯××罪，判处……（写明主刑、附加刑）。(刑期从判决执行之日起计算。判决执行以前先行羁押的，羁押一日折抵刑期一日，即自××××年××月××日起至××××年××月××日止)。

二、被告人×××……（写明决定追缴、退赔或者发还被害人、没收财物的名称、种类和数额）。”

第二，定罪免刑的，表述为：

“被告人×××犯××罪，免予刑事处罚（如有追缴、退赔或者没收财物的，续写第二项）。”

第三，宣告无罪的，无论是适用《中华人民共和国刑事诉讼法》第一百九十五条第（二）项还是第（三）项，均应表述为：“被告人×××无罪。”〕

如不服本判决，可在接到判决书的第二日起十日内，通过本院或者直接向×××人民法院提出上诉。书面上诉的，应当提交上诉状正本一份，副本×份。

审　判　长　×××

审　判　员　×××

××××年××月××日

（院印）

本件与原本核对无异

书　记　员　×××

【说明】

一、本样式供第一审人民法院对于公诉案件按照第一审普通程序审理终结后，根据已经查明的事实、证据，依据有关法律规定，作出被告人有罪或者无罪，犯的什么罪，判处什么刑罚或免除处罚，或者宣告无罪等处理决定时使用。

二、本判决书样式由首部、事实、理由、判决结果和尾部五个部分组成。

（一）首部

1. 法院名称，一般应与院印的文字一致，但是基层人民法院的名称前应冠以省、自治区、直辖市的名称；判处涉外案件时，各级人民法院均应冠以“中华人民共和国”的国名。

2. 案号，由立案年度、制作法院、案件性质、审判程序的代字和案件的顺序号组成。例如，四川省成都市金牛区人民法院1998年立案的第18号刑事案件，表述为“（1998）金刑初字第18号”。案号写在文书名称下一行的右端，其最末一字与下面的正文右端各行看齐。案号上下各空一行。

3. 公诉机关，直接写“公诉机关×××人民检察院”。在

“公诉机关”与“×××人民检察院”之间不用标点符号，也不用空格。

4. 被害人和法定代理人、诉讼代理人出庭参加诉讼的，在审判经过段的“出庭人员”中写明（未出庭的不写）。

5. 被告人的基本情况有变化时，应在样式要求的基础上，根据不同情况作相应改动：

（1）被告人如有与案情有关的别名、化名，应在其姓名后面用括号加以注明。

（2）被告人的职业，一般应写工人、农民、个体工商户，等等；如有工作单位的，应写明其工作单位和职务。

（3）被告人的“出生年月日”，应写被告人准确的出生年月日；确实查不清出生年月日的，也可以写年龄；但对于未成年被告人必须写出生年月日。

（4）被告人曾受过刑事处罚、行政处罚、劳动教养，或者在限制人身自由期间有逃跑等法定或者酌定从重处罚情节的，应当写明其事由和时间。

（5）因本案所受强制措施情况，应写明被拘留、逮捕等羁押时间，以便于折抵刑期。

（6）被告人项内书写的各种情况之间，一般可用逗号隔开；如果某项内容较多，可视行文需要，另行采用分号或者句号。

（7）被告人的住址应写住所所在地；住所所在地和经常居住地不一致的，写经常居住地。

（8）同案被告人有二人以上的，按主从关系的顺序列项书写。

（9）被告人是外国人的，应在其中文译名后用括号写明其外文姓名、护照号码、国籍。

6. 被告人是未成年人的，应当在写明被告人基本情况之后，另行续写法定代表人的姓名、与被告人的关系、工作单位和职务以及住址。

7. 辩护人是律师的，只写姓名、工作单位和职务，即“辩护人×××，×××律师事务所律师”；辩护人是人民团体或者被告人所在单位推荐的，只写姓名、工作单位和职务；辩护人是被告人的监护人、亲友的，还应写明其与被告人的关系；辩护人如果是人民法院指定的写为“指定辩护人”，并在审判经过段中作相应的改动、同案被告人有二人以上并各有辩护人的，分别在各被告人项的下一行列项书写辩护人的情况。

8. 案件的由来和审判经过段中检察院的起诉日期为法院签收起诉书等材料的日期；出庭的被告人、辩护人有多人的，可以概写为“上列被告人及其辩护人”；出庭支持公诉的如系检察长、副检察长、助理检察员的，分别表述为“检察长”“副检察长”“代理检察员”。

9. 对于前案依据《刑事诉讼法》第一百六十二条第（三）项规定作出无罪判决，人民检察院又起诉的，原判决不予撤销，但应在案件审判经过段“×××人民检察院以×检×诉〔〕××号起诉书”一句前，增写以下内容：“被告人×××曾于××××年××月××日被×××人民检察院以××罪向×××人民法院提起公诉，因证据不足，指控的犯罪不能成立，被×××人民法院依法判决宣告无罪。”

10. 对于经第二审人民法院发回重审的案件，原审法院重审以后，在制作判决书时，在“开庭审理了本案”一句之后，增写以下内容；“于××××年××月××日作出（××××）×刑初字第××号刑事判决，被告人×××提出上诉（或者×××人民检察院提出抗诉）。×××人民法院于××××年××月××日作出（××××）×刑终字第××号刑事裁定，撤销原判，发回重审。本院依法另行组成合议庭，公开（或者不公开）开庭审理本案。”

（二）事实

事实是判决的基础，是判决理由和判决结果的根据。制作判决书，首先要把事实叙述清楚、书写判决事实时，应当注意以下几点：

1. 按照样式规定，事实部分包括四个方面的内容：人民检察院指控被告人犯罪的事实和证据；被告人的供述、辩解和辩护人的辩护意见；经法庭审理查明的事实和据以定案的证据，并分四个自然段书写，以充分体现控辩式的审理方式。

2. 叙述事实时，应当写明案件发生的时间、地点，被告人的动机、目的、手段，实施行为的过程、危害结果和被告人在案发后的表现等内容，并以是否具备犯罪构成要件为重点，兼叙影响定性处理的各种情节、依法公开审理的案件，案件事实未经法庭公开调查的，不能认定。

3. 叙述事实要层次清楚，重点突出。一般按时间先后顺序叙述；一人犯数罪的，应当按罪行主次的顺序叙述；一般共同犯罪案件，应当以主犯为主线进行叙述；集团犯罪案件，可以先综述集团的形成和共同的犯罪行为，再按首要分子、主犯、从犯、胁从犯或者罪重、罪轻的顺序分别叙述各个被告人的犯罪事实。

4. 认定事实的证据必须做到：（1）依法公开审理的案件，除无须举证的事实外，证明案件事实的证据必须经法庭公开举证、质证，才能认证；未经法庭公开举证、质证的，不能认证。（2）特别要注意通过对证据的具体分析、认证来证明判决所确认的犯罪事实。防止并杜绝用“以上事实，证据充分，被告也供认不讳，足以认定”的抽象、笼统的说法或者用简单的罗列证据的方法，来代替对证据的具体分析、认证。法官认证和采信证据的过程应当在判决书中充分体现出来。（3）证据要尽可能写得明确、具体，证据的写法应当因案而异。案情简单或者控辩双方没有异议的，可以集中表述；案情复杂或者控辩双方有异议的，应当进行分析、认证；一人犯数罪或者共同犯罪案件，还可以分项或者逐人逐罪叙述证据或者对证据进行分析、认证。对控辩双方没有争议的证据，在控辩主张中可不予叙述，而只在“经审理查明”的证据部分具体表述，以避免不必要的重复。

5. 叙述证据时，应当注意保守国家秘密。保护报案人、控告人、举报人、被害人、证人的安全和名誉。

（三）理由

理由是判决的灵魂，是将犯罪事实和判决结果有机联系在一起的纽带。其核心内容是针对案情特点，运用法律规定、政策精神和犯罪构成理论，阐述公诉机关的指控是否成立，被告人的行为是否构成犯罪。犯的什么罪，依法应当如何处理，为判决结果打好基础。书写出判决理由时，应当注意以下几点：

1. 理由的论述一定要有针对性，有个性。要注意结合具体案情，充分摆事实、讲道理，说理力求透彻、逻辑严密、无懈可击，使理由具有较强的思想性和说服力。防止理由部分不说理或者说理不充分，只引用法律条文，不阐明适用法律的道理；切忌说空话、套话，理由千篇一律，只有共性，没有个性，尽量使用法律术语，并注意语言精炼。

2. 确定罪名，应当以刑法和司法解释为依据。一人犯数罪的，一般先定重罪，后定轻罪；共同犯罪案件，应在分清各被告人在共同犯罪中的地位、作用和刑事责任的前提下，依次确定首要分子、主犯、从犯或者胁从犯、教唆犯的罪名。

3. 如果被告人具有从轻、减轻、免除处罚或者从重处罚等一种或者数种情节的，应当分别或者综合予以认定。

4. 对控辩双方适用法律方面的意见应当有分析地表明是否予以采纳，并阐明理由。

5. 判决的法律依据，根据《最高人民法院关于司法解释工作的规定》，应当包括司法解释在内。在引用法律条文时，应当注意：

（1）要准确、完整、具体。准确，就是要恰如其分地符合判决结果；完整，就是要把据以定性处理的法律规定和司法解释全部引用；具体，就是要引出法律依据条文外延最小的规定，即几条下分款分项的，应写明第几条第几款第几项；有的条文只分项不分款的，则写明第几条第几项。

(2) 要有一定的条理和顺序，一份裁判文书应当引用两条以上的法律条文的，应当先引用有关定罪与确定量刑幅度的条文，后引用从轻、减轻、免除处罚或者从重处罚的条文。判决结果既有主刑，又有附加刑内容的，应当先引用适用主刑的条文，后引用适用附加刑的条文；某种犯罪需要援引其他条款的法定刑处罚（即援引法定刑）的，应当先引用本条条文，再按本条的规定，引用相应的他罪条文；一人犯数罪的，应当逐罪引用法律条文；共同犯罪的，既可集中引用有关的法律条文，也可逐人逐罪引用有关的法律条文。

(3) 引用的法律依据中，既有法律规定又有司法解释规定的，应当先引用法律规定，再引用相关的司法解释；同时适用修订前后刑法的，对修订前的刑法，称“1979 年《中华人民共和国刑法》”；对修订后的刑法，称“《中华人民共和国刑法》”。

（四）判决结果

判决结果（又称“主文”）是依照有关法律的具体规定，对被告人作出的定性处理的结论，应当字斟句酌，认真推敲。书写判决结果时，应当注意以下几点：

1. 判处的各种刑罚，应按法律规定写明全称。既不能随意简化，如将“判处死刑，缓期二年执行”的，简写为判处“死缓”；也不能“画蛇添足”，如将宣告缓刑的，写为“判处有期徒刑×年，缓期×年执行”。

2. 有期徒刑的刑罚应当写明刑种、刑期和主刑的折抵办法以及起止时间，本样式系直接判处有期徒刑、拘役的模式设计起止时间的，如系判处死刑缓期二年执行的，起止时间表述为“死刑缓期二年执行的期间，从高级人民法院核准之日起计算”；如系判处管制的，表述为“刑期从判决执行之日起计算；判决执行以前先行羁押的，羁押一日折抵刑期二日，即自××××年××月××日起至××××年××月××日止”。

3. 关于对三类特殊案件判决结果的表述。根据《最高人民法院关于适用〈中华人民共和国刑事诉讼法〉的解释》第二百四十一条第一款第（六）项、第（七）项的规定，对被告人因不满16周岁不予刑事处罚和被告人是精神病人，在不能辨认或者不能控制自己行为的时候造成危害结果不予刑事处罚的，均应当在判决结果中宣告“被告人×××不负刑事责任”，依照本条第（三）项、第（四）项、第（九）项的规定，对案件事实清楚，证据确实、充分，依据法律认定被告人无罪的；对证据不足，不能认定被告人有罪的；对被告人死亡，根据已查明的案件事实和认定的证据材料，能够确认被告人无罪的，应当在判决结果中宣告“被告人×××无罪”。

4. 适用《中华人民共和国刑事诉讼法》第一百九十五条第（三）项规定宣告被告人无罪的，应当将“证据不足，×××人民检察院指控的犯罪不能成立”作为判决的理由，而不应当作为判决的主文。

5. 追缴、退赔和发还被害人、没收的财物，应当写明其名称、种类和数额、财物多、种类杂的，可以在判决结果中概括表述，另列清单，作为判决书的附件。

6. 数罪并罚的，应当分别定罪量刑（包括主刑和附加刑），然后按照刑法关于数罪并罚的原则，决定执行的刑罚，切忌综合（即“估堆”）量刑。

7. 一案多人的，应当以罪责的主次或者判处刑罚的轻重为顺序，逐人分项定罪判处。

（五）尾部

1. 如果适用《中华人民共和国刑法》第六十三条第二款的规定在法定刑以下判处刑罚的，应当在交代上诉权之后，另起一行写明“本判决依法报请最高人民法院核准后生效”。

2. 判决书的尾部应当由参加审判案件的合议庭组成人员或者独任审判员署名。合议庭成员有陪审员的，署名为“人民陪审员”；合议庭成员有助理审判员的，署名为“代理审判员”；助理审判员担任合议庭审判长的，与审判员担任合议庭审判长一样，署名为“审判长”；院长（副院长）或者庭长（副庭长）参加合议庭的，应当担任审判长，均署名为“审判长”。

3. 判决书尾部的年月日，为作出判决的日期。当庭宣判的，应当写当庭宣判的日期；定期或者委托宣判的，应当写签发判决书的日期（裁定书亦同）。当庭宣告判决的，其不服判决的上诉和抗诉的期限，仍应当从接到判决书的第二日起计算。

4. 判决书原本上不写“本件与原本核对无异”。此句文字应制成专用印戳，由书记员将正本与原本核对无异之后，加盖在正本末页的年月日的左下方、书记员署名的左上方。

三、本说明可供制作其他刑事诉讼文书时参阅。

2. 刑事附带民事判决书（一审公诉案件适用普通程序用）

×××人民法院

刑事附带民事判决书

（××××）×刑初字第××号

公诉机关×××人民检察院。

附带民事诉讼原告人……（写明姓名、性别、出生年月日、民族、出生地、文化程度、职业或者工作单位和职务、住址等）。

被告人……（写明姓名、性别、出生年月日、民族、出生地、文化程度、职业或者工作单位和职务、住址、因本案所受强制措施情况等，现羁押处所）。

辩护人……（写明姓名、工作单位和职务）。

×××人民检察院以×检×诉〔　　　〕××号起诉书指控被告人×××犯××罪，于××××年××月××日向本院提起公诉。在诉讼过程中，附带民事诉讼原告人向本院提起附带民事诉讼。本院依法组成合议庭，公开（或者不公开）开庭进行了合并审理。×××人民检察院指派检察员×××出庭支持公诉，附带民事诉讼原告人×××及其法定（诉讼）代理人×××，被告人×××及其法定代理人×××、辩护人×××、证人×××、鉴定人×××、翻译人员×××等到庭参加诉讼。现已审理终结。

×××人民检察院指控……（概述人民检察院指控被告人犯罪的事实、证据和适用法律的意见）。附带民事诉讼原告人诉称……（概述附带民事诉讼原告人的诉讼请求和有关证据）。

被告人×××辩称……（概述被告人对人民检察院指控的犯罪事

实和附带民事诉讼原告人的诉讼请求予以供述、辩解、自行辩护的意见和有关证据)。辩护人×××提出的辩护意见是……(概述辩护人的辩护意见和有关证据)。

经审理查明,……(首先写明经法庭审理查明的事实,既要写明经法庭查明的全部犯罪事实,又要写明由于被告人的犯罪行为使被害人遭受经济损失的事实;其次写明据以定案的证据及其来源;最后对控辩双方有异议的事实、证据进行分析、认证)。

本院认为,……(根据查证属实的事实、证据和法律规定,论证公诉机关指控的犯罪是否成立,被告人的行为是否构成犯罪,犯的什么罪,应否追究刑事责任;论证被害人是否由于被告人的犯罪行为而遭受经济损失,被告人对被害人的经济损失应否负民事赔偿责任;应否从轻、减轻、免除处罚或者从重处罚。对于控辩双方关于适用法律方面的意见,应当有分析地表示是否予以采纳,并阐明理由)。依照……(写明判决的法律依据)的规定,判决如下:

……〔写明判决结果。分四种情况:

第一,定罪判刑并应当赔偿经济损失的,表述为:

"一、被告人×××犯××罪,……(写明主刑、附加刑)。(刑期从判决执行之日起计算。判决执行以前先行羁押的,羁押一日折抵刑期一日,即自××××年××月××日起至××××年××月××日止)。

二、被告人×××赔偿附带民事诉讼原告人×××……(写明受偿人的姓名、赔偿的金额和支付的日期)。"

第二,定罪免刑并应当赔偿经济损失的,表述为:

"一、被告人×××犯××罪,免予刑事处罚;

二、被告人×××赔偿附带民事诉讼原告人×××……(写明受偿人的姓名、赔偿的金额和支付的日期)。"

第三,宣告无罪但应当赔偿经济损失的,表述为:

"一、被告人×××无罪;

二、被告人×××赔偿附带民事诉讼原告人×××……（写明受偿人的姓名、赔偿的金额和支付的日期）。”

第四，宣告无罪且不赔偿经济损失的，表述为：

“一、被告人×××无罪；

二、被告人×××不承担民事赔偿责任。”〕

如不服本判决，可在接到判决书的第二日起十日内，通过本院或者直接向×××人民法院提出上诉。书面上诉的，应当提交上诉状正本一份，副本×份。

审　判　长　×××
审　判　员　×××
审　判　员　×××
（院印）
××××年××月××日

本件与原本核对无异

书　记　员　×××

【说明】

一、本样式供第一审人民法院审理公诉案件过程中，在确定被告人是否承担刑事责任的同时，附带解决被告人对于被害人所遭受的物质损失（即经济损失）是否承担民事赔偿责任时使用。

二、附带民事诉讼如系被害人提起的，应在“附带民事诉讼原告人”项内的“单位和职务、住址”之后，续写“系本案被害人”；如果被害人是无行为能力或者限制行为能力的人，应当在第一项“附带民事诉讼原告人×××”之后，列第二项“法定代理人×××”，并注明其与被害人的关系；如果被害人已经死亡，已经更换当事人，由他的近亲属提起附带民事诉讼的，应当将其近亲属列为“附带民事诉讼原告人×××”，并注明其与死者的关系。

三、附带民事诉讼如系公诉机关提起的，本样式应作如下改动：

（一）删去首部的“附带民事诉讼原告人”项；

（二）将案件审判经过段的“犯××罪……提起附带民事诉讼”，改为“犯××罪，同时致使……（写明受损失单位的名称或者被害人的姓名）遭受经济损失一案，向本院提起刑事附带民事诉讼”；并将“附带民事诉讼原告人×××”从到庭参加诉讼的人员中删去。

（三）在控方指控项中增加有关附带民事诉讼的意见，并把“概述附带民事诉讼原告人的诉讼请求和有关证据”的内容删去。

四、刑事附带民事案件在判决理由部分，除需要引用刑法和刑事诉讼法的有关条文外，必要时还可以引用民事法律、司法解释中有关损害赔偿的规定，作为判决的法律依据。

五、公诉案件，人民法院在判决前，如果经调解，双方当事人就经济损失的赔偿已达成调解协议的，可以制作《刑事附带民事调解书》，经双方当事人签收后即具有法律效力，但不能制作《民事调解书》；刑事部分单独审结的，则应当制作《刑事判决书》。赔偿金额在判决前被告人已一次付清的，应当记入笔录，经双方当事人、审判人员、书记员签名或者盖章后即发生法律效力；如果当事人要求制作调解书的，也可以制作《刑事附带民事调解书》。经调解无法达成协议或者调解书签收前当事人反悔的，附带民事诉讼则应当同刑事诉讼一并判决，并制作《刑事附带民事判决书》。

六、刑事附带民事诉讼不同于单纯的刑事诉讼，它要在刑事诉讼过程中依照民事诉讼程序附带解决民事赔偿问题。因此，在制作这种判决书时，应当注意在首部、事实、理由和判决结果部分完整地反映出刑事附带民事诉讼这一特点。

七、按本样式制作判决书时，注意参阅一审公诉案件适用普通程序用的刑事判决书样式及其说明。

3. 刑事判决书（一审公诉案件适用简易程序用）

××××人民法院

刑事判决书

（××××）×刑初字第××号

公诉机关×××人民检察院。

被告人……（写明姓名、性别、出生年月日、民族、出生地、文化程度、职业或者工作单位和职务、住址、因本案所受强制措施情况等，现羁押处所）。

辩护人……（写明姓名、工作单位和职务）。

×××人民检察院以×检×诉〔 〕××号起诉书指控被告人×××犯××罪，于××××年××月××日向本院提起公诉。本院依法适用简易程序，实行独任审判，公开（或者不公开）开庭审理了本案。×××人民检察院检察员×××、被告人×××、辩护人×××等到庭参加诉讼。现已审理终结。

×××人民检察院指控……（概述人民检察院指控被告人犯罪的事实和适用法律的意见）。

被告人×××的供述、辩解和辩护人×××的辩护意见……（予以概述）。

经审理查明，……（写明经法庭审理查明的被告人的犯罪事实和据以定案的证据）。

本院认为，……（写明判决的理由）。依照……（写明判决的法律依据）的规定，判决如下：

被告人×××犯××罪，判处……（写明判处的具体内容）。

（刑期从判决执行之日起计算。判决执行以前先行羁押的，羁押一日折抵刑期一日。即自××××年××月××日起至××××年××月××日止）。

如不服本判决，可在接到判决书的第二日起十日内，通过本院或者直接向×××人民法院提出上诉。书面上诉的，应当提交上诉状正本一份，副本×份。

审 判 员 ×××

××××年××月××日

（院印）

本件与原本核对无异

书 记 员 ×××

【说明】

一、本样式供基层人民法院对于公诉案件按照第一审简易程序审理终结后，作出处理决定时使用。

二、适用简易程序审理自诉案件的，按“自诉案件用”的文书样式，参照本样式制作刑事判决书。

三、对公诉人、辩护人没有出庭的，删去文书样式中相应的内容。

四、对有附带民事诉讼内容且控辩双方没有异议的，可以参阅刑事附带民事判决书样式，在本样式的相应部分增加有关内容。

五、人民法院对公诉案件的被告人可能判处免予刑事处罚的，可以适用简易程序。对这类案件制作判决书时，判决理由和判决结果部分的表述应当作相应改动。

六、审理单位犯罪案件不适用简易程序，因而也不适用本样式。

4. 刑事判决书（二审改判用）

×××人民法院
刑 事 判 决 书

（××××）×刑终字第××号

原公诉机关×××人民检察院。

上诉人（原审被告人）……（写明姓名、性别、出生年月日、民族、出生地、文化程度、职业或工作单位和职务、住址和因本案所受强制措施情况等，现羁押处所）。

辩护人……（写明姓名、工作单位和职务）。

×××人民法院审理×××人民检察院指控原审被告人×××犯××罪一案，于××××年××月××日作出（××××）×刑初字第××号刑事判决。原审被告人×××不服，提出上诉。本院依法组成合议庭，公开（或者不公开）开庭审理了本案。×××人民检察院指派检察员×××出庭履行职务。上诉人（原审被告人）×××及其辩护人×××等到庭参加诉讼。现已审理终结。

……（首先概述原判决认定的事实、证据、理由和判处结果；其次概述上诉、辩护的意见；最后概述人民检察院在二审中提出的新意见）。

经审理查明，……（首先写明经二审审理查明的事实；其次写明二审据以定案的证据；最后针对上诉理由中与原判认定的事实、证据有异议的问题进行分析、认证。）

本院认为，……（根据二审查明的事实、证据和有关法律规定，论证原审法院判决认定的事实、证据和适用法律是否正确。对于上诉人、辩护人或者出庭履行职务的检察人员等在适用法律、定性处理方面的意见，应当有分析地表示是否予以采纳，并阐明理由）。依照……（写明判决的法律依据）的规定，判决如下：

……〔写明判决结果。分两种情况：

第一，全部改判的，表述为：

"一、撤销×××人民法院（××××）×刑初字第××号刑事判决；

二、上诉人（原审被告人）×××……（写明改判的具体内容）（刑期从……）。"

第二，部分改判的，表述为：

"一、维持×××人民法院（××××）×刑初字第××号刑事判决的第×项，即……（写明维持的具体内容）；

二、撤销×××人民法院（××××）×刑初字第××号刑事判决的第×项，即……（写明撤销的具体内容）；

三、上诉人（原审被告人）×××……（写明部分改判的具体内容）（刑期从……）。"〕

本判决为终审判决。

审　判　长　×××
审　判　员　×××
审　判　员　×××
（院印）
××××年××月××日

本件与原本核对无异

书　记　员　×××

【说明】

一、本样式供第二审人民法院在受理当事人不服一审判决提出上诉或者公诉机关提出抗诉的刑事案件后，经审理查明原判决在适用法律上有错误或者量刑不当，或者原判决事实不清、证据不足，经二审查清事实后予以改判时使用。

二、本样式是按公诉案件的被告人提出上诉的模式设计的。如果条件变换，首部各项，应作如下改动：

（一）在公诉案件中

1. 被告人的辩护人或者近亲属经被告人同意而提出上诉的，上诉人仍为原审被告人，但应将审理经过段中“原审被告人×××不服，提出上诉”一句改为“原审被告人×××的近亲属（或者辩护人）×××经征得原审被告人×××同意，提出上诉”。

2. 检察机关提出抗诉的，第一项“原公诉机关”改为“抗诉机关”；第二项改为“原审被告人”项；第三项为“辩护人”项。如果在同一案件中，既有被告人上诉，又有检察机关抗诉的，第一项改为“抗诉机关”项，第二项、第三项不变。

被害人及其法定代理人请求人民检察院提出抗诉，人民检察院应在审理经过段中的“原审被告人×××不服，提出上诉”一句之后，续写“被害人（或者其法定代理人）×××不服，请求×××人民检察院提出抗诉。×××人民检察院决定并于××××年××月××日向本院提出抗诉”。

（二）在自诉案件中

1. 自诉人提出上诉的，第一项写“上诉人（原审自诉人）”，第二项写“原审被告人”；被告人提出上诉的，第一项写“上诉人（原审被告人）”，第二项写“原审自诉人”；自诉人和被告人都提出上诉的，第一项写“上诉人（原审自诉人）”，第二项写“上诉人（原审被告人）”。

2. 如果自诉人有诉讼代理人、被告人有辩护人的，应当分别在各自的项下增写“诉讼代理人”项或者“辩护人”项。

3. 如果自诉人、被告人系未成年人，其法定代理人或者指定代理人提出上诉的，应当把“上诉人（原审××人的×定代理人）”项增写在被代理人之前，随后续写“原审自诉人”项或者“原审被告人”项。

在共同犯罪案件的数个被告人中，有的上诉，有的不上诉的，前面列写提出上诉的“上诉人（原审被告人）”项，后面续写未提出上诉的“原审被告人”项。

首部的原公诉机关和诉讼参与人项作了改动之后，案件的由来和审判经过段以及其他有关各处，应当注意作相应的改动。

三、对于第二审人民法院未开庭审理的，在本院依法组成合议庭之后，将“公开开庭审理了本案”，改写为：“经过阅卷，讯问被告人、听取其他当事人、辩护人、诉讼代理人的意见，认为事实清楚，决定不开庭审理”。

四、书写判决书的事实和理由部分时，注意掌握以下几点：

（一）二审改判用的刑事判决书写作的重点，应当针对一审判决中的错误，以及上诉、抗诉的意见和理由，进行叙事和说理。

（二）对各方意见有分歧的要详写，没有异议的可以略写；对上诉、抗诉意见都应当进行分析、论证，充分阐明肯定或者否定的理由。

（三）注意避免文字上不必要的重复。二审判决认定的事实和证据与原判没有变动的，可采取“此繁彼简”的方法，重点叙述原判认定的事实和证据，而对第二审“审理查明”的事实和证据，则进行概括叙述。

（四）判决理由中的“法律依据”，包括程序法和实体法。在具体引用时，应当先引用程序法的有关规定，再引用实体法的有关规定。如适用司法解释的，应在其后一并引用。

五、判决结果应当根据对原审判决结果的改判情况作相应改动。如果原审判决主文未分项表述，第二审人民法院依法对该主文内容作部分改判的，可表述为：

"一、维持×××人民法院（××××）×刑×字第××号刑事判决中……（写明维持的内容）；

二、撤销×××人民法院（××××）×刑×字第××号刑事判决中……（写明撤销的内容）；

三、……（写明改判的内容）。"

六、第二审人民法院对原判认定事实清楚、证据充分，只是认定的罪名不当的，在不加重原判刑罚的情况下，可以判决变更罪名。

七、按本样式制作判决书时，注意参阅第一审公诉案件和自诉案件用的刑事判决书样式及其说明。

5. 刑事裁定书（二审维持原判用）

×××人民法院

刑事裁定书

（××××）×刑终字第××号

原公诉机关×××人民检察院。

上诉人（原审被告人）……（写明姓名、性别、出生年月日、民族、出生地、文化程度、职业或者工作单位和职务、住址和因本案所受强制措施情况等，现羁押处所）。

辩护人……（写明姓名、工作单位和职务）。

×××人民法院审理×××人民检察院指控原审被告人×××犯××罪一案，于××××年××月××日作出（××××）×刑初字第××号刑事判决。原审被告人×××不服，提出上诉。本院依法组成合议庭，公开（或者不公开）开庭审理了本案。×××人民检察院指派检察员×××出庭履行职务。上诉人（原审被告人）×××及其辩护人×××等到庭参加诉讼。现已审理终结。

……（首先概述原判决认定的事实、证据、理由和判决结果；其次概述上诉、辩护的意见；最后概述人民检察院在二审中提出的新意见）。

经审理查明，……（首先写明经二审审理查明的事实；其次写明二审据以定案的证据；最后针对上诉理由中与原判认定的事实、证据有异议的问题进行分析、认证）。

本院认为，……（根据二审查明的事实、证据和有关法律规定，论证原审法院判决认定事实、证据和适用法律是正确的。对于上诉人、辩护人或者出庭履行职务的检察人员等在适用法律、定性处理方面的意见，应当逐一作出回答，阐明不予采纳的理由）。依照……（写明裁定的法律依据）的规定，裁定如下：

驳回上诉，维持原判。

本裁定为终审裁定。

审　判　长　×××

审　判　员　×××

审　判　员　×××

（院印）

××××年××月××日

本件与原本核对无异

书　记　员　×××

【说明】

一、本样式供第二审人民法院在受理当事人不服第一审人民法院判决提出上诉，或者公诉机关提出抗诉的案件后，经审理查明原审法院判决在认定事实和适用法律方面没有错误，量刑适当，决定驳回上诉、抗诉，维持原判时使用。

二、制作本裁定书主要应当针对上诉、抗诉等提出的意见，进行分析、论证，阐明原判认定的事实、证据和适用法律、定性处理为什么正确，上诉、抗诉的理由为什么不能成立。驳回的理由应当具体、充分，有理有据，说服力强。

三、为了避免文字上不必要的重复，在叙述原判决的基本内容时，可以采取“此繁彼简”的方法，重点叙述原判认定的事实和证据，而对第二审“审理查明”的事实和证据进行概括叙述。

四、本样式是按公诉案件的被告人提出上诉的模式设计的。如果条件变化，首部各项和其他相关各处应作相应改动。

五、按本样式制作裁定书，注意参阅二审改判用刑事判决书的样式及其说明。

6. 刑事判决书（按一审程序再审改判用）

×××人民法院
刑事判决书

（××××）×刑再初字第××号

原公诉机关×××人民检察院。

原审被告人……（写明姓名、性别、出生年月日、民族、出生地、文化程度、职业或者工作单位和职务、住址等，现羁押处所）。

辩护人……（写明姓名、工作单位和职务）。

×××人民检察院指控原审被告人×××犯××罪一案，本院于××××年××月××日作出（××××）×刑初字第××号刑事判决。该判决发生法律效力后，……（写明提起再审的根据）。本院依法另行组成合议庭，公开（或者不公开）开庭审理了本案。×××人民检察院检察员×××出庭履行职务。被害人×××、原审被告人×××及其辩护人×××等到庭参加诉讼。现已审理终结。

……（概述原审判决认定的事实、证据、判决的理由和判决结果）。

……（概述再审中原审被告人的辩解和辩护人的辩护意见。对人民检察院在再审中提出的意见，应当一并写明）。

经再审查明，……（写明再审认定的事实和证据，并就诉讼双方对原判有异议的事实、证据作出分析、认证）。

本院认为，……（根据再审查明的事实、证据和有关法律规定，对原判和诉讼各方的主要意见作出分析，阐明改判的理由）。依照……（写明判决的法律依据）的规定，判决如下：

……〔写明判决结果。分两种情况：

第一，全部改判的，表述为：

"一、撤销本院（××××）×刑×字第××号刑事判决；

二、原审被告人×××……（写明改判的内容）。"

第二，部分改判的，表述为：

"一、维持本院（××××）×刑×字第××号刑事判决的第×项，即……（写明维持的具体内容）；

二、撤销本院（××××）×刑×字第××号刑事判决的第×项，即……（写明撤销的具体内容）；

三、原审被告人×××……（写明部分改判的内容）。"〕

如不服本判决，可在接到判决书的第二日起十日内，通过本院或者直接向×××人民法院提出上诉。书面上诉的，应当提交上诉状正本一份，副本×份。

审　判　长　×××

审　判　员　×××

审　判　员　×××

（院印）

××××年××月××日

本件与原本核对无异

书　记　员　×××

【说明】

一、本样式供各级人民法院对本院已经发生法律效力的一审判决，经提起再审程序后，另行组成合议庭，就案件的实体问题进行再审，确认原判在认定事实上或者适用法律上确有错误，决定予以改判时使用。

二、“提起再审的根据”有以下两种情况：

（一）第一审人民法院决定再审的，写为：“本院又于××××年××月××日作出（××××）×刑监字第××号再审决定，对本案提起再审”；

（二）上级人民法院指令再审的，写为：“×××人民法院于××××年××月××日作出（××××）×刑监字第××号再审决定，指令本院对本案进行再审。”

三、本样式系按公诉案件设计的。适用于自诉案件时，应当在首部作如下改动：

（一）“原审自诉人”项排在第一，“原审被告人”项排在第二，等等；

（二）“×××人民检察院指控……一案”，改为“原审自诉人×××以原审被告人×××犯××罪提出控诉”；

（三）“×××人民检察院检察员×××出庭履行职务”，改为“原审自诉人×××”。

四、本判决书的理由部分，应当根据不同情况有针对性地论述改判的理由：

（一）宣告无罪的，分为两种情况：1. 依据法律认定被告人无罪的，应当根据再审认定的事实、证据和有关法律规定，通过分析论证，说明被告人的行为不构成犯罪，原判错误；并针对被告人及其辩护人的辩护意见，表示是否予以采纳。2. 证据不足，不能认定被告人有罪的，应当根据再审认定的事实、证据和有关法律规定，阐明原判认定被告人构成犯罪的证据不足，犯罪不能成立。

（二）定罪正确，量刑不当的，应当根据再审认定的事实、证据和有关法律规定，通过分析论证，说明原判定性正确，但量刑不当，以及对被告人为什么应当从轻、减轻、免除处罚或者从重处罚，并针对被告人的辩解及其辩护人的辩护意见，表示是否予以采纳。

（三）变更罪名的，应当根据再审认定的事实、证据和有关法律规定，通过分析论证，说明原判定性有误，但被告人的行为仍构成犯罪，以及犯何罪，是否应当从轻、减轻、免除处罚或者从重处罚；并针对被告人的辩解及其辩护人的辩护意见，表示是否予以采纳。

五、如果再审判决对原判结果中的内容部分维持、部分改判的，表述时，应当分项写明。如：

“（一）维持本院（××××）×刑初字第××号刑事判决中……（写明维持的内容）；

（二）撤销本院（××××）×刑初字第××号刑事判决中……（写明撤销的内容）；

（三）对原审被告人×××……（写明改判的内容）。”

7. 刑事判决书（按二审程序再审改判用）

×××人民法院

刑事判决书

（××××）×刑再终字第××号

原公诉机关×××人民检察院。

原审上诉人（原审被告人）……（写明姓名、性别、出生年月日、民族、出生地、文化程度、职业或者工作单位和职务、住址等，现羁押处所）。

辩护人……（写明姓名、工作单位和职务）。

×××人民检察院指控被告人×××犯××罪一案，×××人民法院于××××年××月××日作出（××××）×刑初字第××号刑事判决，本院于××××年××月××日作出（××××）×刑终字第××号刑事判决（或者裁定）。上述裁判发生法律效力后，……（写明提起再审的根据）。本院依法另行组成合议庭，公开（或者不公开）开庭审理了本案。×××人民检察院检察员×××出庭履行职务。被害人×××、原审被告人×××及其辩护人×××等到庭参加诉讼。现已审理终结。

……（概述原判认定的事实、证据、判决的理由和判决结果）。

……（概述再审中原审被告人的辩解和辩护人的辩护意见。对人民检察院在再审中提出的意见，应当一并写明）。

经再审查明，……（写明再审认定的事实和证据，并就诉讼双方对原判有异议的事实、证据作出分析、认证）。

本院认为，……（根据再审查明的事实、证据和有关法律规定，对原判和诉讼各方主要意见作出分析，阐明改判的理由)。依照……(写明判决的法律依据）的规定，判决如下：

……〔写明判决结果。分六种情况：

第一，原系一审，提审后全部改判的，表述为：

“一、撤销×××人民法院（××××）×刑初字第××号刑事判决；

二、被告人×××……（写明改判的内容)。”

第二，原系一审，提审后部分改判的，表述为：

“一、维持×××人民法院（××××）×刑初字第××号刑事判决的第×项，即……（写明维持的具体内容)；

二、撤销×××人民法院（××××）×刑初字第××号刑事判决的第×项，即……（写明撤销的具体内容)；

三、被告人×××……（写明部分改判的内容)。”

第三，原系二审维持原判，再审后全部改判的，表述为：

“一、撤销本院（××××）×刑终字第××号刑事裁定和×××人民法院（××××）×刑初字第××号刑事判决；

二、被告人×××……（写明改判的内容)。”

第四，原系二审维持原判，再审后部分改判的，表述为：

“一、维持本院（××××）×刑终字第××号刑事裁定和×××人民法院（××××）×刑初字第××号刑事判决中……（写明维持的具体内容)；

二、撤销本院（××××）×刑终字第××号刑事裁定和×××人民法院（××××）×刑初字第××号刑事判决中……（写明撤销的具体内容)；

三、被告人×××……（写明部分改判的内容)。”

第五，原系二审改判，再审后全部改判的，表述为：

“一、撤销本院（××××）×刑终字第××号刑事判决和××

×人民法院（××××）×刑初字第××号刑事判决；

二、被告人×××……（写明改判的内容）。”

第六，原系二审改判，再审后部分改判的，表述为：

“一、维持本院（××××）×刑终字第××号刑事判决的第×项，即……（写明维持的具体内容）；

二、撤销本院（××××）×刑终字第××号刑事判决的第×项，即……（写明撤销的具体内容）；

三、被告人×××……（写明改判的内容）。”〕

本判决为终审判决。

审　判　长　×××

审　判　员　×××

审　判　员　×××

（院印）

××××年××月××日

本件与原本核对无异

书　记　员　×××

【说明】

一、本样式供中级以上人民法院对下级人民法院和本院已经发生法律效力的裁判，经提起再审程序后，组成合议庭或者另行组成合议庭，就案件的实体问题进行再审，确认原判在认定事实上或者适用法律上确有错误，决定予以改判时使用。

二、如果系人民检察院按照审判监督程序提出抗诉的，首部第一项应写“抗诉机关”。

三、当事人的称谓，应当根据不同情况写明：（一）原来是第一审的，写明原审时的称谓，如“原审被告人”；（二）原来是第二审的，写明原二审时的称谓，如“原审上诉人（原审被告人）”，未上诉的写为“原审被告人”。

四、“提起再审的根据”有以下四种情况：

（一）第二审人民法院决定再审的，写为：“本院又于××××年××月××日作出（××××）×刑监字第××号再审决定，对本案提起再审”；

（二）上级人民法院指令第二审人民法院再审的，写为：“×××人民法院于××××年××月××日作出（××××）×刑监字第××号再审决定，指令本院对本案进行再审”；

（三）上级人民法院提审的，写为：“本院于××××年××月××日作出（××××）×刑监字第×号再审决定，提审了本案”；

（四）人民检察院按照审判监督程序提出抗诉的，写为：“×××人民检察院于××××年××月××日按照审判监督程序向本院提出抗诉”。

五、上级人民法院按照审判监督程序提审的案件和人民检察院按照审判监督程序提出抗诉的案件，首部合议庭的组成情况应当表述为：“本院依法组成合议庭”。

六、未开庭审理的，应当将“本院依法组成合议庭”之后至“现已审理终结”之前的内容，改写为：“经过阅卷，讯问被告人，听取其他当事人、辩护人、诉讼代理人的意见，认为事实清楚，决定不开庭审理”。

七、人民检察院按照审判监督程序提出抗诉的，事实部分应当首先写明人民检察院的抗诉意见，然后再写明被告人的辩解和辩护人的辩护意见。

八、本判决书理由部分的写法，可以参阅按一审程序再审改判用的刑事判决书样式说明的第四条。

8. 民事判决书（第一审普通程序用）

×××人民法院
民事判决书

（××××）……民初……号

原告：×××，男/女，××××年××月××日出生，×族，……（工作单位和职务或者职业），住……。

法定代理人/指定代理人：×××，……。

委托诉讼代理人：×××，……。

被告：×××，住所地……。

法定代表人/主要负责人：×××，……。

委托诉讼代理人：×××，……。

第三人：×××，……。

法定代理人/指定代理人/法定代表人/主要负责人：×××，……。

委托诉讼代理人：×××，……。

（以上写明当事人和其他诉讼参加人的姓名或者名称等基本信息）

原告×××与被告×××、第三人×××……（写明案由）一案，本院于××××年××月××日立案后，依法适用普通程序，公开/因涉及……（写明不公开开庭的理由）不公开开庭进行了审理。原告×××、被告×××、第三人×××（写明当事人和其他诉讼参加人的诉讼地位和姓名或者名称）到庭参加诉讼。本案现已审理终结。

×××向本院提出诉讼请求：1.……；2.……（明确原告的诉讼

请求)。事实和理由：……（概述原告主张的事实和理由)。

×××辩称，……（概述被告答辩意见)。

×××诉/述称，……（概述第三人陈述意见)。

当事人围绕诉讼请求依法提交了证据，本院组织当事人进行了证据交换和质证。对当事人无异议的证据，本院予以确认并在卷佐证。对有争议的证据和事实，本院认定如下：1. ……；2. ……（写明法院是否采信证据，事实认定的意见和理由)。

本院认为，……（写明争议焦点，根据认定的事实和相关法律，对当事人的诉讼请求作出分析评判，说明理由)。

综上所述，……（对当事人的诉讼请求是否支持进行总结评述)。依照《中华人民共和国……法》第×条、……（写明法律文件名称及其条款项序号）规定，判决如下：

一、……；

二、……。

(以上分项写明判决结果)

如果未按本判决指定的期间履行给付金钱义务，应当依照《中华人民共和国民事诉讼法》第二百五十三条规定，加倍支付迟延履行期间的债务利息（没有给付金钱义务的，不写)。

案件受理费……元，由……负担（写明当事人姓名或者名称、负担金额)。

如不服本判决，可以在判决书送达之日起十五日内，向本院递交上诉状，并按照对方当事人或者代表人的人数提出副本，上诉于×××人民法院。

审　判　长　×××

审　判　员　×××

审　判　员　×××

××××年××月××日

（院印）

本件与原本核对无异

书　记　员　×××

【说明】

一、依据

本样式根据《中华人民共和国民事诉讼法》第一百五十二条等制定，供人民法院适用第一审普通程序开庭审理民事案件终结后，根据已经查明的事实、证据和有关的法律规定，对案件的实体问题作出判决用。除有特别规定外，其他民事判决书可以参照本判决书样式和说明制作。

二、标题

标题由法院名称、文书名称、案号组成。

依照《中华人民共和国民事诉讼法》第一百五十三条规定就一部分事实先行判决的，第二份民事判决书开始可在案号后缀“之一”“之二”……，以示区别。

三、首部

首部依次写明诉讼参加人基本情况、案件由来和审理经过。

（一）诉讼参加人基本情况

1. 诉讼参加人包括当事人、诉讼代理人。全部诉讼参加人均分行写明。

2. 当事人诉讼地位写明“原告”“被告”。反诉的写明“原告（反诉被告）”“被告（反诉原告）”。有独立请求权第三人或者无独立请求权第三人，均写明“第三人”。

当事人是自然人的，写明姓名、性别、出生年月日、民族、工作单位和职务或者职业、住所。外国人写明国籍，无国籍人写明“无国籍”；港澳台地区的居民分别写明“香港特别行政区居民”“澳门特别行政区居民”“中国台湾地区居民”。

共同诉讼代表人参加诉讼的，按照当事人是自然人的基本信息内容写明。

当事人是法人或者其他组织的，写明名称、住所。另起一行写明法定代表人或者主要负责人及其姓名、职务。

当事人是无民事行为能力人或者限制民事行为能力人的，写明法定代理人或者指定代理人及其姓名、住所，并在姓名后括注与当事人的关系。

当事人及其法定代理人有委托诉讼代理人的，写明委托诉讼代理人的诉讼地位、姓名。委托诉讼代理人是当事人近亲属的，近亲属姓名后括注其与当事人的关系，写明住所；委托诉讼代理人是当事人本单位工作人员的，写明姓名、性别及其工作人员身份；委托诉讼代理人是律师的，写明姓名、律师事务所的名称及律师执业身份；委托诉讼代理人是基层法律服务工作者的，写明姓名、法律服务所名称及基层法律服务工作者执业身份；委托诉讼代理人是当事人所在社区、单位以及有关社会团体推荐的公民的，写明姓名、性别、住所及推荐的社区、单位或有关社会团体名称。

委托诉讼代理人排列顺序，近亲属或者本单位工作人员在前，律师、法律工作者、被推荐公民在后。

委托诉讼代理人为当事人共同委托的，可以合并写明。

（二）案件由来和审理经过

案件由来和审理经过，依次写明当事人诉讼地位和姓名或者名称、案由、立案日期、适用普通程序、开庭日期、开庭方式、到庭参加诉讼人员、未到庭或者中途退庭诉讼参加人、审理终结。

不公开审理的，写明不公开审理的理由，如“因涉及国家秘密”或者“因涉及个人隐私”或者“因涉及商业秘密，×××申请”或者

“因涉及离婚，×××申请”。

当事人及其诉讼代理人均到庭的，可以合并写明。例：“原告×××及其委托诉讼代理人×××、被告×××、第三人×××到庭参加诉讼。”

诉讼参加人均到庭参加诉讼的，可以合并写明，如“本案当事人和委托诉讼代理人均到庭参加诉讼。”

当事人经合法传唤未到庭参加诉讼的，写明：“×××经传票传唤无正当理由拒不到庭参加诉讼。”或者“×××经公告送达开庭传票，未到庭参加诉讼。”

当事人未经法庭许可中途退庭的，写明：“×××未经法庭许可中途退庭。”

诉讼过程中，如果存在指定管辖、移送管辖、程序转化、审判人员变更、中止诉讼等情形，应当同时写明。

四、事实

事实部分主要包括：原告起诉的诉讼请求、事实和理由，被告答辩的事实和理由，人民法院认定的证据和事实。

（一）当事人诉辩意见

诉辩意见包括原告诉称、被告辩称，有第三人的，还包括第三人诉（述）称。

1. 原告诉称包括原告诉讼请求、事实和理由

先写诉讼请求，后写事实和理由。诉讼请求两项以上的，用阿拉伯数字加点号分项写明。

诉讼过程中增加、变更、放弃诉讼请求的，应当连续写明。增加诉讼请求的，写明：“诉讼过程中，×××增加诉讼请求：……。”变更诉讼请求的，写明：“诉讼过程中，×××变更……诉讼请求为：……。”放弃诉讼请求的，写明：“诉讼过程中，×××放弃……的诉讼请求。”

2. 被告辩称包括对诉讼请求的意见、事实和理由

被告承认原告主张的全部事实的，写明：“×××承认×××主张的事实。”被告承认原告主张的部分事实的，先写明：“×××承认×××主张的……事实。”后写明有争议的事实。

被告承认全部诉讼请求的，写明：“×××承认×××的全部诉讼请求。”被告承认部分诉讼请求的，写明被告承认原告的部分诉讼请求的具体内容。

被告提出反诉的，写明：“×××向本院提出反诉请求：1. ……；2. ……。”后接反诉的事实和理由。再另段写明：“×××对×××的反诉辩称，……。”

被告未作答辩的，写明：“×××未作答辩。”

3. 第三人诉（述）称包括第三人主张、事实和理由

有独立请求权的第三人，写明：“×××向本院提出诉讼请求：……。”后接第三人请求的事实和理由。再另段写明原告、被告对第三人的诉讼请求的答辩意见：“×××对×××的诉讼请求辩称，……。”

无独立请求权第三人，写明：“×××述称，……。”第三人未作陈述的，写明：“×××未作陈述。”

原告、被告或者第三人有多名，且意见一致的，可以合并写明；意见不同的，应当分别写明。

（二）证据和事实认定

对当事人提交的证据和人民法院调查收集的证据数量较多的，原则上不一一列举，可以附证据目录清单。

对当事人没有争议的证据，写明：“对当事人无异议的证据，本院予以确认并在卷佐证。”

对有争议的证据，应当写明争议证据的名称及法院对争议证据的认定意见和理由；对争议的事实，应当写明事实认定意见和理由。

争议的事实较多的，可以对争议事实分别认定；针对同一事实有较多争议证据的，可以对争议的证据分别认定。

对争议的证据和事实，可以一并叙明；也可以先单独对争议证据进行认定后，另段概括写明认定的案件基本事实，即“根据当事人陈述和经审查确认的证据，本院认定事实如下：……。”

对于人民法院调取的证据、鉴定意见，经庭审质证后，按照是否有争议分别写明。

召开庭前会议或者在庭审时归纳争议焦点的，应当写明争议焦点。争议焦点的摆放位置，可以根据争议的内容处理。争议焦点中有证据和事实内容的，可以在当事人诉辩意见之后写明。争议焦点主要是法律适用问题的，可以在本院认为部分，先写明争议焦点，再进行说理。

五、理由

理由应当围绕当事人的诉讼请求，根据认定的事实和相关法律，逐一评判并说明理由。

理由部分，有争议焦点的，先列争议焦点，再分别分析认定，后综合分析认定。

没有列争议焦点的，直接写明裁判理由。

被告承认原告全部诉讼请求，且不违反法律规定的，只写明：“被告承认原告的诉讼请求，不违反法律规定。”

就一部分事实先行判决的，写明：“本院对已经清楚的部分事实，先行判决。”

经审判委员会讨论决定的，在法律依据引用前写明：“经本院审判委员会讨论决定，……。”

六、裁判依据

在说理之后，作出判决前，应当援引法律依据。

分项说理后，可以另起一段，综述对当事人诉讼请求是否支持的总结评价，后接法律依据，直接引出判决主文。说理部分已经完成，无须再对诉讼请求进行总结评价的，直接另段援引法律依据，写明判决主文。

援引法律依据，应当依照《最高人民法院关于裁判文书引用法律、法规等规范性法律文件的规定》处理。

法律文件引用顺序，先基本法律，后其他法律；先法律，后行政法规和司法解释；先实体法，后程序法。实体法的司法解释可以放在被解释的实体法之后。

七、判决主文

判决主文两项以上的，各项前依次使用汉字数字分段写明。

单项判决主文和末项判决主文句末用句号，其余判决主文句末用分号。如果一项判决主文句中有分号或者句号的，各项判决主文后均用句号。

判决主文中可以用括注，对判项予以说明。括注应当紧跟被注释的判决主文。例如，（已给付……元，尚需给付……元）；（已给付……元，应返还……元）；（已履行）；（按双方订立的《××借款合同》约定的标准执行）；（内容须事先经本院审查）；（清单详见附件）等。

判决主文中当事人姓名或者名称应当用全称，不得用简称。

金额，用阿拉伯数字。金额前不加“人民币”；人民币以外的其他种类货币的，金额前加货币种类。有两种以上货币的，金额前要加货币种类。

八、尾部

尾部包括迟延履行责任告知、诉讼费用负担、上诉权利告知。

1. 迟延履行责任告知

判决主文包括给付金钱义务的，在判决主文后另起一段写明：“如果未按本判决指定的期间履行给付金钱义务，应当依照《中华人民共和国民事诉讼法》第二百五十三条规定，加倍支付迟延履行期间的债务利息。”

2. 诉讼费用负担根据《诉讼费用交纳办法》决定

案件受理费，写明：“案件受理费……元。”

减免费用的，写明：“减交……元”或者“免予收取”。

单方负担案件受理费的，写明：“由×××负担。”

分别负担案件受理费的，写明：“由×××负担……元，×××负担……元。”

3. 告知当事人上诉权利

当事人上诉期为十五日。在中华人民共和国领域内没有住所的当事人上诉期为三十日。同一案件既有当事人的上诉期为十五日又有当事人的上诉期为三十日的，写明：“×××可以在判决书送达之日起十五日内，×××可以在判决书送达之日起三十日内，……。”

九、落款

落款包括合议庭署名、日期、书记员署名、院印。

合议庭的审判长，不论审判职务，均署名为“审判长”；合议庭成员有审判员的，署名为“审判员”；有助理审判员的，署名为“代理审判员”；有陪审员的，署名为“人民陪审员”：书记员，署名为“书记员”。

合议庭按照审判长、审判员、代理审判员、人民陪审员的顺序分行署名。

落款日期为作出判决的日期，即判决书的签发日期。当庭宣判的，应当写宣判的日期。

两名以上书记员的，分行署名。

落款应当在同一页上，不得分页。落款所在页无其他正文内容的，应当调整行距，不写“本页无正文”。

院印加盖在审判人员和日期上，要求骑年盖月、朱在墨上。

加盖“本件与原本核对无异”印戳。

十、附录

确有必要的，可以另页附录。

9. 民事判决书（小额诉讼程序令状式判决用）

×××人民法院

民事判决书

（××××）……民初……号

原告：×××，男/女，××××年××月××日出生，×族，……（工作单位和职务或者职业），住……。

法定代理人/指定代理人/法定代表人/主要负责人：×××，……。

委托诉讼代理人：×××，……。

被告：×××，……。

法定代理人/指定代理人/法定代表人/主要负责人：×××，……。

委托诉讼代理人：×××，……。

（以上写明当事人和其他诉讼参加人的姓名或者名称等基本信息）

……（写明当事人及案由）一案，本院于××××年××月××日立案后，依法适用简易程序，公开/因涉及……（写明不公开开庭的理由）不公开开庭进行了审理。原告×××、被告×××（写明当事人和其他诉讼参加人的诉讼地位和姓名或者名称）到庭参加诉讼。本案现已审理终结。

×××向本院提出诉讼请求：1.……；2.……（明确原告的诉讼请求）。事实和理由：……（概述原告主张的事实和理由，可以非常简略）。

×××辩称，……（概述被告答辩意见，可以非常简略）。

本院认为，……（结合查明的案件事实，对诉讼请求作出评判）。

依照《中华人民共和国……法》第×条、……（写明法律文件名称及其条款项序号）、《中华人民共和国民事诉讼法》第一百六十二条规定，判决如下：

……（写明判决结果）。

如果未按本判决指定的期间履行给付金钱义务，应当依照《中华人民共和国民事诉讼法》第二百五十三条规定，加倍支付迟延履行期间的债务利息（没有给付金钱义务的，不写）。

案件受理费……元，由……负担（写明当事人姓名或者名称、负担金额）。

本判决为终审判决。

审　判　员　×××

××××年××月××日

（院印）

书　记　员　×××

【说明】

1. 本样式根据《中华人民共和国民事诉讼法》第一百六十二条以及《最高人民法院关于适用〈中华人民共和国民事诉讼法〉的解释》第二百八十二条制定，供基层人民法院适用简易程序中的小额诉讼程序开庭审理民事案件终结后，采用令状式判决用。

2. 令状式判决可以简化，主要记载当事人基本信息、诉讼请求、判决主文等内容。

3. 适用小额诉讼程序审理的民事案件实行一审终审。

10. **民事判决书**（被告对原告所主张的事实和诉讼请求无异议的小额诉讼程序表格式）

<table>
<tr><td colspan="2" align="center">×××人民法院
民 事 判 决 书

 （××××）……民初……号 </td></tr>
<tr><td>原告</td><td>写明当事人基本信息</td></tr>
<tr><td>被告</td><td>写明当事人基本信息</td></tr>
<tr><td>案由</td><td>……纠纷</td></tr>
<tr><td>诉讼请求</td><td>1. ……；2. ……</td></tr>
<tr><td colspan="2">本院于××××年××月××日对本案适用小额诉讼程序公开/不公开开庭（写明不公开开庭的理由）进行了审理。本案现已审理终结。
依照《中华人民共和国……法》第×条、……（写明法律文件名称及其项序号）、《中华人民共和国民事诉讼法》第一百六十二条规定，判决如下：
……（写明判决结果）。
如果未按本判决指定的期间履行给付金钱义务，应当依照《中华人民共和国民事诉讼法》第二百五十三条规定，加倍支付迟延履行期间的债务利息（没有给付金钱义务的，不写）。
案件受理费……元，由……负担（写明当事人姓名或者名称、负担金额）。
本判决为终审判决。</td></tr>
</table>

审 判 员 ×××

××××年××月××日

（院印）

书 记 员 ×××

【说明】

1. 本样式根据《中华人民共和国民事诉讼法》第一百六十二条以及《最高人民法院关于适用〈中华人民共和国民事诉讼法〉的解释》第二百八十二条制定，供基层人民法院适用简易程序中的小额诉讼程序开庭审理民事案件终结后，采用表格式判决用。

2. 表格式判决主要记载当事人基本信息、诉讼请求、判决主文等内容。

3. 适用小额诉讼程序审理的民事案件实行一审终审。

11. **民事判决书**（简易程序和小额诉讼程序要素式判决用，以劳动争议为例）

×××人民法院

民事判决书

（××××）……民初……号

原告：×××，……。

……

被告：×××，……。

……

（以上写明当事人和其他诉讼参加人的姓名或者名称等基本信息）

……（写明当事人及案由）一案，本院于××××年××月××日立案后，依法适用小额诉讼程序，公开/因涉及……（写明不公开开庭的理由）不公开开庭进行了审理。原告×××、被告×××（写明当事人和其他诉讼参加人的诉讼地位和姓名或者名称）到庭参加诉讼。本案现已审理终结。本案查明的事实如下：

一、入职时间：____年____月____日。

二、签订书面劳动合同时间：____年____月____日（未签的写“未签订”，如有签订多份的，请逐份载明）。

三、合同期满时间：____年____月____日。

四、劳动者工作岗位：____________（如合同约定与实际工作岗位不一致的，分别列出合同约定岗位和实际工作岗位）。

五、合同约定的工时制度、每月工资数额及工资构成：____________。

原告主张及证据：________________________________。

被告抗辩意见及证据：________________________________。

法院认定及理由：________________________________。

六、劳动者实际实行的工时制度、领取的每月工资数额及工资构成：____________。

七、参加社会保险的时间和险种：____________；申请社会保险待遇：____________。

八、发生工伤时间：____年____月____日；死亡时间：____年____月____日；工伤认定情况：__________。

九、住院起止时间：____年____月____日至____年____月____日。

十、工伤各项费用：医疗费数额：__________；假肢安装费数额：__________；伙食补助费数额：__________；交通费数额：__________；丧葬费：__________（可视实际情况增加）。

十一、伤残等级鉴定时间：____年____月____日；鉴定结果：__________。

十二、受伤后至劳动能力鉴定前工资发放情况：__________。

十三、×××上年度职工月平均工资：__________；同期最低工资标准：__________。

十四、用人单位需支付的保险待遇种类及金额：__________。

十五、加班时间：正常工作日加班时间__________小时、法定休息日加班时间__________小时、法定节假日加班时间__________小时。

十六、加班工资计算基数：__________。

十七、应发工资金额：__________，计算期间：__________，工资构成：__________，加班工资的计算方法：__________。

十八、实发工资金额：__________，计算期间：__________，工资构成：__________，加班工资的计算方法：__________。

十九、欠发工资及加班工资数额：__________。

二十、解除或终止劳动关系前十二个月劳动者的月平均工资数额：__________。

二十一、劳动者的工作年限：__________。

二十二、解除或终止劳动关系的原因：__________。

二十三、解除或终止劳动关系的时间：____年____月____日。

二十四、解除或终止劳动关系经济补偿金或赔偿金数额：__________。

二十五、应休年休假：____日，实休年休假：____日。

二十六、扣除加班工资后的本人工资数额：__________。

二十七、未休年休假工资：__________。

二十八、未签订书面劳动合同的二倍工资：__________。

二十九、双方发生劳动争议的时间：____年____月____日。

三十、申请仲裁时间：____年____月____日。

三十一、仲裁请求：__________。

三十二、仲裁结果：__________。

三十三、需要说明的其他事项：____________________（包括先予执行、诉讼保全、鉴定等需要说明的问题）。

三十四、原告的诉讼请求：____________________。

以上事项中，双方有争议的事项为第×项、第×项，其他事项双方无争议。

依照《中华人民共和国……法》第×条、……（写明法律文件名称及其条款项序号）、《中华人民共和国民事诉讼法》第一百六十二条规定，判决如下：

……（写明判决结果）。

如果未按本判决指定的期间履行给付金钱义务，应当依照《中华人民共和国民事诉讼法》第二百五十三条规定，加倍支付迟延履行期间的债务利息（没有给付金钱义务的，不写）。

案件受理费……元，由……负担（写明当事人姓名或者名称、负担金额）。

本判决为终审判决。

审　判　员　×××

××××年××月××日

（院印）

书　记　员　×××

劳动争议案件劳动者要素表

（××××）……民初……号

重要声明
1. 为了使您更好地参加诉讼，保护您的合法权利，特发本表。 2. 本表所列各项内容都是法院查明案件事实所需要了解的，请您务必认真阅读，如实填写。 3. 由于本表的设计是针对普通劳动争议案件，其中有些项目可能与您的案件无关，对于您认为与您案件无关的项目可以填“无”或不填。对于本表中有遗漏的项目，您可以在本表中另行填写。 4. 您在本表中所填写内容属于您依法向法院陈述的重要内容，您填写的要素表副本，本院将会依法送达给其他诉讼参与人。

请填写与案件相关的以下内容：

一、入职时间：____年____月____日。

二、签订书面劳动合同时间：____年____月____日（未签订书面劳动合同的写明“未签订”，如有签订多份的，请逐份载明）。

三、合同期满时间：____年____月____日。

四、劳动者工作岗位：__________（如合同约定与实际工作岗位不一致的，分别列出合同约定岗位和实际工作岗位)。

五、合同约定的工时制度、每月工资数额及工资构成：__________。

六、劳动者实际实行的工时制度、领取的每月工资数额及工资构成：__________。

七、办理社会保险的时间和险种：__________（未办的写明未办理社会保险)；申请社会保险待遇：__________。

八、发生工伤时间：____年____月____日；死亡时间：____年____月____日；工伤认定情况：__________。

九、住院起止时间：____年____月____日至____年____月____日。

十、工伤各项费用：医疗费数额：__________；假肢安装费数额：__________；伙食补助费数额：__________；交通费数额：__________；丧葬费：__________（可视实际情况增加)。

十一、伤残等级鉴定时间：____年____月____日；鉴定结果：__________。

十二、受伤后至劳动能力鉴定前工资发放数额：__________。

十三、加班时间：正常工作日加班时间__________小时、法定休息日加班时间__________小时、法定节假日加班时间__________小时。

十四、加班工资计算基数：__________。

十五、应发工资金额：__________，计算期间：__________，工资构成：__________，加班工资的计算方法：__________。

十六、实发工资金额：__________，计算期间：__________，工资构成：__________，加班工资的计算方法：__________。

十七、双方解除或终止劳动关系前十二个月劳动者的月平均工资数额：__________。

十八、双方发生劳动争议的时间：____年____月____日。

十九、双方解除或终止劳动关系的原因：__________。

二十、解除或终止劳动关系的时间：____年____月____日。

二十一、劳动者的工作年限：__________。

二十二、应休年休假：____日；实休年休假：____日。

二十三、申请仲裁时间：____年____月____日。

二十四、需要说明的其他事项：__________。

请对上述内容重新核对，确认后签名。

劳动者（签名）

××××年××月××日

劳动争议案件用人单位要素表

（××××）……民初……号

重要声明

1. 为了使您更好地参加诉讼，保护您的合法权利，特发本表。

2. 本表所列各项内容都是法院查明案件事实所需要了解的，请您务必认真阅读，如实填写。

3. 由于本表的设计是针对普通劳动争议案件，其中有些项目可能与您的案件无关，对于您认为与您案件无关的项目可以填“无”或不填。对于本表中有遗漏的项目，您可以在本表中另行填写。

4. 您在本表中所填写内容属于您依法向法院陈述的重要内容，您填写的要素表副本，本院将会依法送达给其他诉讼参与人。

请填写与案件相关的以下内容：

一、入职时间：____年____月____日。

二、签订书面劳动合同时间：____年____月____日（未签订书面劳动合同的写明“未签订”，如有签订多份的，请逐份载明）。

三、合同期满时间：____年____月____日。

四、劳动者工作岗位：__________（如合同约定与实际工作岗位不一致的，分别列出合同约定岗位和实际工作岗位）。

五、合同约定的工时制度、每月工资数额及工资构成：____________________。

六、劳动者实际实行的工时制度、领取的每月工资数额及工资构成：____________________。

七、办理社会保险的时间和险种：__________（未办的写明未办理社会保险）；申请社会保险待遇：__________。

八、发生工伤时间：____年____月____日；死亡时间：____年____月____日；工伤认定情况：__________。

九、住院起止时间：____年____月____日至____年____月____日。

十、工伤各项费用：医疗费数额：__________；假肢安装费数额：__________；伙食补助费数额：__________；交通费数额：__________；丧葬费：__________（可视实际情况增加）。

十一、伤残等级鉴定时间：____年____月____日；鉴定结果：__________。

十二、受伤后至劳动能力鉴定前工资发放数额：__________。

十三、加班时间：正常工作日加班时间__________小时、法定休息日加班时间__________小时、法定节假日加班时间__________小时。

十四、加班工资计算基数：__________。

十五、应发工资金额：__________，计算期间：__________，工资构成：__________，加班工资的计算方法：__________。

十六、实发工资金额：__________，计算期间：__________，工资构成：__________，加班工资的计算方法：__________。

十七、双方解除或终止劳动关系前十二个月劳动者的月平均工资数额：__________。

十八、双方发生劳动争议的时间：____年____月____日。

十九、双方解除或终止劳动关系的原因：__________。

二十、解除或终止劳动关系的时间：____年____月____日。

二十一、劳动者的工作年限：__________。

二十二、应休年休假：____日；实休年休假：____日。

二十三、申请仲裁时间：____年____月____日。

二十四、需要说明的其他事项：__________。

请对上述内容重新核对，确认后盖章。

用人单位（盖章）

××××年××月××日

【说明】

1. 本样式根据《中华人民共和国民事诉讼法》第一百六十二条以及《最高人民法院关于适用〈中华人民共和国民事诉讼法〉的解释》第二百八十二条制定，供基层人民法院适用简易程序中的小额诉讼程序开庭审理民事案件终结后，采用要素式判决用。

2. 要素式民事裁判文书是指对于能够概括出固定要素的案件，在撰写裁判文书时不再分开陈述当事人诉辩意见、本院查明、本院认为部分，而是围绕着争议的特定要素，陈述当事人诉辩意见、相关证据以及法院认定的理由和依据的法律文书。

3. 要素式裁判文书要与要素表、要素式庭审结合。要素式文书要求当事人庭前填写要素表。要素表既是对当事人的诉讼指引和服务，也是对法官的一种指引和约束。

对于基层法院选择适用要素式文书的案件，立案部门在立案时应向原告送达原告诉讼要素表，并指导原告填写。在向被告、第三人送达起诉状副本时一并送达原告诉讼要素表副本，并要求被告和第三人填写被告（第三人）应诉要素表，于答辩期满前提交。法院不得以当事人未填写案件的要素表为由不予立案。

当事人在开庭前未填写要素表的，法院在审理时可以要素表的基本要素为线索，逐项当庭征求双方当事人意见，对双方无争议的要素予以确认并记入法庭笔录；对于双方有争议的要素应重点审查。对于无争议要素的证据可以不用质证，证据的展示和质证只需围绕着争议要素展开。

4. 要素式裁判文书要求庭审时围绕要素进行调查和辩论，不再单独分开传统裁判文书所对应的法庭调查和法庭辩论两个环节。

5. 要素式文书对于无争议要素（事实）用一句话概括，不再分开陈述原告、被告和法院三方意见。在具体写作方法上，要素式文书采用“夹叙夹议”的写作方法。

6. 其他要素式裁判文书可以参照本文书样式进行撰写，各基层人民法院在审判实践中也可以根据案件具体情况作出适当调整。

7. 简易程序也可适用本要素式裁判文书，结尾部分写明：“如不服本判决，可以在判决书送达之日起十五日内，向本院递交上诉状，并按对方当事人或者代表人的人数提出副本，上诉于×××人民法院。”

12. 民事判决书（驳回上诉，维持原判用）

×××人民法院

民事判决书

（××××）……民终……号

上诉人（原审诉讼地位）：×××，……。

法定代理人/指定代理人/法定代表人/主要负责人：×××，……。

委托诉讼代理人：×××，……。

被上诉人（原审诉讼地位）：×××，……。

法定代理人/指定代理人/法定代表人/主要负责人：×××，……。

委托诉讼代理人：×××，……。

原审原告/被告/第三人：×××，……。

法定代理人/指定代理人/法定代表人/主要负责人：×××，……。

委托诉讼代理人：×××，……。

（以上写明当事人和其他诉讼参加人的姓名或者名称等基本信息）

上诉人×××因与被上诉人×××/上诉人×××及原审原告/被告/第三人×××……（写明案由）一案，不服×××人民法院（××××）……民初……号民事判决，向本院提起上诉。本院于××××年××月××日立案后，依法组成合议庭，开庭/因涉及……（写明不开庭的理由）不开庭进行了审理。上诉人×××、被上诉人×××、原审原告/被告/第三人×××（写明当事人和其他诉讼参加人的诉讼地位和姓名或者名称）到庭参加诉讼。本案现已审理终结。

×××上诉请求：……（写明上诉请求）。事实和理由：……（概述上诉人主张的事实和理由）。

×××辩称，……（概述被上诉人答辩意见）。

×××述称，……（概述原审原告/被告/第三人陈述意见）。

×××向一审法院起诉请求：……（写明原告/反诉原告/有独立请求权的第三人的诉讼请求）。

一审法院认定事实：……（概述一审认定的事实）。一审法院认为，……（概述一审裁判理由）。判决：……（写明一审判决主文）。

本院二审期间，当事人围绕上诉请求依法提交了证据。本院组织当事人进行了证据交换和质证（当事人没有提交新证据的，写明：二审中，当事人没有提交新证据）。对当事人二审争议的事实，本院认定如下：……（写明二审法院采信证据、认定事实的意见和理由，对一审查明相关事实的评判）。

本院认为，……（根据二审认定的案件事实和相关法律规定，对当事人的上诉请求进行分析评判，说明理由）。

综上所述，×××的上诉请求不能成立，应予驳回；一审判决认定事实清楚，适用法律正确，应予维持。依照《中华人民共和国民事诉讼法》第一百七十条第一款第（一）项规定，判决如下：

驳回上诉，维持原判。

二审案件受理费……元，由……负担（写明当事人姓名或者名称、负担金额）。

本判决为终审判决。

审　判　长　×××

审　判　员　×××

审　判　员　×××

××××年××月××日

（院印）

书　记　员　×××

【说明】

1. 本样式根据《中华人民共和国民事诉讼法》第一百七十条等制定，供二审人民法院对当事人不服一审判决提起上诉的民事案件，按照第二审程序审理终结，就案件的实体问题依法维持原判用。

2. 上诉人在一审诉讼地位有两个的，按照本诉、反诉的顺序列明，中间以顿号分割。例如，上诉人（原审被告、反诉原告）。

3. 有多个上诉人或者被上诉人的，相同身份的当事人之间，以顿号分割。双方当事人提起上诉的，均列为上诉人。写明：上诉人×××、×××因与上诉人×××（列在最后的上诉人写明上诉人的身份，用“因与”与前列当事人连接）。原审其他当事人按照一审判决列明的顺序写明，用顿号分割。

4. 多个当事人上诉的，按照上诉请求、针对该上诉请求的答辩的顺序，分别写明。例如，当事人未答辩的，也要写明。

5. 一审认定事实清楚、当事人对一审认定事实问题没有争议的，写明：本院对一审查明的事实予以确认。一审查明事实有遗漏或者错误的，应当写明相应的评判。

6. 判决结果分不同情形写明

情形一：一审判决认定事实清楚，适用法律正确，维持原判的，写明：

综上所述，×××的上诉请求不能成立，一审判决认定事实清楚，适用法律正确。本院依照《中华人民共和国民事诉讼法》第一百七十条第一款第（一）项规定，判决如下：

驳回上诉，维持原判。

情形二：一审判决认定事实或者适用法律虽有瑕疵，但裁判结果正确，维持原判的，写明：

综上，一审判决认定事实……（对一审认定事实作出概括评价，如存在瑕疵应指出）、适用法律……（对一审适用法律作出概括评价，如存在瑕疵应指出），但裁判结果正确，故对×××的上诉请求不予支持。依照《中华人民共和国×××法》第×条（适用法律有瑕疵的，应当引用实体法）、《中华人民共和国民事诉讼法》第一百七十条第一款第（一）项、《最高人民法院关于适用〈中华人民共和国民事诉讼法〉的解释》第三百三十四条规定，判决如下：

驳回上诉，维持原判。

7. 维持原判，对一审诉讼费用负担问题不需调整的，不必重复一审诉讼费负担。如一审诉讼费负担错误需要调整的，应当予以纠正。

8. 按本样式制作判决书时，可以参考第一审适用普通程序民事判决书样式的说明。

13. 民事判决书（二审改判用）

×××人民法院

民事判决书

（××××）……民终……号

上诉人（原审诉讼地位）：×××，……。

……

被上诉人（原审诉讼地位）：×××，……。

……

原审原告/被告/第三人：×××，……。

……

（以上写明当事人和其他诉讼参加人的姓名或者名称等基本信息）

上诉人×××因与被上诉人×××/上诉人×××及原审原告/被告/第三人×××……（写明案由）一案，不服×××人民法院（××××）……民初……号民事判决，向本院提起上诉。本院于××××年××月××日立案后，依法组成合议庭，开庭/因涉及……（写明不开庭的理由）不开庭进行了审理。上诉人×××、被上诉人×××、原审原告/被告/第三人×××（写明当事人和其他诉讼参加人的诉讼地位和姓名或者名称）到庭参加诉讼。本案现已审理终结。

×××上诉请求：……（写明上诉请求）。事实和理由：……（概述上诉人主张的事实和理由）。

×××辩称，……（概述被上诉人答辩意见）。

×××述称，……（概述原审原告/被告/第三人陈述意见）。

×××向一审法院起诉请求：……（写明原告/反诉原告/有独立

请求权的第三人的诉讼请求)。

一审法院认定事实:……(概述一审认定的事实)。一审法院认为,……(概述一审裁判理由)。判决:……(写明一审判决主文)。

本院二审期间,当事人围绕上诉请求依法提交了证据。本院组织当事人进行了证据交换和质证(当事人没有提交新证据的,写明:二审中,当事人没有提交新证据)。对当事人二审争议的事实,本院认定如下:……(写明二审法院是否采信证据、认定事实的意见和理由,对一审查明相关事实的评判)。

本院认为,……(根据二审认定的案件事实和相关法律规定,对当事人的上诉请求进行分析评判,说明理由)。

综上所述,×××的上诉请求成立,予以支持。依照《中华人民共和国×××法》第×条(适用法律错误的,应当引用实体法)、《中华人民共和国民事诉讼法》第一百七十条第一款第(×)项规定,判决如下:

一、撤销×××人民法院(××××)……民初……号民事判决;

二、……(写明改判内容)。

二审案件受理费……元,由……负担(写明当事人姓名或者名称、负担金额)。

本判决为终审判决。

审 判 长 ×××
审 判 员 ×××
审 判 员 ×××
××××年××月××日
(院印)
书 记 员 ×××

【说明】

1. 本样式根据《中华人民共和国民事诉讼法》第一百七十条等制定，供二审人民法院对当事人不服一审判决提起上诉的民事案件，按照第二审程序审理终结，就案件的实体问题依法改判用。

2. 二审判决主文按照撤销、改判的顺序写明。

一审判决主文有给付内容，但未明确履行期限的，二审判决应当予以纠正。

判决承担利息，当事人提出具体请求数额的，二审法院可以根据当事人请求的数额作出相应判决；当事人没有提出具体请求数额的，可以表述为“按……利率，自××××年××月××日起计算至××××年××月××日止”。

3. 二审对一审判决进行改判的，应当对一审判决中驳回其他诉讼请求的判项一并进行处理，如果驳回其他诉讼请求的内容和范围发生变化的，应撤销原判中驳回其他诉讼请求的判项，重新作出驳回其他诉讼请求的判项。

4. 因为出现新的证据导致事实认定发生变化而改判的，需要加以说明。人民法院依法在上诉请求范围之外改判的，也应加以说明。

5. 按本样式制作二审民事判决书时，可以参考驳回上诉，维持原判用二审民事判决书样式的说明。

14. 民事判决书（依申请提审判决用）

×××人民法院

民事判决书

（××××）……民再……号

再审申请人（一审、二审诉讼地位）：×××，……。

法定代理人/指定代理人/法定代表人/主要负责人：×××，……。

委托诉讼代理人：×××，……。

被申请人（一审、二审诉讼地位）：×××，……。

法定代理人/指定代理人/法定代表人/主要负责人：×××，……。

委托诉讼代理人：×××，……。

二审上诉人/二审被上诉人/第三人（一审诉讼地位）：×××，……。

法定代理人/指定代理人/法定代表人/主要负责人：×××，……。

委托诉讼代理人：×××，……。

（以上写明当事人和其他诉讼参加人的姓名或者名称等基本信息）

再审申请人×××因与被申请人×××/再审申请人及×××……（写明案由）一案，不服×××人民法院（××××）……号民事判决/民事调解书，向本院申请再审。本院于××××年××月××日作出（××××）……号民事裁定，提审本案。本院依法组成合议庭，开庭审理了本案。再审申请人×××、被申请人×××（写明当事人和其他诉讼参加人的诉讼地位和姓名或者名称）到庭参加诉讼（未开庭的，写明：本院依法组成合议庭审理了本案）。本案现已审理终结。

×××申请再审称，……（写明再审请求、事实和理由）。

×××辩称，……（概述被申请人的答辩意见）。

×××述称，……（概述原审其他当事人的意见）。

×××向一审法院起诉请求：……（写明一审原告的诉讼请求）。一审法院认定事实：……。一审法院判决：……（写明一审判决主文）。

×××不服一审判决，上诉请求：……（写明上诉请求）。二审法院认定事实：……（概述二审认定事实）。二审法院认为，……（概述二审判决理由）。二审法院判决：……（写明二审判决主文）。

围绕当事人的再审请求，本院对有争议的证据和事实认定如下：

……（写明再审法院采信证据、认定事实的意见和理由，对一审、二审法院认定相关的事实进行评判）。

本院再审认为，……（写明争议焦点，根据再审认定的案件事实和相关法律，对再审请求进行分析评判，说明理由）。

综上所述，……（对当事人的再审请求是否成立进行总结评述）。依照《中华人民共和国民事诉讼法》第二百零七条第一款、第一百七十条第一款第（×）项、……（写明援引的法律依据）规定，判决如下：

一、……；

二、……。

（以上分项写明判决结果）

一审案件受理费……元，由……负担；二审案件受理费……元，由……负担；再审案件受理费……元，由……负担（写明当事人姓名或名称、负担金额）。

审　判　长　×××
审　判　员　×××
审　判　员　×××
××××年××月××日
（院印）

本件与原本核对无异

书　记　员　×××

【说明】

1. 本判决书样式根据《中华人民共和国民事诉讼法》第二百零七条第一款、第一百七十条第一款制定，供上级人民法院根据当事人申请而提审，经审理后作出实体处理时使用。

2. 当事人的地位表述为“再审申请人（一审、二审诉讼地位）”“被申请人（一审、二审诉讼地位）”；其他当事人按原审诉讼地位表述，如二审终审的，列为“二审上诉人（一审原告）”或“二审被上诉人（一审被告）”等；一审终审的，列为“原审原告”或“原审被告”“原审第三人”。

3. 上级人民法院提审的，审判组织写明“组成合议庭”，不写“另行组成合议庭”。

4. 判决书对案件事实、原审过程等部分的写法，应根据案件的具体情况，灵活处理。总体要求概述从最初发生诉讼直到本次再审的基本脉络。包括：第一，当事人在再审中的诉辩意见。先写再审诉讼请求，再写再审事实和理由。第二，当事人在本案以往诉讼中的诉讼请求，事实和理由。尤其要写明原告的一审诉讼请求。当事人在二审程序中的诉辩主张可以视情况简写，但上诉请求不应省略。第三，本案历次裁判认定的基本事实。应当注意繁简得当，着重叙述与本次再审争议相关的事实，其他事实概括叙述。第四，历次裁判的基本理由。一审理由可以省略，但再审维持一审裁判结果的，应概述一审理由；原生效判决的说理适当归纳后简要写明。第五，历次裁判案号、裁判主文的准确内容。

5. 本院认为部分，应围绕当事人的再审理由是否成立、再审请求是否应予支持进行分析评判，并同时对原审相关认定结论是否正确作出评价。

6. 引用法律、法规、司法解释应当全面。再审维持原判的，一般只引程序法条文。再审改判的，应当同时引用实体法条文和程序法条文。

7. 判决主文应当对当事人的全部诉讼请求作出明确具体的裁判，表述应当完整、准确、便于执行。一般可以区分以下不同情形处理：

维持原判的，只写明“维持×××人民法院……号民事判决”。对此前的历次裁判不写。

全部改判的，应首先按照由后向前的顺序撤销历次裁判，然后再写明重新判决的内容。

部分改判的，如采用“维持某判决某项，撤销某判决某项，变更某判决某项，增加新判项”等写法可能导致混乱、难以理解的，应撤销前面的所有判决内容，重新作出判决。部分改判的，应写明维持或者撤销原判的某项，然后写明改判的内容。

改判后，如果对一审当事人的诉讼请求没有全部支持的，还应增加“驳回……的其他诉讼请求”的判项。

改判后有金钱给付内容的，应另起一行写明：“如果未按本判决指定的期间履行给付金钱义务，应当依照《中华人民共和国民事诉讼法》第二百五十三条之规定，加倍支付迟延履行期间的债务利息。”

8. 再审维持原判且有再审诉讼费用的，只写明再审诉讼费用负担。再审改判的，应当对一审、二审以及本次再审诉讼费用负担一并作出决定。

15. 民事判决书（依申请受指令/定法院按一审程序再审用）

×××人民法院

民事判决书

（××××）……民再……号

再审申请人（原审诉讼地位）：×××，……。

……

被申请人（原审诉讼地位）：×××，……。

……

原审原告/被告/第三人：×××，……。

……

（以上写明当事人和其他诉讼参加人的姓名或者名称等基本信息）

再审申请人×××因与被申请人×××/再审申请人×××……（写明案由）一案，不服本院/×××人民法院（××××）……民×……号民事判决/民事调解书，向×××人民法院申请再审。×××人民法院于××××年××月××日作出（××××）……民×……号民事裁定，指令/指定本院再审本案。本院依法另行/依法组成合议庭（指定再审的不写另行），开庭审理了本案。再审申请人×××、被申请人×××（写明当事人和其他诉讼参加人的诉讼地位和姓名或者名称）到庭参加诉讼。本案现已审理终结。

×××申请再审称，……（写明再审请求、事实和理由）。

×××辩称，……（概述被申请人的答辩意见）。

×××述称，……（概述原审其他当事人的意见）。

×××向原审法院起诉请求：……（写明原审原告的诉讼请求）。

原审法院认定事实：……。原审法院认为，……（概述原审判决理由）。原审法院判决：……（写明原审判决主文）。

围绕当事人的再审请求，本院对有争议的证据和事实认定如下：

……（写明再审法院采信证据、认定事实的意见和理由，对原审法院认定相关的事实进行评判）。

本院再审认为，……（写明争议焦点，根据再审认定的案件事实和相关法律，对再审请求进行分析评判，说明理由）。

依照《中华人民共和国民事诉讼法》第二百零七条第一款、……（写明法律文件名称及其条款项序号）规定，判决如下：

一、……；

二、……。

（以上分项写明裁判结果）

……（写明诉讼费用的负担）。

如不服本判决，可在判决书送达之日起十五日内，向本院递交上诉状，并按对方当事人的人数提出副本，上诉于×××人民法院。

审　判　长　×××

审　判　员　×××

审　判　员　×××

××××年××月××日

（院印）

本件与原本核对无异

书　记　员　×××

【说明】

1. 本判决书样式根据《中华人民共和国民事诉讼法》第二百零七条第一款制定，供人民法院依当事人申请，受指令或者受指定再审，按照第一审程序审理后，作出实体判决用。

2. 原审遗漏必须共同诉讼人，本次再审追加当事人的，其诉讼地位直接写作“原告”“被告”，而不必表述为“再审原告”或者“追加原告”等。

3. 经审判委员会讨论的，要写明经本院审判委员会讨论决定情况。

4. 按照第一审程序再审的案件，所作判决并非终审判决，应当写明当事人可以向上一级人民法院上诉。

5. 制作本判决书时，另请参照“民事判决书（依申请提审判决用)”的说明。

16. 民事判决书（依申请受指令/定法院按二审程序再审用）

××× 人民法院
民事判决书

（××××）……民再……号

再审申请人（一、二审诉讼地位）：×××：……。

……

被申请人（一、二审诉讼地位）×××：……。

……

二审上诉人/二审被上诉人/第三人（一审诉讼地位）：×××，……。

……

（以上写明当事人和其他诉讼参加人的姓名或者名称等基本信息）

再审申请人×××因与被申请人×××/再审申请人及×××……（写明案由）一案，不服本院/×××人民法院（××××）……号民事判决/民事调解书，向×××人民法院申请再审。×××人民法院于××××年××月××日作出（××××）……号民事裁定，指令/定本院再审本案。本院依法另行/依法组成合议庭（指定再审的不写另行），开庭审理了本案。再审申请人×××、被申请人×××（写明当事人和其他诉讼参加人的诉讼地位和姓名或者名称）到庭参加诉讼（未开庭的，写明：本院依法组成合议庭审理了本案）。本案现已审理终结。

×××申请再审称，……（写明再审请求、事实和理由）。

×××辩称，……（概述被申请人的答辩意见）。

×××述称，……（概述原审其他当事人的意见）。

×××向一审法院起诉请求：……（写明一审原告的诉讼请求）。一审法院认定事实：……。一审法院判决：……（写明一审判决主文）。

×××不服一审判决，上诉请求：……（写明上诉请求）。二审法院认定事实：……（概述二审认定事实）。二审法院认为，……（概述二审判决理由）。二审法院判决：……（写明二审判决主文）。

围绕当事人的再审请求，本院对有争议的证据和事实认定如下：

……（写明再审法院采信证据、认定事实的意见和理由，对一审、二审法院认定相关的事实进行评判）。

本院再审认为，……（写明争议焦点，根据再审认定的案件事实和相关法律，对再审请求进行分析评判，说明理由）。

综上所述，……（对当事人的再审请求是否成立进行总结评述）。依照《中华人民共和国民事诉讼法》第二百零七条第一款、第一百七十条第一款第（×）项、……（写明法律文件名称及其条款项序号）规定，判决如下：

一、……；

二、……。

（以上分项写明判决结果）

一审案件受理费……元，由……负担；二审案件受理费……元，由……负担；再审案件受理费……元，由……负担（写明当事人姓名或名称、负担金额）。

本判决为终审判决。

……（写明诉讼费用的负担）。

本判决为终审判决。

审　判　长　×××

审　判　员　×××

审　判　员　×××

××××年××月××日

（院印）

本件与原本核对无异

书　记　员　×××

【说明】

1. 本判决书样式根据《中华人民共和国民事诉讼法》第二百零七条第一款、第一百七十条第一款制定，供人民法院依当事人申请，受指令或者受指定再审，按照第二审程序审理后，作出实体判决用。

2. 制作本判决书时，另请参照“民事判决书（依申请提审判决用）”的说明。

17. 民事判决书（抗诉案件受指令法院按一审程序再审用）

×××人民法院

民 事 判 决 书

（××××）……民再……号

抗诉机关：×××人民检察院。

申诉人（原审诉讼地位）：×××，……。

……

被申诉人（原审诉讼地位）：×××，……。

……

原审原告/被告/第三人：×××，……。

……

（以上写明当事人和其他诉讼参加人的姓名或者名称等基本信息）

申诉人×××因与被申诉人×××及×××（写明原审其他当事人诉讼地位、姓名或名称）……（写明案由）一案，不服本院（×××）……号民事判决/民事裁定，向×××人民检察院申诉。××××人民检察院作出……号民事抗诉书，向×××人民法院提出抗诉。××××人民法院作出（××××）……号民事裁定，指令本院再审本案。本院依法另行组成合议庭，开庭审理了本案。×××人民检察院指派检察员×××出庭。申诉人×××、被申诉人×××（写明当事人和其他诉讼参加人的诉讼地位和姓名或者名称）到庭参加诉讼。本案现已审理终结。

×××人民检察院提出抗诉意见，……（概括写明人民检察院的抗诉理由）。

×××称，……（写明再审过程中申诉人的再审请求、事实和理由）。

×××辩称，……（概述被申诉人的答辩意见）。

×××述称，……（概述原审其他当事人的意见）。

×××向本院起诉请求：……（写明原审原告的诉讼请求）。本院原审认定事实：……。本院原审认为，……（概述原审判决理由）。本院原审判决：……（写明原审判决主文）。

围绕当事人的再审请求，本院对有争议的证据和事实认定如下：

……（写明再审法院采信证据、认定事实的意见和理由，对原审法院认定相关的事实进行评判）。

本院再审认为，……（写明争议焦点，根据再审认定的案件事实和相关法律，对再审请求进行分析评判，说明理由）。

依照《中华人民共和国民事诉讼法》第二百零七条第一款、……（写明法律文件名称及其条款项序号）规定，判决如下：

一、……；

二、……。

（以上分项写明裁判结果）

……（写明诉讼费用的负担）。

如不服本判决，可在判决书送达之日起十五日内，向本院递交上诉状，并按对方当事人的人数提出副本，上诉于×××人民法院，并预交上诉案件受理费。

审 判 长 ×××

审 判 员 ×××

审 判 员 ×××

××××年××月××日

（院印）

本件与原本核对无异

书　记　员　×××

【说明】

本判决书样式根据《中华人民共和国民事诉讼法》第二百零七条第一款制定，供因人民检察院抗诉，上级人民法院指令再审，受指令再审的人民法院按照第一审程序审理后，作出实体处理用。

18. 行政判决书（一审请求撤销、变更行政行为类案件用）

×××人民法院

行政判决书

（××××）……行初字第……号

原告×××，……（写明姓名或名称等基本情况）。

法定代表人×××，……（写明姓名、职务）。

委托代理人（或指定代理人、法定代理人）×××，……（写明姓名等基本情况）。

被告×××，……（写明行政主体名称和所在地址）。

法定代表人×××，……（写明姓名、职务）。

委托代理人×××，……（写明姓名等基本情况）。

第三人×××，……（写明姓名或名称等基本情况）。

法定代表人×××，……（写明姓名、职务）。

委托代理人（或指定代理人、法定代理人）×××，……（写明姓名等基本情况）。

原告×××不服被告×××（行政主体名称）……（行政行为），于××××年××月××日向本院提起行政诉讼。本院于××××年××月××日立案后，于××××年××月××日向被告送达了起诉状副本及应诉通知书。本院依法组成合议庭，于××××年××月××日公开（或不公开）开庭审理了本案。……（写明到庭参加庭审活动的当事人、行政机关负责人、诉讼代理人、证人、鉴定人、勘验人和翻译人员等）到庭参加诉讼。……（写明发生的其他重要程序活动，如被批准延长本案审理期限等情况）。本案现已审理终结。

被告×××（行政主体名称）于××××年××月××日作出……（被诉行政行为名称），……（简要写明被诉行政行为认定的主要事实、定性依据和处理结果）。

原告×××诉称，……（写明原告的诉讼请求、主要理由以及原告提供的证据、依据等）。

被告×××辩称，……（写明被告的答辩请求及主要理由。）

被告×××向本院提交了以下证据、依据：1. ……（证据的名称及内容等）；2. ……。

第三人×××述称，……（写明第三人的意见、主要理由以及第三人提供的证据、依据等）。

本院依法调取了以下证据：……（写明证据名称及证明目的）。

经庭审质证（或庭前交换证据、庭前准备会议），……（写明当事人的质证意见）。

本院对上述证据认证如下：……（写明法院的认证意见和理由）。

经审理查明，……（写明法院查明的事实。可以区分写明当事人无争议的事实和有争议但经法院审查确认的事实）。

本院认为，……（写明法院判决的理由）。依照……（写明判决依据的行政诉讼法以及相关司法解释的条、款、项、目）的规定，判决如下：

……（写明判决结果）。

……（写明诉讼费用的负担）。

如不服本判决，可以在判决书送达之日起十五日内向本院递交上诉状，并按对方当事人的人数提出副本，上诉于×××人民法院。

审　判　长　×××

审　判　员　×××

审　判　员　×××

××××年××月××日
（院印）

本件与原本核对无异

书　记　员　×××

附：本判决适用的相关法律依据

【说明】

一、本判决书适用于《中华人民共和国行政诉讼法》第六十九条、第七十条、第七十七条等规定的情形。其他裁判文书可以参照本判决书式样和要求制作。

二、首部

首部应依次写明标题、案号、当事人及其诉讼代理人的基本情况，以及案件由来、审判组织和开庭审理过程等。

1. 标题中的法院名称，一般应与院印的文字一致，但基层法院应冠以省、市、自治区的名称。

2. 案号是不同案件的序列编号，应贯彻一案一号的原则。案号由立案年度、制作法院、案件性质、审判程序的代字和案件顺序号组成。例如，上海市黄浦区人民法院2014年第1号一审行政案件，表述为“（2014）黄行初字第1号”。

3. 提起行政诉讼的原告包括公民、法人或者其他组织。

原告是公民的，写明姓名、性别、出生年月日、居民身份证号码、民族和住址，居民的住址应写住所地，住所地和经常居住地不一致的，写经常居住地。原告是法人的，写明法人的名称和所在地址，并另起一行列项写明法定代表人及其姓名和职务等。原告是不具备法人资格的其他组织的，写明其名称或字号和所在地址，并另起一行写明负责人及其姓名和职务。原告是个体工商户的，写明业主的姓名、出生年月日、居民身份证号码、民族、住址；其有字号的，在其姓名之后用括号注明“系……（字号）业主”。原告是无诉讼行为能力的公民，除写明原告本人的基本情况外，还应列项写明其法定代理人或指定代理人的姓名、住址，并在姓名后括注其与原告的关系。

群体诉讼案件，推选或指定诉讼代表人的，在原告身份事项之后写明“原告暨诉讼代表人……”，并写明诉讼代表人的基本情况，格式与原告基本情况相同。例如，涉及原告人数众多的，可在首部仅列明诉讼代表人基本情况，原告名单及其基本身份情况可列入判决书附录部分。

4. 行政判决书中的被告，应写明被诉的行政主体名称、所在地址；另起一行列项写明法定代表人或诉讼代表人姓名和职务；副职负责人出庭的在此不要列写，在交代到庭参加庭审活动的当事人及其他诉讼参加人情况时载明。法定代表人项下，另起一行列写委托代理人的基本事项。

5. 有第三人参加诉讼的，第三人列在被告之后，第三人基本情况的写法同上。

6. 委托代理人系律师或基层法律服务工作者的，只写明其姓名、工作单位和职务。当事人的代理人系当事人的近亲属的，应在代理人的姓名后括注其与当事人的关系。

代理人系当事人所在社区、单位以及有关社会团体推荐的公民的，应写明代理人的姓名、性别、出生年月日、居民身份证号码、民族、工作单位和住址。上述代理人应符合《最高人民法院关于适用〈中华人民共和国民事诉讼法〉的解释》第八十七条第一款的规定。

7. 书写案件由来、审判组织、被告与第三人的应诉、当事人进行证据交换情况以及开庭审理过程，是为了表明法院的审判活动公开和透明。例如，有第三人参加诉讼，可选择使用：“因×××与本案被诉行政行为或与案件处理有利害关系，本院依法通知其为第三人参加诉讼（公民、法人或者其他组织申请作为第三人参加诉讼的写：因×

××与本案被诉行政行为有利害关系，经×××申请，本院依法准许其为第三人参加诉讼)”的格式。如当事人经合法传唤无正当理由未到庭的，应当写明：“×告×××经本院合法传唤，无正当理由拒不到庭。”进行证据交换或召开庭前会议的应写明：“本院于××××年××月××日组织原、被告及第三人进行了证据交换（或召开庭前会议），并送达了证据清单副本”。例如，有被批准延长审理期限情况，应写明批准延长审理期限批复的文号。不公开开庭审理的，应写明不予公开的理由。有关程序活动可根据时间节点的先后顺序写明。

三、事实

广义的案件“事实”部分由以下几个部分组成：行政行为的叙述部分、当事人诉辩意见部分、当事人举证、质证和法庭认证部分、法庭“经审理查明”部分。这些不同的部分既可以互相独立，自成段落；也可以根据案情和证据、事实和当事人争议的具体内容，互相融合，而无须使用此固定的相互独立样式。特别是要灵活区分当事人有争议的事实和无争议的事实；事实问题是当事人争议焦点的，也可采取灵活方式处理，留待“本院认为”部分再予认定。

这一部分写法应当注意以下问题：

1. 行政行为的叙述部分应当注意详略得当。一般应当写明行政行为认定的主要事实、定性依据以及处理结果等核心内容，通过简洁的表述说明案件的诉讼标的；行政行为内容较为简单的，也可以全文引用；行政行为理由表述有歧义，被告在答辩中已经予以明确的，也可以被告明确后的理由为准。

2. 当事人诉辩意见与当事人提供的证据的撰写次序应当注意逻辑关系，因案而定。证据部分的撰写应当注意以下几个方面：

（1）一般情况下，写明当事人的诉辩意见后，即可写明其提供的相关证据。如果当事人提供的证据有较强的关联性，合并叙述更有利于综合反映案件证据情况的，也可酌情将当事人的证据合并叙述。总之，对证据的列举可以结合案情，既可以分别逐一列举证据，写明证据的名称、内容以及证明目的；也可以综合分类列举证据，并归纳证明目的。当事人提供的证据浩繁的，也可以概括说明。

(2) 对于当事人超过法定举证期限提供的证据，人民法院予以采纳的，应当列明于判决并说明理由。对法院根据原告、第三人的申请调取的证据，可以作为原告、第三人提交的证据予以载明；对法院依职权调取的证据，则应当单独予以说明。当事人在法定期限内未提交证据的，应当予以说明。对于当事人在诉讼中申请调取证据，法院决定不予调取的，应当在判决书中予以记载；申请调取的证据较多，难以一一列举的，也可以概括说明。对于根据原告（或者第三人、被告）的申请，委托鉴定部门进行鉴定的，需写明鉴定部门、鉴定事项和鉴定结论以及当事人的意见。

3. 当事人的诉辩意见部分，既要尊重当事人原意，也要注意归纳总结；既避免照抄起诉状、答辩状或者第三人的陈述，又不宜删减当事人的理由要点。对于原告、被告以及第三人诉讼请求的记载，应当准确、完整。

4. “经庭审质证”和“认证如下”部分，应当注意因案而异、繁简得当。既可以一证一质一认，也可以按不同分类综合举证、质证和认证。对于当事人无争议的证据或者与案件明显无关联的证据，可以通过归纳概括等方式简要写明当事人的质证意见；对于证据浩繁的案件，可以归纳概括当事人的主要质证意见。法院对证据的认证意见应当明确，对于当事人有争议的证据，特别是对行政行为的合法性有影响的证据，应当写明采纳或者不予采纳的理由。案件的争议主要集中在事实问题的，也可将对证据的具体质证、认证意见与案件的争议焦点结合起来，置于“本院认为”部分论述。

5. “经审理查明”部分需要注意：(1) 生效裁判文书确认的事实一般具有法定的证明力，因此事实部分应当准确、清晰。认定的事实应当是法官基于全案的证据能够形成内心确信的事实；通过推定确认事实必须有依据，符合证据法则。(2）事实的叙述既可以根据具体案情采用时间顺序，也可以灵活采用其他叙述方式，以能够逻辑清晰地反映案件情况为原则。(3）避免事无巨细的罗列，或者简单地记流水账，应当结合案件的争议焦点等，做到繁简适当，与案件裁判结果无关的事实，可以不认定。(4）可以根据具体案情以及争议焦点，采取灵活多样的方式记载案件事实。比如，必要时可以摘抄证据内容；对于内容繁杂的，也可以在事实部分采用指引证据目录或证据名称等方式予以说明。(5）要通过组织当事人庭前交换证据或召开庭前会议等方式，及时确定当事人无争议的案件事实，发现当事人有争议的事实和法律适用等。根据《中华人民共和国民事诉讼法》相关规定和法释〔2015〕5号《最高人民法院关于适用〈中华人民共和国民事诉讼法〉的解释》第二百二十五条等规定，根据案件具体情况，庭前会议可以包括下列内容：①明确原告的诉讼请求和被告的答辩意见；②审查处理当事人增加、变更诉讼请求的申请和提出的反诉，以及第三人提出的与本案有关的诉讼请求；③根据当事人的申请决定调查收集证据，委托鉴定，要求当事人提供证据，进行勘验，进行证据保全；④组织交换证据；⑤归纳争议焦点；⑥进行调解。因此，如果庭审前经过证据交换或者庭前会议，或者在庭审辩论时当事人对合议庭归纳的无争议事实均认可，那么事实部分可以分为两个层次：一是写“对以下事实，各方当事人均无异议，本院依法予以确认”；二是“本院另认定以下事实”，主要写当事人可能有异议、本院依法认定的案件事实。

6. 表述案件事实，应注意保守国家秘密，保护当事人的商业秘密和个人隐私。

四、理由

“本院认为”部分应当注意主次分明，重点突出、详略得当。理由部分要根据查明的事实和有关法律、法规和法学理论，就行政主体所做的行政行为是否合法、原告的诉讼请求是否成立等进行分析论证，阐明判决的理由。对于争议焦点，应当详细论述；对于无争议的部分，可以简写。阐述理由时，应当注意加强对法律规定以及相关法理的阐释，除非法律规定十分明确，一般应当避免援引规定就直接给出结论的简单论述方式。

原告请求对行政行为所依据的规范性文件一并进行合法性审查的，在对规范性文件进行审查后，应依照行政诉讼法及司法解释的规定，对规范性文件的合法性以及能否作为认定被诉行政行为合法性的依据予以阐明。

根据案件的不同需要，“本院认为”部分在援引法律依据时，既可以写明整个条文的内容，也可以摘抄与案件相关的内容；条文内容较多的，也可以只援引法律条款，将具体内容附在判决书的附录部分，兼顾表述的准确性和文书的可读性。对于在理由部分已经论述过的实体法律规范，在“判决如下”前可以不再重复援引。直接作为判决结果依据的法律规范，一般应当按照先行政诉讼法、后司法解释的次序排列，并写明具体规定的条、款、项、目。

五、判决结果

判决结果是人民法院对当事人之间的行政争议作出的实体处理结论。根据《行政诉讼法》第六十九条、第七十条、第七十七条等的规定，一审请求撤销、变更行政行为类判决可分为驳回诉讼请求判决、撤销或者部分撤销判决、变更判决等情形。

第一，驳回原告诉讼请求的，写：

“驳回原告×××的诉讼请求。”

第二，撤销被诉行政行为的，写：

“一、撤销被告×××（行政主体名称）作出的（××××）……字第×××号……（行政行为名称）；

二、责令被告×××（行政主体名称）在××日内重新做出行政行为（不需要重作的，此项不写；不宜限定期限的，期限不写）。”

第三，部分撤销被诉行政行为的，写：

“一、撤销被告×××（行政主体名称）作出的（××××）……字第××号……（行政行为名称）的第××项，即……（写明撤销的具体内容）；

二、责令被告×××（行政主体名称）在××日内重新做出行政行为（不需要重作的，此项不写；不宜限定期限的，期限不写）；

三、驳回原告×××的其他诉讼请求。”

第四，根据《行政诉讼法》第七十七条的规定，判决变更行政行为的，写：

“变更被告×××（行政主体名称）作出的（××××）……字第××号……（写明行政行为内容或者具体项），改为……（写明变更内容）。”

六、尾部

尾部应依次写明诉讼费用的负担，交代上诉的权利、方法、期限和上诉审法院，合议庭成员署名，判决日期、书记员署名等内容。

判决书的正本，应由书记员在判决日期的左下方、书记员署名的左上方加盖“本件与原本核对无异”字样的印戳。

七、附录

根据案件的不同需要，可将判决书中的有关内容载入附录部分，如将判决书中所提到的法律规范条文附上，以供当事人全面了解有关法律规定的内容。一般应当按照先实体法律规范，后程序法律规范；先上位法律规范，后下位法律规范；先法律，后司法解释等次序排列，并按1、2、3、4序号列明。另外，群体诉讼案件中原告名单及其身份情况、知识产权案件中的图案等均可以列入此部分。

19. 行政判决书（二审维持原判或改判用）

×××人民法院

行政判决书

（××××）×行终字第××号

上诉人（原审×告）×××，……（写明姓名或名称等基本情况）。

被上诉人（原审×告）×××，……（写明姓名或名称等基本情况）。

（当事人及其他诉讼参加人的列项和基本情况的写法，除当事人的称谓外，与一审行政判决书样式相同。）

上诉人×××因……（写明案由）一案，不服×××人民法院（××××）×行初字第××号行政判决，向本院提起上诉。本院依法组成合议庭，公开（或不公开）开庭审理了本案。……（写明到庭的当事人、诉讼代理人等）到庭参加诉讼。本案现已审理终结。（未开庭的，写“本院依法组成合议庭，对本案进行了审理，现已审理终结”）。

……（概括写明原审认定的事实、理由和判决结果，简述上诉人的上诉请求及其主要理由和被上诉人的主要答辩的内容及原审第三人的陈述意见）。

……（当事人二审期间提出新证据的，写明二审是否采纳以及质证情况，并说明理由。如无新证据，本段不写）。

经审理查明，……（写明二审认定的事实和证据）。

本院认为，……（写明本院判决的理由）。依照……（写明判决依据的法律以及相关司法解释的条、款、项、目）的规定，判决如下：

……（写明判决结果）。

……（写明诉讼费用的负担）。

本判决为终审判决。

审 判 长 ×××

审 判 员 ×××

审 判 员 ×××

××××年××月××日

（院印）

本件与原本核对无异

书 记 员 ×××

附：本判决适用的相关法律依据

【说明】

一、本判决书供二审人民法院在收到当事人不服一审判决提起上诉的行政案件后，按照第二审程序审理终结，就案件的实体问题依法作出维持原判或者改判的决定时使用。

二、制作二审行政判决书，应当体现上诉审的特点，强调针对性和说服力。

三、上诉案件当事人的称谓，写“上诉人”“被上诉人”，并用括号注明其在原审中的诉讼地位。原告、被告和第三人都提出上诉的，可并列为“上诉人”。当事人中一人或者部分人提出上诉，上诉后是可分之诉的，未上诉的当事人在法律文书中可以不列；上诉后仍是不可分之诉的，未上诉的当事人可以列为被上诉人。上诉案件当事人中的代表人、诉讼代理人等，分别在该当事人项下另起一行列项书写。

四、“经审理查明”部分，包括上诉争议的内容以及二审查明认定的事实和证据。书写上诉争议的内容时，要概括简炼，抓住争议焦点，防止照抄原审判决书、上诉状和答辩状，但又要不失原意。二审审查认定的事实和证据，要根据不同类型的案件书写。如果原审判决事实清楚，上诉人亦无异议的，简要地确认原判认定的事实即可；如果原审判决认定事实清楚，但上诉人提出异议的，应对有异议的问题进行重点分析，予以确认；如果原审判决认定事实不清，证据不足，经二审查清事实后改判的，应具体叙述二审查明的事实和有关证据。

一般情况下，二审认定事实与一审一致的，可写“本院经审理查明的事实与一审判决认定的事实一致，本院予以确认”。与一审认定的主要事实基本一致，但在个别事实作出新的认定的，可写“本院经审理查明的事实与一审判决认定的事实基本一致。但一审认定的……事实不当，应认定为……”。本院认定的事实是一审未认定的，可写“本院另查明：…… ”。

五、“本院认为”部分，要有针对性和说服力，要注重事理分析和法理分析，兼顾全面审查和重点突出。针对上诉请求和理由，重点围绕争议焦点，就原审判决及被诉行政行为是否合法，上诉理由是否成立，上诉请求是否应予支持等，阐明维持原判或者撤销原判予以改判的理由。具体写法可参照一审判决书理由部分。

六、“判决结果”部分可分为以下四种情形：

第一，维持原审判决的，写：

“驳回上诉，维持原判。”

第二，对原审判决部分维持、部分撤销的，写：

“一、维持×××人民法院（××××）×行初字第××号行政判决第×项，即……（写明维持的具体内容）；

二、撤销×××人民法院（××××）×行初字第××号行政判决第×项，即……（写明撤销的具体内容）；

三、……（写明对撤销部分作出的改判内容。如无须作出改判的此项不写）。”

第三，撤销原审判决，驳回原审原告的诉讼请求的，写：

“一、撤销×××人民法院（××××）×行初字第××号行政判决；

二、驳回×××（当事人姓名）的诉讼请求。”

第四，撤销原审判决，同时撤销或变更行政机关的行政行为的，写：

“一、撤销×××人民法院（××××）×行初字第××号行政判决；

二、撤销（或变更）××××（行政主体名称）××××年××月××日（××××）×行×字第××号……（写明具体行政行为或者复议决定名称或其他行政行为）；

三、……（写明二审法院改判结果的内容。如无须作出改判的，此项不写）。”

七、关于二审诉讼费用的负担，要区别情况作出决定。对驳回上诉，维持原判的案件，二审诉讼费用由上诉人承担；双方当事人都提出上诉的，由双方分担。对撤销原判，依法改判的案件，应同时对一、二两审的各项诉讼费用由谁负担，或者共同分担的问题作出决定，相应地变更一审法院对诉讼费用负担的决定。

八、按本样式制作二审行政判决书时，注意参考一审行政判决书样式的说明。

20. 行政判决书（再审行政案件用）

×××人民法院

行政判决书

（××××）×行再字第××号

抗诉机关×××人民检察院（未抗诉的，此项不写）。

再审申请人（写明原审诉讼地位）×××，……（写明姓名或名称等基本情况）。

被申请人（写明原审诉讼地位）×××，……（写明姓名或名称等基本情况）。

原审第三人（或原审中的其他称谓）×××，……（写明姓名或名称等基本情况）。

（当事人及其他诉讼参加人的列项和基本情况的写法，除当事人的称谓外，与一审行政判决书样式相同。再审申请未提及的当事人，按原审判决书中诉讼地位列明。）

原审原告（或原审上诉人）×××与原审被告（或原审被上诉人）×××……（写明案由）一案，本院（或×××人民法院）于××××年××月××日作出（××××）×行×字第××号行政判决，已经发生法律效力。……（写明进行再审的根据）。本院依法组成合议庭，公开（或不公开）开庭审理了本案。……（写明到庭的当事人、代理人等）到庭参加诉讼。本案现已审理终结（未开庭的，写“本院依法组成合议庭审理了本案，现已审理终结”）。

……（概括写明原审生效判决的主要内容；简述检察机关的抗诉理由，或者当事人的陈述或申请再审要点）。

经再审查明，……（写明再审确认的事实和证据）。

本院认为，……（写明本院判决的理由）。依照……（写明判决依据的行政诉讼法以及相关司法解释的条、款、项、目）的规定，判决如下：

……（写明判决结果）。

……（写明诉讼费用的负担）。

……（按第一审程序进行再审的，写明“如不服本判决，可以在判决书送达之日起十五日内向本院递交上诉状，并按对方当事人的人数提出副本，上诉于×××人民法院”。按第二审程序进行再审或者上级法院提审的，写明“本判决为终审判决”）。

审　判　长　×××
审　判　员　×××
审　判　员　×××
××××年××月××日
（院印）

本件与原本核对无异

书　记　员　×××

附：本判决适用的相关法律依据

【说明】

一、本判决书供各级人民法院依照检察院抗诉或者当事人申请再审程序，对于一审或者二审判决、裁定已经发生法律效力的行政案件，经提起再审或者指令再审程序之后，依法组成或者另行组成合议庭，按照一审或者二审程序再审终结，就案件的实体问题作出处理决定时使用。

二、制作再审行政判决书，应当贯彻实事求是、有错必纠的原则，体现再审程序的特点。

三、判决书的首部，要写明对本案进行再审的根据。可分为四种情况表述：

第一，×××人民检察院于××××年××月××日提出抗诉。

第二，本院于××××年××月××日作出（××××）×行申（监）字第××号行政裁定，对本案提起再审。

第三，×××人民法院于××××年××月××日作出（××××）×行申（监）字第××号行政裁定，指令本院对本案进行再审。

第四，本院于××××年××月××日作出（××××）×行申（监）字第××号行政裁定，对本案进行提审。

四、“经审理查明”部分，包括再审争议的内容以及再审查明认定的事实和证据，要根据不同类型的案件书写。

一般情况下，如再审认定事实与原审一致的，写“本院经审理查明的事实与原审判决认定的事实一致，本院予以确认”。与原审认定的主要事实基本一致，但在个别事实作出新的认定的，写“本院经审理查明的事实与原审判决认定的事实基本一致。但原审认定的……事实不当，应认定为……”。本院认定的事实是原审未认定的，写“本院另查明：……”。

五、“本院认为”部分，要有针对性和说服力，要注重事理分析和法理分析，兼顾全面审查和重点突出。针对再审申请请求和理由，重点围绕争议焦点，就原审判决及被诉行政行为是否合法，再审申请理由是否成立，再审请求是否应予支持等，阐明维持原判或者撤销原判予以改判的理由。具体写法可参照二审判决书理由部分。检察院抗诉的，还应对检察院抗诉的请求和理由进行审查。

六、“判决结果”部分可分为以下三种情形：

第一，全部改判的，写：

“一、撤销×××人民法院××××年××月××日（××××）×行×字第××号行政判决（如一审判决、二审判决、再审判决均需撤销的，应分项写明）；

二、……（写明改判的内容。内容多的可分项写）。”

第二，部分改判的，写：

“一、维持×××人民法院××××年××月××日（××××）×行×字第××号行政判决第×项，即……（写明维持的具体内容）；

二、撤销×××人民法院××××年××月××日（××××）×行×字第××号行政判决第×项，即……（写明部分改判的具体内容；如一审判决、二审判决均需撤销的，应分项写明）；

三、……（写明部分改判的内容。内容多的可分项写）。”

第三，仍然维持原判的，写：

“维持×××人民法院××××年××月××日（××××）×行×字第××号行政判决。”

七、对全部改判或部分改判而变更原审诉讼费用负担的，写明原审诉讼费用由谁负担或者双方如何分担；对依照《诉讼费用交纳办法》第九条规定需要交纳案件受理费的，同时写明一、二审及再审诉讼费用由谁负担或者双方如何分担。对驳回再审申请，但依照《诉讼费用交纳办法》第九条规定需要交纳案件受理费的，写明再审诉讼费用的负担。

八、按本样式制作判决书时，注意参考一审、二审行政判决书样式的说明。

【地方法院改革探索】

1. **令状式判决书格式：**（一审小额诉讼案件适用）

广东省深圳市××区人民法院

民事判决书

（20××）深×法××字第××号

原告×××（当事人是自然人的，写明姓名、性别、身份证号码。当事人是法人的，写明法人名称、组织机构代码，并另起一行写明法定代表人及其姓名和职务。当事人是其他经济组织的，写明组织机构名称、组织机构代码，并另起一行写明代表人及其姓名和职务）。

委托代理人×××（委托代理人是自然人的，写明姓名、身份证号码。委托代理人是律师的，写明姓名和律师事务所全称。委托代理人是法人或其他经济组织职务范围内的代理，写明其姓名和单位职务即可）。

被告×××（写法与原告相同）。

委托代理人×××（写法与原告的委托代理人相同）。

上列××××纠纷一案，原告诉请：1. ……；2. ……。本院受理后，依法适用小额诉讼程序，公开开庭进行审理，现已审理终结。

本院基于庭审查明的事实，被告拖欠货款××元属实（注：这里用一两句话概括本案的主要事实），依照《中华人民共和国合同法》

第××条第××款、《中华人民共和国民事诉讼法》第××条之规定，判决如下：

一、××；

二、××。

如未按本判决指定的期间履行给付金钱义务，应当依照《中华人民共和国民事诉讼法》第二百五十三条之规定，加倍支付迟延履行期间的债务利息。

本案适用小额诉讼程序审理，诉讼费减半收取人民币××元。

本判决为终审判决。

审　判　员　×××

二〇××年××月××日

书　记　员　×××

2. 要素式裁判文书（交通事故责任纠纷案件适用）

广东省深圳市××区人民法院

民事判决书

（××××）深×法民×初字第×号

原告×××（当事人是自然人的，写明姓名、性别、出生年月日、民族、职业、住址和身份证号码。当事人是法人的，写明法人名称、住所地，并另起一行写明法定代表人及其姓名和职务。当事人是其他经济组织的，写明组织机构名称、住所地，并另起一行写明代表人及其姓名和职务。法人与其他组织均需写明组织机构代码）。

委托代理人×××（委托代理人是自然人的，写明姓名、性别、工作单位和住址。委托代理人是律师的，写明姓名和律师事务所全称。委托代理人是法人或其他经济组织职务范围内的代理，写明其姓名和单位职务即可）。

被告×××（写法与原告相同）。

委托代理人×××（写法与原告的委托代理人相同）。

上列当事人机动车交通事故责任纠纷一案，本院受理后，依法适用简易程序公开（不公开）开庭进行了审理。本案现已审理终结。

本案相关情况

双方有争议的事项为第×项、第×项，其他事项双方无争议。

一、事故发生概况：如时间、地点、当事方、肇事车辆、碰撞方式等；

二、交警部门的责任认定结果；

三、受害人概况：如年龄、居住状况、职业情况等；

四、其他赔偿权利人概况：如年龄、居住状况、职业情况等；

五、其他赔偿权利人与受害人之间的关系；

六、财产损失构成；

七、医疗费（含后续治疗费）；

八、护理费；

九、误工费；

十、交通费；

十一、住宿费；

十二、住院伙食补助费；

十三、营养费；

十四、残疾赔偿金（含被扶养费人生活费）、残疾辅助器具费、康复费、后续护理费等情况；

十五、死亡赔偿金（含被扶养费人生活费）、丧葬费等情况；

十六、精神损害抚慰金数额；

十七、受害方已获得赔偿情况；

十八、有关保险合同主体；

十九、有关保险合同类型；

二十、有关保险合同主要内容（如：保险标的、保险期间和保险责任开始时间、保险责任和责任免除情况、保险金额等）；

二十一、机动车使用人与其他赔偿义务主体（如机动车所有人、机动车实际控制人等）的关系；

二十二、机动车使用人之外的其他赔偿义务主体之间的关系（如机动车所有人与机动车实际控制人的关系等）；

二十三、各赔偿义务主体的过错情况；

二十四、其他必要情况；

二十五、原告诉讼请求：__________。

裁决结果

依照××的规定，判决如下：（如果审判人员认为需要，在引用法条前可以围绕损害总额、责任主体、责任范围、责任形态等机动车交通事故责任纠纷案件的核心要素简要写明法院裁判意见，即将争议要素的裁决理由综合起来简要概括总结一下）

一、××；

二、××。

案件受理费××元

如未按本判决指定的期间履行给付金钱义务，应当依照《中华人民共和国民事诉讼法》第二百二十九条之规定，加倍支付迟延履行期间的债务利息。

审 判 员 ×××

××××年××月××日

书 记 员 ×××

【说明】

一、本院制作的机动车交通事故责任纠纷案件简易判决书格式（以下简称简易格式），适用于诉争主体较少、各当事人争议不大的一审简易程序案件。对于案件主体众多、争议较大的案件，不采用简易格式。

二、简易判决书只列原告的诉讼请求，对原告起诉的事实和理由、被告的答辩意见予以省略。

三、简易判决书对于相关要素不再按照事实问题与法律严格区分。

四、简易格式只列举了常见事实要素，“需要说明的其他事项”属兜底条款，可以根据个案需要进行填写，如果内容较多，可以分段或分项填写。

五、简易判决书本院裁判意见部分应对法院裁判的基本思路和理由进行概述，不必详细说理。

六、对于可以采用简易判决书的案件，在审理时要以简易格式中所列的相关要素为线索，逐项查明事实。对于各项要素的内容查清一项、填写一项，在庭审结束时，基本做到各项要素填写清楚。

七、拟采用简易判决书的案件，在庭审结束前承办法官应当告知当事人判决书将会采用简易格式。

附：损失数额意见表

序号	损失项目	原告 主张数额	被告××× 意见	被告××× 意见	被告××× 意见
1	财产损失				
2	医疗费				
3	护理费				
4	误工费				
5	住宿费				
6	住院伙食补助费				
7	营养费				
8	残疾赔偿金				
9	被扶养费人生活费				
10	残疾辅助器具费、 康复费、后续护理费				
11	死亡赔偿金（含 被扶养费人生活费）				
12	丧葬费				
13	精神抚慰金				
14	其他（主要指 已付款的情况）				

（注：被告意见栏同意打√，不同意打×）

原告确认签名：

被告×××确认签名：

被告×××确认签名：

被告×××确认签名：

3. **表格式裁判文书**（以交通事故责任纠纷案件为例）

<table>
<tr><td colspan="4">深圳市××区人民法院民事判决书（简易）</td></tr>
<tr><td colspan="2">案号：（　　）民初字第　号</td><td>案由：</td><td>是否缺席：</td></tr>
<tr><td rowspan="2">当事人</td><td>原告</td><td colspan="2"></td></tr>
<tr><td>被告</td><td colspan="2"></td></tr>
<tr><td>诉讼请求</td><td colspan="3"></td></tr>
<tr><td>事实与理由</td><td colspan="3"></td></tr>
</table>

续表

<table>
<tr><td rowspan="17">赔偿项目</td><td>损失项目</td><td>金额（元）</td><td>计算公式</td><td>认定依据</td></tr>
<tr><td>财产损失</td><td></td><td></td><td></td></tr>
<tr><td>医疗费</td><td></td><td></td><td></td></tr>
<tr><td>护理费</td><td></td><td></td><td></td></tr>
<tr><td>误工费</td><td></td><td></td><td></td></tr>
<tr><td>住宿费</td><td></td><td></td><td></td></tr>
<tr><td>住院伙食补助费</td><td></td><td></td><td></td></tr>
<tr><td>营养费</td><td></td><td></td><td></td></tr>
<tr><td>残疾赔偿金</td><td></td><td></td><td></td></tr>
<tr><td>被扶养费人生活费</td><td></td><td></td><td></td></tr>
<tr><td>残疾辅助器具费、康复费、后续护理费</td><td></td><td></td><td></td></tr>
<tr><td>死亡赔偿金</td><td></td><td></td><td></td></tr>
<tr><td>丧葬费</td><td></td><td></td><td></td></tr>
<tr><td>精神抚慰金</td><td></td><td></td><td></td></tr>
<tr><td>其他</td><td></td><td></td><td></td></tr>
<tr><td>合计</td><td></td><td></td><td></td></tr>
<tr><td></td><td></td><td></td><td></td></tr>
<tr><td>判决事项</td><td colspan="4">依据　　　　　　　　判决如下：
诉讼费负担：
如不服本判决，可在判决书送达之日起十五日内向本院递交上诉状，并按对方当事人的人数提出副本，上诉于广东省深圳市中级人民法院。
审　判　员　×××
××××年××月××日
书　记　员　×××</td></tr>
<tr><td>说明</td><td colspan="4"></td></tr>
</table>

4. 刑事速裁程序判决书

湖南省长沙县人民法院

刑事判决书

（201×）长县刑初字第×号

公诉机关湖南省长沙县人民检察院。

被告人×××。

辩护人×××。

湖南省长沙县人民检察院以长县检公诉刑诉（2014）667号起诉书指控被告人×××犯×××罪向本院提起公诉。本院依法适用速裁程序，公开开庭审理了本案。长沙县人民检察院指派检察员×××出庭支持公诉，被告人×××、辩护人×××到庭参加诉讼。现已审理终结。

公诉机关指控：……（叙明指控事实）并提供了×××（即起诉书上所列证据名称）等证据予以证明。

上述事实和证据，被告人×××（及其辩护人）在开庭审理过程中均无异议。

本院认为，公诉机关指控被告人×××犯×××罪的事实清楚，证据确实、充分，指控的罪名成立。被告人具有以下量刑情节：（自首；立功；从犯；坦白；退赃退赔；积极赔偿被害人损失；取得被害人谅解）。（被告人×××认罪悔罪，没有再犯罪的危险，其所在地社区矫正机构亦建议实行社区矫正，依法可以宣告缓刑。）依照《中华人民共和国刑法》××条之规定，判决如下：

被告人×××犯×××罪，判处……。

如不服本判决，可以在收到判决书的第二日起十日内，通过本院或者直接向湖南省长沙市中级人民法院提出上诉。书面上诉的，应当提交上诉状正本一份，副本二份。

审 判 员 ×××

二〇一×年××月××日

书 记 员 ×××

5. 刑事简易程序判决书

湖南省长沙县人民法院

刑事判决书

（201×）长县刑初字第××号

公诉机关湖南省长沙县人民检察院。

被告人×××。

辩护人×××。

湖南省长沙县人民检察院以长县检×诉刑诉（201×）××号起诉书指控被告人×××犯×××罪，于××××年××月××日向本院提起公诉。本院受理后，依法适用简易程序，公开开庭审理了本案。长沙县人民检察院指派检察员×××出庭支持公诉，被告人×××、辩护人×××到庭参加了诉讼。现已审理终结。

公诉机关指控：（概述公诉机关指控的犯罪事实）

上述事实，经法庭调查、法庭辩论，被告人×××在开庭审理过程中无异议，并有……等证据证明，足以认定。

本院认为，公诉机关指控被告人×××犯×××罪的事实清楚，证据确实、充分，指控的罪名成立。……（叙述量刑情节）。据此，依照《中华人民共和国刑法》……（依据的法律条款）之规定，判决如下：

被告人×××犯×××罪，判处……（写明判处的具体内容）。

如不服本判决，可在收到判决书的第二日起十日内，通过本院或者直接向湖南省长沙市中级人民法院提出上诉。书面上诉的，应当提交上诉状正本一份，副本二份。

审　判　员　×××

二〇一×年××月××日

书　记　员　×××

第四部分

示范文书

1. 聂树斌故意杀人、强奸妇女再审刑事判决书

中华人民共和国最高人民法院
刑事判决书

（2016）最高法刑再3号

原公诉机关河北省石家庄市人民检察院。

申诉人张焕枝，女，汉族，1944年12月13日出生，农民，住河北省石家庄市鹿泉区×××村。系原审被告人聂树斌母亲。

申诉人聂学生，男，汉族，1945年8月1日出生，退休工人，住址同上。系原审被告人聂树斌父亲。

申诉人聂淑惠，女，汉族，1972年1月31日出生，教师，住河北省石家庄市桥西区××街××号。系原审被告人聂树斌胞姐。

诉讼代理人李树亭，北京市天钰衡律师事务所律师。

原审被告人聂树斌，男，汉族，1974年11月6日出生，初中文化，原河北省鹿泉市冶金机械厂工人，捕前住河北省获鹿县（现石家庄市鹿泉区）×××村。1994年9月23日被传唤，9月24日被监视居住，10月1日被刑事拘留，10月9日被逮捕。1995年4月27日被执行死刑。

河北省石家庄市人民检察院指控被告人聂树斌犯故意杀人罪、强奸妇女罪一案，石家庄市中级人民法院于1995年3月15日作出（1995）石刑初字第53号刑事附带民事判决。宣判后，被告人聂树斌、附带民事诉讼原告人康某2分别提出上诉。1995年4月25日，河北省高级人民法院作出（1995）冀刑一终字第129号刑事附带民事判决，并根据最高人民法院授权高级人民法院核准部分死刑案件的规定，核准聂树斌死刑。

2005年1月，涉嫌犯故意杀人罪被河北省公安机关网上追逃的王书金，被河南省荥阳市公安机关抓获后自认系本案真凶。此事经媒体报道后，引发社会关注。2007年5月，申诉人张焕枝、聂学生、聂淑惠向河北省高级人民法院和多个部门提出申诉，请求宣告聂树斌无罪。2014年12月4日，根据河北省高级人民法院请求，本院指令山东省高级人民法院复查本案。

山东省高级人民法院依法组成合议庭，对本案进行全面审查后认为，原审判决缺少能够锁定聂树斌作案的客观证据，在被告人作案时间、作案工具、被害人死因等方面存在重大疑问，不能排除他人作案的可能性，原审认定聂树斌犯故意杀人罪、强奸妇女罪的证据不确实、不充分。建议本院启动审判监督程序重新审判，并报请本院审查。

本院对山东省高级人民法院的复查意见进行了审查，于2016年6月6日作出（2016）最高法刑申188号再审决定，提审本案。本院依法组成合议庭，根据《中华人民共和国刑事诉讼法》第二百四十五条第一款、《最高人民法院关于适用〈中华人民共和国刑事诉讼法〉的解释》第三百八十四条第三款之规定，依照第二审程序对本案进行了书面审理。审理期间，本院审查了本案原审卷宗、河北省高级人民法院和山东省高级人民法院复查卷宗；赴案发地核实了相关证据，查看了案发现场、被害人上下班路线、原审被告人聂树斌被抓获地点及其所供偷衣地点，询问了部分原办案人员和相关证人；就有关尸体照片及尸体检验报告等证据的审查判断咨询了刑侦技术专家，就有关程序问题征求了法学专家意见；多次约谈申诉人及其代理人，听取意见，依法保障其诉讼权利；多次听取最高人民检察院意见。就附带民事诉讼部分通知原附带民事诉讼原告人康某2，其近亲属告知，康某2已去世，并表示不再参与本案诉讼。本案现已审理终结。

石家庄市中级人民法院一审判决认定：1994年8月5日17时许，被告人聂树斌骑自行车尾随下班的河北省石家庄市液压件厂女工康某

1，至石家庄市郊区孔寨村的石粉路中段，聂树斌故意用自行车将骑车前行的康某1别倒，拖至路东玉米地内，用拳头猛击康某1的头部、面部，致康某1昏迷后将其强奸，尔后用随身携带的花上衣猛勒康某1的颈部，致其窒息死亡。认定上述事实的依据是：石家庄市公安局郊区分局在侦破此案时，根据群众反映将聂树斌抓获后，聂树斌即交代了强奸后勒死康某1的犯罪经过，并带领公安人员指认了作案现场及埋藏被害人衣物的地点，与现场勘查一致；聂树斌对康某1生前照片及被害现场提取物进行了辨认，确认系被害人照片及所穿衣物；聂树斌所供被害妇女的体态、所穿衣物与被害人之夫侯某某、证人余某某所证一致。据此，一审法院认为，被告人聂树斌拦截强奸妇女，杀人灭口，手段残忍，情节和后果均特别严重，其行为已构成强奸妇女罪、故意杀人罪。对于辩护人提出的指控聂树斌犯强奸妇女罪证据不足的辩护意见，因有被告人聂树斌多次供述，且与现场勘查吻合，供证一致，不予采信。依照《中华人民共和国刑法》第一百三十九条、第一百三十二条、第五十三条、第三十一条及全国人大常委会《关于迅速审判严重危害社会治安的犯罪分子的程序的决定》之规定，以故意杀人罪判处被告人聂树斌死刑，剥夺政治权利终身；以强奸妇女罪判处其死刑，剥夺政治权利终身，决定执行死刑，剥夺政治权利终身。

一审宣判后，聂树斌上诉提出，其年龄小，没有前科劣迹、系初犯，认罪态度好，一审量刑太重，请求从轻处罚。

河北省高级人民法院二审判决认定的事实、证据与一审判决一致。二审法院认为，一审认定聂树斌故意杀人、强奸妇女的事实、情节正确，证据充分。聂树斌拦截强奸妇女，杀人灭口，情节和后果均特别严重。聂树斌所述认罪态度好属实，但其罪行严重，社会危害极大，不可以免除死刑。原判决对聂树斌犯故意杀人罪的量刑及民事赔偿数额适当，对强奸妇女罪量刑重。依照《中华人民共和国刑事诉讼法》第一百三十六条第（一）项、第（二）项之规定，判决维持对聂树斌犯故意杀人罪的定罪量刑，撤销对聂树斌犯强奸妇女罪的量刑，改判有期徒刑十五年，与故意杀人罪并罚，决定执行死刑，剥夺政治权利终身。根据最高人民法院授权高级人民法院核准部分死刑案件的规定，河北省高级人民法院核准聂树斌死刑。

本院再审期间，申诉人张焕枝提出，聂树斌系被错抓、错判，是冤枉的，请求宣告聂树斌无罪。主要理由是：（1）1994年9月23日聂树斌被抓获之后前5天的口供缺失，怀疑因对聂树斌有利而被办案机关销毁。（2）聂树斌供述勒死被害人的花上衣，是从废品堆、三轮车上拿的，但三轮车主根本就没有丢花上衣，作案工具不吻合。（3）聂树斌根本没有作案时间。考勤表被办案机关提取了，应该入卷，该考勤表可以证明聂树斌1994年8月5日是否上班，没有考勤表就不能认定聂树斌有作案时间。（4）王书金自认真凶，且供述出案发现场有串钥匙，本案是王书金所为。

诉讼代理人李树亭提出，原审认定聂树斌强奸妇女、故意杀人的事实不清、证据不足，应当依法宣告聂树斌无罪。主要理由是：（1）公安机关在没有掌握聂树斌任何犯罪事实和犯罪线索的情况下，仅凭主观推断，就将骑一辆蓝色山地车的聂树斌锁定为犯罪嫌疑人，对聂树斌采取的监视居住，实际上是非法拘禁。（2）不能排除侦查人员采用刑讯逼供、指供、诱供方式收集聂树斌有罪供述的可能性。（3）聂树斌供述、证人证言和尸体检验报告均不能确定案发时间，被害人遇害时间不明，原审认定的聂树斌作案时间事实不清。（4）原审认定的作案工具事实不清，物证彩色照片上的半袖上衣极大可能在原始案发现场并不存在，是侦查人员为印证聂树斌供述的作案工具而编造出来的物证。（5）现场勘查笔录无见证人参与，不符合法律规定；尸体检验报告结论不具有科学性，真实性、合法性存疑，原审认定被害人系窒息死亡的证据不确实、不充分。（6）聂树斌1994年9月23日至9月27日的供述材料以及聂树斌的考勤表缺失，原办案人员的解释不合理，不排除公安机关隐匿了对聂树斌有利的证据。(7) 证人余某某后来证明，被害人尸体被发现后公安机关立即展开调查，并形成了调查材料，但原审卷宗中余某某等人的多份初始证言缺失，去向不明，这些证言可能对聂树斌有利。(8) 现有卷宗中存在签字造假等问题，不排除伪造或变造案卷的可能。(9) 被害人落在案发现场的一串钥匙是本案中具有唯一性和排他性的隐蔽细节，聂树斌始终没有供出，使其所供作案过程真实性受到严重影响。(10) 王书金异地归案后即主动交代了石家庄西郊玉米地强奸、杀人的犯罪事实，特别是供述出案发现场所留的一串钥匙，且其供述的作案时间、作案地点、作案过程以及抛埋衣物地点等都与本案情况相符，王书金的供述应视为本案出现了新证据，其作案的可能性远远大于聂树斌。李树亭还向本院提交了聂树斌的同学聂某某、仵某1、仵某2的证言，以证明聂树斌胆小，性格内向，思想比较保守，家庭经济状况较好，平时没有偷窃、打架等不良行为。

最高人民检察院向本院提交的书面意见提出，原审判决采信的证据中，直接证据只有聂树斌的有罪供述，现场勘查笔录、尸体检验报告、物证及证人证言等证据均为间接证据，仅能证明被害人康某1死亡的事实，单纯依靠间接证据不能证实康某1死亡与聂树斌有关，而聂树斌有罪供述的真实性、合法性存疑，不能排除他人作案可能。原审判决认定事实不清、证据不足，依据现有证据不能认定聂树斌实施了故意杀人、强奸妇女的行为，应当依法宣告聂树斌无罪。主要理由是：(1) 被害人死亡原因不具有确定性，原审判决所采信的尸体检验报告证明力不足。(2) 作案工具来源不清，原审判决认定花上衣系作案工具存在重大疑问。(3) 聂树斌始终未供述出被害人携带钥匙的情节。(4) 原审判决所采信的指认笔录和辨认笔录存在重大瑕疵，不具有证明力。(5) 证实聂树斌实施强奸的证据严重不足。(6) 聂树斌供述的真实性、合法性存在疑问。应当依法改判聂树斌无罪。

经再审查明：1994年8月5日17时许，河北省石家庄市液压件厂女工康某1（被害人，殁年36岁）下班骑车离厂。8月10日上午，康某1父亲康某2向公安机关报案称其女儿失踪。同日下午，康某2和康某1的同事余某某等人在石家庄市郊区孔寨村西玉米地边发现了被杂草掩埋的康某1的连衣裙和内裤。8月11日上午，康某1尸体在孔寨村西玉米地里被发现。同日下午，侦查机关对康某1尸体进行了检验。

上述事实，有现场提取的自行车、凉鞋、连衣裙、内裤和钥匙等物证，证人康某2和余某某等人证明康某1失踪和发现康某1衣物情况、证人侯某某证明上述现场提取物品系康某1生前所用之物的证言，以及尸体检验报告、现场勘查笔录和照片等证据证实。本院予以确认。

原审认定原审被告人聂树斌于1994年8月5日17时许，骑自行车尾随下班的康某1，将其别倒拖至玉米地内打昏后强奸，尔后用随身携带的花上衣猛勒其颈部，致其窒息死亡。本院认为，这一认定事实不清、证据不足，不予确认。具体评判如下：

一、聂树斌被抓获之时无任何证据或线索指向其与康某1被害案存在关联。

原审认定，石家庄市公安局郊区分局在侦破此案时，根据群众反映将聂树斌抓获。诉讼代理人提出，公安机关没有掌握聂树斌任何犯罪事实和犯罪线索，仅凭主观推断锁定其为本案犯罪嫌疑人，并对其采取强制措施；检察机关认为，聂树斌到案经过与原案缺乏直接关联，确定其为犯罪嫌疑人缺乏充足依据。对此问题，本院经审查，评判如下：

1. 原审卷宗内没有群众反映聂树斌涉嫌实施本案犯罪的证据或线索。经查，离案发现场约2公里的石家庄市电化厂平房宿舍区有一个公共厕所，据公安机关出具的抓获证明记载，附近有群众反映，一名骑蓝色山地车的男青年常在附近闲转，看到有人就进厕所；破案报告记载，群众反映在石家庄市电化厂平房宿舍周围有一名男青年经常出现，有流氓、盗窃行为，康某1被害案专案组遂组织人员在此蹲守。1994年9月23日18时许，聂树斌骑一蓝色山地车路过时，侦查人员认为其像群众反映的男青年而将其抓获。因此，聂树斌被抓获仅因其疑似群众反映的男青年，并非因群众反映其涉嫌实施本案犯罪。聂树斌被抓获之前，办案机关并未掌握其实施本案犯罪的任何证据或线索。

2. 原审卷宗内无证据证实聂树斌系群众反映的男青年。经查，原审卷宗内仅有“群众反映”的表述，没有关于具体是何人反映的证据，也没有组织群众对聂树斌辨认的证据，更没有群众反映的那个男青年与康某1被害案存在关联的证据。

综上，对诉讼代理人提出的侦查机关抓获聂树斌时并不掌握其任何犯罪事实和犯罪线索的意见，对检察机关提出的确定聂树斌为犯罪嫌疑人缺乏充足依据的意见，本院予以采纳。

二、聂树斌被抓获之后前5天的讯问笔录缺失，严重影响在卷讯问笔录的完整性和真实性。

从聂树斌1994年9月23日18时许被抓获，到9月28日卷内出现第一份有罪供述笔录，共有5天时间，原审卷宗内没有这5天的讯问笔录。申诉人及其代理人对此提出诸多质疑，认为缺失的笔录可能对聂树斌有利。检察机关也提出，从聂树斌到案至作出第一次有罪供述间隔5天时间，而卷内没有一份此间的讯问笔录，侦查机关没有作出合理解释。对此问题，本院经审查，评判如下：

1. 聂树斌被抓获之后前5天办案机关曾对其讯问且有笔录。一是聂树斌在卷供述证明有讯问笔录。据二审期间的提讯笔录记载，审判人员当时问聂树斌，在其被抓获之后的前5天，侦查人员是否对其讯问并作了笔录，聂树斌回答，侦查人员将其带至郊区分局的当晚就审问了，其交代了强奸妇女的事，并说“记着可能做了（笔录）”。二是原办案人员证明有讯问笔录。本案复查和再审期间，经调查询问原办案人员，多人证实这5天有讯问并制作了笔录。此外，据原办案机关民警撰写并发表在1994年10月26日《石家庄日报》上的《青纱帐迷案》一文反映，聂树斌被抓获并被关进派出所后的一个星期内，办案机关一直在对其“突审”。

2. 聂树斌在该5天内，既有有罪供述，也有无罪辩解。一是聂树斌在卷供述可以证实。在1994年9月28日的讯问笔录中，办案人员在聂树斌供认有罪后问道：“为什么原来不讲实话？”聂树斌答：“我想隐瞒，抱着逃避打击的心理。”9月29日聂树斌在自书的《检查》中写道：“在审问时，我心里还隐着一些侥幸心理，想隐瞒过关。”在同年12月26日送达起诉书笔录中，送达人员问聂树斌什么时候交代的犯罪事实，聂树斌答：“一开始没交代，第二天晚上交代的。”二是原办案人员可以证实。有办案人员称：“聂树斌头一天只承认了一些偷看女人解手的流氓行为，到了第二天，开始陆陆续续交代了一些犯罪事实，到了27日就彻底交代清楚了。”此外，据《青纱帐迷案》一文反映，聂树斌刚被抓获时“只承认调戏过妇女，拒不交代其他问题”，办案人员“巧妙利用攻心战术和证据，经过一个星期的突审”，聂树斌终于供述了强奸杀人的事实。

3. 对原审卷宗内缺失该5天讯问笔录，原办案人员没有作出合理解释。本案复查和再审期间，河北省高级人民法院、山东省高级人民法院和本院均就前5天讯问笔录全部缺失的原因，询问了公安机关原办案人员，他们作了多种解释：一是聂树斌的供述断断续续，笔录不完整；二是这些笔录可能入了副卷，但由于搬家或时间长，副卷找不到了；三是当时存在对完整的讯问笔录入卷移送，不完整的讯问笔录不入卷移送的习惯做法等。

全面收集、移送包括讯问笔录在内的案件证据，是1979年《刑事诉讼法》和1987年公安部印发的《公安机关办理刑事案件程序规定》的明确要求；公安部1991年印发的《公安业务档案管理办法》对副卷的内容也有明确规定，犯罪嫌疑人的供述笔录不属于入副卷的材料；原办案人员在接受本院询问时也表示，当时石家庄市公安局郊区分局办理案件比较规范，即使前期嫌疑人不供述，也会把这些材料入卷。因此，聂树斌被抓获之后前5天讯问笔录没有入卷，既与当时的法律及公安机关的相关规定不符，也与原办案机关当时办案的情况不符。

综上，由于上述讯问笔录缺失，导致聂树斌讯问笔录的完整性、真实性受到严重影响。对申诉人及其代理人提出聂树斌被抓获之后前5天有讯问笔录，且缺失的笔录可能对聂树斌有利的意见，对检察机关提出缺失这5天讯问笔录存在问题的意见，本院予以采纳。对申诉人及其代理人提出办案机关故意销毁、隐匿讯问笔录、制造假案的意见，因无证据证实，本院不予采纳。

三、聂树斌有罪供述的真实性存疑，且不能排除指供、诱供可能

原审卷宗显示，自1994年9月28日出现第一份供述至1995年4月27日被执行死刑，聂树斌共有13份供述，其中有讯问笔录11份（侦查阶段8份，审查起诉、一审、二审阶段各1份），自书《检查》1份，一审当庭供述笔录1份。申诉人及其代理人提出，这些供述不能排除系刑讯逼供、指供、诱供形成，合法性和真实性存在疑问。检察机关提出，聂树斌的有罪供述说法不一、前后矛盾，供述偷拿花上衣的情节因证人证言而变化，侦查机关讯问过程明显具有指供倾向，聂树斌供述的真实性、合法性存在疑问。对此问题，本院经审查，评判如下：

1. 聂树斌对关键事实的供述前后矛盾、反复不定。关于作案时间，先后有被车间主任葛某某批评后的第二天、当天、记不清和8月5日等说法；关于偷花上衣的具体地点，先后有三轮车上、破烂堆上等说法；关于脱去被害人内裤的时间，先后有将内裤脱下后实施强奸再捡起内裤带走、将内裤脱到膝盖下面即实施强奸再将内裤脱下带走等说法；关于被害人的自行车，先后有二六型、二四型等说法。此外，

关于作案动机、被害人年龄和所穿连衣裙特征等事实和情节，聂树斌的供述也前后不一。在卷供述中，聂树斌一方面始终认罪，另一方面又供不清楚作案的基本事实，特别是对关键事实的供述前后矛盾、反复不定，不合常理。

2. 供证一致的真实性、可靠性存疑。聂树斌供述的作案地点、藏衣地点、尸体上的白背心、颈部的花上衣及被害人凉鞋、自行车的位置等，虽然与现场勘查笔录、尸体检验报告等内容基本一致，但由于以上事实都是先证后供，且现场勘查没有邀请见证人参与，指认、辨认工作不规范，证明力明显不足，致使本案供证一致的真实性、可靠性存在疑问。

3. 不能排除指供、诱供可能。对办案机关是否存在刑讯逼供、指供、诱供等非法取证行为，经审查原审检察人员和审判人员讯问聂树斌的材料、一审开庭笔录、原审辩护人的有关证言以及原办案人员的解释，没有发现原办案人员在制作这些笔录时实施刑讯逼供的证据。但是，聂树斌曾经供述自己本来想不说，后在办案人员“劝说和帮助下说清整个过程”；聂树斌供述偷花上衣的地点存在随证而变的情形；一些笔录显示讯问内容指向明确；参与现场勘查的办案人员曾称被安排到讯问场所与聂树斌核对案发现场情况等，故不能排除存在指供、诱供的可能。

综上，对申诉人及其代理人提出聂树斌有罪供述的真实性、合法性存疑，不能排除指供、诱供可能的意见，对检察机关提出的侦查机关讯问过程明显具有指供倾向的意见，本院予以采纳。对申诉人及其代理人提出侦查机关存在刑讯逼供的意见，因无证据证实，本院不予采纳。

四、原审卷宗内案发之后前50天内证明被害人遇害前后情况的证人证言缺失，严重影响在案证人证言的证明力

原审卷宗显示，康某1丈夫侯某某、同事余某某在康某1失踪前曾与其见面，康某1失踪后还参与寻找，余某某和康某2最先发现了

康某1的衣物。但是，从1994年8月11日发现康某1尸体到同年9月底聂树斌认罪，即从案发到破案，其间50天内办案机关收集的这些重要证人的证言，无一入卷，全部缺失。卷内显示，直到1994年10月1日才出现侯某某的首次证言，10月11日和10月21日才首次出现康某1同事王某某、余某某的证言。这些本应是破案重要线索的证人证言，却出现在聂树斌认罪并破案之后。申诉人及其代理人提出，办案机关隐匿了这些对聂树斌可能有利的证据。对此问题，本院经审查，评判如下：

1. 多名证人证明案发之后50天内，办案人员对其进行过询问并制作了笔录。证人余某某证实，找到康某1的尸体后，办案机关立即进驻康某1所在工厂，全面开展调查工作；1994年10月21日之前，办案人员曾多次找其取证，并作了记录。证人侯某某证实，在1994年10月1日之前，办案人员不止一次找过他，每次都有询问笔录，且明确说明办案人员第一次对其询问是在其租住地孔寨村，而非首次询问笔录显示的留营派出所。

2. 多名原办案人员证实案发之后即作了询问证人笔录。在本案复查和再审期间，十多名原办案人员接受询问时证实，发现康某1尸体后立即分成多个工作小组，同时展开调查摸排，有的小组专门进驻死者单位。摸排范围包括被害人单位职工、现场附近两个村庄村民以及方圆数公里范围内的外来民工等相关人员。当时对康某1亲友和同事都进行了调查询问，询问内容包括死者何时上下班、何时失踪、最后见面的是何人，等等。多名原办案人员证实，对康某1亲友及同事这些重要证人的询问，肯定制作了笔录。此外，相关报道反映，案发之后办案机关即开展了大量调查摸排工作。据《青纱帐迷案》一文记述，石家庄市公安局郊区分局1994年8月11日即成立专案组，迅速展开侦破工作，办案人员“奔波于工厂、农村、居民区和田间地头认真调查访问，先后调查访问群众上千人次，经过一个多月的艰苦细致工作，终于获得了有价值的线索”。

3. 原办案人员对案发之后前50天内相关证人证言缺失原因没有作出合理解释。本案复查和再审期间，就原审卷宗内为何没有这50天的证人证言，询问了多名原办案人员，他们作出了两种解释：一种说法是当时摸排大多用笔记本记录，破案需要的材料才会整理，不需要就不整理，没有入卷可能是这个原因造成的；另一种说法是当时的办案习惯是侦查卷宗不装订，先送给预审科去挑，没有用的预审科就剔出去，这些证人证言可能被预审科当作没有用的剔除了，入了副卷，副卷后来搬家时丢失。这些解释对于一般的摸排对象是合乎情理的，但是对于询问与本案有直接关系的证人，明显不符合常理，也不符合当时的办案规范和惯常做法。首先，侯某某、余某某是本案重要证人，对其询问应当按照当时的刑事诉讼法和公安部1987年《公安机关办理刑事案件程序规定》，规范制作笔录入卷，并随案移送。其次，侯某某、余某某等人在案发之后前50天所作的证言，是初始证言，是确定被害人遇害时间和被告人有无作案时间的重要依据，是侦破本案的重要线索。即使当时有将材料送预审科挑选的做法，对于这些重要的证人证言也不应当剔除。

综上，案发之后前50天内多名重要证人证言全部缺失不合常理，且关键证人侯某某后来对与康某1最后见面时间的证言作出重大改变，直接影响对康某1死亡时间和聂树斌作案时间等基本事实的认定，导致在案证人证言的真实性和证明力受到严重影响。原办案人员对有关证人证言缺失的原因没有作出合理解释，故对申诉人及其代理人提出的这些缺失证据对聂树斌可能有利的意见，本院予以采纳。

五、聂树斌所在车间案发当月的考勤表缺失，导致认定聂树斌有无作案时间失去重要原始书证。

本案复查和再审期间，申诉人及其代理人提出，聂树斌所在车间有一份考勤表，该考勤表可以证明聂树斌1994年8月5日是否上班，没有考勤表就不能认定聂树斌有作案时间，认为这张对聂树斌有利的考勤表被办案机关有意隐匿。对此问题，本院经审查，评判如下：

1. 有证据证明考勤表确实存在且已被公安机关调取。本案复查期间，证人葛某某证实，聂树斌出事后，办案机关找他问了聂树斌的出勤情况，并拿走了这份考勤表，他曾经让办案人员用后归还，但办案机关没有退还。本案再审期间，原办案人员也承认，当年曾对葛某某调查走访，见到并提取了考勤表。

2. 考勤表对证明聂树斌有无作案时间具有重要证明价值。葛某某证实，考勤表记载了聂树斌所在车间员工的每日出勤情况，他当年作证时是“照着考勤表说的”聂树斌出勤情况。当时办案人员还曾问他考勤表上的“√”和“×”是什么意思，他解释说“√”表示出勤，“×”表示没有出勤。因此，考勤表是证明聂树斌1994年8月出勤情况和有无作案时间的重要原始书证。

3. 原办案人员对考勤表未入卷没有作出合理解释。对于考勤表的下落，原办案人员都说记不清了，但认为有两种可能：一种可能是当时证明作案时间的材料要求有公章，聂树斌单位出具了盖有公章的出勤证明，该证明比考勤表更重要，所以考勤表没有入卷；另一种可能是在预审阶段被剔除出来入了副卷，后来副卷丢失了。经审查，这些解释不属于合理解释。考勤表是原始证据，更能客观、真实反映聂树斌的出勤情况，而单位出具的出勤证明是传来证据。即使在单位出具盖有公章的出勤证明后，也应当将考勤表一并入卷，以便核对传来证据和原始证据是否一致。考勤表是证明聂树斌有无作案时间的重要原始书证，根据公安部1987年《公安机关办理刑事案件程序规定》，应当认真登记、妥为保管，考勤表不入卷不符合相关规定。

综上，考勤表的缺失，导致认定聂树斌有无作案时间失去原始书证支持。对申诉人及其代理人提出的考勤表系对聂树斌可能有利的证据，本院予以采纳。对申诉人及其代理人提出的原办案机关故意隐匿考勤表的意见，因无证据证实，本院不予采纳。

六、原审认定的聂树斌作案时间存在重大疑问，不能确认。

原审认定，聂树斌于1994年8月5日将康某1强奸、杀害。申诉人提出，聂树斌根本没有作案时间；诉讼代理人提出，原审认定的作案时间事实不清。检察机关提出，聂树斌并没有供述出作案的具体日期，而其对作案时间的供述在葛某某对其进行批评后第二天和受到批评的当天之间不断变化，前后存在多次反复。对此问题，本院经审查，评判如下：

1. 聂树斌的供述不能证实系1994年8月5日作案。聂树斌在卷的13次有罪供述中，共有9次供及作案时间。在侦查阶段，聂树斌对作案日期的6次供述反复不定，且始终没有供述具体的作案日期。在1994年9月28日的首次讯问笔录中，称是在8月初上班被葛某某批评后的次日作案；在9月29日书写的《检查》中，称系在被葛某某批评的当日作案；在10月1日供述中，又称是被批评的次日作案；自10月17日开始，再次改称系被葛某某批评的当日作案。自审查起诉阶段起，聂树斌的3次供述均明确称是8月5日作案。聂树斌到案初期，无法供出作案具体日期，数月之后反而能够明确、稳定供述，聂树斌为何能从记忆不清到记忆清晰，卷内没有任何解释或说明，故聂树斌关于8月5日作案的供述不足采信。

2. 聂树斌被葛某某批评的日期不能确定是1994年8月5日。聂树斌供述的作案日期是被葛某某批评的当日或次日，查清聂树斌被批评的具体日期至关重要。聂树斌在侦查阶段多次供称，虽然记不清8月初上班的具体日期，但确定8月初歇了两天没去上班，第三天去上班被葛某某批评，是在被批评的当日或次日作案；葛某某证实，1994年8月3日聂树斌是上班的，4日没有上班，记不清是5日还是6日聂树斌来上班时被其批评，聂树斌一气之下离开单位；办案机关调取的出勤证明证实，8月4日至11日聂树斌未到厂上班，印证了聂树斌8月3日是上班的。因此，聂树斌所供的歇了两天没上班应当是8月4日、

5 日，而第三天到单位被葛某某批评则应当是 8 月 6 日。如果聂树斌是被批评的当日作案，应当是 8 月 6 日；如果是被批评的次日作案，应当是 8 月 7 日。原审认定聂树斌 8 月 5 日作案，与在案证据存在重大矛盾。

3. 证人侯某某后来的证言对与被害人最后见面时间作出重大改变。原审卷宗内侯某某的两份证言均称，其妻康某 1 于 1994 年 8 月 5 日中午 1 点差 5 分离家上班，后未再见面。而在本案复查和再审期间，侯某某多次称，当年他的证言中有关与其妻最后见面的时间肯定不对，他 8 月 5 日晚上 11 时许还与其妻见了最后一面。经查，侯某某在原审卷宗内的两份证言分别形成于 1994 年 10 月 1 日、10 月 27 日，第一份证言询问人不明，第二份证言系在预审阶段作出，此前的证言全部缺失，严重影响这两份证言的证明力。现其证言又发生重大改变，导致原审认定的聂树斌作案时间产生重大疑问。

综上，原审认定聂树斌于 1994 年 8 月 5 日作案的证据不确实、不充分。对申诉人及其代理人质疑原审认定的聂树斌作案时间的意见，对检察机关提出的聂树斌关于作案时间的供述前后存在多次反复，真实性、合法性存在疑问的意见，本院予以采纳。对申诉人及其代理人提出办案机关有意隐匿考勤表的意见，因无证据证实，本院不予采纳。

七、原审认定的作案工具存在重大疑问。

现场勘查笔录记载，在康某 1 尸体颈部缠绕一件短袖花上衣，原审将其认定为聂树斌故意杀人的作案工具。申诉人及其代理人提出，上述事实不能认定，该花上衣根本不存在；检察机关提出，花上衣来源不清，现场提取的花上衣与让聂树斌辨认、随案移送的花上衣是否同一存疑，聂树斌供述偷花上衣的动机不合常理，原审判决认定花上衣系作案工具存在重大疑问。对此问题，本院经审查，评判如下：

1. 聂树斌供述偷取一件破旧短小的女式花上衣自穿不合常理。根据聂树斌供述及相关证人证言，聂家当时经济条件较好，聂树斌骑的是价值四百余元的山地车，月工资有几百元，并不缺吃少穿，衬衣就有多件。平时除了上班有些散漫之外，无任何证据证明聂树斌此前有过偷盗等劣迹，也无任何证据表明其对女士衣物感兴趣，而涉案上衣是一件长仅61.5厘米且破口缝补的女式花上衣，显然不适合聂树斌穿着，故聂树斌所供偷拿该花上衣自穿，不合常理。

2. 花上衣的来源不清。据聂树斌供述，该花上衣是其从石家庄市郊区张营村一收废品处偷取。经查，收废品人梁某的证言与聂树斌供述明显不符，聂树斌所供偷取花上衣的具体地点前后矛盾，该花上衣究竟来源何处，缺乏证据证实。一是花上衣是否系梁某所丢，没有得到梁某证言的证实。卷内仅有聂树斌供述其从张营村一收废品处偷拿了一件花上衣，但梁某称其捡垃圾、拾废品多年，捡回来的东西没有数，丢没丢也说不清楚。因此，梁某对是否有过、丢过该件花上衣不能确定。二是聂树斌所供偷取花上衣的具体地点前后不一，有多种说法，不能确定，甚至在改变了此前所供的偷衣地点并作出解释之后，再次供述又出现反复，不合常理。三是聂树斌所供偷衣地点与梁某证言存在矛盾。梁某证实其捡来的衣物均放在道边晾晒，而聂树斌多次供称是从三轮车上偷取的衣服，并在绘制的方位图上标注了“偷拿衣服处的三轮车”，二者明显不符。四是聂树斌供述存在随梁某证言改变供述内容的情形。梁某9月29日作出捡来的衣物均在道边晾晒的证言之后，聂树斌10月1日供述的偷衣地点即从三轮车上改为垃圾堆上。

3. 对花上衣的辨认笔录缺乏证明力。原审卷宗中用于辨认的花上衣照片，与现场照片显示的尸体颈部的衣物存在明显差别，原办案人员事后解释称，从尸体颈部提取的花上衣因受到雨水及尸体腐液侵蚀，为方便辨认，对花上衣进行了清洗。但在卷内对此没有记载和说明，以致用于辨认的花上衣与尸体颈部的衣物是否同一存在疑问。而且，据辨认笔录记载，让聂树斌对花上衣进行辨认时，用作陪衬的3

件上衣，有2件系长袖，与辨认对象差异明显，另1件虽系短袖但新旧状况不明，且辨认物均无照片附卷。辨认有失规范，辨认笔录缺乏证明力。

综上，对申诉人及其代理人、检察机关提出的花上衣来源不清，将其认定为作案工具存在重大疑问的意见，本院予以采纳。但经审查现场勘查笔录及照片、尸体检验报告等在案证据，可以认定被害人尸体颈部缠绕一件短袖花上衣，故诉讼代理人提出的原始现场并不存在花上衣、该作案工具是侦查人员编造出来的物证的意见，与在案证据明显不符，本院不予采纳。

八、原审认定康某1死亡时间和死亡原因的证据不确实、不充分。

原审认定康某1于1994年8月5日17时许在下班途中被聂树斌强奸后勒颈致死。申诉人及其代理人提出，康某1遇害时间不明，原审认定康某1系窒息死亡的证据不确实、不充分；检察机关提出，康某1死因不具有确定性，原审判决所采信的尸体检验报告证明力不足。对此问题，本院经审查，评判如下：

1. 尸体检验报告对康某1死亡时间没有作出推断。本案因案发时尸体高度腐败，法医在尸体检验时没有提取、检验康某1的胃内容物以确定死亡时间。现场勘查时，尸体及周围布满蛆虫，但法医未根据尸体蛆虫情况对死亡时间作出推断。

2. 在案证言不能证实康某1死亡时间。证人余某某、王某某等人的证言仅能证实1994年8月5日下午康某1仍在厂正常上班，下班后离厂，之后再未见面，但并不能据此认定康某1于8月5日下班后即遇害身亡，不能将康某1的失踪时间认定为死亡时间。

3. 尸体检验报告关于康某1死亡原因的意见不具有确定性。尸体检验报告记载“康某1符合窒息死亡”，同时记载这只是“分析意见”，不是确定的鉴定结论。对此，当年检验尸体的法医在本院再审期间解释称，检验时尸体已经高度腐败，失去了很多检验条件，无法作出明确的鉴定结论，只能作出倾向性分析意见。山东省高级人民法院两次咨询法医学专家，专家对康某1死亡原因均未作出确定性结论，只是认为死于机械性窒息的可能性较大或者是不能排除机械性窒息死亡。

综上，对申诉人及其代理人提出的原审认定康某1死亡时间和原因的证据不够确实、充分的意见，对检察机关提出的康某1死亡原因不具有确定性、尸体检验报告证明力不足的意见，本院予以采纳。

九、原办案程序存在明显缺陷，严重影响相关证据的证明力。

申诉人及其代理人提出，聂树斌被抓获后，被违法采取强制措施，所谓的监视居住实际上是非法拘禁；现场勘查违反法律规定；卷宗中存在签字造假等问题，不排除伪造或变造案卷的可能。检察机关提出，原审判决所采信的指认、辨认笔录存在重大瑕疵，不具有证明力。对此问题，本院经审查，评判如下：

1. 对聂树斌监视居住违反规定。办案机关在没有掌握聂树斌任何犯罪线索的情况下就将其抓获，对其采取监视居住措施，且监视居住期间一直将其羁押于派出所内，违反了1979年《刑事诉讼法》及公安部1987年《公安机关办理刑事案件程序规定》的有关规定。

2. 现场勘查无见证人违反规定。本案现场勘查没有邀请见证人参与，且勘查笔录除记录人外，其他参加勘验、检查人员本人均未签名，违反了1979年《刑事诉讼法》、1979年《公安部刑事案件现场勘查规则》及公安部1987年《公安机关办理刑事案件程序规定》的有关规定。

3. 辨认、指认不规范。原审卷宗显示，办案机关组织聂树斌对现场提取的花上衣、自行车和康某1照片进行了辨认，对强奸杀人现场、藏匿康某1衣物现场进行了指认，并制作了5份笔录，但所有辨认、指认均无照片附卷；对现场提取的连衣裙、内裤和凉鞋，未组织混杂辨认，只是在讯问过程中向聂树斌出示；对花上衣、自行车虽然组织了混杂辨认，但陪衬物与辨认对象差异明显；对康某1照片的混杂辨认，卷内既未见康某1照片，也未见两张陪衬照片。上述问题，致使辨认、指认笔录证明力明显不足。

综上，对申诉人及其代理人提出的聂树斌归案后被违法采取强制措施、现场勘查违反法律规定的意见，对检察机关提出的指认、辨认笔录不具有证明力的意见，本院予以采纳。经鉴定，原审卷宗内的送达起诉书笔录、一审宣判笔录及多份送达回证上聂树斌的签名虽系办案人员代签，但指印均为聂树斌本人所留，故对诉讼代理人提出的办案机关伪造或变造卷宗的意见，本院不予采纳。

本院认为，原审认定原审被告人聂树斌犯故意杀人罪、强奸妇女罪的主要依据是聂树斌的有罪供述，以及聂树斌的有罪供述与在案其他证据印证一致。但综观全案，本案缺乏能够锁定聂树斌作案的客观证据，聂树斌作案时间不能确认，作案工具花上衣的来源不能确认，被害人死亡时间和死亡原因不能确认；聂树斌被抓获之后前5天讯问笔录缺失，案发之后前50天内多名重要证人询问笔录缺失，重要原始书证考勤表缺失；聂树斌有罪供述的真实性、合法性存疑，有罪供述与在卷其他证据供证一致的真实性、可靠性存疑，本案是否另有他人作案存疑；原判据以定案的证据没有形成完整锁链，没有达到证据确实、充分的法定证明标准，也没有达到基本事实清楚、基本证据确凿的定罪要求。原审认定聂树斌犯故意杀人罪、强奸妇女罪的事实不清、证据不足。根据1979年《中华人民共和国刑事诉讼法》的相关规定，不能认定聂树斌有罪。对申诉人及其代理人、最高人民检察院提出的应当改判聂树斌无罪的意见，本院予以采纳。对申诉人及其代理人提出的王书金系本案真凶的意见，因王书金案不属于本案审理范围，本院不予采纳。依照《中华人民共和国刑事诉讼法》第二百四十五条第一款、第二百二十五条第一款第（三）项及《最高人民法院关于适用〈中华人民共和国刑事诉讼法〉的解释》第三百八十四条第三款、第三百八十九条第二款之规定，判决如下：

一、撤销河北省高级人民法院（1995）冀刑一终字第129号刑事附带民事判决和石家庄市中级人民法院（1995）石刑初字第53号刑事附带民事判决。

二、原审被告人聂树斌无罪。

本判决为终审判决。

审 判 长　胡云腾

审 判 员　夏道虎

审 判 员　虞政平

审 判 员　管应时

审 判 员　罗智勇

二〇一六年十一月三十日

法官助理　赵春晓

法官助理　刘　志

书 记 员　杨艳明

书 记 员　纪微微

2. 迈克尔·乔丹；国家工商行政管理总局商标评审委员会；乔丹体育股份有限公司商标争议行政纠纷审判监督行政判决书

中华人民共和国最高人民法院

行政判决书

（2016）最高法行再26号

再审申请人（一审原告、二审上诉人）：迈克尔·杰弗里·乔丹（Michael Jeffrey Jordan），男，1963年2月17日出生，美利坚合众国国籍，住美利坚合众国。

委托诉讼代理人：田甜，上海市方达（北京）律师事务所律师。

委托诉讼代理人：祁放，上海市方达（北京）律师事务所律师。

被申请人（一审被告、二审被上诉人）：国家工商行政管理总局商标评审委员会。住所地：中华人民共和国北京市西城区茶马南街×号。

法定代表人：赵刚，该委员会主任。

委托诉讼代理人：刘胤颖，该委员会审查员。

委托诉讼代理人：马岩岩，该委员会审查员。

一审第三人：乔丹体育股份有限公司。住所地：中华人民共和国福建省晋江市陈埭溪边工业区。

法定代表人：丁国雄，该公司董事长。

委托诉讼代理人：韦之，北京市中伦律师事务所律师。

委托诉讼代理人：马东晓，北京市中伦律师事务所律师。

再审申请人迈克尔·杰弗里·乔丹因与被申请人国家工商行政管理总局商标评审委员会（以下简称商标评审委员会）、一审第三人乔丹体育股份有限公司（以下简称乔丹公司）商标争议行政纠纷一案，不服北京市高级人民法院（2015）高行（知）终字第1925号行政判决，向本院申请再审。本院于2015年12月18日作出（2015）知行字第314号行政裁定，提审本案。本院依法组成合议庭，分别于2016年4月19日、4月26日公开开庭审理了本案。再审申请人迈克尔·杰弗里·乔丹的委托诉讼代理人田甜、祁放，被申请人商标评审委员会的委托诉讼代理人刘胤颖、马岩岩，一审第三人乔丹公司的委托诉讼代理人韦之、马东晓到庭参加诉讼。本案现已审理终结。

2012年10月31日，再审申请人向商标评审委员会提出撤销申请，请求撤销乔丹公司的第4152827号“乔丹”商标（以下简称争议商标）。争议商标核定使用在国际分类第25类的“服装、婴儿全套衣、游泳衣、鞋、足球鞋、帽、袜、手套、领带、皮带（服饰用）、防水服、舞衣、婚纱”商品上，于2004年7月5日申请注册，专用权期限自2008年2月21日至2018年2月20日。再审申请人申请撤销争议商标的主要理由为：（一）再审申请人是世界知名的美国篮球运动体育明星，在我国具有极高的知名度。相关公众看到与“乔丹”“QIAODAN”相同或者相似的标志，就会将其与再审申请人关联在一起。乔丹公司及其关联公司在明知或应知再审申请人知名度的情况下，将包括“乔丹”“QIAODAN”在内的大量与再审申请人相关的标志申请注册为商标，属于《中华人民共和国反不正当竞争法》（以下简称反不正当竞争法）第二条规定的违反诚实信用原则的行为，以及第五条第（三）项规定的“擅自使用他人的企业名称或者姓名，引人误认为是他人的商品”的不正当竞争行为。（二）争议商标的注册损害了再审申请人的在先权利。争议商标容易导致相关公众将之与再审申请人相关联。乔丹公司未经再审申请人许可，擅自将与再审申请人中文译名相同或近似的标志申请注册为商标，属于2001年修正的《中华人民共和国商标法》（以下简称商标法）第三十一条规定的“损害他人现有的在先权利”的情形。（三）乔丹公司的行为属于商标法第十条第一款第（八）项规定的“有其他不良影响”的情形，以及商标法第四十一条第一款规定的“以欺骗手段或者其他不正当手段取得注册”的情形。

再审申请人向商标评审委员会提交了以下10组主要证据：1. 有关再审申请人的媒体报道，用于证明再审申请人在我国的知名度；2. 有关再审申请人特定篮球运动形象的证据；3. 有关再审申请人参加商业活动，以及涉及再审申请人商业价值的报道；4. 用于证明乔丹公司与其他公司之间关联关系的证据；5. 乔丹公司及其关联公司的其他商标的注册资料；6. 其他用于证明乔丹公司恶意的证据；7. 再审申请人在上海市第二中级人民法院起诉乔丹公司等侵害再审申请人姓名权纠纷案件的有关证据，以及涉及该案的媒体报道、公众评论等；8. 有关案件判决；9. 关于相关公众对再审申请人的认知，以及对乔丹公司与再审申请人关系产生误认的调查报告、报道和评论等；10. 其他相关证据。

乔丹公司向商标评审委员会答辩称：1. “乔丹”为常见英文姓氏，在我国亦有公众将其用作姓名。“乔丹”“QIAODAN”及有关运动图形并未与再审申请人形成唯一对应关系。2. “乔丹”是乔丹公司合法拥有的商号，争议商标等系列商标系合法注册，经乔丹公司多年宣传、使用，已形成相当的知名度和美誉度，并曾被认定为驰名商标。乔丹公司在其《招股说明书》中，已对乔丹公司关联公司情况及持有注册商标的情况作了详尽披露。乔丹公司出于正当商业使用的目的申请注册商标，并无不当。乔丹公司诚实经营，规范使用注册商标，没有误导公众以使其产生混淆的行为和故意，未违反诚实信用原则。3. 经乔丹公司大力宣传和广泛使用，争议商标已与该公司建立了一一对应的联系。乔丹公司注重产品质量，因而其产品获得广大消费者的信赖和选购。乔丹公司是“乔丹”等系列品牌价值的缔造者，是真正的合法所有权人。再审申请人提供的调查报告等证据缺乏证明力。4. 乔丹公司注册大量商标的行为属于保护知识产权的正常防御性注册，嗣后撤回或注销商标的行为亦属正当行使自身权利，并不属于扰乱商标注册秩序的情形。争议商标未构成商标法第十条第一款第（八）项、第四十一条第一款，以及反不正当竞争法规定的情形。5. 在乔丹公司已经巨额投入对“乔丹”等商标进行经营，并产生巨大商业利益时，再审申请人通过提起诉讼、申请撤销争议商标等手段，阻挠乔丹公司的正常经营，具有恶意。

乔丹公司向商标评审委员会提交了如下13组主要证据：1. 关于“乔丹”一词的解释，其他姓氏为“乔丹”的名人的报道，以及关于我国公民姓名为“乔丹”的统计资料；2. 与乔丹公司商标有关的另案裁判文书；3. 用于证明争议商标与再审申请人无对应关系的证据；4. 关于登记、使用乔丹公司商号的证据；5. 与乔丹公司注册商标有关的证据；6. 乔丹公司广告专项审计报告、广告合同、付款单据、投放报告等有关广告宣传的证据；7. 乔丹公司内部财务报表审计报告，以及乔丹公司开设品牌专卖店等证据；8. 乔丹公司赞助体育赛事、公益活动，以及获得的荣誉等证据；9. 与乔丹公司的商标及产品所获荣誉有关的证据；10. 乔丹公司的商标获得保护的证据，以及曾被认定为驰名商标的证据；11. 用于证明乔丹公司并未故意致使相关公众产生混淆的证据；12. 涉及其他商标的另案裁判文书；13. 关于乔丹公司在美国职业篮球联赛进行广告宣传，再审申请人的队友使用乔丹公司产品的证据，用于证明再审申请人早已知晓乔丹公司的商标，其申请撤销乔丹公司的商标存在恶意。

2014年4月14日，商标评审委员会作出商评字（2014）第052226号关于第4152827号“乔丹”商标争议裁定（以下简称被诉裁定），裁定维持争议商标。其主要理由为：（一）关于商标法第三十一条。1. 再审申请人提供了我国媒体对其宣传报道的众多证据，能够证明其在我国以及篮球运动领域具有较高的知名度。但是，争议商标文字“乔丹”与“MichaelJordan”及其中文译名“迈克尔·乔丹”存在一定区别，并且“乔丹”为英美普通姓氏，难以认定这一姓氏与再审申请人之间存在当然的对应关系。2. 在宣传使用再审申请人的姓名及形象时，再审申请人及其商业合作伙伴耐克公司使用的是“MichaelJordan”或“迈克尔·乔丹”的全名，以及与再审申请人飞身扣篮动作形象相关的标志。3. 乔丹公司分别于2001年、2003年获准注册第1541331号“乔丹”商标（以下简称331号商标）、第3028870号图形商标（以下简称870号商标），并曾受到驰名商标保护。乔丹公司对上述商标相关标志已进行长期、广泛的宣传使用，获得了较高的市场声誉，这一事实与再审申请人及耐克公司的商业活动并存市场已长达近二十年，双方已分别形成了各自的消费群体和市场认知。4. 尽管有部分媒体在有关篮球运动的报道中以“乔丹”指代再审申请人，但使用数量有限。不论是媒体报道，还是耐克公司，均未就这一指代称谓形成统一、固定的使用形式。相较于乔丹公司对争议商标相关标志的使用，从双方使用的广泛性、持续性、唯一对应性等方面综合考虑，本案尚不能认定“乔丹”与再审申请人之间的对应关系已强于乔丹公司。综上，争议商标的注册未损害再审申请人的姓名权。（二）争议商标的注册不属于商标法第十条第一款第（八）项、第四十一条第一款规定的情形。

再审申请人不服被诉裁定，向北京市第一中级人民法院（以下简称一审法院）提起行政诉讼，请求撤销被诉裁定。再审申请人向一审法院提交了20份证据，用以证明再审申请人在我国的知名度，以及乔丹公司申请注册争议商标时存在恶意。乔丹公司向一审法院提交了25份证据，用以证明经过使用，争议商标已具有极高的知名度，相关公众不会产生混淆误认。一审法院认为，上述证据与商标法第十条第一款第（八）项及第四十一条第一款无关，且上述证据并非商标评审委员会作出被诉裁定的依据，故对上述证据不予采信。

一审法院审理查明以下事实：

再审申请人作为篮球运动明星，自1984年起被《当代体育》《体育博览》《新体育》《篮球》《体育世界》《中国新闻周刊》《中学生百科》《中国广告》《经营与管理》等众多我国媒体所报道。其多被称为“迈克尔·乔丹”，在部分媒体的篮球运动相关报道中，也以“乔丹”指代。

2000年1月1日至2004年5月18日，乔丹公司支出广告费用、赞助体育和公益事业的费用总计为5317万元。2010年，乔丹公司在中央电视台的广告宣传费用支出近7000万元。除中央电视台外，乔丹公司还在山东卫视、贵州卫视等电视台进行广告宣传。乔丹公司2008年度、2009年度、2010年度及2011年截至6月30日的6个月期间，营业收入分别为51848万元、78093万元、286099万元、171066万元，净利润分别为5281万元、9294万元、51047万元、9669万元。乔丹公司提交了其在全国5700余家经销商的具体地址、联系人姓名及联系电话。

除争议商标外，乔丹公司还申请注册有“侨丹”“桥丹”“乔丹王”“飞翔动力”等近二百件其他商标。

另查明，乔丹公司于2001年3月21日获准注册331号商标，该商标曾在第3208768号商标异议案件中，被国家工商行政管理总局商标局（以下简称商标局）认定为“足球鞋、爬山鞋”等商品上的驰名商标。乔丹公司还于2003年3月21日获准注册第870号图形商标，该商标曾于2005年6月被商标局认定为“运动鞋、运动服装”商品上的驰名商标。

一审法院认为，（一）关于商标法第三十一条。争议商标为“乔丹”。“乔丹”为美国人的姓氏，本案证据尚不足以证明单独的“乔丹”明确指向再审申请人。而且，争议商标指定使用的“体育活动器械”等商品与再审申请人具有影响力的篮球运动领域差别较大，相关公众不易将使用在“体育活动器械”等商品上的争议商标与再审申请人相联系。现有证据亦不足以证明争议商标的注册与使用不当利用了再审申请人的知名度，或可能对再审申请人的姓名权造成其他影响。因此，本案证据尚不足以证明争议商标的注册损害了再审申请人的姓名权。(二) 关于商标法第十条第一款第（八）项、第四十一条第一款。乔丹公司对争议商标已进行了长期、广泛的宣传、使用，获得了较高的市场声誉，这一事实与再审申请人及耐克公司从事的商业活动并存市场已长达近二十年。通过各自较大规模的宣传、使用，双方已分别形成了各自的消费群体和市场认知，以及较为稳定的竞争秩序，故争议商标不应被撤销。因此，争议商标的注册未违反商标法第十条第一款第（八）项、第四十一条第一款的规定。综上，一审法院判决：维持被诉裁定。案件受理费100元由再审申请人负担。

再审申请人不服一审判决，向北京市高级人民法院（以下简称二审法院）提起上诉，请求撤销一审判决，依法改判撤销被诉裁定。其主要上诉理由为：（一）争议商标的注册违反商标法第三十一条的规定。(二) 争议商标的注册违反商标法第十条第一款第（八）项、第四十一条第一款的规定。

商标评审委员会、乔丹公司服从一审判决。

二审法院经审理查明，一审判决查明的事实清楚，二审法院予以确认。

二审法院审理期间，再审申请人向二审法院提交了以下7份证据：1. 北京零点市场调查有限公司（以下简称零点调查公司）于2015年4月10日作出的“乔丹”联想调查报告（北京）；2. 北京市长安公证处(2015) 京长内经字第6291号公证书，内容为2012年2月24日中央电视台有关新闻专题节目；3. 新浪网关于2014年国家体育总局局长袁伟民会见再审申请人的网络报道；4. 人民网、光明网等网站关于再审申请人将于2015年访华的报道；5. “知产力”发布的“微信”案相关文章及判决；6. 最高人民法院（2012）知行字第11号行政裁定；7. 北京市高级人民法院（2010）高行终字第766号行政判决。以上证据用以证明再审申请人在我国以“乔丹”为相关公众熟知，具有极高知名度。争议商标已经导致了相关公众混淆误认。另案裁判已认定导致相关公众混淆误认时，可以适用商标法第十条第一款第（八）项的规定。

二审法院认为，各方当事人均认可上述证据1的真实性，经审查予以确认。但由于证据1与本案争议焦点不具有关联性，不是商标评审委员会作出被诉裁定的依据，故对证据1不予采信。证据2形成于2012年2月。证据3、4为网络打印件，无法确认其真实性。证据5、6、7为相关法院判决。上述证据材料均不属于新证据，二审法院不予采信。

二审法院认为，（一）关于商标法第十条第一款第（八）项。如果有关标志的注册仅损害特定民事权益，由于商标法已经另行规定了救济方式和相应程序，不宜认定其属于商标法第十条第一款第（八）项规定的“有其他不良影响”的情形。本案中，争议商标标志本身并不具有“有害于社会主义道德风尚或者有其他不良影响”的因素，商标评审委员会认定争议商标不属于“有害于社会主义道德风尚或者有其他不良影响的标志”并无不当。争议商标的使用是否会造成相关公众的混淆误认，不属于商标法第十条第一款第（八）项规定调整的范围。（二）关于商标法第四十一条第一款。本案证据不足以证明争议商标系以欺骗手段或者其他不正当手段取得注册。争议商标的使用是否会造成相关公众的混淆误认，亦不属于商标法第四十一条第一款规定调整的范围。二审法院判决：驳回上诉，维持原判。一、二审案件受理费各100元，均由再审申请人负担。

再审申请人不服二审判决，以二审判决认定事实和适用法律均有错误，且遗漏其有关商标法第三十一条的上诉理由为由，向本院申请再审，请求本院：撤销被诉裁定以及一、二审判决，判令商标评审委员会对争议商标重新作出裁定。其主要理由为：（一）关于再审申请人主张保护姓名权的法律依据。1. 在2001年修正商标法之前，1993年修正的《中华人民共和国商标法实施细则》第二十五条第一款第（四）项已经规定了商标注册不得“侵犯他人合法的在先权利”。2.《最高人民法院关于审理商标授权确权行政案件若干问题的意见》第十七条规定，商标法第三十一条中的“在先权利”包括根据商标法、《中华人民共和国民法通则》（以下简称民法通则）及其他法律应予保护的合法权益。商标评审委员会《商标审查及审理标准》中亦规定“在先权利”包括姓名权。因此，商标法第三十一条规定的“在先权利”包括姓名权。（二）再审申请人对“乔丹”和“QIAODAN”享有姓名权。1. 姓名权的客体包括全名，以及其他能够与特定自然人建立对应关系的主体识别符号，如笔名、艺名、雅号、绰号，且这种对应关系不需要达到“唯一”的绝对程度。2. 应当结合自然人的知名度，审查社会公众是否认为争议商标使用的标志指代该自然人，即是否存在“对应关系”。3. 外国人姓氏的中文译名也可以作为姓名标志获得保护。由于外国人的全名较长，我国社会公众习惯以其姓氏的中文译名或者别号称呼。我国社会公众一直称呼再审申请人为“乔丹”“QIAODAN”，看到“乔丹”及“QIAODAN”时容易联想到再审申请人，并且“乔丹”“QIAODAN”与再审申请人的联系明显强于与乔丹公司的联系。（三）再审申请人具有超越篮球运动领域的广泛知名度。1. 在过去30年间，我国媒体对再审申请人进行了大量报道，有接近一半在没有提及其全名的情况下，仅以“乔丹”指代再审申请人。再审申请人不仅是体育明星，也是具有影响力的公众人物。2. 相关公众是否会将争议商标指向再审申请人的决定因素，是再审申请人的知名度以及再审申请人与争议商标之间是否建立了对应关系。在相关公众的认知中，“乔丹”已经与再审申请人建立了对应关系。（四）再审申请人是否主动使用“乔丹”“QIAODAN”对于其在本案中主张保护姓名权没有影响。再审申请人知悉并认可他人称呼其为“乔丹”“QIAODAN”，并将“乔丹”视为其中文姓名。(五)争议商标容易使相关公众联想到再审申请人，并认为标记有争议商标的商品与再审申请人有代言、许可等特定联系，损害了再审申请人的姓名权。1. 乔丹公司的主营业务为体育相关用品，而且在实际经营中，其将再审申请人的姓名和形象作为商标结合使用，使得消费者产生了乔丹公司与再审申请人有关的错误认识。争议商标的注册容易导致相关公众混淆误认，并已经发生了混淆误认。2. 乔丹公司在相关案件的庭审笔录以及《招股说明书》中承认存在消费者联想、混淆、误认的可能性。3. 相关调查报告显示，有七成左右的受访者误认为乔丹公司与再审申请人存在代言、许可等特定联系。4. 再审申请人作为公众人物，具有广泛而持续的知名度，其影响力远远超越体育领域，可能使相关公众产生联想的商品类别范围广泛。即使乔丹公司在与体育用品无关的商品上注册使用争议商标，也会导致相关公众混淆误认。5. 乔丹公司主张其他人名为“乔丹”，以及“Jordan”有多个中文翻译，均不能证明争议商标不会导致相关公众混淆误认。(六)乔丹公司注册争议商标时存在明显的主观恶意。1. 乔丹公司明知再审申请人的知名度，却注册与其相关的商标，搭乘其良好声誉。2. 乔丹公司原名“福建省晋江市陈埭溪边日用品二厂”，却于2000年更名并以“乔丹”为企业字号进行经营活动。3. 乔丹公司协同其关联公司，注册与再审申请人密切相关的其他商标。4. 乔丹公司无法合理解释其申请注册争议商标，以及其他与再审申请人有关的注册商标的创意来源，其有关防御性注册的主张不能成立。(七)乔丹公司的“知名度”是建立在相关公众混淆误认的基础上，获得了本不属于其的市场竞争地位和经济利益。其“知名度”并不是诚信经营的结果，不能使其恶意注册正当化。乔丹公司提交的《乔丹品牌区隔力调研报告》等证据不能证明已形成所谓的“稳定的市场秩序”。（八）再审申请人并未怠于保护其姓名权。1. 再审申请人系在商标法第四十一条第二款规定的五年期限内提出撤销申请。2. 再审申请人在本案中主张姓名权，请求撤销争议商标，不受诉讼时效的限制。3. 再审申请人在知晓乔丹公司注册、使用争议商标以及其他相关商标后，立即采取了相关法律行动。（九）二审判决遗漏了其有关商标法第三十一条的上诉理由。（十）争议商标违反商标法第十条第一款第（八）项、第四十一条第一款的规定。

商标评审委员会辩称：（一）关于再审申请人主张保护姓名权的法律依据。民法通则第九十九条对姓名权作出了规定。商标法第三十一条规定的“在先权利”包括姓名权。外国人的姓名权也可依法在我国受到保护，但应根据其在我国的知名情况来认定。（二）关于再审申请人姓名权所保护的具体内容。1. 姓名权的保护客体是自然人的姓名，不限于在户籍机关正式登记的本名，也包括笔名、艺名、别名等。2. 姓名具有能够商品化的价值，商标法保护的即为这种商业价值或经济利益，其与姓名权人在我国的知名程度、知名领域密切相关。3. 姓名的保护应当以我国社会公众的认知为基础，以社会公众对争议商标文字与姓名权人之间已经形成唯一、固定的对应性认知为前提。4. 在确定姓名权的保护内容及保护范围时，应综合考虑权利人的知名程度、知名领域，以及争议商标指定的商品类别。（三）关于再审申请人在我国的知名度。再审申请人在我国具有较高的知名度，但“乔丹”并未唯一、固定地指向再审申请人。1. “乔丹”为英美普通姓氏，与再审申请人姓名“MichaelJordan”及其常用中文译名“迈克尔·乔丹”存在一定区别。2. 尽管有部分媒体以“乔丹”指代再审申请人，但其使用数量有限，并且要与“篮球”“飞人”等其他关键词或上下文结合，才能确定性指向再审申请人。不论是媒体还是耐克公司，均未就再审申请人的指代称谓形成统一、固定的使用形式。3. 权利人主张的“姓名”与其本人的对应关系应当唯一、固定，明显强于该“姓名”与其他主体的联系。如果相关公众看到“姓名”后首先想到的不是权利人，或者知道有两个主体都与该“姓名”有密切联系，会进行进一步分辨，区分其所指示的商品来源，故难以认定损害了权利人的在先姓名权。4. 再审申请人的知名度主要集中在体育领域。在争议商标指定的商品上，综合考虑使用的广泛性、持续性、唯一对应性等因素，不能认定“乔丹”与再审申请人的联系已经明显强于与乔丹公司的联系。5. 再审申请人未主动使用“乔丹”，“乔丹”与再审申请人之间不具有当然的对应关系。6. 关于再审申请人提交的调查报告。首先，再审申请人、乔丹公司在诉讼阶段提交的证据均不符合《中华人民共和国行政诉讼法》关于新证据的规定，并非被诉裁定的依据，应当不予采信。其次，调查报告系由再审申请人委托作出，难谓客观、中立，调查方式亦难谓科学、严谨，调查结果证明力弱，应当不予采信。（四）本案证据不能证明再审申请人及耐克公司主动使用了“乔丹”或者“QIAODAN”，仅能证明再审申请人对于被称呼为“乔丹”并未提出异议。权利人是否主动使用对于判断社会公众的认知具有重要意义。在再审申请人未主动使用的情况下，再审申请人又未及时提出异议，使得“乔丹”与再审申请人之间的对应关系被削弱。（五）关于争议商标的具体情形是否会使相关公众误认其与再审申请人具有关联。1. 在十多年前，乔丹公司已经在服装、鞋等主营商品上获得“乔丹”系列商标的注册并持续使用，同一主体在相同或者近似的商业标志上累积的商誉具有延续性。2. 虽然争议商标指定的商品与再审申请人知名的领域及其商业价值均存在一定关联，但是，从双方使用的广泛性、持续性、唯一对应性等方面综合考虑，难以认定在争议商标指定的商品上使用“乔丹”或“QIAODAN”时，相关公众将之与再审申请人联系的可能性会强于乔丹公司。（六）关于乔丹公司对于争议商标的注册是否存在主观恶意。1. 虽然乔丹公司某些行为确有不当，但争议商标属于乔丹公司对其既已申请注册的其他商标的延续性注册。2. 恶意注册和权利人怠于保护自身权利都可能导致相关公众的合法权益受到损害，并对商标注册管理秩序和市场秩序造成损害。（七）乔丹公司对“乔丹”商标进行了长期、广泛的使用，取得较高的市场占有率和较大的影响力，与再审申请人及耐克公司的商业活动并存市场已长达近二十年，已分别形成了各自的消费群体和市场认知。本案并无证据证明在双方并存市场期间，客观上造成了混淆误认及竞争秩序混乱。“乔丹”商标已形成了较为稳定的市场认知和竞争秩序，所累积的商誉及相关利益应归属于商标实际使用者。撤销“乔丹”系列商标有失公平。（八）关于再审申请人是否具有怠于保护其姓名权的情形及其对本案的影响。1. 在再审申请人申请撤销争议商标之前，乔丹公司已有数十件“乔丹”系列商标的注册时间超过了商标法第四十一条第二款规定的五年期限。耐克公司曾对其中数件商标提出过异议、异议复审，但是没有提起行政诉讼。2. 在对争议商标提出撤销申请之前，再审申请人未对乔丹公司的“乔丹”系列商标提出过异议或争议。由于超过五年期限，再审申请人不能再依据商标法第三十一条的规定，主张在先的“乔丹”商标损害其姓名权。3. 再审申请人未积极主张权利，造成了目前的市场竞争秩序，使得“乔丹”分别与再审申请人和乔丹公司存在两组不同的对应关系，再审申请人应承担一定的不利后果。（九）争议商标的注册未违反商标法第十条第一款第（八）项、第四十一条第一款的规定。

乔丹公司述称：（一）商标法第三十一条虽规定了“在先权利”，但并未明确规定其中包括姓名权，不能用兜底条款或者通过扩大解释“在先权利”，事后限制他人获得商标注册的机会。（二）再审申请人不能就“乔丹”享有姓名权。1. 再审申请人的姓名是“MichaelJordan”，“乔丹”仅是英美常用姓氏“Jordan”的惯常翻译之一。单纯“姓氏”或其翻译不能成为姓名权的客体。2. 未经再审申请人本人决定，他人（包括新闻媒体）不能为再审申请人创设姓名权。仅凭对应关系将“乔丹”认定为再审申请人的姓名，没有法律依据。3. 我国有4200多位姓名为“乔丹”的公民，我国媒体也使用“乔丹”指代其他外国人，再审申请人有关“乔丹”系其姓名，或者“乔丹”“QIAODAN”确定指向再审申请人的主张不能成立。4. 虽然再审申请人在篮球运动领域有杰出成就以及知名度，但并不当然地意味着他在某个领域（例如运动与休闲服装）拥有具体的商誉。（三）再审申请人并未实际使用“乔丹”并对其贡献过商誉，或者受到财产损失。再审申请人已经将其姓名的财产权益独家许可给耐克公司，无权以自己的名义再行主张姓名权中的财产权益。调查报告等证据并非认定侵害姓名权的依据。（四）乔丹公司基于信赖和防御目的申请注册争议商标，不违反法律规定。乔丹公司已经与再审申请人及耐克公司各自形成稳定的市场格局。再审申请人怠于行使权利，丧失了主张在先权利的机会。（五）乔丹公司对于争议商标的注册不存在主观恶意。1. 在2001年修正商标法之前，商标法中并无保护“在先权利”的规定，乔丹公司申请注册“乔丹”系列商标符合法律规定，并无明显恶意。2. 在多个商品类别上，乔丹公司已经长期、合法拥有“乔丹”商标，争议商标为延续性、防御性注册，具有正当性和合法性。（六）乔丹公司通过依法申请注册，有效地确立了与“乔丹”商标的具体联系。乔丹公司从最开始申请“乔丹”系列商标至今已逾二十四年，取得了巨大的商业成功，建立了稳定的消费者群体和较高的市场声誉，形成了稳定、可区分的市场秩序。争议商标对再审申请人的姓名权没有影响，也不会造成相关公众混淆误认。“乔丹”系列商标创造了巨大的商业价值，为社会作出了巨大贡献，不能由再审申请人侵占乔丹公司取得的成就。（七）我国商标制度采取的是“注册在先原则”，如果姓名权的效力过分扩张，会使商标注册制度在很大程度上成为多余，因此，本案应当严格解释商标法第三十一条中的“在先权利”。（八）争议商标的注册未违反商标法第十条第一款第（八）项、第四十一条第一款的规定。

围绕当事人的再审请求，本院结合当事人提交的有关证据，对有争议的证据和事实查明并认定如下：

（一）关于再审申请人的本名

再审申请人护照上记载的本名（全名）为“MichaelJeffreyJordan”。再审申请人提交的由北京百嘉翻译服务有限公司出具的中文翻译中，将其翻译为“迈克尔·杰弗里·乔丹”，商标评审委员会和乔丹公司对其予以认可。因此，被诉裁定以及一、二审法院认定再审申请人本名（全名）为“迈克尔·乔丹（MichaelJordan）”有误，本院予以纠正。

（二）与我国部分报纸、期刊、网站上刊登的与再审申请人相关的文章，以及与再审申请人相关的书籍、专刊有关的事实

从1984年6月26日至2010年5月22日，在《人民日报》《参考消息》《经济日报》上先后刊登了《乔丹获“冠中冠”称号》《乔丹迈入名人堂》等有关再审申请人的文章282篇。在所述文章的标题中涉及再审申请人的，大多数以“乔丹”指代，其他分别以“飞人”“飞人乔丹”等指代。

从1985年6月至2012年1月，在我国《当代体育》《篮球》等体育类期刊，《瞭望》《新闻周刊》等新闻类期刊，《经济世界》《经济管理》等经营管理类期刊，以及《中学生百科》《小读者》等学习、教育类期刊上，先后刊登了《业余球王乔丹》《天王一对一乔丹VS科比》《与乔丹的故事》等涉及再审申请人的文章1376篇。在所述文章的标题中涉及再审申请人的，多数以“乔丹”指代，其他分别以“飞人”“飞人乔丹”“迈克尔·乔丹”等指代。

2015年10月，针对再审申请人访华并出席有关商业活动，腾讯网、中国新闻网、上海热线、中国日报、网易等网站上先后刊登了《中国赛成神秘乔丹行众人不惜血本只为朝圣》《NBA中国赛乔丹成为主角篮球之神让比赛成配菜》《乔丹代表一代人青春沪媒：这一夜只属于篮球之神》等有关再审申请人的文章。

从1984年至2011年，我国境内出版、发行了《乔丹写真集》《最后的乔丹》等有关再审申请人的26种书籍、专刊。其中14种的书名或者刊名以“乔丹”指代再审申请人，另有7种以“迈克尔·乔丹”指代再审申请人。

综上，在我国有关报纸、期刊、网站上发表的有关再审申请人的文章中，以及有关再审申请人的书籍、专刊中，其标题或名称如有涉及再审申请人的，均主要以“乔丹”指代再审申请人。一审判决认定“其多被称为‘迈克尔·乔丹’”与事实不符，本院予以纠正。

（三）关于再审申请人代言有关产品的事实

在本案之前，再审申请人还先后代言了耐克公司的“AIRJORDAN”系列产品，以及“恒适（Hanes）”内衣、“WheatiesBox”麦片、“佳得乐”饮料等多种类型的产品。

（四）与再审申请人提交的调查报告有关的事实

再审申请人提交了两份零点调查公司于2012年完成的《Michael Jordan（迈克尔·乔丹）与乔丹体育品牌联想调查报告（全国、上海）》（以下简称两份调查报告）。两份调查报告的调查活动分别在北京、上海、广州、成都和常熟五个城市进行，以获得一般消费者对乔丹体育品牌和再审申请人之间关系的认知。两份调查报告的调查过程分别由北京市长安公证处、上海市东方公证处等公证机构进行了公证，两份调查报告后附有“技术说明”和“问卷”，以及问题“卡片”等。

两份调查报告显示，调查的对象为年龄在28~60周岁，在调查地居住2年以上的当地居民，过去半年没有接受过市场调查，非调查、咨询、广告、服装、体育等敏感行业从业人员，实际调查的人群人口学分布特征与“2010年第六次全国人口普查”的人口学分布特征基本一致。访问方式采用拦截访问的方式，采用读录式问卷进行访问。抽样方法为多阶段分层随机抽样方法。

两份调查报告显示，向受访者提问“提到‘乔丹’，您第一反应想到的是”时，分别有85%、63.8%的受访者回答想到的是再审申请人，分别有14.5%、24%的受访者回答想到的是“乔丹体育”。在问到再审申请人与“乔丹体育”之间的关系的时候，分别有68.1%、58.1%的受访者认为二者有关。在近两年（调查时）购买过乔丹体育品牌产品的受访者中，分别有93.5%、78.1%的受让者认为再审申请人与“乔丹体育”有关。关于再审申请人与乔丹公司的具体关系，由高到低不同比例的受访者认为二者为“代言人”“授权使用”“企业开办人”等关系。

本院认为，两份调查报告的调查过程由公证机关进行了公证，调查程序较为规范，调查结论的真实性、证明力相对较高，可以与本案其他证据结合后共同证明相关事实。关于采信两份调查报告的具体理由，本院在本案争议焦点问题的第二个具体问题中还将详细论述。

（五）与乔丹公司提交的《乔丹品牌辨识度研究报告》有关的事实

乔丹公司提交了大正市场研究2011年完成的《乔丹品牌辨识度研究报告》。其“研究目的”为：“了解我国消费者对各主要运动服装品牌的认知情况，并且针对性地了解在我国消费者的认知与消费行为中，‘乔丹’和‘AIRJORDAN’两个品牌之间的辨识程度。”

在标注时间为“2012.6”，名称为《乔丹品牌区隔力调研报告》的文件中，结论（2）为：“针对乔丹品牌与飞人迈克尔·乔丹的关系认知，只有7%的被访者认为乔丹体育‘QIAODAN’就是迈克尔·乔丹的品牌；有90%的乔丹品牌消费者觉得‘乔丹体育’是我国品牌，与再审申请人无关；另有3%的乔丹品牌消费者不认识再审申请人。”本院认为，由于该报告没有记载调查过程，也没有附调查问卷或具体问题，其相关调查数据的来源和调查结论的形成过程不明，真实性难以认定，本院不予采信。

（六）关于乔丹公司在本案及其他关联案件中的相关陈述

在一审法院针对本案，以及与本案相关的（2014）一中行（知）初字第9102号等10件关联案件的一审开庭笔录（以下简称一审庭审笔录）中，乔丹公司有如下陈述：1.“乔丹”与再审申请人有关联，但认为不是唯一的。我国的相关公众以“乔丹”称呼再审申请人，但并非提到“乔丹”二字，就一定指向再审申请人。2. 除了乔丹公司与再审申请人之外，没有其他人使用“乔丹”并形成持续的影响力和知名度。3. 乔丹公司是在知晓再审申请人知名度的情况下注册有关争议商标。4. 确实会有没有购买过我方（乔丹公司）商品的公众会产生联系的可能，但在实际购买时不会产生混淆。

关于使用“乔丹”的理由，乔丹公司先后做出过三种不同的解释。其一，在上海市第二中级人民法院审理的再审申请人诉乔丹公司等侵害姓名权的（2012）沪二中民一（民）初字第1号案件一审庭审中，乔丹公司解释“乔丹”的含义为“南方之草木”。其二，在一审法院2014年10月29日进行的庭审中，其解释为“美好的意思”“普通含义，美好意愿”。其三，在本院2015年11月27日对（2015）知行字第299号等案件进行的听证中，乔丹公司解释为“在20世纪90年代中期，他们还是村办企业的时候，曾经找到了晋江当地的商标事务所帮他们起名，就包括这个名字，就注册了”。

（七）关于乔丹公司《招股说明书》中记载的有关内容

《招股说明书》中记载：乔丹公司的主营业务为“运动鞋、运动服装和运动配饰的设计、生产和销售”。乔丹公司产品主要使用以下4件注册商标：2002年4月16日申请的第3148047号“乔丹”商标、第3148049号“乔丹”商标、第3148050号“QIAODAN”商标，以及2001年12月3日申请的第870号商标。上述商标指定的商品类别均为第25类。

“需要特别关注的风险因素”中记载：“发行人（乔丹公司）商号及主要产品商标‘乔丹’与美国前职业篮球球星‘MichaelJordan’的

中文音译名‘迈克尔·乔丹’姓氏相同……可能会有部分消费者将发行人及其产品与迈克尔·乔丹联系起来从而产生误解或混淆，在此特提请投资者注意。”

（八）关于乔丹公司及其关联公司申请其他与再审申请人有关的商标的事实

2005年10月17日，乔丹公司将再审申请人两个孩子的姓名“杰弗里·乔丹”“马库斯·乔丹”及其拼音“JIEFULIQIAODAN”“MAKUSIQIAODAN”，分别申请注册了16件商标。同日，乔丹公司的控股股东案外人福建百群公司将“杰弗里”“马库斯”“JIEFULI”“MAKUSI”分别申请注册了16件商标。

乔丹公司的关联公司案外人晋江麦克鞋塑有限公司（以下简称麦克公司）申请注册了第1407911号商标，该商标的标志由下方的“QIAODAN”与上方的图形组成。该图形与耐克公司申请的第643806、4932232号图形商标中的图形基本一致。

《美国职篮画刊（中文国际版）》第26期（1998.1.15～2.15）刊登了一张再审申请人比赛时的照片，该照片中再审申请人的身体轮廓与乔丹公司申请的870号商标等图形商标中的图形基本一致。870号商标曾于2005年6月被商标局以批复形式，认定为“运动鞋、运动服装”商品上的驰名商标。

2001年8月20日，乔丹公司的关联公司案外人福建湖人队体育用品有限公司申请注册第1905046、1967177、2009309号“LAKERSTEAM”商标，以及第1905050、1967878、1961198号“湖人队HURENDUI”商标。

（九）关于最高人民法院（2002）民三终字第9号民事判决的有关认定

2003年9月16日，本院曾就“福建省乔丹体育用品有限公司与案外人晋江市阳新体育用品有限公司不正当竞争纠纷”一案，作出

(2002) 民三终字第9号民事判决，认定："本案可以认定福建乔丹在先使用的鞋盒所包装的运动鞋产品为知名商品，其鞋盒装潢亦为其知名商品的特有装潢。"

（十）与331号商标是否曾被认定为驰名商标有关的事实

针对案外人无锡好球体育用品有限公司（以下简称好球公司）与被上诉人麦克公司、一审被告商标评审委员会商标异议复审行政纠纷一案，北京市高级人民法院于2012年8月29日作出（2012）高行终字第1209号行政二审判决。

该案被异议商标为好球公司于2002年6月12日申请注册的第3208768号"乔丹"商标，引证商标一为乔丹公司的331号"乔丹"商标。引证商标二为麦克公司申请注册的第1629121号"QIAODAN及图"商标。

2009年，商标局作出（2009）商标异字第05650号商标异议裁定书，认定在"足球鞋、爬山鞋"等商品上的331号"乔丹"商标为驰名商标。2010年12月20日，商标评审委员会作出商评字（2010）第36887号异议复审裁定书（以下简称第36887号裁定），认为该案证据不足以证明在2002年6月12日之前，331号商标构成了驰名商标。商标评审委员会裁定被异议商标予以核准注册。

麦克公司不服提起行政诉讼。北京市第一中级人民法院一审认为，该案证据不足以证明331号"乔丹"商标已经构成驰名商标。被异议商标与引证商标二构成使用在相同或者类似商品上的近似商标，违反商标法第二十八条的规定，故判决撤销第36887号裁定，判令商标评审委员会重新作出裁定。北京市高级人民法院二审认为，被异议商标与引证商标二构成使用在相同或类似商品上的近似商标，判决驳回上诉，维持一审判决。据此，被诉裁定以及一审判决中有关331号"乔丹"商标曾获得驰名商标保护的认定与事实不符，本院予以纠正。

本院再审认为，本案争议焦点为争议商标的注册是否损害了再审申请人就“乔丹”主张的姓名权，违反商标法第三十一条关于“申请商标注册不得损害他人现有的在先权利”的规定。

该争议焦点分为以下八个具体问题：第一，再审申请人主张保护姓名权的法律依据是什么？第二，再审申请人主张的姓名权所保护的具体内容是什么？第三，再审申请人在我国具有何种程度和范围的知名度？第四，再审申请人及其授权的耐克公司是否主动使用“乔丹”，其是否主动使用的事实对于再审申请人在本案中主张的姓名权有何影响？第五，争议商标的具体情形是否会使相关公众误认为与再审申请人具有关联？第六，乔丹公司对于争议商标的注册是否存在明显的主观恶意？第七，乔丹公司的经营状况，以及乔丹公司对其企业名称，有关商标的宣传、使用、获奖、被保护等情况，对本案具有何种影响？第八，再审申请人是否具有怠于保护其主张的姓名权的情形，该情形对本案有何影响？围绕上述八个具体问题，本院逐一评述并认定如下：

（一）关于再审申请人主张保护姓名权的法律依据

首先，商标法第三十一条规定，“申请商标注册不得损害他人现有的在先权利”。因民事主体依法享有的民事权益多种多样，立法上难以穷尽地列举，故商标法第三十一条并未明确规定或者列举在先权利的任何具体类型，而是以“在先权利”作出概括性规定，以符合经济社会不断发展和保护民事主体合法权益的需要。本院认为，对于商标法已有特别规定的在先权利，应当根据商标法的特别规定予以保护。对于商标法虽无特别规定，但根据民法通则、《中华人民共和国侵权责任法》（以下简称侵权责任法）和其他法律的规定应予保护，并且在争议商标申请日之前已由民事主体依法享有的民事权利或者民事权益，应当根据该概括性规定给予保护。

其次，关于再审申请人在本案中主张的姓名权，民法通则第九十九条第一款规定：“公民享有姓名权，有权决定、使用和依照规定改变自己的姓名，禁止他人干涉、盗用、假冒。”侵权责任法第二条第二款规定："本法所称民事权益，包括生命权、健康权、姓名权……等人身、财产权益。"据此，姓名权可以构成商标法第三十一条规定的"在先权利"。争议商标的注册损害他人在先姓名权的，应当认定该争议商标的注册违反商标法第三十一条的规定。因此，对于乔丹公司关于"商标法第三十一条并未明确规定'在先权利'包括姓名权，不能用兜底条款或者通过扩大解释'在先权利'，事后限制他人获得商标注册的机会"的主张，本院不予支持。

最后，姓名被用于指代、称呼、区分特定的自然人，姓名权是自然人对其姓名享有的重要人身权。随着我国社会主义市场经济不断发展，具有一定知名度的自然人将其姓名进行商业化利用，通过合同等方式为特定商品、服务代言并获得经济利益的现象已经日益普遍。名人代言日益成为经营者提升品牌形象、推销商品或者服务、扩大知名度的一种重要的营销手段。《中华人民共和国广告法》第二条第五款即规定："本法所称广告代言人，是指广告主以外的，在广告中以自己的名义或者形象对商品、服务作推荐、证明的自然人、法人或者其他组织。"侵权责任法第二十条关于侵害他人人身权益造成财产损失的赔偿的规定，亦充分体现了我国法律对包括姓名权在内的人身权益中所蕴含的经济利益的承认和保护。因此，在适用商标法第三十一条的规定对他人的在先姓名权予以保护时，不仅涉及对自然人人格尊严的保护，而且涉及对自然人姓名，尤其是知名人物姓名所蕴含的经济利益的保护。鉴于商标的主要作用在于区分商品或者服务的来源，故未经许可擅自将他人享有在先姓名权的姓名注册为商标的，不仅会损害该自然人的人格尊严，而且容易导致相关公众误认为标记有该商标的商品或者服务与该自然人存在代言、许可等特定联系。该行为在损害该自然人姓名权的同时，也损害了消费者的合法权益。

综上，依照民法通则第九十九条、侵权责任法第二条的规定，自然人依法享有姓名权。未经许可擅自将他人享有在先姓名权的姓名注册为商标，容易导致相关公众误认为标记有该商标的商品或者服务与该自然人存在代言、许可等特定联系的，应当认定该商标的注册损害他人的在先姓名权，违反商标法第三十一条的规定。

（二）关于再审申请人主张的姓名权所保护的具体内容

关于再审申请人在本案中主张的姓名权所保护的具体内容，其实质是再审申请人能否就“乔丹”享有姓名权。因“乔丹”系再审申请人英文姓名“MichaelJeffreyJordan”中“Jordan”的中文译名，故本案涉及再审申请人能否就其外文姓名的部分中文译名享有姓名权的问题。本院认为，根据自然人姓名权保护的条件，再审申请人就“乔丹”享有姓名权。具体理由如下：

第一，自然人依据商标法第三十一条的规定，就特定名称主张姓名权保护时，应当满足必要的条件。

其一，该特定名称应具有一定知名度、为相关公众所知悉，并用于指代该自然人。针对反不正当竞争法第五条第（三）项中规定的“姓名”，《最高人民法院关于审理不正当竞争民事案件应用法律若干问题的解释》（以下简称不正当竞争民事案件解释）第六条第二款规定，“具有一定的市场知名度、为相关公众所知悉的自然人的笔名、艺名等，可以认定为反不正当竞争法第五条第（三）项规定的‘姓名’”。虽然上述规定是针对“擅自使用他人的姓名，引人误认为是他人的商品”的不正当竞争行为的认定而作出的司法解释，但该不正当竞争行为本质上也是损害他人姓名权的侵权行为。认定该行为时所涉及的“引人误认为是他人的商品”，与本案中认定争议商标的注册是否容易导致相关公众误认为存在代言、许可等特定联系，是密切相关的。因此，在本案中可参照适用上述司法解释的规定，确定自然人姓名权保护的条件。

其二，该特定名称应与该自然人之间已建立稳定的对应关系。在适用商标法第三十一条有关“申请商标注册不得损害他人现有的在先权利”的规定时，涉及在先权利与注册商标权的权利冲突。在解决本案涉及的在先姓名权与注册商标权的权利冲突时，应合理确定在先姓名权的保护标准，平衡在先姓名权人与商标权人的利益。既不能由于争议商标标志中使用或包含有仅为部分人所知悉或临时性使用的自然人“姓名”，即认定争议商标的注册损害该自然人的姓名权；也不能如商标评审委员会所主张的那样，以自然人主张的“姓名”与该自然人形成“唯一”对应为前提，对自然人主张姓名权的保护提出过苛的标准。本院认为，根据民法通则第九十九条第一款的规定，自然人享有姓名权，有权决定、改变自己的姓名，但姓名权人并不能禁止他人善意、合法地“决定”起同样的名字。由于重名的原因，姓名与自然人之间难以形成唯一对应关系。而且，除本名外，自然人还可以有艺名、笔名、译名等其他名称。从历史传统来看，古人还可以有字、号等。在特定情况下，相关公众更熟悉并习惯以自然人本名之外的其他名称（如艺名、笔名等）指代该自然人，其他名称的知名度可能比其本名的知名度更高。如果以商标评审委员会主张的“唯一”对应作为主张姓名权的前提条件，将使得与他人重名的人，或者除本名之外还有其他名称的人，不论其知名度或者相关公众认知情况如何，均无法获得姓名权的保护。因此，自然人所主张的特定名称与该自然人已经建立稳定的对应关系时，即使该对应关系达不到“唯一”的程度，也可以依法获得姓名权的保护。商标评审委员会主张的“唯一”对应标准过于严苛，本院不予支持。

综上，本院认为，在适用商标法第三十一条关于“不得损害他人现有的在先权利”的规定时，自然人就特定名称主张姓名权保护的，该特定名称应当符合以下三项条件：其一，该特定名称在我国具有一定的知名度、为相关公众所知悉；其二，相关公众使用该特定名称指代该自然人；其三，该特定名称已经与该自然人之间建立了稳定的对应关系。

第二，关于外国人能否就其外文姓名的部分中文译名主张姓名权保护的问题。本院认为，由于语言和文化等方面的差异以及为了便于称呼，我国相关公众通常习惯于以外国人外文姓名的部分中文译名来指代、称呼该外国人，而不会使用其完整姓名的中文译名，有时甚至对其完整姓名的中文译名不了解、不熟悉。因此，在判断外国人能否就其外文姓名的部分中文译名主张姓名权保护时，需要考虑我国相关公众对外国人的称谓习惯。本案中，不论是再审申请人主张的“乔丹”，抑或是商标评审委员会被诉裁定中错误认定为再审申请人全名的“迈克尔·乔丹”，实质上都是再审申请人完整英文姓名“MichaelJeffreyJordan”的部分中文译名，但都被相关公众用于称呼和指代再审申请人。综上，再审申请人主张的“乔丹”如符合本院阐明的前述三项条件，可以依法主张姓名权的保护。对于乔丹公司有关“单纯‘姓氏’或其翻译不能成为姓名权的客体”的主张，本院不予支持。

第三，本案证据可以证明再审申请人主张的“乔丹”符合本院阐明的前述三项条件，再审申请人对“乔丹”享有姓名权。具体理由如下：

首先，根据再审申请人提交的证据，我国境内有关报纸、期刊、网站上刊登的大量关于再审申请人的文章，以及相关书籍、专刊中，多以“乔丹”指代再审申请人，可以证明我国相关公众、新闻媒体普遍以“乔丹”指代再审申请人，“乔丹”已经与再审申请人建立了稳定的对应关系。其一，从1984年6月26日至2010年5月22日，在我国具有较高权威性和广泛影响力的《人民日报》《参考消息》《经济日报》上，先后刊登了《乔丹获“冠中冠”称号》《乔丹迈入名人堂》等282篇有关再审申请人的文章。从1985年6月至2012年1月，在我国境内有关体育、新闻、经营管理、学习、教育等各类期刊上，先后刊登了《天王一对一乔丹VS科比》《与乔丹的故事》等1376篇有关再审申请人的文章。在上述文章的标题中若有涉及再审申请人的，多数以“乔丹”指代，其他分别以“飞人乔丹”“迈克尔·乔丹”“飞人”等指代。其二，从1984年至2011年，在我国境内出版、发行了《乔丹写真集》《最后的乔丹》等26种涉及再审申请人的书籍、专刊。其中14种书名或者刊名以“乔丹”指代再审申请人，另有7种以“迈克尔·乔丹”指代再审申请人。其三，2015年10月，在腾讯网、中国新闻网（ChinaNews）、上海热线、中国日报（ChinaDaily）、网易等国内具有较高知名度的网站上，先后发表了《中国赛成神秘乔丹行众人不惜血本只为朝圣》《NBA中国赛乔丹成为主角篮球之神让比赛成配菜》《乔丹代表一代人青春沪媒：这一夜只属于篮球之神》等多篇有关再审申请人访华参加有关商业活动的文章，这些文章的标题也多以“乔丹”指代再审申请人。

其次，在一审庭审笔录中，乔丹公司认可“乔丹”与再审申请人有关联，但认为“不是唯一”的。乔丹公司亦认可我国相关公众是以“乔丹”称呼再审申请人，但主张“并非提到‘乔丹’二字，就一定指向原告（再审申请人）”。在回答一审法院有关“乔丹这两个字，除了原告（再审申请人）、乔丹公司在使用以外，在我国大陆是否有其他人使用？有没有在我国大陆形成持续的影响力和知名度？”的问题时，乔丹公司陈述：“我们提交的证据里面没有。我们注册之后不可能再有，争议之前也没有发现。”

再次，在乔丹公司《招股说明书》中的“品牌风险”中，特别注明：“特别提醒投资者‘可能会有部分消费者将发行人及其产品与迈克尔·乔丹联系起来从而产生误解或混淆，在此特提请投资者注意’。”表明乔丹公司亦认识到相关公众可能会将“乔丹”与再审申请人相互联系。

最后，两份调查报告可以进一步佐证相关公众以“乔丹”指代再审申请人，“乔丹”已经与再审申请人建立了稳定的对应关系。其一，关于本院采信两份调查报告的具体理由。因本案案件事实、法律适用与相关公众的认知状况密切相关，故通过客观、公正、规范、透明的市场调查，有助于人民法院进一步查明相关公众有关“乔丹”的认知情况。根据本院查明的事实，两份调查报告由零点调查公司完成，调查活动分别在北京、上海、广州、成都和常熟五个城市进行，以获得一般消费者对乔丹体育品牌和再审申请人之间关系的认知。两份调查报告的调查过程分别由北京市长安公证处、上海市东方公证处等公证机构进行了公证，对调查对象的构成、访问方式、抽样方法、调查结论的形成过程等均作出了详细的说明。调查报告后还附有详细的“技术说明”“问卷”以及问题“卡片”，故调查结论的真实性、证明力相对较高，可以与本案其他证据结合后共同证明相关事实。商标评审委员会、乔丹公司虽对两份调查报告提出质疑，但既未提出充分的反证，也未提出合理的反对理由，故本院对其主张不予支持。其二，关于相关调查数据。两份调查报告显示，向受访者提问“提到乔丹，您第一反应想到的是”时，分别有85%、63.8%的受访者回答想到的是再审申请人，分别有14.5%、24%的受访者回答想到的是“乔丹体育”。该调查数据与本院认定的前述其他相关事实可以相互印证，可以证明我国相关公众通常以“乔丹”指代再审申请人，“乔丹”与再审申请人之间已经建立了稳定的对应关系。

综上，因本案现有证据足以证明“乔丹”在我国具有较高的知名度、为相关公众所知悉，我国相关公众通常以“乔丹”指代再审申请人，并且“乔丹”已经与再审申请人之间形成了稳定的对应关系，故再审申请人就“乔丹”享有姓名权。

乔丹公司认为，我国还有其他自然人叫作“乔丹”，我国新闻媒体也使用“乔丹”指代其他外国人，故再审申请人不能就“乔丹”享有姓名权。本院认为，虽然确有其他自然人的本名或者中文译名为“乔丹”，或者其中包括“乔丹”，但由于其在我国相关公众中的知名度相对有限，没有证据证明我国相关公众广泛知晓并以“乔丹”指代其他自然人。特别是，乔丹公司在一审庭审笔录中也主张除再审申请人和乔丹公司外，没有其他人“在我国大陆形成持续的影响力和知名度”，因此，对于乔丹公司的该项主张，本院不予支持。

乔丹公司还认为，再审申请人已将其姓名的财产权益独家许可给耐克公司，其无权以自己的名义再行主张姓名权中的财产权益。本院认为，姓名权为人身权，虽然姓名权可以含有经济利益，如权利人可以将其姓名许可给他人进行商业利用，但姓名权本身既不能与权利人的人身完全分离，也不能完全转让。因此，即使再审申请人将其姓名独家许可给耐克公司商业使用，其本人仍然享有姓名权，有权单独就争议商标提出撤销申请，故本院对乔丹公司的该项主张不予支持。

（三）关于再审申请人在我国具有何种程度和范围的知名度

本案中，正确认定再审申请人在我国具有何种程度和范围的知名度，对于本院认定再审申请人能否就“乔丹”享有姓名权，乔丹公司对于争议商标的注册是否存在明显的主观恶意，以及相关公众是否会误认为标记有争议商标的商品与再审申请人具有关联等具体问题均具有重要影响。本院认为，本案证据可以证明在争议商标的申请日之前，直至2015年，再审申请人在我国一直具有较高的知名度，其知名范围已不仅仅局限于篮球运动领域，而是已成为具有较高知名度的公众人物。具体理由如下：

第一，如前所述，再审申请人提交了从1984年至2012年，在我国境内有关报纸、期刊上刊登的有关再审申请人的1658篇文章，以及有关再审申请人的26种书籍、专刊。虽然有关文章主要与再审申请人从事的篮球运动有关，但相关媒体类型并不仅仅局限于《当代体育》《篮球》等体育类期刊，还包括新闻、经营管理、学习、教育等各类期刊。尤其是在我国具有较高权威性和广泛影响力的《人民日报》《参考消息》《经济日报》中，也对再审申请人进行了持续、大量的新闻报道。综合考量相关媒体的权威性、类型、受众范围及其年龄层次，相关文章的发表时间、数量和内容，以及有关再审申请人的大量书籍、专刊等，现有证据已经足以证明再审申请人在我国相关公众中长期具有较高的知名度，其知名范围已经不再局限于篮球运动领域。

第二，在 2015 年再审申请人访华前后，腾讯网、中国新闻网（ChinaNews）、网易等国内知名网站上先后发表了多篇有关再审申请人参与相关商业活动的文章，足以证明再审申请人目前在我国依然具有较高的知名度。尤其是从有关文章标题中所使用的“不惜血本只为朝圣”“篮球之神”“代表一代人青春”等感情色彩强烈的措辞来看，即使其中可能采取了相对夸张的修饰手法，也足以反映出再审申请人在相关公众中仍然具有较高的知名度。

第三，两份调查报告可以进一步佐证再审申请人的知名程度和范围。根据两份调查报告，调查的对象为年龄在 28～60 周岁、在调查地居住 2 年以上的当地居民，实际调查的人群人口学分布特征与“2010 年第六次全国人口普查”的人口学分布特征基本一致。在被问到“提到乔丹，您第一反应想到的是”时，分别有 85%、63.8% 的受访者第一反应想到的是再审申请人。因此，两份调查报告的调查对象以及上述调查数据也可以进一步佐证再审申请人在我国相关公众中具有广泛的知名度，其知名范围并不仅仅限于篮球运动领域。

第四，再审申请人除了为耐克公司代言“AIRJORDAN”系列产品之外，还先后代言了“佳得乐”饮料、“恒适”内衣、“WheatiesBox”麦片等多种与篮球运动没有直接关联的商品。代言活动一方面反映出再审申请人个人的形象和知名度已得到相关商品经营者的普遍认可，另一方面也使得相关公众在日常生活中更容易通过广告、媒体等媒介，有更多机会了解和接触到再审申请人，进一步增强和扩大了再审申请人在相关公众中的知名程度和范围。

（四）关于再审申请人及其授权的耐克公司是否主动使用“乔丹”，其是否主动使用的事实对于再审申请人在本案中主张的姓名权有何影响

本院认为，首先，民法通则第九十九条第一款规定：“公民享有姓名权，有权决定、使用和依照规定改变自己的姓名，禁止他人干涉、盗用、假冒。”据此规定，“使用”是姓名权人享有的权利内容之一，并非其承担的义务，更不是姓名权人“禁止他人干涉、盗用、假冒”，主张保护其姓名权的法定前提条件。

其次，在适用商标法第三十一条的规定保护他人在先姓名权时，相关公众是否容易误认为标记有争议商标的商品或者服务与该自然人存在代言、许可等特定联系，是认定争议商标的注册是否损害该自然人姓名权的重要因素。因此，在符合本院阐明的有关姓名权保护的三项条件的情况下，自然人有权根据商标法第三十一条的规定，就其并未主动使用的特定名称获得姓名权的保护。这不仅有利于保护自然人的人格尊严及其姓名所蕴含的经济利益，也有利于防止相关公众误认，借以保护消费者的合法权益。

最后，本案再审申请人为美利坚合众国公民。对于在我国具有一定知名度的外国人，其本人或者利害关系人可能并未在我国境内主动使用其姓名；或者由于便于称呼、语言习惯、文化差异等原因，我国相关公众、新闻媒体所熟悉和使用的“姓名”与其主动使用的姓名并不完全相同。例如，在本案中，我国相关公众、新闻媒体普遍以“乔丹”指代再审申请人，而再审申请人、耐克公司则主要使用“迈克尔·乔丹”。但不论是“迈克尔·乔丹”还是“乔丹”，在相关公众中均具有较高的知名度，均被相关公众普遍用于指代再审申请人，且再审申请人并未提出异议或者反对。故商标评审委员会、乔丹公司关于再审申请人、耐克公司未主动使用“乔丹”，再审申请人对“乔丹”不享有姓名权的主张，本院不予支持。

（五）关于争议商标的具体情形是否会使相关公众误认为与再审申请人具有关联

本案争议商标为第4152827号“乔丹”商标，指定使用的商品类别为第25类“服装、婴儿全套衣、游泳衣、鞋、足球鞋、帽、袜、手套、领带、皮带（服饰用）、防水服、舞衣、婚纱”。本院认为，上述商品的相关公众容易误认为标记有争议商标的商品与再审申请人存在代言、许可等特定联系。具体理由如下：

首先，本案证据足以证明再审申请人及其姓名“乔丹”在我国具有长期、广泛的知名度，相关公众熟悉并普遍使用“乔丹”指代再审申请人。“乔丹”与再审申请人之间已经建立了稳定的对应关系。因争议商标标志仅为“乔丹”文字，故相关公众看到争议商标后，容易由此联想到再审申请人本人，进而容易误认为标记有争议商标的商品与再审申请人存在代言、许可等特定联系。

其次，乔丹公司在《招股说明书》之“品牌风险”中特别注明：“特别提醒投资者‘可能会有部分消费者将发行人及其产品与迈克尔·乔丹联系起来从而产生误解或混淆，在此特提请投资者注意’。”这表明其已经认识到相关公众容易将“乔丹”与再审申请人相互联系，可能导致相关公众误认。乔丹公司在一审庭审笔录中，亦认可“确实会有没有购买过我方商品的公众会产生联系的可能”。

最后，两份调查报告可以与其他证据结合，进一步证明相关公众容易误认为“乔丹”与再审申请人存在特定联系。两份调查报告显示，分别有68.1%、58.1%的受访者认为再审申请人与“乔丹体育”有关。在购买过乔丹体育品牌产品的受访者中，分别有93.5%、78.1%的受访者认为再审申请人与“乔丹体育”有关。对于二者的具体关系，由高到低不同比例的受访者认为二者具有代言人、姓名授权使用、企业开办人等关系。虽然上述调查数据针对的是相关公众对再审申请人与“乔丹体育”之间关系的认知，但由于

“乔丹体育”为争议商标的商标权人，且“乔丹体育”中的“乔丹”起到主要的识别作用，而“体育”为普通词汇，难以起到区分商品来源的作用，故两份调查报告可以进一步佐证在争议商标指定使用的商品上，相关公众容易误认为标记有争议商标的商品与再审申请人存在特定联系。

（六）关于乔丹公司对于争议商标的注册是否存在明显的主观恶意

本案中，乔丹公司申请注册争议商标时是否存在主观恶意，是本院认定争议商标的注册是否损害再审申请人姓名权的重要考量因素。本院认为，本案证据足以证明乔丹公司是在明知再审申请人及其姓名“乔丹”具有较高知名度的情况下，并未与再审申请人协商、谈判以获得其许可或授权，而是擅自注册了包括争议商标在内的大量与再审申请人密切相关的商标，放任相关公众误认为标记有争议商标的商品与再审申请人存在特定联系的损害结果，使得乔丹公司无须付出过多成本，即可实现由再审申请人为其“代言”等效果。乔丹公司的行为有违民法通则第四条规定的诚实信用原则，其对于争议商标的注册具有明显的主观恶意。具体理由如下：

首先，自1984年起至2015年，再审申请人在我国具有长期、广泛的知名度。我国相关公众主要以“乔丹”指代再审申请人。乔丹公司原名“福建省晋江市陈埭溪边日用品二厂”，原本与“乔丹”没有任何联系，却于2000年6月更名为“晋江市乔丹体育用品有限公司”，又于2000年9月更名为“福建省乔丹体育用品有限公司”，后又于2009年12月更名为目前的名称。乔丹公司主要从事“运动鞋、运动服装和运动配饰的设计、生产和销售”，其主营业务与再审申请人的职业高度关联，理应对再审申请人及其知名度有相当程度的了解。事实上，乔丹公司在一审庭审笔录中也明确承认其是在“知晓他（再审申请人）的知名度的情况下注册（争议商标）的”。

其次，对于使用“乔丹”申请注册争议商标的缘由，乔丹公司在本院进行的听证、一审法院的庭审以及在上海市第二中级人民法院审理的再审申请人诉乔丹公司等侵害姓名权纠纷案件的庭审中，先后作出过三种完全不同的解释。但无论是“南方的草木”，抑或是“美好的意思”“普通含义、美好意愿”，又或是“在20世纪90年代中期，他们还是村办企业的时候，曾经找到了晋江当地的商标事务所帮他们起名，就包括这个名字”，均明显有悖于常理或者缺乏事实依据，难以令本院信服。因此，乔丹公司对于使用“乔丹”申请注册争议商标不能做出正当合理的解释。

最后，除申请注册争议商标外，乔丹公司及其关联公司还先后申请注册了一系列与再审申请人密切相关的其他商标，更加凸显其主观恶意。这些商标主要包括：1. 乔丹公司将再审申请人两个孩子的姓名“杰弗里·乔丹”“马库斯·乔丹”及其汉语拼音申请注册了多件商标。其控股股东案外人福建百群公司将“杰弗里”“马库斯”“JIEFULI”“MAKUSI”分别申请注册了16件商标。2. 针对1998年《美国职篮画刊（中文国际版）》上刊登的再审申请人比赛时的照片，乔丹公司将与再审申请人身体轮廓基本相同的图形作为构成要素，单独或者与“乔丹”“QIAODAN”，再审申请人的球衣号码“23”等组合申请了多件注册商标。3. 其关联公司麦克公司使用耐克公司第643806、4932232号商标中的图形，另行申请注册第1407911号组合商标。4. 针对美国职业篮球联赛球队“湖人队”，乔丹公司的关联公司湖人队体育公司申请注册了第1905046、1967177、2009309号“LAKERSTEAM”商标，以及第1905050、1967878、1961198号“湖人队HURENDUI”商标，并将“湖人队”作为其企业名称中的字号使用。综上，乔丹公司使用“乔丹”申请注册争议商标并非孤立、偶然的事件，而是其和关联公司在明知再审申请人具有较高知名度的情况下，围绕再审申请人申请注册各相关商标的系列行为之一。乔丹公司对再审申请人的姓名“乔丹”，球衣号码“23”，尤其是再审申请人两个孩子的姓名均不享有合法的在先权益。乔丹公司、商标评审委员会关于乔丹公司的行为属于延续性注册、防御性注册的主张缺乏事实和法律依据，本院不予支持。

（七）关于乔丹公司的经营状况，以及乔丹公司对其企业名称、有关商标的宣传、使用、获奖、被保护等情况，对本案具有何种影响

本院认为，根据一审法院以及本院查明的事实，可以认定乔丹公司经过多年的经营，已具有较大的规模，占据了一定的市场份额，在相关行业具有一定的知名度。本院曾在（2002）民三终字第9号民事判决中，认定福建省乔丹体育用品有限公司“在先使用的鞋盒所包装的运动鞋产品为知名商品，其鞋盒装潢亦为其知名商品的特有装潢”。2005年6月，乔丹公司的870号商标曾被商标局认定为运动鞋、运动服装商品上的驰名商标。此外，乔丹公司还进行了大量的广告宣传、赞助体育赛事和公益事业等活动，投入巨大。然而，上述事实并不影响本院关于争议商标的注册损害再审申请人在先姓名权的认定。具体理由如下：

其一，从权利的性质以及损害在先姓名权的构成要件来看，姓名被用于指代、称呼、区分特定的自然人，姓名权是自然人对其姓名享有的人身权。而商标的主要作用在于区分商品或者服务来源，属于财产权，与姓名权是性质不同的权利。如前所述，在认定争议商标的注册是否损害他人在先姓名权时，关键在于是否容易导致相关公众误认为标记有争议商标的商品或者服务与姓名权人之间存在代言、许可等特定联系，其构成要件与侵害商标权的认定不同。因此，即使乔丹公司经过多年的经营、宣传和使用，使得乔丹公司及其“乔丹”商标在特定商品类别上具有较高知名度，相关公众能够认识到标记有“乔丹”商标的商品来源于乔丹公司，也不足以据此认定相关公众不容易误认为标记有“乔丹”商标的商品与再审申请人之间

存在代言、许可等特定联系。事实上，乔丹公司将再审申请人球衣号码“23”，再审申请人两个孩子的姓名等与之密切相关的信息申请注册其他商标，一定程度上体现了乔丹公司放任前述相关公众误认的损害后果。因此，对于商标评审委员会关于“不能认定‘乔丹’与再审申请人之间的对应关系已明显强于与乔丹公司的联系”，再审申请人对“乔丹”不享有姓名权，不会使相关公众误认等主张，本院不予支持。

其二，民法通则第四条规定：“民事活动应当遵循……诚实信用的原则。”乔丹公司恶意申请注册争议商标，损害再审申请人的在先姓名权，明显有悖于诚实信用原则。商标评审委员会、乔丹公司主张的市场秩序或者商业成功并不完全是乔丹公司诚信经营的合法成果，而是一定程度上建立于相关公众误认的基础之上。维护此种市场秩序或者商业成功，不仅不利于保护姓名权人的合法权益，而且不利于保障消费者的利益，更不利于净化商标注册和使用环境。

综上，本院认为，乔丹公司的经营状况，以及乔丹公司对其企业名称、有关商标的宣传、使用、获奖、被保护等情况，均不足以使得争议商标的注册具有合法性。

（八）关于再审申请人是否具有怠于保护其主张的姓名权的情形，该情形对本案有何影响

商标法第四十一条第二款规定：“已经注册的商标，违反本法……第三十一条规定的，自商标注册之日起五年内，……可以请求商标评审委员会裁定撤销该注册商标……”本院认为，上述规定中的“自商标注册之日起五年内”是向商标评审委员会申请撤销争议商标的法定期限，立法者在规定该期限时已经充分考虑了在先权利人与商标权人之间的利益平衡。该期限可以督促权利人或者利害关系人及时主张权利，避免争议商标的法律效力在核准注册后的过长时期内仍处于可争议状态，从而影响商标权人对争议商标的宣传和使用，损害商

标权人的合法权益。本案中，再审申请人在争议商标注册之日起五年内向商标评审委员会提出撤销申请，符合上述法律规定。因此，商标评审委员会、乔丹公司关于再审申请人怠于保护其姓名权的主张缺乏事实和法律依据，本院不予支持。

综上，商标法第三十一条规定的“在先权利”包括他人在争议商标申请日之前已经享有的姓名权。再审申请人对争议商标标志“乔丹”享有在先的姓名权。乔丹公司明知再审申请人在我国具有长期、广泛的知名度，仍然使用“乔丹”申请注册争议商标，容易导致相关公众误认为标记有争议商标的商品与再审申请人存在代言、许可等特定联系，损害了再审申请人的在先姓名权。乔丹公司对于争议商标的注册具有明显的主观恶意。乔丹公司的经营状况，以及乔丹公司对其企业名称、有关商标的宣传、使用、获奖、被保护等情况，均不足以使得争议商标的注册具有合法性。因此，争议商标的注册违反商标法第三十一条的规定，依照商标法第四十一条第二款的规定应予撤销，应由商标评审委员会就争议商标重新作出裁定。

关于争议商标的注册是否属于商标法第十条第一款第（八）项规定的“有害于社会主义道德风尚或者有其他不良影响”的情形。本院认为，争议商标标志不存在可能对我国政治、经济、文化、宗教、民族等社会公共利益和公共秩序产生消极、负面影响的情形。因此，对于再审申请人关于争议商标的注册违反商标法第十条第一款第（八）项规定的申请再审理由，本院不予支持。

关于争议商标的注册是否属于商标法第四十一条第一款规定的“以欺骗手段或者其他不正当手段取得注册”的情形。本院认为，争议商标的注册不属于扰乱商标注册秩序、损害公共利益、不正当占用公共资源，或者以其他方式谋取不正当利益的行为，不属于商标法第四十一条第一款所规定的“其他不正当手段”。再审申请人亦未提供证据证明争议商标的注册系以欺骗手段或者其他不正当手段取得注册。因此，对于再审申请人关于争议商标的注册违反商标法第四十一条第一款规定的申请再审理由，本院亦不予支持。

综上所述，本院认为，被诉裁定、一审判决认定事实和适用法律均有错误，应予撤销；二审判决错误维持一审判决，对再审申请人关于争议商标违反商标法第三十一条规定的上诉理由未予审查，亦应予撤销。经本院审判委员会讨论决定，依照《中华人民共和国民法通则》第四条、第九十九条，《中华人民共和国侵权责任法》第二条、第二十条，2001年修正的《中华人民共和国商标法》第十条第一款第（八）项、第三十一条、第四十一条，参照《最高人民法院关于审理不正当竞争民事案件应用法律若干问题的解释》第六条第二款，以及依照《中华人民共和国行政诉讼法》第七十条、第八十九条第一款第（二）项，《最高人民法院关于执行〈中华人民共和国行政诉讼法〉若干问题的解释》第七十六条第一款、第七十八条规定，判决如下：

一、撤销北京市第一中级人民法院（2014）一中行（知）初字第9161号行政判决；

二、撤销北京市高级人民法院（2015）高行（知）终字第1925号行政判决；

三、撤销国家工商行政管理总局商标评审委员会商评字（2014）第052226号关于第4152827号“乔丹”商标争议裁定；

四、国家工商行政管理总局商标评审委员会对第4152827号“乔丹”商标重新作出裁定。

一审案件受理费100元，二审案件受理费100元，均由国家工商行政管理总局商标评审委员会负担。

本判决为终审判决。

审　判　长　陶凯元
审　判　员　王　闯

审　判　员　夏君丽

审　判　员　王艳芳

代理审判员　杜微科

二〇一六年十二月八日

书　记　员　包　硕

书　记　员　张　博

3. 念斌投放危险物质罪二审刑事附带民事判决书

福建省高级人民法院

刑事附带民事判决书

（2012）闽刑终字第10号

原公诉机关福建省福州市人民检察院。

上诉人（原审被告人）念斌，男，1976年7月22日出生于福建省平潭县。因涉嫌犯故意杀人罪，于2006年8月9日被刑事拘留，同月18日被逮捕。

辩护人张燕生，北京市大禹律师事务所律师。

辩护人斯伟江，上海大邦律师事务所律师。

附带民事诉讼代理人张磊，北京市同翎正函律师事务所律师。

原附带民事诉讼代理人李肖霖，北京市炜衡律师事务所律师。

现附带民事诉讼代理人公孙雪，北京市大禹律师事务所律师。

被害人、被上诉人（原审附带民事诉讼原告人）俞甲，男，2000年3月5日出生于平潭县。

法定代理人丁某虾，系俞甲母亲。

诉讼代理人陈自生、李莉，福建信哲律师事务所律师。

被上诉人（原审附带民事诉讼原告人）丁某虾，女，1974年8月7日出生于平潭县。系被害人俞乙、俞丙、俞甲的母亲。

诉讼代理人姚仲凯，福建君立律师事务所律师。

福州市中级人民法院审理福州市人民检察院指控被告人念斌犯投放危险物质罪，附带民事诉讼原告人丁某虾、俞甲提起附带民事诉讼一案，于2008年2月1日作出（2007）榕刑初字第84号刑事附带民事判决。宣判后，被告人念斌不服，提出上诉。2008年12月18日，本院以（2008）闽刑终字第141号刑事裁定撤销原判，发回福州市中级人民法院重新审判。2009年6月8日，福州市中级人民法院经重新审判，作出（2009）榕刑初字第25号刑事附带民事判决。被告人念斌不服，提出上诉。2010年4月7日，本院以（2009）闽刑终字第391号刑事附带民事裁定驳回上诉，维持原判，报请最高人民法院核准。2010年10月28日，最高人民法院以（2010）刑三复21722109号刑事裁定不予核准，撤销二审裁定，发回本院重新审判。2011年5月5日，本院以（2009）闽刑终字第391－1号刑事裁定，撤销原判，发回福州市中级人民法院重新审判。2011年11月7日，福州市中级人民法院经重新审判，作出（2011）榕刑初字第104号刑事附带民事判决。被告人念斌不服，再次提出上诉。本院依法组成合议庭，于2013年7月4日至7日依法公开开庭审理了本案。福建省人民检察院指派检察员陈颖、代理检察员曾乐、王琦玮出庭履行职务，上诉人念斌及辩护人张燕生、斯伟江、附带民事诉讼代理人李肖霖、张磊，福建省法律援助中心指派的被害人俞甲的诉讼代理人陈自生、李莉、被上诉人丁某虾及其诉讼代理人姚仲凯，翻译平潭县远大法律事务所法律工作者冯波到庭参加诉讼。法庭依法通知鉴定人林某珲、刘某伟、吴某武、黄某鸿出庭作证，侦查人员朱某胜、丁某华、林某勇、翁某锋、高某、严某飞、林某峰、徐某强、陈某星出庭说明情况，有专门知识的人（以下简称专业人员）肖某展、胡某强、郭某、夏某海出庭就鉴定意见提出意见。休庭后，检辩双方补充了部分证据材料，法庭依职权对有疑问的证据进行了核实。2014年6月25日至26日，本院再次公开开庭审理了本案。福建省人民检察院指派检察员陈颖、代理检察员曾乐、王琦玮出庭履行职务，上诉人念斌及辩护人张燕生、斯伟江、附带民事诉讼代理人张磊、重新委托的附带民事诉讼代理人公孙雪，福建省法律援助中心指派的被害人俞甲的诉讼代理人陈自生、李莉、被上诉人丁某虾及诉讼代理人姚仲凯到庭参加诉讼。法庭依法通知证人宋某丛、高某鹤，鉴定人刘某伟、吴某武、洪某兴出庭作证，侦查人员徐某强、林某峰、陈某星、翁某锋出庭说明情况，专业人员汪某慧、宋某锦、张某明、傅某锋、曹某出庭就鉴定意见提出意见。双方就补充的证据进行了法庭调查和法庭辩论。在审理过程中，由于本案重大复杂及情况特殊，依法延期审理并报请最高人民法院延长了审理期限。现已审理终结。

福州市中级人民法院判决认定：被告人念斌与丁某虾分别租用平潭县陈某娇家相邻的两间店面经营食杂店，存在生意竞争。2006年7月27日晚，念斌认为丁某虾抢走其顾客而心怀不满。次日凌晨1时许，念斌产生投放鼠药让丁某虾吃了肚子痛、拉稀的念头，遂将案发前在平潭县医院附近，向摆地摊的杨某炎购买的鼠药取出半包，倒在矿泉水瓶中加水溶解后，潜入其食杂店丁家厨房后将鼠药水从壶嘴倒入烧水铝壶的水里。当晚，丁某虾的孩子俞乙（被害人，男，殁年10岁）、俞丙（被害人，女，殁年8岁）、俞甲（被害人，男，时年6岁）食用了使用壶水烹制的稀饭和青椒炒鱿鱼，丁某虾食用了其中的稀饭和青椒，房东陈某娇及其女儿念某珠食用了其中的青椒炒鱿鱼。后俞乙、俞丙、俞甲等人相继出现中毒症状。次日凌晨，俞乙、俞丙经抢救无效死亡，经鉴定系氟乙酸盐鼠药中毒。俞甲接受住院治疗。

另查明，附带民事诉讼原告人丁某虾因本案遭受经济损失医疗费、抢救费、护理费、交通费、伙食补助费、误工费、丧葬费、死亡赔偿金共计人民币216651.09元；附带民事诉讼原告人俞甲因本案遭受经济损失医疗费、伙食补助费、护理费共计人民币3410.67元。

认定上述事实的证据有：被害人俞甲、丁某虾陈述，证人陈某娇、念某珠、俞某发、陈某钦、巫某龙、杨某炎、张某、洪某强、杨某平、张某文、刘某珠、吴某英等人证言；现场勘验检查笔录和现场照片，搜查笔录、扣押物品清单和照片；医院病历材料；福州市公安局法医学鉴定书、理化检验报告、侦查实验笔录、公安部物证鉴定中心物证检验意见书；被告人念斌的供述和辨认笔录，以及户籍证明、经济损失相关票证等。

福州市中级人民法院认为，被告人念斌投放危险物质致二人死亡的行为已构成投放危险物质罪。念斌对其犯罪行为给附带民事诉讼原告人造成的经济损失，依法应当赔偿。依照《中华人民共和国刑法》第一百一十五条第一款、第五十七条第一款、第四十八条第一款、第三十六条第一款，《中华人民共和国民法通则》第一百一十九条以及《最高人民法院关于审理人身损害赔偿案件适用法律若干问题的解释》第十七条第一款及第三款、第二十条、第二十一条、第二十二条、第二十三条、第二十七条、第二十九条之规定，判决：被告人念斌犯投放危险物质罪，判处死刑，剥夺政治权利终身；念斌应赔偿附带民事诉讼原告人丁某虾经济损失人民币216651.09元，赔偿附带民事诉讼原告人俞甲经济损失人民币3410.67元；驳回附带民事诉讼原告人丁某虾、俞甲的其他诉讼请求。

上诉人念斌的上诉理由：其没有作案，有罪供述内容不真实，系违法取证所得，请求宣告无罪，且不承担民事赔偿责任。

在此次二审两次法庭审理中，针对原判认定的事实，上诉人念斌陈述了上诉理由，检、辩双方重点围绕被害人中毒原因、上诉人投毒方式、投放的毒物来源、上诉人供述情况等出示了证据，申请法庭依法通知了相关证人、鉴定人出庭作证，侦查人员出庭说明情况，专业人员出庭就理化检验报告和法医学鉴定意见提出意见。念斌及辩护人、出庭检察员对上述出示的证据进行了质证，对证人、鉴定人、侦查人员和专业人员分别作了询问。被害人俞甲的诉讼代理人、念斌的附带民事诉讼代理人、被上诉人丁某虾的附带民事诉讼代理人，分别发表了与检辩双方基本一致的意见。在审理过程中，法庭依法对有疑问的证据进行了核实。具体是：

（一）中毒食物部分的证据

检方出示被害人俞甲2006年8月8日陈述；证人丁某虾2006年8月1日、8月7日，2009年2月15日证言；证人陈某娇2006年7月31日、8月9日、8月10日，2009年2月15日，2013年6月20日，2014年1月26日证言；证人念某珠2006年8月8日证言；证人陈某钦2006年8月1日证言；证人俞某发2006年7月28日证言；证人高某鹤2006年7月30日证言。上述证据证实：2006年7月27日晚餐时，俞乙、俞丙、俞甲吃了稀饭和青椒炒鱿鱼，丁某虾吃了稀饭和青椒，陈某娇和念某珠吃了青椒炒鱿鱼。其中，鱿鱼由陈某娇使用丁某虾家铝壶中的水捞后，再由念某珠使用丁家的铁锅做成青椒炒鱿鱼，稀饭由丁某虾使用铝壶水和高压锅烹煮，之后壶水又多次使用并续水，最后俞乙往铝壶里添了水。

辩方出示证人陈某娇2006年7月28日2份证言，提出该2份证言证实其捞鱿鱼、丁某虾煮稀饭，均使用丁家的红桶里的水，系案发当天收集，可信度更高；陈某娇同年7月31日证言收集程序存在瑕疵，该证言及其之后的证言皆不可信。

（二）中毒症状部分的证据

检方出示法医学鉴定书和医院病历材料，证实：被害人俞乙、俞丙气管黏膜均见白色泡沫状液体，心脏表面、膈面、双侧肺叶间均见散在出血点，胃壁均有出血斑，生前均有头昏、恶心、呕吐、阵发性抽搐等中毒症状，结合二人心血、尿液中均检出氟乙酸盐鼠药成分的理化检验结论，该二人系氟乙酸盐鼠药中毒死亡；俞甲出现呕吐症状；念某珠出现上腹部烧灼感、恶心、呕吐等症状；陈某娇出现上腹部闷痛伴烧灼感等症状；丁某虾经催吐洗胃后觉上腹部疼痛，静滴“潘妥洛克”“乙酰胺”；四人均经催吐洗胃后，分别拟以“食物中毒”“呕吐待查”“腹痛待查”和“鼠药中毒”住院治疗。检方聘请的专业人员提出，据病历记载医生对丁某虾使用了针对氟乙酸盐中毒的特效解毒药“乙酰胺”，且考虑中毒症状存在半数致死量（LD50）和个体差异等因素，说明不能排除丁某虾中毒的可能。

辩方出示医嘱单，提出该证据体现将丁某虾的呕吐物送防疫站检验氟乙酰胺，但检验情况不明。辩方聘请的专业人员提出，人摄入剧毒的氟乙酸盐鼠药会出现相应中毒症状，但医院病历材料表明丁某虾无中毒症状，其腹痛系洗胃造成，说明其未中毒。

（三）物证提取送检部分的证据

检方出示现场勘验检查笔录和现场照片，证实现场位于平潭县陈某娇家一楼天井内的被害人家厨房，2006 年 7 月 28 日侦查机关对现场作了勘查；提取痕迹、物品登记表，证实在丁某虾卧室内提取呕吐物 1 份、厨房里提取铁锅、高压锅和铝壶各 1 个，均为原物提取；证人宋某丛、高某鹤当庭证言，证实现场勘查后作了封锁看护，未发现遭到破坏；侦查实验笔录、照片及情况说明，证实经对提取在案的铝壶进行实验，在壶中盛水的状态下能形成与铝壶原始照片接近的聚光点，而在没有盛水的情况下不能形成聚光点，说明拍摄照片时铝壶内有水。侦查人员出庭说明：现场勘验检查笔录综合记载了数次勘查的内容，包括补充提取的铁锅、铝壶和高压锅；铁锅在 2006 年 7 月 31 日提取送检；铝壶和高压锅在同年 8 月 8 日傍晚提取送检，提取时铝壶内有水，将水分装到矿泉水瓶中送检，8 月 9 日补做了委托鉴定手续。

辩方提出，侦查人员曾于 2009 年 12 月 23 日、12 月 24 日说明，铝壶水的送检情况因为时间太久记不清楚；鉴定人出庭说明，记不清铝壶及壶水、高压锅的送检时间；检验鉴定委托书和鉴定受理登记表，证实铝壶及壶水、高压锅的送检时间为 2006 年 8 月 9 日，铁锅的送检时间为同年 8 月 1 日；现场照片光盘、指认录像显示，同年 8 月 9 日晚上念斌辨认现场时，煮稀饭的高压锅还留在现场。

（四）理化检验部分的证据

检方出示理化检验报告，证实在被害人俞丙的心血和尿液，俞乙的心血、尿液和呕吐物，铝壶水、高压锅、铁锅、碗、塑料盆和铁盆表面残留物中均检出氟乙酸盐鼠药成分；侦查机关出具的函件及情况说明、数据光盘及提取过程材料和存档质谱图（即检验数据的表现形式），证实向鉴定机构提取了153个检验电子数据，以及2006年检验时存档的质谱图；鉴定人出庭说明，归档时把俞丙尿液的质谱图作为标样的质谱图归入档案造成两份质谱图相同，由于文件名近似误把俞乙呕吐物的质谱图当作其心血的质谱图归入档案造成该二份质谱图亦相同，重新提供了俞乙心血的质谱图。法庭通知的专业人员提出，本案仪器检验生成的原始数据和日志文件无法被更改。检方聘请的专业人员提出：俞丙心血和尿液；俞乙心血、尿液和呕吐物；铝壶水、高压锅、铁锅、碗、塑料盆和铁盆的质谱图与检验电子数据相一致；鉴定机构在检验过程中没有完全达到做“空白”对照检验，以防止假阳性检验结果的质量控制要求；俞丙尿液、俞乙心血及呕吐物、塑料盆和铁盆5个检材的上一个检材检验结果为阳性，判断该5个检材不能排除检验结果为假阳性可能，需要结合检验人员的描述进行具体分析；俞丙心血、俞乙尿液、铝壶水、高压锅、铁锅和碗6个检材的上一个检材检验结果为阴性，判断该6个检材的检验结果未发生交叉污染；根据检验电子数据，可以认定在俞丙的心血和尿液；俞乙的心血、尿液和呕吐物；铝壶水、高压锅、铁锅、碗、塑料盆和铁盆表面残留物中均检出氟乙酸盐鼠药成分，但由于俞丙尿液的质谱图显示的目标物含量较高而背景信号较低，对此数据文件是否为尿液样品提出质疑；补充的尿液实验生成的质谱图显示没有残留干扰。

辩方出示上述物证的分析检验记录表、质谱图、检验电子数据包列表及情况说明，提出鉴定机构在检验过程中未如实按照记录表记载的步骤操作；把标样当作了被害人俞丙的尿液检材；被害人俞乙的心血与呕吐物检材的检验数据出现错误；鉴定人出庭证实的俞丙尿液、俞乙心血和呕吐物的检验电子数据，因文件名与检材的名称不相符，真实性不能确认；辩方聘请的专业人员提出：鉴定机构对检材的处理操作不规范，缺乏唯一性标识，把同一个质谱图标记为不同的检材，把标样当成检材，严重影响检材的准确性；本案检验仪器检测氟乙酸盐非常灵敏，鉴定机构未能提供质谱图证实做过“空白”对照检验，说明检验过程未严格遵循操作规程，导致不能排除假阳性检验结果；上述物证的检验结果均不符合相关判定标准，检验结论不可信，本案现场物证的检验结论应该为未能发现氟乙酸盐鼠药成分，没有证据支持氟乙酸盐曾被使用过。

（五）毒物来源部分的证据

检方出示证人杨某炎2006年8月9日、8月12日、11月28日证言及指认卖鼠药地点照片；证人洪某强2006年8月10日、2013年6月20日证言和辨认笔录；证人张某文2006年8月10日、2013年6月21日证言和辨认笔录；证人刘某珠2006年8月8日、2009年10月28日、2013年6月20日证言及辨认笔录；证人刘某印2014年1月26日证言；搜查证、搜查笔录、扣押物品清单及照片；侦查前期查找鼠药来源材料。上述证据证实：在平潭县医院附近洪某强的箱包店门前，只有杨某炎一个人在摆地摊贩卖塑料薄膜袋包装的大米加麦皮混合的氟乙酰胺鼠药等物品；从杨某炎住处查获配制鼠药的铁盆、塑料盆和碗各1个、塑料薄膜袋158个（6厘米×15.5厘米和8厘米×13.5厘米两种规格）；杨某炎到案后指认了卖鼠药地点。侦查机关出具情况说明称，根据念斌供述的买鼠药地点及证人刘某珠提供的情况找到杨某炎；杨某炎因为文化程度低证明的氟乙酰胺鼠药名称不准确，应是氟乙酸类毒物。出示证人吴某英证言，证实约2006年7月1日下午，念斌到过“吴老师店”批发香烟。

辩方出示证人魏某娇证言、念斌辨认笔录，提出公安机关事先从魏某娇处扣押掌握了透明塑料袋包装的米糠状鼠药，念斌与杨某炎二人互相不能辨认。

（六）作案工具部分的证据

检方出示证人丁某玉、念某周、陈某国、李某灿、翁某雄证言，证实案发次日凌晨，案发现场门前垃圾筐里的垃圾均已被清理；侦查机关出具情况说明称，根据念斌供述的地点对作案工具作了查找但未果；鉴定人说明，经提取念斌食杂店里的货架及地面上的尘土、门栓，以及丁某虾家煤炉上的表面物质送检，均未检出氟乙酸盐鼠药成分。

辩方提出，据上述证据，所谓的作案工具不存在，在念斌食杂店和丁某虾家厨房里也未能找到氟乙酸盐鼠药痕迹。

（七）供述部分

检方出示上诉人念斌2006年8月7日、8日、9日、17日、18日、9月25日的供述，内容是：案发前其在平潭县东大街小商品市场往汽车站方向的路南边（即县医院附近）“吓强箱包店”门前地摊上，向一个50多岁、理平头老人，买了2包塑料薄膜袋包装的麦皮和大米混合的鼠药，包装袋约二指宽。当时还到过“吴老师店”批发香烟。7月24日晚，其把其中1包鼠药倒在香烟外包装壳上，放在店内货架上最高一层毒老鼠。7月26日22时许，丁某虾抢走一个买香烟顾客，而且平时也经常抢其顾客，其很气愤。27日凌晨1时许，其到店后去天井打水做卫生，路过天井内丁某虾厨房时，突然想在丁的厨房里投放鼠药，让丁吃了肚子痛、拉稀来教训她一下，就返回店中取出剩下的1包鼠药倒半包在矿泉水瓶中，用少量水溶解后将鼠药水从壶嘴倒入丁家厨房铝壶的水里，然后将剩余鼠药和矿泉水瓶扔在店南边“吓莲”店门口的垃圾筐里。7月29日凌晨2时许，其把货架上毒老鼠的鼠药也扔到垃圾筐里。检方出示首次有罪供述过程的审讯录像，证实念斌第1次交代投毒作案时的部分审讯经过；公安部物证鉴定中心的物证检验意见，证实该审讯录像光盘记载的内容未经过剪辑、整合技术处理；指认现场录像，证实念斌辨认了购买鼠药地点和作案现场、演示了投毒过程、指认在货架上放鼠药的位置。

辩方出示公安部物证鉴定中心关于审讯录像光盘检验情况的说明函，提出该中心说明的其检验的审讯录像光盘内容未经过剪辑、整合技术处理，与内容中断的在案审讯录像不相符，在案的审讯录像与物证检验意见均不能作为定案依据。

法庭辩论中，围绕上述举证、质证的证据，念斌作了自行辩护，双方就案件事实、证据和适用法律等问题发表了意见，并于庭后提交了书面意见。

辩护人张燕生的主要辩护观点是：本案现场勘验检查笔录制作不合法、不真实，不能作为定案依据；物证铝壶、高压锅和铁锅提取送检过程不清；理化检验报告均存在检验程序违法、检验结论不真实等问题，不能作为定案依据；现有证据不能证实被害人的中毒原因；没有证据证实念斌购买了氟乙酸盐鼠药，在食杂店内调配好鼠药水，然后潜入被害人家厨房将鼠药水投入铝壶水中；原判认定鼠药投放在铝壶水中，与本案的中毒情况也不相符；念斌曾供述的作案工具均不存在。没有证据证实念斌实施投毒行为，请求宣告念斌无罪。辩护人斯伟江的主要辩护观点是：本案补充勘查提取铝壶未制作相应笔录，物证铝壶应予排除，不能作为定案依据；有关被害人死因的理化检验报告的质谱图出现明显问题，原判据此认定死因错误；毒物检验方法和操作过程不规范，检验结果均不能认定检出氟乙酸盐鼠药成分，理化检验报告不能作为定案依据；上诉人念斌的有罪供述与其他证据不能相互印证。请求宣告念斌无罪。

福建省人民检察院出庭检察员的主要出庭意见是：上诉人念斌在侦查阶段多次稳定供述犯罪事实，在检察机关审查批捕提讯时仍然作了有罪供述；供述的作案动机得到了证人证言印证；供述将鼠药投放在被害人家的铝壶水中，得到了从铝壶水和厨具中检出与被害人中毒相同成分鼠药的理化检验报告、法医学鉴定意见的印证；供述的鼠药来源，得到证人证言及从配制鼠药工具中检出与被害人中毒相同成分鼠药的理化检验报告印证；被害人中毒当天的食物来源、烹制过程、进食情况及食物中毒排查得到了证人证言证实；证据取证程序瑕疵问题经侦查人员、鉴定人出庭作了解释说明。念斌及辩护人提出的上诉理由和辩护意见，均不符合案件的事实和证据。一审定性准确，审判程序合法，请二审法院根据事实、证据与法律规定作出公正判决。

被害人俞甲的诉讼代理人的主要代理意见是：上诉人念斌不能合理说明翻供原因，辩解的理由与证据相矛盾，所作有罪供述与其他证据能相印证，证据取证程序瑕疵问题已经鉴定人、侦查人员合理解释说明补正，犯罪事实客观存在。请求维持原判，严惩念斌。

上诉人念斌的附带民事诉讼代理人的主要代理意见是：本案事实证据存在一系列无法说明的问题，原判认定上诉人念斌实施投毒犯罪无证据支持，要求其承担民事赔偿责任无事实、法律依据，请求驳回附带民事诉讼原告人的诉讼请求。

被上诉人丁某虾、俞甲的主要答辩意见是：请求判处上诉人念斌死刑并承担民事赔偿责任。

被上诉人丁某虾的诉讼代理人的主要代理意见：原判认定事实清楚、证据充分，上诉人念斌应对其犯罪行为给丁某虾造成的经济损失，依法承担民事赔偿责任；被害人的死亡赔偿金、丧葬费应当按照本次一审法庭辩论终结时的上一统计年度标准计算，分别改判为人民币297074.4元和人民币32652元，其他赔偿项目请求维持原判。

现根据法庭审理查明的事实、证据，结合法庭依法核实的证据情况，针对检辩双方争议的焦点，分别评判如下：

（一）关于被害人中毒原因一节

原判认定，被害人俞乙、俞丙系氟乙酸盐鼠药中毒死亡。主要依据是原审庭审中公诉机关举证的法医学鉴定意见、俞乙的呕吐物的理化检验报告、被害人陈述和证人证言。

检方认为，原判采信的上述证据和检方在二审庭审中新出示的被害人俞乙、俞丙的尿液和心血的理化检验报告，俞乙心血的质谱图、检验电子数据，鉴定人证言、侦查机关的情况说明等证实，在俞丙的心血、尿液、俞乙的心血、尿液和呕吐物中检出了氟乙酸盐鼠药成分，与其中毒症状相符；俞丙的尿液与标样的质谱图、俞乙的心血与呕吐物的质谱图相同的问题，鉴定人出庭说明系归档时弄混导致，并且重新提供了俞乙心血的质谱图和相关检验电子数据、补充的尿液实验，可以予以解释。因此，可以认定二被害人死于氟乙酸盐鼠药中毒。

辩方认为，辩方在二审庭审中新出示的理化检验报告的质谱图和检方出示的上述证据，以及鉴定人出庭说明，证实本案检验过程未进行“空白”对照检验，不能排除检材被污染的可能；根据提取的质谱图，均不能判定检出氟乙酸盐鼠药成分；由于质谱图出现错误，被害人心血、尿液和呕吐物的理化检验报告不能作为认定死因依据。现有证据不能认定被害人死于氟乙酸盐鼠药中毒。

本院认为，检辩双方出示的上述证据能够证实，被害人俞乙、俞丙系中毒死亡。但原判认定系氟乙酸盐鼠药中毒，证据不确实、不充分。第一，检材与标样的质谱图不应相同。标注为被害人俞丙尿液和标注为标样的二份质谱图相同，有悖常理。同时，标注为俞丙尿液的质谱图、检验电子数据的文件名，与俞丙尿液检材的名称也不相符。检方聘请的专业人员提出，该质谱图是否为俞丙尿液的质谱图存疑。辩方聘请的专业人员提出，该质谱图就是标样而非尿液的质谱图。鉴定人出庭说明二者质谱图相同，系将俞丙尿液的质谱图当作标样的质谱图归入档案造成；检验电子数据的文件名与检材的名称不相符，系因命名规则不统一造成。该解释不足以采信。补充的尿液实验因检验条件不相同，缺乏证明价值。因此，俞丙尿液检材的检验结果的真实性存疑。第二，分别标注为被害人俞乙心血、呕吐物的二份质谱图也相同，同样有悖常理。同时，标注为俞乙呕吐物的质谱图、补充所称的俞乙心血的质谱图以及检验电子数据的文件名，与俞乙呕吐物、心血检材的名称也不相符。鉴定人出庭说明二者质谱图相同，系因文件名近似误把呕吐物的质谱图当成心血的质谱图归入档案造成；检验电子数据的文件名与检材的名称不相符，系因命名规则不统一造成。该解释亦不足以采信。因此，俞乙心血、呕吐物检材的检验结果的真实性也存疑。第三，鉴定机构在对俞丙的尿液、心血和俞乙的尿液、心血和呕吐物检材的检验过程中，均未按照专业规范要求进行“空白”对照检验，以防止假阳性检验结果，因此难以排除检材被污染的可能。第四，根据俞丙心血、俞乙尿液检材的检验数据，能否判定检出氟乙酸盐鼠药成分，双方聘请的专业人员提出的意见严重分歧。因此，从俞丙心血、俞乙尿液中检出氟乙酸盐鼠药成分的检验结论可靠性存疑。此外，与被害人共进晚餐的俞甲、念某珠有中毒症状，但未做相应检验，无法认定中毒原因；丁某虾、陈某娇自述并无明显中毒症状，也未做相应检验，是否中毒不明。综上，据以认定二被害人中毒原因的理化检验报告不足以采信，其他共进晚餐人员认定中毒原因或有无中毒缺乏充分依据，原判认定二被害人死于氟乙酸盐鼠药中毒的事实不清，相关证据不确实、不充分。

（二）关于投毒方式一节

原判认定上诉人念斌将鼠药投放在被害人家厨房铝壶水中，致使二被害人食用了使用壶水烹制的食物中毒死亡。主要依据是原审庭审中原公诉机关举证的被害人陈述和证人证言，现场勘验检查笔录、现场照片和提取痕迹、物品登记表，铝壶水、高压锅和铁锅的理化检验报告，铝壶的侦查实验笔录，上诉人念斌的有罪供述和指认现场录像等证据。

检方认为，原判采信的上述证据和检方在二审庭审中新出示的理化检验报告的检验电子数据、侦查机关的情况说明等证实，从铝壶水、高压锅、铁锅表面残留物中，均检出与被害人生物检材中相同成分的氟乙酸盐鼠药，与上诉人念斌供述将鼠药投放在铝壶水中能相印证；提取送检铝壶及壶水、高压锅和铁锅过程的程序瑕疵，鉴定人和侦查人员出庭作了说明补正。因此，可以认定念斌将氟乙酸盐鼠药投放在铝壶水中。

辩方认为，辩方在二审庭审中新出示的检验鉴定委托书、鉴定受理登记表、分析检验记录表、质谱图、现场照片光盘、侦查机关的情况说明和检方出示的上述证据，以及鉴定人、侦查人员出庭所作说明，反映现场勘验检查工作及笔录制作不规范，铝壶及壶水、高压锅和铁锅的提取送检程序不合法，物证来源不清应予排除；鉴定机构对铝壶水、高压锅和铁锅的检验过程不规范，根据检验数据均不能认定检出氟乙酸盐鼠药成分，理化检验报告不能作为定案依据，故不能认定念斌将鼠药投放在铝壶水中。

本院认为，第一，铝壶、高压锅的提取送检问题。现场勘验检查笔录记载的提取送检时间为“7 月 28 日”，与检验鉴定委托书记载的“8 月 9 日”相矛盾。侦查人员出庭说明系“8 月 8 日傍晚”提取送检，与庭前说明提取送检时间是“8 月 9 日”前后不一，而且现场照片、指认现场录像显示，8 月 9 日晚现场厨房还存在相同的高压锅，此无法合理解释。第二，铁锅的提取送检问题。现场勘验检查笔录记载的提取送检时间为“7 月 28 日”，与检验鉴定委托书记载的“8 月 1 日”相矛盾，检验时间又载明是“7 月 31 日”，送检与检验的时间前后倒置。侦查人员出庭说明提取送检时间是“7 月 31 日”，前述问题系因事后综合制作现场勘验检查笔录和补办检验鉴定委托手续造成，此合理性依据欠缺，不足以采信。第三，鉴定受理登记表记载，侦查机关送检铝壶及里面的3500 毫升水，但现场勘验检查笔录未记载提取铝壶时壶中有水。侦查人员出庭说明笔录记载原物提取铝壶即包括壶中的水，缺乏充分依据；出庭说明将铝壶水分装到矿泉水瓶中送检，缺乏笔录记载，且与庭前说明记不清具体送检情况不一致；侦查实验笔录也不能说明提取时铝壶中的水量。因此，该3500毫升壶水检材与提取的铝壶之间的关联性缺乏确实依据。第四，鉴定机构在对铝壶水、高压锅和铁锅表面残留物检材的检验过程中，未按照专业规范要求进行“空白”对照检验，以防止假阳性检验结果，因此难以排除该3份检材被污染的可能。第五，根据铝壶水、高压锅和铁锅表面残留物检材的检验数据能否判定检出氟乙酸盐鼠药成分，双方聘请的专业人员提出的意见严重分歧。因此，从铝壶水、高压锅和铁锅中检出氟乙酸盐鼠药成分的检验结论可靠性存疑。此外，证人陈某娇证实是使用丁某虾家铝壶的水还是红桶的水捞鱿鱼，说法不一，难以采信系使用铝壶的水捞鱿鱼。综上，铝壶水、高压锅和铁锅的提取送检过程不清，检材来源相关证据间的矛盾和疑点得不到合理解释，检验过程不规范，检验结论可靠性存疑，理化检验报告不足以采信，因此，认定铝壶水有毒缺乏确实依据，原判认定念斌将鼠药投放在铝壶水中事实不清，关键证据链条中断。

（三）关于毒物来源一节

原判认定上诉人念斌投放的鼠药系在平潭县医院附近向摆地摊的杨某炎购买。主要依据是原审庭审中原公诉机关出示的证人杨某炎等人证言及辨认笔录、查获的杨某炎配制鼠药工具的照片、理化检验报告、鼠药包装袋、搜查证、搜查笔录、扣押物品清单及照片，念斌的有罪供述及指认购买鼠药地点笔录和录像等证据。

检方认为，原判采信的上述证据和检方在二审庭审中新出示的理化检验报告的检验电子数据、证人杨某炎指认卖鼠药地点照片、证人刘某印证言、侦查前期查找鼠药来源材料、侦查人员所作说明和侦查机关的情况说明等证实，根据上诉人念斌供述的购买鼠药地点找到了卖鼠药的杨某炎，并从杨某炎配制鼠药的工具中检出了与被害人中毒相同成分的鼠药氟乙酸盐，念斌供述购买鼠药的时间亦得到证人证言印证；念斌与杨某炎相互不能辨认，供述的卖鼠药人的年龄与杨某炎不相符，供述的鼠药包装袋规格与实物不相符，是凭其个人主观感受进行描述，不影响鼠药来源的认定，可以认定念斌投放的鼠药系从杨某炎处购买。

辩方认为，辩方在二审庭审中新出示的理化检验报告的质谱图、侦查机关的情况说明和检方出示的上述证据等证实，上诉人念斌与证人杨某炎相互不能辨认，也未能供述杨某炎的外貌特征，供述卖鼠药人的年龄与杨某炎不相符，供述的鼠药包装袋规格与查获的实物不相符；配制鼠药工具的检验过程不规范，根据检验数据不能认定检出氟乙酸盐鼠药成分，理化检验报告不能作为定案依据，故没有证据证实念斌购买杨某炎卖的氟乙酸盐鼠药。

本院认为，第一，侦查机关找到卖鼠药的证人杨某炎，但上诉人念斌与杨某炎相互不能辨认；供述的卖鼠药人的特征及年龄，与杨某炎情况差异明显；供述的鼠药包装袋规格，与从杨某炎住处查获的实物差异较大；供述在购买鼠药时到过商店批发香烟，时间约为7月中旬，与证人证实其批发香烟时间为7月初不一致。第二，鉴定机构在对配制鼠药工具塑料盆、铁盆检材的检验过程中，未按照专业规范要求进行“空白”对照检验，以防止假阳性检验结果，因此难以排除该2份检材被污染的可能。第三，根据配制鼠药的工具碗、塑料盆和铁盆检材的检验数据，能否判定检出氟乙酸盐鼠药成分，双方聘请的专业人员提出的意见严重分歧。因此，从碗、塑料盆和铁盆中检出氟乙酸盐鼠药成分的检验结论可靠性存疑。综上，念斌与杨某炎相互不能辨认，供证存在不吻合之处，配制鼠药工具的理化检验报告不足以采信，原判认定念斌投放的鼠药系从杨某炎处购买依据不充分。

（四）关于有罪供述一节

原判认定上诉人念斌作过多次有罪供述，供述作案过程没有矛盾之处，所供作案动机和手段亦客观、真实，在检察机关审查批捕提讯和律师两次会见时亦承认作案，其有罪供述可以采信。检方认为，念斌的有罪供述稳定，并能与在案证据相印证。辩方认为，念斌的有罪供述内容不真实，与客观证据不相符，系违法取证所得。

经查，上诉人念斌到案之初未承认犯罪，在侦查阶段和检察机关审查批捕提讯时曾经作过多次有罪供述，审查起诉起则始终否认作案。念斌第一次有罪供述的笔录内容与在案的审讯录像内容不完全一致，且审讯录像内容不完整。念斌庭前多次供述的鼠药来源一节，其中关于卖鼠药人的特征、年龄、鼠药包装袋规格以及批发香烟的时间等情节，与证人证言不相符；供述的将鼠药水投放在铝壶水中一节，如上所述认定铝壶水有毒依据不确实，形不成印证；供述把鼠药放在货架上毒老鼠一节，从货架表面与旁边地面上提取的灰尘中均未能检出鼠药成分，亦形不成印证；供述的作案工具、剩余鼠药，均未能查获。本院认为，念斌的庭前供述和辩解存在反复，庭前供述与其他证据不能相互印证，不足以采信。

综上，本院认为，二被害人系中毒死亡，但原判认定致死原因为氟乙酸盐鼠药中毒依据不足，认定的投毒方式依据不确实，毒物来源依据不充分，与上诉人的有罪供述不能相互印证，相关证据矛盾和疑点无法合理解释、排除，全案证据达不到确实、充分的证明标准，不能得出系上诉人念斌作案的唯一结论。因此，原判认定上诉人念斌犯投放危险物质罪的事实不清，证据不足，原公诉机关指控上诉人念斌所犯罪名不能成立。原审判决上诉人念斌赔偿附带民事诉讼原告人丁某虾、俞甲的经济损失无事实依据。依照《中华人民共和国刑事诉讼法》第五十三条、第一百九十五条第（三）项、第二百二十五条第一款第（三）项以及《中华人民共和国民事诉讼法》第一百七十条第一款第（三）项的规定，判决如下：

一、撤销福州市中级人民法院（2011）榕刑初字第104号刑事附带民事判决。

二、上诉人念斌无罪。

三、上诉人念斌不承担民事赔偿责任。

本判决为终审判决。

审　判　长　熊　焰

代理审判员　黄长升

代理审判员　林峥峥

二〇一四年八月二十二日

书　记　员　黄奇水

书　记　员　罗镇祥

4. 于欢故意伤害案二审刑事附带民事判决书

山东省高级人民法院

刑事附带民事判决书

（2017）鲁刑终151号

原公诉机关山东省聊城市人民检察院。

上诉人（原审附带民事诉讼原告人）杜某1，男，汉族，1956年1月17日出生，住山东省冠县。系被害人杜某2的父亲。

上诉人（原审附带民事诉讼原告人）许某，女，汉族，1964年6月10日出生，住冠县。系杜某2的母亲。

上诉人（原审附带民事诉讼原告人）杜某3，女，汉族，2010年4月4日出生，住冠县。系杜某2的女儿。

上诉人（原审附带民事诉讼原告人）杜某4，女，汉族，2010年4月4日出生，住冠县。系杜某2的女儿。

上诉人（原审附带民事诉讼原告人）杜某5，女，汉族，2012年4月28日出生，住冠县。系杜某2的女儿。

上诉人（原审附带民事诉讼原告人）杜某6，男，汉族，2012年4月28日出生，住冠县。系杜某2的儿子。

上诉人（原审附带民事诉讼原告人）暨杜某3、杜某4、杜某5、杜某6的法定代理人李某1，女，汉族，1989年3月13日出生，住冠县。系杜某2的妻子，杜某3、杜某4、杜某5、杜某6的母亲。

上列上诉人的诉讼代理人方辉，山东方晖律师事务所律师。

上诉人（原审被告人）于欢，男，汉族，1994年8月23日出生于冠县，高中文化，公司职工，住冠县。因涉嫌犯故意伤害罪于2016

年4月15日被刑事拘留，同月29日被逮捕。

辩护人殷清利，河北十力律师事务所律师。

附带民事诉讼代理人于秀荣，系于欢的姑母。

原审附带民事诉讼原告人严某，男，汉族，1990年3月2日出生，住冠县。系被害人。

诉讼代理人严树魁，系严某的父亲。

诉讼代理人严建亭，系严某的哥哥。

原审附带民事诉讼原告人程某，男，汉族，1993年11月15日出生，住冠县。系被害人。

山东省聊城市中级人民法院审理聊城市人民检察院指控原审被告人于欢犯故意伤害罪并建议对于欢判处无期徒刑，原审附带民事诉讼原告人杜某1、许某、李某1、杜某3、杜某4、杜某5、杜某6、严某、程某提起附带民事诉讼一案，于2017年2月17日作出（2016）鲁15刑初33号刑事附带民事判决。宣判后，原审附带民事诉讼原告人杜某1、许某、李某1、杜某3、杜某4、杜某5、杜某6和原审被告人于欢不服，分别提出上诉。本院受理后，依法组成合议庭，于2017年5月20日召开庭前会议，27日公开开庭审理了本案刑事部分。山东省人民检察院指派检察员郭琳、扈小刚、李文杰出庭履行职务。上诉人于欢及其辩护人殷清利，被害人杜某2近亲属委托的诉讼代理人方辉，被害人郭某1及其诉讼代理人山东泉沣律师事务所律师伊丕国、李中伟，被害人严某的诉讼代理人严树魁、严建亭到庭参加诉讼。证人苏某、杜某7出庭作证。对本案附带民事部分，经过阅卷、调查，听取当事人、诉讼代理人的意见，进行了不开庭审理。现已审理终结。

原判认定：2014年7月，山东源大工贸有限公司（位于冠县工业园区）负责人苏某向赵某1借款100万元，双方口头约定月息为10%。2016年4月14日16时许，赵某1以欠款未还清为由纠集郭某1、程某、严某等10余人先后到山东源大工贸有限公司催要欠款。当日20时许，杜某2驾车来到该公司，并在该公司办公楼大门外抱厦台上与其他人一起烧烤饮酒。约21时50分，杜某2等多人来到苏某及其子被告人于欢所在的办公楼一楼接待室内催要欠款，并对二人有侮辱言行。约22时10分，冠县公安局经济开发区派出所民警接警后到达接待室，询问情况后到院内进一步了解情况，于欢欲离开接待室被阻止，与杜某2、郭某1、程某、严某等人发生冲突，于欢持尖刀将杜某2、程某、严某、郭某1捅伤，处警民警闻讯后返回接待室，令于欢交出尖刀，将其控制。杜某2、严某、郭某1、程某被送往医院抢救。杜某2因失血性休克于次日2时许死亡，严某、郭某1伤情构成重伤二级，程某伤情构成轻伤二级。因杜某2被害死亡，附带民事诉讼原告人杜某1等7人应得丧葬费29098.5元，处理丧葬事宜的交通费、误工费1500元。被害人严某受伤后在冠县人民医院抢救治疗，于5月9日出院，同月12日入解放军总医院治疗，21日出院，在解放军总医院共支付医疗费49693.47元。被害人程某受伤后在冠县人民医院治疗15天。

上述事实，有经原审庭审举证、质证的物证、书证、勘验、检查、辨认笔录、鉴定意见、视听资料、证人证言、被害人陈述、被告人供述等证据证实。

原审法院认为，被告人于欢面对众多讨债人的长时间纠缠，不能正确处理冲突，持尖刀捅刺多人，致一人死亡、二人重伤、一人轻伤，其行为构成故意伤害罪。于欢捅刺被害人不存在正当防卫意义上的不法侵害前提，其所犯故意伤害罪后果严重，应当承担与其犯罪危害后果相当的法律责任。鉴于本案系由被害人一方纠集多人，采取影响企业正常经营秩序、限制他人人身自由、侮辱谩骂他人的不当方式讨债引发，被害人具有过错，且于欢归案后能如实供述自己的罪行，可从轻处罚。于欢的犯罪行为给附带民事诉讼原告人杜某1等造成的丧葬费等损失应当依法赔偿，杜某1等要求赔偿死亡赔偿金、被抚养人生活费、精神损害抚慰金不属于附带民事诉讼赔偿范围，其要求赔偿处理丧葬事宜的交通费、误工费，酌情判决1500元；附带民事诉讼原告人严某要求赔偿医疗费、住院伙食补助费、交通费的合理部分予以支持，其要求赔偿的交通费，酌情判决1800元；附带民事诉讼原告人程某要求赔偿误工费、护理费、住院伙食补助费应当依法确定。依法以故意伤害罪判处被告人于欢无期徒刑，剥夺政治权利终身；判令被告人于欢赔偿附带民事诉讼原告人杜某1、许某、李某1、杜某3、杜某4、杜某5、杜某6各种费用共计30598.5元，赔偿附带民事诉讼原告人严某各种费用共计53443.47元，赔偿附带民事诉讼原告人程某各种费用共计2231.7元。

上诉人杜某1、许某、李某1、杜某3、杜某4、杜某5、杜某6的上诉意见是：原判适用法律不当，应当支持其所提赔偿死亡赔偿金、被抚养人生活费的诉讼请求。

上诉人于欢的上诉意见是：(1) 原判认定事实不全面。没有认定吴某、赵某1此前多次纠集涉黑人员对苏某进行暴力索债，案发时杜某2等人对于欢、苏某及其他员工进行殴打；苏某实际是向吴某借钱；杜某2受伤后自行驾车前往距离较远的冠县人民医院，未去较近的冠县中医院，还与医院门卫发生冲突，导致失血过多死亡。(2) 原判适用法律错误、量刑畸重。其行为系正当防卫或防卫过当；其听从民警要求，自动放下刀具，如实供述自己的行为，构成自首。(3) 原判违反法定程序。被害人有亲属在当地检察机关、政府部门任职，可能干预审判，原审法院未自行回避。

上诉人于欢的辩护人提出以下辩护意见：(1) 认定于欢犯故意伤害罪的证据不足。公安机关对现场椅子是否被移动、椅子上是否有指纹、现场是否有信号干扰器、讨债人员驾驶的无牌或套牌车内有无枪支和刀具等事实没有查明；冠县公安局民警有处警不力之嫌，冠县人民检察院有工作人员是杜某2的亲属，上述两机关均与本案存在利害关系，所收集的证据不应采信；讨债人员除杜某7外都参与串供，且在案发当天大量饮酒，处于醉酒状态，他们的言词除与于欢一方言词印证的之外，其他不应采信。(2) 于欢的行为系正当防卫。从一般防卫看，于欢身材单薄，虽持有刀具，但相对11名身体粗壮且多人有犯罪前科的不法侵害人，仍不占优势，杜某2等人还对于欢的要害部位颈部实施了攻击，故于欢的防卫行为没有超过必要限度；从特殊防卫看，于欢的母亲苏某与吴某一方签订的书面借款合同约定月息2%，而吴某一方实际按10%收取，在苏某按书面合同约定利息还清借款后，讨债人员仍然以暴力方式讨债，根据《最高人民检察院关于强迫借贷行为适用法律问题的批复》，构成抢劫罪，于欢捅刺抢劫者的行为属特殊防卫，不构成犯罪。(3) 即使认定于欢构成犯罪，其具有如下量刑情节：属防卫过当、自首，一贯表现良好，缺乏处置突发事件经验；杜某2等人侮辱苏某、殴打于欢，有严重过错；杜某2受伤后自行驾车前往距离相对较远的医院救治，耽误了约5分钟的救治时间，死亡结果不能全部归责于于欢。辩护人当庭出示了讨债人员驾驶无牌或套牌车辆的现场监控录像截图、杜某2亲属系冠县人民检察院工作人员的网页截图、驾车从现场分别到冠县人民医院和冠县中医院的导航路线截图等3份证据材料。

山东省人民检察院出庭检察员发表以下出庭意见：(1) 原判对案件事实认定不全面。一是未认定于欢母亲苏某、父亲于某1在向吴某、赵某1高息借款100万元后，又借款35万元；二是未认定2016年4月1日、13日吴某、赵某1纠集多人违法索债；三是未认定4月14日下午赵某1等人以盯守、限制离开、扰乱公司秩序等方式索债；四是未具体认定4月14日晚杜某2等人采取强收手机、弹烟头、辱骂、暴露下体、脱鞋捂嘴、扇拍面颊、揪抓头发、限制人身自由等方式对苏某和于欢实施的不法侵害。(2) 原判认为于欢持尖刀捅刺被害人不具有正当防卫意义上的不法侵害前提，属于适用法律错误。于欢的行为具有防卫性质，但明显超过必要限度造成重大损害，属于防卫过当，应当负刑事责任，但应当减轻或者免除处罚。检察员当庭宣读、出示了新收集、调取的证人赵某2、李某2的证言，侦查实验笔录及行驶路线图，手机通话记录，计划外生育费收据及说明，接处警登记表及说明，有关于某1曾任冠县国税局柳林分局副局长、因不正常上班于2015年被免职的文件，吴某因涉嫌非法拘禁被立案侦查的立案登记表，鉴定机构资格证书、鉴定人资格证书复印件，以及证人苏某、张某1、马某、刘某、于某2、张某2、杜某7、张某3、朱某、徐某的补充证言，被害人程某的补充陈述，上诉人于欢的补充供述等23份证据材料。

被害人杜某2近亲属委托的诉讼代理人提出以下意见：(1) 原判对作案刀具的认定定性不准、来源有误。于欢使用的尖刀应属管制刀具，被害人郭某1陈述看见于欢拉开衣服拉链从身上拿出刀具。(2) 原判定罪量刑不当。于欢的行为构成故意杀人罪；民警处警时，不法侵害已经结束，于欢的捅刺行为不具备正当防卫的前提条件，不构成正当防卫或防卫过当，应当维持原判量刑。(3) 应依法判令于欢赔偿附带民事诉讼上诉人的全部经济损失。

被害人郭某1及其诉讼代理人、被害人严某的诉讼代理人提出以下意见：(1) 作案刀具来源不清。(2) 于欢的行为不构成正当防卫或防卫过当，应当维持原判定罪量刑。

经审理查明：上诉人于欢的母亲苏某在山东省冠县工业园区经营山东源大工贸有限公司（以下简称源大公司），于欢系该公司员工。2014年7月28日，苏某及丈夫于某1向吴某、赵某1借款100万元，双方口头约定月息为10%。至2015年10月20日，苏某共计还款154万元。其间，吴某、赵某1因苏某还款不及时，曾指使被害人郭某1（男，时年29岁）等人采取在源大公司车棚内驻扎、在办公楼前支锅做饭等方式催债。2015年11月1日，苏某、于某1再向吴某、赵某1

借款35万元。其中10万元，双方口头约定月息为10%；另外25万元，通过签订房屋买卖合同，用于某1名下的一套住房作为抵押，双方约定如逾期还款，则将该住房过户给赵某1。2015年11月2日至2016年1月6日，苏某共计向赵某1还款29.8万元。吴某、赵某1认为该29.8万元属于偿还第一笔100万元借款的利息，而苏某夫妇认为是用于偿还第二笔借款。吴某、赵某1多次催促苏某夫妇继续还款或办理住房过户手续，但苏某夫妇未再还款，亦未办理住房过户。

2016年4月1日，赵某1与被害人杜某2（男，殁年29岁）、郭某1等人将于某1上述住房的门锁更换并强行入住，苏某报警。赵某1出示房屋买卖合同，民警调解后离去。同月13日上午，吴某、赵某1与杜某2、郭某1、杜某7等人将上述住房内的物品搬出，苏某报警。民警处警时，吴某称系房屋买卖纠纷，民警告知双方协商或通过诉讼解决。民警离开后，吴某责骂苏某，并将苏某头部按入座便器接近水面位置。当日下午，赵某1等人将上述住房内物品搬至源大公司门口。其间，苏某、于某1多次拨打市长热线求助。当晚，于某1通过他人调解，与吴某达成口头协议，约定次日将住房过户给赵某1，此后再付30万元，借款本金及利息即全部结清。

同月14日，于某1、苏某未去办理住房过户手续。当日16时许，赵某1纠集郭某2、郭某1、苗某、张某3到源大公司讨债。为找到于某1、苏某，郭某1报警称源大公司私刻财务章。民警到达源大公司后，苏某与赵某1等人因还款纠纷发生争吵。民警告知双方协商解决或到法院起诉后离开。李某3接赵某1电话后，伙同么某、张某2和被害人严某（男，时年26岁）、程某（男，时年22岁）到达源大公司。赵某1等人先后在办公楼前呼喊，在财务室内、餐厅外盯守，在办公楼门厅外烧烤、饮酒，催促苏某还款。其间，赵某1、苗某离开。当日20时许，杜某2、杜某7赶到源大公司，与李某3等人一起饮酒。20时48分，苏某按郭某1要求到办公楼一楼接待室，于欢及公司员工张某1、马某陪同。21时53分，杜某2等人进入接待室讨债，将苏某、于欢的手机收走放在办公桌上。杜某2用污秽语言辱骂苏某、于欢及其家人，将烟头弹到苏某胸前衣服上，将裤子褪至大腿处裸露下体，朝坐在沙发上的苏某等人左右转动身体。在马某、李某3的劝阻下，杜某2穿好裤子，又脱下于欢的鞋让苏某闻，被苏某打掉。杜某2还用手拍打于欢面颊，其他讨债人员实施了揪抓于欢头发或按压于欢肩部不准其起身等行为。22时07分，公司员工刘某打电话报警。22时17分，民警朱某带领辅警宋某、郭某3到达源大公司接待室了解情况，苏某和于欢指认杜某2殴打于欢，杜某2等人否认并称系讨债。22时22分，朱某警告双方不能打架，然后带领辅警到院内寻找报警人，并给值班民警徐某打电话通报警情。于欢、苏某欲随民警离开接待室，杜某2等人阻拦，并强迫于欢坐下，于欢拒绝。杜某2等人卡于欢项部，将于欢推拉至接待室东南角。于欢持刃长15.3厘米的单刃尖刀，警告杜某2等人不要靠近。杜某2出言挑衅并逼近于欢，于欢遂捅刺杜某2腹部一刀，又捅刺围逼在其身边的程某胸部、严某腹部、郭某1背部各一刀。22时26分，辅警闻声返回接待室。经辅警连续责令，于欢交出尖刀。杜某2等四人受伤后，分别被杜某7等人驾车送至冠县人民医院救治。次日2时18分，杜某2因腹部损伤造成肝固有动脉裂伤及肝右叶创伤导致失血性休克，经抢救无效死亡。严某、郭某1的损伤均构成重伤二级，程某的损伤构成轻伤二级。

本院查明上诉人于欢给上诉人杜某1等7人和原审附带民事诉讼原告人严某、程某造成的物质损失与原判相同。

上述事实，有经庭审举证、质证的下列五个方面证据予以证明，本院予以确认。

一、被害人陈述、被告人供述和辩解

1. 被害人程某、郭某1、严某（均系讨债人员）陈述：2016年4月14日下午，其三人与赵某1、李某3、么某等人到源大公司要账，先是报警称苏某私刻公章，民警来说不能打架，然后就走了。傍晚，他们守在办公楼大厅外烤串喝酒时，杜某2、杜某7来了。程某、杜某7、李某3、杜某2喝了两瓶白酒，其他人喝了两箱啤酒。后他们进入接待室，杜某2骂着向苏某要钱，并用手拍打于欢，还脱下于欢的鞋，放到苏某鼻子处，被苏某打掉。于欢想站起来，被杜某7等人从后边摁住。民警进接待室时，张某2把于欢摁在沙发上。民警问谁报警，没人吭声。苏某和于欢说杜某2打人，其这一方否认。民警说不能打架，就出去找报警人。张某2等人拦着苏某、于欢不让离开。杜某2还将于欢推到南墙处说报警也不管用，并说"你攮我唉！有本事你攮我唉！"没注意怎么回事，其三人和杜某2就被于欢拿东西捅了。程某、严某被捅了肚子一下，郭某1见杜某2被捅，扭身时被于欢抓住衣领捅了后背一下。郭某1称看见于欢拉开上衣拉链拿出一把刀。后来杜某7等人开车将受伤的人送到县人民医院救治。到急救楼门口时杜某2已不能下车。当地人比较认可县人民医院。住院期间，李某3、张某3、郭某2说若有人问起，就说到源大公司要自己的钱。案发几个月前，郭某1和郭某2到过源大公司支锅做饭进行讨债，在车棚里睡了两三天。案发前两天，赵某1还让郭某1等人去名仕花园的一套房子里住。4月13日，杜某2、赵某1、吴某等人到名仕花园的房子里搬家具，苏某与民警一起过来的。

2. 上诉人于欢供述和辩解：2015年8月，讨债人员到源大公司院内支锅做饭，在车棚睡觉。2016年4月，讨债人员占其家房子，跟随其父亲。4月13日下午，讨债人员将其家房内家具搬到源大公司，其父母多次打报警电话和市长热线。当晚，其父亲称已经协调好，把房子给对方，再给对方30万元。14日下午，讨债人员到公司找其母亲苏某。民警到达，说有人报警反映源大公司刻假章，查看公司印章后走了。其与苏某在财务室坐着，对方要求还款，当时没人打其与苏某。其与苏某在餐厅吃晚饭时，对方在门外守着。后对方将其与苏某带到接待室，马某、张某1陪同，杜某2进来让人将其与苏某的手机要走放在桌上。杜某2说些侮辱性语言，将烟头弹在苏某右肩部衣服上。杜某2还站在茶几边将裤子褪到大腿根，露出下体左右晃，离苏某三四十厘米。在马某与对方的李某3劝说下，杜某2才把裤子提上。杜某2脱下其一只鞋，放在苏某嘴边，苏某将鞋打落。李某3等要其喊"叔叔"，其不喊，身后的人就揪其头发，杜某2扇其两耳光。杜某2不停地骂其与苏某，还叫其"欢欢"，说"欢欢像狗名"。其多次想起身，都被摁住。民警到接待室，其和苏某说对方打人，对方不承认。民警劝说"别打架"，就去外面了解情况，对方五六人跟出去。其与苏某也想出去，被拦住。对方的人陆续回来，让其坐下，其怕被打不敢坐。杜某2、郭某1等四五人将其向接待室的东南角推，有人从后边卡其脖子，将其推到靠东墙办公桌南边。其从桌上拿起刀挥舞，喊"别过来，别过来"。杜某2上前说"你攮唉，你攮唉"，其就捅了杜某2腹部一刀。其他人见状冲过来，其又捅了程某、郭某1腹部各一刀。民警让其把刀交出，其说"等我出去，把刀给你"。其这么说，是因为在房内没有安全感。民警坚持让其交出刀，其将刀交出。

二、证人证言

1. 证人苏某的证言：2014年7月，其与丈夫于某1经张某4介绍，向吴某借款100万元，吴某安排赵某1与其签订借款合同，口头约定月息为10%。2015年8月，因还款不及时，吴某派人到源大公司支锅做饭，在车棚睡觉。其陆续还款共计150余万元。同年11月，其又向吴某借款35万元，其中25万元以名仕花园住房抵押，签了房屋买卖合同，另外10万元由张某4担保，月息为10%。其已还款31.5万元，其中25万元是房款，意思是不将住房卖给赵某1。吴某称未还够钱，于2016年3月5日派人跟随于某1一天，还将于某1的衬衣撕破。4月1日，吴某将其名仕花园住房门锁更换。其报警后跟民警进入房间，发现房内两万元现金丢失。赵某1出示购房合同，民警看后走了。第二天刑警到其住房拍照。4 月 13 日上午，吴某带人将名仕花园住房内的家具搬出，其再次报警。民警到后，吴某称其欠钱不还。民警见是经济纠纷离开。吴某不让其走，将其头部摁到马桶里近水面位置，马桶里没有粪便。其离开时有人尾随。当天下午吴某派人将其住房内的家具搬到源大公司。其多次打市长热线。当晚通过中间人调解，约定其将住房给吴某，再给吴某 30 万元，即全部本息还清。因其住房还欠贷款，房产证丢了一本，一天内不可能过户。4 月 14 日 16 时许，吴某手下到其公司讨债，报警称其私刻公章。民警来了解情况后离开。郭某 1 等到财务室催款。其与于欢去食堂吃晚饭，对方派人在外看着。其在食堂待了一个多小时，郭某 1 让其回接待室。于欢及公司员工张某 1、马某陪着。对方的人在门厅外喝酒。后来杜某 2 等人进接待室，将其与于欢的手机收走放到办公桌上。杜某 2 向其身上弹烟头，站在其前面的茶几边上脱裤子露下体侧身朝其转动，距其约三十厘米。经杜某 2 身边的人劝说，杜某 2 提上裤子。于欢称无钱还债，杜某 2 扇于欢的脸，不是抡胳膊扇的。杜某 2 还将于欢的鞋脱下，放到其鼻子处，其将鞋扔到一边。于欢想站起来，被人从后边摁住。杜某 2 说各种难听的话侮辱其与于欢，还像唤小狗一样喊“欢欢”。其他人没说侮辱性语言。民警来后，其与于欢说被对方殴打，对方否认。民警问谁报警，其称可能是公司工人，民警出去找报警人。对方阻止其与于欢出去，让其二人坐下，于欢不愿意，对方几个人按着于欢往室内南边走。有一人从于欢西边过去，于欢捅刺那人一刀，那人一转身，被捅到腰部。捅人的刀平时在接待室桌上放着。从接待室能看到外面的警车，警灯始终亮着。

2. 证人郭某 2、杜某 7、张某 2、张某 3、么某、李某 3、苗某（均系讨债人员）关于 2016 年 4 月 14 日下午讨债过程的证言与被害人程某、严某、郭某 1 的陈述相印证。张某 3 还证明，于欢持刀捅人，捅的都是当时离于欢较近的人。么某还证明，当时不知道于欢从哪拿把刀，说“别过来，过来攮死你”。杜某2以为于欢不敢捅，向前靠近，于欢朝杜某2捅了一刀。郭某1向前靠近于欢，于欢往前伸一下手，郭某1用手捂住后背。程某和严某应该都是朝于欢跟前走被捅伤的。杜某7还证明，其驾车将杜某2等人送县人民医院，用了不到十分钟到医院门口，杜某2在车上已经休克，想尽快救治，就开车闯杆入内。过了一两分钟，医生用小推车把杜某2推到医护室抢救。县人民医院是冠县最好的医院。

3. 证人于某2、刘某、马某、张某1（均系源大公司员工，除马某外均系于欢亲戚）的证言：2016年4月14日下午，讨债人员先在源大公司楼外喊，后进财务室要账。苏某、于欢去食堂吃饭有人跟着。苏某、于欢跟讨债人员进入接待室后，马某出来说对方侮辱苏某，刘某报警。之前，听苏某说曾被吴某摁到马桶里。刘某还证明，民警从接待室出来后不久，其听见有人喊叫，透过玻璃墙见那伙人围着于欢，在一米开外有人拿椅子朝向于欢。于欢退到桌子前，手里多了一把刀，朝对方挥舞。其曾用于欢捅人的刀在办公室削过苹果。于某2还证明，在民警闻声返回接待室时，其跟着走到大厅前台阶处，见对方一人捂着肚子说“没事没事，来真的了”。

4. 证人吴某、赵某1（均因涉嫌刑事犯罪另案处理）的证言：2014年夏，张某4介绍于某1要借100万元，吴某让赵某1出借，月息为10%。于某1开始付利息，到2015年下半年不付了，吴某多次打电话催于某1。2015年11月，张某4称于某1急需35万元，准备出售冠县名仕花园小区的住房。赵某1便与苏某、于某1签订房屋买卖合同，约定于某1将住房以25万元卖给赵某1，三天内将该房10万元房贷还清并办理过户。赵某1借给于某135万元，其中10万元是向张某4借的。后来于某1给赵某1转账20余万元，称是还35万元借款，赵某1称是还之前100万元借款的利息。2016年4月，赵某1带杜某2、郭某1、杜某7等人更换名仕花园房屋门锁并入住。苏某报警，赵某1

出示合同后，民警离开。4 月 13 日，赵某 1 带领杜某 2、郭某 1、杜某 7 等人搬名仕花园房内物品，苏某和民警来了。民警走后，吴某和苏某拉扯，吴某说让苏某吃大便。苏某离开后，赵某 1 安排人员尾随，并将名仕花园房内物品搬到源大公司。4 月 14 日下午，赵某 1 与郭某 2 找苏某要账，打电话让郭某 1、李某 3 等到源大公司。因苏某不见面，其一方报警称苏某私刻公章。民警到后，赵某 1 与苏某对骂，被民警拉开。18 时许，赵某 1 先行离开。22 时许，李某 3 给吴某打电话说有四人被捅伤。杜某 2 死后，吴某安排赵某 1 跟公安人员说去要账的都是债主。

5. 证人张某 4、卢某、康某的证言与赵某 1、吴某的证言相印证。张某 4 还证明，赵某 1 第一次借给于某 1 的 100 万元，都知道是吴某的；第二次借给于某 135 万元，有 10 万元是向其借的。卢某还证明，于某 1 为欠吴某账的事，请其找吴某说和，双方同意于某 1 将房子折抵 60 万元过户给对方，再还 30 万元即全部清账。康某还证明，吴某与于某 1 对房子问题有分歧，吴某称是买卖，于某 1 称是抵押。

6. 证人朱某（民警）的证言：2016 年 4 月 14 日 22 时许，其带领辅警宋某、郭某 3 赶到源大公司。在接待室苏某说有人打于欢，多名男子否认。其见于欢身上没有明显伤痕，即告知无论怎样都不能打架。其问是谁报的警，苏某称是厂里的工人。其走出接待室打电话向值班民警徐某汇报，让徐某过来。其与郭某 3 上警车商议是否向所长汇报。三四十秒后下车，马某向其讲述情况。其一听接待室异动，立即返回，见宋某拿着一把刀。

7. 证人宋某、郭某 3（辅警）的证言与朱某的证言相印证，并证明其二人听到打闹声即返回接待室，见于欢手持一把刀，要求于欢将刀放下，后宋某从于欢手里将刀拿过来。

8. 证人徐某（民警）的证言：2016 年 4 月 14 日下午，郭某 1 报警称源大公司私刻财务印章。其带辅警赶到现场，郭某 1 反映苏某欠债不还，引发争吵，其制止并劝双方依法解决。双方无异议，其与辅警撤离。当日22时许，朱某打电话向其介绍源大公司警情，并让其过去。不久朱某又打电话称有人动刀。其赶到源大公司，讯问于欢，并口头传唤于欢、苏某到派出所接受调查。

三、视频资料、现场勘验、检查笔录、鉴定意见和有关书证材料

1. 冠县公安局出具的执法记录视频证明：2016年4月14日22时17分，民警朱某和辅警郭某3、宋某驾驶警车到达源大公司，警灯闪烁。朱某进接待室问是谁报的警、是否有人打架，苏某指认杜某2打于欢耳光，杜某2等否认并称是经济纠纷；苏某称是厂里工人报的警；民警警告双方不能动手；于欢欲离开被讨债人员阻止。22时22分，朱某和辅警走出接待室，马某反映讨债人员侮辱苏某。朱某打电话。后朱某和辅警走到门厅外，朱某让辅警告诉双方不能动手。22时26分，辅警走进大厅，透过玻璃墙见接待室内杜某2、程某捂着肚子，于欢、苏某站在接待室东南角，严某、郭某1等站在于欢、苏某对面。辅警从大厅走向接待室门口过程中（时长10秒），于欢持刀分别捅刺严某、郭某1各一刀。辅警进入接待室，让于欢交出刀，于欢称从接待室出去才能交刀，后在辅警连续责令下将刀交出。22时43分，民警徐某对于欢进行讯问。

2. 冠县公安局提取的源大公司监控视频证明：2016年4月14日17时50分后，讨债人员进出源大公司财务室。19时许，苏某、于欢从财务室出来，么某、苗某跟随。20时48分，苏某、于欢、马某、张某1进入接待室。21时53分，在办公楼门口烧烤的讨债人员陆续进入接待室。22时17分，警车到达，民警朱某和辅警郭某3、宋某进入接待室。22时22分，多名讨债人员跟随民警走出接待室，后陆续返回。22时24分，郭某3、朱某从警车右侧上车。约40秒后，郭某3、朱某下车绕到车左侧。此时于某2走到警车左侧。22时26分，郭某3、宋某走进接待室，程某捂肚子、郭某1捂腰部、杜某2被人架

着、李某3背着严某先后走出接待室，分乘三辆车离开。

3. 冠县公安局制作的现场勘验笔录及照片证明：现场位于源大公司办公楼一楼接待室。接待室靠东墙放有两张办公桌，桌前各放有一把办公椅，与屋门相对应靠南墙鱼缸西侧放有两张办公桌，靠西墙放有三人沙发，东侧放有茶几，相对应东侧放有一对单人沙发，其中南侧沙发扶手上有鞋印。接待室内及门厅、门口地面有滴落血迹。

4. 冠县公安局出具的提取笔录、扣押物品清单及聊城市公安局出具的DNA检验鉴定意见证明：（1）2016年4月14日，从于欢处扣押单刃尖刀一把，刀全长25.8厘米，刀身长15.3厘米，刀柄长10.5厘米，刀身最宽处3.1厘米。经鉴定，尖刀刀尖、刀刃、刀刃刀柄结合处检出郭某1的血迹；刀柄上检出于欢的基因分型和程某的血迹。（2）2016年4月15日，从于欢处扣押牛仔裤一条、夹克一件。经鉴定，牛仔裤上检出程某的血迹；夹克上检出于欢和郭某1的混合基因分型。（3）在接待室及大厅内、门厅台阶附近提取的多处暗红色斑迹上分别检出郭某1、杜某2的血迹及郭某1、程某的混合血迹。

5. 冠县公安局出具的尸体检验鉴定意见证明：杜某2上腹部正中见一纵行2厘米×0.5厘米哆开创口，深达腹腔，创道长15厘米，造成肝固有动脉2厘米裂伤口及肝右叶下侧面裂伤长4厘米、深8厘米。该损伤符合被他人用锐性致伤物（如单刃尖刀类）在外力作用下所形成。杜某2系腹部损伤后造成肝固有动脉裂伤及肝右叶创伤导致失血性休克死亡。

6. 聊城市公安局出具的理化检验鉴定意见证明：在死者杜某2心血中检出乙醇成分，含量148毫克/100毫升。

7. 司法鉴定科学技术研究所出具的人体损伤检验鉴定意见证明：郭某1右腰背部有长4厘米皮肤裂伤，深达胸腔，右肺下叶不张，右胸腔积液（血），术中突发心跳骤停，未能施行开胸手术，经积极引流及输注红细胞、血浆得以保全生命。评定为重伤二级。

8. 冠县公安局出具的人体损伤检验鉴定意见证明：(1) 严某左腹部见长4厘米横斜行皮肤创伤，符合锐性外力所形成。左腹部外伤后，造成小肠距屈氏韧带100厘米处贯通伤，有肠内容物溢出。属重伤二级。(2) 程某左胸部锁骨中线第6、7肋间可见长2.8厘米横斜行皮肤创伤，符合锐性外力作用下所形成。属轻伤二级。(3) 于欢左项部见长1.1厘米横行表皮剥脱，右肩部可见多处小范围皮下出血，符合钝性外力作用下所形成，不构成轻微伤。

9. 冠县公安局提取的借款合同、房屋买卖合同、电子银行回单、房产证证明：(1) 苏某、于某1于2014年7月28日签订借款100万元合同，同日赵某1账户向苏某账户汇款100万元。(2) 冠县名仕花园某幢某单元1111，房屋产权人于某1，房屋建筑面积165.61平方米。房屋买卖合同卖方于某1、苏某，买方项空缺。成交价格35万元，2015年11月1日先付25万元，余下房款11月2日还该房贷款10万元，卖方给买方办理过户手续。11月1日赵某1账户向苏某账户汇款35万元。

10. 冠县公安局出具的接处警登记表、接处警详情、情况说明证明：2016年4月1日，苏某报警称其名仕花园小区住房门锁被换，两万元现金被盗。经现场勘验，未发现有涉及盗窃案件价值的痕迹物证。同月13日11时17分，冠县公安局崇文派出所接110指令，名仕花园小区最东边楼有人闹事。民警赶到该楼11楼西户，发现吴某等在房内搬东西，吴某向民警出示二手房买卖合同。苏某到场后，吴某责骂苏某欠钱不还，苏某承认欠债，并承认已将房产证交给吴某。民警告知双方协商或通过法律程序解决，双方同意。民警离开时，吴某让苏某留下，民警告知吴某不能阻止苏某离开，同时提醒苏某可以随时给民警打电话。民警下楼后，打电话再次告知吴某无权阻止苏某离开，吴某同意。14日16时27分，郭某1打电话报警称源大公司私刻财务印章。当日22时07分，刘某打电话报警称源大公司有人打架。

11. 冠县公安局出具的户籍材料证明于欢及杜某2、郭某1、严某、程某的出生日期等情况。

四、医疗证明和医生的证言

1. 冠县人民医院出具的情况说明、病历、死亡记录证明：为杜某2办理住院登记完毕的时间是2016年4月14日22时42分55秒。杜某2经抢救于15日零时27分心跳骤停，抢救至15日2时18分，心跳不恢复，临床死亡，死亡诊断为失血性休克。

2. 冠县人民医院的病历、解放军总医院的住院病案及收费票据证明：2016年4月14日至5月9日，严某在冠县人民医院抢救，CT检查提示假性动脉瘤不除外，建议转院治疗；5月12日至21日，严某在解放军总医院治疗，共支付医疗费49693.47元。同年4月14日至23日，程某在冠县人民医院治疗。

3. 证人李某2、赵某2（均系医生）的证言：2016年4月14日22时许，杜某2被搀扶到该院急诊科，该院马上进行抢救。杜某2到医院时状态已经非常不好，意识模糊，烦躁状态，面色苍白，呼吸急促。鉴于病情危重，急送重症监护室。转到重症监护室时，杜某2已经昏迷，测不出体温、血压，遂进行输液、输血，上呼吸机。持续抢救到次日1时许，杜某2临床死亡。整个救治过程按照救治流程操作。事后听说有一辆送病人的车将医院限行杆撞断，未听说与保安发生冲突。

五、检察机关补充提取的证据

1. 聊城市人民检察院提取的银行转账凭证证明：2014年7月28日至2015年10月20日，苏某账户向赵某1账户共计汇款154万元；2015年11月2日至2016年1月6日，苏某账户向赵某1账户共计汇款29.8万元。

2. 聊城市人民检察院提取的通话清单证明：苏某手机于2016年4月13日10时56分拨打110并通话，同日15时17分、17时31分、18时01分拨打063512345（市长热线）并通话；于某1手机于2016年4

月13日12时43分拨打110并通话，当日12时46分、14时37分、16时11分拨打063512345市长热线并通话。

3. 冠县公安局制作的侦查实验笔录证明：2017年4月10日22时31分至23时22分，侦查人员对从源大公司至相关医院抢救路线进行驾车实验，实验结果分别是到县人民医院6.9公里，用时约9分钟；到县中医院5.2公里，用时约7分钟。

综合考虑各上诉人的上诉意见、辩护人的辩护意见、山东省人民检察院的出庭意见、被害人及各诉讼代理人的意见，庭审调查的证据和查明的事实，根据相关法律规定，本院评判如下：

一、关于事实和证据

1. 上诉人于欢所提苏某实际是向吴某借款，原判未认定吴某、赵某1多次纠集人员对苏某暴力索债，案发时杜某2等人受吴某、赵某1指使，采用非法限制自由的方式讨债并对于欢、苏某侮辱、殴打的上诉意见和山东省人民检察院的相关出庭意见，与查明的事实基本相符，本院予以采纳。

2. 上诉人于欢及其辩护人所提原判未认定杜某2受伤后自行驾车前往冠县人民医院，而未去距离更近的冠县中医院，且到医院后还与门卫发生冲突，延误救治，导致失血过多死亡的上诉意见及辩护意见，与查明的事实不符。经查，多名证人反映杜某2是由杜某7驾车送至医院治疗，而非自行前往；选择去人民医院而未去更近的中医院抢救，是因为人民医院是当地最好且距离也较近的医院，侦查实验证明从现场前往人民医院较前往中医院仅多约2分钟车程。故对于欢及其辩护人的该上诉意见及辩护意见，本院不予采纳。

3. 关于辩护人所提认定于欢犯故意伤害罪证据不足的相关辩护意见：(1) 所提侦查机关对现场椅子是否移动、椅子上是否有指纹等事实未能查清的辩护意见，或者与查明的事实不符，或者对本案定罪量刑缺乏价值。(2) 所提公安、检察机关有人与案件存在利害关系，两机关所收集的证据不应采信的辩护意见，经查，冠县公安局和冠县人民检察院依法收集的相关证据，客观真实地证明了案件相关事实，本案亦不存在依法应予回避的情形，故相关证据可作定案证据使用。(3) 所提讨债人员串供、醉酒，应当排除其证言的辩护意见，经查，案发后讨债人员仅就涉案高息借贷的实际发放者进行串供，该节事实不影响本案定罪量刑，原审及本院亦未采信相关证据；没有证据证明讨债人员就其他事实有过串供，讨债人员对有关案件事实的证言能够得到在案其他证人证言及被告人供述和辩解等证据的印证；案发当天讨债人员大量饮酒属实，但没有证据证明讨债人员因为醉酒而丧失作证能力，排除其证言于法无据。故对辩护人的上述辩护意见，本院不予采纳。

4. 被害人及其诉讼代理人所提原判未认定作案尖刀系管制刀具，来源未能查清的意见，经查，根据外观特征认定本案的作案工具为尖刀，并无不当；只有被害人郭某1一人陈述于欢从身上拿出尖刀，该陈述与在场的其他被害人陈述及有关证人证言等证据不符，且该尖刀是否为于欢事前准备，不影响于欢的行为是否具有防卫性质的认定。故对上述意见，本院不予采纳。

5. 辩护人当庭提交的3份新证据材料，出庭检察员当庭提交的有关苏某计划外生育被罚款的收费收据、于欢父亲于某1身份信息的新证据材料，或者不具有客观性，或者与案件无关联性，本院不予采信。

二、关于法律适用

1. 上诉人于欢的行为是否具有防卫性质。上诉人及其辩护人、出庭检察员均认为，于欢的行为具有防卫性质；被害人及其诉讼代理人认为，于欢的捅刺行为不具备正当防卫的前提条件。

经查，案发当时杜某2等人对于欢、苏某实施了限制人身自由的非法拘禁行为，并伴有侮辱和对于欢间有推搡、拍打、卡项部等肢体行为。当民警到达现场后，于欢和苏某欲随民警走出接待室时，杜某

2等人阻止二人离开，并对于欢实施推拉、围堵等行为，在于欢持刀警告时仍出言挑衅并逼近，实施正当防卫所要求的不法侵害客观存在并正在进行。于欢是在人身安全面临现实威胁的情况下才持刀捅刺，且其捅刺的对象都是在其警告后仍向前围逼的人，可以认定其行为是为了制止不法侵害。故原判认定于欢捅刺被害人不存在正当防卫意义上的不法侵害确有不当，应予纠正；对于欢及其辩护人、出庭检察员所提于欢的行为具有防卫性质的意见，本院予以采纳；对被害人及其诉讼代理人提出的相反意见，本院不予采纳。

2. 上诉人于欢的行为是否属于特殊防卫。辩护人提出，根据有关司法解释，讨债人员的行为构成抢劫罪，于欢捅刺抢劫者的行为属特殊防卫，不构成犯罪；出庭检察员、被害人及其诉讼代理人持反对意见。

根据刑法规定，对正在进行的行凶、杀人、抢劫、强奸、绑架以及其他严重危及人身安全的暴力犯罪，公民有权进行特殊防卫。但本案并不存在适用特殊防卫的前提条件。经查，苏某、于某1系主动通过他人协调、担保，向吴某借贷，自愿接受吴某所提10%的月息。既不存在苏某、于某1被强迫向吴某高息借贷的事实，也不存在吴某强迫苏某、于某1借贷的事实，与司法解释有关强迫借贷按抢劫罪论处的规定不符。故对辩护人的相关辩护意见，本院不予采纳；对出庭检察员、被害人及其诉讼代理人提出的于欢行为不属于特殊防卫的意见，本院予以采纳。

3. 上诉人于欢的防卫行为是否属于防卫过当。于欢提出其行为属于正当防卫或防卫过当，其辩护人提出于欢的防卫行为没有超过必要限度，属于正当防卫；出庭检察员提出，于欢的行为属于防卫过当。

根据刑法规定，正当防卫明显超过必要限度造成重大损害的，属于防卫过当，应当负刑事责任。评判防卫是否过当，应当从不法侵害的性质、手段、紧迫程度和严重程度，防卫的条件、方式、强度和后果等情节综合判定。根据本案查明的事实及在案证据，杜某2一方虽然人数较多，但其实施不法侵害的意图是给苏某夫妇施加压力以催讨债务，在催债过程中未携带、使用任何器械；在民警朱某等进入接待室前，杜某2一方对于欢母子实施的是非法拘禁、侮辱和对于欢拍打面颊、揪抓头发等行为，其目的仍是逼迫苏某夫妇尽快还款；在民警进入接待室时，双方没有发生激烈对峙和肢体冲突，当民警警告不能打架后，杜某2一方并无打架的言行；在民警走出接待室寻找报警人期间，于欢和讨债人员均可透过接待室玻璃清晰看见停在院内的警车警灯闪烁，应当知道民警并未离开；在于欢持刀警告不要逼过来时，杜某2等人虽有出言挑衅并向于欢围逼的行为，但并未实施强烈的攻击行为。即使四人被于欢捅刺后，杜某2一方也没有人对于欢实施暴力还击行为。于欢的姑母于某2证明，在民警闻声返回接待室时，其跟着走到大厅前台阶处，见对方一人捂着肚子说“没事没事，来真的了”。因此，于欢面临的不法侵害并不紧迫和严重，而其却持利刃连续捅刺四人，致一人死亡、二人重伤、一人轻伤，且其中一人即郭某1系被背后捅伤，应当认定于欢的防卫行为明显超过必要限度造成重大损害。故对出庭检察员及于欢所提本案属于防卫过当的意见，本院予以采纳；对辩护人所提于欢的防卫行为未超过必要限度的意见，本院不予采纳。

4. 上诉人于欢的行为是否构成故意杀人罪。被害人杜某2近亲属委托的诉讼代理人提出，于欢的行为构成故意杀人罪。经查，虽然于欢连续捅刺四人，但捅刺对象都是当时围逼在其身边的人，未对离其较远的其他不法侵害人进行捅刺，亦未对同一不法侵害人连续捅刺。可见，于欢的目的在于制止不法侵害并离开接待室，在案证据不能证实其具有追求或放任致人死亡危害结果发生的故意。故对上述代理意见，本院不予采纳。

5. 上诉人于欢是否构成自首。于欢及其辩护人提出，于欢构成自首。经查，执法记录视频及相关证据证明，在于欢持刀捅人后，在源大公司院内处警的民警闻声即刻返回接待室。民警责令于欢交出尖刀，于欢并未听从，而是要求先让其出去，经民警多次责令，于欢才交出尖刀。可见，于欢当时的表现只是未抗拒民警现场执法，并无自动投案的意思表示和行为，依法不构成自首。故对此上诉意见和辩护意见，本院不予采纳。

三、关于刑罚裁量

上诉人于欢及其辩护人提出，于欢具有自首情节，平时表现良好，且被害方有严重过错等从宽处罚情节，原判量刑畸重；出庭检察员提出，对于欢依法应当减轻或免除处罚；被害人及其诉讼代理人提出，应当维持原判量刑。

经查，在吴某、赵某1指使下，杜某2等人除在案发当日对于欢、苏某实施非法拘禁、侮辱及对于欢间有推搡、拍打、卡项部等肢体行为外，此前也实施过侮辱苏某、干扰源大公司生产经营等逼债行为。于欢及其母亲苏某连日来多次遭受催逼、骚扰、侮辱，导致于欢实施防卫行为时难免带有恐惧、愤怒等因素。对于欢及其辩护人所提本案被害方存在严重过错、原判量刑畸重等上诉意见和辩护意见，本院予以采纳。

本院还查明，本案系由吴某等人催逼高息借贷引发，苏某多次报警后，吴某等人的不法逼债行为并未收敛。案发当日被害人杜某2曾当着于欢之面公然以裸露下体的方式侮辱其母亲苏某，虽然距于欢实施防卫行为已间隔约二十分钟，但于欢捅刺杜某2等人时难免不带有报复杜某2辱母的情绪，在刑罚裁量上应当作为对于欢有利的情节重点考虑。杜某2的辱母行为严重违法、亵渎人伦，应当受到惩罚和谴责，但于欢在实施防卫行为时致一人死亡、二人重伤、一人轻伤，且其中一重伤者系于欢持刀从背部捅刺，防卫明显过当。于欢及其母亲苏某的人身自由和人格尊严应当受到法律保护，但于欢的防卫行为超出法律所容许的限度，依法也应当承担刑事责任。认定于欢行为属于防卫过当，构成故意伤害罪，既是严格司法的要求，也符合人民群众的公平正义观念。

根据刑法规定，故意伤害致人死亡的，处十年以上有期徒刑、无期徒刑或者死刑；防卫过当的，应当减轻或者免除处罚。于欢的防卫行为明显超过必要限度造成重大伤亡后果，减轻处罚依法应当在三年至十年有期徒刑的法定刑幅度内量刑。于欢在民警尚在现场调查，警车仍在现场闪烁警灯的情形下，为离开接待室而持刀防卫，为摆脱对方围堵而捅死捅伤多人，且除了杜某2以外，其他三人并未实施侮辱于欢母亲的行为。综合考虑于欢犯罪的事实、性质、情节和危害后果，对出庭检察员所提对于欢减轻处罚的意见，本院予以采纳；对被害人及其诉讼代理人所提维持原判量刑的意见，本院不予采纳。

四、关于诉讼程序

上诉人于欢提出，本案存在办案机关违反回避规定的情形。经查，被害人杜某2确有亲属在冠县检察机关、政府部门任职，但此事实并非法定的回避事由，本案也不存在刑事诉讼法规定的其他应予回避或移送、指定管辖的情形。故对上述意见，本院不予采纳。

本院认为，上诉人于欢持刀捅刺杜某2等四人，属于制止正在进行的不法侵害，其行为具有防卫性质；其防卫行为造成一人死亡、二人重伤、一人轻伤的严重后果，明显超过必要限度造成重大损害，构成故意伤害罪，依法应负刑事责任。鉴于于欢的行为属于防卫过当，于欢归案后能够如实供述主要罪行，且被害方有以恶劣手段侮辱于欢之母的严重过错等情节，对于欢依法应当减轻处罚。于欢的犯罪行为给上诉人杜某1、许某、李某1、杜某3、杜某4、杜某5、杜某6和原审附带民事诉讼原告人严某、程某造成的物质损失，应当依法赔偿。上诉人杜某1等所提判令于欢赔偿死亡赔偿金、被抚养人生活费的上诉请求于法无据，本院不予支持，对杜某2四名未成年子女可依法救济。原判认定于欢犯故意伤害罪正确，审判程序合法，但认定事实不全面，部分刑事判项适用法律错误，量刑过重，依法应予改判。依照《中华人民共和国刑法》第二百三十四条第二款、第二十条、第六十七条第三款、第六十三条第一款、第六十一条、第三十六条第一款、《中华人民共和国刑事诉讼法》第二百二十五条第一款第三项及《最高人民法院关于适用〈中华人民共和国刑事诉讼法〉的解释》第一百五十五条第一款、第二款的规定，判决如下：

一、驳回上诉人（原审附带民事诉讼原告人）杜某1、许某、李某1、杜某3、杜某4、杜某5、杜某6的上诉，维持山东省聊城市中级人民法院（2016）鲁15刑初33号刑事附带民事判决第二项、第三项、第四项附带民事部分；

二、撤销山东省聊城市中级人民法院（2016）鲁15刑初33号刑事附带民事判决第一项刑事部分；

三、上诉人（原审被告人）于欢犯故意伤害罪，判处有期徒刑五年。（刑期从判决执行之日起计算。判决执行以前先行羁押的，羁押一日折抵刑期一日，即自2016年4月15日起至2021年4月14日止）。

本判决为终审判决。

审　判　长　吴　靖
审　判　员　刘振会
审　判　员　王文兴
二〇一七年六月二十三日
书　记　员　姚颖博
书　记　员　张　坤

5. 褚某健等贪污、巨额财产来源不明案判决书

云南省高级人民法院

刑事判决书

（1998）云高刑初字第1号

公诉机关：云南省人民检察院。

被告人褚某健，男，1928年2月1日生，汉族，高中文化，云南省华宁县人，原系云南玉溪红塔烟草（集团）有限责任公司董事长、总裁，住玉溪卷　烟厂职工宿舍。1997年2月8日因本案被监视居住，同年7月10日被逮捕。现羁押于云南省公安厅看守所。

辩护人马军、罗涛，云南震序律师事务所律师。

被告人罗某军，男，1953年6月13日生，汉族，大专文化，云南省通海县人，原系云南玉溪红塔烟草（集团）有限责任公司总会计师，住玉溪卷烟厂职工宿舍。1997年8月8日因本案被刑事拘留，同年8月22日被逮捕。现羁押于云南省公安厅看守所。

辩护人王北川、何京，云南北川律师事务所律师。

被告人乔某科，男，1938年9月5日生，汉族，硕士研究生文化，云南省晋宁县人，原系云南玉溪红塔烟草（集团）有限责任公司副董事长、副总裁，住玉溪卷烟厂职工宿舍。1997年8月8日因本案被刑事拘留，同年8月22日被逮捕。现羁押于云南省公安厅看守所。

辩护人宦锐，云南东陆律师事务所律师。

云南省人民检察院于1998年8月6日以被告人褚某健犯贪污罪、巨额财产来源不明罪，被告人罗某军、乔某科犯贪污罪后在本院提起公诉。本院受理后，依法组成合议庭，公开开庭审理了本案。云南省

人民检察院检察员朱建伟、毛健谊、郑波出庭支持公诉，被告人褚某健及其辩护人马军、罗涛，被告人罗某军及其辩护人王北川、何京，被告人乔某科及其辩护人宦锐，证人刘某麟等到庭参加诉讼。本案经合议庭评议并报本院审判委员会讨论决定，现已审理终结。

起诉书对被告人褚某健、罗某军、乔某科分别提出三项指控，法庭审理中，控、辩双方针对指控的事实、罪名及相关情节，当庭举证、质证和辩论，三被告人作了最后陈述。综合双方争议及各自理由，本院评判如下：

一、起诉书指控：1993 年至 1994 年，玉溪卷烟厂在下属的香港华玉贸易发展有限公司（简称华玉瓮）存放销售卷烟收入款（也称浮价款）和新加坡卷烟加工利润留成收入款共计 28570748.5 美元。褚某健指使罗某军将该款截留到玉溪卷烟厂和华玉公司的账外存放，并规定由其签字授权后才能动用。1995 年 6 月，褚某健与罗某军、乔某科先后两次策划将这笔款先拿出 300 万美元进行私分。褚某健决定自己要 100 多万美元，给罗某军、乔某科每人 60 万至 70 万美元，华玉公司总经理盛某勇（在逃）、华玉公司副总经理刘某麟（另案处理）也分一点，并把钱存放在新加坡商人钟某欣的账户上。1995 年 7 月 15 日，罗某军身带褚某健签字的四份授权委托书到达深圳，向盛某勇、刘某麟转达了褚某健的旨意，盛某勇、刘某麟亦同意。罗某军在授权委托书上填上转款数额，褚某健为 174 万美元，罗某军 681061 美元，乔某科 68 万美元，盛某勇和刘某麟 45 万美元。罗某军将填好转款数额的授权委托书和向钟某欣要的收款银行账号交给盛某勇，叫盛某勇立即办理。7 月 19 日，盛某勇将 3551061 美元转到钟某欣的账号上。罗某军返回玉溪卷烟厂后，将办理情况报告了褚某健、乔某科。上述款项案发后已追回。

对指控的这一事实，公诉机关当庭宣读和出示了下列证据：

1. 华玉公司的账页，以证明玉溪卷烟厂在华玉公司存放销售卷烟收入款（浮价款）和卷烟加工利润留成款共计28570748.5美元。褚某健等人汇出的3551061美元属上述款项中的一部分。

2. 被告人褚某健、罗某军、乔某科在侦查期间的陈述，以证明三被告人预谋私分美元的经过。

3. 华玉公司的调账凭证，华玉公司副总经理刘某麟记录的调账备注和刘某麟的证言，以证明被告人罗某军持被告人褚某健签字的授权委托书到华玉公司调账的经过。

4. 银行转款凭证和银行收款凭证，以证明从华玉公司汇出款项的时间、金额及收款银行和账号。

5. 新加坡商人钟某欣证言，以证明被告人褚某健等人将款汇到他在香港汇丰银行账户存放的经过。

6. 扣押款项凭证，以证明案发后款项已全部追回。

公诉机关认为，被告人褚某健、罗某军、乔某科利用职务之便，共同私分公款，数额特别巨大，均已构成贪污罪。在共同犯罪中，被告人褚某健提出犯意，起指挥作用，系主犯；被告人罗某军实施转款行为，被告人乔某科参与私分，均系从犯。

被告人褚某健、罗某军、乔某科当庭陈述的事实与指控事实基本一致。被告人褚某健提出，预谋私分美元的数额与指控贪污的数额有出入。

被告人褚某健的辩护人对指控提出三点异议：第一，各证据间反映出的数额与起诉书认定的数额存在矛盾；起诉书认定三被告人各自贪污的美元数额，只有罗某军的供述，没有其他证据证实。第二，三被告人私分的是销售卷烟价款，属账外资金，私分的决定是集体作出的，故应定集体私分国有资产罪，指控贪污的罪名不能成立。第三，款项转到新加坡商人钟某欣账户，被告人并未实际占有，属犯罪未遂。

被告人罗某军的辩护人提出，被告人褚某健指使被告人罗某军将3551061美元从华玉公司账上转到新加坡商人钟某欣在香港的银行账户存放，这一行为只为三被告人私分创造了条件，款项并未按预谋的份额为各人控制，公款的性质没有改变，事后也以玉溪卷烟厂的名义将款全部转回，故三被告人行为属犯罪预备。

被告人乔某科的辩护人提出，被告人乔某科仅有犯意表示，没有实施犯罪行为，也没有实际占有私分的美元，指控其贪污不能成立。

本院认为，指控被告人褚对健、罗某军、乔某科共同私分公款3551061美元的基本事实清楚，基本证据充分，三被告人亦予供认。对争议的数额，本院确认三被告人在预谋私分美元时，商定褚某健为100多万美元，罗某军、乔某科各60万到70万美元，最后实际转款3551061美元的事实。

关于被告人褚某健的辩护人提出应当定集体私分国有资产罪的观点，本院认为，集体私分国有资产罪属单位犯罪，犯罪的主体是单位，犯罪的客观方面表现为单位决定，集体私分。被告人褚某健、罗某军、乔某科以个人非法占有为目的，利用职务上的便利，采用秘密的方式私分公款，既不属单位行为，也不是集体私分，不符合集体私分国有资产罪的基本特征。因此，辩护人的这一意见不予采纳。

关于被告人褚某健的辩护人提出属犯罪未遂的观点，被告人罗某军的辩护人提出属犯罪预备的观点，被告人乔某科的辩护人提出乔某科属犯意表示的观点，本院认为，三被告人主观上有共同私分公款的故意，客观上已将公款从华玉公司的银行账户转到钟某欣的账户，这一过程完成后，玉溪卷烟厂华玉公司都对该款失去了占有和控制，实际支配权在被告人，款项的所有权已被非法侵犯，三被告人的行为符合贪污罪的全部构成要件，属犯罪既遂，故三辩护人的意见均不予采纳。

综上所述，被告人褚某健、罗某军、乔某科利用职务之便，共同私分公款3551061美元（按当日外汇牌价折合人民币28741577元），其行为均已构成贪污罪，且数额特别巨大。在共同犯罪中，被告人褚某健起主要作用，系主犯；被告人罗某军、乔某科系从犯。公诉机关指控的基本事实和罪名成立，本院予以确认。

二、起诉书指控：1995年11月中旬，褚某健指使罗某军将华玉公司账外存放的浮价款银行账户及相关的资料销掉，把剩余的1150多万美元以“支付设备配件款项”的名义全额转出。褚某健决定自己要1150多万美元，并拿给罗某军一个钟某欣提供的用英文打印的银行收款账号，叫罗某军把钱转存到该账户。罗某军在褚某健给的收款账号上注明1156万美元，连同褚某健签字的授权委托书一起带上，到深圳找到华玉公司总经理盛某勇，叫盛某勇立即办理。1996年1月23日，钟某欣提供给褚某健的账户上收到了1156万美元。上述款项案发后已全部追回。

对指控的这一事实，公诉机关当庭宣读和出示了银行转款凭证，银行收款凭证，证人罗某军、刘某麟、钟某欣的证言，以证明被告人褚某健指使罗某军将华玉公司银行账户上的1156万美元转到新加坡商人钟某欣在境外银行开设的账户的过程，被告人褚某健及其辩护人对转款的事实无异议。

被告人褚某健辩解：叫罗某军销掉存放浮价款的银行账户，并把账户上的余款1500多万美元全部转到钟某欣的账户上，是因为即将移交工作，为了掩盖私分355万美元的事实；款转出后是为玉溪卷烟厂支付购买烟丝膨胀设备款，并不是自己要。

辩护人提出，指控褚某健主观上具有非法占有故意的证据不足。

公诉机关针对被告人褚某健的辩解和辩护人的意见，进一步宣读和出示了下列证据：

1. 罗某军证言，证明“褚某健说自己要1150多万美元”；同时证明“褚某健给我一个用英文打印的银行账号用以转款”。

2. 钟某欣证言，证明“褚某健对我说要转一笔款到我账上，向我要个账号……我专门买了个公司，开设了银行账户，把账户提供给褚某健，款转到了这个账户上”。

3. 合同书、付款凭证，证明被告人褚某健辩解的购买烟丝膨胀设备的款项，是由其他途径支付的。

公诉机关认为，上述证据充分证实被告人褚某健主观上具有非法占有的故意，辩解不能成立。因此，被告人褚某健的行为已构成贪污罪。

被告人褚某健认为罗某军、钟某欣的证言均存在重大矛盾，不能作为认定事实的根据。

法庭依法传罗某军出庭作证。罗某军在当庭作证时，证明褚某健说过转出的美元用作赞助款和其他开支。

本院认为，被告人褚某健指使罗某军将华玉公司账户上的1156万美元转到钟某欣在境外的银行账户上，这一事实清楚，双方并无争议。争议的焦点是指控被告人褚某健具有非法占有的主观故意，证据是否充分；争议的实质是被告人褚某健的行为是否具备贪污罪的主观要件，构成贪污罪。经审查：

1. 罗某军的证言不能作为认定事实的根据。罗某军直接实施转款行为，在这一指控中有利害关系，作为证人作证时，证言的内容前后不一，特别是出庭作证的内容与开庭前所作证言有重大变化，在重要情节上自相矛盾，对辩护人提出的质疑不能作出合理解释，没有其他证据相印证，故对罗某军的证言不予采信。

2. 钟某欣的证言亦不能作为证定事实的根据。证言中关于专门为被告人褚某健转款购买公司、开设银行账户一节，经查证，在时间上、用途上均存在矛盾；关于提供给被告人褚某健账号一节，有多种说法，前后不一致，没有其他证据相印证，故对钟某欣的证言不予采信。

3. 公诉机关出示的合同书、付款凭证等证据仅能证明购买烟丝膨胀设备的款没有从转出的1156万美元中支付，不能直接证明被告人褚某健非法占有的故意。由于罗某军、钟某欣的证言不予采信，指控证据不能相互印证，形成锁链。

依照刑事诉讼法的规定，刑事诉讼中，控方同有提供证据证实犯罪的责任，证据不充分，指控不能成立。该指控中，证据反映出被告人褚某健转款行为的主观故意，同时存在非法占有、购买设备或其他目的的可能性，不具有充分的排他性，因此，指控被告人褚某健贪污1156万美元证据不充分，本院不予确认。

三、起诉书指控：1995年8月至1998年7月，洛阳市公安局和云南省人民检察院在侦查本案过程中，先后在云南省昆明市、玉溪市和河南省偃师市等地，扣押、冻结了褚某健的货币、黄金制品、房屋以及其他贵重物品等财产，共折合人民币521万元，港币62万元。对此，褚某健能说明其合法收入来源经查证属实的为人民币118万元。其余财产计人民币403万元，港币62万元，褚某健不能说明其合法来源。经查证，也无不法来源的根据。

对指控的这一事实，公诉机关当庭出示和宣读了扣押的存款单18份，黄金制品82件，“劳力士”金表2块，港币23万元，人民币9200元，商品房4套的照片、购房协议、付款凭证及房产价值鉴定书，证人马某芳、马某衡、马某芬、李某云、喻某等人的证言，以及被告人褚某健合法收入的相关证明等。

公诉机关认为，被告人褚某健对其巨额财产明显超过合法收入的部分，不能说明其合法来源，经查证也无合法来源的根据，其行为已构成巨额财产来源不明罪。

被告人褚某健对指控证据无异议，但提出上述财产中有一部分是外商赠与的。

辩护人提出对被告人褚某健夫妇的共同财产中其妻子的合法财产应予扣除。

公诉机关针对被告人褚某健及辩护人的异议，进一步说明，被告人褚某健对辩解的外商赠与，未能准确地陈述事实，也未能提供外商姓名、住址等查证线索，不能查证属实，辩解不能成立。对被告人褚某健夫妇的共同财产中其妻子的合法财产，起诉书认定时已作扣除。

本院认为，依照法律规定，被告人褚某健对其财产明显超过合法收入的部分负有说明的责任。被告人褚某健的说明和辩解没有可供查证的事实予以证明，其辩解不能成立。公诉机关的指控事实清楚，证据充分，罪名成立，本院予以确认。

此外，公诉机关还认定，被告人褚某健有自首和重大立功表现，被告人罗某军有立功和重大立功表现，并当庭出示了相关证据。

被告人褚某健、罗某军、乔某科及其辩护人对上述认定均无异议。

被告人褚某健的辩护人提出，褚某健对玉溪卷烟厂的发展和全省的经济发展作出过重大贡献，量刑时应充分考虑被告人褚某健的功劳，从宽处理。

被告人乔某科的辩护人提出，乔某科具有自首情节，过去曾对玉溪卷烟厂的发展作出较大贡献，应考虑从宽处理。

公诉机关针对辩护人提出的观点认为，被告人褚某健以及乔某科确实对玉溪卷烟厂作出重要贡献，但功不能抵刑，在法律适用上人人平等。被告人乔某科是在侦查机关已经掌握犯罪事实并向其讯问的情况下供述犯罪，不能以自首论。

本院审查认为：被告人褚某健因涉嫌其他犯罪被采取强制措施期间，在司法机关尚未完全掌握被告人褚某健、罗某军、乔某科共同贪污3551061美元的事实前，交代了这一犯罪事实，应按自首论；在侦查期间，检举他人重大犯罪线索，经查证属实，有重大立功表现。被告人罗某军在侦查期间检举他人侵占公共财产线索，但检举的事实未按刑事追究，立功不能成立；关于重大立功表现，指被告人罗某军检举被告人褚某健贪污1156万美元的重大犯罪事实，因对被告人褚某健的这一指控本院不予确认，故被告人罗某军重大立功表现亦不能成立，但该行为使检察机关及时追回流失在境外的巨额国有资产，可在量刑时作为酌定从轻情节。被告人乔某科在同案人已经向检察机关供述了共同犯罪事实后，侦查人员向其询问时作如实供述，不属主动投案，自首不能成立，可作为认罪态度较好的情节，酌定从轻。

关于辩护人提出的被告人褚某健以及乔某科曾对玉溪卷烟厂作出重大贡献，应从轻处罚的辩护意见，本院认为，被告人褚某健以及乔某科在担任玉溪卷烟厂领导期间，为“玉烟”发展作出了贡献，对此，党和政府给予了政治上、物质上的荣誉和待遇，但无论功劳多大，都不因此而享有超越法律的特权。在法律面前人人平等，任何公民犯罪都应依法受到刑事追究。《中华人民共和国刑法》第六十一条规定，对于犯罪分子决定刑罚的时候，应当根据犯罪的事实、犯罪的性质、情节和对于社会的危害程度，依照本法的有关规定判处。被告人褚某健以及乔某科利用职务之便侵吞公款，数额特别巨大，属情节特别严重，这是被告人承担刑事责任的基础，确定刑罚必须与所犯的罪行相适应。至于被告人的历史表现反映出的主观方面的情节，可在量刑时酌情考虑。

综上所述，本院认为，被告人褚某健、罗某军、乔某科利用职务之便，私分公款3551061美元，折合人民币约2870万元，其行为均已构成贪污罪，且数额特别巨大，情节特别严重。被告人褚某健在共同犯罪中起决定、组织的作用，系主犯，应对组织、参与的全部犯罪负责，理应依法判处死刑。但鉴于其有自首和重大立功表现，以及赃款全部追回，经济损失已被挽回和其他情节，依法应当减轻处罚。被告人褚某健同时犯有巨额财产来源不明罪，依法应当数罪并罚。被告人罗某军积极参与犯罪，具体实施转款行为，作用明显，但鉴于其系从犯，案发后如实供述犯罪事实，并揭举他人的违法事实，认罪态度较好等情节，依法可以减轻处罚。被告人乔某科受邀约参与犯罪，系从犯，在共同犯罪活动中情节较轻，案发后如实供述犯罪事实，认罪态度较好，依法可以减轻处罚。据此，本院为保护公共财产不受侵犯，维护社会主义经济秩序，严惩严重经济犯罪，根据本案各被告人犯罪的事实，犯罪的性质、情节和对社会的危害程度，依照《中华人民共和国刑法》第十二条、第三百八十二条第一款、第三百八十三条第一款第一项、第二十六条第一款及第四款、第二十七条、第五十七条第一款、第六十七条、第六十八条、第六十九条和《全国人大常委会关于惩治贪污罪贿赂罪的补充规定》第十一条第一款之规定，判决如下：

一、被告人褚某健犯贪污罪，判处无期徒刑，剥夺政治权利终身，并处没收财产人民币20万元；犯巨额财产来源不明罪，判处有期徒刑五年；数罪并罚，决定执行无期徒刑，剥夺政治权利终身，并处没收财产人民币20万元。

二、被告人褚某健巨额财产中明显超过合法收入的差额部分，价值人民币403万元，港币62万元的财产依法没收。

三、被告人罗某军犯贪污罪，判处有期徒刑十四年，并处没收财产人民币13万元。

四、被告人乔某科犯贪污罪，判处有期徒刑五年，并处没收财产人民币5万元。

如不服本判决，可在接到判决书的第二日起十日内，通过本院或者直接向中华人民共和国最高人民法院提出上诉。

审 判 长　郑蜀饶
审 判 员　田　波
审 判 员　吕新华
审 判 员　张迎宪
代理审判员　黄为华
人民陪审员　倪慧芳
人民陪审员　杨润新
一九九九年一月九日
书 记 员　庆　文
书 记 员　顾　蕊

6. “狼牙山五壮士”名誉侵权案二审判决书

北京市第二中级人民法院

民事判决书

（2016）京02民终6272号

上诉人（原审被告）洪某快，男，1974年10月28日出生。

委托代理人周泽，北京泽博律师事务所律师。

被上诉人（原审原告）葛某生，男，1952年9月21日出生。

委托代理人赵小鲁，北京市赵晓鲁律师事务所律师。

委托代理人王立华，男，1955年9月5日出生，原总参政治部退休干部，现任保定狼牙山红色文化发展研究会副会长，住北京市西城区。

上诉人洪某快因与被上诉人葛某生名誉权、荣誉权纠纷一案，不服北京市西城区人民法院（2015）西民初字第27841号民事判决，向本院提起上诉。本院于2016年7月13日立案后，依法组成合议庭，公开开庭进行了审理。上诉人洪某快及其委托代理人周泽，被上诉人葛某生之委托代理人赵小鲁、王立华到庭参加诉讼。本案现已审理终结。

2015年8月，葛某生起诉至一审法院称：2013年8月27日，张姓网民在网络公开发表歪曲狼牙山五壮士的言论，造成不良的社会影响。经公安机关侦查，张姓网民承认自己虚构信息、散布谣言的违法事实，公安机关依法对其予以行政拘留7日。2013年9月9日，洪某快针对上述事实，在财经网公开发表《小学课本〈狼牙山五壮士〉有多处不实》一文，称“越秀警方以虚构信息、散布谣言的罪名直接抓人，这开了一个谈论历史有可能获罪被抓的先河”。该文迅即被多个网站转载。其后，洪某快又在《炎黄春秋》2013年第11期杂志上发表了《“狼牙山五壮士”的细节分歧》一文。该文不顾狼牙山五壮士英勇抗击日寇，为掩护老百姓和主力部队转移，主动将日寇引上与主力部队撤退方向相反的山峰绝路，且战且退，直至退至狼牙山绝顶，最后弹尽毁枪，高呼口号，英勇跳崖，慷慨就义的事实，而是用隐晦阴暗的手法，通过所谓考据历史名义或者假借网民、红卫兵之口等手段，引用不同信息来源细节表述上的微小差异，以断章取义、主观推断和故意误导等方式，污蔑、抹黑狼牙山五壮士。其言：狼牙山五壮士不是五个人，是六个人，其中一人中途当了汉奸；五壮士不是掩护老百姓和主力部队，只是追赶主力部队；五壮士不是跳崖，其中二人是溜下山坡；五壮士战斗期间拔地里萝卜，违反三大纪律等。洪某快的微博和文章言论，肆意抹黑狼牙山五壮士，在社会上产生了恶劣的负面影响。

葛某生认为，狼牙山五壮士的英雄事迹，早在抗日战争年代就广为流传。1943年，晋察冀军区授予五名战士“狼牙山五壮士”荣誉称号。狼牙山五壮士，是中国人民解放军的英雄，是中国共产党的英雄，是中华民族的英雄。狼牙山五壮士的英名，决不允许侮辱诽谤。侮辱诽谤狼牙山五壮士英雄名誉，就是侮辱诽谤中国人民解放军，侮辱诽谤我们社会主义国家，侮辱诽谤我们中华民族。洪某快以历史细节考据、学术研究为幌子，以细节否定英雄，企图达到抹黑狼牙山五壮士英雄形象和名誉，进而否定中国革命斗争史，否定共产党领导和社会主义道路的历史必然性，是典型的历史虚无主义手法，也是近几年，一股历史虚无主义的阴暗势力，系统抹黑中华民族英雄计划的一部分。

葛某生依据《中华人民共和国宪法》第三十八条“中华人民共和国公民的人格尊严不受侵犯。禁止用任何方法对公民进行侮辱、诽谤和诬告陷害”之规定和《中华人民共和国侵权责任法》等相关法律及司法解释的规定提起如下诉讼请求：1. 判令洪某快立即停止侮辱、诽谤、侵犯葛振林等狼牙山五壮士的民族英雄名誉；2. 判令洪某快在其新浪微博上公开道歉，并在《人民日报》《解放军报》《中国日报》、人民网、新浪网、搜狐网、财经网公开向葛某生赔礼道歉，消除影响，并向葛振林等狼牙山五壮士在天英灵登报谢罪。

洪某快在其参加的一审庭前会议及庭审过程中，针对葛某生的起诉内容，辩称：洪某快不能确定葛某生与葛振林的关系。如果葛某生不是葛振林之子，其不具备诉讼主体资格。王立华与保定狼牙山红色文化发展研究会（以下简称研究会）没有任何法律关系，其作为葛某生委托代理人，不符合民事诉讼法的相关规定，其代理资格应认定无效。葛某生的第一项诉讼请求没有事实根据，洪某快所发表的文章是学术文章，没有侮辱性的言词，且这些文章每一个事实的表述都有相应的根据，而不是自己凭空捏造或者歪曲了史实，不构成侮辱和诽谤。葛某生在起诉书中也没有指出洪某快发表的文章哪一处不真实，哪一处有侮辱性的语言，因此不构成对葛某生名誉权的侵害。进行历史研究的目的是探求历史真相，行使的是宪法赋予公民的思想自由、学术自由、言论自由权利，任何人无权剥夺。针对葛某生的第二项诉讼请求，洪某快认为，只有建立在洪某快发表的文章存在侮辱、诽谤侵权的情形下，才可能产生侵权的后果，由于洪某快发表的文章不存在侮辱和诽谤，因此不存在向谁道歉的问题。葛某生要求洪某快向五壮士在天英灵登报谢罪的诉讼请求，没有任何法律根据。葛某生起诉书中所述事实和理由，是一种意识形态领域观点的表达，更多的是对洪某快写作目的、写作动机的一厢情愿的推断和主观臆测，没有事实依据。洪某快不同意葛某生的全部诉讼请求。

一审法院认定的事实为：葛振林、宋学义分别曾系八路军晋察冀军区第一军分区一团二营七连六班副班长和战士。

1940 年秋，我八路军发起了著名的“百团大战”，晋察冀边区军民积极参战，粉碎了华北日军对我八路军的“囚笼”政策。日军战略后方产生极大恐慌，其迅速灭亡中国的阴谋破产。为巩固其所谓战略后方，从1941年起，驻华北日军司令长官冈村宁次多次组织日伪军对我易县、涞源、涞水等抗日根据地进行报复性扫荡。1941年9月下旬，驻华北日军高见部纠集3500名日伪军，完成了对我狼牙山根据地的铁壁合围，在包围圈中，有当地群众和部分政府机关人员、八路军部分非战斗人员4万人左右，战斗部队仅有一团七连。9月23日，日伪军占领易县塘湖、南淇村、北淇村，并开始屠杀我抗日军民。如日伪军合围进击成功，4万抗日军民的生死难以预料。

在这生死关头，我晋察冀军区第一军分区×××将军于9月24日急令一分区二十团，穿过上、下隘刹村两个村子，突然向南管头村的日伪军发起猛烈攻击。同时命令三团猛攻北管头村和松山村的日伪军。在北边碾子台、九莲山一带的日伪军，以为八路军的主力在管头村方向，急忙回援。由于×××将军“围魏救赵”战术的成功，九莲山至沙岭子一带出现了大约二十里宽的口子，为被围困在狼牙山上的4万多抗日军民提供了难得的突围良机。

为了掩护被围军民的突围，一团团长邱蔚命令七连在狼牙山阻击由南向北进攻的日伪军。9月25日，七连接到任务后，立即派班长马宝玉率六班的葛振林、胡福才、胡德林、宋学义和机枪班的两名战士，利用狼牙山的险要地形正面阻击敌人。狼牙山战斗由此打响。

从9月25日早上开始，五壮士在七连其他战友们的配合下，利用狼牙山极为险要的地形，与日伪军展开了殊死战斗。他们利用机枪、步枪、手榴弹、地雷、滚石，在石门口、阎王鼻子（袖筒沟）大量杀死杀伤日伪军，最后且战且走，退至棋盘岭与七连主力会合。

为了保证被围军民的全部突围，七连全体官兵在棋盘岭与日军展开了更为惨烈的战斗。日军优势炮火打得山石横飞，硝烟弥漫。七连顽强抵抗，誓死不退，利用有利地形，令日军尸积沟梁，损失惨重。

激战数小时后，七连伤亡过半，连长刘福山负伤。在完成上级交给的掩护突围的任务后，指导员蔡展鹏决定率七连主动转移。为掩护七连主力和剩余干部群众转移，六班班长马宝玉再次率全班请战。

指导员蔡展鹏批准了马宝玉的请求。七连撤出棋盘岭至老道庵小横岭以南后，六班立即在老道庵山口设伏，掩护部队和其他群众转移。日军冲过棋盘岭至三岔路口后，马宝玉为引诱敌人，防止其向部队转移方向追击，命令全体战士用机枪、步枪一起向敌人开火。猛烈的火力使日军以为八路军一团主力在老道庵山口，便直接向老道庵山口扑来。伴随着地雷、手榴弹的爆炸，激烈机枪、步枪的火力，又一批敌人倒下。

为保证转移部队更为安全，马宝玉与其他四位战友边打边撤，引诱敌人往牛角壶、大、小莲花峰方向前进。已经打红眼的日军紧追不放。五壮士又在牛角壶利用有利地形与日军展开了激战。激战中，又有一批日军被地雷、石头、手榴弹、子弹击中，或倒在狭窄的山道边，或滚落在深不见底的悬崖下。随后，五壮士边打边退，顺着盘陀路上了小莲花峰。至此，五壮士已经弹尽，且无路可退。面对已上峰顶的敌人，五壮士临危不惧，砸毁枪支，高呼口号，在各自抗击日军处跳下悬崖。跳崖后，马宝玉、胡福才、胡德林英勇献身，葛振林、宋学义因跳崖方向有小树、灌木，在山腰被挂住获救。

狼牙山五壮士的英雄事迹发生后，晋察冀军区政治部发布训令并决定："一、在每次战斗中，高度发扬英勇顽强的搏斗精神，以战斗的胜利纪念他们。二、在烈士牺牲的地点建纪念碑，并命名为狼牙山三烈士碑。三、决定将马宝玉等烈士作为一团模范连七连的荣誉战士，每逢纪念日点名时，首先应由荣誉战士点起。四、对光荣负伤的葛振林、宋学义两位同志，除通令嘉奖外，并各赠荣誉奖章一枚。"1941年11月5日，《晋察冀日报》刊登名为《棋盘陀上的五个"神兵"》的通讯，对狼牙山五壮士的事迹进行报道。狼牙山五壮士的英雄事迹自此被广泛传播、颂扬。

中华人民共和国成立后，五壮士的事迹被编入义务教育教科书，五壮士被人民视为当代中华民族抗击外敌入侵的民族英雄。宋学义于1971年去世，1979年被追认为革命烈士。葛振林先后获得“民族英雄勋章”“解放勋章”和“红星功勋荣誉章”。

2013年8月27日，新浪微博网民张广红发布信息称，“狼牙山五壮士实际上是几个土八路，当年逃到狼牙山一带后，用手中的枪欺压当地村民，致当地村民不满。后来村民将这5个人的行踪告诉日军，又引导这5个人向绝路方向逃跑……”网民张广红被抓获后，承认自己虚构信息、散布谣言的违法事实，被警方依法行政拘留7日。

2013年9月9日，时任《炎黄春秋》杂志社执行主编的被告洪某快在财经网发表《小学课本〈狼牙山五壮士〉有多处不实》一文。文中写道：据《南方都市报》2013年8月31日报道，广州越秀警方于8月29日晚间将一位在新浪微博上“污蔑狼牙山五壮士”的网民抓获，以虚构信息、散布谣言的罪名予以行政拘留7日。所谓“污蔑狼牙山五壮士”的“谣言”其来有自。据媒体报道，该网友实际上是传播了2011年12月14日百度贴吧里一篇名为《狼牙山五壮士真相原来是这样!》的帖子的内容，该帖子说五壮士“5个人中有3个人是当场被打死的，后来清理战场时把尸体丢下悬崖。另外两个人当场被活捉，只是后来不知道什么原因又从日本人手上逃了出来”。

2013年11月8日，洪某快在《炎黄春秋》杂志发表了其本人撰写的《“狼牙山五壮士”的细节分歧》一文。该文分为几个部分，分别为“在何处跳崖”“跳崖是怎么跳的”“敌我双方战斗伤亡”“‘五壮士’是否拔了群众的萝卜”。文章通过援引不同来源、不同内容、不同时期的报刊资料等，对狼牙山五壮士事迹中的细节提出质疑。文中写道：“当我们深入‘狼牙山五壮士’有关叙述的细节时，就会发现上述人员在不同时间、不同场合下的陈述存在诸多相互矛盾之处。而对于同一件事，相互矛盾的描述可能都不符合事实，也可能有一个符合事实，但不可能同时都符合事实。”关于跳崖地点，洪某快在文中写道：“训令和《神兵》给人造成的印象，是五壮士在棋盘陀顶峰跳下了‘万丈’或‘二十丈’的悬崖，三人在沟底成了‘三堆血肉’，‘壮烈殉国’，而两人‘给树枝挂在半空’，‘光荣负伤’，这也正是壮烈的狼牙山五壮士故事的核心所在。……可是按照1957年7月15日出版的《红旗飘飘》第2集刊出了葛振林的口述，最后跳崖的地方并不是在棋盘陀顶峰。”关于“跳崖是怎么跳的”，洪某快在文中写道：“‘狼牙山五壮士’的核心情节是跳崖，训令和《神兵》对跳崖的细节都不明确……‘文革中’红卫兵对此表示怀疑……实际上，从1957年刊出的葛振林自己的口述中，也是可以印证‘溜’的说法。……后来，葛振林又有新的说法。根据在葛振林《狼牙山跳崖那悲壮的一幕》回忆，似乎跳下去后也不是‘溜’，而是在树间‘窜’。”关于“五壮士”是否拔了群众的萝卜，洪某快在文中写道：“葛振林说：‘刚才忙着打仗倒不觉得，这会歇下来，才觉得又饿又渴……正巧山地里有些散种的萝卜，我们顾不得了，每人拔个吃着……’”

一审法院还查明，葛某生与葛振林系父子关系，葛某生提供了中国人民解放军湖南省衡阳警备区离职干部休养所出具的《证明》，其中载明，“我部原离休干部葛振林……育有四子，无女儿，姓名分别为葛某生（身份证号×××）……”经一审法院核实，该居民身份证号码与葛某生立案时在湖南省衡阳市雁城公证处公证的本人身份证号码一致。

一审中，研究会推荐王立华为葛某生的委托代理人。经一审法院调查，王立华、葛某生于2015年3月15日被研究会（社会团体）增补为副会长，会议记录、社会团体负责人备案表等相关材料已于2016年1月22日在该社会团体所在地河北省保定市民政局备案。

一审法院受理本案后，依法组成合议庭，公开开庭进行了审理。

葛某生之委托代理人赵小鲁、王立华，洪某快到庭参加了诉讼。洪某快在诉讼中委托北京泽博律师事务所律师周泽和北京市汉鼎联合律师事务所律师张庆方作为其委托代理人。庭审中，洪某快解除了与周泽、张庆方的委托代理关系，并未经法庭许可中途退庭。一审法院依法缺席审理。

一审法院认为：1941 年 9 月 25 日，在易县狼牙山发生的狼牙山战斗，是被大量事实证明的著名战斗。在这场战斗中，狼牙山五壮士英勇抗敌的基本事实和舍生取义的伟大精神，赢得了全中国人民高度认同和广泛赞扬，是五壮士获得"狼牙山五壮士"崇高名誉和荣誉的基础。我国法律规定，公民享有名誉权、荣誉权，禁止用侮辱、诽谤等方式损害公民的名誉、荣誉等民事权益。公民的姓名、肖像、名誉、荣誉受到侵害的，相关当事人有权要求侵权人停止侵害，恢复名誉，消除影响，赔礼道歉，并可以要求赔偿损失。

根据双方当事人诉辩主张及理由，本案的争议焦点概括起来涉及以下法律问题：一、葛某生是否是本案适格的原告？二、王立华作为葛某生委托代理人代理资格是否有效？三、洪某快发表的《小学课本〈狼牙山五壮士〉有多处不实》《"狼牙山五壮士"的细节分歧》等案涉文章是否构成名誉侵权，如构成名誉侵权，应如何承担侵权责任？

一、关于葛某生是否是本案适格原告的问题。《中华人民共和国民事诉讼法》第一百一十九条第（一）项规定，原告是与本案有利害关系的公民、法人和其他组织。《最高人民法院关于确定民事侵权精神损害赔偿责任若干问题的解释》第三条规定，自然人死亡后，其近亲属因侮辱、诽谤、贬损、丑化或者违反社会公共利益、社会公德的其他方式侵害死者姓名、肖像、名誉、荣誉的，有权向人民法院提起诉讼。《最高人民法院关于适用〈中华人民共和国民事诉讼法〉的解释》第六十九条规定，对侵害死者遗体、遗骨以及姓名、肖像、名誉、荣誉、隐私等行为提起诉讼的，死者的近亲属为当事人。由此可知，死者的近亲属有权就侵害死者名誉、荣誉等行为提起民事诉讼，死者的近亲属是正当当事人。具体到本案，根据中国人民解放军湖南省衡阳警备区离职干部休养所提供的证明材料以及公证书等证据可以认定，葛振林与葛某生系父子关系，葛振林系狼牙山五壮士之一，其已去世，葛某生作为近亲属有权就侵害葛振林名誉、荣誉的行为提起民事诉讼，葛某生作为本案原告适格。因此，洪某快对本案原告葛某生主体资格提出的异议不能成立。

二、关于王立华是否具有葛某生委托代理人的代理资格问题。根据《中华人民共和国民事诉讼法》第五十八条第二款第（三）项之规定，当事人所在社区、单位以及有关社会团体推荐的公民可以被委托为诉讼代理人。根据葛某生提供的相关材料，葛某生、王立华已于2015年3月被补选为研究会副会长，会议记录、社会团体负责人备案表等资料已交当地民政部门登记备案。法院经调查后，对上述材料的真实性予以认定。研究会作为社会团体，推荐王立华为葛某生的委托代理人，符合《最高人民法院关于适用〈中华人民共和国民事诉讼法〉的解释》第八十七条和第八十八条的相关规定，故法院认定，王立华具有葛某生委托代理人的代理资格。

三、洪某快发表的案涉文章是否构成名誉侵权是本案的核心问题。对此，法院分析如下：

关于案涉文章侵害的权益是否受法律保护问题。《中华人民共和国民法通则》第一百零六条第二款规定，公民、法人由于过错侵害国家的、集体的财产，侵害他人财产、人身的，应当承担民事责任。《中华人民共和国侵权责任法》第二条规定，侵害民事权益，应当承担侵权责任。从上述法律规定来看，我国现行法关于侵权的客体范围包含了权利和利益。《最高人民法院关于确定民事侵权精神损害赔偿责任若干问题的解释》第三条规定，自然人死亡后，他人仍不得以侮辱、诽谤、贬损、丑化或者违反社会公共利益、社会公德的方式，侵害死者的姓名、肖像、名誉、荣誉。由此可知，自然人死亡后，其生前人格利益仍然受法律的保护。

从本案涉及的事实来看，案涉文章涉及的人物之一是葛某生的父亲葛振林。1941 年 10 月 18 日，时任晋察冀军区司令员兼政治委员的×××签发训令，对宁死不屈、光荣殉国的马宝玉、胡德林、胡福才三位烈士及跳崖负伤的葛振林、宋学义两位同志予以表彰，并号召全体指战员学习。之后，几十年中，“狼牙山五壮士”这一称号在全军、全国人民中广泛传播，获得了普遍的公众认同，成为全军、全国人民学习的榜样和楷模。从这些英雄人物的角度看，他们的英雄事迹反映了他们不怕牺牲、宁死不屈、英勇抗敌的精神。“狼牙山五壮士”的英雄称号，既是国家及公众对他们作为中华民族的优秀儿女在反抗侵略、保家卫国作出巨大牺牲的褒奖，也是他们应当获得的个人名誉和个人荣誉。

不仅如此，“狼牙山五壮士”是中国共产党领导的八路军在抵抗日本帝国主义侵略伟大斗争中涌现出来的英雄群体，是中国共产党领导的全民抗战并取得最终胜利的重要事件载体。这一系列英雄人物及其事迹，经由广泛传播，在抗日战争时期，成为激励无数中华儿女反抗侵略、英勇抗敌的精神动力之一；成为人民军队誓死捍卫国家利益、保障国家安全的军魂来源之一；在和平年代，狼牙山五壮士的精神，仍然是我国公众树立不畏艰辛、不怕困难、为国为民奋斗终生的精神指引。这些英雄人物及其精神，已经获得全民族的广泛认同，是中华民族共同记忆的一部分，是中华民族精神的内核之一，也是社会主义核心价值观的重要内容。而民族的共同记忆、民族精神乃至社会主义核心价值观，无论是从我国的历史看，还是从现行法上看，都已经是社会公共利益的一部分。

在此意义上，案涉文章侵害的不仅仅是葛振林个人的名誉和荣誉，并且侵害的是由英雄人物的名誉、荣誉融入的社会公共利益。

关于案涉文章是否实施了加害行为的问题。《中华人民共和国民法通则》第一百零一条规定，公民、法人享有名誉权，公民的人格尊严受法律保护，禁止用侮辱、诽谤等方式损害公民、法人的名誉。《最高人民法院关于贯彻执行〈中华人民共和国民法通则〉若干问题的意见（试行）》第一百四十条将侵害名誉权的行为类型，确定为“宣扬他人的隐私，或者捏造事实公然丑化他人人格，以及用侮辱、诽谤等方式”。《最高人民法院关于审理名誉权案件若干问题的解答》之七、之八规定的行为类型包括“侮辱或者诽谤”、“新闻报道严重失实”或者撰写、发表的批评文章“基本内容失实”等。《最高人民法院关于确定民事侵权精神损害赔偿责任若干问题的解释》第三条则规定“以侮辱、诽谤、贬损、丑化或者违反社会公共利益、社会公德的其他方式”等行为类型。法院认为：第一，上述法律或司法解释关于行为类型的规定，是列举式的而非穷尽式的。这一点，上述法律或司法解释规定中的“等”字，可以说明。第二，侵害名誉或者名誉权的行为通常表现为侮辱、诽谤，但不以此为限，它还包括“贬损、丑化或者违反社会公共利益、社会公德的方式”以及其他行为类型。第三，进一步说，前述法律和司法解释所规定的行为类型的具体表现形态，应当根据侵权行为方式的变化而变化。只有这样，才能让法律更好地保护公民的人格权益不受非法侵害。

具体到本案，洪某快发表的《小学课本〈狼牙山五壮士〉有多处不实》《“狼牙山五壮士”的细节分歧》两篇文章，其所描述的主要内容是对我国抗日战争史中的狼牙山五壮士英雄事迹的解构。案涉文章具有如下特征：狼牙山五壮士在狼牙山战斗中所表现的英勇抗敌的事迹和舍生取义的精神这一基本事实，案涉文章自始至终未作出正面评价。而是以考证“在何处跳崖”“跳崖是怎么跳的”“敌我双方战斗伤亡”以及“‘五壮士’是否拔了群众的萝卜”等细节为主要线索，通过援引不同时期的材料、相关当事者不同时期的言论，全然不考虑历史的变迁、各个材料所形成的时代背景以及各个材料的语境。在无充分证据的情况下，案涉文章多处作出似是而非的推测、质疑乃至评价。法院认为，尽管案涉文章无明显侮辱性的语言，但洪某快采取的行为方式却是，通过强调与基本事实无关或者关联不大的细节，引导读者对“狼牙山五壮士”这一英雄人物群体英勇抗敌事迹和舍生取义精神产生质疑，从而否定基本事实的真实性，进而降低他们的英勇形象和精神价值。洪某快的行为方式符合以贬损、丑化的方式损害他人名誉和荣誉权益的特征。洪某快主张其行为方式不符合侮辱、诽谤特征就不构成名誉侵权的抗辩理由于法无据，法院不予支持。

在损害后果上，案涉文章经由互联网传播，已经在全国范围内产生了较大的影响。这一点，从案涉文章所引发的后果即可明知，它们不仅损害了葛某生之父葛振林的名誉及荣誉，而且伤害了葛某生的个人感情，在一定范围和程度上伤害了社会公众的民族和历史情感。如前所述，在我国，由于“狼牙山五壮士”的精神价值已经内化为民族精神和社会公共利益的一部分，因此，也损害了社会公共利益。

除此之外，洪某快在主观方面存在过错。通常情形下，侵害名誉或者名誉权案件中的过错，是指明知或应当预见到其行为造成他人社会评价降低的后果而仍然为之或认为仍可避免的主观状态。在侵害名誉或者名誉权益的案件中，对行为人主观过错的认定往往依据通常人的认知并辅之以社会常识、行为人的职业或专业及控制危险的成本等客观因素加以判断。

本案中，洪某快作为生活在中国的一位公民，对“狼牙山五壮士”的历史事件所蕴含的精神价值，应当具有一般公民所拥有的认知。对“狼牙山五壮士”及其所体现的民族精神和民族感情，应当具有通常成年人所具有的体悟。尤其是作为具有一定研究能力和能够熟练使用互联网工具的人，更应当认识到案涉文章的发表及其传播将会损害到“狼牙山五壮士”的名誉及荣誉，也会对其近亲属造成感情和精神上的伤害，更会损害到社会公共利益。在此情形下，洪某快有能力控制文章所可能产生的损害后果而未控制，仍以既有的状态发表，在主观上显然具有过错。

一审法院也注意到，除了前述构成要件之外，本案的裁判结果尚涉及洪某快的言论自由问题，这也是洪某快在本案中提出的主要抗辩理由。依法保护当事人的言论自由是我国现行法律的明确规定，也是本案裁判需要考虑的重要因素之一。从民法的角度看，表达自由已经成为民事主体一般人格尊严的重要内容。案涉文章在形式上表现为学术文章，判断其是否构成侵权将涉及洪某快的言论自由。但是，也要看到，言论自由并非没有边界，如果超出合理的限度，则会侵害他人的合法权益以及更为重要的社会公共利益。

一审法院认为，学术自由、言论自由以不侵害他人合法权益、社会公共利益和国家利益为前提。这是我国宪法所确立的关于自由的一般原则，是为言论自由和学术自由所划定的边界。任何公民在行使言论自由、学术自由及其他自由时，都负有不得超过自由界限的法定义务。这是法治国家和法治社会对公民的基本要求，也是任何一个公民应当承担的社会责任。本案中，"狼牙山五壮士"及其事迹所凝聚的民族感情和历史记忆以及所展现的民族精神，是当代中国社会主义核心价值观的重要来源和组成部分，具有巨大的精神价值，也是我国作为一个民族国家所不可或缺的精神内核。对"狼牙山五壮士"名誉的损害，既是对葛某生之父葛振林的名誉、荣誉的损害，也是对中华民族的精神价值的损害。洪某快完全可以在不损害五壮士名誉、荣誉和社会公共利益的前提下，自由地进行学术研究和自由发表言论，包括对狼牙山战斗的某些细节进行研究，但洪某快却未采用这种方式，而是通过所谓的细节研究，甚至与网民张某红对狼牙山五壮士的污蔑性谣言相呼应，质疑五壮士英勇抗敌、舍生取义的基本事实，颠覆五壮士的英勇形象，贬损、降低五壮士的人格评价。这种"学术研究"

“言论自由”不可避免地会侵害五壮士的名誉、荣誉，以及融入了这种名誉、荣誉的社会公共利益。因此，洪某快以侵害他人合法权益和社会公共利益的言论自由，作为其侵权责任的抗辩理由，法院不予支持。

最后，由于洪某快的行为侵害了葛某生之父葛振林的名誉和荣誉，应当承担相应的侵权责任。现葛某生要求洪某快立即停止侵犯葛振林等狼牙山五壮士的民族英雄名誉，及要求洪某快在网站、媒体公开向葛某生赔礼道歉、消除影响等诉讼请求于法有据，根据《中华人民共和国侵权责任法》第十五条的规定，应予支持。关于赔礼道歉及消除影响的范围和持续时间，由法院根据侵权言论造成不良影响的范围予以认定。

至于葛某生诉请洪某快向葛振林等狼牙山五壮士在天英灵登报谢罪的诉讼请求问题，从我国的现行法上看，其实质仍然是请求洪某快赔礼道歉、消除影响，该请求已被葛某生的第一项诉讼请求所吸收，法院不再单独处理。

庭审中，洪某快未经法庭许可中途退庭，应视为其自行放弃了当庭进行答辩、举证、质证等诉讼权利。

据此，一审法院于2016年6月判决：一、洪某快立即停止侵害葛振林名誉、荣誉的行为；二、判决生效后三日内，洪某快公开发布赔礼道歉公告，向葛某生赔礼道歉，消除影响。该公告须连续刊登五日，公告刊登媒体及内容需经法院审核，逾期不执行，法院将在相关媒体上刊登判决书的主要内容，所需费用由洪某快承担。

洪某快不服一审判决，提起上诉，请求二审法院撤销原判，驳回葛某生的所有诉讼请求，或者发回重审。事实和理由：1. 一审判决查明的狼牙山战斗事实存在错误。根据《冈山步兵第百十联队史》等史料，训令等文件关于作战对象、被困军民四万人突围、敌军死伤情况等的描述全系撒谎，是虚假战绩；葛振林荣誉的获得，与其撒谎有关，存在重大瑕疵，是不当得利，不能将其所得荣誉视为理所应当并竭力维护；葛振林欺骗组织，夸大战绩，自我美化；其是否跳崖、如何跳崖难免让人生疑。2. 质疑“狼牙山五壮士”历史实际真实性，认为“狼牙山五壮士”的事迹和精神不是民族共同记忆、不是民族精神，认定狼牙山五壮士已经获得全民族的广泛认同，这是法院的主观臆断；“核心价值观”不能与“狼牙山五壮士”画等号，“核心价值观”要建立在真实的历史之上，虚假、不诚信违背核心价值观；所谓“公共利益”实际是狼牙山五壮士后人和相关既得利益者的利益，是中国共产党的利益，不是国家、民族和人民大众的利益；案涉文章提出质疑，是为了抵制历史谣言，还原历史真相，追求历史正义，满足公众的知情权，是维护公共利益。3. 案涉文章的内容都有充分证据，洪某快主观上没有过错，葛某生也没有提供任何证据证明造成危害后果；撰写案涉文章的目的，是为了探求历史真相，行使公民对国家机关提出批评的权利，应受法律保护，葛某生及其父均有不当得利，应接受公众的批评；无论是《晋察冀日报》报道的《棋盘陀上的五个“神兵”》，还是据此改编的小学语文教科书，还是新华社、人民日报的报道，全部存在严重的“虚构信息”问题。4. 王立华代理资格不合法。王立华、葛某生都不是保定人，根据法规，没有资格成为研究会的会员或者副会长；研究会的会议记录及“社会团体负责人备案表”均存在伪造嫌疑；根据军队政策，王立华、葛某生没有参加研究会的资格；研究会在二审期间出具的一份推荐信的落款日期早于一审判决日期，出具证明日期随便、作伪证。5. 葛某生的诉讼请求中未要求法院就“狼牙山五壮士”事实真相作出认定，一审判决以审理查明方式垄断历史真相，以动机揣测方式认定案涉文章存在贬损、丑化的方式损害他人名誉，剥夺了公民的思想自由和学术自由，否定质疑的权利，违背宪法。

葛某生针对上诉辩称：1. 洪某快的上诉状自相矛盾，恶意推测，继续恶意贬损狼牙山五壮士，不应采纳。2. 洪某快的案涉文章体现出将证据碎片化、断章取义的特点，对其他可以相互印证的材料视而不见，不是将历史资料完整地、辩证地、综合地分析，很难认为洪某快是善意的历史研究者、尽到了审慎的注意义务。3. 洪某快提交的《冈山步兵第百十联队史》复印件系域外形成的证据，未经公证认证，违反证据规则的要求，其证据的真实性、合法性、关联性均不予认可；且该证据显示是1991年在日本印刷的非正式刊物，是在狼牙山作战过去50年后，一些侵华日军编辑出版，没有史料支持和其他证据支持，这些证据不能采信，不能因此否认五壮士的英雄事迹；日本冈山大学教授姜克实关于狼牙山作战的描述，基本依据也是《冈山步兵第百十联队史》，经不起推敲；国内大量的史料证据证明了"狼牙山五壮士"英雄事迹的真实性。4. "狼牙山五壮士"英雄事迹的来源，有多个直接当事人和直接目击者；洪某快明知"狼牙山五壮士"英雄事迹有多方印证，却故意说那只是葛振林、宋学义两人归队后的口述，还污蔑他们隐瞒实情，骗取公众信任，这说明洪某快具有恶意歪曲贬损"狼牙山五壮士"的主观故意。5. 洪某快用侵华日军编写的所谓史料贬损中国共产党领导的八路军抗战史实，通过似是而非的推测故意否定英雄和先烈，污蔑活下来的英雄"撒谎"，其行为已经侵害了社会公共利益，应当承担相应的侵权责任；一审判决结合名誉侵权法律责任的四个要件，作出了正确的认定；同意一审判决。6. 王立华被研究会推荐为本案诉讼代理人，是研究会的真实意思表示，且手续合法。

本院二审期间，洪某快就其上诉请求提交了证据。本院组织当事人进行了证据交换和质证。洪某快提出的主要证据是《冈山步兵第百十联队史》复印件共四页及作者为姜克实的文章《狼牙山作战》等。

本院另查明：

1. 2013年8月29日22时许，广州市公安局越秀分局将张某红抓获，经调查，认定张某红散布关于"狼牙山五壮士"的相关谣言，虚构事实扰乱公共秩序。同月30日，广州市公安局越秀分局决定对张某红处以行政拘留七日。

2. 洪某快撰写的《“狼牙山五壮士”的细节分歧》一文发表于《炎黄春秋》杂志2013年第11期，该文亦发表于《炎黄春秋》杂志网站。

本院对一审查明的其他事实予以认定。

本院认为：本案二审的焦点问题有两个，一是王立华是否具有本案的诉讼代理人资格，二是洪某快发表的案涉文章是否侵害了葛某生之父葛振林的名誉、荣誉权益。

一、关于王立华是否具有本案诉讼代理人资格的问题。

根据《中华人民共和国民事诉讼法》第五十八条第二款第三项之规定，当事人所在社区、单位以及有关社会团体推荐的公民可以被委托为诉讼代理人。根据《最高人民法院关于适用〈中华人民共和国民事诉讼法〉的解释》第八十七条第一款第二项、第四项的规定，被代理人属于该社会团体的成员，或者当事人一方住所地位于该社会团体的活动地域，以及被推荐的公民是该社会团体的负责人或者与该社会团体有合法劳动人事关系的工作人员是有关社会团体推荐公民担任诉讼代理人应当符合的条件。本案中，研究会向本院及一审法院出具的推荐信记载，葛某生、王立华均系研究会的副会长，故二者在研究会中的身份符合司法解释关于被代理人为社会团体成员、被推荐的公民为社会团体负责人的条件要求，因此王立华具有葛某生委托代理人的资格。

洪某快提出二审中研究会出具的一份推荐信的落款日期早于一审判决日期，主张研究会出具证明日期随便、作伪证。研究会在本院审理期间另行出具了一份落款日期位于一审判决日期之后的推荐信，符合法律规定。本院认为，洪某快主张的上述情节不能否定研究会推荐王立华作为葛某生二审诉讼委托代理人的意见，亦不能据此认定研究会存在作伪证的事实，故本院经审查可以认定研究会同意推荐王立华作为葛某生二审诉讼委托代理人。对于洪某快的上述意见，本院不予采纳。

关于洪某快上诉提出葛某生、王立华担任研究会副会长在选举程序、备案手续、是否符合社团管理规定、是否符合军队政策等方面存在问题一节，本院认为，研究会认可葛某生、王立华系该会副会长，至于葛某生、王立华被选举为研究会副会长是否存在洪某快所述的问题，应依法向相关部门反映，并非本案民事诉讼审查的范围，故本院对于洪某快以此为由对王立华诉讼代理资格提出的异议，不予采纳。

二、关于洪某快发表的案涉文章是否侵犯了葛某生之父葛振林的名誉、荣誉权益的问题

1941 年 9 月 25 日，在易县狼牙山发生的狼牙山战斗，是被大量事实证明的著名战斗。在这场战斗中，狼牙山五壮士英勇抗敌的基本事实和舍生取义的伟大精神，赢得了全中国人民的高度认同和广泛赞扬，是五壮士获得“狼牙山五壮士”崇高名誉和荣誉的基础。本案中，虽然洪某快上诉对五壮士跳崖等相关事实提出疑问，但是洪某快提交的证据并不充分，不能推翻狼牙山五壮士英勇抗敌的基本事实。在本院审理期间，洪某快提交的《冈山步兵第百十联队史》复印件未经公证、认证，本院对其证据的真实性、合法性不予认定。洪某快提交的姜克实撰写的文章等其他证据不能推翻一审判决认定的事实，洪某快此项上诉理由不能成立。

洪某快发表的《小学课本〈狼牙山五壮士〉有多处不实》《“狼牙山五壮士”的细节分歧》两篇案涉文章，以考证“在何处跳崖”“跳崖是怎么跳的”“敌我双方战斗伤亡”以及“‘五壮士’是否拔了群众的萝卜”等细节为主要线索。洪某快在文中援引了资料并注明出处，从资料内容看，洪某快以不同时期的材料、相关当事者不同时期的言论为主要证据。本院认为，对于言论的分析、理解，应当放到特定的

语境下，探究言论的原意并努力查证该言论是否具有其他证据予以佐证，同时应尽可能穷尽关于同一问题的其他研究资料，对资料进行综合分析判断。案涉文章在没有充分证据的情况下，以引而不发的手法，在多处作出似是而非的推测、质疑乃至评价。在本院审理阶段，洪某快一改过去引而不发的手法，在上诉状和庭审中公开否认狼牙山五壮士英勇抗敌、舍生取义的基本事实，并明确表示，训令等文件关于作战对象、被困军民四万人突围、敌军死伤情况等的描述全系撒谎，是虚假战绩，葛振林荣誉的获得，与其撒谎有关，存在重大瑕疵，是不当得利，不能将其所得荣誉视为理所应当并竭力维护。洪某快在二审中的自认足以说明，一审判决认定洪某快撰写文章的行为方式是通过所谓“细节”探究，引导读者对狼牙山五壮士英勇抗敌事迹和舍生取义精神产生质疑，从而否定基本事实的真实性，进而降低他们的英勇形象和精神价值，是正确的，本院予以认可。一审法院在上述认定的基础上认为洪某快的行为方式符合以贬损、丑化的方式损害他人名誉和荣誉权益的特征，本院予以支持。洪某快上诉以其文章发表时提供了证据、文章没有侮辱他人人格内容为由抗辩不构成名誉、荣誉侵权的意见，缺乏依据，本院不予采纳。

关于洪某快的行为是否构成对公共利益的侵害的问题。洪某快在本院二审中认为自己的行为不构成对公共利益的侵害主要基于以下几点理由：一是认为狼牙山五壮士已经获得全民族的广泛认同，是法院的主观臆断；二是认为狼牙山五壮士的事迹和精神已经成为民族共同记忆缺乏事实依据；三是认为狼牙山五壮士的事迹是虚假的，其精神不能同核心价值观画等号；四是认为狼牙山五壮士的精神构成的不是公共利益，而是狼牙山五壮士后人和相关既得利益者的利益，是中国共产党的利益。本院认为，首先，狼牙山五壮士英勇抗敌和舍生取义的基本事实，已经是被大量的历史事实证明的不争事实，一审和本院二审审理期间亦有大量的证据在案佐证，洪某快的质疑缺乏事实依据。其次，“狼牙山五壮士”英勇抗敌的事实发生后，经各种途径广泛传播，在抗日战争、解放战争、抗美援朝战争等为民族独立、人民解放和保卫国家安全战斗的时期，成为激励无数中华儿女反抗侵略、英勇抗敌的精神动力之一；成为人民军队誓死捍卫国家利益、保障国家安全的军魂来源之一。在和平年代，狼牙山五壮士的精神，仍然是我国公众树立不畏艰辛、不怕困难、为国为民奋斗终生的精神指引。这些英雄人物及其精神，已经获得全民族的广泛认同，成为广大民众精神需求的重要组成部分，是社会公共利益的一部分，这也是不争的社会现实和历史事实。同时，中国共产党是中国人民和中华民族的先锋队，代表全国人民的共同利益，没有脱离国家、民族利益之外的任何私利。中国共产党宣扬“狼牙山五壮士”的事迹和精神体现的也是国家利益、民族利益，没有任何私利可言。因此，洪某快上诉关于这仅是狼牙山五壮士后人和相关既得利益者的利益、是中国共产党的利益，不是公共利益的主张显然不能成立。根据前文的认定，洪某快发表的案涉文章否认狼牙山五壮士英勇抗敌的事实和舍生取义的精神，不仅对狼牙山五壮士的名誉和荣誉构成侵害，同时构成了对英雄人物的名誉、荣誉所融入的社会公共利益的侵害。

洪某快上诉主张其发表案涉文章，目的是要抵制历史谣言，还原历史真相，追求历史正义，对公众人物进行批评和质疑是为了满足公众的知情权。本院认为，抵制历史谣言，还原历史真相，追求历史正义，满足公众知情权，我国现行法律均予以保护和支持。但从本院查明的事实看，洪某快之所以要写案涉文章，其目的是要为散布历史谣言、污蔑狼牙山五壮士的张某红鸣不平，这在洪某快的文章中有明确表述。要还原历史真相，追求历史正义，满足公众的知情权，应当建立在严肃认真地对历史的研究上，但洪某快在没有充分证据的情况下，极不严肃地、轻率地否认狼牙山五壮士英勇抗敌的事迹和舍生取义的精神这一基本事实，误导社会公众对狼牙山五壮士的认知，这显然与洪某快自己的上诉主张是相互矛盾的。本院认为，满足公众的知情权与保护公民的人格权不受侵害并不矛盾。洪某快提出的满足公众知情权的行为，是建立在否认狼牙山五壮士英勇抗敌事迹和舍生取义精神这一基本事实基础上，且这种否认无确凿真实的证据，这就决定了他的所谓“满足公众知情权”的行为不可避免地会成为误导社会公众的侵权行为。故洪某快以满足公众知情权为由主张免责，不能成立。

从损害后果看，案涉文章通过刊物发行和网络传播，客观上已经在社会上产生较大影响，损害了葛某生之父葛振林的名誉及荣誉，同时伤害了葛某生的个人情感。洪某快上诉关于葛某生没有提供任何证据证明案涉文章造成危害后果的主张，与客观事实不符，本院对洪某快该项意见不予采纳。

洪某快上诉提出其撰写案涉文章的动机并非针对葛某生之父葛振林，没有主观过错。但其上诉主张葛振林欺骗组织，夸大战绩，自我美化，其是否跳崖、如何跳崖难免让人生疑等。这一自认证明，洪某快撰写文章确有贬低葛振林的主观目的。为此，本院认为，洪某快明知其行为会造成他人社会评价降低的后果而仍然为之，其主观过错明显，本院对于洪某快的该项上诉主张不予支持。

最后，关于洪某快上诉提出的言论自由、学术自由及与人格权利冲突的平衡问题，本院认为，我国现行法律保护公民言论的自由和进行科学研究的自由，同样也保护公民的人格尊严不受侵犯，保护公民享有的名誉、荣誉等权益。公民享有法律规定的权利，同时也必须履行法律规定的义务，包括公民在行使自由和权利的时候，不得损害国家的、社会的、集体的利益和其他公民的合法的自由和权利。因此，自由和权利的行使，并非没有边界，这个边界就是法律。具体到本案中，洪某快上诉所称的其行使言论自由和学术自由的权利，需要在法律范围内进行，洪某快应当采取适当的方式从事研究及发表言论，同时应当充分考虑可能造成的社会影响。洪某快撰写的案涉文章侵害了葛振林的名誉和荣誉，侵害了社会公共利益，违反了法律规定，洪某快的行为已经超出了法律允许的范围，不受法律保护。因此，洪某快以言论自由、学术自由作为其不承担侵权责任的抗辩理由，不能成立，本院不予支持。

综上所述，洪某快的上诉请求不能成立，应予驳回；一审判决认定事实清楚，适用法律正确，应予维持。依照《中华人民共和国民事诉讼法》第一百七十条第一款第一项之规定，判决如下：

驳回上诉，维持原判。

二审案件受理费300元，由洪某快负担（已交纳）。

本判决为终审判决。

审　判　长　王　平

审　判　员　何江恒

代理审判员　赵胤晨

二〇一六年八月十五日

法 官 助 理　何海云

书　记　员　祝　石

附：一审判决书

北京市西城区人民法院

民 事 判 决 书

（2015）西民初字第27841号

原告葛某生，男，1952年9月21日出生。

委托代理人赵小鲁，北京市赵晓鲁律师事务所律师。

委托代理人王立华，男．

被告洪某快，男，1974年10月28日出生。

原告葛某生与被告洪某快名誉权、荣誉权纠纷一案，本院受理后，依法组成合议庭，公开开庭进行了审理。本案原告葛某生之委托代理人赵小鲁、王立华，被告洪某快到庭参加了诉讼。被告洪某快在诉讼中委托北京市泽博律师事务所律师周泽和北京汉鼎联合律师事务所律师张庆方作为其委托代理人。在本案庭审过程中，被告洪某快解除了与周泽、张庆方的委托代理关系，并未经法庭许可中途退庭。本院依法缺席审理，现已审理终结。

原告葛某生诉称，2013年8月27日，张姓网民在网络公开发表歪曲狼牙山五壮士的言论，造成不良的社会影响。经公安机关侦查，张姓网民承认自己虚构信息、散布谣言的违法事实，公安机关依法对其予以行政拘留7日。2013年9月9日，被告洪某快针对上述事实，在财经网公开发表《小学课本“狼牙山五壮士”有多处不实》一文，称“越秀警方以虚构信息、散布谣言的罪名直接抓人，这开了一个谈论历史有可能获罪被抓的先河”。该文迅即被多个网站转载。其后，被告又在《炎黄春秋》2013年第11期杂志上发表了《“狼牙山五壮士”的细节分歧》一文。该文不顾狼牙山五壮士英勇抗击日寇，为掩护老百姓和主力部队转移，主动将日寇引上与主力部队撤退方向相反的山峰绝路，且战且退，直至退至狼牙山绝顶，最后弹尽毁枪，高呼口号，英勇跳崖，慷慨就义的事实，而是用隐晦阴暗的手法，通过所谓考据历史的名义或者假借网民、红卫兵之口等手段，引用不同信息来源细节表述上的轻微差异，以断章取义、主观推断和故意误导等方式，污蔑、抹黑狼牙山五壮士。其言：狼牙山五壮士不是五个人，是六人，其中一人中途当了汉奸；五壮士不是掩护老百姓和主力部队，只是追赶主力部队；五壮士不是跳崖，其中二人是溜下山坡；五壮士战斗期间拔地里萝卜，违反三大纪律等。被告洪某快的微博和文章言论，肆意抹黑狼牙山五壮士，在社会上产生了恶劣的负面影响。

原告认为：狼牙山五壮士的英雄事迹，早在抗日战争年代就广为流传。1943年晋察冀军区授予五名战士“狼牙山五壮士”荣誉称号。狼牙山五壮士，是中国人民解放军的英雄，是中国共产党的英雄，是中华民族的英雄。狼牙山五壮士的英名，决不允许侮辱诽谤。侮辱诽谤狼牙山五壮士英雄名誉，就是侮辱诽谤中国人民解放军，侮辱诽谤我们社会主义国家，侮辱诽谤我们中华民族。被告洪某快以历史细节考据，学术研究为幌子，以细节否定英雄，企图达到抹黑狼牙山五壮士英雄形象和名誉，进而否定中国革命斗争史，否定共产党领导和社会主义道路的历史必然性，是典型的历史虚无主义手法，也是近几年，一股历史虚无主义的阴暗势力，系统抹黑中华民族英雄计划的一部分。

原告依据《中华人民共和国宪法》第三十八条“中华人民共和国公民的人格尊严不受侵犯。禁止用任何方法对公民进行侮辱、诽谤和诬告陷害”之规定和《中华人民共和国侵权责任法》等相关法律及司法解释的规定提起如下诉讼请求：1. 判令被告洪某快立即停止侮辱、诽谤、侵犯葛振林等狼牙山五壮士的民族英雄名誉；2. 判令被告洪某快在其新浪微博上公开道歉，并在《人民日报》《解放军报》《中国日报》、人民网、新浪网、搜狐网、财经网公开向原告赔礼道歉，消除影响，并向葛振林等狼牙山五壮士在天英灵登报谢罪。

被告洪某快在其参加的庭前会议及庭审过程中，针对原告葛某生的起诉内容辩称：被告洪某快不能确定原告葛某生与葛振林的关系。如果原告葛某生不是葛振林之子，其不具备诉讼主体资格。王立华与狼牙山红色文化发展研究会没有任何法律关系，其作为原告葛某生委托代理人，不符合我国民事诉讼法的相关规定，其代理资格应认定无效。针对原告葛某生提出的第一项诉讼请求，被告洪某快认为没有事实根据，认为所发表的文章是学术文章，没有侮辱性的言词，且这些文章每一个事实的表述都有相应的根据，而不是自己凭空捏造或者歪曲的，不构成侮辱和诽谤。被告还认为，原告葛某生在起诉书中也没有指出被告发表的文章哪一处不真实，哪一处有侮辱性的语言，因此不构成对原告名誉权的侵害。被告辩称，进行历史研究的目的是探求历史真相，行使的是宪法赋予公民的思想自由、学术自由、言论自由权利，任何人无权剥夺。针对原告葛某生第二项诉讼请求，被告洪某快认为，只有建立在被告发表的文章存在侮辱、诽谤侵权的情形才可能产生侵权的后果，由于被告发表的文章不存在侮辱和诽谤，因此不存在向谁道歉的问题。被告还认为，原告要求被告向五壮士在天英灵登报谢罪的诉讼请求，没有任何法律根据。原告起诉书中所述事实和理由，是一种意识形态领域观点的表达，更多的是对被告写作目的、写作动机的一厢情愿的推断和主观臆测，没有事实依据。被告洪某快不同意原告的全部诉讼请求。

本院经审理查明：葛振林、宋学义分别曾系八路军晋察冀军区第一军分区一团二营七连六班副班长和战士。

1940 年秋，我八路军发起了著名的“百团大战”，晋察冀边区军民积极参战，粉碎了华北日军对我八路军的“囚笼”政策。日军战略后方产生极大恐慌，其迅速灭亡中国的阴谋破产。为巩固其所谓战略后方，从 1941 年起，驻华北日军司令长官冈村宁次多次组织日伪军对我易县、涞源、涞水等抗日根据地进行报复性扫荡。1941 年 9 月下旬，驻华北日军高见部纠集 3500 名日伪军，完成了对我狼牙山根据地的铁壁合围，在包围圈中，有当地群众和部分政府机关人员、八路军部分非战斗人员 4 万人左右，战斗部队仅有一团七连。9 月 23 日，日伪军占领易县塘湖、南淇村、北淇村，并开始屠杀我抗日军民。如日伪军合围进击成功，4 万抗日军民的生死难以预料。

在这生死关头，我晋察冀军区第一军分区×××将军于 9 月 24 日急令一分区二十团，穿过上、下隘刹村两个村子，突然向南管头村的日伪军发起猛烈攻击。同时命令三团猛攻北管头村和松山村的日伪军。在北边碾子台、九莲山一带的日伪军，以为八路军的主力在管头村方向，急忙回援。由于 XXX 将军“围魏救赵”战术的成功，九莲山至沙岭子一带出现了大约二十里宽的口子，为被围困在狼牙山上的 4 万多军民提供了难得的突围良机。

为了掩护被围军民的突围，一团团长邱蔚命令七连在狼牙山阻击由南向北进攻的日伪军。9 月 25 日，七连接到任务后，立即派班长马宝玉率六班的葛振林、胡福才、胡德林、宋学义和机枪班的两名战士，利用狼牙山的险要地形正面阻击敌人。狼牙山战斗由此打响。

从 9 月 25 日早上开始，五壮士在七连其他战友们的配合下，利用狼牙山极为险要的地形，与日伪军展开了殊死战斗。他们利用机枪、步枪、手榴弹、地雷、滚石，在石门口、阎王鼻子（袖筒沟）大量杀死杀伤日伪军，最后且战且走，退至棋盘岭与七连主力会合。

为了保证被围军民的全部突围，七连全体官兵在棋盘岭与日军展开了更为惨烈的战斗。日军优势炮火打得山石横飞，硝烟弥漫。七连顽强抵抗，誓死不退，利用有利地形，令日军尸积沟涎，损失惨重。激战数小时后，七连伤亡过半，连长刘福山负伤。在完成上级交给的掩护突围的任务后，指导员蔡展鹏决定率七连主动转移。为掩护七连主力和剩余干部群众转移，六班班长马宝玉再次率全班请战。

指导员蔡展鹏批准了马宝玉的请求。七连撤出棋盘岭至老道庵小横岭以南后，六班立即在老道庵山口设伏，掩护部队和其他群众转移。日军冲过棋盘岭至三岔路口后，马宝玉为引诱敌人，防止其向部队转移方向追击，命令全体战士用机枪、步枪一起向敌人开火。猛烈的火力使日军以为八路军一团主力在老道庵山口，便直接向老道庵山口扑来。伴随着地雷、手榴弹的爆炸，激烈机枪、步枪的火力，又一批敌人倒下。

为保证转移部队更为安全，马宝玉与其他四位战友边打边撤，引诱敌人往牛角壶、大、小莲花峰方向前进。已经打红眼的日军紧追不放。五壮士又在牛角壶利用有利地形与日军展开了激战。激战中，又有一批日军被地雷、石头、手榴弹、子弹击中，或倒在狭窄的山道边，或滚落在深不见底的悬崖下。随后，五壮士边打边退，顺着盘陀路上了小莲花峰。至此，五壮士已经弹尽，且无路可退。面对已上峰顶的敌人，五壮士临危不惧，砸毁枪支，高呼口号，在各自抗击日军处跳下悬崖。跳崖后，马宝玉、胡福才、胡德林英勇献身，葛振林、宋学义因跳崖方向有小树、灌木，在山腰被挂住获救。

狼牙山五壮士的英雄事迹发生后，晋察冀军区政治部发布训令并决定：“一、在每次战斗中，高度发扬英勇顽强的搏斗精神，以战斗的胜利纪念他们。二、在烈士牺牲的地点建纪念碑，并命名为狼牙山三烈士碑。三、决定将马宝玉等烈士作为一团模范连七连的荣誉战士，每逢纪念日点名时，首先应由荣誉战士点起。四、对光荣负伤的葛振林、宋学义两位同志，除通令嘉奖外，并各赠荣誉奖章一枚。”1941年11月5日，《晋察冀日报》刊登名为《棋盘坨上的五个“神兵”》的通讯，对狼牙山五壮士的事迹进行报道。狼牙山五壮士的英雄事迹自此被广泛传播、颂扬。

中华人民共和国成立后，五壮士的事迹被编入义务教育教科书，五壮士被人民视为当代中华民族抗击外敌入侵的民族英雄。宋学义于1971年去世，1979年被追认为革命烈士。葛振林先后获得“民族英雄勋章”、“解放勋章”和“红星功勋荣誉章”。

2013年8月27日，新浪微博网民张某红发布信息称，“狼牙山五壮士实际上是几个土八路，当年逃到狼牙山一带后，用手中的枪欺压当地村民，致当地村民不满。后来村民将这5个人的行踪告诉日军，又引导这5个人向绝路方向逃跑……”网民张某红被抓获后，承认自己虚构信息、散布谣言的违法事实，被警方依法行政拘留7日。

2013年9月9日，时任《炎黄春秋》杂志社执行主编的被告洪某快在财经网发表《小学课本“狼牙山五壮士”有多处不实》一文。文中写道：据《南方都市报》2013 年 8 月 31 日报道，广州越秀警方于 8 月 29 日晚间将一位在新浪微博上“污蔑狼牙山五壮士”的网民抓获，以虚构信息、散布谣言的罪名予以行政拘留 7 日。所谓“污蔑狼牙山五壮士”的“谣言”其来有自。据媒体报道，该网友实际上是传播了 2011 年 12 月 14 日百度贴吧里一篇名为《狼牙山五壮士真相原来是这样!》的帖子的内容，该帖子说五壮士“5 个人中有 3 个人是当场被打死的，后来清理战场时把尸体丢下悬崖。另外两个当场被活捉，只是后来不知道什么原因又从日本人手上逃了出来”。

2013 年 11 月 8 日，被告洪某快在《炎黄春秋》杂志发表了其本人撰写的《“狼牙山五壮士”的细节分歧》一文。该文分为几个部分，分别为“在何处跳崖”“跳崖是怎么跳的”“敌我双方战斗伤亡”“五壮士是否拔了群众的萝卜”。文章通过援引不同来源、不同内容、不同时期的报刊资料等，对狼牙山五壮士事迹中的细节提出质疑。文中写道：“当我们深入“狼牙山五壮士”有关叙述的细节时，就会发现上述人员在不同时间、不同场合下的陈述存在诸多相互矛盾之处。而对于同一件事，相互矛盾的描述可能都不符合事实，也可能有一个符合事实，但不可能同时都符合事实。”关于跳崖地点，被告在文中写道：“训令和《神兵》给人造成的印象，是五壮士在棋盘坨顶峰跳下了‘万丈’或‘二十丈’的悬崖，三个人在沟底成了‘三堆血肉’，‘壮烈殉国’，而两个人‘给树枝挂在半空’，‘光荣负伤’，这也正是壮烈的狼牙山五壮士故事的核心所在。……可是按照 1957 年 7 月 15 日出版的《红旗飘飘》第二集刊出了葛振林的口述，最后跳崖的地方并不是在棋盘坨顶峰。”关于“跳崖是怎么跳的”，被告在文中写道：“‘狼牙山五壮士’的核心情节是跳崖，训令和《神兵》对跳崖的细节都不明确……文革中红卫兵对此表示怀疑……实际上，从 1957 年刊出的葛振林自己的口述中，也是可以印证‘溜’的说法。……后来葛振林又有新的说法。根据在葛振林《狼牙山跳崖那悲壮的一幕》回忆，似乎跳下去后也不是‘溜’，而是在树间‘窜’。”关于“五壮士”是否拔了群众的萝卜，被告在文中写道：“葛振林说：‘刚才忙着打仗倒不觉得，这会歇下来，才觉得又饿又渴……正巧山地里有些散种的萝卜，我们顾不得了，每人拔个吃着……’”

本院审理还查明，原告葛某生与葛振林系父子关系，原告葛某生提供了中国人民解放军湖南省衡阳警备区离职干部休养所出具的《证明》，其中载明，“我部原离休干部葛振林……育有四子，无女儿，姓名分别为葛某生（身份证号×××）……”经本院核实，该居民身份证号码与原告葛某生立案时在湖南省衡阳市雁城公证处公证的本人身份证号码一致。

本案审理过程中，研究会推荐王立华为原告葛某生的委托代理人。经本院调查，王立华、葛某生于2015年3月15日被研究会（社会团体）增补为副会长，会议记录、社会团体负责人备案表等相关材料已于2016年1月22日在该社会团体所在地河北省保定市民政局备案。

上述事实，有当事人所举证据、庭前会议笔录和庭审笔录等在案佐证。

本院认为：1941年9月25日，在易县狼牙山发生的狼牙山战斗，是被大量事实证明的著名战斗。在这场战斗中，狼牙山五壮士英勇抗敌的基本事实和舍生取义的伟大精神，赢得了全中国人民高度认同和广泛赞扬，是五壮士获得“狼牙山五壮士”崇高名誉和荣誉的基础。我国法律规定，公民享有名誉权、荣誉权，禁止用侮辱、诽谤等方式损害公民的名誉、荣誉等民事权益。公民的姓名、肖像、名誉、荣誉受到侵害的，相关当事人有权要求侵权人停止侵害，恢复名誉，消除影响，赔礼道歉，并可以要求赔偿损失。

根据双方当事人诉辩主张及理由，本案的争议焦点概括起来涉及以下法律问题：一、葛某生是否是本案适格的原告？二、王立华作为原告葛某生委托代理人代理资格是否有效？三、被告洪某快发表的

《小学课本“狼牙山五壮士”有多处不实》《“狼牙山五壮士”的细节分歧》等案涉文章是否构成名誉侵权，如构成名誉侵权，应如何承担侵权责任？

一、关于葛某生是否是本案适格原告的问题。《中华人民共和国民事诉讼法》第一百一十九条第（一）项规定，原告是与本案有利害关系的公民、法人和其他组织。《最高人民法院关于确定民事侵权精神损害赔偿责任若干问题的解释》第三条规定，自然人死亡后，其近亲属因侮辱、诽谤、贬损、丑化或者违反社会公共利益、社会公德的其他方式侵害死者姓名、肖像、名誉、荣誉的，有权向人民法院提起诉讼。《最高人民法院关于适用〈中华人民共和国民事诉讼法〉的解释》第六十九条规定，对侵害死者遗体、遗骨以及姓名、肖像、名誉、荣誉、隐私等行为提起诉讼的，死者的近亲属为当事人。由此可知，死者的近亲属有权就侵害死者名誉、荣誉等行为提起民事诉讼，死者的近亲属是正当当事人。具体到本案，根据中国人民解放军湖南省衡阳警备区离职干部休养所提供的证明材料以及公证书等证据可以认定，葛振林与原告葛某生系父子关系，葛振林系狼牙山五壮士之一，其已去世，葛某生作为近亲属有权就侵害葛振林名誉、荣誉的行为提起民事诉讼，葛某生作为本案原告适格。因此，被告洪某快对本案原告葛某生主体资格提出的异议不能成立。

二、关于王立华是否具有原告委托代理人的代理资格问题。根据《中华人民共和国民事诉讼法》第五十八条第二款第（三）项之规定，当事人所在社区、单位以及有关社会团体推荐的公民可以被委托为诉讼代理人。根据原告葛某生提供的相关材料，葛某生、王立华已于2015年3月被补选为研究会副会长，会议记录、社会团体负责人备案表等资料已交当地民政部门登记备案。本院经调查后，对上述材料的真实性予以认定。研究会作为社会团体，推荐王立华为原告葛某生的委托代理人，符合《最高人民法院关于适用〈中华人民共和国民事诉讼讼法〉的解释》第八十七条和第八十八条的相关规定，故本院认定，王立华具有原告葛某生委托代理人的代理资格。

三、被告洪某快发表的案涉文章是否构成名誉侵权是本案的核心问题。对此，本院分析如下：

关于案涉文章侵害的权益是否受法律保护问题。《中华人民共和国民法通则》第一百零六条第二款规定，公民、法人由于过错侵害国家的、集体的财产，侵害他人财产、人身的，应当承担民事责任。《中华人民共和国侵权责任法》第二条规定，侵害民事权益，应当承担侵权责任。从上述法律规定来看，我国现行法关于侵权的客体范围包含了权利和利益。《最高人民法院关于确定民事侵权精神损害赔偿责任若干问题的解释》第三条规定，自然人死亡后，他人仍不得以侮辱、诽谤、贬损、丑化或者违反社会公共利益、社会公德的方式，侵害死者的姓名、肖像、名誉、荣誉。由此可知，自然人死亡后，其生前人格利益仍然受法律的保护。

从本案涉及的事实来看，案涉文章涉及的人物之一是原告的父亲葛振林。1941 年 10 月 18 日，时任晋察冀军区司令员兼政治委员的×××签发训令，对宁死不屈、光荣殉国的马宝玉、胡德林、胡福才三位烈士及跳崖负伤的葛振林、宋学义两位同志予以表彰，并号召全体指战员学习。之后，几十年中，“狼牙山五壮士”这一称号在全军、全国人民中广泛传播，获得了普遍的公众认同，成为全军、全国人民学习的榜样和楷模。从这些英雄人物的角度看，他们的英雄事迹反映了他们不怕牺牲、宁死不屈、英勇抗敌的精神。“狼牙山五壮士”的英雄称号，既是国家及公众对他们作为中华民族的优秀儿女在反抗侵略、保家卫国作出巨大牺牲的褒奖，也是他们应当获得的个人名誉和个人荣誉。

不仅如此，“狼牙山五壮士”是中国共产党领导的八路军在抵抗日本帝国主义侵略伟大斗争中涌现出来的英雄群体，是中国共产党领导的全民抗战并取得最终胜利的重要事件载体。这一系列英雄人物及其事迹，经由广泛传播，在抗日战争时期，成为激励无数中华儿女反抗侵略、英勇抗敌的精神动力之一；成为人民军队誓死捍卫国家利益、保障国家安全的军魂来源之一；在和平年代，狼牙山五壮士的精神，仍然是我国公众树立不畏艰辛、不怕困难、为国为民奋斗终生的精神指引。这些英雄人物及其精神，已经获得全民族的广泛认同，是中华民族共同记忆的一部分，是中华民族精神的内核之一，也是社会主义核心价值观的重要内容。而民族的共同记忆、民族精神乃至社会主义核心价值观，无论是从我国的历史看，还是从现行法上看，都已经是社会公共利益的一部分。

在此意义上，案涉文章侵害的不仅仅是葛振林个人的名誉和荣誉，并且侵害的是由英雄人物的名誉、荣誉融入的社会公共利益。

关于案涉文章是否实施了加害行为的问题。《中华人民共和国民法通则》第一百零一条规定，公民、法人享有名誉权，公民的人格尊严受法律保护，禁止用侮辱、诽谤等方式损害公民、法人的名誉。《最高人民法院关于贯彻执行〈中华人民共和国民法通则〉若干问题的意见（试行）》第一百四十条将侵害名誉权的行为类型，确定为“宣扬他人的隐私，或者捏造事实公然丑化他人人格，以及用侮辱、诽谤等方式”。《最高人民法院关于审理名誉权案件若干问题的解答》之七、之八规定的行为类型包括“侮辱或者诽谤”“新闻报道严重失实”或者撰写、发表的批评文章“基本内容失实”等。《最高人民法院关于确定民事侵权精神损害赔偿责任若干问题的解释》第三条则规定“以侮辱、诽谤、贬损、丑化或者违反社会公共利益、社会公德的其他方式”等行为类型。本院认为：第一，上述法律或司法解释关于行为类型的规定，是列举式的而非穷尽式的。这一点，上述法律或司法解释规定中的“等”字，可以说明。第二，侵害名誉或者名誉权的行为通常表现为侮辱、诽谤，但不以此为限，它还包括“贬损、丑化或者违反社会公共利益、社会公德的方式”以及其他行为类型。第三，进一步说，前述法律和司法解释所规定的行为类型的具体表现形态，应当根据侵权行为方式的变化而变化。只有这样，才能让法律更好地保护公民的人格权益不受非法侵害。

具体到本案，被告发表的《小学课本“狼牙山五壮士”有多处不实》《“狼牙山五壮士”的细节分歧》两篇文章，其所描述的主要内容是对我国抗日战争史中的狼牙山五壮士英雄事迹的解构。案涉文章具有如下特征：狼牙山五壮士在狼牙山战斗中所表现的英勇抗敌的事迹和舍生取义的精神这一基本事实，案涉文章自始至终未作出正面评价。而是以考证“在何处跳崖”“跳崖是怎么跳的”“敌我双方战斗伤亡”以及“‘五壮士’是否拔了群众的萝卜”等细节为主要线索，通过援引不同时期的材料、相关当事者不同时期的言论，甚至“文革时期”红卫兵迫害宋学义的言论为主要证据，全然不考虑历史的变迁、各个材料所形成的时代背景以及各个材料的语境。在无充分证据的情况下，案涉文章多处作出似是而非的推测、质疑乃至评价。本院认为，尽管案涉文章无明显侮辱性的语言，但被告采取的行为方式却是，通过强调与基本事实无关或者关联不大的细节，引导读者对“狼牙山五壮士”这一英雄人物群体英勇抗敌事迹和舍生取义精神产生质疑，从而否定基本事实的真实性，进而降低他们的英勇形象和精神价值。被告的行为方式符合以贬损、丑化的方式损害他人名誉和荣誉权益的特征。被告主张其行为方式不符合侮辱、诽谤特征就不构成名誉侵权的抗辩理由于法无据，本院不予支持。

在损害后果上，案涉文章经由互联网传播，已经在全国范围内产生了较大的影响。这一点，从案涉文章所引发的后果即可明知，它们不仅损害了原告之父葛振林的名誉及荣誉，而且伤害了原告的个人感情，在一定范围和程度上伤害了社会公众的民族和历史情感。如前所述，在我国，由于“狼牙山五壮士”的精神价值已经内化为民族精神和社会公共利益的一部分，因此，也损害了社会公共利益。

除此之外，被告在主观方面存在过错。通常情形下，侵害名誉或者名誉权案件中的过错，是指明知或应当预见到其行为造成他人社会评价降低的后果而仍然为之或认为仍可避免的主观状态。在侵害名誉或者名誉权益的案件中，对行为人主观过错的认定往往依据通常人的认知并辅之以社会常识、行为人的职业或专业及控制危险的成本等客观因素加以判断。

本案中，被告作为生活在中国的一位公民，对“狼牙山五壮士”的历史事件所蕴含的精神价值，应当具有一般公民所拥有的认知。对“狼牙山五壮士”及其所体现的民族精神和民族感情，应当具有通常成年人所具有的体悟。尤其是作为具有一定研究能力和能够熟练使用互联网工具的人，更应当认识到案涉文章的发表及其传播将会损害到“狼牙山五壮士”的名誉及荣誉，也会对其近亲属造成感情和精神上的伤害，更会损害到社会公共利益。在此情形下，被告有能力控制文章所可能产生的损害后果而未控制，仍以既有的状态发表，在主观上显然具有过错。

本院也注意到，除了前述构成要件之外，本案的裁判结果尚涉及被告的言论自由问题，这也是被告在本案中提出的主要抗辩理由。依法保护当事人的言论自由是我国现行法律的明确规定，也是本案裁判需要考虑的重要因素之一。从民法的角度看，表达自由已经成为民事主体一般人格尊严的重要内容。案涉文章在形式上表现为学术文章，判断其是否构成侵权将涉及被告的言论自由。但是，也要看到，言论自由并非没有边界，如果超出合理的限度，则会侵害他人的合法权益以及更为重要的社会公共利益。

本院认为，学术自由、言论自由以不侵害他人合法权益、社会公共利益和国家利益为前提。这是我国宪法所确立的关于自由的一般原则，是为言论自由和学术自由所划定的边界。任何公民在行使言论自由、学术自由及其他自由时，都负有不得超过自由界限的法定义务。这是法治国家和法治社会对公民的基本要求，也是任何一个公民应当承担的社会责任。本案中，“狼牙山五壮士”及其事迹所凝聚的民族感情和历史记忆以及所展现的民族精神，是当代中国社会主义核心价值观的重要来源和组成部分，具有巨大的精神价值，也是我国作为一个民族国家所不可或缺的精神内核。对“狼牙山五壮士”名誉的损害，既是对原告之父葛振林的名誉、荣誉的损害，也是对中华民族的精神价值的损害。被告完全可以在不损害五壮士名誉、荣誉和社会公共利益的前提下，自由地进行学术研究和自由发表言论，包括对狼牙山战斗的某些细节进行研究，但被告却未采用这种方式，而是通过所谓的细节研究，甚至与网民张某红对狼牙山五壮士的污蔑性谣言相呼应，质疑五壮士英勇抗敌、舍生取义的基本事实，颠覆五壮士的英勇形象，贬损、降低五壮士的人格评价。这种“学术研究”“言论自由”不可避免地会侵害五壮士的名誉、荣誉，以及融入了这种名誉、荣誉的社会公共利益。因此，被告以侵害他人合法权益和社会公共利益的言论自由，作为其侵权责任的抗辩理由，本院不予支持。

最后，由于被告的行为侵害了原告之父葛振林的名誉和荣誉，应当承担相应的侵权责任。现原告葛某生要求被告洪某快立即停止侵犯葛振林等狼牙山五壮士的民族英雄名誉，及要求被告在网站、媒体公开向原告葛某生赔礼道歉、消除影响等诉讼请求于法有据，根据《中华人民共和国侵权责任法》第十五条的规定，应予支持。关于赔礼道歉及消除影响的范围和持续时间，由本院根据侵权言论造成不良影响的范围予以认定。

至于原告诉请被告向葛振林等狼牙山五壮士在天英灵登报谢罪的诉讼请求问题，从我国的现行法上看，其实质仍然是请求被告赔礼道歉、消除影响，该请求已被原告的第一项诉讼请求所吸收，本院不再单独处理。

庭审中，被告洪某快未经法庭许可中途退庭，应视为其自行放弃了当庭进行答辩、举证、质证等诉讼权利。

综上所述，依照《中华人民共和国民法通则》第一百零一条、第一百零六条第二款，《最高人民法院关于贯彻执行〈中华人民共和国民法通则〉若干问题的意见（试行）》第一百四十条，《中华人民共和国侵权责任法》第二条、第十五条，《最高人民法院关于确定民事侵权精神损害赔偿责任若干问题的解释》第三条，《最高人民法院关于审理名誉权案件若干问题的解答》之七、之八，《中华人民共和国民事诉讼法》第五十八条第二款第（三）项、第一百一十九条第（一）项、第一百四十四条，《最高人民法院关于适用〈中华人民共和国民事诉讼法〉的解释》第六十九条、第八十七条、第八十八条第（六）项之规定，判决如下：

一、被告洪某快立即停止侵害葛振林名誉、荣誉的行为。

二、本判决生效后三日内，被告洪某快公开发布赔礼道歉公告，向原告葛某生赔礼道歉，消除影响。该公告须连续刊登五日，公告刊登媒体及内容需经本院审核，逾期不执行，本院将在相关媒体上刊登本判决书的主要内容，所需费用由被告洪某快承担。

案件受理费300元，由被告洪某快负担（于本判决生效后七日内交纳）。

如不服本判决，可在判决书送达之日起十五日内，向本院递交上诉状，并按对方当事人的人数提出副本，同时交纳上诉费，上诉于北京市第二中级人民法院。如在上诉期满后七日内未交纳上诉案件受理费的，按照撤回上诉处理。

审　判　长　姜　涛
审　判　员　王　建
人民陪审员　果振敏
二〇一六年六月二十七日
书　记　员　陈　楠
书　记　员　王　锋

7. 田某菊、杨某生命权、健康权、身体权纠纷二审民事判决书

河南省郑州市中级人民法院

民事判决书

（2017）豫01民终14848号

上诉人（原审原告）：田某菊，女，汉族，1949年11月9日出生，住河南省中牟县。

委托诉讼代理人：杨雪民，河南大河律师事务所律师（实习律师关皓文协助）。

被上诉人（原审被告）：杨某，男，汉族，1980年6月29日出生，住河南省鹿邑县。

委托诉讼代理人：单艳伟，河南风向标律师事务所律师（实习律师魏文君协助）。

上诉人田某菊因与被上诉人杨某生命权纠纷一案，不服河南省郑州市金水区人民法院（2017）豫0105民初14525号民事判决，向本院提起上诉。本院于2017年10月17日立案后，依法组成合议庭，开庭进行了审理。上诉人田某菊的委托诉讼代理人杨雪民及实习律师关皓文，被上诉人杨某及其委托诉讼代理人单艳伟及实习律师魏文君到庭参加诉讼。本案现已审理终结。

田某菊上诉请求：一、撤销原判，判决支持田某菊的全部诉讼请求；二、一审、二审诉讼费由杨某承担。事实和理由：一、事发后文化路派出所出警对案发过程进行询问并制作了笔录，该笔录对认定案件事实至关重要。田某菊申请调取该笔录，但一审法院一直未调取，遗漏了认定案件事实的关键证据。二、一审判决认定杨某的行为与段

某立的死亡之间并无必然的因果关系错误。段某立已近69岁高龄，若没有杨某持续地大声呵斥、争吵，不会导致段某立××发作猝死，杨某如果是平和劝说不会引起相关物业人员的注意，更不会导致段某立情绪激动、××发作死亡。因此段某立的死亡与杨某有直接因果关系。三、一审法院适用公平原则错误，杨某存在过错，根据《中华人民共和国侵权责任法》的相关规定，应当承担一般侵权责任。在死者年龄近69岁的情况下，身为医护工作者的杨某并没有主动停止争吵行为，而是被其他人员拉扯劝离被动停止争吵，杨某的呵斥行为导致段某立××发作、田某菊痛失亲人，该结果给田某菊一方的家庭造成了极大的精神打击。四、尊老爱幼、关爱老人是中华民族的美德，一审判决与中华民族传统相背离，不利于社会和谐稳定。

杨某辩称：一、一审程序合法。一审法院已经从杨某提交的全部监控视频完全了解了事件发生的整个过程，公安机关制作的询问笔录并非本案的关键证据，故没有必要调取。二、一审判决认定事实清楚，适用法律正确。（一）段某立的死亡结果是任何人不可能、也无法预见到的。物业工作人员如果能预见该结果，不可能也不会让段某立进入物业办公室，而是应该劝告其去医院；段某立如果能预见该结果，应该主动求救路人或拨打120；作为善意提醒者，杨某更不可能预见该结果，否则其宁可什么事情都没有发生过。段某立的子女对杨某进行殴打，逼迫杨某下跪道歉，后田某菊提起诉讼，杨某承受了巨大的心理压力。（二）杨某并未对段某立进行大声呵斥。双方互不认识，杨某没有理由对其进行大声呵斥。杨某善意地提醒段某立不应在电梯间内吸烟。如果段某立听从了该劝告，主动熄灭香烟，能够避免意外发生，但段某立任由自己情绪激动，最终酿成悲剧。（三）杨某对段某立的死亡不应当承担任何法律责任，但考虑到田某菊失去了亲人，即使田某菊不提起诉讼，杨某也愿意对其进行一定费用的捐赠，并不予上诉。

田某菊向一审法院起诉请求：一、杨某赔偿田某菊死亡赔偿金326796元、丧葬费22960元、精神抚慰金50000元，医疗费755.8元，以上共计400511.8元；二、本案诉讼费由杨某承担。

一审法院认定事实：一、2017年5月2日9时24分许，段某立与杨某先后进入××区天骄华庭2期小区5号楼1单元电梯内，因段某立在电梯内吸烟，二人发生言语争执。段某立与杨某走出电梯后，仍有言语争执，双方被该小区物业公司的工作人员劝阻后，杨某离开，段某立同物业公司工作人员一同进入物业公司办公室。当日，河南省职工医院出具诊断证明书一份，载明：段某立以“意识丧失约10分钟”为代主诉由家属于2017年5月2日09：31呼叫120，急救人员于2017年5月2日09：37到达患者身边，查体见：意识丧失，双侧瞳孔散大固定，颈动脉搏未触及，各项生命体征测不出，经积极抢救，病情无变化，心电图示全心停搏，宣布临床死亡。二、2017年5月5日，郑州市公安局金水路分局出具《非正常死亡火葬介绍信》一份，载明“郑州市殡仪馆：兹有段某立男69岁因猝死死亡，经研究同意火葬。”三、田某菊认可段某立生前有××史。四、2017年7月24日，中牟县青年路街道办事处西街村民委员会出具《证明》一份，载明“兹有我西街三组村民段某立，身份证：×××，于5月2日上午10时左右在郑州市××区天骄华庭2期与人发生争执后猝死，段某立其父母先于其死亡，其配偶田某菊，身份证：×××，二人共同育有三个子女，长女段某（曾用名段内香），身份证：×××，长子：段永兴，身份证：×××，次女：段某叶，身份证：×××”。段某、段某叶、段永兴均出具《声明》放弃参加本案诉讼的权利。

一审法院认为，因段某立在电梯内吸烟问题导致其与杨某发生言语争执，在双方的争执被小区物业公司工作人员劝阻且杨某离开后，段某立猝死，该结果是杨某未能预料到的，杨某的行为与段某立的死亡之间并无必然的因果关系，但段某立确实是在与杨某发生言语争执后猝死，依照《中华人民共和国侵权责任法》第二十四条的规定，受害人和行为人对损害的发生都没有过错的，可以根据实际情况，由双方分担损失。根据公平原则，结合本案案情，该院酌定杨某向田某菊补偿15000元。田某菊要求追加物业公司为本案被告，但物业公司并非本案中必须共同进行诉讼的当事人，故该院不予准许。依照《中华人民共和国侵权责任法》第二十四条、《中华人民共和国民事诉讼法》第六十四条之规定，判决：一、杨某于判决生效后十日内补偿田某菊15000元。二、驳回田某菊的其他诉讼请求。如果未按判决指定的期间履行给付金钱义务，应按照《中华人民共和国民事诉讼法》第二百五十三条之规定，加倍支付迟延履行期间的债务利息。案件受理费7308元，由田某菊负担7034元，由杨某负担274元。

本院二审期间，田某菊向法庭递交调取证据申请书。本院依法向郑州市公安局文化路分局调取了询问笔录六份，并组织双方当事人进行了质证。

郑州市公安局文化路分局六份询问笔录为：

（一）闫某春（物业工作人员）称：“2017年5月2日上午9时26分许，我在郑州市××区天骄华庭二期上班的时候，听到物业办公室外面有两名男子发生争吵，我和办公室的张某印就出去看看是什么情况。出去后发现是一名60多岁的老大爷和一名30多岁的男子在争吵，是因为那名老大爷在电梯里面吸烟，那名年轻男子告诉他电梯内空间小，不让吸烟，他们因此吵了起来。我和张某印将他们两个分开，我劝那名30多岁的男子，张某印劝那名老大爷，我拉着那名男子边走边劝他，将他劝到5号楼1单元门口，我就回物业办公室了，走到物业办公室门口时我没有看到那名老大爷，走到办公室内看到那名老大爷在办公室椅子上坐着，张某印说老大爷年纪大了，让他来办公室坐着喝点水歇会儿，我们办公室的一个小姑娘就帮那名老大爷倒水。我就到里面的办公室休息，我刚到里面办公室，就听到外面办公室一声响，我赶紧跑出去，就看到那名老大爷倒在了地上（身体左侧挨地），他坐的椅子也倒在地上，我就赶紧拨打120，让张某印跟老大爷的家属联系，2分钟后120给我打电话说让我去小区门口接他们，我就赶紧跑到小区南门让保安将大门打开，120的车就开进去了。我回到物业办公室的时候，看到那名和老大爷争吵的男子在给那名老大爷做心脏按压，老大爷的家属都在办公室，医生进来之后，让我们都出去了，医生在办公室抢救了30分钟左右，将老大爷的家属叫到办公室门口，告诉那名老大爷的家属各种方法都试了，没抢救过来。”“我没看到他们在物业办公室门口有肢体接触。”

（二）张某印（社区客服主管）称：“2017年5月2日上午9点左右，天骄华庭辖区5号楼1单元2401和1404的业主发生纠纷，当时在电梯里，2401房间的业主段某立，男，69岁，和1404房间的穿白汗衫的业主，男，30岁左右，发生纠纷，看相关监控是由于老头段某立在电梯里吸烟，而穿白汗衫的业主不想让他吸烟引起的，后来他俩在物业公司大门口，吵了一会儿，白汗衫的业主被劝走后，老头去物业办公室休息，这时老头段某立，就突然倒地死亡。当时我看到他俩在吵架时，我就上去劝，让他俩都退一步别生气。然后就把他们劝开了。”“没有看到”吵架过程中动手。

（三）段某（死者段某立长女）称：“2017年5月2日上午9点42分的时候，我当时正在上班，我妹妹段某叶给我打电话说：‘你快回来吧，咱爸在物业那晕倒了，正在抢救。’我到现场后，看到我父亲在地上躺着，医生正在抢救。我妹妹段某叶对我说：‘医生说情况不乐观。’我一直在难受地哭，医生不让我靠近抢救的地方，医生说你去旁边等吧，不要影响我们的抢救工作。上午10点左右的时候，医生告诉我们说：‘人已经不行了，放弃抢救了。’我就跟着医生去医院办手续了，后来我回来的时候听我妹妹段某叶说，我父亲段某立是跟他人发生争执才晕倒的，我妹夫徐某就报警了，民警到现场后，我通过监控看到了一名上身穿白色短袖的男子与我父亲段某立在坐电梯下楼的时候，我父亲在电梯里吸烟，那名上身穿白色短袖的男子不让我父亲吸烟，我父亲就把烟灭了，上身穿白色短袖的男子坐电梯下到负一楼后，又坐电梯到一楼与我父亲段某立继续发生争执，他们两个人就去物业中心了，然后我父亲就晕倒在物业中心里面了。”“不认识，也没有见过那名男子。”“我看监控的时候，全程我父亲和那名白色短袖的男子没有任何拉扯动作。”

（四）段某叶（死者段某立次女）称：“2017年5月2日上午9时40分许，我在郑州市××区天骄华庭2期5号楼1单元2401家中，接到我老公的电话说：‘你快点下楼，咱爸晕倒了，物业已经打了120了，120马上就到，我马上回去。’挂了电话我就赶紧下楼去物业办公室，到物业办公室，我看到我父亲在物业办公室的地上躺着，神志不清，物业的一名工作人员正在给我父亲做心肺复苏，接着又掐人中。我父亲面色发青，双眼紧闭，我就边哭边喊我父亲，物业的工作人员说：‘你先别哭，别喊，他不能动，别影响抢救。’我就站在一边，这时120赶到了，医生先做了心肺复苏，又用了电击，医生接着检查了我父亲的病情，说：‘情况不乐观，瞳孔已经放大。’说完医生继续使用电击抢救我父亲，并且挂上了吊瓶，我当时一直在旁边站着哭，医生说我影响抢救，我就先出去了，我在外面等了5分钟左右，回到物业办公室看到医生还在抢救我父亲，做了心电图。心电图显示没有脉搏跳动，过了一会儿，医生跟我说：‘已经抢救20多分钟了，已经有尸斑了，再抢救也没意义了。’我就一直在物业守着我父亲，后来听我老公说事发之前有人和我父亲吵架了，便报了警。”“2007年做过心脏搭桥手术。”

（五）徐某（死者段某立女婿）称：“2017年5月2日上午9点30分（自述材料中为9时31分许），我在郑州市××区文博花园小区理发时，接到天骄华庭2期保安的来电，告知我岳父段某立在小区物业办公室晕倒，已通知120，我马上赶回小区，同时通知我老婆段某叶，当我赶到，段某叶已经在物业办公室，此时医生已经开始抢救。到上午10点时，医生通知我们抢救失败，上午10时17分，我拨打报警电话。此时我并不知道他突然去世的详细情况，后经询问得知，岳父是与别人发生争吵才引起晕倒的。于是我于中午12时35分又打了一次报警电话。”“因为当时看监控发现他在电梯里和一名穿白汗衫的男子发生争吵，后经了解，是因为在电梯里他吸烟的事引起的双方矛盾。”“当时我不在场，没见他们有人受伤。”“发生纠纷时我不在场，我看监控时没人打斗，没有肢体冲突，没有使用工具，当我到时我岳父段某立正在抢救。”“我听说那个穿白汗衫的男子在我岳父倒地后，还用手给他做了按压心脏复苏。”“他（段某立）07年在北京做了心脏搭桥手术。有××史。”

（六）杨某称：“2017年5月2日上午9时27分许，我在郑州市××区××路天骄华庭5号楼1单元14楼坐电梯下楼取快递。进电梯后，我看到电梯内有一名老人在吸烟，我说‘老先生，吸烟对身体不好，再说，电梯里空间比较密闭，烟散不出去。’那名老人没有说话。因为我按错电梯楼层，电梯下到了负一楼，我跟那名老人说：‘老先生，我也没有什么恶意，就是善意地提醒你一下，电梯里吸烟也不合适，烟散不出去。’然后电梯就上到了一楼，我从电梯里出去走到物业门口等快递，那名老人过来说：‘烟不抽了。’我说：‘烟不抽了对身体也好，电梯里空间比较密闭，坐电梯的不只有老人，还有小孩儿，烟散不出去对别人身体也不好。’我和那名老人说话的时候，物业的工作人员出来了，跟那名老人说：‘人家说得也有道理，在电梯里吸烟也不合适。’我就去5号楼门口等快递了，等了大概10分钟，我拿完快递准备回家，听到一名物业的工作人员说：××犯了。’我就赶到物业，看到那名老人在物业办公室的地上躺着，老人脸色发青，我就上前摸老人的脉搏，脉搏没有跳动迹象，瞳孔散大。由于我是学医的，我就过去给老人做了心脏按压（双手压在患者左侧锁骨中线第四肋间处，根据患者情况，连续按压）。按了十几秒钟，120 赶到，跟老人的家属说：‘老人双侧瞳孔散大，情况很严重。’医生就给老人做了心脏按压。我在物业办公室待了几分钟就回家了，到 2017 年 5 月 2 日上午 12 时 16 分许，我接到楼管电话说：‘老人去世了，老人家属报警了。’”“没有发生争吵。当时在电梯里我看到那名老人在吸烟，我就提醒了老人吸烟不好，而且电梯空间封闭，烟散不出去。” “没有打架。”

田某菊发表质证意见称：一、真实性没有异议。二、上述证据证明了杨某与老人争吵的情形，电梯到一楼时杨某不出电梯，到负一楼仍不出电梯，挡在电梯门口也不让老人出电梯，后又跟到一楼在物业门口与老人争吵。其行为已经超过了所谓的劝阻界限，是××发作猝死的主要原因。三、公民对不文明行为有劝阻的责任，但不能超越法律规定，行使“执行”的权力。

杨某发表质证意见称，真实性无异议。该证据显示，杨某在劝烟过程中，双方不存在肢体冲突，且杨某未使用侮辱或攻击性语言，该劝阻行为未超过必要限度。××所致，与杨某的劝阻吸烟的行为之间不存在任何法律上的因果关系。杨某不应对老人的死亡结果承担任何法律责任。

经审查，本院认为该组证据具有合法性、真实性、关联性，依法予以采信。另查明：

一、电梯间内监控视频显示：2017 年 5 月 2 日 9 时 24 分 03 秒，段某立在电梯间内吸烟，电梯亮灯键为一楼。杨某 9 时 24 分 07 秒进入电梯后按了负一楼电梯键。2017 年 5 月 2 日 9 时 24 分 16 秒，双方开始有语言交流。电梯到达一楼，电梯门开后杨某按了开门键，段某立未走出电梯。杨某随后按了关门键，也未走出电梯。电梯到达负一楼，杨某欲下电梯而走至电梯门中间，段某立向前跟了一步，杨某回头，二人继续在对话。杨某走至电梯门外，段某立在电梯门里，二人继续对话，此时能看出双方言语上有些许争执。杨某重新进入电梯，按下一楼的按钮。2017 年 5 月 2 日 9 时 26 分 24 秒，双方走出电梯。

二、单元门口监控视频显示：2017 年 5 月 2 日 9 时 28 分 40 秒，双方走至单元门口，段某立情绪相对较为激动，杨某比较冷静。2017 年 5 月 2 日 9 时 29 分 06 秒，双方向物业办公室方向走去，至此时为止段某立的香烟一直未熄灭。

三、物业办公室门口监控视频显示：2017 年 5 月 2 日 9 时 43 分 55 秒，双方出现在物业办公室门口，仍然在进行言语上的交流，此时段某立情绪较为激动。物业工作人员从办公室走出来。段某立情绪更为激动，边说话边向杨某靠近，被物业客服主管张某印往回拉了两三步；后段某立手指杨某不停地说些什么并不断向杨某移动，再次被张某印拉回。杨某相对较为冷静，也在说些什么。2017 年 5 月 2 日 9 时 45 分 42 秒，张某印转过身来劝杨某，并将杨某向着单元门门口推去。此时，段某立向着杨某被劝离的方向走了两步并不停地说着什么，物业工作人员闫某春站在段某立对面，对其进行劝解。2017 年 5 月 2 日 9 时 45 分 54 秒，杨某被物业客服主管张某印劝离，段某立仍然手指杨某被劝离的方向，不停地说话。2017 年 5 月 2 日 9 时 46 分 05 秒，张某印返回劝说段某立，闫某春则向着杨某的方向走去。2017 年 5 月 2 日 9 时 46 分 20 秒，段某立被张某印劝至物业办公室。2017 年 5 月 2 日 9 时 47 分 00 秒，闫某春返回物业办公室。2017 年 5 月 2 日 9 时 48 分 56 秒，闫某春边走出物业办公室边拨打电话。2017 年 5 月 2 日 9 时 52 分 50 秒，杨某进入物业办公室。之后，120 急救车到达物业办公室门口。

再查明，一、根据视频显示，案涉三段监控视频均只有影像，没有声音，在事件发生过程中，段某立情绪较为激动，并随着时间的推移情绪激动程度不断升级；杨某在整个过程中，情绪相对比较冷静、克制；二人只有语言交流，无拉扯行为，无肢体冲突。二、三段监控视频所显示的时间是独立的，而不是前后衔接的，结合河南省职工医院的诊断证明载明的“09：31 呼叫 120，急救人员于 09：37 到达患者身边”、公安机关对闫某春的询问笔录“2 分钟后 120 给我打电话说让我去小区门口接”、公安机关对段某立亲属的询问笔录“9 时 40 分”“9 时 42 分接到电话”等可知，呼叫 120 的时间是 9 时 31 分，监控视频中闫某春走出办公室接 120 急救车的“9 时 48 分 56 秒”实际时间约为 9 时 33 分，监控视频中 120 救护车到达物业门口的“9 时 53 分 36 秒”实际时间约为 9 时 37 分，综合判断，物业办公室门口视频显示时间比实际时间约快 10 余分钟。经核算，三段监控视频中显示出杨某与段某立接触时长不足 5 分钟。

本院经审理查明的其他事实与一审法院查明的事实一致。

本院认为：本案属于生命权纠纷，应当适用《中华人民共和国侵权责任法》相关规定。《中华人民共和国侵权责任法》第六条第一款规定：“行为人因过错侵害他人民事权益，应当承担侵权责任。”因此，确定杨某应否承担侵权责任，关键是要分析杨某对段某立在电梯间吸烟进行劝阻与段某立死亡的事实之间是否有因果关系、杨某是否存在过错。具体分析如下：一、杨某劝阻段某立吸烟行为未超出必要限度，属于正当劝阻行为。在劝阻段某立吸烟的过程中，杨某保持理性，平和劝阻，双方之间也没有发生肢体冲突和拉扯行为，本案中也没有证据证明杨某对段某立进行过呵斥或有其他不当行为。二、杨某劝阻段某立吸烟行为本身不会造成段某立死亡的结果。段某立，在未能控制自身情绪的情况下，××发作不幸死亡。虽然从时间上看，杨某劝阻段某立吸烟行为与段某立死亡的后果是先后发生的，但两者之间并不存在法律上的因果关系。三、杨某没有侵害段某立生命权的故意或过失。杨某此前不认识段某立，也不知道段某立有××史并做过心脏搭桥手术，其劝阻段某立吸烟是履行公民应尽的社会责任，不存在加害段某立的故意，而且杨某在得知段某立患有××后，及时发挥专业技能对段某立积极施救。杨某对段某立的死亡无法预见，也不存在疏忽或懈怠，没有过错。综上，杨某对段某立在电梯间吸烟予以劝阻的行为与段某立死亡结果不存在法律上的因果关系，杨某不存在过错，不应承担侵权责任。田某菊关于杨某存在过错，应承担一般侵权责任的上诉理由不能成立，本院不予支持。

《中华人民共和国侵权责任法》第二十四条规定："受害人和行为人对损害的发生都没有过错的，可以根据实际情况，由双方分担损失。"适用《中华人民共和国侵权责任法》第二十四条的前提是行为与损害结果之间有法律上的因果关系，且受害人和行为人对损害的发生都没有过错。而本案中杨某劝阻吸烟行为与段某立死亡结果之间并无法律上的因果关系，因此，一审判决以段某立确实在与杨某发生言语争执后猝死为由，依照《中华人民共和国侵权责任法》第二十四条的规定，适用公平原则判决杨某补偿田某菊15000元，属于适用法律错误。

《最高人民法院关于适用〈中华人民共和国民事诉讼法〉的解释》第三百二十三条规定："第二审人民法院应当围绕当事人的上诉请求进行审理。当事人没有提出请求的，不予审理，但一审判决违反法律禁止性规定，或者损害国家利益、社会公共利益、他人合法权益的除外。"本案一审判决作出后，杨某未上诉，但一审判决适用法律错误，损害社会公共利益，依法应予改判，理由如下：保护生态环境、维护社会公共利益及公序良俗是民法的基本原则，弘扬社会主义核心价值观是民法的立法宗旨，司法裁判对保护生态环境、维护社会公共利益的行为应当依法予以支持和鼓励，以弘扬社会主义核心价值观。根据郑州市有关规定，市区各类公共交通工具、电梯间等公共场所禁止吸烟，公民有权制止在禁止吸烟的公共场所的吸烟者吸烟。该规定的目的是减少烟雾对环境和身体的侵害，保护公共环境，保障公民身体健康，促进文明、卫生城市建设，鼓励公民自觉制止不当吸烟行为，维护社会公共利益。本案中，杨某对段某立在电梯内吸烟予以劝阻合法正当，是自觉维护社会公共秩序和公共利益的行为，一审判决判令杨某分担损失，让正当行使劝阻吸烟权利的公民承担补偿责任，将会挫伤公民依法维护社会公共利益的积极性，既是对社会公共利益的损害，也与民法的立法宗旨相悖，不利于促进社会文明，不利于引导公众共同创造良好的公共环境。因此，一审判决判令杨某补偿田某菊15000元错误，本院依法予以纠正。

杨某称其考虑到田某菊不幸失去了亲人，愿意对田某菊捐赠一定费用，因不属于本案审理范围，由双方当事人自行处理。

综上所述，田某菊的上诉请求不能成立，应予驳回；一审判决认定事实正确，但适用法律错误，本院予以纠正。经本院审判委员会讨论决定，依照《中华人民共和国民事诉讼法》第一百七十条第一款第二项、《最高人民法院关于适用〈中华人民共和国民事诉讼法〉的解释》第三百二十三条第二款规定，判决如下：

一、撤销河南省郑州市金水区人民法院（2017）豫0105民初14525号民事判决；

二、驳回田某菊的诉讼请求。

一审案件受理费7308元，二审案件受理费7308元，均由田某菊负担。

本判决为终审判决。

审　判　长　杨相峰

审　判　员　李庆伟

审　判　员　姚振勇

二〇一八年一月十二日

书　记　员　丁志民

8. 沈某南、邵某妹与刘某法、胡某仙二审民事判决书

江苏省无锡市中级人民法院

民事判决书

（2014）锡民终字第01235号

上诉人（原审原告）沈某南。

上诉人（原审原告）邵某妹。

两上诉人的共同委托代理人郭小兵，江苏瑞莱律师事务所律师。

两上诉人的共同委托代理人郭伟，江苏瑞莱律师事务所律师。

被上诉人（原审被告）刘某法。

被上诉人（原审被告）胡某仙。

原审第三人南京鼓楼医院，住所地南京市鼓楼区中山路321号，组织机构代码42609044－5。

法定代表人韩光曙，该院院长。

委托代理人王玢。

委托代理人郑哲兰，江苏永衡昭辉律师事务所律师。

上诉人沈某南、邵某妹因与被上诉人刘某法、胡某仙，原审第三人南京鼓楼医院监管权和处置权纠纷一案，不服宜兴市人民法院（2013）宜民初字第2729号民事判决，向本院提起上诉。本院于2014年7月2日受理后，依法组成合议庭审理了本案，现已审理终结。

原审法院审理查明：

沈某与刘某于2010年10月13日登记结婚，于2012年4月6日取得生育证明。2012年8月，沈某与刘某因“原发性不孕症、外院反复促排卵及人工授精失败”，要求在南京市鼓楼医院（以下简称鼓楼医

院）施行体外受精—胚胎移植助孕手术；鼓楼医院在治疗过程中，获卵15枚，受精13枚，分裂13枚；取卵后72小时为预防“卵巢过度刺激综合征”，鼓楼医院未对刘某移植新鲜胚胎，而于当天冷冻4枚受精胚胎。治疗期间，刘某曾于2012年3月5日与鼓楼医院签订《辅助生殖染色体诊断知情同意书》，刘某在该同意书中明确对染色体检查及相关事项已经了解清楚，同意进行该检查；愿意承担因该检查可能带来的各种风险；所取样本如有剩余，同意由诊断中心按国家相关法律、法规的要求代为处理等。2012年9月3日，沈某、刘某与鼓楼医院签订《配子、胚胎去向知情同意书》，上载明两人在鼓楼医院生殖医学中心实施了试管手术，获卵15枚，移植0枚，冷冻4枚，继续观察6枚胚胎；对于剩余配子（卵子、精子）、胚胎，两人选择同意丢弃；对于继续观察的胚胎，如果发展成囊胚，两人选择同意将囊胚冷冻。同日，沈某、刘某与鼓楼医院签订《胚胎和囊胚冷冻、解冻及移植知情同意书》，鼓楼医院在该同意书中明确，胚胎不能无限期保存，目前该中心冷冻保存期限为一年，首次费用为三个月，如需继续冷冻，需补交费用，逾期不予保存；如果超过保存期，沈某、刘某选择同意将胚胎丢弃。2013年3月20日23时20分许，沈某驾驶苏B××××车途中在道路左侧侧翻，撞到路边树木，造成刘某当日死亡、沈某于同年3月25日死亡的后果。现沈某、刘某的4枚受精胚胎仍在鼓楼医院生殖中心冷冻保存。

后因对上述4枚受精胚胎的监管权和处置权发生争议，沈某南、邵某妹遂诉至法院，认为其子沈某与儿媳刘某死亡后，根据法律规定和风俗习惯，胚胎的监管权和处置权应由其行使，要求法院判如所请。审理中，因涉案胚胎保存于鼓楼医院，与本案审理结果存在关联性，故原审法院追加该院作为第三人参加诉讼。

原审另查明，沈某系沈某南、邵某妹夫妇之子；刘某系刘某法、胡某仙夫妇之女。

上述事实，由病历简介、病历资料、准生证、事故认定书、结婚证、户籍资料、知情同意书及原审法院开庭笔录等证据在卷佐证。

原审法院认为：

公民的合法权益受法律保护。沈某与刘某因自身原因而无法自然生育，为实现生育目的，夫妻双方至鼓楼医院施行体外受精—胚胎移植手术。现夫妻双方已死亡，双方父母均遭受了巨大的痛苦，沈某南、邵某妹主张沈某与刘某夫妻手术过程中留下的胚胎作为其生命延续的标志，应由其负责保管。但施行体外受精—胚胎移植手术过程中产生的受精胚胎为具有发展为生命的潜能，含有未来生命特征的特殊之物，不能像一般之物一样任意转让或继承，故其不能成为继承的标的。同时，夫妻双方对其权利的行使应受到限制，即必须符合我国人口和计划生育法律法规，不违背社会伦理和道德，并且必须以生育为目的，不能买卖胚胎等。沈某与刘某夫妻均已死亡，通过手术达到生育的目的已无法实现，故两人对手术过程中留下的胚胎所享有的受限制的权利不能被继承。综上，对于沈某南、邵某妹提出的其与刘某法、胡某仙之间，应由其监管处置胚胎的诉请，法院不予支持。依照《中华人民共和国民法通则》第五条、《中华人民共和国继承法》第三条之规定，原审法院判决驳回沈某南、邵某妹的诉讼请求。案件受理费80元，由沈某南、邵某妹负担。

上诉人沈某南、邵某妹不服原审判决，向本院提出上诉称：1. 一审判决受精胚胎不能成为继承的标的没有法律依据。我国相关法律并未将受精胚胎定性为禁止继承的标的物，涉案胚胎的所有权人为沈某、刘某，是两人的合法财产，应当属于《中华人民共和国继承法》第三条第七项“公民的其他合法财产”。在沈某、刘某死亡后，其生前遗留的受精胚胎，理应由上诉人继承，由上诉人享有监管、处置权利。2. 根据沈某、刘某与鼓楼医院的相关协议，鼓楼医院只有在手术成功后才具有对剩余胚胎的处置权利。现沈某、刘某均已死亡，手术并未进行，鼓楼医院无论是依据法律规定还是合同约定，对涉案胚胎均无处置权利。一审法院认定胚胎不能被继承，将导致涉案胚胎在沈某、刘某死亡后即无任何可对其行使权利之人。综上，请求撤销原审判决，判决4枚冷冻胚胎的监管权和处置权归上诉人。

被上诉人刘某法、胡某仙辩称：涉案胚胎是女儿、女婿遗留下来的，上诉人和被上诉人均有监管权和处置权。要求法院依法判决。

原审第三人鼓楼医院辩称：胚胎是特殊之物，对其处置涉及伦理问题，不能成为继承的标的；根据《人类辅助生殖技术管理办法》等卫生部的相关规定，也不能对胚胎进行赠送、转让、代孕。要求驳回上诉，维持原判。

二审查明的事实与原审查明的事实一致，本院予以确认。

另查明，南京市鼓楼医院现已更名为南京鼓楼医院。

本案的争议焦点为：涉案胚胎的监管权和处置权的行使主体如何确定？

本院认为，公民合法的民事权益受法律保护。基于以下理由，上诉人沈某南、邵某妹和被上诉人刘某法、胡某仙对涉案胚胎共同享有监管权和处置权：

1. 沈某、刘某生前与南京鼓楼医院签订相关知情同意书，约定胚胎冷冻保存期为一年，超过保存期同意将胚胎丢弃，现沈某、刘某意外死亡，合同因发生了当事人不可预见且非其所愿的情况而不能继续履行，南京鼓楼医院不能根据知情同意书中的相关条款单方面处置涉案胚胎。

2. 在我国现行法律对胚胎的法律属性没有明确规定的情况下，结合本案实际，应考虑以下因素以确定涉案胚胎的相关权利归属：一是伦理。施行体外受精—胚胎移植手术过程中产生的受精胚胎，具有潜在的生命特质，不仅含有沈某、刘某的DNA等遗传物质，而且含有双方父母两个家族的遗传信息，双方父母与涉案胚胎亦具有生命伦理上的密切关联性。二是情感。白发人送黑发人，乃人生至悲之事，更何况暮年遽丧独子、独女！沈某、刘某意外死亡，其父母承欢膝下、纵享天伦之乐不再，“失独”之痛，非常人所能体味。而沈某、刘某遗留下来的胚胎，则成为双方家族血脉的唯一载体，承载着哀思寄托、精神慰藉、情感抚慰等人格利益。涉案胚胎由双方父母监管和处置，既合乎人伦，亦可适度减轻其丧子失女之痛楚。三是特殊利益保护。胚胎是介于人与物之间的过渡存在，具有孕育成生命的潜质，比非生命体具有更高的道德地位，应受到特殊尊重与保护。在沈某、刘某意外死亡后，其父母不但是世界上唯一关心胚胎命运的主体，而且亦应当是胚胎之最近、最大和最密切倾向性利益的享有者。综上，判决沈某、刘某父母享有涉案胚胎的监管权和处置权于情于理是恰当的。当然，权利主体在行使监管权和处置权时，应当遵守法律且不得违背公序良俗和损害他人之利益。

3. 至于南京鼓楼医院在诉讼中提出，根据卫生部的相关规定，胚胎不能买卖、赠送和禁止实施代孕，但并未否定权利人对胚胎享有的相关权利，且这些规定是卫生行政管理部门对相关医疗机构和人员在从事人工生殖辅助技术时的管理规定，南京鼓楼医院不得基于部门规章的行政管理规定对抗当事人基于私法所享有的正当权利。

本院还注意到，原审在本案的诉讼主体结构安排方面存在一定的瑕疵，本应予以纠正。但考虑本次诉讼安排和诉讼目的指向恒定，不会对诉讼主体的程序和实体权利义务的承担造成紊乱，本院不再作调整。另外，根据上诉人在原审中的诉请以及当事人之间法律关系的性质，本案案由应变更为监管权和处置权纠纷。

综上，沈某南、邵某妹和刘某法、胡某仙要求获得涉案胚胎的监管权和处置权合情、合理，且不违反法律禁止性规定，本院应予支持。依照《中华人民共和国民法通则》第五条、第六条、第七条，《中华人民共和国民事诉讼法》第一百七十条第一款第（二）项之规定，判决如下：

一、撤销宜兴市人民法院（2013）宜民初字第2729号民事判决；

二、沈某、刘某存放于南京鼓楼医院的4枚冷冻胚胎由上诉人沈某南、邵某妹和被上诉人刘某法、胡某仙共同监管和处置；

三、驳回上诉人沈某南、邵某妹其他诉讼请求。

一、二审案件受理费共计160元，由上诉人沈某南、邵某妹和被上诉人刘某法、胡某仙各半负担。

本判决为终审判决。

审　判　长　时永才

审　判　员　范　莉

审　判　员　张圣斌

二〇一四年九月十七日

书　记　员　庄绪龙

9. 安徽华源医药股份有限公司诉被告国家工商行政管理总局商标局等商标行政纠纷案判决书

北京知识产权法院

行政判决书

（2015）京知行初字第177号

原告安徽华源医药股份有限公司，住所地安徽省阜阳市太和县沙河东路168号。

法定代表人王军，董事长。

委托代理人孙杰，安徽皖太律师事务所律师。

委托代理人王才亮，北京才良律师事务所律师。

被告国家工商行政管理总局商标局，住所地北京市西城区茶马南街1号。

法定代表人许瑞表，局长。

负责人吕志华，女，国家工商行政管理总局商标局副局长。

委托代理人戴山鹏，女，国家工商行政管理总局商标局法律处处长。

委托代理人程益群，女，国家工商行政管理总局商标局法律处副处长。

第三人嵊州市易心堂大药房有限公司，住所地浙江省嵊州市剡湖街道越秀路28号。

法定代表人陈伟，总经理。

委托代理人薛丽清，北京奥都律师事务所律师。

委托代理人王浩，浙江裕阳律师事务所律师。

第三人上海健一网大药房连锁经营有限公司，住所地上海市杨浦区辽源东路4号。

法定代表人徐海，董事长。

原告安徽华源医药股份有限公司（以下简称华源公司）因商标行政纠纷一案，不服被告国家工商行政管理总局商标局（以下简称商标局）于2014年10月23日作出的《商标注册同日申请协商通知书》（以下简称《同日申请协商通知书》），于法定期限内向本院提起行政诉讼。本院于2015年1月12日受理后，依法组成合议庭，于2015年4月22日依法公开开庭审理了本案，原告华源公司的委托代理人孙杰及原委托代理人陶爱玲、被告商标局的原委托代理人常凯及王鹏静到庭参加了诉讼。本次庭审后，本院依法通知嵊州市易心堂大药房有限公司（简称易心堂公司）、上海健一网大药房连锁经营有限公司（简称健一网公司）作为本案第三人参加诉讼。2015年6月18日，本院依法第二次公开开庭进行了审理，原告华源公司的委托代理人孙杰、被告商标局的原委托代理人常凯及王鹏静、第三人易心堂公司的委托代理人薛丽清及原委托代理人丁芳到庭参加了诉讼。2015年9月11日，本院依法第三次公开开庭进行了审理，原告华源公司的委托代理人孙杰、被告商标局的委托代理人戴山鹏及原委托代理人王鹏静、第三人易心堂公司的委托代理人薛丽清及原委托代理人丁芳到庭参加了诉讼。庭审后，合议庭认为本案中涉及的《关于申请注册新增零售或批发服务商标有关事项的通知》（以下简称《新增服务商标的通知》）第四条的相关规定是否合法属于本案的重大法律适用问题，应提交审判委员会讨论决定，故依法向本院审判委员会进行了报告。本院审判委员会经讨论，决定对《新增服务商标的通知》第四条相关规定的合法性问题直接进行审理。2015年9月17日，本院审判委员会公开开庭就《新增服务商标的通知》第四条相关规定的合法性进行了审理，审判委员会全体委员宿迟、陈锦川、宋鱼水、杜长辉、姜颖、张晓津、张晓霞出席了本次庭审，原告华源公司的委托代理人孙杰及王才亮、被告商标局的负责人吕志华及委托代理人戴山鹏与程益群、第三人易心堂公司的委托代理人薛丽清及王浩到庭参加了诉讼。经本院合法传唤，第三人健一网公司书面声明放弃参加本案诉讼，依照《最高人民法院关于执行〈中华人民共和国行政诉讼法〉若干问题的解释》第四十九条第三款之规定，健一网公司不参加本案诉讼依法不影响本案的审理。本案现已审理终结。

2014年10月23日，被告商标局针对原告华源公司申请注册第11988470号“华源医药”及图商标（简称申请商标）作出本案被诉《同日申请协商通知书》，主要内容为：

申请商标与易心堂公司于同一天在“药品零售或批发服务；药用制剂零售或批发服务”等类似服务上申请注册的第12108760号“华源”商标（以下简称引证商标二）近似且均未使用。

申请商标与健一网公司于同一天在“药品零售或批发服务；药用制剂零售或批发服务”等类似服务上申请注册的第12029147号“华源”商标（以下简称引证商标一）近似且均未使用。

根据《中华人民共和国商标法实施条例》（以下简称《商标法实施条例》）第十九条的规定，请双方当事人自收到本通知书之日起三十日内自行协商，保留一方在“药品零售或批发服务；药用制剂零售或批发服务”上的申请，并将书面协议报送商标局。在规定的期限内未提交书面协议或协议无效的，视为协商不成，商标局将另行通知各方当事人以抽签方式确定一个申请人。

此外，在2015年6月18日的庭审中，商标局称《同日申请协商通知书》的依据还包括商标局于2014年12月14日作出的《新增服务商标的通知》第四条的规定。

原告华源公司不服商标局作出的《同日申请协商通知书》，向本院起诉称：《新增服务商标的通知》第四条关于“在该期间内，在相同或类似新增服务项目上提出的注册申请，视为同一天申请”的规定（以下简称关于过渡期的规定）违反了2014年5月1日起实施的《中华人民共和国商标法》（以下简称《商标法》）第三十一条的规定；《同日申请协商通知书》缺乏事实依据及法律依据，请求本院：1. 对《新增服务商标的通知》第四条关于过渡期的规定的合法性进行审查；2. 撤销《同日申请协商通知书》，并责令商标局重新作出决定。理由为：

第一，《新增服务商标的通知》第四条关于过渡期的规定违反了《商标法》第三十一条的规定。

首先，商标局作为制定《新增服务商标的通知》第四条关于过渡期的规定的主体不合法。根据《全国人民代表大会常务委员会关于加强法律解释工作的决议》（1981年6月10日第五届全国人大常委会第十九次会议通过，以下简称1981年《关于加强法律解释工作的决议》）第一条、《中华人民共和国立法法》（简称《立法法》）第四十五条的规定，对于法律的解释权属于全国人民代表大会常务委员会（简称全国人大常委会）。《国务院办公厅关于行政法规解释权限和程序问题的通知》（国办发〔1999〕43号，以下简称1999年《关于行政法规解释的通知》）第一条中规定，“凡属于行政法规条文本身需要进一步明确界限或者作补充规定的问题，由国务院作出解释。”而且，《商标法》在商标的申请和受理问题上并未区分“已存在的类别”和“新增类别”，《商标法》第三十一条中规定的“同一天”指的是“同一个自然日”，商标局将“2013年1月1日至1月31日”整个期间视为同一天属于创设法律的行为，改变了商标申请人的基本权利和法律后果，已经不属于对法律如何具体应用进行解释的问题，而属于立法范畴。因此，商标局不是《新增服务商标的通知》第四条关于过渡期的规定合法的制定主体。

其次，《新增服务商标的通知》第四条关于过渡期的规定的内容不合法。《商标法》第三十一条规定的“同一天”为“同一个自然日”，该条款属于强制性规范，法律没有给出任何变通的余地。商标局将“1月1日至1月31日”的期间“视为同一天”，使本来不同的法律后果变成了相同的法律后果，产生了法律拟制的效果，这本身属于改变法律的立法行为，与《商标法》第三十一条的规定相抵触，是不合法的。

最后，《新增服务商标的通知》第四条关于过渡期的规定创造了一个新的法律概念和计时单位，给恶意抢注者留下了充分的时间和空间，大大增加了真正权利人获得商标权的不确定性，有违《商标法》保护商标权人的立法目的。即使现实中会遇到抢注他人商标的情况，被抢注者也应依法通过《商标法》规定的其他救济途径行使救济权。

第二，原告提交的证据可以证明原告在先使用了申请商标。原告公司自成立以来，相关中央领导与地方领导多次到原告企业视察，原告在全国设立了28家销售公司，多年来获得了大量的荣誉，并多年通过在邮政发行的有奖明信片、公司画册与信封、中国华药会上及相关媒体上等对申请商标进行了宣传与使用。

被告商标局辩称：《新增服务商标的通知》第四条关于过渡期的规定符合法律规定且具有必要性、合理性，《同日申请协商通知书》主要证据确凿，适用法律、法规正确，程序合法，请求本院依法驳回原告华源公司的诉讼请求。理由为：

第一，《新增服务商标的通知》第四条关于过渡期的规定没有违反《商标法》第三十一条的规定。

首先，商标局制定《新增服务商标的通知》第四条关于过渡期的规定的主体合法。根据1981年《关于加强法律解释工作的决议》第三条、1999年《关于行政法规解释的通知》第二条、《商标法》第二条第一款的规定，商标局有权对在商标注册和管理中如何具体应用《商标法》的问题进行解释。《新增服务商标的通知》第四条关于过渡期的规定仅适用于首次放开的药品零售或批发等服务上的商标注册申请，性质上属于对《商标法》第三十一条具体应用过程中的解释。

其次，《新增服务商标的通知》第四条关于过渡期的规定的内容合法。《商标法》的具体规定是一个具有内在联系的有机整体，必须体系化理解《商标法》的相关规定。《商标法》既规定了申请在先原则，又规定了使用在先原则，该法第三十一条解决的是对已经放开的商品或服务上的商标申请的审查原则，但对于首次放开的商品或服务项目的商标申请没有规定。对于新放开的对人体健康影响非常重大的药品零售或批发服务上的商标注册申请，如果不设置过渡期，可能造成大量尤其是地处偏远或信息闭塞的在先使用人的商标被抢注、消费者对药品来源产生误认等严重后果。而且，当时的法律、法规并没有规定在先使用人可以继续使用其商标，其商标一旦被他人抢注则可能面临被诉侵权的危险，设置过渡期也可防止在先使用人维权成本过高的现象发生。由于《中华人民共和国立法法》(以下简称《立法法》)对于行政主管部门对法律如何具体应用进行解释的规则等问题没有作出规定，故可参照《立法法》第一百零四条规定的最高人民法院法院、最高人民检察院对具体应用法律进行解释的原则，来理解行政机关对法律如何具体应用进行解释的合法性，即针对具体的法律条文并符合立法目的、原则和原意。《新增服务商标的通知》第四条关于过渡期的规定符合《商标法》保护经营者及消费者利益的立法宗旨，符合公平原则和诚实信用原则。另外，日本在2007年首次受理零售批发服务商标时也设置了三个月的过渡期，说明设置过渡期是国际通行的做法，我国在1993年首次受理服务商标注册申请时采用设置三个月过渡期做法的先例也表明过渡期的设置是必要的且施行的效果良好。我们在制定《新增服务商标的通知》的过程中，征求了相关部门包括相关司法机关的意见，他们并未提出反对意见，并明确表示设置过渡期不存在法律障碍。

最后，商标局发布《新增服务商标的通知》的程序得当。商标局在《新增服务商标的通知》起草过程中广泛听取了有关部门、组织、企业以及专家的意见，并经局长签署向全国工商系统公开发布，同时通过商标局官方网站的方式向社会公众公开发布，程序得当。

第二，原告华源公司提交的证据并不能证明申请商标在指定使用的服务项目上进行了使用。本案中，华源公司提交的证据或者没有显示申请商标标识，或者没有显示使用者为华源公司，或者为自制证据，不能证明申请商标构成在指定使用服务项目上的使用。

第三人易心堂公司述称：《新增服务商标的通知》第四条关于过渡期的规定合法，且《同日申请协商通知书》主要证据确凿，适用法律、法规正确，程序合法，请求本院依法驳回原告华源公司的诉讼请求。其除表示同意商标局的答辩意见外，还认为：《商标法》第三十一条对具体的“新增”服务商标申请注册的情况没有具体明确的规定，《新增服务商标的通知》第四条关于过渡期的规定仅适用于“新增”服务项目上，不属于对法律的变更。现行的法律、法规对《商标法》第三十一条中的“同一天”没有进行任何解释，对于商标局针对执法过程中出现的具体情况做出将某个期间“视为同一天”的解释也没有禁止性的规定。《新增服务商标的通知》第四条关于过渡期的规定，符合我国地域广阔、偏远地区信息尚不够发达等实际国情，具有科学性与合理性。

第三人健一网公司未陈述意见。

在法定期限内，为证明《同日申请协商通知书》的合法性，商标局向本院提交了下列证据及相关规范性文件：

1. 申请商标与引证商标一、引证商标二商标档案，用以证明申请商标与引证商标的基本情况；

2. 商标局于2014年4月21日向华源公司送达的《商标注册同日申请补送使用证据通知书》，用以证明商标局的行政程序合法；

3. 华源公司在行政阶段向商标局提交的《21世纪药店·华源特刊》《安徽华源医药》、“华药会”宣传材料、药品销售合同样本等证据材料，用以证明《同日申请协商通知书》具有事实依据；

4. 《新增服务商标的通知》第四条的规定，用以证明《同日申请协商通知书》具有法律依据。

在本院指定期间，为证明《新增服务商标的通知》第四条关于过渡期的规定的合法性，商标局向本院提交了下列法律文件：

1. 《商标法》第二条第一款；

2. 1981年《关于加强法律解释工作的决议》；

3. 1999年《关于行政法规解释的通知》；

上述法律文件1～3用以证明《新增服务商标的通知》第四条关于过渡期的规定属于商标局对《商标法》第三十一条在实践中如何具体应用进行的解释，商标局作为全国商标注册和管理工作的主管部门，是制定《新增服务商标的通知》的合法主体；

4. 《新增服务商标的通知》(征求意见稿)，用以证明商标局在发布《新增服务商标的通知》前征求了相关公众的意见，程序合法；

5. 商标局发给最高人民法院知识产权庭的《征求意见函》及电话记录，用以证明《新增服务商标的通知》在制定程序及实体内容上均是合法的；

6. 原国家工商行政管理局于1993年5月24日发布的《关于受理服务商标注册申请的通知》(工商标字〔1993〕148号)，用以证明《新增服务商标的通知》第四条关于过渡期的规定借鉴了我国早期受理服务商标的成功经验，过渡期的设置可有效维护公平竞争的商标申请秩序。

在法定期限内，原告华源公司向本院提交了下列证据以支持其诉讼主张：

1. 华源公司的营业执照副本复印件、组织机构代码证复印件、税务登记证副本复印件、药品经营许可证副本复印件，用以证明华源公司具备药品经营资质；

2. 商标局针对华源公司作出的《注册受理通知书》《商标注册同日申请补送使用证据通知书》及华源公司递交使用证据的回执，用以证明华源公司提出申请商标的注册申请及递交使用证据情况；

3. 相关中央领导人及地方领导人视察华源公司的网络宣传资料；

4. 相关荣誉证书照片复印件；

5. 华源公司在行政阶段向商标局提交的《21世纪药店·华源特刊》《安徽华源医药》、“华药会”宣传材料、药品销售合同样本等证据材料；

6. 相关媒体宣传报道的材料及2009～2013年“华药会”的网络宣传材料；

7. 带有申请商标图样的2012年有奖明信片复印件、“2011第七届华药会会议日程、会议服务保障预案”首页复印件、华源公司画册复印件；

8. 华源公司与相关媒体签订的《合作协议书》复印件、《安徽华源医药商业简讯》复印件；

9. 沈阳华源新晟医药有限公司、安徽华源盛铭药业有限公司等十家公司的营业执照副本的复印件及部分公司办公场所照片复印件、商品销售凭证照片复印件；

原告华源公司提交的证据3～9，用以证明华源公司具有较高知名度，且在全国设立了多个子公司从事医药零售或批发服务，申请商标在指定使用服务项目上的宣传与使用时间长、地域范围广；

10. 第13010593号与第13010549号“华源医药”及图商标的商标注册证复印件，用以证明华源公司在多个类别上申请注册了“华源医药”文字及图形商标，“华源医药”文字与华源公司具有密不可分的联系，商标局应当初步审定并公告华源公司的申请商标；

11. 易心堂公司在2013年1月份申请注册150个商标的网络查询资料，用以证明易心堂公司恶意抢注他人及华源公司的商标，并证明《新增服务商标的通知》第四条中关于过渡期的规定为他人抢注商标留下了时间和空间，该制度设置不合法也不合理。

第三人易心堂公司与健一网公司均未向本院提交证据。

在质证过程中，针对被告商标局提交的用以支持《同日申请协商通知书》合法的证据，原告华源公司表示仅对于证据4的合法性有异议，对其他证据的关联性、合法性、真实性均无异议，但认为前述证据不足以证明《同日申请协商通知书》的合法性；针对被告商标局提交的用以支持《新增服务商标的通知》第四条关于过渡期的规定合法的法律文件，原告华源公司对其关联性、合法性、真实性均无异议，但认为前述法律文件不足以证明《新增服务商标的通知》第四条关于过渡期的规定合法。针对被告商标局提交的所有证据材料及法律文件，第三人易心堂公司对其关联性、合法性与真实性均无异议，并认可所有证据及法律文件的证明作用。被告商标局与第三人易心堂公司对于原告华源公司的证据5、7、8中的华源公司药品销售合同样本、华源公司画册、《安徽华源医药商业简讯》等自行制作的证据的关联性无异议但对真实性有异议，并认为其证据10、11与本案无关，对其他证据的关联性、合法性与真实性均无异议，但不认可华源公司提交的证据的证明作用。另外，易心堂公司还表示不认可华源公司证据11的真实性，但并未提交反证。

基于各方当事人的上述举证、质证意见，本院对各方当事人提交的证据材料认证如下：被告商标局提交的《新增服务商标的通知》第四条关于过渡期的规定系《同日申请协商通知书》的依据，虽与《同日申请协商通知书》的合法性审查有关，但其同样属于本案合法性审查的对象，对其合法性本院将予综合评述；商标局提交的其他证据均与《同日申请协商通知书》或《新增服务商标的通知》第四条关于过渡期的规定的合法性审查有关，但对其证明力本院将予综合评述。原告华源公司提交的证据11与本案无关，本院不予采纳；其提交的其他证据均与《同日申请协商通知书》或《新增服务商标的通知》第四条关于过渡期的规定的合法性审查有关，可以作为认定本案相关事实的根据，本院予以采纳，但由于其证据5、7、8中的华源公司药品销售合同样本、华源公司画册、《安徽华源医药商业简讯》等证据系其自行制作，且其他当事人对其真实性不予认可，因此，本院对前述证据不予采信。

根据各方当事人举证、质证和本院认证意见以及各方当事人陈述，本院查明以下事实：

2012年4月，世界知识产权组织尼斯联盟专家委员会第22次会议决定，将“药用、兽医用、卫生用制剂和药品的零售或批发服务”写入第十版《商标注册用商品和服务国际分类表》第35类，生效日期为2013年1月1日。

2012年12月14日，商标局作出《新增服务商标的通知》并对外发布，该通知相关内容为：

“2013年1月1日起实施的《商标注册用商品和服务国际分类》第十版2013修改文本在第35类中增加‘药用、兽医用、卫生用制剂和医疗用品的零售或批发服务’项目。为更好保护已使用商标权利人利益，维护稳定的市场秩序，我局研究设立了受理新增服务项目过渡期。现就新增服务项目以及过渡期有关事项通知如下：

一、新增服务及其界定

（一）根据《商标注册用商品和服务国际分类》修改文本，在《类似商品和服务区分表》3509类似群中设立‘药用、兽医用、卫生用制剂和医疗用品的零售或批发服务’‘药品零售或批发服务’‘药用制剂零售或批发服务’‘卫生制剂零售或批发服务’‘医疗用品零售或批发服务’‘兽药零售或批发服务’和‘兽医用制剂零售或批发服务’共7个新增服务项目。

……

四、过渡期的规定

我局借鉴1993年服务商标受理经验，设立注册申请过渡期，期限为2013年1月1日至1月31日。在该期间内，在相同或类似新增服务项目上提出的注册申请，视为同一天申请。申请日以我局收到申请书的日期为准。在过渡期内，对申请注册新增服务商标采取以下措施：

（一）网上申请不予受理。

（二）申请人指定的新增服务项目范围应当与营业执照核准的经营范围一致。

（三）一般按以下原则确定商标专用权：同日申请的，初步审定使用在先的；同日使用或者均未使用的，由当事人协商解决；在规定期限内不愿协商或协商不成的，以抽签方式确权。

新增服务商标已使用是指2013年1月1日前已在指定的新增服务项目上公开、真实使用。

上述规定只适用于过渡期内向我局办理的新增服务商标注册申请。”

2013年1月4日，华源公司向商标局提出申请商标的注册申请，申请商标由中文“华源医药”及图形构成（详见附图），指定使用于国际分类第35类“药品零售或批发服务；药用制剂零售或批发服务”服务项目上，类似群组为3509。

申请商标

2013年1月11日，健一网公司向商标局提出引证商标一的注册申请，引证商标一由中文“华源”构成（详见附图），指定使用于国际分类第35类“药品零售或批发服务；药用制剂零售或批发服务；医疗用品零售或批发服务”服务项目上，类似群组为3509。

引证商标一

2013年1月28日，易心堂公司向商标局提出引证商标二的注册申请，引证商标二由中文“华源”构成（详见附图），指定使用于国际分类第35类“药品零售或批发服务；药用制剂零售或批发服务；医疗用品零售或批发服务”服务项目上，类似群组为3509。

引证商标二

针对华源公司的注册申请，商标局于2014年4月21日作出《商标注册同日申请补送使用证据通知书》，要求华源公司在规定的期限内提供申请商标的使用证据。华源公司在商标局规定的期限内提交了《21世纪药店·华源特刊》（合订本，2005年4月25日第1期至2005年12月26日第35期）、《安徽华源医药》（2004年8月18日第1期至2009年7月16日第11期，2013年4月12日总第103期）、“华药会”宣传材料、华源公司药品销售合同样本、信封、稿纸、华源公司的

《员工读物》、健一网公司向华源公司出具的《情况说明》及附件等证据材料。

2014年10月23日，商标局作出被诉《同日申请协商通知书》。

在2015年6月18日的庭审中，被告商标局称：本案被诉《同日申请协商通知书》的法律依据除其中已载明的《商标法实施条例》第十九条之外，还包括《新增服务商标的通知》第四条关于过渡期的规定。对此，原告华源公司当庭主张：《新增服务商标的通知》属于规范性文件，其第四条关于过渡期的规定违反了《商标法》第三十一条之规定，故依据《中华人民共和国行政诉讼法》（以下简称《行政诉讼法》）第五十三条第一款、最高人民法院《关于适用〈中华人民共和国行政诉讼法〉若干问题的解释》第二十条之规定，请求本院对《新增服务商标的通知》第四条关于过渡期的规定的合法性进行审查。此外，原告华源公司还明确表示对于《同日申请协商通知书》作出的行政程序、《新增服务商标的通知》的制定程序的合法性均无异议。

另查，第三人健一网公司的原企业名称为"上海华源大药房连锁经营有限公司"，经上海市杨浦区市场监督管理局于2014年10月20日核准变更为现名称。

商标局在制定《新增服务商标的通知》的过程中，曾征求过北京市工商行政管理局、最高人民法院知识产权庭等相关部门与人员的意见。

原国家工商行政管理局于1993年5月24日曾作出《关于受理服务商标注册申请的通知》（工商标字〔1993〕第148号），其中包括下述内容：

"一、受理服务商标注册申请在我国尚属首次。为了顾及服务商标使用的现状，给商标注册申请人以必要的准备时间，使确权工作尽量做到公正、合理、合法，特规定：自一九九三年七月一日至一九九三年九月三十日提出的服务商标注册申请，均视为同一天的申请，在此期间内提出注册的申请，凡属已经使用的服务商标，在提交申请的同时，应提交在中国的有效的使用证明。

二、自一九九三年十月一日起收到的服务商标注册申请，按照申请在先的原则进行审查。”

本院认为：根据各方当事人的诉辩主张，本案的争议焦点在于《新增服务商标的通知》第四条关于过渡期的规定以及《同日申请协商通知书》是否合法。

《行政诉讼法》第五十三条第一款规定：“公民、法人或者其他组织认为行政行为所依据的国务院部门和地方人民政府及其部门制定的规范性文件不合法，在对行政行为提起诉讼时，可以一并请求对该规范性文件进行审查。”

《最高人民法院关于适用〈中华人民共和国行政诉讼法〉若干问题的解释》第二十条规定：“公民、法人或者其他组织请求人民法院一并审查行政诉讼法第五十三条规定的规范性文件，应当在第一审开庭审理前提出；有正当理由的，也可以在法庭调查中提出。”

本案中，商标局作为《商标法》第二条第一款规定的全国商标注册和管理工作的主管部门，其制定的《新增服务商标的通知》系针对不特定的公民、法人或者其他组织作出的，可在其第四条规定的过渡期内反复适用并具有普遍的约束力。鉴于商标局的主体地位、法定权限、《新增服务商标的通知》的制定形式及制定程序等因素，应当认定《新增服务商标的通知》在性质上属于《行政诉讼法》第五十三条第一款规定的规范性文件。原告华源公司在本院于现行《行政诉讼法》实施后组织的第一次开庭的法庭调查阶段提出对《新增服务商标的通知》第四条关于过渡期的规定进行合法性审查的请求具有法律依据，本院依法准许。

《新增服务商标的通知》第四条关于过渡期的规定是否合法，本院审判委员会认为：

对于《新增服务商标的通知》第四条关于过渡期的规定是否合法应当着重从下述四个方面进行审查：1. 商标局是否制定《新增服务商标的通知》第四条关于过渡期的规定的合法主体；2. 商标局制定《新增服务商标的通知》第四条关于过渡期的规定是否超越法定权限；3.《新增服务商标的通知》第四条关于过渡期的规定在内容上是否合法；4.《新增服务商标的通知》第四条关于过渡期的规定在制定时是否履行了法定程序或者遵循了正当程序的要求。由于原告华源公司明确表示对于《新增服务商标的通知》的制定程序的合法性不持异议，因此，对《新增服务商标的通知》第四条关于过渡期的规定是否合法的审查重点在于：商标局是否制定《新增服务商标的通知》第四条关于过渡期的规定的合法主体、商标局制定《新增服务商标的通知》第四条关于过渡期的规定是否超越法定权限、《新增服务商标的通知》第四条关于过渡期的规定在内容上是否合法。

第一，商标局是否制定《新增服务商标的通知》第四条关于过渡期的规定的合法主体。

判断规范性文件的制定主体是否合法，关键在于审查该规范性文件所针对的事项是否属于该制定主体的主管范围。

《商标法》第二条第一款规定，“国务院工商行政管理部门商标局主管全国商标注册和管理的工作”。

1981 年《关于加强法律解释工作的决议》第三条规定：“不属于审判和检察工作中的其他法律、法令如何具体应用的问题，由国务院及主管部门进行解释。”

1999 年《关于行政法规解释的通知》第二条规定：“凡属于行政工作中具体应用行政法规的问题，有关行政主管部门在职权范围内能够解释的，由其负责解释……”

《新增服务商标的通知》明确规定：“为更好保护已使用商标权利人利益，维护稳定的市场秩序，我局研究设立了受理新增服务项目过渡期。”由此可见，《新增服务商标的通知》第四条关于过渡期的规定在规范事项上针对的是新增服务项目上的商标申请，其制定目的在于“更好保护已使用商标权利人利益，维护稳定的市场秩序”。而且，1981年《关于加强法律解释工作的决议》第三条中规定的“主管部门”应当根据法律的规定进行界定，而无论其级别高低。因此，《新增服务商标的通知》第四条关于过渡期的规定在形式上属于商标局的职权范围，商标局作为全国商标注册和管理工作的主管部门属于制定《新增服务商标的通知》第四条关于过渡期的规定的形式上的合法主体，原告华源公司认为商标局不是制定《新增服务商标的通知》第四条关于过渡期的规定的合法主体的主张不能成立。原告华源公司认为商标局行使了立法机构的立法权因此主体不合法的主张，实质上属于商标局是否超越法定权限的问题，本院审判委员会将在商标局是否超越其法定权限的问题中予以评述。

1999年《关于行政法规解释的通知》是针对行政法规的解释权限和程序作出的，而本案涉及的是《新增服务商标的通知》第四条关于过渡期的规定是否违反《商标法》第三十一条的规定，因此，商标局认为1999年《关于行政法规解释的通知》可支持其主体合法的主张不成立。

第二，商标局制定《新增服务商标的通知》第四条关于过渡期的规定是否超越法定权限。

判断规范性文件的制定主体是否超越法定权限，关键在于审查其是否行使了应当由其他主管部门、上级部门或者立法部门等行使的法定权限，是否超越了其法定的职权范围。

《立法法》第四十五条规定：“法律解释权属于全国人民代表大会常务委员会。

法律有以下情况之一的，由全国人民代表大会常务委员会解释：

（一）法律的规定需要进一步明确具体含义的；

（二）法律制定后出现新的情况，需要明确适用法律依据的。”

1981年《关于加强法律解释工作的决议》第三条规定：“不属于审判和检察工作中的其他法律、法令如何具体应用的问题，由国务院及主管部门进行解释。”

首先，立法行为与行政主体对法律如何具体应用的解释存在着本质的区别。《立法法》对于可“设定”公民、法人或者其他组织的权利义务的立法行为、立法规则等作了严格的限定，行政主体对法律如何具体应用的解释不属于《立法法》规定的立法行为。从本质上而言，行政主体对法律如何具体应用的解释属于对法律的应用、执行行为，其权限仅在于如何将依法设定的权利义务及其实施方式等进行具体化，而不得“设定”新的权利义务。《行政诉讼法》第五十三条第一款所指的规范性文件作为行政主体对法律如何具体应用进行解释的常见载体，其效力低于法律、法规及规章，这也表明从法理的层面，行政主体在对法律如何具体应用进行解释时，应当遵循比《立法法》所确立的立法规则更为严格的标准与要求，必须在法律规定的框架内进行。

其次，对于法律的规定需要进一步明确具体含义或者法律制定后出现新的情况需要明确适用法律依据的，依法应当由全国人民代表大会常务委员会作出解释。

本院审判委员会认为，《商标法》第三十一条中的“同一天”指的是“同一个自然日”，即从一个自然日的零时开始至该自然日的二十四时结束，此属于社会生活中众所周知的事实，其含义是清楚、确切的，各方当事人对此也明确表示认可。《中华人民共和国民法通则》（简称《民法通则》）第一百五十四条规定，民法所称的期间按照公历年、月、日、小时计算。《商标法》对期间的规定与《民法通则》是一致的。对于《商标法》第三十一条规定的“同一天”指的是“同一个自然日”众所周知的事实，若因新的情况出现需要对“同一天”赋予新的特殊含义，依法应当由法定的机关作出解释。而《新增服务商标的通知》第四条关于过渡期的规定将“2013 年 1 月 1 日至 1 月 31 日”31 个“自然日”“视为同一天”实质上是对《商标法》第三十一条规定的“同一天”进行了重新定义，超越了商标局所主张的对法律如何具体应用进行解释的范畴。因此，虽然商标局是《新增服务商标的通知》第四条关于过渡期的规定形式意义上的合法主体，但是，其将“2013 年 1 月 1 日至 1 月 31 日”“视为同一天”的规定实质上已经是对公民、法人或者其他组织的权利义务进行了“设定”，商标局作出该项规定已经超越了其法定权限。

商标局所辩称的日本对在新增服务项目上的商标申请设置过渡期、原国家工商行政管理局于 1993 年对新增服务商标申请设置过渡期、当时的法律及法规等缺乏在先使用人可以继续使用其商标的规定等主张，均不足以说明商标局制定《新增服务商标的通知》第四条关于过渡期的规定具有合法的权力来源。即使商标局认为在新增服务项目上申请商标属于法律运行中新出现的问题，确实有设置过渡期的必要，其也应当依法定程序向有权机关提出立法建议，而不应行使应由立法机关享有的权限。

第三，《新增服务商标的通知》第四条关于过渡期的规定在内容上是否合法。

判断规范性文件的内容是否合法，应当主要从其具体规定是否符合上位法、制定目的是否正当、是否符合法律的基本原则、是否有事实依据等角度进行审查。

《商标法》第三十一条规定：“两个或者两个以上的商标注册申请人，在同一种商品或者类似商品上，以相同或者近似的商标申请注册的，初步审定并公告申请在先的商标；同一天申请的，初步审定并公告使用在先的商标，驳回其他人的申请，不予公告。”

虽然《商标法》中对于商标注册制度既规定了“申请在先”原

则，也规定了维护在先使用人利益的原则，但是后者是作为前者的补充性原则存在的，《商标法》与《商标法实施条例》在制度层面上对于如何防止抢注、如何保护在先使用人的利益进行了较为完备的制度设计，即使被抢注商标的在先使用人会耗费时间、人力与物力寻求救济，这也是法律正常运行所必然带来的制度成本，符合法律正常运行的规律。因此，对于《新增服务商标的通知》第四条关于过渡期的规定在内容上是否符合《商标法》第三十一条规定的问题，应当在《商标法》第三十一条确立的“申请在先”原则的语境下进行分析。

首先，《商标法》第三十一条中的“同一天”指的是“同一个自然日”，这种认定对于《商标法》的运行并未产生任何不良后果，对《商标法》的体系构建也没有产生任何冲击。而《新增服务商标的通知》第四条关于过渡期的规定将“2013 年 1 月 1 日至 1 月 31 日”31 个“自然日”“视为同一天”，无论从法律应用的角度还是法律解释的角度，其均不符合《商标法》第三十一条的规定，尤其是在无“在先使用人”的情形下，《新增服务商标的通知》第四条仍规定商标申请人履行协商、抽签的程序，更是不符合“申请在先”的原则。而且，对于单纯的以不正当手段抢先注册他人商标的行为，《商标法》第三十二条欲保护的是“已经使用并有一定影响的商标”，而《新增服务商标的通知》第四条对在先使用的商标并未区分是否“有一定影响”，从这个角度而言，《新增服务商标的通知》与《商标法》对于在先使用商标的保护程度也存在不一致的情形。

其次，虽然商标局在制定《新增服务商标的通知》第四条关于过渡期的规定过程中征求了包括相关司法机关在内的多个组织或专家的意见，但是，前述组织或个人并无审查前述规定是否合法的义务与职责，其意见与观点对于本院对《新增服务商标的通知》第四条关于过渡期的规定合法性的审查也不具有当然的拘束力，亦不能证明该规定在内容上必然是合法的。

最后，商标局还主张《新增服务商标的通知》第四条关于过渡期的规定取得了良好的社会效果以支持该规定合法。对此，我们必须指出，司法首先应当维护的是合法的行为所形成的社会秩序，任何违法行为所带来的社会后果都不能成为使违法行为合法化的理由及依据。同时，虽然《新增服务商标的通知》第四条关于过渡期的规定会使相关公众产生相应的信赖利益，将该规定认定为不符合《商标法》第三十一条的规定会使部分相关公众的信赖利益受到损害，也可能会对制度的衔接带来不顺畅的问题，但是，这正是实现法治、使违法行为产生的后果回归到法治轨道所必须付出的成本。

对于商标局及易心堂公司所主张的《新增服务商标的通知》第四条关于过渡期的规定是考虑到了地处偏远或信息闭塞的在先使用人的因素，本院审判委员会认为，商标局可在允许申请注册新增服务商标前的合理时间内利用现代发达的传媒方式尽可能地告知相关公众，从而达到广而告之并降低在先使用人的商标被抢注的风险的效果，而不必以对《商标法》第三十一条规定的“同一天”进行重新定义为代价。

因此，商标局关于《新增服务商标的通知》第四条关于过渡期的规定在内容上符合《商标法》第三十一条规定的主张，本院审判委员会不能接受。

还应指出的是，商标局制定《新增服务商标的通知》第四条关于过渡期的规定，将申请在先原则与维护在先使用人的利益相结合作为特定时间内确定商标注册的规则，体现了其对实质正义的追求与力求实现商标申请有序状态的美好愿景，在一定程度上可保护在先使用人的利益，其动机和目的是正当的，在制度设计上具有一定的合理性。但是，合理性不能等同或者替代合法性，实质正义的真正实现也必须以程序正义的实现为依托，否则，法律的安定性、确定性和权威性将会受到损害。

综上，商标局是制定《新增服务商标的通知》第四条关于过渡期的规定的形式意义上的合法主体，但其制定《新增服务商标的通知》第四条关于过渡期的规定超越了其法定权限，该规定在内容上也不符合《商标法》第三十一条的规定。鉴此，本院审判委员会作出如下决议：

《新增服务商标的通知》第四条关于过渡期的规定不合法。

关于《同日申请协商通知书》是否合法，本院认为：

《行政诉讼法》第六十四条规定：人民法院在审理行政案件中，经审查认为本法第五十三条规定的规范性文件不合法的，不作为认定行政行为合法的依据。

鉴于本院审判委员会已经作出决议认定《新增服务商标的通知》第四条关于过渡期的规定不合法，本院依法不将其作为认定本案被诉《同日申请协商通知书》合法的依据。

《商标法》第三十一条、《商标法实施条例》第十九条规定的“同一天”指的是“同一个自然日”，此属于众所周知的事实，其含义是清楚、确切的。《民法通则》第一百五十四条规定，民法所称的期间按照公历年、月、日、小时计算。《商标法》《商标法实施条例》对期间的规定与《民法通则》是一致的。本案中，申请商标的申请日期为2013年1月4日，引证商标一的申请日期为2013年1月11日，引证商标二的申请日期为2013年1月28日，三商标的申请时间不属于“同一个自然日”，不构成《商标法》第三十一条、《商标法实施条例》第十九条规定的“同一天申请”。因此，《同日申请协商通知书》将申请商标与引证商标一、引证商标二当作“同一天申请”的主要证据不足且适用法律、法规错误，本院不予支持。

在此基础上，本院对于原告华源公司提交的相关证据是否能够证明其已构成对申请商标的在先使用的问题，不再进行审查。

综上，被告商标局作出的《同日申请协商通知书》主要证据不足，适用法律、法规错误，本院应予撤销。原告华源公司的诉讼请求部分成立，本院予以支持。据此，依照《中华人民共和国行政诉讼法》第七十条第（一）项、第（二）项之规定，本院判决如下：

一、撤销被告国家工商行政管理总局商标局于二〇一四年十月二十三日作出的《商标注册同日申请协商通知书》；

二、国家工商行政管理总局商标局针对安徽华源医药股份有限公司提出的第11988470号“华源医药”及图商标的注册申请重新作出审查决定。

案件受理费100元，由被告国家工商行政管理总局商标局负担（于本判决生效后七日内交纳）。

如不服本判决，各方当事人可于本判决书送达之日起十五日内，向本院递交上诉状，并按对方当事人人数提出副本，上诉于北京市高级人民法院。

审　判　长　司品华
审　判　员　李燕蓉
人民陪审员　郭灵东
二〇一五年十二月八日
法官助理　刘义军
书　记　员　张颉雯
书　记　员　常婷婷

10. 于某水犯盗窃罪一审刑事判决书

广东省惠州市惠阳区人民法院

刑事判决书

（2014）惠阳法刑二初字第83号

公诉机关惠州市惠阳区人民检察院。

被告人于某水，男，1988年8月17日出生，汉族，初中文化，户籍地湖北省襄樊市（现襄阳市）樊城区。因本案于2013年12月12日被羁押，同日被刑事拘留，同年12月26日被逮捕，2014年7月31日被本院取保候审。

辩护人黄旭辉，广东力臣律师事务所律师。

惠州市惠阳区人民检察院以惠阳检公诉刑诉（2014）119号起诉书指控被告人于某水犯诈骗罪，于2014年3月12日向本院提起公诉。本院依法组成合议庭进行审理。应惠阳区人民检察院的建议，本院依法分别于同年6月6日、7月23日对本案延期审理。同年6月4日、8月22日，惠阳区人民检察院先后向本院移交补充侦查的证据，并于同年8月22日向本院移送惠阳检公诉刑变诉（2014）4号变更起诉决定书，对认定事实作出变更，并将指控于某水的罪名变更为盗窃罪。本院依法于同年4月1日、9月11日、9月28日先后公开开庭审理了本案。惠阳区人民检察院指派检察员万春杨、代理检察员高明首出庭支持公诉，被告人于某水及其辩护人黄旭辉到庭参加诉讼。现已审理终结。

惠阳区人民检察院指控，2013年10月30日20时30分许，被告人于某水用其邮政储蓄银行卡（卡号为6210×××7728）到惠阳区新圩镇塘吓宜之佳（原创亿）商场旁邮政储蓄银行惠州市惠阳支行ATM柜员机存款时，于某水先后几次存入300元，均遇到现金退回的情况，经多次在柜员机查询，发现账户余额相应增加。发现这一情况后，于某水尝试从该网点旁边的农业银行跨取2000元和1000元，获得成功，遂产生了恶意存款并窃取银行资金的念头。于是返回邮政储蓄柜员机，连续10次存款3300元，马上到附近银行柜员机跨取15000元，并转账5000元，再次返回，连续存款5000元1次、9900元3次、10000元3次，至2013年10月30日21时58分59秒，于某水共恶意存款17次，恶意存入人民币97700元，后被告人于某水到深圳市龙岗区其他网点陆续跨取和转账，到2013年10月31日6时28分10秒，于某水共窃取人民币90000元。中国邮政储蓄银行惠州市惠阳支行工作人员发现后，于2013年11月3日联系于某水无果后报警。2013年12月12日于某水被公安机关抓获。至2013年12月15日于某水共退还人民币92800元。认定上述犯罪事实的证据如下：被告人供述、现场勘查笔录、抓获经过、扣押决定书及书证等。被告人于某水采取秘密手段窃取他人人民币90000元，数额巨大，其行为已触犯《中华人民共和国刑法》第二百六十四条的规定，应当以盗窃罪追究其刑事责任。提请依法判处。

被告人于某水辩称：我不是盗窃，而是侵占。

辩护人辩护称：于某水的行为并非“秘密窃取公私财物”，不管其当晚存了多少次钱，最后是和银行形成了90000多元不当得利的债权债务关系，其存钱取钱行为均为合法，其行为如果构成犯罪的话，也只能构成侵占罪。于某水刚开始对柜员机故障并不知情，屡次存款存不进去，其在知道柜员机出故障前的这部分金额，不应计入盗窃金额里。同样情形的其他客户经银行通知退清款项不构成犯罪、于某水未及时退款构成犯罪，这不可能是盗窃罪的法律特征，而是侵占罪的法律特征。于某水的犯罪行为在特定条件下才能实施，柜员机存在故障，银行方存在过错在先，诱发了犯罪，望法院对其减轻处罚乃至宣告缓刑。于某水归案后次日就将所有赃款归还了银行，银行方也明确表示不追究他的责任，请法院量刑时充分考虑。

经审理查明，2013年10月30日20时30分许，被告人于某水用其于2013年9月19日开设的邮政储蓄银行卡（卡号为6210×××× 7728），到惠阳区新圩镇塘吓宜之佳（原创亿）商场旁的中国邮政储蓄银行惠州市惠阳支行（下称惠阳支行）ATM机存款时，连续6次操作存款300元，现金均被柜员机退回，于某水发现ATM机屏幕显示“系统故障”，且其手机信息显示每次所存的钱已到账，账户余额相应增加，于是其尝试从该ATM机旁边的农业银行ATM机支取该邮政储蓄账户的2000元和1000元，获得成功，其确认上述所存的款已到账后，遂产生了恶意存款以窃取银行资金的念头。于是于某水返回上述邮政储蓄银行ATM机，连续10次存款3300元，并到附近银行ATM机分三次支取15000元和转账5000元后再次返回上述邮政储蓄银行ATM机，连续存款5000元1次、9900元3次、10000元3次，至2013年10月30日21时58分59秒，于某水共恶意存款17次，存入人民币97700元，接着于某水到深圳市龙岗区其他网点对该账户内的存款进行支取和转账，至次日6时28分10秒共将存款90000元转移并非法占有。2013年11月1日，惠阳支行工作人员清查核算数据时，发现账实不符，后查明系该行位于惠阳区新圩镇塘吓宜之佳（原创亿）商场旁的ATM机发生故障，客户于某水利用ATM机故障多次恶意存款，获取该行资金所致。同月4日该行联系于某水无果后报警。同年12月12日于某水在湖北省襄阳市樊城区太平店镇其家中被公安机关抓获。至同年12月15日止，于某水及其亲属通过转账和汇款方式将人民币92800元转入其卡号为6210××××7728的账户，退还给惠阳支行。

另查明，惠阳支行位于新圩塘吓宜之佳（原创亿）商场旁的ATM机因设备故障，于2013年10月30日19：55：48至31日凌晨出现异常情况，用户在该 ATM 机上进行存款交易时，用户确认存款信息后，系统入账成功，用户账户余额增加，而自动存取款机却没有将用户递交的现金收入钞箱，而是直接退回给了用户。

证明上述事实的证据有：

1. 证人证言：（1）郭某来（惠阳支行 ATM 机维护员）的证言：2013 年 11 月 1 日，我行进行清查核算数据，发现账实不符。经查，证实系我行位于惠阳区新圩镇塘吓宜之佳（原创亿）商场旁的 ATM 机发生故障，存款入账成功却将现金退回给用户，客户于某水在同年 10 月 30 日恶意多次（共交易 18 次）进行大额存入，共非法获得 94150 元，并于当天将此款转移。同年 11 月 6 日，我行工作人员即按于某水的开户信息去联系，无法找到其本人，即报警。郭某来还出庭证实于某水的行为是经省行发现后，把账单报给其所在单位，其所在单位发现 ATM 机发生故障后，采取撤掉钞箱、停机等措施。

（2）刘某燕（惠阳支行综合管理员）出庭作证证实：我单位发现于某水占有银行资金后，我打过于某水的三个电话号码，其中二个关机、一个说打错了，该三个电话号码是省行给我们的，是于某水开户时留的。当天，也有其他客户占有银行资金的情况，最多是一笔两笔，最多一万到两万，他们知道后都主动联系我们，不知道的经催收后都退了钱，没有取很多笔的。

（3）古某标（惠阳支行综合管理部经理）出庭作证证实：我单位发现这个案子后立即协调业务部门追逃、催收，当时派刘某燕打电话，但没找到于某水，派人去找他发现地址不符。我们发现有 20 多个客户有被告这种情况，普遍是一笔两笔，都主动或催收后退款了。

（4）刘某斌、陈甲伟（惠阳支行信贷部工作人员）出庭作证证实：本案发生后，我两人与陈乙伟一起受行长指派，于 11 月 7 日按上级交给我们的地址到深圳坪地去找于某水，但发现没有地址上的门牌号，就在现场拍照。

2. 惠阳支行出具的一本通/绿卡通交易明细（司法）、银信通查询结果、循环机流水阅读，证实被告人于某水的卡号为6210××××7728的邮政储蓄银行卡从2013年10月30日，6次连续存款300元、10次连续存款3300元、接着连续存款5000元、10000元、9900元、10000元、10000元、9900元、9900元，存款均已入账，存款时柜员机均退回钞票后被用户取走，其间多次查询交易。同日至31日，该账户取款38000元，转账55300元（其中300元转账为开始存款前操作，取款3000元为在连续17次存款前操作）。

3. 柜员机的监控录像截图，证实被告人于某水分别于2013年10月30日20时57分、20时58分、21时，在惠阳区新圩镇塘吓宜之佳（原创亿）商场旁的邮政储蓄银行ATM机前等待办理业务和办理存取款时的情况。经辨认，被告人于某水确认上述截图的相片是其本人。

4. 惠阳支行出具的《关于我行离行自助终端发生异常的情况说明》，证实该行位于新圩塘吓宜之佳（原创亿）购物广场一楼的离行自动存取款机因设备故障，于2013年10月30日19：55：48至31日凌晨出现异常情况，用户在设备上进行存款交易时，用户确认存款信息后，系统入账成功，用户账户余额增加，而自动存取款机却没有将用户递交的现金收入钞箱，而是直接退回给了用户的情况。在具体存款流程中，异常情况出现在当用户“确认存款”后，终端设备向后台服务“发送请求报文”，系统“应答失败”时，本应返回“非退钞指令”却返回了“退钞指令”，因此将钞票退回给了用户。

5. 个人账户开户申请书、手续费收据等，证实被告人于某水于2013年9月19日开设账号为6210××××7728的邮政储蓄银行绿卡通账户。

6. 惠阳支行出具的《关于客户于某水案发前后账户余额情况说明》，证实于某水的账户6210××××7728截至2013年10月30日20：31：28，余额为1211.05元，案发后在其通过多种途径转移资金后，截至2013年10月31日06：28：10，余额为7927.05元。

7. 惠阳支行出具的《关于客户于某水退还资金情况说明》，证实于某水被公安机关抓获后，二次通知其亲属分别往其本人账户6210××××7728汇入58000元、28000元，公安干警在押解于某水途经深圳坪地时，由于某水操作从其他账户转账6800元到其账户6210××××7728，三次主动返回款项共计92800元。

8. 惠阳支行出具的《关于我行对用户于某水追讨非法所得的情况说明》及追讨人员到追讨现场的照片资料等，证实该行得知客户于某水存在非法获取该行资金的异常行为后，于2013年11月4日多次拨打其联系电话，但无法联系到客户，该行于11月7日派出办事人员根据于某水的联系地址（深圳市坪地坪西吉祥路XX号X栋XXX）前去追查，但发现其所留地址不存在，无法联系到客户。

9. 现场勘查记录，证实存取款、转账的现场分别位于惠州市惠阳区新圩镇塘吓宜之佳（原创亿）商场旁的中国邮政储蓄银行柜员机、中国农业银行柜员机、惠州市惠阳区新圩镇中国建设银行内柜员机、深圳市龙岗区龙平路116号中国邮政柜员机、深圳市龙岗区长兴路中国农业银行内柜员机。

10. 扣押决定书及扣押清单，证实公安机关从被告人于某水身上缴获1张卡号为6210××××7728的邮政储蓄银行绿卡通（借记卡）。经辨认，于某水确认该借记卡是其在塘吓创亿商场旁的邮政储蓄银行ATM柜员机作案用的工具。

11. 被告人于某水的供述：我于2013年9月19日在邮政储蓄银行新圩营业室开了一张邮政银行卡，卡号：6210××××7728，开户时留的联系手机号是131××××6760，留的暂住地为龙岗区坪西市场。同年10月30日21时许，我想给我弟弟于某剑的银行卡转300元，我当时记得我卡上还有2500元，因不想动卡上的钱，就跟朋友借了300元，然后来到塘吓宜之佳（原创亿）商场旁的邮政储蓄银行柜员机，用邮政银行卡先转了300元到我弟弟的银行卡上，接着，我才把现金300元存到我的银行卡上，存进后钱却吐了出来，我再存一次还是吐了出来，柜员机显示系统故障，我继续操作存款，还是吐了出来，此时我发现手机上信息显示钱到账了（到账显示每次300元，手机显示我卡上有4000多元），我觉得奇怪，想取钱出来但操作不了，于是到旁边农业银行柜员机取了3000元，发现我卡上的钱确实是到账了，即起贪心，就将取到的钱和之前要存的300元共3300元拿到柜员机再次存入邮政银行卡上，柜员机还是显示系统故障，但我手机短信显示钱到账了，于是我重复操作存入这3300元，存入多少次我记不起了，我想多存点钱，就搭乘摩托车到新圩建设银行柜员机取了15000元，另外转了5000元给于某剑，取钱后返回塘吓宜之佳（原创亿）商场旁的邮政储蓄银行柜员机，往我卡上多次存入10000元，我手机短信显示有90000多元，我马上搭乘出租车到龙岗双龙地铁站前面邮政储蓄银行柜员机取款20000元（到龙岗是23时多），24时后我又到附近农业银行柜员机取款20000元，再给于某剑转了15000元，又往我女友许某婷的农村信用社卡转了30000多，这样我邮政银行卡剩下7000多元，存到许某婷卡上的钱被我在龙岗农行取了20000出来，剩下的钱后来也在龙岗全部取出来，我取钱后在龙岗住了10多天，发现没有银行的人来找我，即回到湖北襄阳老家。作案后，我因害怕关了二天手机（131××××6760），后来有开机，但我没有带在身上使用。同年12月12日，我在家中被公安抓获。至被抓时钱被我花了10000多元，有些钱放我亲戚处，被抓后我通知他们退回给银行了。

上述证据均依法经法庭质证，本院予以确认。

本院认为，本案（惠阳于某水案）因与广州许霆案非常类似引起社会的广泛关注。本案在审理过程中，控辩双方也针对被告人的行为是否构成犯罪？构成盗窃罪还是侵占罪展开了激烈辩论。根据双方的争论焦点及本案的所有证据，本院综合分析评判如下：

一、罪与非罪

（一）关于ATM机与银行的关系。ATM是英文AutomaticTellerMachine的缩写。中文一般称为自动柜员机，因大部分用于取款，又称自动取款机。它是一种高度精密的机电一体化装置，利用磁性代码卡或智能卡实现金融交易的自助服务，代替银行柜台人员工作，可以完成存入或提取现金、查询存款额、进行账户之间的资金划拨等工作。它是银行运用高科技进行自助交易的终端形式，也是目前银行与公众都认可的交易方式。它意味着通过ATM进行交易的行为一经结束，就某一个交易行为而言就已经具有了法律意义上的终端完成形式。所以，ATM机与存款人之间的关系应该确定为ATM机的管理使用者（银行）与存款人的关系，而不是ATM机与存款者的关系，更不是ATM机的技术维护人与存款者的关系。如果ATM机发生故障，造成损害的后果，银行作为机器的管理人，其责任是不能免除的。

在广州许霆案中，许多法律专家认为许霆不构成犯罪的主要理由也在于此。首先，ATM机被视为银行的延伸，ATM机所发出的指令代表银行的意志，那么许霆在ATM机上进行的符合规则的操作行为，以及ATM机对许霆所作的回应行为，都应被看作储户与银行的民事交易行为，这种交易由于银行方面的错误而支付了超出储户存款限额的钱款，这只能说明银行发出了错误指令，提供了不真实的意思表示，只是一种无效交易行为，而不具有盗窃犯罪的基本行为属性。其次，没有银行的配合和互动，许霆恶意取款是无法完成的。ATM机支付了许霆所申请的取款数额，只扣除了极少数额，这说明银行同意将这些所有权转移给许霆，而许霆并没有采取任何欺骗、暴力、敲诈等非法行为。不仅如此，作为银行意志的代表，ATM机一旦发现故障，既可能向储户多付款，也同样可能向储户少付款，这都代表银行表达了错误的意思表示，取款人只要是符合规范地进行取款操作，就属于无效交易情形，而不是盗窃行为。

我们认为，专家意见的立论前提很明显，就是不管ATM机是否正常都代表银行行为，不管是民事交易还是刑事罪案，其过错全部由银行负责或承担。对此，本院持不同意见，我们尤其不认可机器故障对操作人的刑事犯罪行为构成过错。理由是，首先，ATM机并不是由银行设计生产，而是有专门的公司生产和维护，银行一般只是购买或租赁使用，机器是否发生故障，银行并不能控制甚至纠正，（经过法庭调查及证人出庭作证证明，银行人员没有人懂得ATM机的运行和维修技术）。即使ATM机作为银行服务延伸具有拟人人格，这种故障也不是银行所希望发生或故意造成的，所以，如果把机器故障导致的错误指令等同于银行的正常意志，是不合理的，对银行也是不公平的。其次，机器虽然能替代人完成一些工作，但机器本身是无意识的，人有意识机器无意识，这是人与机器的本质区别，也就是说，银行柜台员工一旦发现错误时会及时纠错，但机器在没有被发现并排除故障之前，它不会自动修复故障，它会一直错下去，所以机器故障不能等同于银行的过错，即使机器故障产生的民事后果可能要由银行或机器的生产和维护者承担。二者的关系放到刑事罪案中，更应该将责任进行明确的区分。本案中，我们只能说，机器故障是操作人产生犯意的前提之一，但绝不是操作人产生犯意的原因，银行管理即使有过错也不是被告人恶意存款的必然原因，也即不能说银行对被告人的犯意存在过错，更不能说机器故障是银行在诱导被告人犯罪。因为物质前提不能等同于犯罪的因果关系，故障只是犯罪行为实施的前提，但与犯罪本身没有因果关系。所以，把机器自身故障视为银行对操作人恶意取款的配合和互动，显然有失偏颇。

（二）控辩双方的意见。在ATM机正常的情况下，被告人于某水拿着银行借记卡前往ATM机存钱，与其本人拿着现金前往银行柜台存钱完全一样，这是一种公开合法、为银行所允许和欢迎的交易方式。这种情况下，将ATM机接受指令的交易等同于银行柜台交易，交易双方及普通公众都会认可，没有疑问。所以，控辩双方对于某水开始不知情的存款行为的性质不持异议，均认为不构成犯罪。双方争论焦点是在于某水发现ATM机发生故障以后继续反复存钱这一后续行为上。

辩方认为，ATM机因发生故障造成存款入账成功但吐出现金，如同银行柜员发生差错，多付给客户钱款一样。于某水存款于ATM机后，手机短信提示存款成功，即说明于某水与银行之间的交易已经完成。交易完成后，ATM机又将于某水存入的现金原封不动地吐出来，这时候现金的性质已经发生变化，属于银行的遗失物，于某水不取其他人也会取走，所以于某水是在保管银行的遗失物。ATM机存款入账之后，又将现金吐回，这是银行的过错，于某水没有纠正银行过错的法律义务。于某水反复存款，与ATM机（银行）之间都是合法交易，最后将钱款从其他银行取走，也是处理遗失物，涉及的是民法中的不当得利问题，而不是犯罪。道德的评价不能等同于法律的评价，刑法关注的是人们的底线行为。

控方认为，被告的后续行为绝对是非法的。于某水前往ATM存钱开始的目的是为了存300元，但因ATM机发生故障，存几次钱均被退回，于某水在准备放弃存钱时，发现手机来信息表明存款已经入账，他继而从旁边的农业银行跨行取款两次（分别是2000元和1000元）获得成功，被告人在此之前的行为不是犯罪。但此后于某水已经证实其存款时虽然现金被退回但存款已经入账，存款交易完成但没收现金。又返回邮政储蓄ATM机连续操作10次3300元，后又到附近银行ATM机取现金15000元，转账5000元，再次回到邮政储蓄这台故障ATM机反复存款，共17次，存入人民币97700元，并于当晚到深圳市龙岗区其他银行网点跨行提取现金和转账，得款人民币90000元。这时其与ATM机的一系列交易，完全是以非法占有为目的的行为，已经不具有合法性。

我们认同控方的观点，理由是，于某水通过取款方式验证，确认邮政储蓄这台ATM机已经发生故障，他此后17次交易的目的很明显，通过这种方式获取银行现金，而且，被告人于某水的所有行为也证实其内心非常清楚，这些钱不是他的，所以其行为构成非法占有。

被告人后续交易不构成民法中的不当得利。《民法通则》第九十二条规定，没有合法依据，取得不当利益，造成他人损失的，应当将取得的不当利益返还受损失的人。尽管发生不当得利的原因有事件也有行为，但本质上，不当得利属于事件，作为事件，应当与获利人的意志无关，不以获利人有行为或识别能力为前提，不是由获利人的意志决定而取得。本案中，既然后来的17次交易都是被告人故意为之，说明被告人已经由意外受益的心理转变为非法占有的意图，其先前不当得利的性质也已经发生变化，由意外被动获得转变为主动故意侵权，严重的侵权行为即可构成犯罪。所以被告后来的17次交易行为显然不再构成不当得利。同理，辩方称，被告人行为构成对银行遗忘物的占有或保管也是不成立的，因为，如果说银行遗忘物是通过被告人故意、反复的行为而“制造”出来的，那么认定后续17次交易吐回的钱款是遗忘物，显然违背基本逻辑和常理。

综上，我们认为，被告人的后续行为是非法的，存在明显的非法占有的故意，并且具有社会危害性，应当进入刑法规范的领域。

二、此罪与彼罪

既然被告行为应当进入刑法规范的领域，那么他构成什么罪？控方认为，被告于某水的行为构成盗窃罪，辩方认为构成侵占罪。

（一）我们认为，被告人的行为构成盗窃罪。理由如下：首先犯罪的主客体不存在问题。被告人达到法定责任年龄，也具有刑事责任能力，侵犯的客体是银行财产权。

从主观方面来讲，被告人于某水具有非法占有的目的。责任主义原则要求，责任与行为同存，也即行为人必须在实施盗窃行为时已经具有非法占有的目的，本案中，被告人后面17次存款的目的非常明显，其明知ATM机发生故障，积极追求多存款不扣现金的后果，明显具有非法占有公私财产的故意。

本案的关键在于犯罪的客观方面，被告人的行为是否符合盗窃罪中秘密窃取的特征？本案及许霆案的争议集中于此，许多人认为，被告人以真实银行卡，到有监控录像的ATM机操作，银行可以根据真实账号查到，被告人的行为具有公开性，是“公开”窃取，不是秘密窃取，也就不构成盗窃罪。我国刑法理论认为，秘密窃取是指行为人采取自认为不使他人发觉的方法占有他人财物，只要行为主观意图是秘密窃取，即使客观上已经被人发觉或者注意，也不影响盗窃的认定。本案中，被告人利用机器故障，通过存款方式占有银行资金时，银行并不知晓其非法占有的目的，也不知道存款最后被非法占有的情况，即构成秘密窃取。身份的公开性并不能否定其行为的秘密性，不能将盗窃罪要求行为的秘密性等同于身份的秘密性，混淆两者的区别。退一步说，即使银行当时知晓情况，但只要被告人行为时自认为银行不知晓，也构成秘密窃取。从被告人后来连夜转移资金的行为来看，他就是希望在银行未知晓或将ATM机维修正常之前占有银行资金。因而，其行为符合秘密窃取的特征。

最后，辩方还认为，盗窃罪作为一种最原始最古老的犯罪，被赋予了约定俗成的含义，国民在日常生活中对什么是盗窃有明确的认识和界定，被告人以合法形式取得钱财，认定其构成盗窃罪很难让公众信服和认可，因为法律制度的正当性，必须使基本规则为民众所认可。我们认为，认定任何犯罪都需要主客观相统一。本案中，案件事实和被告的行为过程都显示，被告人于某水由于主观意图发生的变化，导致先前合法行为后来转化成了非法行为，所以被告人的合法形式并不能掩盖其非法目的。同时，本案也是因ATM机故障让被告临时起意的犯罪，发生的概率较小，在盗窃方式上具有特殊性，但概率小和特殊性都不影响对被告人犯罪构成的分析。被告人于某水后来的多次操作行为，主观上具有非法占有银行资金的故意，客观上实施了窃取银行资金的行为，已经构成盗窃罪。

（二）被告人的行为不构成侵占罪。我国刑法规定，侵占罪是指以非法占有为目的，将代为保管的他人财物，或者将他人的遗忘物、埋藏物非法据为已有，数额较大，拒不退还或拒不交出的行为。分析侵占罪的客观要件，侵占的突出特点是"变合法持有为非法所有"，这也是侵占和盗窃的本质区别，即行为人已经合法持有他人财物，是构成侵占的前提条件。《中华人民共和国刑法》第二百七十条规定，合法持有他人财物包括两种情形：一是以合法方式代为保管他人的财物，是典型意义的侵占，二是合法占有他人的遗忘物或者埋藏物，即对于脱离占有物的侵占。本案不能认定是侵占的关键在于，银行没有同意或授权，所以不构成典型侵占；同时，被告人于某水对银行资金的占有是通过恶意存款取得，不是合法持有，也不构成脱离占有物的侵占。

前面已经分析过，如果在被告人未采取任何主动行为时，ATM 机吐钱，被告人得到，可以认定为遗忘物。但本案是被告人通过故意行为，ATM 机"被操纵"而吐出现金，那么这些现金肯定不是银行的遗忘物，被告人也不是替银行保管钱财，因为从立法本意来说，遗忘物、保管物、不当得利都不是获得者通过主动行为来获得。如果说某人通过自已故意的、主动的行为获得他人的遗忘物，显然违反法律关于遗忘物的定义，违反基本逻辑。本案中，被告人通过故意行为取得的财物，显然与遗失物、不当得利的法律含义不一致。既然银行资金不能认定为遗忘物，那么被告的行为更不可能是替银行保管，因而其行为也不构成侵占罪。

三、刑罚的衡量

综观本案前行为合法后行为违法的全过程，我们认为，被告人犯意的基础动因在于一念之间的贪欲。欲望人人都有，眼耳鼻舌身意，人有感知就会有欲望，所以欲望是人的本性，它来自基因和遗传，改变不了，因而是正常的。欲望本身也是有益于人类的，没有欲望人类可能早已灭绝。与此同时，人作为社会中的存在，欲望必须得到控制，必须被控制在合理范围之内。我们知道，许多犯罪尤其是财产犯罪的最初（甚至是唯一）动因就是贪欲，当然在极端情况下，如严重冻饿、危及生命时，可能还有其他动因，但是属于例外或极少数，这里不予以展开。对财产犯罪科以刑罚，目的就是通过报应和预防两种方式，将人的欲望控制在一个合理范围，不让欲望演变为贪欲而危及他人利益，以维持社会的正常交易秩序和人类正常的生活秩序。所以，从这个层面来说，必须对被告人处以刑罚，通过惩罚和警示，将被告人以及有类似想法和行为的人的贪欲限制在一个正常合理的范围之内，以防止犯罪行为的发生。

另一方面，我们同时认为，应当对被告人科以较轻的处罚。理由是：

第一，从主观来说，被告人的主观恶性是较轻的，在知道ATM机发生故障之前，被告人就是去存钱，是一个合法行为，没有任何犯罪意图。他是在取钱过程中，发现ATM机故障并且这一故障可以给他带来巨大利益的时候，因为贪欲而产生的犯意。也就是说，没有ATM机故障作为前提，被告人不会产生盗窃的犯意，因此，其主观恶性有限。同时，银行作为ATM机的管理者和拥有者，其对机器故障（错误吐钱）应当承担过错责任，这一过错虽然与被告人的犯罪行为不构成因果关系，但可以作为对被告人从轻处罚的情节予以考虑。

第二，从被告人的行为方式来看，其获取钱财的方式是平和的，他没有通过其他手段如破坏机器、修改电磁信息、蒙骗他人或通过电脑技术侵入故意改变ATM指令而窃取钱款，他只是利用了ATM机的故障，通过“规范”的方式获取钱款。被告人利用机器故障进行盗窃，与那些典型的盗窃罪案中，受害人因财物损失产生的痛苦和报复欲望，以及毫无民事救济的可能性，必须依赖刑法保护的情形截然不同，这在量刑上必须予以考虑。

第三，从被告人的行为后果来看，因为银行ATM机总体事故发生率很低，利用ATM机的故障进行盗窃，其发生概率更低；既然银行资金受损与其ATM机故障有直接关联，此后，银行必会在机器的运行精度以及失窃保险上完善制度，那么，将来这类案件发生率应该更低。另外，据银行方面称，当晚机器故障涉及存款错误的有二十多人，仅有被告一人利用机器故障进行盗窃。可以说，这一盗窃案是否发生，几乎产生于公民贪欲是否膨胀的一念之间。面对这种罪案，普通公民关注的应该是自己面对这种情况会怎么选择，而不会因这一特殊形式的盗窃对自己的财物产生失窃的恐惧感。所以，这一犯罪对社会秩序和公民的人身财产安全感并不会产生恶劣影响，本案的社会危害性比常态化的盗窃犯罪要小得多。

第四，对被告人个人生活状况等其他方面的考虑。被告人于某水的父母早已病亡，其与几个姊妹相依为命，生活困苦，不然，他也不会早早辍学外出打工谋生，以他的初小学历和人生经历，可以肯定，他对法律及其行为后果不会有高度清楚的认识，更不可能对这一法律界都存在争议的案件会自认为是盗窃犯罪。既然他不可能明确辨认自己的行为及其后果，我们也可以想象，对于一个穷孩子来说，几乎是从天而降的钱财对他意味着什么?! 我们不能苛求每一个公民都具有同等的道德水平和觉悟。同时，被告人取了钱带回老家，除了给弟弟一些钱，剩下的也一直不敢乱花，这说明他对社会管理秩序还是心存畏惧的，被抓获之后，被告人随即全部退清所有款项，我们觉得，这孩子仍心存良知。

基于上述事实和理由，本院认为，对被告人判处刑罚并宣告缓刑的量刑幅度，是适当的，能够达到刑罚报应与教育预防的目的。

四、最后的说明

在作出本案判决之前，我们对与本案类似的著名许霆案作了详细的研究和对比，许霆案犯罪金额是十几万元，终审判决确定的刑期是五年。我们知道，法学理论界对许霆案的判决分歧非常大，国内多位顶尖刑法学教授也各自发表了论证严密但结论完全不同的法律意见。这既说明本案作为一个新类型案件有其自身的特殊性，另外也说明正义本身具有多面性，从不同的角度观察和认识会得出不同的结论。众多争论也说明，对复杂的新类型案件作出正确的司法判断是件非常困难的事，对法官的各项能力甚至抗压能力要求都非常高，因为法律毕竟是一门应对社会的科学，司法判断面临的是纷繁复杂、日新月异的世界，面临的是利益交织、千差万别的社会矛盾和价值取向，面临的是当事人、公众、媒体、专业人士等的挑剔眼光和评价。因而法律专家也好，法官、检察官也好，即使法律观念一致，但也存在不同的伦理观、道德观、世界观，存在不同的思维方式和行为路径，因此，在追求正义的过程中，司法官对案件的判断经常是不一致的但同时也是正常的。检察和审判机关之间，以及不同层级的审判机关之间对同一案件存在不同的认识和答案是正常的，希望得到社会各界的理解和尊重。

就本案而言，判词虽然已经详细阐明理由，但因本案被告在犯罪手段上非常特殊，合法形式与非法目的交织在一起，理论界对案件的定性争议也比较大，那么本判决结果可能难以让所有人肯定或认可。因此，我们也不能确认和保证本判决是唯一正确的，我们唯一能保证的是，合议庭三名法官作出的这一细致和认真的判断是基于我们的良知和独立判断，是基于我们对全案事实的整体把握和分析，是基于我们对法律以及法律精神的理解，是基于我们对实现看得见的司法正义的追求。

综上所述，并经本院审判委员会讨论决定，依照《中华人民共和国刑法》第二百六十四条、第六十七条第三款、第七十二条第一款及第三款、第七十三条第二款及第三款、第五十二条、第五十三条的规定，判决如下：

被告人于某水犯盗窃罪，判处有期徒刑三年，缓刑三年，并处罚金人民币10000元。

（缓刑考验期限，从判决确定之日起计算。罚金自判决生效之日起一个月内付清。）

如不服本判决，可在接到判决书的第二日起十日内，通过本院或者直接向惠州市中级人民法院提出上诉。书面上诉的，应当提交上诉状正本一份，副本二份。

审　判　长　万　翔
审　判　员　余志浓
审　判　员　汪惠强
二〇一四年十月十六日
书　记　员　黄子阳

附相关法律条文：

《中华人民共和国刑法》

第二百六十四条　盗窃公私财物，数额较大的，或者多次盗窃、入户盗窃、携带凶器盗窃、扒窃的，处三年以下有期徒刑、拘役或者管制，并处或者单处罚金；数额巨大或者有其他严重情节的，处三年以上十年以下有期徒刑，并处罚金；……

第六十七条

……

犯罪嫌疑人虽不具有前两款规定的自首情节，但是如实供述自己罪行的，可以从轻处罚；因其如实供述自己罪行，避免特别严重后果发生的，可以减轻处罚。

第七十二条　对于被判处拘役、三年以下有期徒刑的犯罪分子，同时符合下列条件的，可以宣告缓刑，对其中不满十八周岁的人、怀孕的妇女和已满七十五周岁的人，应当宣告缓刑：

（一）犯罪情节较轻；

（二）有悔罪表现；

（三）没有再犯罪的危险；

（四）宣告缓刑对所居住社区没有重大不良影响。

……

被宣告缓刑的犯罪分子，如果被判处附加刑，附加刑仍须执行。

第七十三条　……

有期徒刑的缓刑考验期限为原判刑期以上五年以下，但是不能少于一年。

缓刑考验期限，从判决确定之日起计算。

第五十二条　判处罚金，应当根据犯罪情节决定罚金数额。

第五十三条　罚金在判决指定的期限内一次或者分期缴纳。期满不缴纳的，强制缴纳。对于不能全部缴纳罚金的，人民法院在任何时候发现被执行人有可以执行的财产，应当随时追缴。

由于遭遇不能抗拒的灾祸等原因缴纳确实有困难的，经人民法院裁定，可以延期缴纳、酌情减少或者免除。

后　记

党的十八大以来，以习近平同志为核心的党中央从推进政治体制改革与实现国家治理体系和治理能力现代化的高度擘画司法体制改革宏伟蓝图，加快建设公正高效权威的社会主义司法制度。人民法院坚持正确改革方向，敢于啃硬骨头、涉险滩、闯难关，做成了想了很多年、讲了很多年但没有做成的改革，司法公信力不断提升，对维护社会公平正义发挥了重要作用。

随着司法体制改革进入深水区，“容易的、皆大欢喜的改革已经完成了，好吃的肉都吃掉了，剩下的都是难啃的硬骨头”。裁判文书说理改革因涉及方方面面的理论与实践问题、不同的诉讼领域、众多的文书种类、系列的配套机制建设，就是一块“难啃的骨头”。“唯其艰难，才更显勇毅”，改革就要有事不避难的勇气、迎难而上的魄力和舍我其谁的担当。党的十八届三中、四中全会先后作出“增强法律文书说理性”“加强法律文书释法说理”的改革部署，最高人民法院在“四五改革纲要”中进一步明确了“推动裁判文书说理改革”的具体任务。经过多方论证调研、广泛征求意见，数易其稿，反复打磨，《最高人民法院关于加强和规范裁判文书事法说理的指导意见》（以下简称《意见》）于2018年6月13日正式发布实施。《意见》共二十一条，分为六个部分：第一部分（第一条至第三条），明确了裁判文书释法说理的目的、要求和原则；第二部分（第四条至第七条），规定了审查判断证据、认定事实、适用法律等方面的释法说理；第三部分（第八条至第十条），明确了裁判文书释法说理繁简分流的标准；第四部分（第十一条至第十五条），规定了裁判文书释法说理的技术规范；

第五部分（第十六条至第十九条），提出了裁判文书释法说理的机制配套；第六部分（第二十条至第二十一条），是附则。《意见》作为未来一个时期指导全国各级法院裁判文书释法说理改革的文件，将进一步提高司法效率和司法产品质量，进一步促进司法公开和司法公正，进一步提升司法公信。

为了更深入、准确地理解和把握《意见》的精神和具体内容，确保《意见》贯彻实施、落地生根，我们编写了本书。全书的撰稿主要由最高人民法院司改办参与起草文件的同志和部分地方法院有关同志完成：最高人民法院司法改革领导小组办公室刘树德（第一条、第二条、第三条、第二十条）、刘淑丽（第十六条、第十八条、第十九条）、罗灿（第七条、第十条）、刘科学（第十一条、第十七条），北京市高级人民法院刘行（第八条）、北京市第四中级人民法院马军（第六条、第七条）、上海市第一中级人民法院潘自强（第二条、第三条）、重庆市第四中级人民法院孙海龙（第七条）、陕西省西安市中级人民法院何育凯（第十四条）、北京市西城区人民法院杨惠惠（第四条、第五条、第十二条）、江苏省玄武区人民法院陈文军（第十三条）、湖南省长沙县人民法院何文哲（第九条）、广东省惠阳区人民法院万翔（第十五条）。重庆市第四中级人民法院李皓轩、中国人民大学法学院博士研究生张馨天也分别参与了第七条、第十六条的编写，在此一并表示感谢。同时，司改办邀请了十余位专家从不同角度对《意见》进行了解读，相关文章在《人民法院报》相继登出，本书也将其一并编入。本书稿由刘科学、刘树德先后进行文字、技术编辑与处理，经最高人民法院司法改革领导小组办公室胡仕浩主任统稿，最高人民法院李少平副院长审定。

需指出的是，裁判文书释法说理涉及三大诉讼法领域、四个法院层级、不同诉讼程序和阶段的诸多理论与实践问题，《意见》作为指导性文件重点解决宏观层面的共性问题，本书也主要是从条文说明、经验推介、域外比较和规范链接等方面进行阐释，至于刑事、民事、行政裁判文书说理等方面的个性问题，以及相关配套机制，如法律保障机制、激励机制、责任机制、培训机制等，还有待更深入地系统研究和进一步实践探索。此外，书中个别观点可能尚存争议甚至出现表述错误，敬请广大读者批评指正！

感谢中国法制出版社高级策划编辑李小草、编辑韩璐玮、编辑张海洋对出版本书所做的辛苦细致的编辑工作。

编　者

二〇一八年七月

图书在版编目（CIP）数据

最高人民法院关于加强和规范裁判文书释法说理的指导意见理解与适用 / 最高人民法院司法改革领导小组办公室编．—北京：中国法制出版社，2018.10
ISBN 978-7-5093-9700-8

Ⅰ.①最… Ⅱ.①最… Ⅲ.①审判-法律文书-研究-中国
Ⅳ.①D926.134

中国版本图书馆CIP数据核字（2018）第194329号

策划编辑 李小草
责任编辑 韩璐玮 张海洋　　封面设计 李宁

最高人民法院关于加强和规范裁判文书释法说理的指导意见理解与适用
ZUIGAO RENMIN FAYUAN GUANYU JIAQIANG HE GUIFAN CAIPAN WENSHU SHIFA SHUOLI DE ZHIDAO YIJIAN LIJIE YU SHIYONG

编/最高人民法院司法改革领导小组办公室
经销/新华书店
印刷/三河市国英印务有限公司
开本/730毫米×1030毫米 16开　　印张/44.75 字数/469千
版次/2018年10月第1版　　2018年10月第1次印刷

中国法制出版社出版
书号 ISBN 978-7-5093-9700-8　　定价：139.00元

北京西单横二条2号
邮政编码 100031　　传真：010-66031119
网址：http://www.zgfzs.com　　**编辑部电话：010-66070084**
市场营销部电话：010-66033393　　**邮购部电话：010-66033288**

（如有印装质量问题，请与本社印务部联系调换。电话：010-66032926）